COMMENTAIRE DES GRANDS ARRÊTS DE LA COUR AFRICAINE DES DROITS DE L'HOMME ET DES PEUPLES

Sous la direction de
Abdoulaye SOMA
&
Samson Mwin Sôg Mé DABIRE

COMMENTAIRE DES GRANDS ARRÊTS DE LA COUR AFRICAINE DES DROITS DE L'HOMME ET DES PEUPLES

L'Harmattan

Des mêmes auteurs

Professeur Abdoulaye SOMA

- *Traité de droit constitutionnel général. Philosophie – Théorie – Ius positivum. Tome I : Théorie générale du droit constitutionnel*, Ouagadougou, Editions LIBES, Février 2022.
- (Dir.) *Alternances politiques en Afriques : Défis démocratiques et enjeux constitutionnels. Actes du Colloque international de la SBDC*, Ouagadougou, Editions Rônier-Tikanson, Presses accadémiques burkinabè, 2017.
- *Les grands textes des droits de l'homme en Afrique*, Sarrebruck, Presses académiques francophones, 2014
- *La Constitution du Burkina Faso. L'espérence d'une démocratie intègre*, Ouagadougou, édition Temple du Savoir International, 2013
- *Droit de l'homme à l'alimentation et sécurité alimentaire en Afrique*, Genève, Zurich, Bruxelles, Schulthess, Bruylant, 2010, 561 p.

Docteur Samson Mwin Sôg Mé DABIRE

- *La dérogation aux droits de l'homme en Afrique. Le droit africain des droits de l'homme et des peuples à l'épreuve des circonstances exceptionnelles*, Genève, Zurich, Schulthess, 2020, 520 p., ISBN : 978-3-7255-8820-6

5-7, rue de l'École-Polytechnique ; 75005 Paris

http://www.librairieharmattan.com

ISBN : 978-2-14-026805-2
EAN : 9782140268052

Liste des contributeurs

Abdoulaye SOMA
Professeur Titulaire, Agrégé des Facultés de droit public à l'Université Thomas Sankara (Burkina Faso)

Abdul Aziz Wendkuni OUANDAOGO
Enseignant-chercheur, Maître-Assistant en Droit Public, Université de Ouahigouya (Burkina Faso)

Adama CHERIF
Enseignant-chercheur à l'Université Péléforo Gon Coulibaly de Korhogo ; Ancien Conseiller technique au ministère des Droits de l'homme et des libertés publiques (Côte d'Ivoire)

Antoine KABORE
Avocat au Barreau de Ouagadougou (Burkina Faso), Docteur en droit

Boukaré SAWADOGO
Juge au Tribunal de grande instance de Ouagadougou (Burkina Faso) / Doctorant en droit à l'Université Thomas Sankara (Burkina Faso)

Donald DAYORO
Doctorant en droit à l'Université Paris 2 Panthéon-Assas (France)

Faasseome Maxime SOMDA
Docteur en droit du Centre de recherches juridiques (CRJ), Université Grenoble Alpes

Fanny Laetitia GUIBILA
Coordinatrice scientifique du Centre d'Études et de recherches en Droit International et droit de l'Homme (CERDIH - Burkina Faso)

Germain T. DABIRE
Doctorant en droit international public à l'Université de Genève (Suisse)

Kibessoun Pierre Claver MILLOGO
Chercheur en Droit public au Centre National de la Recherche Scientifique et Technologique (CNRST) et à l'Institut des Sciences des Sociétés (INSS) / Burkina Faso

Louis Martial ZONGO
Enseignant-Chercheur, Maître-Assistant en droit public à l'Université Thomas SANKARA (Burkina Faso)

Mahamady OUEDRAOGO
Candidat au doctorat au département des sciences juridiques de l'Université du Québec à Montréal (UQAM) / Canada

Marie Charles Dorcasse SANOU
Doctorante en droit à l'Université de Genève

Passéktalé Liliane SANOU/NIKIEMA
Enseignante-chercheuse, Maître-Assistante, Chef de Département de droit public, Université Nazi Boni de Bobo-Dioulasso (Burkina Faso).

Sâ Benjamin TRAORE
Professeur Adjoint à la faculté de Gouvernance, Sciences économiques et sociales de l'Université Polytechnique Mohamed VI de Rabat (Maroc)

Samson Mwin Sôg Mé DABIRE
Enseignant-chercheur à l'Université Thomas Sankara (Burkina Faso) ; *Visiting fellow* au Max Planck Institute de Heidelberg et à Institute for International and Comparative Law in Africa (ICLA) de l'Université de Pretoria
Sanwé Médard KIENOU
Enseignant-Chercheur, Agrégé des facultés de droit - Université Nazi Boni de Bobo Dioulasso (Burkina Faso)
Segbolehoua Youssef OUATTARA
Doctorant en droit international public à l'Université de Genève, Assistant à la Faculté de droit civil de l'Université Catholique de l'Afrique de l'Ouest - Unité Universitaire à Abidjan (UCAO-UUA / Côte d'Ivoire)
Serge Théophile BAMBARA
Docteur en droit public, Attaché de recherches /Centre d'Études et de Recherches Comparatives Constitutionnelles et Politiques Université de Montpellier (France)
Touwendé Roland OUEDRAOGO
Candidat au doctorat au département des sciences juridiques de l'Université du Québec à Montréal (UQAM) et Chargé de cours à l'UQAM et à l'Université de Montréal (UdeM) / Canada
Valérie Edwige SOMA/KABORE
Agrégée des facultés de droit public, Université Thomas Sankara de Ouagadougou (Burkina Faso) ; Membre universitaire de la Commission Nationale des Droits Humains (CNDH / Burkina Faso)
Yann Marius SOMA
Enseignant-Chercheur au Centre Universitaire de Banfora (Burkina Faso)
Yda Alexis NAGALO
Chargé de recherche au CNRST (Burkina-Faso)

*Les auteures remercient **Marc-Olivier Busslinger** (Assistant au département de droit public de l'Université de Genève) pour son aide combien précieuse dans la mise en forme de cet ouvrage.

Sommaire

Avant Propos

Longtemps critiqué de ne s'être pas doté, dès l'adoption de la Charte africaine des droits de l'homme et des peuples (ci-après la Charte africaine ou la CADHP), d'un mécanisme juridictionnel de contrôle de la mise en œuvre des droits et des libertés, le système africain des droits de l'homme a résorbé cette insuffisance en créant, par le Protocole de Ouagadougou de 1998, la Cour africaine des droits de l'homme et des peuples (ci-après la Cour africaine ou la Cour ADHP). Cadette des trois juridictions régionales de droits de l'homme, la Cour africaine a maintenant une dizaine d'années de fonctionnement et une jurisprudence de plus en plus riche et dense. Elle a à son actif plus d'une centaine d'affaires finalisées. Un commentaire de ses grands arrêts était tant attendu pour à la fois systématiser et synthétiser cette riche jurisprudence, mais aussi pour mieux la faire connaître. Cet ouvrage de *Commentaire des grands arrêts de la Cour africaine des droits de l'homme et des peuples* vient donc à point nommé. Ouvrage collectif de langue française, premier de son genre, il réunit une vingtaine de juristes s'intéressant à l'Afrique, chercheurs dans différentes universités occidentales, américaines et africaines, mais aussi praticiens du droit, avocats et juges notamment. Ayant fait le choix de faire une étude commentée, sous la forme de contributions, des différentes grandes affaires dont a connu la Cour africaine, c'est un ouvrage qui adopte une démarche didactique et pédagogique. Ce qui permet de mieux saisir à la fois le droit processuel et le droit matériel du système africain des droits de l'homme et des peuples. Subdivisé en six chapitres, c'est une vingtaine d'affaires qui sont analysées minutieusement, permettant au lecteur de repérer facilement les grandes questions traitées par la Cour continentale et de se familiariser avec l'œuvre prétorienne de la Cour. C'est un ouvrage qui est conçu pour être accessible à la fois aux enseignants, aux chercheurs, aux praticiens, à la société civile, aux organes étatiques, etc. Il trouve ainsi la voie par laquelle le système normatif et institutionnel de protection des droits de l'homme sur le continent peut être connu et enseigné, contribuant par ce fait au renforcement de l'État de droit et de la démocratie.

La position des juges, notamment dans l'interprétation des textes conventionnels, constitue l'essence du droit. La connaître, c'est ainsi s'assurer d'une bonne pratique et d'une protection adéquate, comme en témoigne l'impact de la bonne diffusion des ouvrages de commentaire des arrêts de la Cour européenne des droits de l'homme et de la Cour interaméricaine des droits de l'homme. La diffusion de la jurisprudence de la Cour africaine que cet ouvrage assure, profitera incontestablement non seulement aux différentes couches des populations du continent, mais aussi et surtout aux autres juridictions régionales de droits de l'homme dont on observe qu'elles sont passées, dans leur œuvre prétorienne et dans leurs rapports entre elles, du dialogue à la construction d'une *jurisprudence globale* en matière de droits de l'homme, notamment par la technique dite de *fertilisation croisée de l'interprétation des droits et libertés*.

En effet, la Cour interaméricaine des droits de l'homme, comme la Cour africaine, a souvent fait référence à la jurisprudence de la Cour européenne des droits de l'homme. Celle-ci a aussi parfois cité des arrêts de ses consœurs dans certaines de ses décisions. C'est ce que la doctrine a appelé le dialogue des juges. Puis il a été fait le constat qu'au-delà d'une simple référence ou occurrence de la jurisprudence de telle cour régionale dans un arrêt de telle autre, les juges régionaux sont passés à ce que

Laurence Burgorgue-Larsens[1] a appelé le « décloisonnement » de leur texte conventionnel de base. Cela s'est matérialisé par le recours à des textes et jurisprudences extérieurs pour enrichir l'interprétation de la convention de droits de l'homme dont ils sont chargés de veiller au respect. Cette démarche « combinatoire »[2] ou d'emprunt de plusieurs sources dans l'interprétation est en réalité ce que l'on peut appeler la fertilisation croisée de la jurisprudence. Le juge régional, au-delà de simplement s'inspirer de la jurisprudence d'un autre, (pense) féconde(r) son interprétation par celle-ci. Par cette interprétation croisée des différentes cours régionales des droits de l'homme, il se décèle aujourd'hui la construction d'une sorte de jurisprudence globale. Il s'observe en effet la volonté des cours régionales de droits de l'homme de faire émerger un « patrimoine commun international des droits de l'homme » qui résulterait de la convergence des différents textes mais aussi et au final de l'interprétation que les juges font de ces conventions[3]. Le système africain des droits de l'homme et des peuples participe et doit participer à la construction de ce 'patrimoine commun' en matière de droits de l'homme. On sait déjà la contribution qu'il a faite au développement des droits dits de la troisième génération, en réservant une place de choix à ces droits dans la Charte africaine. Un ouvrage de *Commentaire des grands arrêts de la Cour africaine des droits de l'homme et des peuples* comme celui-ci permettra une meilleure connaissance de la jurisprudence du système africain et facilitera une meilleure contribution de celle-ci dans ce *commercium* de l'interprétation des droits et libertés entre les différentes cours régionales. C'est un ouvrage qui permettra aux autres juridictions de droits de l'homme de mieux appréhender la jurisprudence de la Cour africaine pour mieux *cross-fertiliser* leur interprétation. Il fait ainsi un grand apport à la construction de cette jurisprudence globale en matière de droits de l'homme. Celui-ci est un premier tome, parce que les auteurs font le pari de publier à intervalle régulier et sous le même format et en différents autres tomes, le commentaire des tous les grands arrêts que la Cour africaine des droits de l'homme rendra.

Samson Mwin Sôg Mé DABIRE

---

[1] Laurence Burgorgue-Larsen, « Nothing is perfect. Libres propos sur la méthodologie interprétative de la Cour européenne », *in L'homme et le droit. En hommage au Professeur Jean-François Flauss*, Paris, Pedone, 2014, pp. 129-143, spéc. p. 132 ; ou encore « Les méthodes d'interprétation de la Cour interaméricaine des droits de l'homme. Justice in context », *RTDH*, n° 97, janvier 2014, pp. 31-79.

[2] Laurence Burgorgue-Larsen, « Les méthodes d'interprétation de la Cour interaméricaine des droits de l'homme. Justice in context », *op. cit.*, p. 54.

[3] Sébastien Touzé, « Les techniques interprétatives des organes de protection des droits de l'homme », *RGDIP*, tome CXV, 2011, pp. 517-532, pp. 525 ss. ; Constance Grewe, « La circulation des droits fondamentaux ou l'impact du pluralisme culturel en Europe », *in Le dialogue des juges. Mélanges en l'honneur du président Bruno Genevois*, Paris, Dalloz, 2009, pp. 505-517, spéc. p. 507.

ORDONNANCEMENT DES AFFAIRES ET DES COMMENTAIRES

Avouons d'emblée qu'il est difficile de déterminer un critère assez stable à partir duquel on pourrait ordonner la vingtaine d'affaires ici sélectionnées et leurs commentaires. D'une part, les différentes affaires se chevauchent dans les droits et libertés de la Charte africaine qu'elles impliquent et d'autre part, les différents commentaires font le choix d'orienter leurs analyses sur tel ou tel aspect des arrêts selon l'approche que les contributeurs en ont faite – tant ils avaient une très grande liberté dans la rédaction de leur contribution. Toutefois, en prenant en compte la nature de l'affaire dont la Cour a été saisie, les principaux droits dont la violation a été alléguée, l'appréciation que la Cour en a faite et surtout les questions juridiques que le commentaire de l'affaire a jugé être les principales questions, on peut ordonner les vingt affaires en six ensembles. Cet ordonnancement n'a pas pu – nous le concédons – esquiver les écueils d'une part d'arbitraire des éditeurs.

Le premier ensemble est constitué des affaires qui mettent l'accent sur la saisine et l'office de la Cour. Il y a dans cet ensemble l'affaire *Michelot Yogogombaye c. République du Sénégal*, qui est la première affaire dont la Cour a connu et dont l'essentiel du contentieux a porté sur la compétence personnelle de la Cour, notamment la déclaration d'acceptation par le Sénégal de la compétence de la Cour pour connaître des requêtes introduites par les individus et les ONG, la fameuse déclaration de l'art. 34 al. 6 du Protocole de Ouagadougou. La seconde affaire de cet ensemble est l'affaire *Fémi Falana c. Union africaine*. La principale question juridique dans cette affaire et le commentaire qui en a été fait, ont été de savoir si l'Union africaine pouvait être attraite devant la Cour africaine en tant que défenderesse dans une affaire. C'est donc la question de qui a *locus standi* devant la Cour qui a été tranchée dans cette affaire. Une troisième affaire vient clore cet ensemble, l'affaire *Ingabire Victoire Umuhoza c. République du Rwanda*. Cette affaire est certes au sujet de la liberté d'expression, mais ce qui lui a surtout valu sa grande 'notoriété', c'est le fait qu'après l'introduction de la requête, le Rwanda a retiré sa déclaration d'acception de la compétence de la Cour pour connaître des requêtes individuelles et des ONG. Une grande partie du contentieux dans cette affaire a ainsi consisté en la détermination de la validité et des conséquences d'un tel retrait. On pourrait aussi ajouter dans ce premier ensemble l'affaire *Norbert Zongo et autres c. Burkina Faso*. Une grande partie, sinon l'essentiel du contentieux dans cette affaire se noue autour de la compétence *ratione temporis* de la Cour. La Cour a même dû rendre un arrêt consacré à cette question dans lequel il développe, pour la première fois, les notions de *violations continues et instantanées*. Mais puisque c'est l'assassinat d'un journaliste qui est à l'origine de cette affaire, et comme la Cour, dans son arrêt au fond, fait la part belle à la liberté d'expression des journalistes, nous classons cette affaire dans le quatrième ensemble *infra*.

Le deuxième ensemble est fait d'affaires que l'on pourrait qualifier d'affaires en lien avec des questions politiques. Il s'agit d'affaires nées de la vie politique nationale des Etats défendeurs et qui ont échoué sur le prétoire de la Cour africaine pour qu'elle tranche les différends juridiques qui en ont résulté. Il s'agit de l'affaire dite *Mtikila c. Tanzanie* qui est au sujet des candidatures indépendantes aux élections présidentielles, législatives et locales que la Tanzanie avait interdites. La Cour a jugé de la conformité de cette interdiction aux droits et libertés de la Charte. Il s'agit aussi de l'affaire *APDH c. République de Côte D'Ivoire*, qui est au sujet de la conformité de la Commission électorale indépendante ivoirienne telle qu'elle résultait de la loi du 28 mai 2014 sur ladite commission à un certain nombre de droits politiques. Il s'agit ensuite de l'affaire *Sébastien Germain Ajavon c. République du Bénin*. Cette affaire tient sa dimension politique du fait qu'entre autres, le requérant est un opposant politique de premier rang au Bénin et parce que l'examen de la Cour et le commentaire de l'affaire mettent en lumière les rapports quelque peu troubles entre le pouvoir politique et le pouvoir judiciaire. On peut ajouter enfin à cet ensemble, l'affaire *APDH et IHRDA c. République du Mali*. Cette affaire porte certes sur la violation par le code des personnes et de la famille du Mali de l'âge minimum de la jeune fille pour consentir au mariage et des droits à la succession pour les femmes et les enfants naturels. Mais quand on connait le contexte social et politique dans lequel ce code a été adopté, avec le concours de puissantes organisations musulmanes maliennes, censurer un tel code, comme la Cour africaine l'a fait, peut engendrer une perception et des répercussions politiques au plan interne. C'est pour cette raison que l'on peut classer cette affaire dans cette rubrique des affaires en lien avec les questions politiques. Ces différentes affaires ont aussi la caractéristique d'avoir mobilisé des instruments juridiques régissant les questions politiques comme la Charte africaine de la démocratie, des élections et de la gouvernance et d'autres conventions non spécifiquement africaines.

Le troisième ensemble est fait d'affaires que l'on pourrait qualifier d'affaires de violations de masse. Ces affaires ont la caractéristique commune d'avoir été toutes référées à la Cour africaine par la Commission africaine des droits de l'homme, qui était ainsi défenderesse. Elles portent, pour l'une, sur une situation de crise et de conflit armé et pour l'autre, sur la violation de droits collectifs. Nous classons dans ce troisième ensemble l'affaire *Commission ADHP c. Libye* ou l'affaire dite de Saif Al-Islam Khadafi, qui nous plonge dans la grande crise de la Jamahiriya arabe libyenne de 2011 avec son lot de violations massives des droits et de libertés dont la détention *incommunicado* et la condamnation à mort de Saif Al-Islam Khadafi. Nous ajoutons à cet ensemble, l'affaire *Commission ADHP c. République du Kenya*, qui est, pour le moment, la première et la seule affaire des droits des peuples dont la Cour africaine a connu. Elle est au sujet des mesures de déguerpissement et d'expropriation de la communauté Ogiek de leur forêt ancestrale de Mau par le Kénya. La Cour et l'auteure du commentaire de cette affaire s'appesantiront sur la notion et le statut du 'peuple' et l'analyse d'une kyrielle de droits, essentiellement collectifs, dont la violation a été alléguée.

Le quatrième ensemble est composé d'affaires que l'on pourrait qualifier approximativement d'affaires de la liberté d'expression et des droits des journalistes. Ces affaires ont la double caractéristique de concerner des journalistes pour la plupart et de porter sur la violation des droits de ceux-ci ou de la liberté d'expression tout simplement. On réunit dans cet ensemble l'affaire *Norbert Zongo et autres c. Burkina Faso*, qui est une affaire d'assassinat d'un journaliste et de ses compagnons. L'auteur du commentaire a certes fait le choix de s'appesantir sur les questions techniques de la compétence temporelle, de la méthode d'interprétation combinatoire, des principes déterminant des réparations, du droit à la vie, mais l'affaire reste tout de même une affaire de liberté d'expression des journalistes. L'affaire *Lohé Konaté c. Burkina Faso* entre aussi dans cet ensemble. Elle porte sur la condamnation d'un journaliste pour diffamation, injures publiques et outrage à magistrat à travers certains articles de presse. La Cour y verra une restriction disproportionnée à la liberté d'expression du journaliste. On pourrait enfin ranger l'affaire *Ingabire Victoire Umuhoza c. République du Rwanda* dans cet ensemble, car, même si l'auteur du commentaire de cette affaire fait la part belle au retrait du Rwanda dans son analyse, il reste aussi que le fond de cette affaire c'est le droit à la liberté d'expression sur le génocide rwandais.

Le cinquième ensemble regroupe des affaires sur le droit au procès équitable. La plupart des affaires dont la Cour a connu touchent, le plus souvent, au droit au procès équitable et ainsi la majorité des affaires classées dans les ensembles ci-dessus auraient aussi bien pu prendre place dans cette catégorie. Cependant, nous réunissons dans cet ensemble les affaires ou les commentaires dans lesquels la part belle est faite à ce droit au procès équitable. Il s'agit de l'affaire *Alex Thomas c. Tanzanie* dont l'examen de la Cour et le commentaire mettent en lumière les différentes garanties du droit à un procès équitable et les conditions de restriction de ce droit. Il s'agit aussi de l'affaire *Dioclès William c. Tanzanie* dans laquelle la Cour confirme le contenu normatif de ce droit à un procès équitable, tout en insistant, comme le font remarquer les auteurs du commentaire de cette affaire, sur les aspects de l'accès à l'assistance judiciaire, l'appréciation des éléments de preuve et les conditions d'audition des témoins dans le procès pénal. L'affaire *Christopher Jonas c. Tanzanie* est aussi au sujet du droit à un procès équitable, notamment le droit à l'assistance judiciaire. On range aussi dans cet ensemble, l'affaire *Mohamed Abubakari c. Tanzanie* dont le commentaire met l'accent entre autres, sur l'appréciation que la Cour fait des éléments de preuve et de la publicité du procès pénal tanzanien à l'origine de l'affaire. Aussi, l'affaire *Armand Guéhi c. Tanzanie*, qui, certes à l'origine porte sur une condamnation par le juge national à la peine mort, revient au fond à une question de droit à un procès équitable. La Cour africaine examinera au final si la peine de mort a été infligée dans cette affaire dans le respect des garanties d'un procès équitable ; et le commentaire de cette affaire fait une belle et pertinente critique de cette approche de la Cour africaine qui donne le sentiment d'esquiver le sujet de la peine de mort *per se* en droit africain des droits de l'homme. Enfin on peut mettre dans cette rubrique, l'affaire *Wilfred Onyango Nganyi et 9 autres c. Tanzanie* dans laquelle la Cour développe largement des aspects du droit à un procès équitable, notamment les questions de la prolongation anormale des procédures judiciaires internes et le droit à l'assistance judicaire. Cette affaire aurait aussi bien pu être classée dans l'ensemble ci-dessous, puisque les faits à l'origine portent sur ce qui pourrait vraisemblablement être qualifié d'enlèvement et de séquestration des requérants au Mozambique et de leur transfert forcé en Tanzanie.

Le sixième et dernier ensemble rassemble les affaires qu'on pourrait qualifier, sans assez de justesse – nous l'avouons –, d'affaires en lien avec l'extradition, la nationalité, les (droits des) étrangers. Cette catégorie, précisons-le, n'est pas résiduelle. Elle réunit des affaires qui ont en commun, pour certaines, d'avoir des requérants qui ont été accusés de faits d'infraction dans l'Etat défendeur et qui se sont réfugiés dans d'autres pays d'où ils seront transférés dans l'Etat défendeur. Les requérants ont allégué des violations du droit au procès équitable du fait de ces transferts ou d'évènements intervenus au cours de ces transferts. C'est le cas de l'affaire *Kennedy Owino Onyachi et autres c. Tanzanie*. Même si l'auteur du commentaire de cette affaire a mis davantage l'accent, à bon escient, sur l'analyse que la Cour fait du droit au procès équitable et de l'appréciation du caractère arbitraire d'une arrestation, il n'en reste pas moins que les faits à l'origine de l'affaire portent entre autres, sur l'extradition des requérants. Pour les autres affaires de ce sixième ensemble, elles concernent des questions de liberté de circulation, de séjour irrégulier d'étrangers et de fraude à la nationalité. Il s'agit de l'affaire *Lucien Ikili Rashidi c. Tanzanie* dans laquelle la Cour a examiné les libertés de circulation et de résidence d'une personne étrangère. Il s'agit aussi de l'affaire *Anudo Ochieng Anudo c. Tanzanie*, dans laquelle le requérant, accusé de fraude à la nationalité, a été expulsé. L'arrêt de la Cour et le commentaire qui en a résulté analysent le droit de ne pas être privé arbitrairement de sa nationalité tel que le garantit la Déclaration universelle des droits de l'homme et le droit de ne pas être expulsé arbitrairement.

Comme on peut bien le remarquer, il y a des chevauchements des différentes affaires dans l'ordonnancement que nous avons adopté. Cet ordonnancement n'est donc qu'une grille indicative de lecture des différents commentaires d'arrêts. Il n'inclut pas dans sa nomenclature les questions préliminaires (compétence, recevabilité) et les questions du droit des réparations. Cela s'explique par le fait que pratiquement toutes les affaires en traitent, même si certaines peuvent être beaucoup plus illustratives de ces aspects préliminaires de la procédure devant la Cour que d'autres. On trouvera donc dans ces différents commentaires d'arrêts, des analyses du droit des questions de compétence et de recevabilité et du droit de la réparation.

I. Les affaires en lien avec la saisine et l'office de la Cour

- *Michelot Yogogombaye c. République du Sénégal*
- *Fémi Falana c. Union africaine*
- *Ingabire Victoire Umuhoza c. République du Rwanda*

II. Les affaires en lien avec des questions politiques

- *Mtikila c. Tanzanie*
- *APDH c. République de Côte D'Ivoire*
- *Sébastien Germain Ajavon c. République du Bénin*
- *APDH et IHRDA c. République du Mali*

III. Les affaires de violations de masse soumises par la Commission ADHP

- *Commission ADHP c. Libye*
- *Commission ADHP c. Kenya*

IV. Les affaires de la liberté d'expression et des droits des journalistes

- *Norbert Zongo et autres c. Burkina Faso*
- *Lohé Konaté c. Burkina Faso*
- *Ingabire Victoire Umuhoza c. République du Rwanda*

V. Les affaires sur le droit au procès équitable

- *Alex Thomas c. Tanzanie*
- *Dioclès William c. Tanzanie*
- *Mohamed Abubakari c. Tanzanie*
- *Armand Guéhi c. Tanzanie*
- *Christopher Jonas c. Tanzanie*
- *Wilfred Onyango Nganyi et 9 autres c. Tanzanie*

VI. Les affaires en lien avec l'extradition, la nationalité, les (droits des) étrangers

- *Kennedy Owino Onyachi et autres c. Tanzanie*
- *Lucien Ikili Rashidi c. Tanzanie*
- *Anudo Ochieng Anudo c. Tanzanie*

I. Les affaires en lien avec la saisine et l'office de la Cour

- *Michelot Yogogombaye c. République du Sénégal*
- *Fémi Falana c. Union africaine*
- *Ingabire Victoire Umuhoza c. République du Rwanda*

Commentaire _ affaire *Michelot Yogogombaye c. République du Sénégal*, Requête n° 001/2008

Samson Mwin Sôg Mé DABIRE*

L'affaire *Michelot Yogogombaye c République du Sénégal* (ci-après l'affaire Michelot Yogogombaye) est, et c'est peu dire, l'une des plus grandes affaires de la Cour africaine des droits de l'homme et des peuples (ci-après Cour ADHP ou la Cour), à la fois dans le symbolisme et dans l'histoire de cette Cour. C'est en effet la première affaire dont la Cour a connu et qui a donné lieu au premier arrêt de cette Cour. On a même pu dire de cette affaire, du moins de l'arrêt qui en a résulté, qu'il s'agissait, paraphrasant Neil Armstrong, d'un « petit pas pour la Cour africaine des droits de l'homme et des peuples, mais [d']un bond de géant pour le système africain de protection des droits de l'homme »[2]. C'est donc une affaire qui donne le ton de la production jurisprudentielle de la Cour africaine qui suivra ; en tout cas la façon dont la Cour l'a traitée plante le décor de son œuvre prétorienne à venir.

A l'origine de l'affaire se trouve la requête de Monsieur Michelot Yogogombaye, de nationalité tchadienne, ancien secrétaire d'Etat du dernier gouvernement de Hissein Habré et réfugié en Suisse. La requête est adressée au Président de la Commission de l'Union africaine (ci-après U.A.)[3]. Elle est « en vue de la procédure (…) diligentée par la République du Sénégal en vue d'inculper, juger et condamner le sieur Hissein Habré, ex-chef d'Etat tchadien actuellement réfugié à Dakar au Sénégal »[4]. La Conférence de l'Union africaine (ci-après U.A) avait en effet mandaté le Sénégal de trouver une solution ou une alternative au cas de l'ancien Président Habré, notamment aux poursuites pénales pour crimes contre l'humanité, crimes de guerre et actes de tortures perpétrés dans l'exercice de ses fonctions. Le Sénégal a, pour ce faire, modifié sa Constitution pour aboutir au final à la création des chambres africaines extraordinaires du Sénégal qui jugeront et condamneront l'ancien Président Habré[5]. Le requérant allègue dans sa requête que cette modification

---

*Docteur en droit de l'Université de Genève / Enseignant-chercheur à l'Université Thomas Sankara du Burkina Faso. LLM en droit international humanitaire et droits de l'homme de l'Académie de droit international humanitaire et de droits de l'homme de Genève (Suisse) / Diplôme de droit international et comparé des droits de l'homme de l'Institut international des droits de l'homme de Strasbourg (France). Il a aussi été assistant d'enseignement et de recherches à la Faculté de droit de l'Université de Genève (Suisse) et chercheur postdoctoral du Fonds National Suisse pour la Recherche Scientifique (FNS) – *visiting fellow* du Max Planck Institute de Heidelberg (Allemagne) et du Institute for International and Comparative Law in Africa (ICLA) de l'Université de Pretoria (Afrique du Sud).

[2] Guy-Fleury Ntwari, « Note sur le premier arrêt de la Cour africaine des droits de l'homme et des peuples », *African Journal of International and Comparative Law*, vol. 18, n° 2, 2010, pp. 233-237, spéc. p. 233.

[3] La Cour précisera dans son arrêt que dorénavant la requête doit lui être directement adressée à son siège à Arusha en Tanzanie : V° CourADHP, *Michelot Yogogombaye c République du Sénégal*, Requête n° 001/2008, arrêt, 15 décembre 2009, §§ 3-4.

[4] CourADHP, affaire *Michelot Yogogombaye*, § 1.

[5] Cette affaire Hissein Habré a connu une longue saga judiciaire en passant devant des organes conventionnels onusiens (V° Comité contre la torture, *Suleymane Guengueng et al. c Sénégal*, Communication n° 181/200, CAT/C/36/D/181/2001, 19 mai 2006), devant la Cour internationale de Justice (V° C.I.J., *Question concernant l'obligation de poursuivre ou d'extrader (Belgique c Sénégal)*, mesures conservatoires, ordonnance du 28 mai 2009, C.I.J., Recueil 2009, p. 139 et arrêt du 20 juillet 2012, C.I.J., Recueil 2012, p. 422), devant la Cour de Justice de la Communauté des Etats de l'Afrique de l'Ouest – ci-après Cour de Justice de la CEDEAO (V° Cour de Justice de la CEDEAO, *Hissein Habré c. République du Sénégal*, arrêt, ECW/CCJ/RUL/05/13, 05 novembre 2013), devant les juridictions sénégalaises (V° M. Niang, « The senegalese legal framework for the prosecution of international crimes », *Journal of International Criminal Justice*, vol. 7, 2009, pp. 1047-1062), devant la CourADHP (V° l'arrêt que nous commentons ici), pour finir devant les Chambres africaines extraordinaires du Sénégal – ci-après C.A.E. – (V° C.A.E. d'assises, *Ministère public c. Heissein Habré*, Jugement, 30 mai 2016 ; *Ministère public c Hissein Habré*, Décision sur les intérêts civils, 29 juillet 2016 et C.A.E. d'assises d'appel, *Le Procureur général c Hissein Habré*, Arrêt, 27 avril 2017). Au sujet de l'affaire Hissein Habré devant les C.A.E., V° Elise Le Gall et Margaux Lenormand, « Les Chambres africaines extraordinaires du Sénégal ou les prémices

constitutionnelle sénégalaise est contraire au principe de non-rétroactivité de la loi pénale tel que garanti par l'art. 7 de la CADHP. Il allègue aussi que le Sénégal a violé la Convention de l'U.A. du 26 juin 1974 sur les aspects propres aux problèmes de réfugiés en Afrique et qu'il a utilisé « de manière abusive, à des fins politiques et pour des considérations pécuniaires, le mandat à lui confié par l'U.A. » en privilégiant une solution judiciaire à une solution inspirée des traditions africaines comme le recours à l'*Ubuntu*[1].

En réponse, le Sénégal soulève une exception préliminaire d'incompétence – en vérité c'est la Cour qui la qualifiera ainsi – de la Cour. Elle soutient n'avoir pas fait, contrairement à ce que prétend le requérant, la déclaration d'acception de la compétence de la Cour pour connaître des requêtes individuelles portées contre lui au sens de l'art. 34 (6) du Protocole créant la Cour (ci-après le Protocole de Ouagadougou ou le Protocole). Il conteste aussi l'intérêt du requérant à agir, soutenant que l'affaire concerne exclusivement le Sénégal, Hissein Habré et les victimes des crimes pour lesquels le Président Habré est poursuivi[2]. Il réfute enfin et subsidiairement les allégations du requérant quant aux violations du principe de non-rétroactivité de la loi pénale et du mandat qui lui a été confié par l'U.A[3].

La Cour examinera l'exception préliminaire d'incompétence et rendra le 15 décembre 2019, soit cinq ans après son existence[4], son premier arrêt concluant à son incompétence *ratione personae*. Elle n'examinera donc pas le fond des allégations du requérant.

On peut deviner aisément la difficulté à commenter un tel arrêt historique, tant il y a déjà eu maints commentaires de belle facture de cet arrêt[5]. La difficulté est d'autant grande que le juge Fatsah Ouguergouz a joint à l'arrêt une opinion individuelle d'une sagacité indéniable. Son opinion individuelle contient, pour

---

d'une nouvelle génération de juridictions pénales internationalisées » et Antoine Kaboré, « Les juridictions sénégalaises avaient-elles besoin de Chambres extraordinaires pour poursuivre et juger Hissein Habré ? », *Revue belge de droit international*, vol. XLX, 2017-1, pp. 61-88 et pp. 89-111, respectivement.

[1] CourADHP, affaire *Michelot Yogogombaye*, §§ 17-23.

[2] Bien que la Cour ne se soit pas prononcée sur la question de l'intérêt à agir, cette question mérite tout de même que la Cour s'y penche. Ni l'art. 5 ni l'art. 34 (6) du Protocole n'évoquent la question de l'intérêt à agir. On est en droit de se demander si toute personne, victime directe ou indirecte de violations de droits de l'homme peut saisir la Cour ; la Cour accepterait-elle une sorte d'*actio popularis* (V° Laurence Boisson De Chazournes et Makane Moïse Mbengue, « Article 34. Ratification », *in* Maurice Kamto (dir.), *La Charte africaine des droits de l'homme et des peuples et le Protocole y relatif portant création de la Cour africaine des droits de l'homme. Commentaire article par article*, Bruxelles, Bruylant, 2011, pp. 1516-1536, spéc. p. 1524) ? Elle aurait pu dans cette affaire, même sous forme d'*obiter dictum* clarifier la question. Elle effleurera la question dans l'affaire Norbert Zongo en esquissant une définition de la qualité de « victime » pour déterminer, non pas qui a qualité pour agir devant elle, mais qui a droit à la réparation consécutive à un constat de violation de la CADHP. V° CourADHP, affaire *Ayants droit de feus Norbert Zongo et autres c. Burkina Faso*, Requête n° 013/2011, arrêt sur les réparations, 5 juin 2015, §§ 45-54.

[3] CourADHP, affaire *Michelot Yogogombaye*, §§ 24-28.

[4] Le Protocole de Ouagadougou créant la Cour a été adopté le 9 juin 1998 et est entré en vigueur le 25 juin 2004. Les premiers juges seront nommés deux ans plus tard par la Conférence de l'U.A.

[5] V° entre autres, Guy-Fleury Ntwari, « Note sur le premier arrêt de la Cour africaine des droits de l'homme et des peuples », *op. cit.* ; Jamil Ddamulira Mujuzi, « Michelot Yogogombaye v The Republic of Senegal », *Human Rigths Law Review*, vol. 10, n° 2, 2010, pp. 372-381 ; Chacha Bhoke Murungu, « Judgment in the First Case before the African Court on Human and Peoples' Rights : A Missed Opportunity or a Mckery of Interantional in Africa ? », < https://papers.ssrn.com/sol3/papers.cfm?abstract_id=1526539>, consulté le 26/09/2019 ; C.C. Jalloh, « Michelot Yogogombaye v Republic of Senegal », *American Journal of International Law*, vol. 104, 2010, pp. 620-628 ; E. Olufemi, « Introductoray Not to the African Court on Human and Peoples' Rights: Yogogombaye c Senegal », *International Legal Materials*, vol. 49 (3), pp. 850-857 ; Brian Sang Y. K., « Improving the protection of human and peoples' rights in Africa: reflections from the Yogogombaye case », *African Journal of International and Comparative Law*, vol. 20 (3), 2012, pp. 341-364 ; Alain Didier Olinga, « Regards sur le premier arrêt de la Cour africaine des droits de l'homme et des peoples », *Revue trimestrielle des droits de l'homme*, vol. 83, 2010, pp. 749 ss. ; Blaise Tchikaya, « La première decision au fond de la Cour africaine des droits de l'homme et des peoples: l'affaire Yogogombaye c. Sénégal (15 décembre 2009) », *Annuaire africain des droits de l'homme*, vol. 2, 2018, pp. 509-521.

reprendre les termes de Brian Sang[1], des « well-reasoned arguments and progressive views on the jurisdictional hurdles for individual and non-State actor complaints ». En tout cas, plus qu'une opinion individuelle, c'est un véritable commentaire de l'arrêt que le juge a fait. Notre commentaire, de toute évidence, s'inspirera largement de cette opinion du juge et de toutes autres analyses déjà faites sur l'affaire Michelot Yogogombaye, analyses qui, au demeurant, concordent toutes à souligner que le point de clou de l'affaire est la compétence *ratione personae* de la Cour, notamment la compétence personnelle à connaitre des requêtes individuelles. Cette compétence, la Cour l'assoit avec justesse sur les articles 5 et 34 (6) du Protocole de Ouagadougou (**I**). Mais le traitement procédural qu'elle a fait de la requête laisse songeur, d'autant qu'ici l'incompétence de la Cour apparaissait *prima facie* (**II**).

I. La compétence personnelle de la Cour sise entre l'art. 5 et l'art. 34 (6) du Protocole

La CourADHP, pour connaitre d'une affaire, doit, comme ses consœurs cours régionales de droits de l'homme (la CourEDH, la CourIADH), être compétente à un triple ou quadruple point de vue. Elle doit être matériellement compétente : ce sont les articles 3 et 7 du Protocole de Ouagadougou qui définissent cette compétence matérielle. A teneur de ces dispositions, la Cour connaît des affaires et des différends concernant l'interprétation et l'application non seulement de la CADHP et du Protocole de Ouagadougou, mais aussi de tout autre instrument pertinent relatif aux droits de l'homme et ratifiés par les Etats concernés[2]. Cette définition de la compétence *ratione materiae* est assez spécifique. Elle ouvre expressément l'office du juge de la CourADHP sur des instruments de droits de l'homme autres que la CADHP, que ceux-ci soient exclusivement africains ou extra-africains (universels ou tout autre), la seule condition étant que ces instruments soient relatifs aux droits de l'homme et qu'ils lient l'Etat défendeur. Une telle ouverture de la compétence de la Cour, et partant de tout le système africain de droits de l'homme et des peuples sur une pluralité d'instruments juridiques, oblige la Cour africaine à faire office du juge *Hermes* au sens *ostien*[3] du terme, c'est-à-dire à lire la Charte africaine et tous ces « autres instruments » de façon croisée et combinée. C'est sans doute un véritable défi, mais la Cour dans cette affaire Michelot Yogogombaye n'y est pas confrontée, puisque la compétence matérielle de la Cour n'est pas ici en cause[4].

---

[1] Brian Sang Y. K., « Improving the protection of human and peoples' rights in Africa: reflections from the Yogogombaye case », *op. cit.*, p. 348.

[2] Au sujet de cette compétence matérielle au sens des art. 3 et 7 du Protocole, V° Pierre Etienne Kenfack, « Article 3. Compétence de la Cour » et Maurice Kamto, « Article 7. Droit applicable », *in* Maurice Kamto (dir.), *La Charte africaine des droits de l'homme et des peuples et le Protocole y relatif portant création de la Cour africaine des droits de l'homme. Commentaire article par article*, *op. cit.*, pp.1252-1254 et pp.1296-1298 respectivement. V° la définition de cette compétence matérielle par la Cour elle-même : CourADHP, affaire *Ayants droit de feus Norbert Zongo et autres c. Burkina Faso*, Requête n° 013/2011, arrêt au fond, 28 mars, 2014, § 48.

[3] François Ost, « Jupiter, Hercule, Hermès : trois modèles du juge », *in* Pierre Bouretz (dir.), *La force du droit. Panorama des débats contemporains*, Paris, ESPRIT, 1991, pp. 241-272 ; Samson Mwin Sôg Mé Dabiré, *La dérogation aux droits de l'homme en Afrique. Le droit africain des droits de l'homme et des peuples à l'épreuve des circonstances exceptionnelles*, Genève, Schulthess, 2021, pp. 140-147.

[4] Quoique le requérant allègue ici la violation non seulement de la CADHP, mais aussi de la Convention de l'OUA du 10 septembre 1969 régissant les aspects propres aux problèmes de réfugiés en Afrique (§§ 21 et 22 (3) (4) de l'arrêt). La Cour se fera plus tard un peu plus précise sur cette lecture combinée ou croisée de la CADHP et des autres instruments dans un certain nombre d'arrêts. Par exemple dans l'affaire *Oscar Josiah c. Tanzanie* (Requête, n° 053/2016, arrêt du 28 mars 2019, spéc. § 66), elle précisera qu'elle lit les dispositions de Charte africaine « ***à la lumière*** » des dispositions du Pacte ONU II et dans l'affaire *Armand Guéhi c. Tanzanie* (Requête n° 001/2015, arrêt du 7 décembre 2018, spéc. § 96), elle considerera que le droit à l'assistance consulaire de l'art. 36 (1) de la Convention de Vienne sur les relations consulaires est aussi protégé par l'art. 7 (1) (c) de la Charte africaine.

La Cour africaine doit être aussi compétente *ratione temporis*. Le Protocole de Ouagadougou ne définit pas expressément cette compétence temporelle, mais la Cour dès l'affaire *Norbert Zongo*[1] précisera qu'elle n'est compétente temporellement que pour les violations de droits survenues après l'entrée en vigueur pour l'Etat défendeur non seulement de la CADHP, mais aussi du Protocole créant la Cour. Ici non plus la compétence temporelle de la Cour n'est directement en cause. Toutefois, – nous y reviendrons[2] – la manière dont la Cour traite la question de sa compétence personnelle dans cette affaire n'est pas sans incidence sur la détermination de la compétence temporelle.

La Cour doit par ailleurs être compétente territorialement. Le Protocole ne contient aucune disposition à ce sujet, mais il est évident qu'elle ne peut connaître d'une requête, comme tous les autres organes (quasi) juridictionnels de droits de l'homme, que si les faits à l'origine de la requête ont lieu sur le territoire ou sous la juridiction de l'Etat défendeur. C'est surtout lorsqu'il y a des allégations de violations extraterritoriales de droits de l'homme, que la question de la compétence territoriale se pose souvent. Pour l'instant, la Cour africaine n'a pas encore eu à connaître d'allégation de violations extraterritoriales. En tout cas dans l'affaire qui nous occupe, la compétence territoriale de la Cour africaine n'est pas en cause.

Enfin, pour connaître d'une affaire, la Cour doit avoir la compétence personnelle. C'est l'art. 5 du Protocole de Ouagadougou qui définit notamment cette compétence personnelle de la Cour. Celle-ci peut être saisie par la Commission africaine, les Etats parties au Protocole, les organisations intergouvernementales africaines et, dans certaines conditions, les individus et les organisations non gouvernementales (ci-après ONG) dotées du statut d'observateur auprès de la Commission africaine[3]. Dans l'arrêt qui nous occupe, c'est la compétence personnelle de la Cour qui est cause, notamment sa compétence à connaître des requêtes individuelles. A teneur de l'art. 34 (6) du Protocole de Ouagadougou auquel renvoie l'art. 5 (3) du même Protocole, pour que la Cour africaine connaisse de telles requêtes (individuelles et des ONG), il faut que l'Etat défendeur ait fait une déclaration acceptant la compétence de la Cour pour connaitre de celles-ci.

Dans sa requête, M. Yogogombaye prétend que le Sénégal a « fait la déclaration au titre de l'article 34 (6) du Protocole acceptant la compétence de la Cour pour recevoir les requêtes des individus »[4]. Ce que le Sénégal conteste, affirmant « avec force n'avoir pas fait la déclaration de reconnaissance de compétence de la Cour africaine des droits de l'homme et des peuples pour connaître des requêtes individuelles »[5]. C'est là que l'essentiel du contentieux se noue pour la Cour. La Cour le tranchera en faisant une clarification terminologique (I.1.) et en offrant une interprétation des art. 5 et 34 (6) du Protocole de Ouagadougou (I.2.).

[1] CourADHP, affaire *Ayants droit de feus Norbert Zongo et autres c. Burkina Faso*, Requête n° 013/2011, arrêt sur les exceptions préliminaires, 29 juin 2013, §§ 51-83.
[2] V° *infra*, point II de nos développements.
[3] Pour une requête introduite par la Commission africaine V° CourADHP, *Commission africaine des droits de l'homme et des peuples c. Libye*, Requête n° 002/2013, arrêt, 3 juin 2013 et pour une requête introduite par des individus et/ou une ONG V° CourADHP, affaire *Ayants droit de feus Norbert Zongo et autres c. Burkina Faso*, Requête n° 013/2011, arrêt sur les exceptions préliminaires, *op. cit.* La Cour n'a pour l'instant pas encore été saisie de requêtes interétatiques.
[4] CourADHP, affaire *Michelot Yogogombaye*, § 17.
[5] *Ibid.*, § 25.

I.1. Entre exception d'irrecevabilité et exception d'incompétence

La Cour fait observer dans son arrêt que l'exception préliminaire dont elle a à connaître n'est pas une exception d'irrecevabilité mais une exception d'incompétence. Elle fait cette précision non seulement parce que le Sénégal dans son mémoire en réponse, contestant avoir fait la déclaration d'acception de la compétence de la Cour pour connaître des requêtes individuelles au sens de l'art. 34 (6) du Protocole, demande à la Cour de déclarer la requête de Michelot Yogogombaye « ***irrecevable*** », mais aussi parce que l'art. 34 (6) du Protocole dispose que « la Cour ne ***reçoit*** » aucune requête individuelle intéressant un Etat qui n'a pas fait la déclaration d'acception de la compétence pour de telles requêtes ». La Cour précise alors que le terme « reçoit » de l'art. 34 (6) du Protocole ne doit être entendu « ni dans son sens littéral, comme renvoyant au concept de « réception » ni dans son sens technique comme renvoyant au concept de « recevabilité ». Il doit plutôt être interprété à la lumière tant de la lettre que de l'esprit de l'article 34 (6) pris dans son intégralité et en particulier de l'expression « déclaration acceptant la compétence de la Cour pour recevoir les requêtes [émanant d'individus ou d'ONG] » figurant dans la première phrase de cette disposition. « Il ressort donc clairement de cette lecture que l'objet de l'art. 34 (6) (...) est de régler les conditions pour que la Cour puisse connaître de telles requêtes »[1]. La Cour a ainsi voulu, par cette analyse sémantique, préciser que l'art. 34 (6) du Protocole est au sujet de la compétence et non de la recevabilité[2] et que la recevabilité doit être distinguée de la compétence.

Sans aucun doute, en droit processuel, la recevabilité est différente de la compétence : la première étant la qualité ou le caractère que doit avoir un recours, parce que remplissant des conditions préalablement définies, pour être examiné au fond par un organe, en l'occurrence la Cour africaine ; tandis que la seconde, la compétence – ici contentieuse de la CourADHP – est le pouvoir de la Cour d'examiner, de connaître d'une affaire et de la régler par une décision (*lato sensu*)[3]. La recevabilité a donc trait à la qualité du recours telle qu'exigée par l'art. 56 de la CADHP auquel renvoie l'art. 6 (2) du Protocole de Ouagadougou[4], alors que la compétence a trait à l'office du juge. Et à considérer la teneur de l'art. 56 de la CADHP, il appert que les griefs de l'exception d'irrecevabilité sont plus larges et que ceux de l'exception d'incompétence qui sont au nombre de trois comme déjà mention (*ratione materiae, temporis* et *personae*). L'art. 34 (6) du Protocole a donc trait à la compétence, à l'office du juge pour connaitre des requêtes individuelles et non à la qualité de ces requêtes.

Recevabilité et compétence ne sont toutefois pas sans lien, même si la Cour ne le laisse pas entrevoir. Pour que la Cour statue sur la recevabilité d'une requête il

---

[1] *Ibid.*, § 39.

[2] Guy-Fleury Ntwari, « Note sur le premier arrêt de la Cour africaine des droits de l'homme et des peuples », *op. cit.*, p. 236.

[3] V° entre autres Gérard Cornu (dir.), *Vocabulaire juridique*, Paris, PUF, 12e éd., 2018, pp. 213-214, et 858 ; Jean Salmon (dir.), *Dictionnaire de droit international public*, Bruxelles, Bruylant, 2001, pp. 210-211 et 932-933.

[4] La Cour a ainsi les mêmes conditions de recevabilité que la Commission africaine. Et comme la Commission africaine peut aussi saisir la Cour pour des affaires dont elle a connu, on peut se demander si en pareil cas, la Cour est liée par la décision de la Commission sur la recevabilité d'une affaire dont celle-ci la saisit. Quand on observe les trois affaires introduites jusque-là par la Commission africaine devant la Cour, celle-ci (ré)examine la recevabilité de la requête nonobstant l'examen qu'aurait déjà fait la Commission. Dans l'affaire concernant la Libye, elle réapprécie la recevabilité de la requête (CourADHP, *Commission africaine des droits de l'homme et des peuples c. Libye, op. cit.*, §§ 61-74) et dans l'affaire du peuple Ogieck, elle laisse entendre qu'elle n'est pas liée par l'examen de la recevabilité qu'aurait fait la Commission africaine (*Commission africaine des droits de l'homme et des peuples c. République du Kenya*, Requête n° 006/2012, arrêt, 26 mai 2017, §§ 78-80).

faut qu'elle ait d'abord la compétence au triple ou quadruple point de vue (matériel, personnel, temporel et territorial). C'est en tout cas dans cet ordre que la Cour africaine procède : quand elle examine les exceptions préliminaires soulevées par l'Etat défendeur, elle commence « par celles relatives à sa compétence »[1]. Cela n'empêche cependant pas que le greffe ou le secrétariat d'un organe (quasi) juridictionnel ait le pouvoir d'apprécier la recevabilité *prima facie* des requêtes avant que l'organe (quasi) juridictionnel ne les connaisse. C'est le cas dans le système interaméricain des droits de l'homme, avec l'étape procédurale prévue à l'art. 26 du Règlement de la Commission interaméricaine des droits de l'homme : « le Secrétariat exécutif de la Commission est chargé de l'étude et de l'instruction initiale des pétitions qui sont présentées à la Commission ». On peut se demander – nous y reviendrons [2]– si la CourADHP ne gagnerait pas à donner une telle compétence d'instruction préalable des requêtes à son greffe. Au regard de l'affluence croissante des affaires devant la Cour, on ne manquerait sans doute pas de gagner en célérité dans le traitement des affaires si le greffe pouvait déjà faire un tri des requêtes irrecevables *prima facie*. Enfin, un autre point de commerce entre recevabilité et compétence est, que la requête soit irrecevable ou que la Cour manque de compétence pour la connaitre, le résultat au final reste le même : la requête ne sera pas traitée au fond et sera rejetée[3] comme c'est le cas ici dans l'affaire qui nous occupe.

I.2. Le droit de saisine directe de l'individu, entre les art. 5 et 34 (6) du Protocole

Pour résoudre l'exception préliminaire soulevée par le Sénégal, qu'elle a requalifiée d'exception d'incompétence *ratione personae*, la CourADHP pose le principe selon lequel « pour qu'elle puisse connaître d'une requête contre un Etat Partie émanant directement d'un individu, il faut qu'il y ait conformité avec, entre autres, l'article 5 (3) et l'article 34 (6) du Protocole ». Selon cet art. 5 (3) du Protocole, « la Cour peut permettre aux individus ainsi qu'aux ONG dotées du statut d'observateur auprès de la Commission d'introduire directement devant elle, conformément à l'art. 34 (6) de ce Protocole », et à teneur de l'art. 34 (6), « à tout moment, à partir de la ratification du (…) présent Protocole, l'Etat doit faire une déclaration acceptant la compétence de la Cour pour recevoir les requêtes énoncées à l'art. 5 (3) du Présent Protocole. La Cour ne reçoit aucune requête en application de l'art. 5 (3) intéressant un Etat partie qui n'a pas fait une telle déclaration ». La Cour fait « une lecture combinée de ces deux dispositions », de laquelle elle tire la conclusion que sa « saisine directe (…) par un individu est subordonnée au dépôt par l'Etat défendeur d'une déclaration spéciale autorisant une telle saisine »[4]. Constatant

---

[1] CourADHP, affaire *Michelot Yogogombaye*, §§ 29 et 40. Même si dans l'affaire *Mitikila*, la Cour a, sans aucune explication, examiné d'abord les exceptions d'irrecevabilité avant les exceptions d'incompétence. Cela a quelque peu divisé les juges, certains (la majorité) ne trouvant rien à reprocher à cet ordre de traitement, d'autres (les juges Fatsah et Ouguergouz et Gérard Niyungéko) estimant que la Cour devrait maintenir sa pratique de traiter d'abord les exceptions d'incompétence avant les exceptions d'irrecevabilité, un dernier groupe (le juge Bernard M. Ngoepe) estimant que l'ordre de traitement importe peu : V° Cour ADHP, affaire *Tanganyika Law Society, The Legal and Human Rights Centre & Révérend Christopher R. Mtikila c. République-Unie de Tanzanie*, Requêtes n° 009 & 011/2011, arrêt (fond), 13 juin 2013, §§ 80 ss., et les opinions individuelles des juges Fatsah Ouguergouz, Bernard M. Ngoepe, Gérard Niyungeko.

[2] V° *infra* Conclusion.

[3] Amos Enabulele, « The problems of jurisdiction by optional declaration : reflections on articles 5 (3) and 34(6) of the Protocol of the african court on human and peoples' rights », *Australian Journal of Human Rights*, vol. 24, n° 2, 2018, pp. 223-243, spéc. pp. 224-225.

[4] CourADHP, affaire *Michelot Yogogombaye*, § 34.

que le Sénégal n'a pas fait une telle déclaration spéciale, elle conclut qu'elle n'a pas de compétence pour connaître de la requête[1].

Ce raisonnement de la Cour, qui enfile un syllogisme quasi scolaire, est relativement clair. Toutefois, il présente une zone d'ombre. Comme l'a si bien fait remarquer le juge Fatsah dans son opinion individuelle[2], la Cour sème une confusion en faisant cas d'exigence de « conformité avec, *entre autres*, l'art. 5 (3) et l'art. 34 (6) » (nous soulignons) pour qu'elle ait compétence *ratione personae* dans l'affaire en cause. S'il ne fait l'ombre d'aucun doute que la compétence personnelle de la Cour est régie par l'art. 5 (3) du Protocole et que l'art. 34 (6) définit les modalités d'acceptation de cette compétence par les Etats parties, l'expression « entre autres » dans l'arrêt de la Cour laisse penser qu'il y aurait d'autres conditions supplémentaires. Ce qui n'est pourtant pas le cas. La Cour songerait-elle aux conditions de recevabilité par l'adjonction du « entre autres » ? Difficile de l'admettre puisqu'elle distingue avec soin dans l'arrêt, recevabilité et compétence. C'est en réalité un « entre autres » de trop et de maladresse ; probablement un *lapsus calami* ou *clavis*.

Il est aussi assez remarquable et à regretter que la Cour n'a donné, dans ce premier arrêt, aucune précision ni sur la nature ni sur les modalités de cette fameuse déclaration de l'Etat de l'art. 34 (6) du Protocole. Il faudra attendre sept ans plus tard, pour qu'elle indique dans l'affaire *Ingabiré Victoire Umuhoza c. République du Rwanda*, que « la déclaration faite en vertu de l'article 34 (6) du Protocole constitue non seulement un engagement international de l'Etat, mais bien plus important, crée des droits subjectifs en faveur des individus et des groupes »[3], mais que « son dépôt est facultatif par nature [et qu']ainsi, en tant qu'acte unilatéral, la déclaration peut être séparée du Protocole et peut, de ce fait, être retirée, indépendamment du Protocole »[4]. La déclaration est donc facultative, unilatérale et créatrice du droit de saisine directe de la Cour au profit des individus et des ONG.

Enfin, le traitement procédural que la Cour a fait de cette affaire ne laisse pas moins songeur.

II. Le traitement procédural de la requête en cas d'incompétence de la Cour

Une affaire pour laquelle l'incompétence personnelle de la Cour apparaissait *prima facie*, mais que la Cour instruira tout de même jusqu'à rendre un arrêt. On peut s'étonner que la requête ne fût pas rejetée par une simple lettre du greffe (II.1). La Cour en procédant ainsi avait-elle en arrière-plan la configuration d'un *forum prorogatum* ? A la lecture de l'arrêt et surtout de l'opinion individuelle du juge Fatsah, on ne peut résister à l'interrogation (II.2).

II.1. … Le refus d'un rejet administratif de la requête pour incompétence notoire de la Cour

Résumons l'historique et les différents actes de procédure de cette affaire devant la Cour africaine : le greffe de la Cour a reçu la requête de Michelot Yogogombaye et l'a inscrite au rôle le 29 décembre 2008. Il a ensuite, conformément à l'art. 35 de l'ancien Règlement de la Cour (art. 40 (6) du nouveau Règlement), notifié la requête au Sénégal et informé les autres parties au Protocole de

---

[1] *Ibid.*, §§ 36-37.

[2] « Opinion individuelle du juge Fatsah Ouguergouz », §§ 5-9.

[3] CourADHP, *Ingabire Victoire Umuhoza c. République du Rwanda*, Requête n° 003/2014, arrêt sur les effets du retrait de la déclaration faite en vertu de l'art. 34 (6) du Protocole, 3 juin 2016, § 61.

[4] *Ibid.*, §§ 57-58.

Ouagadougou de son dépôt le 5 janvier 2009. Le Sénégal a accusé réception de la notification de la requête par lettre du 10 février 2009. Il a fait connaître dans la même lettre les noms de ses représentants devant la Cour[1]. Là, on se demande pourquoi dans l'accusé de réception, le Sénégal ne se contente pas seulement de contester avoir fait la déclaration d'acceptation de la compétence de la Cour pour connaître des requêtes individuelles et d'ainsi rejeter la compétence personnelle de celle-ci. Au lieu de cela et mieux encore, une semaine après, le 17 février 2009, il demandera une prorogation de délai pour présenter ses observations à la requête[2]. Ne serait-ce pas cette attitude du Sénégal qui a conduit la Cour à ne pas rejeter d'emblée la requête pour incompétence manifeste ? Au demeurant, dans son mémoire en défense, le Sénégal demande à la Cour, non pas de se déclarer incompétente, mais de déclarer la requête irrecevable[3] et répond même au fond aux allégations du requérant[4]. C'est donc une attitude de l'Etat défendeur qui laissait la Cour entrevoir une possibilité, infime certes, mais perceptible tout de même, qu'il (le Sénégal) accepte(rait) la compétence de la Cour pour connaître de la requête pendante[5].

Par ailleurs, la Cour aurait-elle voulu rejeter par simple lettre du greffe la requête pour incompétence manifeste, qu'elle trouverait un peu difficilement un fondement juridique pour ce faire. Comme l'a relevé le juge Fatsah, les requêtes adressées à la Commission africaine des droits de l'homme et des peuples, à la Commission interaméricaine ou au Comité des droits de l'homme, font l'objet d'un filtrage avant leur enregistrement et leur notification aux Etats contre lesquels elles sont introduites[6]. Ce qui n'est pas le cas de la CourADHP : le greffe de la Cour n'a *a priori* pas ce pouvoir de filtrage, du moins selon le Règlement de la Cour au moment du rendu de l'arrêt ici sous commentaire. On pourrait se demander si l'art. 38 de l'ancien Règlement de la Cour (art. 48 (1) du Règlement de 2020) ne pouvait pas servir de fondement à un tel rejet. A lire cette disposition[7], on s'aperçoit qu'il s'agit certes d'un rejet sur la base d'une appréciation *prima facie* de la requête, c'est-à-dire avant même l'examen préliminaire de la compétence et de la recevabilité de l'art. 39 du Règlement (art. 49 de l'actuel Règlement), mais surtout d'un rejet au motif que la requête serait manifestement infondée. C'est donc le fond de l'affaire et non des questions préliminaires de compétence et de recevabilité qui fondent le rejet, quoique rien n'empêche la Cour de fonder sur cette disposition des rejets de requêtes pour incompétence ou irrecevabilité manifeste. C'est sans doute en tirant leçon de cette lacune du Règlement d'alors de la Cour, qu'avec le nouveau Règlement de 2020, un nouvel alinéa a été rajouté à ce qui tenait lieu d'art. 38 pour donner au greffe un pouvoir de filtrage des requêtes pour lesquelles la Cour n'aurait manifestement pas compétence. Ainsi à teneur de l'art. 48 al. 2 du Règlement de 2022 : « chaque fois que le Greffe reçoit une requête émanant d'un individu ou d'une organisation non gouvernementale, il vérifie auprès de la Commission de l'UA si l'Etat visé par la

---

[1] CourADHP, affaire *Michelot Yogogombaye*, §§ 3-6.

[2] *Ibid.*, § 9.

[3] La Cour requalifie l'exception préliminaire en exception d'incompétence. Elle n'aurait pas pu feindre de ne pas voir l'erreur de qualification juridique et connaître l'affaire au fond ; ce serait faire preuve de mauvaise foi et de ne pas appliquer le droit de la CADHP et du Protocole.

[4] CourADHP, affaire *Michelot Yogogombaye*, § 28.

[5] « Opinion individuelle du juge Fatsah Ouguergouz », §§ 18-20.

[6] « Opinion individuelle du juge Fatsah Ouguergouz », § 15.

[7] Cet art. 38 dispose : « Toutes les fois que la Cour estime que la requête ne repose manifestement sur aucun fondement, elle la rejette en motivant sa décision sans devoir citer les parties à comparaître, pourvu que sa décision et les raisons qui la fondent soient communiquées à toutes les parties ».

requête est partie au Protocole ou a déposé la déclaration prévue à l'art. 34, alinéa 6 du Protocole. Lorsque le Protocole n'a pas été ratifié ou lorsque la déclaration n'a pas été déposée, le Greffier n'enregistre pas la requête et en informe le requérant en lui communiquant le(s) motif(s)».

Dans tous les cas, dans l'affaire qui nous occupe, le traitement procédural que la Cour a réservé à la requête de Michelot Yogogombaye, donne l'impression qu'elle n'excluait pas que nonobstant l'absence de déclaration préalable d'acceptation de la compétence de la Cour au sens de l'art. 34 (6) du Protocole par le Sénégal, elle aurait pu connaître de l'affaire, même au fond. Cela laisse percevoir en filigrane une certaine idée que la Cour se fait de cette fameuse déclaration de l'art. 34 (6) du Protocole.

II.2. … Dans l'espoir d'un *forum prorogatum* ?

La compétence personnelle de la CourADHP pour connaître des requêtes individuelles, faudrait-il le rappeler, repose sur le consentement de l'Etat défendeur[1] ; consentement qui se dédouble formellement dans son expression : il faut d'abord que l'Etat ratifie le Protocole créant la Cour, et ensuite qu'il fasse une déclaration acceptant la compétence de la Cour pour recevoir les requêtes individuelles. C'est la teneur de l'art. 34 (6) qui fait clairement du dépôt de cette déclaration d'acceptation de compétence une faculté de l'Etat, même si les termes de la disposition peuvent faire penser *a priori*, qu'il s'agit d'une obligation. L'art. 34 (6) dispose en effet qu'«à tout moment à partir de la ratification du (…) Protocole, l'Etat ***doit*** faire une déclaration acceptant la compétence de la Cour pour recevoir les requêtes énoncées à l'art. 5 (3) ». Ce « doit » donne l'impression que la déclaration d'acceptation de la compétence est une prescription faite à l'Etat. Mais il n'en est rien en réalité, puisque non seulement la suite de la disposition précise que « la Cour ne reçoit aucune requête en application de l'art. 5 (3) intéressant un Etat partie qui n'a pas fait une telle déclaration », mais aussi, aucun délai n'est fixé à l'Etat pour faire une telle déclaration. Le dépôt de la déclaration est donc clairement facultatif et le juge Fatsah précise que les travaux préparatoires du Protocole confirment cela[2].

Si le moment du dépôt de la déclaration d'acceptation de la compétence fait de celle-ci une déclaration facultative, son antériorité ou sa postériorité par rapport à l'introduction d'une requête individuelle n'est pas précisée par la disposition : la déclaration peut être faite, à teneur de l'art. 34 (6) même, « à tout moment à partir de la ratification » du Protocole[3]. Il n'est donc aucunement exigé que la déclaration soit préalable à l'introduction d'une requête. L'art. 62 de la Convention interaméricaine a, sur ce point, l'avantage d'être très explicite : l'acceptation de la compétence de la Cour interaméricaine peut être faite à tout moment, inconditionnellement, par une

---

[1] Ce qu'exige l'art. 34 (6) du Protocole, c'est que ce soit l'Etat défendeur qui fasse ou ait fait la déclaration d'acception de la compétence de la Cour et non l'Etat dont le requérant a la nationalité comme l'ont pu laisser croire certains auteurs comme Pierre Etienne Kenfack (« Article 5. Saisine de la Cour », *in* Maurice Kamto (dir.), *La Charte africaine des droits de l'homme et des peuples et le Protocole y relatif portant création de la Cour africaine des droits de l'homme. Commentaire article par article*, *op. cit.*, pp. 1268-1278, spéc. p. 1274).

[2] « Opinion individuelle du juge Fatsah Ouguergouz », §§ 25-26.

[3] C'est ici que l'art. 34 (6) a à voir avec la compétence temporelle. Pour une requête individuelle, la Cour ne pourra être compétente en principe que pour des allégations de violations survenues après non seulement la ratification de la CADHP et du Protocole de Ouagadougou, mais aussi après le dépôt de la déclaration au sens de l'art. 34 (6) du Protocole ou au moins après ou au même moment que l'Etat défendeur ait manifesté expressément ou tacitement, après l'introduction de la requête individuelle, qu'il accepte la compétence de la Cour. Il y a au final une antériorité et tout au plus une simultanéité de l'acceptation de la compétence au sens de l'art. 34 (6) à l'examen au fond de la requête. On peut voir ce rapport entre compétence personnelle liée à l'art. 34 (6) du Protocole et compétence temporelle de la Cour dans l'affaire *Chirstopher Jonas c. République Unie de Tanzanie* que nous discutons plus loin dans ce commentaire.

déclaration ou une convention spéciale. Dans le cas de la CourADHP, malgré la sobriété de l'art. 34 (6), rien n'empêche en principe un Etat, une fois informée d'une requête introduite en son encontre d'accepter, d'une manière ou d'une autre, la compétence de la Cour pour en connaître[1]. L'idée d'un *forum prorogatum* n'est donc pas exclue ici.

Le *forum prorogatum* comme son nom l'indique, c'est la prorogation ou l'extension de la compétence d'une juridiction internationale pour connaître d'une requête, qui découle du comportement de l'Etat défendeur. C'est le cas de figure où la juridiction internationale qui devrait en principe se déclarer incompétente parce que l'Etat en cause n'a pas accepté au préalable sa compétence, affirme tout de même sa compétence et la fonde sur le comportement de cet Etat. L'Etat en cause exprime de manière expresse ou tacite qu'il accepte la compétence de la Cour pour l'affaire en cours. Avec le *forurm prorogatum*, il y a comme une anticipation de la compétence de la Cour par le requérant qui saisit celle-ci avant que l'Etat défendeur ne remplisse la formalité d'acceptation de la compétence de la Cour et surtout une déduction par la Cour de sa compétence à partir de l'attitude de l'Etat défendeur[2]. C'est par ses actes ou son comportement non équivoques que celui-ci accepte la compétence de la Cour[3]. C'est ainsi que le Sénégal, comme l'a relevé le juge Fatsah[4], a pu faire penser à la Cour africaine, jusqu'au 9 avril 2009, qu'il acceptait sa compétence pour connaître de l'affaire Michelot Yogogombaye. En accusant réception de la lettre du greffe qui l'informait de la requête introduite contre lui, en communiquant au greffe le 10 février 2009 les noms de ses représentants et en demandant une prorogation de délai le 17 février 2009 pour déposer ses conclusions, le Sénégal a pu faire croire à la Cour qu'il acceptait sa compétence dans cette affaire. Ce n'est qu'au 9 avril 2009 que la Cour a sans doute pu se raviser que le Sénégal n'acceptait pas au final sa compétence, puisque dans son mémoire en défense, il réfute *expressis verbis* avoir fait la déclaration d'acceptation de la compétence et demande à la Cour de rejeter la requête[5].

On peut voir dans l'affaire *Christopher Jonas c. République de Tanzanie* un cas de figure de *forum prorogatum* de la Cour africaine. Dans cette affaire, le requérant a épuisé les voies de recours internes le 27 mars 2009, alors même que la Tanzanie n'avait pas encore déposé sa déclaration d'acceptation de la compétence de la Cour au sens de l'art. 34 (6) du Protocole. Elle fera le dépôt de cette déclaration le 29 mars 2010. Mais lorsque Monsieur Jonas Christopher introduit sa requête en mai 2015, la Tanzanie ne conteste aucunement la compétence ni temporelle ni personnelle de la Cour[6]. Elle aurait pourtant pu exciper du fait qu'au moment des faits, elle n'avait pas encore fait la déclaration acceptant la compétence de la Cour pour connaître des requêtes individuelles pour contester la compétence temporelle et personnelle de

---

[1] « Opinion individuelle du juge Fatsah Ouguergouz », §§ 27-30.

[2] Amos Enabulele, « The problems of jurisdiction by optional declaration : reflections on articles 5 (3) and 34(6) of the Protocol of the african court on human and peoples' rights », *op. cit.*, p. 233.

[3] Henri Roland, *Lexique juridique des expressions latine*s, Paris, LexisNexis, 6e éd., 2014, p. 118 ; Jean Salmon (dir.), *Dictionnaire de droit international public*, *op. cit.*, p. 518.

[4] « Opinion individuelle du juge Fatsah Ouguergouz », §§ 31-34

[5] *Ibid.*

[6] Elle soulève plutôt une exception d'incompétence matérielle et des exceptions d'irrecevabilité qui ne seront pas retenues par la Cour. CourADHP, *Chirstopher Jonas c. République Unie de Tanzanie*, Requête n° 011/2015, Arrêt, 28 septembre 2017, §§ 22 ss.

celle-ci[1]. Mais la Tanzanie s'en n'est pas prévalu. La Cour a donc conclu qu'elle était compétente et a connu de l'affaire au fond[2].

Mais à la différence de l'affaire *Christopher Jonas*, ici dans l'affaire Michelot Yogogombaye, le Sénégal réfute la compétence personnelle de la Cour. Et à ce sujet on peut se demander pourquoi la Cour, convaincue de son incompétence (après l'espoir 'déçu' d'un *forum prorogatum*), ne la fait pas constater par une simple lettre du greffe ou ne la déclare pas dans une simple ordonnance ou une simple décision, mais va jusqu'à rendre un arrêt.

C'est en réalité et justement parce que le Sénégal avait déjà soulevé des exceptions préliminaires (d'incompétence y comprises) ; et selon l'art. 52 (7) du Règlement (de 2010) de la Cour, elle « statue sur l'exception préliminaire par ***arrêt motivé*** »[3].

C'est donc au final, l'attitude du Sénégal dès les débuts de la requête qui a donné une perspective de *forum prorogatum* et qui a fait que la requête n'a pas été rejetée *in limine litis* pour incompétence manifeste de la Cour ; et ce sont les exceptions préliminaires soulevées par le Sénégal qui a expliqué que la Cour ait rendu un arrêt plus solennel au lieu d'une ordonnance ou d'une décision plus sobre en solennité ou encore d'une modique lettre du greffe pour clore l'affaire.

Cependant, lorsqu'on fait un voyage dans le temps pour considérer le traitement procédural que la Cour va réserver à des affaires similaires, on s'étonne de son manque de constance. Si l'on prend par exemple l'affaire *Amir Adam Timan c. République du Soudan*[4], le greffe, une fois la requête reçue, a demandé au Conseiller juridique de la Commission de l'U.A. si le Soudan avait fait la déclaration exigée par l'art. 34 (6) du Protocole. Le Soudan n'ayant pas fait une telle déclaration[5], la Cour conclura par une décision – et non par un arrêt – à son incompétence manifeste pour connaître de l'affaire. Les questions évidentes que l'on se pose, c'est pourquoi l'Etat défendeur n'a pas eu notification de l'affaire, pourquoi il n'a pas respecté le principe du contradictoire en ne donnant pas l'opportunité à l'Etat défendeur de se prononcer sur l'affaire. Le Soudan aurait pu, comme le Sénégal dans l'affaire Michelot Yogogombaye, soulever des exceptions préliminaires et même accepter par *forum prorogatum* la compétence de la Cour[6]. Aussi, une année auparavant, dans l'affaire *Youssef Ababou c. Royaume du Maroc*[7], la Cour, informée par le Conseiller juridique de la Commission de l'U.A. que le Maroc n'était même pas membre de l'U.A. conclura, par décision, à son incompétence manifeste, sans même avoir notifié au Royaume du Maroc qu'une requête était introduite en son encontre. Dans l'affaire *Ekollo Moundi Alexander c. Cameroun et Nigéria*[8], la Cour, constant que le Nigéria n'a pas fait la déclaration requise par l'art. 34 (6) du Protocole et que le Cameroun n'a même pas ratifié le Protocole, conclura par décision à son incompétence manifeste sans même que les Etats mis en cause aient été informés de la requête et – c'est là une bizarrerie processuelle de la Cour – renverra l'affaire à la Commission. Elle fonde ce

---

[1] C'est là un cas d'école où la compétence personnelle de la Cour au sens de l'art. 5 (3) et 34 (6) du Protocole peut influer sur la détermination de la compétence temporelle de la Cour.

[2] CourADHP, Chirstopher *Jonas c. République Unie de Tanzanie*, Requête n° 011/2015, *op. cit.*, spéc. §§ 31 et 50.

[3] V° aussi « Opinion individuelle du juge Fatsah Ouguergouz », § 35-36.

[4] CourADHP, *Amir Adam Timan c. République du Soudan*, Requête n° 005/2012, Décision, 30 mars 2012.

[5] En réalité le Soudan n'avait même pas ratifié le Protocole de Ouagadougou créant la Cour.

[6] V° « Opinion individuelle du juge Fatsah Ouguergouz » jointe à la décision de l'affaire Amir Adam Timan.

[7] CourADHP, *Youssef Ababou c. Royaume du Maroc*, Requête n° 007/2011, Décision, 2 septembre 2011.

[8] CourADHP, *Ekollo Alexandre c. Cameroun et Nigéria*, Requête n° 008/2011, Décision, 23 septembre 2011.

renvoie sur l'art. 6 (3) du Protocole. Pourtant cette disposition est au sujet de la recevabilité (au regard de l'intitulé même de l'art. 6). La disposition suggère que la Cour peut apprécier elle-même la recevabilité d'une requête ou en confier l'examen à la Commission. Lorsque la Cour renvoie donc une affaire à la Commission, elle est en principe compétente pour la connaitre (puisque la phase de la recevabilité est postérieure à celle de la compétence). Il est alors très curieux, que concluant à son incompétence manifeste, la Cour renvoie, sur le fondement de l'art. 6 (3) du Protocole, l'affaire à la Commission[1]. C'est dans l'affaire *Femi Falana c. Union africaine* que la Cour semble avoir suivi le même traitement procédural que celui suivi dans l'affaire Michelot Yogogombaye. Le défendeur, l'U.A., a reçu en bonne et due forme notification de la requête introduite contre elle, elle a soulevé formellement à la Cour un certain nombre d'exceptions préliminaires de compétence et de recevabilité et a même répondu au fond des allégations de Monsieur Falana. La Cour, dans un arrêt, se déclarera incompétente *ratione personae* sur le fondement des art. 5 (3) et 34 (6) du Protocole de Ouagadougou[2].

Le peu que l'on peut suggérer, c'est que la Cour gagnerait à harmoniser son traitement procédural des affaires. Pour le même motif d'incompétence personnelle, la Cour rejette la requête tantôt sobrement par une décision, tantôt plus solennellement par un arrêt ; tantôt elle notifie la requête au défendeur, tantôt elle rejette la requête sans que le défendeur n'en soit même informé ; tantôt elle renvoie, sur le fondement de l'art. 6 (3) du Protocole, certaines affaires qu'elle rejette pour incompétence, à la Commission africaine sans aucune explication ; tantôt elle les rejette simplement sans renvoie. Si la Cour, depuis ses premières affaires connues au fond[3], n'est plus que rarement saisie d'affaires pour lesquelles elle est incompétente *ratione personae*, il ne reste pas moins utile qu'elle soit plus lisible dans sa jurisprudence sur le traitement procédural qu'elle réserve aux requêtes pour lesquelles elle est incompétente.

Conclusion

En conclusion, ce premier arrêt de la Cour a essentiellement une dimension historique et donc symbolique. Pour le reste, il est assez modeste dans sa forme et dans son contenu. Il ne fait qu'une quarantaine de considérants dont une dizaine consacrée en réalité au raisonnement de la Cour. L'opinion individuelle du juge Fatsah est même plus dense aussi bien dans sa forme que dans son fond que cet arrêt de la Cour.

Entre autres griefs à cet arrêt, il n'y a pas d'éléments perceptibles dans l'arrêt de la Cour qui permettent de comprendre la solennité procédurale que la Cour a réservée au traitement d'une affaire pour laquelle elle n'était pas compétence *prima facie*. Il a fallu l'opinion individuelle du juge Fatsah pour en savoir davantage. La Cour n'a fait aucune allusion expresse à la possibilité d'un *formum prorogatum*. La clarification qu'elle fait des conditions de sa compétence personnelle n'a pas non plus été sans ambiguïté avec l'adjonction du « entre autres » de maladresse dans le

[1] V° « Opinion individuelle du juge Fatsah Ouguergouz » jointe à la décision de l'affaire *Ekollo Alexandre c. Cameroun et Nigéria*.

[2] CourADHP, *Femi Falana c. Union africaine*, Requête n° 001/2011, Arrêt, 26 juin 2012. V° aussi les opinions individuelles des juges Jean Mutsinzi, Fatsah Ouguergouz, et l'opinion dissidente des juges Sophia Akuffo, Bernard Ngoepe et Elsie Thompson jointes à l'arrêt.

[3] CourADHP, affaire *Tanganyika Law Society et Legal and Human Rights Centre et Révérend Christopher R. Mtikila c. République-Unie de Tanzanie*, Requête no 009 & 011/2011, arrêt,14 juin 2013 ; CourADHP, affaire *Ayants droit de feus Norbert Zongo et autres c. Burkina Faso*, Requête n° 013/2011, arrêt (au fond), 28 mars 2014.

considérant 30 de l'arrêt[1]. Enfin, la solennité avec laquelle la Cour traite l'affaire peut susciter quelques inquiétudes pour l'avenir : on se demande si la Cour pourra réserver la même solennité à toutes les affaires, même à celles pour lesquelles son incompétence ou dont l'irrecevabilité sont évidentes *prima facie*. À la vue de l'affluence des affaires devant la Cour, il était temps de songer à habiliter le Greffe à faire un tri des affaires ou à instituer le système de juge unique pour connaître des affaires sans grand enjeu. C'est ce que fait, en partie, le nouveau Règlement de la Cour, entré en vigueur le 25 septembre 2020, en habilitant le Greffe à ne pas enregistrer les requêtes pour lesquelles l'Etat défendeur n'a pas ratifié le Protocole ou n'a pas fait la déclaration d'acceptation de la compétence de la Cour au titre de l'art. 34 (6) du Protocole. Il n'y aura donc plus de traitement solennel de telles requêtes. Elles seront rejétées par une simple lettre du Greffe.

Ce premier arrêt a cependant le mérite de mettre à nu, dès ce début de l'activité prétorienne de la Cour, le talon d'Achille du système judiciaire africain des droits de l'homme et des peuples : la fameuse clause d'acceptation de la compétence de la Cour pour connaître des requêtes individuelles. Déjà dans le principe, une telle clause prétérite l'accessibilité de la Cour[2]. Pour qu'une requête individuelle parvienne à la Cour, il faut que l'Etat mis en cause ait non seulement ratifié la CADHP et le Protocole créant la Cour, mais aussi et surtout qu'il fasse la fameuse déclaration facultative de l'art. 34 (6) du Protocole. Si l'on n'a pas pu créer la Cour africaine dès la CADHP, en la créant avec le Protocole de Ouagadougou, on aurait pu, voire dû rendre sa compétence obligatoire et automatique pour tout Etat membre pour recevoir les requêtes individuelles. L'on sait que les requêtes interétatiques sont très rares presqu'inexistantes[3], la saisine de la Cour par la Commission – qui peut être une voie de contournement pour le requérant de cette condition de déclaration d'acceptation de la compétence[4] – est aussi assez restreinte[5] ; la voie de saisine commune la plus efficace pour la protection des droits et libertés reste donc la saisine par les individus et les ONG. Mais hélas ! Cette saisine directe de la Cour par les individus et les ONG a été volontairement et conventionnellement verrouillée.

Puis, quand on considère cette clause de l'art. 34 (6) du Protocole de près, elle a un certain nombre d'imprécisions qui ne sont pas de nature à ouvrir davantage le prétoire de la Cour africaine aux requérants individuels. Par exemple, l'art. 5 (3) du Protocole qui renvoie à cet art. 34 (6), dispose que pour les Etats qui auront fait la

---

[1] V° *supra* nos développements au point I de ce commentaire.

[2] Amos Enabulele, « The problems of jurisdiction by optional declaration : reflections on articles 5 (3) and 34(6) of the Protocol of the african court on human and peoples' rights », *op. cit.*, p. 231 ; V° aussi Carole Valérie Nouazi Kemkeng, « La déclaration de l'article 34 (6) du Protocole de Ouagadougou dans le système africain des droits de l'homme : entre régressions continentales et progressions régionales », *Annuaire africain de droits de l'homme*, Vol. 2, 2018, pp. 179-199 ; G Niyungeko, « La problématique de l'accès des particuliers à la Cour africaine des droits de l'homme et des peuples en matière contentieuse », *In* Andre Alen, Veronique Joosten et als., *Liberae Cogitationes : Liber Amicorum Marc Bossuyt*, Cambridge, Intersentia, 2013, pp. 481-498 ; Rostand Banzeu, « La Cour africaine des droits de l'homme et des peuples à l'épreuve de la clause facultative d'acceptation de la juridiction obligatoire d'une juridiction internationale par l'Etat en droit international », *in* Makane Moïse Mbengue et Cathérine Maia (dir.), *Tribunaux régionaux et développement du droit international. Hommage au Professeur Maurice Kamto*, Paris, Pedone, 2019, pp. 93-110.

[3] La Commission africaine n'en a connue pour l'instant qu'une : ComADHP, Communication 227/99, *République Démocratique du Congo (RDC) v. Burundi, Rwanda, Ouganda*, mai 2003. La Cour africaine n'a, pour le moment, pas été saisie d'une requête interétatique.

[4] Amos Enabulele, « The problems of jurisdiction by optional declaration : reflections on articles 5 (3) and 34(6) of the Protocol of the african court on human and peoples' rights », *op. cit.*, p. 227.

[5] La Commission africaine a pour le moment saisi la Cour de trois affaires dont deux ont abouti à des arrêts au fond : CourADHP, *Commission africaine des droits de l'homme et des peuples c. Libye*, Requête n° 002/2013, arrêt, 3 juin 2013 ; *Commission africaine des droits de l'homme et des peuples c. République du Kenya*, Requête n° 006/2012, arrêt, 26 mai 2017.

déclaration facultative d'acceptation de la compétence, la « Cour ***peut*** (leur) ***permettre*** » (« *The Court* ***may entitle*** » *them*) d'introduire directement leur requête. Que doit-on entendre par ce « peut permettre » ? Laisse-t-il encore, nonobstant la déclaration d'acception faite, une discrétion à la Cour d'accepter ou de refuser sa compétence *ratione personae*[1] ? Serait-ce ce « peut permettre » que la Cour a traduit dans son arrêt (Considérant 30) par le « entre autres » ? Même si la pratique ultérieure de la Cour révèlera qu'il n'y a pas de conditions supplémentaires à la déclaration de l'Etat défendeur, c'est tout de même une ambiguïté qui n'est pas moins déconcertante. Une autre étrangeté de cet art. 34 (6) du Protocole, c'est qu'il ne fait aucune mention d'une éventuelle saisine directe de la Cour par un groupe d'individus. Pour une Cour qui connait aussi des droits de peuples, il est assez singulier que le Protocole fasse silence sur la possibilité de saisine directe de la Cour par un groupe d'individus[2]. Pour l'instant, la seule affaire dans laquelle la Cour a connu de droits de peuples, l'affaire du peuple *Ogieck*[3], elle a été saisie par la Commission africaine. La possibilité ou non d'une saisine directe de la Cour par un groupe d'individus doit encore être clarifiée par la Cour africaine elle-même.

---

[1] Laurence Boisson de Chazourne et MAkane Moïse Mbengue, « Article 34. Ratification », *op. cit.*, p. 1529.
[2] *Ibid.*, p. 1523.
[3] CourADHP, *Commission africaine des droits de l'homme et des peuples c. République du Kenya*, *op. cit.*

Commentaire _ *affaire Femi Falana c. Union africaine*, Requête n° 001/2011

Marie Charles Dorcasse SANOU & Fanny Laetitia GUIBILA*

Un éléphant au pied d'argile ! Ainsi pouvons- nous qualifier cette requête du sieur Femi Falana introduite devant la Cour Africaine des Droits de l'Homme et des Peuples[1] (Cour ADHP) contre l'Union Africaine (UA) qui a donné l'arrêt du 26 juin 2012, objet de ce commentaire.

En effet, le sieur Femi Falana, avocat nigérian, a longtemps œuvré afin que son pays, le Nigéria, saute le verrou posé par l'article 34 (6)[2] du Protocole portant création de la Cour ADHP, qui limite considérablement l'accès des individus à ladite Cour[3]. Ses efforts étant restés vains, car le Nigéria n'ayant toujours pas fait la Déclaration Facultative de Compétence (DFAC) au titre de l'article 34 (6) du Protocole de la Cour ADHP, monsieur Falana décide d'introduire une requête devant la Cour ADHP, non pas contre le Nigéria lui-même, mais contre l'Union Africaine qu'il considère comme étant le représentant de ses 54 Etats membres dont le Nigéria fait partie[4]. C'est ainsi que le sieur Falana a effectivement saisi la Cour ADHP d'une requête datée du 14 février 2011.

A la réception de la requête par le Greffe de la Cour, une copie de ladite requête a été transmise à la défenderesse qui a déposé le 29 Avril 2011 un contre-mémoire. S'en est suivi la réplique du requérant reçue par le Greffe le 23 juin 2011. Finalement, c'est durant la 24ème session ordinaire de la Cour que se tiendront, du 22 au 23 mars 2012, les audiences publiques relatives à cette affaire qui aboutiront à l'arrêt rendu le 26 juin 2012.

En la forme, selon le sieur Falana, la Cour est compétente pour connaître de sa requête dirigée contre l'Union africaine car celle-ci agit au nom de ses Etats membres en tant que personne morale ; elle est donc habilitée à répondre des actions intentées contre ses membres[5]. Il ajoute que l'article 34(6) du Protocole créant la Cour ADHP ne peut lui être opposable car il ne s'applique pas à la défenderesse, c'est-à-dire à l'Union Africaine[6]. Quant au fond, le requérant soutient que l'article 34(6) du Protocole est incompatible avec certaines dispositions de la Charte et devrait être déclaré nul et non avenu. En ce qui concerne la défenderesse, elle allègue que le sieur Falana ne peut intenter une action contre elle car premièrement elle n'est pas un Etat, deuxièmement elle n'est pas partie à la Charte ADHP, encore moins au Protocole de la Cour ADHP et troisièmement, elle n'a pas reçu de ses Etats membres le pouvoir de ratifier les traités en leur lieu et place[7]. Quant au fond, l'Union Africaine soutient que

* Respectivement Doctorante en droit à l'Université de Genève (Suisse), titutlaire d'un Master de l'Institut supérieur de droit international et des droits de l'homme (ISDIH - Burkina Faso) et membre du Centre d'Etudes et de recherches en Droit International et droit de l'Homme (CERDIH - Burkina Faso) & Coordinatrice scientifique du Centre d'Etudes et de recherches en Droit International et droit de l'Homme (CERDIH - Burkina Faso).

[1] Abdoulaye SOMA, « Vers une juridiction pénale régionale pour l'Afrique ? » *in* Fatimata Niang et Fréderic Bernard (Ed.), *Colloque sur les droits humains : mécanisme régionaux et mise en œuvre universelle,* Université de Genève, du 9 au 10 Octobre 2013, pp. 121-139.

[2] Laurence BOISSON DE CHAZOURNES et Makane Moise MBENGUE, « Commentaire de l'article 34-Ratification », *In* Maurice KAMTO, *La Charte africaine des droits de l'homme et des peuples et le Protocole y relatif portant création de la Cour Africaine des droits de l'homme : commentaire article par article*, Bruxelles, Bruylant, 2011, pp. 1516-1536.

[3] Cour ADHP, *Affaire Femi Falana c. Union africaine*, requête n°001/2011, Arrêt du 26 juin 2012, § 2.

[4] *Idem*, § 3.

[5] *Idem*, § 25.

[6] *Idem*, § 28.

[7] *Idem*, §§ 43 ; 44 ; 45.

l'article 34(6) ne saurait être nul que s'il est incompatible avec une norme de *jus cogens*.

Comme dans toute procédure juridictionnelle, la Cour devait se prononcer sur les aspects formels notamment sa compétence à connaître du différend avant de s'appesantir sur les questions de fond. Pour ce faire, la question préliminaire qui se posait à la Cour était de savoir si elle était compétente pour connaitre d'une requête introduite devant elle par un individu contre une organisation internationale. Après délibérations, et par 7 voix contre 3, la Cour va conclure qu'elle n'a pas compétence pour connaitre d'une telle requête sur la base des articles 5(3) et 34(6) lus conjointement[1].

Bien que la solution juridique dégagée par la Cour ADHP soit acceptable (I), il n'en demeure pas moins que le fondement juridique, quant à lui, reste critiquable (II).

I. Une solution juridique acceptable

La solution dégagée par la Cour ADHP nous semble être justifiée, sur la base du Protocole de Ouagadougou, à la fois pour ce qui concerne les défendeurs autorisés devant la Cour (I.1.) et que pour ce qui concerne les personnes habilitées à saisir la Cour (I.2.).

I.1. Du point de vue des défendeurs devant la Cour

La particularité de cet arrêt est qu'il met en cause un individu face à une organisation internationale. La position de la Cour est sans équivoque : elle ne peut connaitre d'une requête introduite contre une organisation internationale. Une telle position est justifiée par deux raisons majeures. D'une part, la Cour ADHP est une juridiction pour Etats, c'est-à-dire ouverte uniquement contre les Etats. D'autre part, l'organisation internationale, en l'espèce l'Union Africaine, n'est pas partie à la Charte ADHP ni au Protocole créant la Cour ADHP.

L'article 3(1) du Protocole relatif à la Cour ADHP pose de façon implicite le fait que la Cour n'est compétente que pour connaitre des requêtes dirigées contre les Etats[2]. En effet, il est libellé comme suit : *« La Cour a compétence pour connaitre de toutes les affaires et de tous les différends dont elle est saisie concernant l'interprétation et l'application de la Charte, du présent Protocole, et de tout autre instrument pertinent relatif aux droits de l'homme et ratifiés par les Etats concernés »*[3].Cela sous-entend clairement que toute requête introduite devant la Cour ne peut être examinée par celle-ci que si elle allègue une violation de droits contenus dans un instrument relatif aux droits de l'homme et qui a préalablement été ratifié par l'Etat mis en cause. Toute éventuelle compétence de la Cour vis-à-vis d'une organisation internationale se trouve donc écartée. La même position a été adoptée devant d'autres organes internationaux de règlement des différents internationaux par rapport à l'engagement de la responsabilité internationale des organisations internationales[4]. La déclaration d'incompétence de la Cour face à la requête de Falana est alors fondée.

---

[1] *Idem*, § 75.

[2] *Idem*, § 63.

[3] Maurice KAMTO, *La Charte africaine des droits de l'homme et des peuples et le Protocole y relatif portant création de la Cour Africaine des droits de l'homme : commentaire article par article*, Bruxelles, Bruylant, 2011.

[4] CJCE, *Affaire Yassin Abdullah Kadi et Al Barakaat International Foundation c. Conseil de l'Union européenne et Commission des Communautés européennes*, Arrêt du 3 septembre 2008 ; CJCE, *Affaire Ahmed Ali Yusuf et Al Barakaat International Foundation c. Conseil de l'Union européenne et Commission des Communautés européennes, n°T-306/01*,

Par ailleurs, la solution est acceptable car en tant qu'organisation internationale, l'Union Africaine n'a ratifié ni la Charte ADHP, ni le Protocole créant la Cour ADHP. En effet, peut-on demander à une entité de rendre compte, devant une juridiction internationale, de violations des droits contenus dans un instrument juridique auquel elle n'est pas partie ? A cette question, la réponse de la Cour sera sans détour : elle estime qu'*«en principe, les obligations internationales découlant d'un traité ne peuvent pas être imposées à une organisation internationale, à moins que celle-ci ne soit partie à ce traité ou soumise à ses obligations par tout autre moyen reconnu par le droit international »*[1]. En l'espèce, aucune obligation relative à la Charte ADHP et au Protocole créant la Cour ADHP ne pèse sur l'Union Africaine. Aucune obligation de la Charte ADHP ne peut conduire à ce qu'elle réponde devant une juridiction internationale. Aussi la Cour soulignera-t-elle que l'Union africaine n'étant partie ni à la Charte ni au Protocole de Ouagadougou, on ne saurait lui imposer les obligations qui découlent de ces instruments, conformément à l'article 34 de la Convention de Vienne du 21 mars 1986 sur le droit des traités entre Etats et organisations internationales ou entre organisations internationales[2]. Cela est juste car ni la Charte, ni le Protocole n'ont, pour le moment, ouvert leur ratification aux organisations internationales. S'il est vrai que l'Union Africaine, en tant qu'organisation internationale, peut saisir la Cour ADHP contre un Etat[3], le contraire n'est pas autorisé à ce jour, encore moins la saisine par un individu contre elle. Le droit de saisine accordé aux organisations internationales africaines constitue, pour certains auteurs, un pas vers l'ouverture de la Charte ADHP et des protocoles y relatifs à la participation formelle de celles-ci[4]. Toutefois, pour l'heure, ce n'est encore pas le cas. Elles ne peuvent être parties ni à la Charte ni au Protocole et par conséquent, l'Union Africaine ne peut être attraite devant la Cour ADHP. La Cour précise que le fait que le Protocole de Ouagadougou ait été adopté de façon formelle par une instance de l'Union Africaine *«ne suffit pas pour établir que l'Union Africaine est partie au Protocole et de ce fait, peut être attraite en justice sur cette base »*[5], comme le prétendait le requérant. La Cour ADHP a donc fait une bonne lecture de son mandat en déclarant son incompétence en l'espèce. Enfin, notons que la Cour a également fait remarquer que l'Union Africaine a une personnalité juridique distincte de celle de ses Etats membres[6] afin de faire barrage à l'argument du requérant selon lequel l'Union Africaine était passible d'un recours devant la Cour ADHP, car elle représente les Etats africains et est donc habilitée à défendre les actions intentées contre ces derniers. Pour la Cour, on ne peut pas exiger de l'Union Africaine, en tant qu'entité différente de chacun de ses Etats membres, qu'elle *« (assume) les obligations des Etats membres souverains qui exercent leur droit souverain de ratifier le Protocole et de faire la déclaration »*[7]. En aucun cas elle ne saurait être tenue responsable de l'inertie de ses

---

Arrêt du 21 septembre 2005 ; CEDH, *Affaire Behrami et Behrami c. France et Saramati c. Allemagne, France et Norvège, Requêtes n° 71412/01 et n° 78166/01*, Décision du 31 mai 2007.

[1] *Idem*, § 69.

[2] *Idem*, § 70 ; Maurice KAMTO, *La Charte africaine des droits de l'homme et des peuples et le Protocole y relatif portant création de la Cour Africaine des droits de l'homme : commentaire article par article*, Bruxelles, Bruylant, 2011.

[3] Article 5.1.e du Protocole portant Statut de la Cour ADHP.

[4] Matthieu Aldjima Namountougou, « La saisine du juge international africain des droits de l'homme », *R.T.D.H.*, n°86, 2011, p. 269.

[5] Abdoulaye Soma, « L'Union africaine et les droits de l'homme », *in* Maya Hertig Randall et Michel Hottelier (dir.), *Introduction aux droits de l'homme*, Genève, Schulthess, 2014, pp.546-557.

[6] Patrick Dailler, Mathias Forteau et Alain Pellet, *Droit international public*, Paris, LGDJ, 2009, p.643 ; Cour ADHP, *Affaire Femi Falana c. Union africaine*, *op.cit.*, § 68.

[7] *Idem*, § 65.

membres face à la déclaration de compétence de la Cour à leur égard au titre de l'article 34(6) du Protocole de la Cour ADHP.

Au regard de ces arguments, l'on ne saurait, sur le plan strictement conventionnel, reprocher à la Cour ADHP d'avoir statué *ultra petita* ou *contra legem*. L'acceptabilité de sa solution juridique est également justifiée du point de vue des personnes habilitées à saisir la Cour sur la base de son Protocole.

I.2. Du point de vue des personnes habilitées à saisir la Cour

De toutes les dispositions du Protocole créant la Cour ADHP et même de celles de la Charte ADHP y compris, il n'y a pas une seule qui a fait couler autant d'encre que l'article 34(6) du Protocole de Ouagadougou[1]. Dans cette affaire, le débat sur l'article 34(6) s'est posé de façon assez particulière.

En effet, les parties sont unanimes sur le fait que l'article 34(6) s'applique seulement aux Etats ; c'est-à-dire que les exigences posées par cet article ont pour seuls destinataires les Etats. Toutefois, après avoir admis ce fait, le requérant fait une interprétation à *contrario* en soutenant que l'article 34 (6) n'exige pas de la défenderesse, en l'espèce l'Union Africaine, la déclaration facultative de compétence[2]. Il en conclut donc que cette disposition ne saurait être une barrière à la compétence de la Cour ADHP pour connaitre de sa requête. C'est là le talon d'Achille de sa requête, car avant même de procéder à une telle interprétation permettant de dégager les organisations internationales de la coupe de l'article 34(6), il fallait au préalable surmonter une première barrière qui est celle de savoir si les requêtes sont admises devant la Cour ADHP contre les organisations internationales. Il semble que le requérant a fait une interprétation en sa propre faveur, en omettant ainsi de prendre en compte tous les paramètres. Ce que la Cour n'a bien sûr pas manqué de souligner en disant que le *« fait qu'une entité non étatique comme l'Union Africaine n'étant pas tenue par l'article 34(6) du Protocole de faire la déclaration ne donne pas nécessairement compétence à la Cour pour accepter les requêtes introduites par des individus contre cette entité ; il pourrait y avoir d'autres bases sur lesquelles la Cour pourrait se fonder pour constater qu'elle n'a pas compétence »*[3].

De plus, à la lecture conjointe des articles 5(3) et 34(6) du Protocole de la Cour, on peut dégager deux exigences majeures qui, en l'occurrence, n'ont pas été observées par le requérant ; ce qui justifie donc la solution dégagée par la Cour. Ces deux exigences correspondent à des paliers qui doivent tous les deux être surmontés pour parvenir à la compétence de la Cour sur la base de l'article 34 (6). En premier lieu, il y a le fait que le droit de saisine direct accordé aux individus n'est valable que pour les requêtes introduites contre des Etats. En effet, l'article 5(3) renvoie à l'article 34(6) ; or ce dernier ne fait allusion qu'aux requêtes introduites contre les Etats[4]. En l'espèce, on se rend donc compte que le requérant a méconnu la régulation du droit de saisine directe au titre des articles 5(3) et 34(6) en introduisant la requête contre une organisation internationale. En d'autres mots, son droit de saisine directe se limite aux seuls Etats parties au Protocole. En second lieu, l'Etat en cause doit avoir au préalable fait une DFAC. Là également on s'aperçoit que l'argument du requérant ne

---

[1] Laurence BOISSON DE CHAZOURNES et Makane Moise MBENGUE, « Commentaire de l'article 34-Ratification », *op. cit.*, pp. 1516-1536.
[2] *Idem*, § 28.
[3] *Idem*, § 63.
[4] *Ibidem*

pouvait prospérer, car il n'y a pas eu de DFAC étant donné justement que ce n'est même pas un Etat qui était visé.

Toutes les fois que la Cour est face à une requête individuelle, c'est le respect de l'exigence posée par l'article 34(6) qui détermine sa compétence. Elle a maintes fois clamé son incompétence eu égard à des requêtes introduites par des individus contre des Etats qui n'avaient pas fait la déclaration au titre de l'article 34(6)[1]. Certes, dans le cas d'espèce, la situation est particulière, étant donné que la requête est introduite contre une organisation internationale, mais il n'en demeure pas moins que l'incompétence de la Cour reste manifeste et qu'elle aurait même dû faire l'objet d'une décision plus tôt que d'un arrêt[2]. De plus, même si la solution dégagée à l'issue de cette affaire est loin d'avoir obtenu l'unanimité de tous les juges, étant donné qu'elle a été adoptée par 7 voix contre 3[3], nous pensons qu'il aurait été fort difficile, voire impossible pour la Cour de parvenir à une solution contraire sans statuer *ultra petita*, étant donné que la requête ne rentrait pas dans son champ de compétence personnelle[4]. Un peu plus de deux mois plus tard, la Cour ADHP adoptera la même solution face à une affaire similaire qui mettait en cause un individu contrela même Union Africaine[5]. Seulement, cette fois, au lieu d'un arrêt comme c'est le cas en espèce, elle a simplement rendu une décision comme précédemment suggéré par le juge Fatsah Ouguergouz dans son opinion individuelle.

Si la solution dégagée par la Cour ADHP dans cet arrêt est juridiquement acceptable, il reste qu'il a un fondement juridique critiquable.

II. Un fondement juridique critiquable

Le fondement juridique s'entend du siège normatif d'une situation en droit positif. Celui de la présente décision est critiquable et interpelle sur sa portée qui nous oriente vers deux aspects essentiels. Le premier est l'effectivité de la protection des droits de l'homme en Afrique (II.1.). Le second porte sur la justiciabilité des organisations internationales en droit international (II.2.).

II.1. L'effectivité de la protection des droits de l'homme en Afrique

L'effectivité permet d'affirmer une situation, disait Joël Andriantsimbazovina[6]. Théoriquement, l'effectivité de la protection des droits de l'homme permet de prouver que les droits de l'homme sont réellement protégés. Pourtant cette décision, bien qu'elle soit conforme aux instruments internationaux, reste discutable. La raison peut être double. D'une part il y a le mécanisme de saisine de la Cour ADHP par les personnes privées, notamment l'individu, institué par le Protocole de Ouagadougou. D'autre part, il y a le fait que l'accès direct des individus au prétoire du juge africain est presqu'inopérant.

Devant le juge africain, il existe deux types de saisines, à savoir la saisine indirecte et la saisine directe ; mais nous nous intéresserons plus à cette dernière qui s'avère la plus problématique au regard de sa conditionnalité. La conditionnalité de

---

[1] Cour ADHP, *Affaire Michelot Yogogombaye c. République du Sénégal*, requête n°001/2008, Arrêt du 15 décembre 2009, § 37 ; Cour ADHP, *Affaire Baghdadi Ali Mahmoudi c. République de Tunisie*, requête n° 007/2012, Décision du 26 juin 2012 ; *Affaire Emmanuel Joseph Uko et autres c. République d'Afrique du sud*, requête n°004/2012, Décision du 30 mars 2012 ; *Affaire Ekollo Moundi Alexandre c. Cameroun et Nigéria*, requête n°008/2011, Décision du 23 septembre 2011 ; *Affaire Youssef Ababou c.Royaume du Maroc*, requête n°007/2011, Décision du 2 septembre 2011.

[2] V° Opinion individuelle du juge Fatsah Ouguergouz jointe à l'arrêt commenté, §§ 4 ; 5 ; 6 ; 11 ; 12.

[3] V° Opinions dissidentes des juges Sophia AKUFFO, Bernard NGOEPE et Elsie THOMPSON jointes à l'arrêt commenté.

[4] Cour ADHP, *Affaire Femi Falana c. Union africaine*, *op.cit.*, § 73.

[5] Cour ADHP, *Affaire Atabong Denis Atemnkeng c. Union africaine*, requête n°014/2011, Décision du 7 septembre 2012.

[6] Joël Andriantsimbazovina et autres, *Dictionnaire des Droits de l'Homme*, Paris, PUF, p. 349.

ce mécanisme découle du fait que l'exercice des droits du titulaire des droits de l'homme est soumis à la volonté du destinataire. C'est là la substance du raisonnement de la Cour qui l'a conduite à rejeter la requête de sieur Falana à travers la lecture combinée des articles 5 (3) et 34 (6) qu'elle a faite. Il est vrai que la Cour n'est pas à son premier rejet d'une requête pour le même motif lié à la déclaration facultative de sa compétence faite par un Etat partie concerné. Il en a été ainsi par exemple dans l'affaire *Yogombaye c. Sénégal* en 2009 précitée. Toutefois, étant maitre de sa compétence, parmi toutes les techniques d'interprétation qui lui sont offertes, on est tenté de se demander si le juge ne privilégie pas l'interprétation littérale de manière stricte, alors qu'il aurait pu opter pour une autre démarche telle que l'interprétation téléologique ; ce qui lui aurait permis d'atteindre sa raison d'être qui est la protection des droits de l'homme en Afrique. Cette interprétation téléologique l'aurait certainement conduite à observer que l'instrument en cause est le Protocole face à la Charte[1]. La Charte étant complétée par le Protocole[2], le but principal de tous ces instruments étant la protection effective des droits de l'homme, cette démarche l'aurait amenée à juste prononcer l'incompatibilité du protocole à la Charte. Soumettre donc la recevabilité des requêtes individuelles à la volonté des Etats, vue le faible taux de DFAC faites, constitue une réduction de l'activité du juge. Sous l'empire de la Charte, la Commission a bien eu une lecture libérale de l'article 55, qui a permis un développement prodigieux du contentieux et de la protection des droits de l'homme en Afrique[3].

La capacité de la Cour à recevoir des requêtes individuelles est importante pour la crédibilité de sa mission. Cependant, tel qu'exposé précédemment, ce mécanisme est presque inopérant. Les statistiques parlent d'elles mêmes. Sur les deux-cent-trente-huit (238) affaires inscrites au rôle de la Cour à ce jour, deux-cent-vingt-trois (223) sont des requêtes individuelles, douze (12) émanent des organisations non gouvernementales (ONG) et trois (3) de la Commission Africaine des droits de l'Homme et des peuples[4]. Ces chiffres montrent à quel point, l'individu est non seulement objet, mais aussi et surtout sujet très intéressé de la protection des droits de l'homme et véritable titulaire de ces droits. Il est donc important qu'en tant que titulaire, il puisse avoir la possibilité d'accéder directement au juge à travers des procédures moins granitiques. Les quelques cas traités sont effectivement ceux pour lesquels l'Etat en cause a fait une DFAC. C'est le cas par exemple des affaires *Lohé KONATE c. Burkina Faso*[5], et *Nobert Zongo c. Burkina Faso*[6]. En effet, si le Burkina Faso, premier Etat à avoir fait ladite déclaration[7], n'avait pas fait cette déclaration, il est certain que sieur KONATE n'allait jamais pouvoir accéder au prétoire de la Cour. Ce qu'il convient d'observer aussi est que la déclaration est un acte unilatéral, donc même si l'Etat fait la déclaration, il peut la retirer comme ce fut le cas pour le Rwanda

---

[1] V° Abdoulaye SOMA, « Le jeu des protocoles dans le processus juridique de construction d'une Cour africaine de protection des droits de l'homme », *CAMES/SJP*, n°002/2015, pp. 1-18.

[2] Le Protocole a été créé pour compléter la Charte.

[3] Abdoulaye Soma, « la Charte africaine des droits de l'homme et des peuples », *in* Maya Hertig Randall et Liche Hottelier, *Introduction aux droits de l'homme*, Genève, Schulthess, 2014, pp.558-569.

[4] V° le site de la Cour : http://fr.african-court.org/index.php/affaires/affaires-contentieuses, consulté le 15 décembre 2019.

[5] Cour ADHP, *Affaire Lohé Issa Konaté c. Burkina Faso, Requête n°004/2013*, Arrêt du 5 décembre 2014.

[6] Cour ADHP, *Affaire ayants droits de feu Norbert Zongo et al. c. Burkina Faso, Requête n°013/2011*, Arrêt du 28 mars 2014.

[7] Marielle Debos, « La création de la Cour africaine des droits de l'Homme et des peuples. Les dessous d'une ingénierie institutionnelle multicentrée », *in Culture & Conflits*, 2006, pp.13 et ss.

dans *l'affaire Ingabire Victoire Umuhoza c République du Rwanda*[1] ou de la Tanzanie ou encore du Bénin et de la Côte d'Ivoire. Il est intéressant de rappeler ici qu'à ce jour, sur les cinquante-quatre (54) Etats membres de l'Union Africaine, trente (30) ont ratifié le Protocole de Ouagadougou[2]. Parmi ces derniers, seulement neuf (9) ont fait la déclaration de compétence de la Cour, habilitant cette dernière à recevoir et examiner des requêtes des personnes privées. Il s'agit du Burkina Faso, le Bénin, la Cote d'ivoire, le Ghana, le Malawi, le Mali, la Tanzani, la Tunisie et enfin la Gambie qui a fait sa déclaration le 23 octobre 2018 après avoir ratifié le protocole en juin 1999[3]. De ce groupe de neuf, quatre ont retiré leur déclaration, comme déjà indiqué.

Au regard de l'analyse de l'effectivité de la protection des droits de l'homme en Afrique, on est tenté de soutenir que l'individu tient son titre de titulaire des droits de l'homme formellement et non effectivement. Dans sa décision, la Cour s'est fondée sur les articles 5 (3) et 34 (6) du Protocole pour rejeter la requête du sieur Falana, mais aussi pour se déclarer incompétente en raison de la qualité de la défenderesse comme exposé plus haut. Ceci nous conduit à la réflexion sur la justiciabilité des organisations internationales en droit international.

II.2. La justiciabilité des organisations internationales en droit international

Dans le système de fonctionnement de la Cour, deux types d'entités peuvent la saisir. Il s'agit des personnes publiques, à savoir les Etats et les organisations intergouvernementales et des personnes privées, c'est-à-dire les individus et les organisations non gouvernementales. L'arrêt de la Cour nous questionne sur deux choses que sont le raisonnement par analogie que la Cour aurait pu faire, ainsi qu'une éventuelle validation d'un accès des organisations intergouvernementales à son prétoire dans un sens unique.

Un raisonnement par analogie ? C'est la question que nous nous posons relativement à l'argument donné par la Cour dans ses paragraphes 69 et suivants. En effet, elle argue que l'Union africaine a une personnalité juridique distincte de celle de ses membres, qu'elle n'est pas partie à la Charte ADHP, de ce fait, elle n'est pas justiciable devant elle. Cet argument semble suivre un raisonnement par analogie de la Cour Européenne des Droits de l'homme (Cour EDH). En effet, la Cour EDH, dans un arrêt impliquant un organe de l'Union Européenne, s'est déclarée incompétente au motif que l'Union Européenne n'est pas partie à la Convention Européenne des Droits de l'Homme[4]. S'il s'avère que c'est réellement un raisonnement par analogie qu'a tenue la Cour ADHP, elle aurait agi par mégarde parce que la Cour EDH a été créée par la Convention Européenne des Droits de l'Homme qui, elle est née au sein du Conseil de l'Europe qui est une organisation internationale distincte de l'Union Européenne[5]. Même si le Conseil de l'Europe compte les vingt-huit (28) Etats membres de l'Union Européenne parmi ses quarante-sept (47) membres[6], il reste que ces deux entités sont indépendantes l'une de l'autre. En rappel, le 5 avril 2013, un

[1] Cour ADHP, *Affaire Ingabire Victoire Umuhoza c République du Rwanda*, requête 003/2014, § 18 [2016]

[2] Entrée en vigueur le 25 janvier 2004.

[3] V° le site de la Cour : http://fr.african-court.org/index.php/news/press-releases/item/134-la-gambie-devient-le-neuvieme-pays-a-permettre-aux-ong-et-aux-individus-de-saisir-directement-la-cour-africaine, consulté le 15 décembre 2019.

[4] *Affaire Behrami et Behrami c. France et Saramati c. France, Allemagne et Norvège, op.cit.*

[5] Vincent Berger, *La jurisprudence de la Cour Européenne des Droits de l'Homme*, Paris, Sirey, 2009, Préface.

[6] https://www.touteleurope.eu/actualite/la-convention-et-la-cour-europeennes-des-droits-de-l-homme-cedh.html , consulté le 15 décembre 2019.

projet d'accord pour l'adhésion de l'Union Européenne à la Convention Européenne avait été établi, mais celui-ci n'a pas encore abouti. Donc, il est tout à fait normal que l'Union Européenne ou ses organes ne soient pas justiciables devant la Cour EDH. Pour revenir à l'Union Africaine, l'article 34 (6) semble s'adresser aux Etats parce qu'il est clairement dit *in fine* de ladite disposition que *« La Cour ne reçoit aucune requête en application de l'article 5(3) intéressant un Etat partie qui n'a pas fait une telle déclaration ».* Cette disposition semble s'adresser aux Etats parties et non aux organisations intergouvernementales. En plus, ce n'est pas un Etat qui est en cause mais un instrument adopté par le porteur du flambeau de la protection des droits de l'homme en Afrique, l'Union Africaine[1]. Cette impossibilité d'attraire les organisations internationales devant la Cour donne l'impression que l'accès à la justice internationale africaine des organisations internationales est un accès à sens unique.

Un accès à sens unique ? on est bien tenté de le dire. L'accès à sens unique signifie ici simplement que l'organisation inter-gouvernementale peut saisir la Cour par exemple pour lui demander un avis sur une question donnée mais ne peut pas y être attraite. C'est dans ce cadre que l'Organisation des Nations Unies (ONU) a pu saisir la Cour Internationale de Justice en 1949, laquelle saisine a donné lieu à un avis consultatif consacrant la personnalité juridique internationale des organisations internationales[2]. Dans la présence affaire, la Cour soutient que *« Le fait qu'une entité non étatique comme l'UA ne soit pas tenue par l'article 34 (6), n'oblige pas la Cour à recevoir des requêtes introduites par des individus contre cette entité »*[3]. Même si aucun texte ni aucune disposition ne le dit expressément, aucun texte ne l'interdit et c'est bien une règle résiduelle en droit international public comme l'a souligné soigneusement Robert Kolb : « *tout ce qui n'est pas interdit est permis* »[4]. Pour l'heure, l'organisation internationale ne peut pas être attraite par un individu devant la Cour. Pourtant, les organisations internationales interagissent avec les individus. Les échanges entre les organisations internationales et les individus constituent un fait que le droit n'a pas encadré en amont. Les organisations internationales peuvent imposer un comportement à l'individu mais pas le contraire. Leur autonomie et leur personnalité juridique internationale qui leur confèrent des droits, leur permettent d'agir en leur propre nom. Cela fait que cette personnalité juridique devrait permettre également de leur attribuer d'éventuelles violations des droits de l'homme ou de les interpeller sur des instruments qu'ils auraient adoptés en déphasage ou en défaveur de l'intérêt de la protection des droits de l'homme. Dans le domaine du droit de la responsabilité civile internationale par exemple, les organisations internationales pourront répondre de leurs actes pour fait internationalement illicite sur le fondement du projet d'articles de la Commission de Droit International de 2011[5].

Quoi qu'il en soit, la prospérité et l'honneur de la Cour ADHP sont liés à sa politique de traitement des requêtes individuelles. Les particuliers, les individus constituent le public cible de la Cour. Pour cette raison, nous pensons que l'article 34 (6) est contre-productif pour elle, si elle n'arrive pas à en faire une interprétation libérale en faveur du droit de recours des personnes dans des hypothèses, comme

---

[1] Abdoulaye Soma, « L'Union africaine et les droits de l'homme », *op .cit*, pp.546-557.

[2] CIJ, *Réparation des dommages subis au service des Nations Unies*, Avis consultatif du 11 avril 1949, p. 197.

[3] Cour ADHP, *Affaire Femi Falana c. Union africaine*, *op.cit.*, § 63.

[4] Robert Kolb : « La règle résiduelle de liberté en droit international public (tout ce qui n'est pas interdit est permis) », *Revue Belge de Droit International*, 2001/1, pp.100-127.

[5] CDI, *Projet d'articles sur la responsabilité des organisations internationales*, 2011.

celles-ci. A la suite de cet arrêt, l'Union Africaine n'a pas encore réagi dans le sens d'une éventuelle modification de l'article 34 (6) du Protocole de Ouagadougou. Aussi, il faut reconnaître qu'il est difficile pour un Etat de faire une DFAC de la Cour en raison du fait que les Etats gardent « jalousement » leur souveraineté.

Commmentaire _ *Affaire Ingabire Victoire Umuhoza c. République du Rwanda*, Requête n° 003/2014

Sâ Benjamin TRAORE*

A l'orée de ce commentaire, le lecteur voudra bien accepter l'avertissement suivant : ce texte a été rédigé plusieurs mois avant le retrait par la Tanzanie, le Benin et la Côte d'Ivoire de leur déclarations respectives de reconnaissance de la compétence de la Cour africaine des droits de l'homme et des peuples pour connaître des requêtes introduites en vertu de l'article 34(6) par les individus et les ONG. Loin d'en changer les termes, cette évolution donne une portée toute particulière à l'affaire objet de ce commentaire. Elle éclaire les termes du débat sur le régime ainsi que les conséquences juridiques desdits retraits. Vouloir toutefois prendre en compte ces affaires dans le présent commentaire exigerait de le réécrive en grande partie.

Cette précision faite, l'affaire *Ingabire Victoire Umuhoza* (ci-après affaire *Ingabire*) est, indéniablement, l'une des plus importantes qu'ait, à ce jour, tranchées la Cour africaine des droits de l'homme et des peuples (ci-après, la Cour ou la Cour africaine). Il suffit de constater qu'elle est l'affaire ayant jusque-là suscité le plus grand nombre de prononcés figurant dans le répertoire de la juridiction continentale en matière de droits de l'homme. Au total, deux ordonnances[1] et trois arrêts ont été rendus par la Cour[2]. Le présent commentaire, portant sur l'ensemble de l'affaire, se propose, dans un premier temps, de revenir sur les faits à son origine ainsi que sur la procédure suivie (I) avant de s'intéresser, de façon plus approfondie, aux problèmes juridiques fondamentaux qu'elle a suscités (II).

I. Objet de la requête et procédure

Ingabire Victoire Umuhoza est la Présidente d'un parti d'opposition rwandais dénommé « *Forces démocratiques unifiées (FDU Inkingi)* ». Au début de l'année 2010, après dix-sept ans passés à l'étranger, elle décide de rentrer au Rwanda pour y mener ses activités politiques. Une fois sur place, elle fera un certain nombre de déclarations, dont l'une au Mémorial du génocide de Kigali, critiquant, généralement, divers aspects de la politique du gouvernement rwandais. Ces déclarations ont entrainé le déclenchement de procédures judiciaires à son encontre devant les juridictions rwandaises. Elle est condamnée en octobre 2012 en première instance. Il lui est notamment reproché, sur la base de la législation rwandaise, de s'être rendue coupable de crimes de négation ou de minimisation du génocide ainsi que d'autres crimes relatifs, en substance, à la sûreté de l'Etat. La requérante relèvera appel de ces décisions. Toutefois, en décembre 2013, ces condamnations seront confirmées – et même alourdies – par la Cour suprême rwandaise. Elle écope de 15 ans d'emprisonnement. Le 3 octobre 2014, alors qu'elle purge sa peine en prison, une

---

* Professeur Adjoint à la faculté de Gouvernance, Sciences économiques et sociales de l'Université Polytechnique Mohamed VI de Rabat (Maroc) ; Docteur en droit (LLM Geneva Academy) de l'Université de Neuchatel (Suisse) ; précédemment chercheur Postdoctoral, Centre for Human Rights (CHR), Université de Pretoria, Afrique du Sud. L'auteur remercie Germain Dabiré, Ezéchiel Amani, Trésor Makunya, Luana Roberto et Finh Monique Traoré pour la relecture de ce texte.

[1] CourADHP, *Ingabire Victoire Umuhoza c. République du Rwanda*, Requête n° 003/2014, Ordonnance relatif au dépôt des observations sur les questions de procédure (18 Mars 2016) (ci-après Ordonnance du 18 mars 2016) ; et Ordonnance du 3 juin 2016.

[2] CourADHP, *Ingabire Victoire Umuhoza c. République du Rwanda*, Requête n° 003/2014, Arrêt du 3 juin 2016 ; Arrêt du 24 novembre 2017 ; et Arrêt du 17 décembre 2018. On citera ces décisions en renvoyant uniquement à leurs dates.

requête est introduite en son nom auprès de la Cour africaine. Devant la Cour, la requérante soutient que son arrestation, son procès ainsi que son incarcération ont violé ses droits fondamentaux. Elle allègue, en particulier, la violation de son droit à un procès équitable ainsi que de son droit à la liberté d'expression[1].

Concernant la procédure, un évènement inattendu confère à cette affaire toute son originalité : le retrait, pour le moins spectaculaire, par le Rwanda, de sa déclaration d'acceptation de la compétence de la Cour concernant les requêtes individuelles. Pour rappel, cet Etat avait ratifié la Charte africaine des droits de l'homme et des peuples (ci-après la Charte africaine) le 21 octobre 1986. Il a ratifié ensuite le Protocole portant création de la Cour africaine (ci-après Protocole de Ouagadougou) le 25 mai 2004. Le 22 janvier 2013, alors même que la décision de condamnation de Dame *Ingabire* par la Cour suprême venait d'être rendue, le Rwanda faisait sa déclaration d'acception de la compétence de la Cour pour recevoir des requêtes individuelles conformément à l'article 34(6) du Protocole de Ouagadougou[2].

Tout semblait alors bien se passer lorsque, le 23 janvier 2015, le Rwanda déposa, auprès de la Cour, sa réponse à la requête introductive d'instance. Cette réponse avait été suivie, en date du 14 avril 2015, de la réplique de la requérante[3]. Alors que l'audience publique est fixée au 4 mars 2016, par lettre datée du 1er mars 2016, la République du Rwanda informait, subitement, la Cour du dépôt de l'instrument de retrait de sa déclaration acceptant la compétence de celle-ci pour connaître des requêtes individuelles fondées sur l'article 34 (6) du Protocole de Ouagadougou. Dans cette lettre, « [l]a République du Rwanda demande qu'après le dépôt dudit instrument [l'instrument de retrait], la Cour suspende toutes les affaires concernant la République du Rwanda, notamment l'affaire citée ci-dessus, jusqu'à ce qu'une révision de la déclaration soit faite et notifiée à la Cour en temps opportun »[4]. A la suite de cette notification, le Rwanda se retira pratiquement de la procédure.

Celle-ci sera ponctuée par plusieurs décisions. En dépit du choix rwandais de retirer sa déclaration d'acception de la compétence de la Cour, l'audience du 4 mars 2016 sera maintenue. La Cour rendra ensuite une première Ordonnance le 18 mars 2016 dans laquelle elle invitait notamment les parties à faire connaitre leurs observations écrites sur les effets du retrait rwandais[5]. Ensuite interviendra, le 3 juin 2016, l'« arrêt sur la compétence », qui sera plus tard, non sans quelque amateurisme[6], rectifié et rebaptisé « arrêt sur les effets du retrait de la déclaration faite en vertu de l'article 34 (6) du Protocole ». L'arrêt sur la compétence, la recevabilité ainsi que le fond interviendra le 24 novembre 2017. Enfin, la Cour rendra son arrêt sur les réparations le 7 décembre 2018. A la suite de ce bref rappel factuel, on se penchera à présent sur les questions juridiques les plus originales se trouvant au cœur de cette affaire.

---

[1] Ces droits sont respectivement protégés par la Charte africaine (article 7 et 9) et le Pacte international relatif aux droits civils et politiques (article 9 et 19 notamment). Voir arrêt du 24 novembre 2017, §. 77.

[2] Voir *infra* pour le contenu de cette disposition.

[3] Voir ordonnance du 18 mars 2016, §. 5.

[4] *Idem*, §. 18.

[5] Dans la même décision, la Cour ordonnait à la requérante de déposer ses observations sur d'autres aspects de la procédure soulevés par celle-ci. Ces questions portent sur l'admission éventuelle de mémoires d'*amicus curiae*, la participation via vidéo conférence de la requérante à la procédure, mais également la facilitation de l'accès des représentants de la requérante à leur cliente. Voir Ordonnance du 18 mars 2016, §§. 20-22.

[6] Il est en effet curieux, presqu'insolite, que pour un arrêt rendu le 3 juin 2016, le *corrigendum* n'intervient que le 5 septembre 2016. Pire, la rectification en question ne porte pas uniquement sur l'intitulé de l'arrêt, elle concerne également son contenu, deux paragraphes *cruciaux* de la décision ayant fait l'objet d'une reformulation. Voir rectificatif de l'arrêt du 3 juin 2016.

II. Problèmes juridiques fondamentaux

L'affaire *Ingabire* a suscité plusieurs problèmes juridiques d'importance inégale. Dès la phase des premières Ordonnances, des questions intéressantes ont été soulevées devant la Cour[1]. Toutes ne paraissent cependant pas revêtir une grande originalité pour faire l'objet de développements substantiels dans le cadre limité de ce commentaire. En revanche, deux questions majeures confèrent sans doute à l'affaire *Ingabire* toute sa singularité. Il s'agit, d'un côté, du retrait rwandais de la déclaration d'acceptation de la compétence de la Cour (II.1.) et, de l'autre, de la portée du droit à la liberté d'expression, notamment sur le génocide (II.2.).

II.1. La question du retrait par le Rwanda de sa déclaration d'acceptation de la compétence de la Cour

L'objet principal de l'arrêt rendu le 3 juin 2016 était de clarifier les effets du retrait rwandais. La Cour avait dû le préciser dans un arrêt rectificatif intitulé « arrêt sur les effets du retrait de la déclaration faite en vertu de l'article 34 (6) du Protocole » initialement mal dénommé « arrêt sur la compétence ». Le retrait du Rwanda, que d'aucuns ont appelé « Rwexit »[2], a constitué un véritable défi lancé à la Cour. En effet, pour une juridiction dont les conditions d'accès au prétoire par les individus sont loin d'être progressistes[3], ce retrait donnait un mauvais signal pour le mouvement, déjà très fragile, de juridictionnalisation de la mise en œuvre de la Charte africaine. On sait que sur la trentaine d'Etats ayant ratifié le Protocole de Ouagadougou, seulement huit, à ce jour, ont fait la déclaration prévue à l'article 34 (6) ouvrant un droit de saisine de la Cour aux individus et aux organisations non gouvernementales[4].

Il convient dès lors, de serrer de plus près l'analyse de la Cour sur ce point, ce d'autant qu'il s'agit de la toute première décision sur un cas de retrait par un Etat de sa déclaration d'acception de compétence. La démarche de la Cour s'articule autour de trois questions : la validité du retrait rwandais (1), les modalités de ce retrait (2) ainsi que les effets de celui-ci (3).

1. La validité du retrait

Le Protocole de Ouagadougou est silencieux sur la question du retrait éventuel par un Etat de la déclaration prévue à son article 34(6). Contrairement à la convention américaine des droits de l'homme[5], il n'indique ni la forme, ni la portée que les Etats pourraient conférer à leurs déclarations, pas plus qu'il n'oriente sur les variantes que celles-ci pourraient emprunter. La seule exigence littérale semble être le dépôt de la déclaration auprès du Secrétaire général de l'OUA[6]. Pour ne pas faciliter le problème, la déclaration rwandaise ne comporte ni de réserve, ni la moindre indication sur sa

---

[1] Il en a été ainsi de la question l'opportunité de l'ordonnance rendue le 8 mars 2016. Voir Opinion dissidente du Juge Fatsah Ouguergouz, §. 1 et s. Voir aussi Opinion dissidente du Juge Rafâa Ben Achour.

[2] Olivier Windridge, "Assessing Rwexit: the impact and implications of Rwanda's withdrawal of its article 34(6)-declaration before the African Court on Human and Peoples' Rights", *African Human Rights Yearbook*, n°2, 2018, pp.243-258.

[3] Voir aussi Mathieu Aldjima Namountougou « La saisine du juge international africain des droits de l'homme », *Revue trimestrielle des droits de l'homme*, n°86, 2001, pp.261-294 ; Laurence Boisson De Chazournes et Makane Moïse Mbengue, « Article 34. Ratification », *in* M. Maurice Kamto (dir) *La Charte africaine des droits de l'homme et des peuples et le Protocole y relatif portant création de la Cour africaine des droits de l'homme : commentaire article par article*, Bruxelles, Bruylant, 2011, p.1519.

[4] Pour rappel, ce Protocole, dont l'objet est de créer une Cour africaine des droits de l'homme, a été adopté à Ouagadougou, Burkina Faso, en juin 1998. Voir *infra* pour la teneur de l'article 34 (6).

[5] Voir article 62 de la Convention américaine notamment le paragraphe 2.

[6] De l'Union africaine, pour être précis, depuis le passage de l'OUA à l'UA. Et comme le 'Secrétariat général' en tant qu'organe de l'Union n'existe plus, ce rôle revient désormais au Président de la Commission de l'Union africaine. Voir article 36 (7).

portée matérielle et temporelle, encore moins de considérations sur un retrait éventuel. En l'absence donc d'un point de repère sur l'admissibilité du retrait aussi bien dans le Protocole que dans la déclaration rwandaise d'acceptation de compétence, le recours aux principes généraux du droit international gouvernant la matière s'impose. Ainsi, l'évaluation par la Cour de la validité du « Rwexit » passe-t-elle d'abord par l'établissement de la nature juridique de la déclaration prévue à l'article 34(6). Pour rappel, cette disposition a la teneur suivante : « À tout moment à partir de la ratification du présent Protocole, l'Etat doit faire une déclaration acceptant la compétence de la Cour pour recevoir les requêtes énoncées à l'article 5(3) du présent Protocole. La Cour ne reçoit aucune requête en application de l'article 5(3) intéressant un Etat partie qui n'a pas fait une telle déclaration »[1].

Comme certains l'ont souligné, le jeu de renvoi intra textuel entre l'article 34(6) et l'article 5 (3) du Protocole contribue à perturber la clarté de ces dispositions[2]. L'article 5(3), en prévoyant l'admissibilité des requêtes individuelles devant la Cour, semble accorder d'une main ce que l'article 34(6) reprend de l'autre, en conditionnant cette possibilité à une déclaration d'acception de la compétence faite par l'Etat contre lequel une requête est introduite. En revanche, la nature d'acte étatique unilatéral de la déclaration à laquelle renvoie l'article 34(6) ne laisse place à aucune ambiguïté. Il s'agit d'une manifestation unilatérale de volonté destinée à produire des effets de droit[3]. En l'occurrence, la déclaration mentionnée à l'article 34(6) vise, pour tout Etat, à reconnaître la compétence obligatoire de la Cour pour connaître de requêtes individuelles et d'organisations non gouvernementales. Toutefois, le caractère unilatéral de ce type d'acte ne doit pas éluder le lien juridique de type particulier qu'il établit en raison de ses effets sur les tiers. Ce qui en fait un acte de type complexe[4].

Cette espèce de clause de compétence juridictionnelle est d'usage courant en droit international. L'exemple le plus emblématique est sans conteste l'article 36(2) du Statut de la Cour internationale de Justice (CIJ)[5]. En matière de contentieux international des droits de l'homme, on retrouve les cousins de l'article 34(6) du Protocole de Ouagadougou, à l'article 62(1) de la Convention américaine relative aux

---

[1] Voir article 34(6) du Protocole de Ouagadougou. L'article 5(3) autorise les individus et certaines ONG à saisir la Cour.

[2] Laurence Boisson De Chazournes et Makane Moïse Mbengue, « Article 34. Ratification », in Maurice Kamto (dir) *La Charte africaine des droits de l'homme et des peuples et le Protocole y relatif portant création de la Cour africaine des droits de l'homme : commentaire article par article, op.cit.*, pp.1517-1518.

[3] Jean Salmon (dir.), *Dictionnaire de droit international public, Bruxelles*, Bruylant, 2001, p. 32.

[4] Sur le caractère parfois complexe des actes unilatéraux en droit international, voir Pierre Marie Dupuy et Yann Kerbrat, *Droit international public*, 11ème édition, Paris, Dalloz,2012, pp. 383 et s. ; Jean Salmon, *Le droit international à l'épreuve au tournant du XXème Siècle,* Cours Euro-Méditerranéens Bancaja de droit international, Volume VI, 2002, pp. 68 et s. S'agissant plus spécifiquement des déclarations d'acception de compétence obligatoire de la CIJ, il ne faut pas oublier que la nature juridique exacte de ce type de déclaration a, pendant longtemps, divisé la doctrine. Voir par exemple, Fakhri Gharbi, « Le statut des déclarations d'acceptation de la juridiction obligatoire de la Cour internationale de justice », *Les Cahiers du droit*, vol. 43, n°2, 2002, pp. 2013 et s.

[5] L'article 36 §.2. dispose que : « Les Etats parties au présent Statut pourront, à n'importe quel moment, déclarer reconnaître comme obligatoire de plein droit et sans convention spéciale, à l'égard de tout autre Etat acceptant la même obligation, la juridiction de la Cour sur tous les différends d'ordre juridique ayant pour objet : a. l'interprétation d'un traité ; b. tout point de droit international, c. la réalité de tout fait qui, s'il était établi, constituerait la violation d'un engagement international ; d. la nature ou l'étendue de la réparation due pour la rupture d'un engagement international ».

droits de l'homme[1], aux articles 16 à 19 de la future Cour arabe des droits de l'homme[2] ou encore à l'article 46 de la Convention européenne de sauvegarde des droits de l'homme avant l'entrée en vigueur du Protocole n°11[3].

La nature unilatérale de la déclaration étant établie, la Cour africaine en tire toutes les conséquences sur la validité du retrait de ce type de déclaration. Elle « estime [...] que la nature facultative de la déclaration et son caractère unilatéral découlent du principe de droit international de la souveraineté des Etats. En ce qui concerne les actes unilatéraux, la souveraineté des Etats prescrit que les Etats sont libres de s'engager et qu'ils conservent le pouvoir discrétionnaire de retirer leur engagement »[4].

Contrairement à l'un des participants à la procédure, pour lequel le retrait de la déclaration rwandaise violerait l'esprit des instruments juridiques des droits de l'homme adoptés par l'Union africaine[5], on ne peut qu'adhérer à la position de la Cour. Celle-ci rappelle l'importance fondamentale du principe de la liberté étatique en matière d'attribution de compétence juridictionnelle au plan international. A l'instar des déclarations de reconnaissance de compétence susmentionnées, celle prévue à l'article 34(6) du Protocole de Ouagadougou revêt, en effet, un caractère facultatif. En tant qu'acte unilatéral, l'adoption d'une déclaration de cette nature par un Etat est libre et discrétionnaire. On est ici non seulement dans un domaine où s'exprime amplement la notion de souveraineté étatique mais aussi en présence d'une des singularités les plus irréductibles de l'ordre juridique international. De fait, à la différence du droit interne où la nature même de l'institution judiciaire impose l'idée que la compétence du juge soit obligatoire, la souveraineté des Etats, au plan international, suppose avant tout le « pouvoir d'ultime décision dans les affaires les concernant »[6].

La justice internationale est, sans doute, l'un des domaines où la volonté souveraine de l'État s'avère hautement « déterminante »[7]. Cela explique la totale liberté de l'Etat de s'engager par une déclaration d'acception de compétence d'une juridiction internationale. Il en est d'autant plus ainsi que l'Etat 'déclarataire'

---

[1] Cette disposition se lit comme suit : « Tout Etat partie peut, au moment du dépôt de son instrument de ratification ou d'adhésion à la présente Convention, ou à tout autre moment ultérieur, déclarer qu'il reconnaît comme obligatoire, de plein droit et sans convention spéciale, la compétence de la Cour pour connaître de toutes les espèces relatives à l'interprétation ou à l'application de la Convention ». Toutefois, il est à noter que devant la Cour interaméricaine des droits de l'homme, il n'existe pas de procédures semblables à celle prévue à l'article 34(6) du Protocole de Ouagadougou. L'accès à la juridiction de la Cour par les individus n'est possible qu'à travers la Commission interaméricaine.

[2] Les ministres des affaires étrangères des Etats membres du Conseil de la Ligue arabe ont adopté par la Résolution 7790 (142), le Statut de la future Cour arabe des droits de l'homme. Celui-ci n'est pas encore en vigueur. Atypique toutefois, la saisine de la Cour n'est pas ouverte aux individus. Le statut instaure plutôt un mécanisme complexe réservant l'initiative de la saisine à l'Etat d'origine de la personne prétendant être victime d'une violation de ces droits en vertu de la Charte arabe. La déclaration d'acception de la compétence de la Cour est ici une condition de saisine de cette dernière par une Organisation non gouvernementale nationale. Voir article 19. §.2. « Les États membres peuvent, en cas de ratification ou adhésion au Statut ou à tout moment par la suite, accepter le fait qu'une ou plusieurs organisations nationales non-gouvernementales autorisées et travaillant dans le domaine des droits de l'homme du même État dont l'un de ses ressortissants prétend être une victime de violation d'un droit des droits de l'homme, puissent avoir recours à la Cour ». Pour une traduction (non officielle) du Statut par le Centre arabe pour l'éducation au droit international humanitaire, voir https://acihl.org/texts.htm?article_id=41&lang=en-GB, consulté le 30 septembre 2019.

[3] Voir Depuis l'entrée en vigueur du Protocole n°11, la Cour européenne des droits de l'homme dispose d'une compétence obligatoire. Ce Protocole prévoit que dès lors qu'un Etat accepte de devenir Partie à la CEDH, il est obligatoirement soumis au contrôle contentieux de la Cour européenne fondé sur les articles 33 et 34 de la CEDH. Ronny Abraham « La réforme du contrôle de la Convention européenne des droits de l'homme : le Protocole n°11 à la Convention », *Annuaire français de droit international*, 1994, pp. 625 et s. Ludovic Hennebel et Helene Tigroudja, *Traité de droit international des droits de l'homme*, Paris, Pedone, 2016, pp. 418 et s.

[4] Voir Arrêt sur le retrait, §.58.

[5] *Ibid*, §.45.

[6] Voir Robert Kolb, *La Cour internationale de Justice,* Paris, Pedone, 2013, p. 393.

[7] Maurice Kamto « La volonté de l'État en droit international », *RCADI*, n°310, 2004, p. 384.

s'engage dans un acte juridiquement grave. En l'occurrence, il s'agit pour lui de lier sa position, par avance, à l'égard de différends non encore nés et dont le contenu n'est pas prévisible, contrairement au procédé de la clause compromissoire par exemple ou celui du *forum prorogatum*[1]. Si l'Etat est libre de se lier par une déclaration de ce type, cette liberté s'exprime pleinement aussi bien dans la fixation de l'étendue de l'engagement formulé – par exemple en l'assortissant de réserves – que par *la décision* d'y mettre fin[2]. De la sorte, ce que l'Etat peut faire, il peut aussi le défaire. Comme par parallélisme, le retrait de la déclaration est, en principe, tout aussi libre que son émission. La CIJ affirme ainsi, que la faculté de « changer la teneur » de telles déclarations ou « d'y mettre fin » constitue un « droit inhérent à tout acte unilatéral d'un Etat »[3]. La question de la validité du Rwexit réglée, la Cour se penche sur celle de ses modalités.

2. Les modalités du retrait

Si l'Etat est libre de retirer sa déclaration d'acception de compétence obligatoire d'une juridiction, ce retrait n'est pas inconditionnel. Pour produire valablement ses effets, le retrait doit se conformer à certaines exigences. Ainsi, selon la Cour, « …même si le retrait de la déclaration faite en vertu de l'article 34 (6) est un acte unilatéral, le caractère discrétionnaire de ce retrait n'est pas absolu. Ceci est d'autant plus vrai en ce qui concerne les actes créant des droits au profit des tiers et dont la jouissance requiert une sécurité juridique »[4].

On peut s'arrêter un instant sur cette affirmation. Le retrait des actes unilatéraux par les Etats n'est pas une question juridique nouvelle en droit international. Il est communément admis tant en doctrine[5] qu'en jurisprudence, que le pouvoir discrétionnaire de reconsidération de leurs actes unilatéraux par les Etats ne devrait pas être mis en œuvre de manière arbitraire. Dans l'affaire des *Essais nucléaires*, analysant les déclarations françaises annonçant la cessation des essais atmosphériques dans la pacifique sud, la CIJ avait indiqué que « l'engagement unilatéral résultant de ces déclarations ne saurait être interprété comme ayant comporté l'invocation d'un pouvoir arbitraire de révision »[6]. Concernant l'affaire des *Activités militaires et paramilitaires au Nicaragua*, la Cour mondiale rappelait que le droit de mettre fin à une déclaration de durée indéterminée d'acceptation de la compétence de la CIJ, avec effet immédiat, est loin d'être établi en droit international[7].

Le fondement de l'interdiction d'un retrait arbitraire est au moins double. L'interdiction est d'abord assise sur le principe de bonne foi. Le respect de la parole donnée, qui veut que l'on observe l'objet de ses engagements. Certes, le principe de bonne foi est, le plus souvent, rattaché aux engagements conventionnels. On le lie alors directement à la règle fondamentale *Pacta sunt servanda.* Rien n'empêche

[1] Robert Kolb, *La Cour internationale de Justice, op.cit.*, pp. 399 et s.

[2] Sous réserve évidemment des modalités de mise en œuvre de cette décision de mettre fin à l'accord. Voir Fakhri Gharbi, « Le déclin des déclarations d'acceptation de la juridiction obligatoire de la Cour internationale de justice », *Les Cahiers du droit*, vol 43, n°3, 2002, p. 471 et s.

[3] *Activités militaires et paramilitaires au Nicaragua et contre celui-ci (Nicaragua c. Etats-Unis d'Amérique), compétence et recevabilité*, arrêt, C. I.J. Recueil 1984, p. 419, §. 61.

[4] *Ibid.*, §.60.

[5] Voir entre autres, Víctor Rodríguez Cedeño, María Isabel Torres Cazorl, « Unilateral Acts of States in International Law », *Max Planck Encyclopedia of Public International*, Oxford, Oxford University Press, 2015, §.28. E. Suy, "Some unfinished new thoughts on unilateral acts of states as a source of international law", *Journal for Juridical Science*, vol. 26, 2001 n°3, p.8. Voir en général, Jean-Paul Jacqué, *Éléments pour une théorie de l'acte juridique en droit international public*, Paris, LGDJ, 1972, 511p.

[6] Voir *Essais nucléaires (Australie c. France)*, arrêt, C. I. J. Recueil 1974, p. 270, §. 51.

[7] CIJ, *Activité militaires au Nicaragua, op.cit.*, p. 42, §.63.

cependant qu'il soit transposable aux engagements formellement unilatéraux. *Acta sunt servanda* dira-t-on[1]. L'engagement de l'Etat crée ainsi à la charge de celui-ci des obligations juridiques qu'il doit assumer de bonne foi[2].

En second lieu, le fondement de la soumission du retrait d'un acte unilatéral à certaines conditions découle du principe de sécurité juridique. Parce qu'un acte unilatéral est susceptible de créer des droits aux profits des tiers, le régime du retrait ne peut être laissé à la merci des sauts d'humeurs de leurs auteurs[3]. Une analyse casuistique s'impose toutefois qui permettra, dans chaque cas d'espèce, de déterminer la portée exacte de l'engagement ainsi que la nature des droits établis aux profits des tiers[4]. A l'instar de la théorie des droits acquis en droit administratif interne, en droit international, un acte unilatéral créateur de droits ne saurait être retiré au mépris de ceux-ci[5].

Partant de ces principes qui ne consacrent autre chose qu'une « liberté encadrée » des Etats de retirer leurs actes unilatéraux, la Cour africaine devait ensuite déterminer, plus spécifiquement, les conditions auxquelles était soumis l'Etat défendeur au moment où celui-ci a décidé du retrait de sa déclaration. Selon la Cour, « ...lorsqu'ils sont autorisés à se retirer, les Etats sont tenus de donner préavis de leur intention. L'exigence de préavis est nécessaire en l'espèce, considérant en particulier que la déclaration faite en vertu de l'article 34(6) du Protocole constitue non seulement un engagement international de l'Etat, mais bien plus important, crée des droits subjectifs en faveur des individus et des groupes »[6].

La Cour explique que l'importance de ce délai de préavis tient, essentiellement, à l'impératif de sécurité juridique. De fait, valablement émise, toute déclaration de reconnaissance de compétence obligatoire de la Cour africaine crée immédiatement des droits au profit des individus et des organisations non gouvernementales. De cette manière, un retrait soudain de la déclaration est exclu car il entrainerait des conséquences fâcheuses sur ces droits particuliers[7].

A l'analyse cependant, la position de la Cour, sur ce point, n'est valable qu'en partie. Elle tend à éluder certaines subtilités importantes. En effet, l'exigence du délai de préavis n'est ni générale ni absolue. Elle dépend des circonstances de chaque espèce. Lorsque la validité de la déclaration n'est assujettie à aucune conditionnalité par l'instrument juridique qui la prévoit[8], elle doit être soumise à un examen soigneux pour conclure à la possibilité ou non d'un retrait avec effet immédiat. En raison du principe de souveraineté, rien n'interdit à un Etat de s'octroyer, dans une déclaration d'acceptation de compétence juridictionnelle obligatoire, le droit de retirer sa déclaration avec effet immédiat. Les exemples ne

---

[1] Sâ Benjamin Traoré, *L'interprétation des résolutions du Conseil de sécurité des Nations Unies. Contribution à la théorie de l'interprétation dans la société internationale*, Thèse de doctorat en droit, Université de Neuchâtel, 2018, p. 237. Voir aussi, CDI, *Cinquième rapport sur les actes unilatéraux des Etats* par M. Victor Rodriguez Cedeño, A/CN.4/525 et Add.1 et 2, 2002, p. 107 et s.

[2] *Essais nucléaires, op.cit.*, p. 43. *Activités militaires au Nicaragua op.cit.*, p. 42, §.63.

[3] Voir *mutandis mutatis*, Christian Tomuschat, "Article 36" *in* Andreas Zimmermann and Christian J. Tams, *The Status of the International Court of Justice. A commentary*, Third edition, Oxford, OUP, 2019, p. 762.

[4] Víctor Rodríguez Cedeño, María Isabel Torres Cazorl, « Unilateral Acts of States in International Law », *Max Planck Encyclopedia of Public International, op.cit.*, §.31 et s.

[5] Jean Waline, *Droit administratif*, Dalloz, 23e édition, 2010, p.31.

[6] Voir Arrêt sur le retrait, *op.cit.*, §.61.

[7] *Ibid.*, §.62.

[8] C'est le cas du Protocole de Ouagadougou. Mais il n'existe aucun obstacle à la possibilité théorique que le traité prévoyant la déclaration d'acception de la compétence d'une juridiction interdise qu'une telle déclaration puisse être retirée.

manquent pas dans la pratique internationale notamment en ce qui concerne la CIJ[1]. Contrairement à ce que certains ont pu insinuer, bien qu'importantes, les différences entre les déclarations de compétence de juridiction de contrôle des droits de l'homme avec celles reconnaissant la compétence de la CIJ ne paraissent pas suffisantes pour invalider cette conclusion[2]. Un Etat qui viendrait à mettre en œuvre ce type de clause de retrait – retrait avec effet immédiat – initialement insérée dans sa déclaration d'acceptation de la compétence d'une juridiction ne contreviendrait aucunement au principe de bonne foi, encore moins à celui de sécurité juridique, le contenu – et la possibilité du retrait immédiat – de sa déclaration étant connus à l'avance.

Dans ces conditions, l'exigence d'un délai de préavis n'est valable que lorsqu'on est en présence d'une déclaration ayant manqué de préciser les conditions temporelles de son propre retrait[3]. En l'espèce, la déclaration rwandaise entre sous cette catégorie. Faite de façon indéterminée et sans la moindre mention quant à la procédure de son retrait, cette déclaration ne pouvait être révoquée sans préavis pour les raisons déjà exposées.

Une fois posée la nécessité d'un préavis de retrait, la Cour devait déterminer la période du délai de préavis. A cet égard, elle jugea que : « Concernant le délai ce préavis, la Cour s'inspire de deux pratiques principales qui s'accordent sur un délai d'au moins un an. Le premier exemple est la pratique de la Cour interaméricaine des droits de l'homme telle que prévu à l'article 78 de la Convention américaine relative aux droits de l'homme et appliqué dans l'affaire Ivcher Bronstein mentionnée ci-dessus. La seconde illustration est fournie par le délai de préavis prévu à l'article 56(2) de la Convention de Vienne »[4].

Le choix porté sur la période d'*un an*, comme délai de préavis, est abrupt et la Cour échoue à convaincre entièrement sur ce point. Deux observations s'imposent. D'abord, la Cour n'argumente guère sa référence à l'affaire *Bronstein* et sur les raisons de l'endossement du régime interaméricain. Ensuite, la *raison d'être* du recours, par analogie, au régime applicable au retrait des traités, alors même qu'il s'agit d'évaluer celui d'un acte formellement unilatéral, est pour le moins ambiguë. Relativement à la première observation, la référence à l'affaire *Bronstein* jugée devant la Cour interaméricaine des droits de l'homme est problématique voire déroutante. Certains juges dissidents ont relevé, à juste titre du reste, que si elle peut s'en inspirer, la jurisprudence du juge américain, n'est point une source de droit obligatoire pour la Cour africaine[5]. Mais on est encore très loin du véritable problème suscité par le renvoi de la Cour à cette affaire. En effet, la Cour se sert de l'affaire *Bronstein* de façon grossièrement erronée, de sorte que tout porte à croire que les juges – majoritaires comme dissidents – ne l'ont pas lue[6]. Un premier indice qui alerte le

---

[1] Voir la Déclaration de la Slovaquie, de l'Allemagne, de la Bulgarie, ou encore de la Roumanie devant la CIJ. Ces textes sont disponibles ici https://www.icj-cij.org/fr/declarations.

[2] Bien que la particularité de la déclaration prévue à l'article 34(6) ait été mise en évidence par le Juge Fatsah Ougergouz (Arrêt sur le retrait, *Opinion individuelle du Juge Fatsah Ouguergouz*, §.3 et s.), cette spécificité juridique ne change rien, en terme de technique juridique, au fait qu'à l'instar des autres types de déclarations de reconnaissance de juridiction obligatoire, celle prévue par le Protocole de Ouagadougou crée une lien juridique entre l'Etat déclarataire et des tiers, que ceux-ci soient des Etats ou des individus.

[3] Voir Christian Tomuschat, « Article 36 », in Andreas Zimmermann and Christian J. Tams, *The Status of the International Court of Justice. A Commentary, op.cit.*, p. 762.

[4] Arrêt sur le retrait, *op.cit.*, §.65

[5] Voir *Ibid., Opinion dissidente des Juges Gérard Niyungeko et Augustino S.L. Ramadhani*, §. 13.

[6] Il faut toutefois faire justice au Juge Fatsah Ouguergouz qui, dans son opinion individuelle (§.29), formule une critique – malheureusement très timide – de la référence faite par la Cour à cette affaire américaine. Dans une note de bas de page, il semble même avoir perçu l'erreur grossière de la Cour. La stupéfaction reste toutefois entière car on se demande

lecteur de la décision est l'absence de la date de l'affaire *Bronstein* que cite la Cour en note de bas de page, sans daigner se conformer aux règles admises de citation[1]. Le lecteur curieux, qui retrouvera la bonne décision[2], découvre, surpris, que la Cour africaine attribue à son homologue américain des positions que celle-ci n'a jamais tenues et qui, loin d'être d'un quelconque secours, contredisent même sa propre approche du problème du retrait.

L'extrait de l'affaire *Bronstein* que cite la Cour africaine dans l'affaire *Ingabire*, en l'attribuant à la Cour interaméricaine[3], est plutôt une observation faite, dans ses écritures, par la Commission interaméricaine des droits de l'homme au sujet de la décision prise par le Pérou de retirer sa déclaration d'acceptation de la compétence de la Cour interaméricaine des droits de l'homme[4]. Pire, dans l'affaire *Bronstein*, suivant une approche fort contestable, la Cour interaméricaine avait conclu à l'*inadmissibilité* du retrait par le Pérou de sa déclaration d'acception de la compétence obligatoire de la Cour interaméricaine. Selon elle, la *seule* possibilité qui existait pour le Pérou était la *dénonciation* de l'ensemble de la Convention américaine relative aux droits de l'homme[5]. Cette position est aux antipodes de l'approche de la Cour africaine quant au retrait rwandais telle qu'exposée jusqu'ici. La référence à cette jurisprudence, en l'espèce, parait hasardeuse car la Cour américaine n'y a adopté aucun délai de préavis de retrait.

Le second problème que pose le renvoi à l'article 78 de la Convention américaine tient à son impertinence pour résoudre le problème du délai de préavis en cas de retrait d'une déclaration d'acceptation de compétence juridictionnelle obligatoire. La raison en est simple. Le délai de préavis d'un an prévu à l'article 78 de la Convention américaine vise le retrait de la Convention et non celui de la déclaration optionnelle d'acceptation de compétence prévu à l'article 62 de ladite Convention. Cet article est ainsi d'un secours incertain pour trancher la question sous examen car celle-ci concerne, encore une fois, le retrait d'un acte unilatéral étatique, pas d'une convention. Le reproche est également valable pour les juges dissidents qui se sont étalés sur la question. Ces derniers, critiquant la majorité, estime que celle-ci s'est exclusivement fondée sur le délai du système interaméricain alors que, d'après eux, d'autres délais de retrait, moins longs, sont prévus par le Pacte international relatif aux droits civils et politiques ainsi que dans la Convention européenne des droits de l'homme[6]. Il semble, toutefois, échapper à la majorité, comme à ces juges dissidents, que leurs références ne concernent que des actes conventionnels. Or, il est clair que l'objet du problème n'est pas, dans cette affaire, le retrait d'une convention notamment du Protocole portant création de la Cour africaine. Il s'agit, doit-on le rappeler, du retrait de la déclaration unilatérale d'acceptation de la compétence de la Cour. Pourtant, cette distinction subtile entre les deux types d'instruments est bien

---

comment il n'a pas pu persuader ses collègues de lire simplement l'affaire en question pour ne pas attribuer au juge interaméricain ce qu'il n'a pas dit.

[1] *Arrêt sur le retrait, op.cit.*, p. 15 note 8.

[2] CourIADH, *Ivcher Bronstein v. Peru*, Judgment, 24 Sep. 1999, disponible ici par exemple http://www.worldcourts.com/iacthr/eng/decisions/1999.09.24_Ivcher_Bronstein_v_Peru.pdf

[3] Arrêt sur le retrait, §. 63.

[4] Pour rappel, cette déclaration est prévue à l'article 62 de la convention américaine relative aux droits de l'homme. On remarquera, au reste, que l'extrait est tiré de la toute première partie de la décision, celle exposant la procédure, avant même les faits ainsi que le droit. Il était donc encore plus facile pour la Cour africaine de découvrir son erreur.

[5] CourIADH, *Ivcher Bronstein, op.cit.*, §§.32-54.

[6] Voir Arrêt sur le retrait, *op.cit.*, *Opinion dissidente des Juges Gérard Niyungeko et Augustino S.L. Ramadhani*, §§.8 et s.

perceptible dans la décision[1]. On ne comprend donc pas pourquoi la Cour ne s'y tient pas rigoureusement.

Quant au recours par analogie au régime applicable au retrait des traités pour évaluer le délai de préavis du retrait de la déclaration rwandaise, la Cour n'en explique pas le fondement. Après avoir nié dans un premier temps, non sans contradiction[2], la pertinence de l'application du droit des traités en l'espèce, le *corrigendum* de l'arrêt sur le retrait, affirme, sans davantage d'explication, la nécessité du recours à l'analogie avec le droit des traités. Certes, sur toute une série de problèmes juridiques touchant les actes unilatéraux en droit international, une application par analogie du régime applicable aux traités est entièrement justifiée. La pratique internationale s'oriente dans cette direction. Il en est ainsi par exemple en matière d'interprétation des actes unilatéraux[3]. S'agissant du retrait d'une déclaration d'acception de sa propre compétence, la CIJ a déjà conclu à l'application par analogie du traitement prévue pour les traités[4].

De la sorte, s'il manque d'explications dans la décision[5], le principe, retenu par la Cour africaine – de la 'transposabilité' du droit applicable à la dénonciation et au retrait des traités au retrait d'une déclaration unilatérale d'acceptation de compétence –, n'est pas critiquable. Ce qui l'est, en revanche, c'est le choix de la Cour d'adopter le délai conventionnel d'*un an* fixé par l'article 56 de la Convention de Vienne sur le droit des traités plutôt que celui reconnu en droit international coutumier ; le caractère coutumier du délai de l'article 56 de la Convention de Vienne sur le droit des traités n'étant pas établi[6]. Au contraire, en matière de retrait à une convention internationale muette sur les conditions de sa propre dénonciation ou de son retrait, le droit international coutumier exige un *délai raisonnable* de préavis[7].

Comme l'ont relevé, à juste titre, certains juges, la Cour aurait dû se référer plutôt à la notion de *délai raisonnable* et procéder à une évaluation *in concreto*. Selon eux, le délai d'*une année* est excessif[8]. Cette conclusion est discutable. Néanmoins, force est de reconnaitre que si la Cour avait épousé la notion du *délai raisonnable*, elle aurait non seulement évité d'énoncer un délai fixe – ce qui lui donnerait plus de marge à l'avenir – mais elle aurait surtout pu conclure aisément à l'insatisfaction par le Rwanda d'un délai raisonnable de préavis étant donné que celui-ci soutenait l'effet immédiat de son retrait. On aurait abouti à la même conclusion en prêtant moins le flanc à la critique. Une démarche similaire a été celle de la CIJ dans l'affaire *Activités militaires au Nicaragua contre celui-ci*. L'application de la notion de délai raisonnable lui avait permis de juger qu'un laps de temps de trois jours ne constituait manifestement pas un délai raisonnable de préavis pour retirer une déclaration faite en vertu de l'article 36(2) de son statut[9]. On se penchera maintenant sur les conséquences juridiques du retrait.

---

[1] Arrêt sur le retrait, *op.cit.*, §. 54.

[2] Dans la version avant correction de son arrêt, la Cour affirme au §. 54 de sa décision que la déclaration ne relève pas du droit des traités et qu'en conséquence, la Convention de Vienne ne s'applique pas à son retrait. La contradiction apparait au §.69 lorsque, la Cour renvoie à l'article 56 de la Convention de Vienne au sujet du délai de préavis.

[3] Voir Sâ Benjamin Traoré, *L'interprétation des résolutions du Conseil de sécurité des Nations Unies…*, *op.cit.*, p. 211 et s.

[4] *Activités militaires au Nicaragua, op.cit.*, p. 420, §.63.

[5] Arrêt sur le retrait, *op.cit., Opinion dissidente des Juges Gérard Niyungeko et Augustino S.L. Ramadhani*, §.6.

[6] Theodore Christakis, " Article 56", *in* Olivier Corten et Pierre Klein, *La Convention de Vienne sur le droit des traités. Commentaire article par article*, Bruxelles, Bruylant, 2006, pp. 1961 et s.

[7] *Idem*. Voir aussi *Activités militaires au Nicaragua, op.cit.*, §.63.

[8] Voir Arrêt sur le retrait, *op.cit.*, Opinion dissidente des Juges Gérard Niyungeko et Augustino S.L. Ramadhani, §. 12.

[9] *Activités militaires au Nicaragua, op.cit.*, §. 63.

3. Les effets du retrait

La détermination précise des effets de la décision rwandaise de retrait de sa déclaration d'acceptation de la compétence de la Cour revêtait une importance particulière pour la suite de la procédure. Il en est ainsi parce que le Rwanda, on l'a vu, avait invité la Cour à « suspendre » toutes les affaires le concernant – y compris l'affaire en cours – à partir du dépôt de son instrument de retrait. En d'autres termes, le Rwanda revendiquait un effet immédiat à sa déclaration de retrait. Il semble également attribuer à la notification de son retrait, l'effet d'un dessaisissement de la Cour qui priverait ainsi cette dernière de toute compétence pour se prononcer sur les effets du retrait. Selon lui, en effet, en vertu du principe de parallélisme des formes, seule l'Union africaine serait habilitée à se prononcer sur le retrait et ses effets[1].
En réponse à ces arguments, la requérante a soutenu que le retrait n'avait aucun effet sur la procédure en cours[2]. Dans sa décision, la Cour semble distinguer entre deux types d'effets du retrait : l'effet temporel et l'effet procédural. Le premier aspect concerne le moment à partir duquel le retrait produit ses effets alors que le second porte sur la conséquence juridique du retrait sur la procédure en cours. Relativement au premier aspect, selon la Cour africaine, dans la mesure où le délai de préavis est d'*un an*, le retrait rwandais ne prend effet que le 1er mars 2017, c'est-à-dire un an après sa notification à l'Union africaine[3].

Le second volet de la question des effets du retrait appelle, quant à lui, plus de commentaires. En effet, entérinant les principales conclusions des autres parties à la procédure, la Cour conclut que le retrait du Rwanda ne saurait écarter sa compétence pour connaitre de l'affaire. Il en résulte, selon elle, que la notification par l'Etat défendeur de son intention de se retirer ne produit aucun effet sur les affaires pendantes devant la Cour[4]. La première observation que l'on peut faire concerne les effets du retrait sur la compétence de la Cour. Le raisonnement qui conduit à la déclaration de compétence parait circulaire. La Cour affirme qu'elle est compétente parce que le Rwanda a déposé une déclaration d'acceptation de sa compétence en vertu de l'article 34 (6) du Protocole de Ouagadougou. Le Rwanda estime, au contraire, qu'elle n'est pas compétente en raison de son retrait de sa déclaration d'acceptation de sa compétence, retrait qui aurait, selon lui, un effet immédiat.

Suivant une certaine rigueur logique on pourrait soutenir que la réponse à la question de l'effet immédiat ou non du retrait rwandais conditionne celle de la compétence de la Cour. Il en est ainsi parce que dans l'hypothèse où le retrait revêtirait un effet immédiat, la prétention rwandaise serait valable. La Cour manquerait alors de compétence pour connaitre de quelque aspect de l'affaire. Au contraire, c'est seulement dans l'hypothèse où le retrait n'a aucun effet sur la procédure que la Cour pourrait rechercher sa compétence – comme elle le fait – à l'aune de critères classiques (compétence personnelle, matérielle territoriale et temporelle). Dans ces conditions, en saine logique, dans la démarche argumentative de la Cour, la question des effets du retrait devrait précéder celle de la compétence. Or, la Cour adopte la démarche inverse dans sa décision. Mais alors, si ce qui précède est vrai, sur quel fondement

[1] Arrêt sur le retrait, *op.cit.*, §. 36.
[2] *Ibid.*, 38 et s.
[3] La date critique semble être ici la date d'émission de la lettre de retrait et non la date de réception par la Cour de la notification du retrait.
[4] Arrêt sur le retrait, *op.cit.*, §.68.

commencerait-elle par se prononcer sur les effets du retrait sans avoir préalablement établie la compétence pour trancher l'affaire ?

La question n'est donc pas aussi simple qu'elle le paraît dans la démarche de la Cour. Plutôt que de chercher à justifier sa compétence sur les bases traditionnelles, précisément contestées en l'espèce, la Cour aurait pu se fonder *uniquement* sur le paragraphe 2 de l'article 3 du Protocole de Ouagadougou qu'elle évoque du reste. Suivant cette disposition, « en cas de contestation sur le point de savoir si la Cour est compétente, la Cour décide ». Au-delà de ce fondement textuel, la notion de *compétence de la compétence*, pouvoir reconnu à une juridiction de se prononcer sur sa propre compétence est un pouvoir inhérent à toute juridiction[1].

La seconde observation découlant d'une lecture attentive de la position de la Cour sur les effets du retrait concerne le fondement de l'absence d'effet immédiat du retrait sur l'affaire en cours. Comme le souligne la Cour, cette conclusion s'appuie sur le principe juridique de non-rétroactivité suivant lequel les règles juridiques ne s'appliquent que pour l'avenir[2]. Il s'agit là d'un principe fondamental au service de la sécurité juridique. L'importance de ce principe parait davantage élevée en l'espèce car il s'agit d'un acte unilatéral dont les effets à l'égard des tiers doivent être évalués avec la plus grande parcimonie. A supposer même que le Rwanda eût assorti sa déclaration d'acceptation de quelque condition, telle que la possibilité d'un retrait immédiat, il demeurerait inconcevable que son retrait ait pour effet de mettre fin à une procédure déjà engagée en vertu d'une telle déclaration.

Ces deux aspects du raisonnement de la Cour relèvent d'une évidence telle qu'on serait même tenté de questionner l'opportunité d'une décision *exclusivement* dédiée aux effets du retrait rwandais. Dans la mesure où la Cour consacre tout un arrêt à la question du retrait et à ses effets, on pourrait avancer que la décision rwandaise de retirer sa déclaration n'a finalement pas été sans incidence, puisqu'elle aura, à tout le moins, contraint la Cour à rendre un arrêt au demeurant *sui generis*[3]. On comprend dès lors ses hésitations sur l'intitulé exact d'une telle décision[4]. Était-il possible à la Cour de faire l'économie de cette décision ? On pourrait en effet penser qu'en rendant un arrêt spécifique sur le retrait, la Cour accordait une importance indue à ce qui n'était qu'une forte montée d'humeur du Rwanda. La Cour semble avoir pris trop au sérieux la prétention rwandaise en dépit de son caractère manifestement infondé et dilatoire. Le juge Ouguergouz critique, à juste titre, l'attitude de la Cour, estimant que celle-ci perdait le contrôle sur une procédure dont elle devrait restée maitresse[5].

La question du retrait aurait pu être directement tranchée au moment où la Cour se prononçait sur sa compétence. Une procédure spéciale aux fins de détermination des effets du retrait était inutile[6]. Plus expressive à cet égard a été la position du Juge Ben Achour. En Effet, dès son opinion dissidente jointe à l'ordonnance du 18 mars 2016 – bien avant donc l'arrêt sur le retrait –, il soutenait

---

[1] *Affaire Nottebohm (exception préliminaire)*, Arrêt du 18 novembre 1953, C.I.J, Recueil 1953, pp. 119-120 ; Jean Salmon (dir.), *Dictionnaire de droit international public*, *op.cit.*, p.217.

[2] On sait néanmoins que ce principe n'est pas absolu et qu'il peut souffrir parfois d'exceptions.

[3] En effet, la décision est difficile à ranger dans la nomenclature habituelle des décisions de la Cour. Elle n'appartient ni à la catégorie des ordonnances ni à celle des arrêts sur le fond (qui abordent souvent en même temps la question de la compétence et de la recevabilité) ou les arrêts sur les réparations. Sur ce point, voir Frans Viljoen, *International Human Rights Law in Africa*, Second Edition, Oxford, OUP, 2012, pp. 435 et s.

[4] Pour rappel la Cour avait d'abord considéré qu'il s'agit d'un arrêt sur la compétence pour ensuite le qualifier d'arrêt sur le retrait.

[5] Voir Ordonnance du 18 mars 2016, *Opinion individuelle du Juge Fatsah Ougergouz*, §§. 1 et s.

[6] *Ibid.*, §.2. Voir aussi §.20.

que « la Cour n'a[vait] pas à rendre une décision spécifique relativement au retrait ». Elle devait le faire, selon lui, dans son arrêt définitif[1]. Cette approche aurait été d'autant plus fondée que le Rwanda avait déjà pleinement pris part à la procédure. Il s'était notamment prononcé sur la recevabilité de l'affaire et même sur le fond. Jamais n'avait-t-il alors invoqué une exception d'incompétence.

De ce point de vue, si on la considère comme telle, l'exception d'incompétence élevée par le Rwanda surgit de manière tardive et ne méritait guère le traitement spécial que lui accorde la Cour[2]. Logiquement, même si, par impossible, la Cour avait été incompétente, le fait que le Rwanda ait décidé de se défendre au fond aurait suffi à établir cette compétence initialement manquante. Certes, le Protocole de Ouagadougou ne prévoit pas, formellement, la prorogation de for comme base de compétence de la Cour. Certains auteurs y ont même vu une impossibilité d'appliquer cette institution devant la Cour africaine, réservant sa pertinence uniquement aux procédures devant la CIJ[3]. Or, en tant qu'expression, par définition non formalisée, d'une acceptation de compétence d'une juridiction, la notion ne saurait être l'apanage de la CIJ[4]. On ne voit pas pourquoi l'institution ne serait pas admissible devant la Cour africaine, l'essentiel étant que la conduite étatique dans la procédure en cause témoigne *clairement* d'une acceptation de compétence par l'Etat auquel on l'oppose[5]. Mieux, l'estoppel aurait pu être retenu pour écarter l'exception préliminaire d'incompétence en raison d'une survenance tardive. L'argument fondé sur ce type d'estoppel jouit d'une application suffisamment répandue dans la jurisprudence internationale, y compris devant des organes de protection des droits de l'homme comme la Cour européenne[6].

Toutefois, la critique portant sur l'inopportunité de la décision relative au retrait rwandais peut être relativisée. En effet, à la décharge de la Cour, il faut reconnaître que l'attitude rwandaise a constitué un coup de tonnerre dans le fonctionnement de la jeune juridiction et qu'une décision aux fonctions pédagogiques pour l'ensemble des Etats n'était pas sans pertinence[7]. Hormis cette importante question de procédure, l'étendue matérielle du droit à la liberté d'expression constituait l'un des points d'orgue de cette affaire.

II.2. La question de la portée du droit à la liberté d'expression notamment sur le génocide

La question cruciale du retrait rwandais ne doit pas mettre sous le boisseau le fond de l'affaire *Ingabire*. Certes, l'affaire doit son écho particulier à cet important « incident de procédure ». Il n'en reste pas moins que, par ses autres aspects, elle soulève des problèmes juridiques originaux. La question de la liberté d'expression sur le génocide relève de ceux-là. Pour mémoire, deux types de violations étaient

---

[1] Voir Ordonnance du 18 mars 2016, *Opinion dissidente du Juge Rafâa Ben Achour*, p. 3.

[2] Sur le moment où doivent être invoquées les exceptions préliminaires, voir Carlo Santulli, *Droit du contentieux international*, Paris, LGDJ, 2e édition, 2015 pp.210 et s.

[3] Voir Frans Viljoen, *International Human Rights Law in Africa, op.cit.*, p. 432.

[4] Voir Sienho Yee, "Forum Prorogatum Returns to the International Court of Justice", *Leiden Journal of International Law*, n°13, 2003, p. 703 et s.

[5] Le souci essentiel ayant présidé à l'adoption du Protocole et, notamment, de l'article 34(6), est d'ouvrir la saisine de la Cour aux individus. Il en résulte qu'une interprétation progressiste de manière à élargir cette protection est toujours souhaitable. Voir CourADHP, *Michelot Yogogombaye v. Sénégal*, Requête n°, 001/2008, Jugement du 15 décembre 2009, *Opinion dissidente du Juge Fatsah Ouguergouz*, §. 31 et s.

[6] Pour plusieurs exemples, voir R. Kolb, *La Cour internationale de Justice, op.cit.*, p. 412 et s.

[7] Voir par analogie avec le traitement de la question de la réception des requêtes, l'approche pédagogique choisie par la Cour, Sakré Kéké « L'exercice de la compétence contentieuse de la Cour africaine », *Annuaire africain des droits de l'homme*, n°2, 2018, pp. 162-165.

reprochés à l'Etat Rwandais par la requérante. Alors que le premier concernait des violations alléguées du droit à un procès équitable[1], le second renvoyait à l'épineuse question de la liberté d'expression, en particulier, sur un évènement historique dramatique comme le génocide rwandais. On reviendra brièvement sur le contexte et les arguments des parties (1) avant d'exposer le raisonnement de la Cour (2) dont on fera une évaluation succincte (3).

1. Contexte et arguments des parties

On rappellera que la requérante a été condamnée devant les juridictions rwandaises pour, entre autres, des propos tenus au Mémorial du génocide de Kigali ; lors de ses interviews et autres déclarations faites à différentes occasions. Pour le lecteur qui n'y est pas familier, un rappel du contexte plus général dans lequel s'inscrit toute l'affaire n'est pas superfétatoire. En fait, à la suite du génocide rwandais, une certaine opinion, provenant notamment – mais pas exclusivement[2] – des opposants au pouvoir en place, entretient régulièrement, parfois très expressément mais souvent plus subtilement, l'idée suivant laquelle il y aurait eu un double génocide en 1994. Suivant cette opinion, le génocide officiel, que l'on ne mettrait que trop en évidence, coexisterait avec un génocide oublié, caché, celui qui aurait conduit au meurtre de milliers de Hutus par les Tutsis[3]. L'argument consiste ainsi à prétendre que le génocide des Tutsis trouverait un pendant dans celui des Hutus perpétré par le Front patriotique rwandais (FPR) de l'actuel Président Kagamé[4]. Dans son expression la plus radicale, ce narratif soutient que le génocide dont on parle n'a jamais eu lieu, qu'il ne s'est agi que d'explosions de violences ethniques, conséquence d'une guerre civile déclenchée, voire imposée par le FPR.

Dans un tel contexte de défiance frontale de l'histoire officiellement reçue du génocide, le gouvernement rwandais s'est engagé dans une lutte acharnée contre toute forme de négationnisme de ce qu'il convient d'appeler au Rwanda le « génocide contre les Tutsis ». Pour qui connait bien ce pays, parler du génocide implique d'y ajouter – toujours – le supplément « contre les Tutsis ». « Génocide contre les Tutsis » est donc l'expression consacrée et y contrevenir fait tout de suite peser de lourds soupçons sur votre possible adhésion à la thèse du double génocide. Il en a résulté l'adoption d'un arsenal législatif incriminant toute forme de « négationnisme », de « révisionnisme » et de « minimisation » du génocide[5]. La condamnation de la requérante intervient, essentiellement, dans ce contexte. En plus d'autres infractions[6], il lui est reproché, pour ce qui regarde la question de la liberté d'expression, d'avoir tenu, au Mémorial du génocide, le propos dont la teneur serait, à peu près[7], la

---

[1] Voir Arrêt du 24 novembre 2017, *op.cit.*, §§. 79 et s.

[2] La thèse du « double génocide » est présentée par exemple dans la position officielle française lors du sommet franco-africain de Biarritz dès début de novembre 1994.

[3] Voir Judi Rever, *In Praise of Blood: The Crimes of the Rwandan Patriotic Front,* Canada, Random House, 2018.

[4] Voir par exemple, Collette Braeckman Colette, « Rwanda : Le temps du révisionnisme », *Esprit*, n° 12, 1994, pp.191-193 ; ou encore une illustration de cette structure argumentative lors d'un récent procès d'anciens génocidaire en France, https://www.nouvelobs.com/topnews/20140207.REU0904/pascal-simbikangwa-developpe-la-these-d-un-double-genocide.html.

[5] Il s'agit notamment de la loi organique n° 01/2012 du 2 mai 2012 portant révision du Code pénal ainsi que ceux de la loi n° 841/2013 du 28 octobre 2013 relative à la répression du crime d'idéologie du génocide.

[6] Les infractions concernées vont de la complicité de terrorisme à la tentative de déstabilisation du pays en passant par l'atteinte à la sureté de l'Etat, la diffusion de rumeurs susceptibles d'inciter la population à se soulever contre les pouvoirs publics et monter les citoyens les uns contre les autres, la création de la branche armée d'un mouvement rebelle, le sectarisme et le divisionnisme.

[7] Il s'agit de la version établie par la Haute Cour du Rwanda que la Cour africaine à décider de retenir. Celle-ci est similaire à la version que la requérante elle-même prétend avoir tenue, alors qu'elle s'éloigne totalement de la version que la Cour suprême avait retenue.

suivante : « …Par exemple, ce mémorial, il fait référence seulement aux victimes du génocide contre les Tutsis. Il y a pourtant une autre histoire concernant les crimes contre humanité commis envers les Hutus. Les Hutus qui ont perdu leurs êtres chers souffrent eux aussi ; ils pensent à ces êtres chers qui ont péri et se demandent : « Quand est-ce que nos morts seront eux aussi commémorés »[1].

Devant la Cour africaine, la requérante soutient que sa condamnation constitue une violation de sa liberté d'expression consacrée aussi bien par l'article 9(2) de la Charte africaine que part l'article 19 du PIDC. La requérante estime que les lois rwandaises criminalisant la négation du génocide sont vagues et ne répondent pas à l'exigence selon laquelle la limitation des droits individuels doit être nécessaire. Par contre, l'Etat défendeur soutient que le droit d'exprimer son opinion est soumis à des limitations et que compte tenu du contexte social, de l'histoire et de l'environnement au Rwanda, il avait des raisons de mettre en place des lois criminalisant la minimisation du génocide. Dans ces conditions, l'Etat défendeur affirme détenir une marge d'appréciation nationale dans l'évaluation de la situation intérieure pouvant conduire à la restriction de certains droits individuels. Il estime que ce contexte intérieur particulier devrait guider la Cour dans son appréciation de la restriction[2].

2. Raisonnement de la Cour

Face à ces prétentions opposées, la Cour devait déterminer si le droit à la liberté d'expression de la requérante avait été violé. Elle rappellera d'abord l'importance fondamentale du droit à la liberté d'expression, indispensable, d'après elle, au libre épanouissement de la personne humaine dans toute société démocratique. Elle souligne, en outre, la très large étendue matérielle de ce droit telle qu'elle l'a largement expliqué dans l'affaire *Issa Konaté c. Burkina Faso*. Toutefois, conformément à cette même jurisprudence, la Cour fait remarquer que la liberté d'expression n'est pas un droit absolu et qu'elle peut être soumise à certaines restrictions[3]. La Cour inscrit son approche de l'évaluation de ces restrictions en droite ligne des critères traditionnels dégagés par les organes internationaux de contrôle. Elle considère ainsi que les textes internationaux relatifs aux droits de l'homme, dont notamment la Charte africaine, intègrent la possibilité d'ériger des restrictions à l'exercice de la liberté d'expression, à condition que celles-ci soient prévues par la loi, servent un but légitime et soient nécessaires et proportionnées, comme on peut s'y attendre dans une société démocratique[4].

Considérant que la condamnation de la requérante par les tribunaux rwandais pour certains propos qu'elle a tenus, constitue indéniablement une restriction à sa liberté d'expression, la Cour procèdera alors au test classique consistant à vérifier si l'ingérence de l'Etat était prévue par la loi, si elle visait un but légitime, et si enfin, elle était nécessaire et proportionnée dans une société démocratique[5]. Reconnaissant l'existence d'une base légale ainsi que d'un but légitime à la restriction en cause, la Cour conclura toutefois à l'insatisfaction du critère de nécessité. Analysant plus en profondeur la condition de nécessité de la restriction, elle rappellera les principes fondamentaux gouvernant la matière. Dans ce sens, elle reprendra la formule

[1] Arrêt du 24 novembre 2017, *op.cit.*, §. 151 et s.
[2] *Ibid.*, §§.125 et s.
[3] *Ibid.*, §.133
[4] *Idem*
[5] *Ibid.*, §.134 et s.

classique – inaugurée dès 1976 par la Cour européenne des droits de l'homme[1] et reprise pratiquement par tous les organes internationaux de contrôle[2] – affirmant que la liberté d'expression protège non seulement les « informations » ou les « opinions favorablement accueillies ou considérées comme inoffensives, mais aussi celles, qui heurtent, choquent ou inquiètent » un Etat ou une frange de la population[3].
Tout en affirmant prendre dûment en compte le contexte spécifique du Rwanda, de ce qu'il « a souffert du génocide le plus atroce de l'histoire récente de l'humanité » et après avoir analysé le propos litigieux tenu par la requérante, la Cour parvient à la conclusion suivante : « La Cour estime que la déclaration de culpabilité et la peine prononcées contre la Requérante pour avoir fait ces déclarations au Mémorial du génocide de Kigali et à d'autres occasions n'étaient pas nécessaires dans une société démocratique. Même si la Cour venait à admettre qu'il était nécessaire d'imposer des restrictions à de telles déclarations, la peine prononcée contre la Requérante n'était pas proportionnelle aux buts légitimes que la déclaration de culpabilité et la peine visent à atteindre »[4].

Il en résulte, suivant la Cour, une violation du droit à la liberté d'expression telle que protégé aussi bien par l'article 9 de la Charte africaine et par l'article 19 du Pacte. Il convient maintenant de passer au peigne fin les forces et les faiblesses de l'argumentaire de la Cour sur ce point.

3. Evaluation

La conclusion retenue par la Cour et l'approche sous-tendant son raisonnement appellent quelques observations. En premier lieu, il faut relever que cette conclusion n'est obtenue qu'au prix d'une requalification des faits tels que présentés et qualifiés par les juridictions nationales. En effet, tandis que les juridictions rwandaises considèrent que la requérante s'est rendue coupable des infractions en cause, la Cour affirme être d'avis que rien dans les déclarations faites par la requérante ne nie ou « minimise le génocide commis contre les Tutsis ou le laisse entendre »[5]. En ce qui concerne l'accusation de propagation de la théorie du « double génocide », la Cour estime également que rien dans les propos de la requérante n'autorise cette conclusion[6].

On le voit, la Cour conteste la qualification juridique opérée par les juridictions nationales. Plus audacieux à cet égard est le rejet par la Cour de la version de l'extrait des propos de la requérante qu'avait retenue la Cour suprême. Faite en kinyarwanda (langue locale), la déclaration de la requérante au Mémorial du génocide avait fait l'objet d'une divergence de traduction entre celle de la requérante, celle de la Haute Cour et celle de la Cour suprême. La Cour d'Arusha décide d'écarter la version de la Cour suprême rwandaise, substantiellement différente des deux autres, et dans laquelle ressortait plus nettement l'idée du double génocide[7]. Au passage, la Cour estime, sans s'en expliquer outre mesure, que sa préférence pour cette version s'appuie sur le principe selon lequel le doute devrait bénéficier à la

[1] CourEDH, *Handyside v. Royaume-Uni*, Requête n°5493/72, Arrêt du 7 décembre 1976, §.49.
[2] Voir sur ce point, Ludovic Hennebel et Helene Tigroudja, *Traité de droit international des droits de l'homme, op.cit.*, p. 1101 et s.
[3] Arrêt du 24 novembre 2017, *op.cit.*, §.143.
[4] *Ibid.*, §.162.
[5] *Ibid.*, §.158.
[6] *Ibid.*, §.159.
[7] *Ibid.*, §.154

requérante. L'application de ce principe propre à la procédure pénale – ce que n'est pas la procédure devant elle – parait pour le moins contestable.
Ce qui précède soulève la question de l'étendue matérielle du pouvoir de contrôle du juge africain des droits de l'homme. Ce contrôle s'arrête-t-il à la vérification de la « légalité internationale » de l'ingérence étatique suivant le test à triple détente évoqué ci-dessus ou peut-il s'étendre à l'établissement ainsi qu'à la qualification des faits survenus au plan national ? La Cour n'a pas cessé d'affirmer, à juste titre du reste, qu'elle n'est pas une Cour d'appel des décisions rendues par les juridictions nationales[1]. Ainsi n'est-elle pas supposée rejuger les affaires nationales. De plus, si l'on admet que les autorités nationales possèdent une certaine marge d'appréciation dans la mise en œuvre des restrictions aux droits de l'homme[2], et que celle-ci vaut à la fois pour le législateur que pour les autorités judiciaires[3], on ne peut que s'étonner de cette attitude hautement intrusive de la Cour[4].

Cette marge nationale d'appréciation étatique est clairement remise en cause lorsqu'en réponse à l'argument de l'Etat selon lequel, placé dans le contexte du Rwanda, le propos de la requérante aurait la signification que les juridictions rwandaises lui attribuent, la Cour estime que dans des circonstances où les déclarations sont sans équivoque, « comme dans le cas présent, imposer des restrictions sévères telles que des sanctions pénales sur les droits des individus uniquement sur la base des contextes créerait une atmosphère où les citoyens ne pourraient jouir librement de leurs libertés et droits fondamentaux, y compris le droit à la liberté d'expression »[5]. Il faut en déduire que la Cour adopte une approche stricte du pouvoir de contrôle international de l'interférence étatique sur les droits individuels. Cette approche n'est pas sans risque de choquer la susceptibilité des Etats. En second lieu, en suivant le raisonnement de la Cour, la liberté d'expression de la requérante a été violée dans la mesure où son propos, incriminé au plan national, ne relevait ni de la théorie du double génocide ni de l'infraction de négationnisme ou de minimisation de celui-ci. *A contrario*, il n'y aurait pas eu violation de la liberté d'expression si la requérante avait effectivement tenu un discours tombant sous le coup desdites infractions telles que prévues par la loi nationale rwandaise. Cela ressort clairement de l'affirmation suivante de la Cour, « [...] les opinions ou commentaires formulés en rapport avec le génocide ne peuvent pas être traités de la même manière que les opinions exprimées sur d'autres questions. Les déclarations qui nient ou minimisent l'ampleur ou les effets du génocide ou qui l'insinuent sans équivoque sortent des limites de l'exercice légitime du droit à la liberté d'expression et devraient être prohibées par la loi »[6].

Dès lors, la Cour ne trouve rien à redire sur l'existence des lois rwandaises sur le « négationnisme » ou la « minimisation » du génocide. Or, cette approche

[1] *Ibid.*, §.167.
[2] La théorie de la marge nationale d'appréciation est une création de la Cour européenne des droits de l'homme et n'a pas toujours été admise par d'autres juridictions tout en étant parfois vivement contesté par la doctrine. La position de la Cour africaine n'est pas très claire dans l'affaire sous examen bien qu'elle semble faire allusion à une certaine autonomie de l'Etat dans l'évaluation du contexte dans lequel intervient une restriction. De façon générale, ce principe de subsidiarité, duquel découle la doctrine de la marge nationale d'appréciation, est inhérent au système de mise en œuvre des droits de l'homme. Voir Frans Viljoen, *International Human Rights Law in Africa, op.cit.* p. 332.
[3] CourEDH, *Handyside c. Royaume Uni, op.cit.*, §§.48-49.
[4] A la décharge de la Cour on peut toutefois avancer que la marge d'appréciation nationale demeure soumise à un contrôle international.
[5] Arrêt du 24 novembre 2017, *op.cit.*, §.159.
[6] *Ibid.*, §.158

soulève quelques réserves. Suivant une conception large du champ d'application matérielle de la liberté d'expression, de telles lois sont de nature à instaurer une censure incompatible avec ce droit fondamental. Comme le rappellent, *ad nauseam*, les organes de contrôle – y compris la Cour africaine –, le contenu couvert par la liberté d'expression est extrêmement large et s'étire jusqu'aux idées « profondément offensantes »[1], celles « minoritaires » et même celles considérées, par la majorité, « comme dangereuses »[2]. Certes, ces mêmes organes de contrôle acceptent que certains types de discours puissent être prohibés tels que les discours de haine, ceux incitant à la haine raciste ou à l'intolérance religieuse, etc. Dans l'affaire de *Lohé Konaté*, la Cour africaine a également donné quelques exemples de discours prohibés[3]. Mais toute la difficulté réside dans l'interprétation de ces concepts notamment quand il s'agit de les appliquer à des propos spécifiques souvent non tranchés. Au demeurant, la qualification du discours litigieux comme relevant de ces catégories interdites reste hautement subjective[4].

La question du « négationnisme » relève indéniablement de cette difficulté. On peut en effet considérer que certaines formes d'expression, susceptibles de tomber sous cette qualification, s'inscrivent dans le cadre de débats politiques et d'idées ou encore d'ordre historique. Or, la jurisprudence semble avoir clairement reconnu que, même erroné, ce type de discussions ou d'idées portant sur la compréhension que se fait un individu d'un fait historique ou politique, reste protégé par la liberté d'expression. Le Comité des droits de l'homme estime ainsi que les « lois criminalisant l'expression d'opinions concernant des faits historiques sont incompatibles avec les obligations que le Pacte impose aux parties en ce qui concerne le respect de la liberté d'opinion et la liberté d'expression ». Selon le Comité, le Pacte ne permet pas « les interdictions générales de l'expression d'une opinion erronée ou d'une interprétation incorrecte d'évènement du passé »[5]. Or, il ne fait pas de doute que les évènements dramatiques qui ont frappé le Rwanda en 1994 et ayant entrainé le génocide, ne sont pas toujours expliqués de la même manière autorisant ainsi des divergences de vues.

A titre de comparaison, un malaise est perceptible dans la jurisprudence, quelque peu fluctuante, de la Cour européenne des droits de l'homme sur le négationnisme. Alors qu'elle se montre ferme au sujet du discours négationniste antisémite, elle fait preuve, au contraire, d'une plus grande mollesse quant au génocide arménien. Deux décisions adoptées en l'espace de cinq jours en l'année 2015, sont emblématiques de cette contradiction. Dans l'affaire *Perincek c. Suisse*, la Cour européenne estime que la condamnation pénale prononcée par les juridictions suisses à l'encontre d'un homme politique arménien, qui affirmait publiquement que le génocide arménien est un « mensonge international », enfreignait l'article 10 de la convention européenne portant sur la liberté d'expression[6].

A l'inverse, dans l'affaire du comédien français *Dieudonné M'Bala M'Bala c. France*, le juge européen, s'appuyant sur la notion d'abus de droit prévue à l'article 17 de la Convention européenne, estime que le requérant aurait utilisé son droit à la

---

[1] Voir Comité des droits de l'homme, Liberté d'opinion et d'expression, *Observation générale n° 34*, §.12

[2] Voir sur ce point Ludovic Hennebel et Helene Tigroudja, *Traité de droit international des droits de l'homme, op.cit.*, p. 1100 et s.

[3] Arrêt du 24 novembre 2017, *op.cit.*, §.165.

[4] Ludovic Hennebel et Helene Tigroudja, *Traité de droit international des droits de l'homme, op.cit.*, p. 1104.

[5] Comité des droits de l'homme, Liberté d'opinion et d'expression, *Observation générale n° 34, op.cit.*, §.49.

[6] CourEDH, *Perincek c. Suisse*, Requête n°27510/8, Arrêt du 15 octobre 2015 (Grande Chambre), §§. 116 et s.

liberté d'expression à des fins contraires au texte et à l'esprit de la Convention. Pour rappel, le requérant avait été condamné en France pour avoir, à l'occasion d'un spectacle, invité sur scène un individu connu pour ses thèses antisémites à qui il faisait remettre un prix par un acteur dont la tenue, suggestive des camps de concentration, portait une étoile de David[1]. Dans cette affaire, le recours à la notion d'abus de droit évite à la Cour d'analyser le fond. Il lui évite notamment de procéder au test de vérification de la base légale de la restriction, de sa légitimité et de sa nécessité/proportionnalité. Cette méthode suscite quelques critiques[2]. Dans la première affaire, toutefois, se prononçant au fond, la Cour européenne, assoie sa décision sur l'absence de nécessité de la mesure restrictive dans le contexte de la Suisse en évoquant le faible impact du propos sur les personnes qu'il indexe en raison notamment du nombre peu élevé des victimes restantes du génocide arménien. L'argument échoue à emporter l'adhésion.

En tout état de cause, la difficulté dans les cas de discours dit négationnistes est réelle. Il semble recommandable, qu'en présence de lois incriminant ce type d'expression, le test de nécessité de la mesure restrictive soit strictement conduit. Comme le relève la jurisprudence, l'ingérence étatique doit répondre à un *besoin social impérieux* et doit satisfaire un critère de *proportionnalité*[3]. La prise en compte de ce dernier est d'ailleurs suggérée par la Cour dans l'affaire *Ingabire* car elle considère qu'à supposer qu'il eût été nécessaire d'imposer des restrictions aux déclarations de la requérante, la peine prononcée n'était pas proportionnelle aux buts légitimes que la déclaration de culpabilité et la peine visent à atteindre[4].

Un autre aspect de la décision sur le fond de l'affaire concerne les déclarations, d'une certaine virulence, faites par la requérante sur la gestion du pouvoir par le gouvernent rwandais. Elle avait notamment affirmé que le pouvoir n'était géré que par une clique avec des structures parallèles et secrètes autour du président Kagamé, tout en dénonçant la pauvreté, la faim, la répression, la torture, les emprisonnements, etc.[5]. Sa condamnation couvrait ainsi ces déclarations jugées attentatoires à la sureté de l'Etat ou de nature à inciter à la discorde et à créer des divisions dans la population. Si sa décision n'introduit pas de principes nouveaux sur ce point, l'apport de la Cour tient ici au rappel, ô combien important dans le contexte africain, du régime international de protection de la liberté de critique politique dans les sociétés démocratiques. La Cour affirme que bien qu'offensantes ou susceptibles de discréditer l'action gouvernementale ou celle des fonctionnaires, les déclarations querellées sont tout à fait prévisibles dans une société démocratique et devraient donc être tolérées, surtout lorsqu'elles proviennent d'une personnalité publique. Les organes internationaux de contrôle reconnaissent, en effet, un droit à la critique, infiniment plus important, au profit de militants politiques[6], d'élus[7], de personnes se réclamant

---

[1] CourEDH, *Dieudonné M'Bala M'Bala c. France*, Requête n°25239/13, Arrêt du 20 octobre 2015, §§. 34 et s.
[2] Certains auteurs estiment que le recours à l'article 17, pour évacuer tout débat de fond est critiquable. Voir Ludovic Hennebel et Helene Tigroudja, *Traité de droit international des droits de l'homme, op.cit.*, p. 1104.
[3] *Ibid.*, p. 705 et s.
[4] Arrêt du 24 novembre 2017, *op.cit.*, §.162
[5] *Ibid.*, §.160.
[6] CourEDH, *Eon c. France*, Requête n°, 26118/10, Arrêt du 14 mars 2013, §§. 58 et s.
[7] CourEDH, *Pakdemirli c Turquie*, Requête n° 35839/97, Arrêt du 22 février 2005, §.33.

d'un engagement politique spécifique[1] et, plus généralement, des personnalités politiques et ceux qui participent à la vie publique[2].

Il faut conclure ce commentaire avec quelques observations additionnelles. En premier lieu, après avoir conclu à la violation notamment de la liberté d'expression de la requérante, la Cour a rendu, le 7 décembre 2018, un arrêt séparé sur les réparations. Dans le cadre limité de ce commentaire, on ne s'étalera pas ici sur cette décision. A vrai dire, elle n'apporte rien de nouveau par rapport aux grands principes consacrés en matière de réparation devant les organes internationaux de contrôle des droits de l'homme, déjà appliqués par la Cour. Ces principes s'articulent notamment autour de l'établissement de la preuve du préjudice matériel ainsi que l'évaluation financière du préjudice moral subi[3]. Quant à certaines autres formes de mesures sollicitées par la requérante, comme l'annulation des décisions de condamnation ou l'apurement de son casier judiciaire, la Cour a estimé que cela ne relevait pas de son pouvoir[4]. Elle a ainsi ordonné à l'Etat Rwandais, le paiement d'indemnités pour le préjudice matériel et moral subis par la requérante[5].

En second lieu, il convient d'attirer l'attention du lecteur sur la libération de la requérante intervenue le 15 septembre 2018. Cette remise en liberté avait également été sollicitée par la requérante devant la Cour à titre de mesure de réparation. Celle-ci avait alors estimé, conformément à sa propre jurisprudence, qu'elle ne pourrait ordonner directement une telle mesure hormis des « circonstances exceptionnelles et impérieuses », circonstances dont l'existence n'avait pas été prouvée par la requérante[6]. Si l'impact de la décision de la Cour au fond, sur le choix des autorités rwandaises d'accorder une remise en liberté définitive à la requérante ne peut être négligé, il reste que cette libération intervenait en même temps que celle de centaines d'autres détenus, de sorte qu'on ne saurait y voir, directement, une forme de déférence à la Cour d'Arusha.

Quoi qu'il en soit, l'affaire *Ingabire* aura offert une occasion unique à la Cour de développer sa jurisprudence sur des questions fort novatrices, relevant à la fois du droit international général, comme celle du retrait, mais aussi à propos d'aspects jusque-là inexplorés du droit à la liberté d'expression sur une question aussi sensible que celle du génocide.

---

[1] CourEDH, *Mandragon c. Espagne*, Requête n° 2034/0715, Arrêt du 15mars 2011, para 51.

[2] CourADH, *Issa Loyé Konaté c. Burkina Faso, op.cit.*, §.155. Voir aussi Ludovic Hennebel de Helene Tigroudja, *Traitée de droit international des droits de l'homme, op.cit.*, p. 1120.

[3] Ces principes ont été clairement développés dans plusieurs arrêts antérieurs de la Cour. Voir entre autres CourADHP, *Ayants droit de feu Norbert Zongo et autres c. Burkina Faso*, Requête n°, 004/2013, Arrêt du 3 juin 2016 ; *Révérend Christopher Mitikifa c. République-Unie de Tanzanie*, Requête n° 009/2011, Arrêt du 03 juin 2014. Voir plus généralement sur ces principes, Ludovic Hennebel et Helene Tigroudja, *Traité de droit international des droits de l'homme*, *op.cit.*, p. 1371 et s.

[4] Voir déjà Arrêt du 24 novembre 2017, *op.cit.*, §§ 48, 168, 169 et 173 (xi).

[5] Arrêt du 7 décembre 2018, *op.cit.*, §§.33 et s.

[6] Arrêt du 24 novembre 2017, *op.cit.*, §§. 168.

II. Les affaires en lien avec des questions politiques

- *Mtikila c. Tanzanie*
- *APDH c. République de Côte D'Ivoire*
- *Sébastien Germain Ajavon c. République du Bénin*
- *APDH et IHRDA c. République du Mali*

Commentaire _ *Affaire Mtikila et autres c. République-Unie de Tanzanie*, Requêtes n° 009/2011 et 011/2011

Pr. Abdoulaye SOMA*

INTRODUCTION

Une affaire politique interne devant un organe juridique international. C'est bien cela l'affaire Mtikila. Ce n'est pas que cette affaire consiste en un différend politique soumis à un règlement juridique. Cela ne se pourrait pas techniquement en droit international[2], quoique[3]. C'est qu'il s'agit d'un différend juridique naissant de la vie politique nationale engageant une dispute internationale des droits de l'homme devant un organe juridictionnel.

En effet, la décision juridictionnelle qu'il faut éclairer ici est l'arrêt rendu le 14 juin 2013 par la Cour Africaine des Droits de l'Homme et des Peuples (Cour ADHP). La Cour ADHP est l'organe judiciaire spécialisé de l'Union Africaine dans le domaine des droits de l'homme[4]. Elle est même le seul organe juridictionnel de l'Union africaine[5], en tant qu'organisation régionale, continentale, panafricaine[6]. Elle résulte d'un processus de construction, de maturation et d'opérationnalisation qui a conduit à l'entrée en vigueur d'une suite de protocoles conventionnels[7]. Elle a été opérationnelle pour rendre son premier arrêt le 15 décembre 2009[8]. Depuis lors, elle continue, par sa jurisprudence de plus en plus dense[9], au développement progressif des droits de l'homme en Afrique[10]. La Cour a en réalité statué sur deux requêtes différentes qu'elle a jugées bon de joindre en une seule. Il y a une première requête introduite par la *Tanganyika Law Society* et *The Legal and Human Rights Centre* (les premiers requérants) contre la Tanzanie. Contre cet Etat encore, il y a une deuxième requête introduite par le Révérend Christopher R. Mtikila (le second requérant). Les deux requêtes mettaient en cause la Tanzanie pour une violation des droits de l'homme contenus dans la Charte Africaine des Droits de l'Homme et des Peuples (Charte ADHP)[11], en tant qu'instrument normatif principal et central du système

---

* Agrégé des Facultés de droit, Professeur Titulaire de droit public à l'Université de Ouaga II / Directeur exécutif du Centre d'Etudes et de Recherches sur le Droit International général et les droits de l'Homme (CERDIH).

[2] Alain Pellet, Patrick Daillier et Mathias Forteau, *Droit international public*, Paris, LGDJ, 2009, pp. 43 et s. ; Joe Verhoeven, *Droit international public*, Bruxelles, Larcier, 2000, pp. 15 et s. ; Pierre-Marie Dupuy et Yann Kerbrat, *Droit international public*, Paris Dalloz, 2016, pp. 1 et s. ; Raymond Ranjeva et Charles Cadoux, *Droit international public*, Vanves, EDICEF, 1992, pp. 30 et s.

[3] Abdoulaye Soma, « La *jurisdictio* de la Cour de justice de la CEDEAO dans le règlement des crises politiques », *Revue CAMES/SJP*, n°1, 2018, pp.1-11.

[4] Abdoulaye Soma, « L'Union Africaine et les droits de l'homme », *in* Michel Hottelier et Maya Hertig Randall (dir.), *Introduction aux droits de l'homme*, Paris, LGDJ, 2014, pp. 546-557.

[5] Abdoulaye Soma, « Le jeu des protocoles dans le processus juridique de construction d'une Cour africaine de protection des droits de l'homme », *Revue CAMES/SJP*, n°2, 2015, pp. 1-8.

[6] Fame Ndongo, Guy Mvelle et Laurent Zang, *L'Union Africaine. Quinze ans après*, Paris, L'Harmattan, 2017, pp. 17 et s.

[7] Abdoulaye Soma, « Le jeu des protocoles dans le processus juridique de construction d'une Cour africaine de protection des droits de l'homme », *op.cit.*

[8] Cour ADHP, *Affaire Michelot Yogogombaye c. Sénégal*, 15 décembre 2009.

[9] Université de Pretoria, *Recueil des arrêts, avis consultatifs et autres décisions de la Cour africaine des droits de l'homme et des peuples*, Pretoria, Pretoria University Law Press, vol.1 & 2, 2019.

[10] Kéba Mbaye, *Les droits de l'homme en Afrique*, 2e édition, Paris, Pedone, 2002, pp. 10 et s ; Frans Viljoen, *International Human Rights Law in Africa*, Oxford, Oxford University Press, 2012, pp. 17 et s.

[11] Alioune Badara Fall, « La Charte africaine des droits de l'homme et des peuples : entre universalisme et régionalisme », *Pouvoirs*, n° 129, 2009/2, pp. 77-100 ; Souleymane Bachir Diagne, « Philosophie africaine et Charte africaine des droits de l'homme et des peuples », *Critique*, n° 771-772, 2011/8, pp. 664-671 ; Valère Eteka Yemet, *La Charte africaine des*

régional africain des droits de l'homme et des peuples[1]. Plus précisément, les requérants reprochaient à la Tanzanie d'avoir méconnu des droits politiques, en l'occurrence le droit d'éligibilité. La jonction d'instances décidée par la Cour fait l'économie de complexités et répétitions inutiles dans le traitement de l'affaire. C'est dans le même esprit d'ailleurs que l'affaire contentieuse, résultant des deux requêtes jointes, sera couramment appelée affaire Mtikila c/ Tanzanie ; une affaire digne d'un thriller politique.

En fait, en 1992 le Parlement de la Tanzanie a adopté une loi de révision de la constitution. L'une des dispositions constitutionnelles nouvelles prescrivait que tout candidat aux élections présidentielles, parlementaires et locales doit être membre d'un parti politique et investi par lui[2]. Dès l'année 1993, le second requérant a contesté devant les juridictions internes la régularité de la teneur de cette disposition, en l'occurrence la Haute Cour[3]. Ne voulant déférer à l'arrêt de la Haute Cour en faveur du second requérant, la République-Unie de Tanzanie a engagé en 1994 la procédure d'adoption d'une autre loi de révision constitutionnelle qui réaffirme les dispositions restrictives de la loi de révision constitutionnelle de 1992[4]. L'adage que les mêmes causes produisent les mêmes effets n'a jamais été aussi vif dans le domaine des droits de l'homme et du contentieux constitutionnel qu'ici. Le second requérant attaque derechef cette nouvelle révision constitutionnelle intervenue en 1995, qui réformait en quelque sorte l'arrêt de la Haute Cour, devant la Haute Cour en 2005. La Haute Cour jugeait encore dans le même sens de l'invalidation des dispositions constitutionnelles interdisant les candidatures indépendantes[5]. Cette seconde décision d'autorisation des candidatures indépendantes par la Haute Cour va faire l'objet d'un appel par l'Etat devant la Cour d'appel. Cette Cour d'appel rend un arrêt infirmatif et rejette les candidatures indépendantes aux élections présidentielles, parlementaires et locales[6]. Dans ces controverses juridiques, le soin a été laissé désormais au Parlement d'examiner la meilleure façon de diligenter la suite sur le plan politique[7].

C'est à cette phase du litige interne que la Cour ADHP est saisie le 2 juin 2011 et le 10 juin 2011, par les premiers requérants et le second requérant respectivement. La procédure contentieuse devant elle est engagée contre la Tanzanie[8]. Cette procédure est assez classique de la procédure applicable devant les organes juridictionnels internationaux de règlement des différends relatifs aux droits

---

droits de l'homme et des peuples : étude comparative, Paris, L'Harmattan, 1996, pp. 115 et s. ; Malcolm Evans et Rachel Murray (éd.), *The African Charter on Human and People's rights : The System in Pratice 1986-2006*, Cambridge, Cambridge University Press, 2008, pp. 33 et s. ; Fatsah Ouguergouz, *La Charte africaine des droits de l'homme et des peuples : une approche juridique des droits de l'homme entre tradition et modernité*, Paris, PUF, 1993, pp. 255 et s. ; Adama Dieng, « La Charte africaine des droits de l'homme et des peuples : point d'arrivée d'un processus historique », *in* Giovanni Michele Palmieri, *La Charte africaine des droits de l'homme et des peuples*, Podova, CEDAM, 1990, pp. 21-30 ; Abdoulaye Soma, « La Charte africaine des droits de l'homme et des peuples », *in* Michel Hottelier et Maya Hertig Randall (dir.), *Introduction aux droits de l'homme*, *op.cit.*, pp. 558-569.

[1] Mutoy Mubiala, *Le système africain de protection des droits de l'homme*, Bruxelles, Bruylant, 2005, pp. 24 et s. V° aussi Hermine Kembo Takam Gatsing, *Le système africain de protection des droits de l'homme : un système en quête de cohérence*, Paris, L'harmattan, 2014, pp. 45 et s.

[2] V° Huitième amendement à la Constitution de la Tanzanie en 1992.

[3] Haute Cour de Tanzanie, *Rev. Christopher R. Mtikila c. Attorney général, Civil case n°5 de 1993*, 24 octobre 1994.

[4] V° onzième amendement à la Constitution de la Tanzanie du 2 décembre 1995.

[5] Haute Cour de Tanzanie, *Rev. Christopher R. Mtikila c. Attrney général, Civil case n°10 de 2005*, 5 mai 2006.

[6] Cour d'appel de Tanzanie, *Attorney général c. Le Révérend Christopher Mtikila, Affaire civil Appel n°45 de 2009*, 17 juin 2010.

[7] §§ 67-75 de l'arrêt au fond.

[8] §§ 4 et s. et l'arrêt au fond.

de l'homme[1]. Après avoir vérifié que les personnes morales requérantes ont statut d'observateurs auprès de l'Union Africaine, les requêtes sont notifiées au défendeur en juillet 2011. Celui-ci a transmis ses réponses et observations aux deux requêtes en août 2011. En octobre 2011, les requérants envoient leur mémoire en réplique aux réactions du défendeur. C'est à cette phase de la procédure que la Cour de céans décide de la jonction des affaires. Après une navette de concertations diligentées par le greffe de la Cour entre les demandeurs et le défendeur, les audiences publiques ont été programmées et ont été tenues les 14 et 15 juin 2013[2].

Les requérants prétendent que l'Etat, à travers ses lois de révisions constitutionnelles susvisées a violé les droits de ses citoyens, en l'occurrence la liberté d'association, le droit de participer à la gestion des affaires publiques de leur Pays, ainsi que le droit d'être protégés contre la discrimination. Ils estiment que ces violations résultent des amendements constitutionnels interdisant aux candidats indépendants, non membres de partis politiques, de se présenter aux élections présidentielles, parlementaires et locales. Ils estiment également que la Tanzanie a porté atteinte à l'Etat de droit, pour avoir engagé une révision constitutionnelle dans l'intention de contourner une décision juridictionnelle lui donnant tort[3]. Par conséquent, les requérants demandent à la Cour de céans de constater la violation des articles 2, 10 et 13 de la Charte ADHP, ainsi que des articles similaires 3 et 25 du Pacte International relatif aux droits Civils et Politiques (PIDCP) de l'ONU, qui protègent les droits susmentionnés. Subséquemment, la Cour est sollicitée pour enjoindre à l'Etat de prendre les mesures nécessaires pour garantir ces droits et pour réparer les dommages causés[4]. C'est donc dire que les requérants contestent la validité, sous le prisme des droits de l'homme, des amendements constitutionnels litigieux, qui exigent que les citoyens ne puissent être candidats à une élection que s'ils adhèrent à un parti politique officiellement reconnu et s'ils sont investis par celui-ci. L'Etat s'en défend et défend la validité de ces amendements constitutionnels par la nécessité d'éviter l'anarchie et le désordre, ainsi que la nécessité de garantir la bonne gouvernance et l'unité du Pays au sujet desquels les candidatures indépendantes lui paraissent néfastes.

Devant cette opposition irréductible de thèses, prétentions et arguments ; dans des positions et intérêts diamétralement opposés des parties, la Cour s'est retrouvée bien embarrassée de devoir statuer sur la conformité d'amendements constitutionnels au droit international des droits de l'homme. Au fond, l'interdiction des candidatures indépendantes, corrélativement l'obligation d'être membre et investi d'un parti politique pour être candidat à des élections présidentielles, parlementaires ou locales est-elle conforme aux droits de l'homme ? La Cour ADHP, une fois n'est pas coutume, est invitée ici à exercer, non pas tellement le contrôle de constitutionnalité des lois constitutionnelles[5], tel qu'effectué dans la partie nationale de l'affaire, mais un contrôle de conventionalité de dispositions constitutionnelles nationales.

---

[1] Kéba Mbaye, « Les droits protégés et les procédures prévues par la Charte africaine des droits de l'homme et des peuples », *in* Giovanni Michele Palmieri, *La Charte africaine des droits de l'homme et des peuples*, *op.cit.*, pp. 31-58 ; Didier Rouget, *Guide de la protection internationale des droits de l'homme*, *op.cit.*, pp. 104 et s.

[2] §§ 5 et s. de l'arrêt au fond.

[3] §4 de l'arrêt au fond.

[4] §§ 76 et s. de l'arrêt au fond.

[5] Abdoulaye Soma, « Le contrôle de constitutionnalité des lois constitutionnelles en Afrique noire francophone », *Revue Suisse PJA*, n°5, 2011, pp. 619-640.

Il est évident qu'en Afrique, une telle question revêt un intérêt majeur. On sait que la Tanzanie n'est pas le seul Etat à avoir des dispositions constitutionnelles et électorales interdisant les candidatures indépendantes et suscitant des controverses dans la classe politique nationale. On sait également que les révisions constitutionnelles sont des instruments juridiques très souvent politiquement impliqués dans la fragilisation de tels adversaires politiques ou de tels autres. Est donc vivement attendue la réponse de la Cour, en tant qu'organe continental dont la jurisprudence irradie l'ensemble du continent, tous les Etats du continent africain étant parties à la Charte ADHP et donc soumis aux « normes jurisprudentielles » qui en résultent. L'intérêt est visiblement à la fois théorique et pratique ; juridique et politique. Très récemment, des disputes constitutionnelles et électorales dans des Etats, comme le Burkina Faso[1], ont pris la même nature que celle *in cas casu* en Tanzanie. Le contrôle de conventionnalité sollicité de la Cour en l'espèce est digne d'intérêt et bien d'actualité.

Ce contrôle est tout à fait techniquement possible, car devant un organe international, la suprématie hiérarchique du droit international par rapport au droit interne, même constitutionnel, de l'Etat n'est sujette à aucune supputation[2]. Le droit international écrase, au sens juridique et informatique du terme, le droit national, et l'Etat ne peut se prévaloir de dispositions juridiques d'ordre interne pour se soustraire à ses obligations juridiques d'ordre international[3]. En tout état de cause, dans cette affaire, la Cour ADHP considère que le fait que le défendeur exige de ses citoyens d'adhérer à un parti politique et d'être investis par celui-ci comme préalable pour se porter candidat aux élections locales, législatives et présidentielles constitue une violation des droits de l'homme[4]. L'Etat est instruit de prendre les mesures utiles pour mettre fin aux violations constatées et disposer les réparations subséquentes.

L'Etat, avant de répondre au fond des prétentions et arguments centraux de la requête des demandeurs, avait soulevé des exceptions préliminaires liées à la compétence et à la recevabilité des requêtes, que la Cour n'a pas retenues. La Cour elle-même, décidant sur le fond des prétentions et arguments centraux des partis, a dû statuer sur les exceptions préliminaires et plus tard, dans un arrêt ultérieur, sur les questions de réparation. Il ressort de ce comportement des parties et de la Cour, ainsi que du traitement général de l'affaire, que le dossier comporte des aspects périphériques et des aspects centraux. Même si en droit, l'accessoire suit le principal, le principal n'est parfois bien complet et bien compris qu'au regard de l'accessoire. D'ailleurs, pour atteindre le noyau d'un fruit, il faut éplucher les éléments périphériques. Cette logique à la fois théorique et pratique me conduit à suggérer d'éclairer d'abord les aspects périphériques de l'affaire (I) avant d'en venir aux aspects centraux de l'affaire (II).

---

[1] Pascale Deumer, « Contrôle concret de conventionalité : l'esprit et la méthode », *RTDC*, n°3, 2016, pp. 578 et s.

[2] Fulbert Paré, « Candidatures indépendantes : entre soutien, prudence et opposition », https://lefaso.net/spip.php?article62562. Consulté le 27 avril 2020

[3] Katia Boustany et Maxime Didat, « Article 27 », *in* Olivier Corten et Pierre Klein, *Les conventions de Vienne sur le droit des traités. Commentaires article par article*, Bruxelles, Bruylant, 2006, pp. 1139-1161

[4] § 107 et s. de l'arrêt au fond.

I. LES ASPECTS PERIPHERIQUES DE L'AFFAIRE

Par aspects périphériques j'entends les aspects du litige qui ne sont pas au cœur du fond de la requête des demandeurs. Le fond et le cœur du problème portent sur la violation de droits de l'homme.

C'est dans le traitement du fond de l'affaire que deux aspects périphériques se greffent. L'un émane du défendeur et consiste dans des exceptions préliminaires pouvant empêcher l'examen au fond de l'affaire. L'autre émane des requérants et consiste dans les réparations réclamées s'il y a constatation de violation au fond de l'affaire. J'examinerai les exceptions (I.1.), avant d'analyser les réparations (I.2.).

I.1. LES EXCEPTIONS

Les exceptions sont les exceptions préliminaires soulevées par le défendeur. Ce sont des sortes d'empêchements qu'il trouve à l'exercice effectif par la Cour de sa *jurisdictio* sur le fond de l'affaire. En l'occurrence, le défendeur soulève des exceptions préliminaires de deux natures. Il y a les exceptions d'irrecevabilité. Il y a une exception d'incompétence.

Les exceptions d'irrecevabilité sont des exceptions préliminaires qui portent sur la requête. Elles tendent à critiquer et à rejeter sa propreté à être examinée par la Cour. Le défendeur a soulevé deux exceptions d'irrecevabilité.

La première exception d'irrecevabilité concerne le non-épuisement des recours internes[1]. En droit international des droits de l'homme, l'épuisement préalable des voies de recours internes est une des conditions de recevabilité des requêtes individuelles introduites par les personnes privées physiques ou morales auprès des organes internationaux de règlement contentieux des différends des droits de l'homme[2]. C'est l'une des conditions de recevabilité les plus austères et les plus redoutables, qui aboutit à la déclaration d'irrecevabilité des requêtes en matière de droit de l'homme[3]. La règle de l'épuisement préalable des voies de recours internes avant l'engagement d'une action internationale n'est pas de portée limitée seulement dans le domaine des droits de l'homme. Elle apparaît comme une règle de portée générale en droit international. Elle vaut dans des domaines divers, comme dans le champ de protection diplomatique[4]. Il n'y a peut-être qu'une seule juridiction internationale devant laquelle cette règle générale, coutumière peut-être, n'est pas de rigueur dans la procédure du contentieux des droits de l'homme, à savoir la Cour de justice de la CEDEAO[5]. Devant la Cour ADHP, l'article 56 de la Charte ADHP auquel renvoie l'article 6 du protocole de Ouagadougou créant la Cour indique que pour que les requêtes soient recevables, elles doivent « être postérieures à l'épuisement des voies de recours internes, s'ils existent, … à moins qu'il ne soit manifeste … que la procédure de ces recours se prolonge de façon anormale »[6]. Telle que formulée, cette disposition laisse entrevoir l'existence d'exceptions au principe de l'épuisement

---

[1] § 80.1 de l'arrêt au fond.

[2] Hans Wiebringhaus, « La règle de l'épuisement préalable des voies de recours internes dans la jurisprudence de la Commission européenne des droits de l'homme », *AFDI*, 1959, pp. 685-704.

[3] Marc Verdussen, « La Cour européenne des droits de l'homme et l'épuisement préalable des voies de recours internes au juge constitutionnel », *in Liber Amicorum Marc André Eissen*, Bruxelles, Bruylant, 1995, pp. 435-451.

[4] Christian Dominicé, « Regard Actuel sur la protection diplomatique », *in Liber Amicorum Claude Raymond*, Paris, Litec, 2004, pp. 73-81 ; Jean-François Flauss, « Vers un aggiornamento des conditions d'exercice de la protection diplomatique », *in La protection diplomatique*, Bruxelles, Bruylant, 2003, pp. 29-61.

[5] Adewale Banjo, « The ECOWAS court and the politics of access to justice in west Africa », *Africa Development*, 2007, pp. 67-87.

[6] V° le commentaire de cet article dans Maurice Kamto, *La Charte africaine des droits de l'homme et des peuples et le protocole y relatif portant création de la Cour africaine des droits de l'homme et des peuples : commentaire article par article*, Bruxelles, Bruylant, 2011.

préalables des voies de recours internes, notamment l'inexistence de ces recours ou leur durée au-delà du raisonnable. D'autres exceptions à cette règle ont été systématisées par la jurisprudence internationales en matière de droits, comme l'inaccessibilité et l'inefficacité des recours internes disponibles, notamment en Europe[1], en Amérique[2], et en Afrique[3]. *In casu*, l'Etat prétend que tous les recours internes n'ont pas été épuisés par les requérants, dans la mesure où il existait au moment du dépôt de la requête introductive d'instance devant la Cour un mécanisme et une commission au sein du parlement par lequel celui-ci devait délibérer sur une résolution politique de la question houleuse des candidatures indépendantes[4]. La Cour précise que « dans la jurisprudence des droits de l'homme, l'expression recours internes se réfère essentiellement aux recours judiciaires »[5]. C'est à juste titre, car c'est l'interprétation qui vaut en droit international[6]. La Cour devrait même être plus précise, car quand elle parle d'« essentiellement », elle laisse envisager qu'au-delà des recours judiciaires, il y aurait d'autres types de recours à épuiser forcément. Les recours à épuiser préalablement et obligatoirement sont les recours judiciaires[7]. En l'espèce ces recours avaient été épuisés. Cette exception est donc rejetée.

La seconde exception d'irrecevabilité concerne le délai non raisonnable, c'est-à-dire l'existence d'un retard injustifié, dans le dépôt de la requête. En effet, parmi les conditions de recevabilité des communications pour violation de la Charte ADHP, celle-ci prescrit en son article 56 que les requêtes soient « introduites dans un délai raisonnable depuis l'épuisement des recours internes ou depuis la date retenue par la Cour »[8]. L'Etat prétend que les requérants n'ont pas introduit leur requête dans un délai raisonnable. Il signale que l'arrêt rendu en dernier ressort par la Cour d'appel dans l'affaire date du 17 juin 2010, alors que les requêtes ont été introduites respectivement les 2 et 10 juin 2011, soit quasiment un an plus tard[9]. La Cour n'est pas de cet avis. Elle estime qu'un délai d'un an n'est pas un retard excessif au titre de la Charte. Il est vrai que le concept de délai raisonnable dans la Charte ADHP, qui ne prescrit pas une durée précise comme dans les systèmes onusien, américain ou européen, laisse aux organes africains, en l'occurrence la Cour ADHP, une certaine marge d'appréciation. Le caractère raisonnable du délai est donc apprécié de façon casuistique, au cas par cas, suivant les circonstances de chaque espèce[10].

L'exception d'incompétence est une exception préliminaire qui porte sur la Cour. Elle tend à exclure la *jurisdictio* de la Cour dans la cause qui lui est soumise. Dans cette affaire, l'Etat a soulevé une exception préliminaire d'incompétence temporelle. Il estime qu'au moment de la violation alléguée, le Protocole portant création de Cour et fondant sa compétence n'était pas encore entré dans le droit positif.

---

[1] Cour européenne des droits de l'homme, *affaire Akvidar c. Turquie*, arrêt du 16 septembre 1996, §66.
[2] Cour interaméricaine des droits de l'homme, *affaire Velasquez Rodriguez c. Honduras*, arrêt du 29 juillet 1988, §64.
[3] Commission ADHP, *affaire Cudjoe c. Ghana ; affaire Dawda Diawara c. Gambie.*
[4] § 80.1 de l'arrêt au fond.
[5] § 82 de l'arrêt au fond.
[6] Notamment, Comité des droits de l'homme, *affaire Sankara c. Burkina Faso*, Communication n° 1159/ 2003, 28 mars 2006.
[7] § 82 de l'arrêt au fond.
[8] V° le commentaire de cet article dans Maurice Kamto, *La Charte africaine des droits de l'homme et des peuples et le protocole y relatif portant création de la Cour africaine des droits de l'homme et des peuples : commentaire article par article, op.cit.*
[9] § 80.2 de l'arrêt au fond.
[10] V° le commentaire de cet article dans Maurice Kamto, *La Charte africaine des droits de l'homme et des peuples et le protocole y relatif portant création de la Cour africaine des droits de l'homme et des peuples : commentaire article par article, op.cit.*

La Cour devrait, de son point de vue et pour cette raison, décliner sa compétence[1]. La Cour n'a pas retenu cet argument pour deux raisons. D'une part, elle estime que les droits dont la violation est alléguée sont protégés par la Charte ADHP qui liait l'Etat au moment des faits. Cette raison n'est pas vraiment convaincante, parce que l'Etat peut bien être lié par la Charte et ne pas ressortir de la compétence juridictionnelle de l'organe concerné, surtout dans le contexte africain où la compétence de la Cour est facultative et ne vaut que pour les Etats qui ont spécialement fait une déclaration facultative d'acceptation de la compétence de la Cour, au titre de l'article 34.6 du protocole de Ouagadougou[2]. La seconde raison consiste à dire que la violation alléguée est en cours et se poursuit après la validation de la compétence de la Cour à l'égard de la Tanzanie[3]. Cet argument me semble décisif à fonder la compétence de la Cour, aussi bien du point de vue temporel, que du point de vue matériel.

Par ailleurs, le point de droit de savoir si dans l'exercice de sa *jurisdictio*, la Cour devrait traiter les exceptions d'irrecevabilité avant les exceptions d'incompétence ou inversement a divisé les juges. Plusieurs d'entre eux ont émis des opinions individuelles sur ce point précis. Certains arguent que la Cour a bien procédé *in casu* en examinant l'exception d'irrecevabilité avant l'exception d'incompétence[4]. D'autres soutiennent que la Cour devrait maintenir sa pratique antérieure, ou se justifier du revirement de jurisprudence à cet égard, consistant à examiner l'exception d'incompétence avant l'exception d'irrecevabilité[5]. Une autre tendance, intermédiaire ou neutre, soutient que l'ordre d'examen de l'un ou l'autre type d'exception préliminaire n'a pas d'importance particulière[6]. Cette dernière position est celle qui me semble laisser plus de liberté à la Cour et susceptible de conserver sa cohésion interne nécessaire. C'est une question sur laquelle, la Cour elle-même devrait délibérer et arrêter une pratique officielle, comme dans la fixation des réparations.

I.2. LES REPARATIONS

Les réparations sont des mesures de redressement des préjudices résultant pour les personnes des violations des droits de l'homme par l'Etat[7]. Elles résultent d'une démarche classique dans le processus du contentieux des droits de l'homme. Les droits de l'homme n'ayant pas ès qualité de vocation pénale, leurs violations ne peuvent techniquement pas conduire à des mesures privatives de liberté. Pour ce faire, il faut transmuer les violations des droits de l'homme en infractions pénales par le truchement d'une législation adaptée. On serait alors purement en droit pénal et non plus purement en droits de l'homme. Les réparations des violations des droits de l'homme sont soit des indemnisations pécuniaires, soit des satisfactions morales. En

---

[1] §§ 80. 3 et s.

[2] V° le commentaire de cet article dans Maurice Kamto, *La Charte africaine des droits de l'homme et des peuples et le protocole y relatif portant création de la Cour africaine des droits de l'homme et des peuples : commentaire article par article*, *op.cit*. Seulement une dizaine d'Etats ont actuellement fait cette déclaration. Le Bénin, qui figurait parmi ces Etats, a notifié en fin avril 2020 qu'il retire cette déclaration, à la suite des mesures provisoires prises par la Cour dans l'affaire Ajavon, politiquement et électoralement sensible. Cf. https://www.24haubenin.info/?Voici-pourquoi-le-Benin-s-est-retire-de-la-CADHP, consulté le 29 avril 2020. La Côte d'Ivoire en a fait de même suite à l'Ordonnance de la Cour portant mesures provisoires dans l'affaire Guillaume Soro et autres.

[3] §84-88 de l'arrêt au fond.

[4] Position de la majorité des juges, telle que reflétée dans l'arrêt au fond.

[5] V° l'opinion individuelle du juge Gérard Niyungeko et celle du juge Fatsah Ouguergouz jointes à l'arrêt au fond.

[6] V° l'opinion individuelle du juge B.M. Ngoepe.

[7] Ludovic Hennebel et Hélène Tigroudja, *Traité de droit international des droits de l'homme*, Paris, Pedone, 2016, pp. 243 et s. ; Didier Rouget, *Guide de la protection internationale des droits de l'homme*, Grenoble, La Pensée sauvage, 2000, pp. 11 et s. Dinah Shelton, *Remedies in International Human Rights Law*, Oxford, Oxford university Press, 2005, pp. 25 et s.

l'occurrence, la question des réparations est apparue comme un élément périphérique au fond de l'affaire aussi bien dans les requêtes introductives d'instance, que dans la décision de la Cour. Dans les requêtes, les premiers requérants sollicitent primairement de la Cour la constatation des violations et des mesures de garantie des droits. Ce n'est subsidiairement qu'ils demandent « toute autre mesure de réparation que la Cour estime appropriée »[1]. Le second requérant procède de la même sorte, en demandant prioritairement à la Cour de constater la violation continue de ses droits par l'Etat et de le condamner à lui « verser une compensation appropriée ». Contrairement à la complétude de son argumentation sur le fond, le second requérant n'a délibérément pas été complet sur les réparations et « se réserve le droit de compléter l'analyse juridique visant à réclamer une indemnisation compensatoire ainsi que des mesures de réparation »[2]. On le voit, la question des réparations n'a pas été aux avant-postes des préoccupations des requérants. Il en a été de même pour la Cour. Celle-ci s'est prioritairement préoccupée de décider sur le fond de l'affaire pour déceler les violations des droits de l'homme. Dans l'arrêt au fond, la Cour fait droit au requérant de « déposer des conclusions sur l'octroi de réparations ». La question des réparations est reléguée à un arrêt postérieur[3]. En examinant cet arrêt sur les réparations, on constate que la Cour pourvoit deux formes de réparations. Il y a les questions pécuniaires et les questions non-pécuniaires.

Sur les questions pécuniaires, il a été demandé à la Cour de pourvoir une compensation financière sur trois aspects : le préjudice moral, les frais et dépens ou préjudice matériel, et les honoraires d'avocat. Les deux premières poches de réclamations atteignent cinq milliards de Shilling tanzaniens et la dernière est estimée à Soixante mille deux cent cinquante dollars US[4]. Ces réclamations, leurs estimations, leurs ventilations et leurs justifications ont été contestées par l'Etat, notamment sur leur exagération et l'absence de leur preuve. La Cour admet bien le principe de la possibilité de réparation des préjudices matériels et moraux liés à la violation des droits de l'homme. Toutefois, *in casu*, elle rejette totalement les demandes pécuniaires du requérant pour deux raisons. La première raison est que les montants réclamés ne sont pas étayés et prouvés par des documents justificatifs. La seconde est qu'il n'est pas établi et démontré un lien de causalité suffisant entre les montants réclamés et les violations des droits de l'homme constatées par la Cour[5]. A mon avis, la Cour aurait dû ou pu pourvoir, même à *minima* à des compensations financières. Une affaire qui tracasse depuis son prologue en 1992 pour voir son épilogue en 2014, soit plus de 20 ans, provoque certainement des dommages, inutiles au regard de la conclusion à laquelle est parvenue la Cour au fond. Devant l'exagération arguée, la Cour aurait pu statuer à la modération. Devant l'insuffisance de preuves et de précisions arguée, la Cour aurait pu en solliciter des parties pour éclairer sa lanterne juridictionnelle. Le but des droits de l'homme est bien la justice pour l'homme, en l'occurrence les réparations effectives pour celui qui en subit les violations avérées.

Sur les questions non pécuniaires, la Cour a statué sur deux objets. Il y a d'abord les garanties de non répétition. Aussi bien dans les éléments de fond que dans ceux se rapportant à la réparation, il a été demandé à la Cour d'ordonner à l'Etat des

---

[1] § 76 *in fine* de l'arrêt au fond.
[2] § 77 *in fine* de l'arrêt au fond.
[3] Cour ADHP, *affaire Révérend Christopher R. Mtikila c. République Unie de Tanzanie, arrêt portant sur la réparation*, 13 juin 2014.
[4] §§ 19 et 20 de l'arrêt sur les réparations
[5] §§ 33 et s de l'arrêt sur les réparations.

garanties de non répétition, donc de non-continuation, des violations. Dans son arrêt au fond, la Cour « ordonne au Défendeur de prendre toutes les mesures constitutionnelles, législatives ou autres dispositions utiles dans un délai raisonnable, afin de mettre fin au violations constatées et informer la Cour des mesures prises à cet égard »[1]. Dans son arrêt sur les réparations, la Cour rappelle cet ordre, pour constater et déplorer le fait que nonobstant la décision de la Cour, « la législation tanzanienne n'autorise toujours pas les candidatures aux élections présidentielles, législatives et locales ». La Cour se dit d'autant plus préoccupée que l'Etat ne lui a jamais soumis de rapport sur les mesures prises pour donner effet à son arrêt de constatation des violations[2]. La Cour réitère cet ordre et donne six mois à l'Etat pour y déférer. Les décisions juridictionnelles, en l'occurrence les décisions dans les causes des droits de l'homme, n'ont de portée que si elles sont exécutées par l'Etat sur lequel pèse l'obligation de mettre en œuvre les droits de l'homme.

Il y a ensuite les mesures de satisfaction. La Cour estime que son arrêt de constatation des violations en faveur des requérants et les ordonnances y afférentes « constituent une satisfaction équitable du préjudice non pécuniaire allégué ». Une autre satisfaction pourvue par la Cour est le fait qu'elle « ordonne à l'Etat Défendeur de publier » à ses frais le résumé officiel de l'arrêt de fond dans les deux langues officielles du pays, l'anglais et le Kiswahili, au Journal Officiel de l'Etat et dans un quotidien national de diffusion[3]. Aucune des parties, les requérants, n'avaient revendiqué une telle mesure. La Cour l'a décidée *proprio motu*, de son pouvoir discrétionnaire dit-elle. On s'interroge si elle a le droit de statuer *ultra petita* et si la publication de l'arrêt sur ses propres canaux de diffusion ne suffirait pas à atteindre cet objectif propre de la Cour.

Quoiqu'il en soit, les réparations, qui viennent s'ajouter en cela aux exceptions, ne constituent que des aspects périphériques, respectivement postérieurs et antérieurs, aux aspects centraux de l'affaire.

II. LES ASPECTS CENTRAUX DE L'AFFAIRE

Par aspects centraux de l'affaire j'entends les aspects du litige qui sont véritablement au cœur du fond de la requête des demandeurs. Le fond et le cœur du problème portent sur la violation de droits de l'homme que constituent *in casu* l'interdiction des candidatures indépendantes aux élections en Tanzanie.

A travers ses délibérations dans cette affaire, la Cour a constaté et sanctionné la violation de plusieurs droits de l'homme protégés et ordonné au gouvernement d'autoriser les candidatures indépendantes aux élections démocratiques. Ainsi, d'une part, j'évoquerai les droits de l'homme protégés (A). D'autre part, j'infèrerai la démocratie électorale préservée (B).

II.1. LES DROITS DE L'HOMME PROTEGES

L'objet des requêtes est la constatation de la violation et la protection des droits. L'objet des requêtes est la protection des droits. En rappel, les requérants allèguent que l'Etat de Tanzanie a, à travers certaines modifications de sa Constitution interdisant les candidatures indépendantes aux élections présidentielles, parlementaires et locales[4], violé plusieurs droits de l'homme. Ils évoquent à cet égard notamment la liberté d'association, le droit des citoyens de participer à la direction

[1] § 126 de l'arrêt sur les réparations.
[2] § 43 de l'arrêt sur les réparations.
[3] § 37 de l'arrêt sur les réparations.
[4] § 4 de l'arrêt du fond.

des affaires publiques de leur Pays, le droit de l'homme d'être protégé de la discrimination. Ils estiment également que l'Etat a porté atteinte à l'Etat de droit pour avoir engagé un processus de révision constitutionnelle dans l'intention de régler en sa faveur un contentieux juridictionnel pendant[1]. Parmi ces griefs de violations des droits de l'homme, certains ont emporté la conviction de la Cour, et d'autres non.

Au titre des droits dont la violation est constatée par le truchement de l'interdiction des candidatures indépendantes, il y a lieu de précisé que l'Etat s'est défendu en arguant principalement que « l'interdiction des candidatures indépendantes est un moyen pour éviter une liberté absolue, incontrôlée et sans limites, qui conduirait à l'anarchie et au désordre ». Il ajoute que cette interdiction est « nécessaire pour garantir la bonne gouvernance et l'unité du Pays ». Pour lui, « l'interdiction des candidatures indépendantes à des postes de responsabilités au sein du gouvernement est nécessaire pour préserver la sécurité et la défense nationale, l'ordre public, la paix et la moralité publique »[2].

Contre cette défense, la Cour constate d'abord la violation du droit du citoyen de participer librement à la gestion des affaires publiques de son pays. Ce droit est posé aux articles 13.1 de la Charte ADHP ; 3 et 25 du PIDCP et 21.1 de la DUDH. La Cour estime que ce droit est violé parce que pour se porter candidat à des postes de direction des affaires publiques, tout citoyen tanzanien doit être membre d'un parti politique. Dès lors, les tanzaniens ne sont pas libres de participer à la direction des affaires publiques de leur pays, qu'ils devraient pouvoir faire directement ou indirectement par des représentants, indépendamment ou sur investiture d'un parti politique, individuellement ou collectivement[3]. Les motifs de restriction de ce droit, pouvant être tirés de l'article 27 de la Charte ADHP ne sont pas avérés en l'espèce[4]. Le raisonnement de la Cour sous cet angle est imparable.

La Cour a ensuite constaté la violation de la liberté d'association. Dans le droit international des droits de l'homme applicable devant la Cour ADHP, cette liberté est garantie notamment par les articles 10 de la Charte ADHP, 20 de la DUDH et 22 du PIDCP, qui sont certes libellés différemment, mais qui s'équivalent substantiellement. Plus lumineusement, l'article 10.2 de la Charte ADHP prévoit que « nul ne peut être obligé de faire partie d'une association ». La Cour estime qu'il y a atteinte à la liberté d'association dès lors qu'un individu est contraint d'adhérer à une association. La liberté d'association implique à la foi la possibilité de s'associer et la faculté de ne pas s'associer. Les partis politiques sont des associations et l'adhésion des citoyens à eux doit être régie par la bidimensionnalité de la liberté d'association. C'est violer donc la liberté d'association d'un citoyen que de le contraindre à adhérer à une association s'il veut exercer son droit de participation politique[5]. La liberté d'association et le droit de participation sont, l'une comme l'autre, libres. L'une ne peut être la condition *sine qua non* de l'autre. La somme de deux droits ou libertés n'est pas la contrainte. Sur ce dossier, la Cour a beaucoup contribué à la signification de la liberté d'association dans le domaine précis des activités partisanes. C'était la jungle, quasiment, dans le monde politique des Etats africains.

---

[1] *Ibidem*
[2] § 90.1 de l'arrêt au fond.
[3] §§ 91-112 de l'arrêt au fond.
[4] V° le commentaire de cet article dans Maurice Kamto, *La Charte africaine des droits de l'homme et des peuples et le protocole y relatif portant création de la Cour africaine des droits de l'homme et des peuples : commentaire article par article, op.cit.*
[5] §§ 112-115 de l'arrêt au fond.

La Cour a enfin constaté la violation du droit à la non-discrimination et à l'égalité devant la loi. Les requérants estiment qu'à partir du moment où seuls les citoyens membres des partis politiques peuvent être candidats aux fonctions électives de participation à la direction des affaires publiques de leur pays, les non adhérents, non partisans, non membres ne le pouvant pas, il y a discrimination. Il y a comme deux catégories de citoyens traitées différemment face au droit de participation sur le fondement du critère de l'adhésion à un parti politique, à une association. L'Etat pense que la discrimination est exclue dès lors que les normes d'interdiction des candidatures indépendantes s'appliquent à tous. La Cour considère que cette justification ne peut légitimer la discrimination et l'inégalité de traitement constatées. Il est vrai que sur cet aspect la manœuvre de la Cour est serrée, mais je peux partager l'avis de la Cour, la logique étant d'objectiver au maximum le jeu politique en Afrique sous l'empire du droit, du droit constitutionnel et du droit international des droits de l'homme notamment.

Au titre des droits dont la violation n'est pas constatée, s'il en est, il faut évoquer d'un côté l'Etat de droit. Les requérants ont fait valoir qu'en entreprenant une réforme constitutionnelle dans un sens contraire aux décisions des juridictions sur l'interdiction des candidatures indépendantes, la Tanzanie a violé l'Etat de droit[1]. Il est vrai qu'un gouvernement réforme ou inhibe l'effet des décisions judiciaires est contraire à l'Etat de droit, notamment au principe de la séparation des pouvoirs comme l'a décidé la Cour constitutionnelle du Bénin[2]. Toutefois, l'Etat de droit, n'est pas un droit de l'homme autonome reconnu au titre de la Charte ADHP. La Cour ADHP le constate très bien en considérant que « l'Etat de droit est un principe d'ensemble dont relèvent tous les droits de l'homme » et qui ne saurait être traité comme un droit de l'homme en particulier dont la violation peut être constatée. Elle renchérit que la question de la violation du principe de l'Etat de droit est sans intérêt en l'espèce[3].

Il faut évoquer d'un autre côté les allégations de violation des dispositions de la DUDH et du PIDCP. Lorsque les requérants soutiennent la violation d'un droit dans la Charte ADHP, ils soulèvent la violation des dispositions correspondantes dans ces deux instruments du système universel onusien des droits de l'homme[4]. C'est une bonne pratique générale de procédure devant la Cour, qui, selon l'article 60 de la Charte ADHP et l'article 3 du Protocole de Ouagadougou[5], a compétence pour interpréter et appliquer ces instruments normatifs. Après avoir constaté la violation des droits correspondants au titre de la Charte ADHP, la Cour délibère qu'« il est inutile d'examiner l'application desdits traités ».

En tout état de cause, avec les violations constatées et les réparations prodiguées, la Cour me semble incidemment avoir fait œuvre et preuve d'une démocratie électorale préservée.

---

[1] § 120 de l'arrêt au fond.

[2] Cour constitutionnelle du Bénin, décision du 27 décembre 2007. Cf. Luc Sindjou, *Les grandes décisions de la justice constitutionnelle africaine*, Bruxelles, Bruylant, 2009, pp.15 et s.

[3] § 122 de l'arrêt au fond.

[4] §§ 4 et s de l'arrêt au fond.

[5] V° le commentaire de cet article dans Maurice Kamto, *La Charte africaine des droits de l'homme et des peuples et le protocole y relatif portant création de la Cour africaine des droits de l'homme et des peuples : commentaire article par article*, *op.cit*.

II.2. LA DEMOCRATIE ELECTORALE PRESERVEE

Pour Abraham Lincoln, la démocratie est le « gouvernement du peuple par le peuple pour le peuple »[1]. Cette conception puriste de la démocratie s'est bien adaptée dans l'évolution des régimes politiques et des systèmes partisans des Etats modernes. La démocratie est devenue le gouvernement du peuple par la majorité partisane. Cette majorité partisane se dégage au travers d'élections régulières. Parfois, dans certains contextes politiques comme en Afrique, la tenue d'élections finit par être le signe le plus manifeste et le plus emblématique de la démocratie. C'est ce qui fait parler de démocratie électorale[2]. Dans le jeu de la majorité et de la minorité pour le gouvernement de l'Etat, la logique est bien parfois de s'opposer, se combattre, s'affaiblir, s'exclure politiquement mutuellement dans la disposition des choses politiques d'Etat. En particulier en Afrique, la majorité gouvernante a tendance à abuser de sa position hégémonique sur la minorité opposante pour bien conserver son pouvoir, à tout prix comme pour Machiavel[3]. Dans cette schématique politique, très caustique et virile, certains droits individuels et collectifs deviennent le soubassement indispensable de l'existence et de l'action démocratiques. Leur préservation devient la préservation de la démocratie. Dans cette affaire, la Cour a explicitement protégé des droits qui sont le fondement d'une démocratie pluraliste, et a donc pris une décision qui consolide la démocratie électorale.

Sous un premier angle, la décision de la Cour ADHP dans l'affaire *Mtikila c. Tanzanie* préserve la démocratie électorale parce que les droits dont la violation a été constatée et sanctionnée sont parmi les plus hauts fondements de la démocratie pluraliste. En effet, la Cour a constaté la violation du droit des citoyens de participer à la direction des affaires publiques de leur pays. Dans la logique de l'article 13 de la Charte ADHP, cette disposition garantie « aux citoyens le droit de participer directement ou par l'intermédiaires des représentants à la gestion des affaires publiques »[4]. A ce titre, chaque citoyen devrait pouvoir être éligible et électeur aux différentes compétitions électorales organisées dans son Etat. Ce droit consacré par la Charte et protégé par la Cour en l'espère est donc un grand fondement de la démocratie, surtout dans un contexte où l'élection en est l'indice symptomatique. La Cour a également constaté la violation de la liberté d'association. Dans sa décision, la Cour semble bien suivre en cela les requérants qui arguent durement que « la liberté d'association constitue l'un des principes fondamentaux de la démocratie, dont l'objectif est de permettre à tous les citoyens d'exercer un contrôle sur le fonctionnement de l'Etat, afin de garantir l'exercice adéquat des fonctions publiques et exiger le respect des lois par le gouvernement, assurant ainsi la transparence et la responsabilité »[5]. Il est évident, comme il apparaît dans la jurisprudence internationale, notamment celle de la Cour européenne des droits de l'homme, que la liberté d'association est la pierre angulaire des sociétés démocratiques pluralistes[6]. Elle permet l'expression plurielle et diverses des opinions en tant que paradigme

---

[1] Discours à Gettysburg en 1863.

[2] Pascal Musulay Mukonde, *Démocratie électorale en Afrique sub-saharienne : entre droit, pouvoir et argent*, Genève, Globethics, 2016, pp. 7 et s. ; Gabor Steingard, « Démocratie électorale », *Regards sur l'économie allemande (en ligne)*, n° 97, juillet 2010, consulté le 28 avril 2020.

[3] Nicolas Machiavel, *Le Prince*, Paris, Nouveau Monde éditions, 2012, pp. 1 et s.

[4] § 109 de l'arrêt au fond.

[5] § 112 de l'arrêt au fond.

[6] François Bellanger, « Liberté d'association », *Fiches juridiques suisses*, 2002, pp. 698 et s.

consubstantiel du libéralisme politique auquel adhère les Etats africains[1], parmi lesquels figure la Tanzanie.

Sous un second angle, la décision de la Cour ADHP dans l'affaire *Mtikila c. Tanzanie* préserve la démocratie électorale parce qu'elle a censuré l'interdiction des candidatures indépendantes. En effet, dans le fond du dossier, sur la controverse politique entre les partisans des candidatures indépendantes et les opposants aux candidatures indépendantes, la Cour a pris le parti des premiers. Elle estime que l'interdiction des candidatures indépendantes est contraire aux droits de l'homme. Elle ordonne à l'Etat d'autoriser les candidatures indépendantes à toutes élections présidentielles, parlementaires et locales[2]. Dans un Etat de droit démocratique, le droit et la liberté de participation du citoyen à la gestion des affaires publiques de son Etat et de sa société sont des prérogatives individuelles. Chaque citoyen est à ce titre éligible et électeur[3]. La démocratie pluraliste libéralise la participation politique. Le citoyen doit pouvoir se porter candidat aux fonctions électives suivant la forme qui lui convient. L'investiture par un parti politique est une modalité de candidature. La candidature indépendante en est une autre modalité. La démocratie libérale ne saurait tolérer une législation qui ferme une part de la liberté de candidature pour ne laisser ouverte qu'une seule à la disposition du citoyen. La Cour, en sanctionnant l'interdiction des candidatures indépendantes en Tanzanie, participe de cette logique d'ouverture démocratique des candidatures aux élections. Comme la Cour a une *juridictio* qui s'impose à l'ensemble des Etats du continent africain, on peut extrapoler l'effet *inter partes* de cette décision entre Mtikila et la Tanzanie pour lui donner un effet *erga omnes* à l'égard de tous les Etats africains, parties tous autant qu'ils soient à la Charte ADHP et soumis à la jurisprudence de la Cour. Si par hypothèse, un Etat insistait, nonobstant la décision de la Cour dans cette affaire Mtikila, à interdire les candidatures indépendantes, il prend le risque d'un contentieux devant la Cour et d'une réaffirmation à son égard de la jurisprudence Mtikila. Certains Etats, comme le Burkina Faso, dans lesquels il y avait une controverse politique[4], voire un contentieux juridictionnel[5], sur la question des candidatures indépendantes ont lucidement pris le devant en modifiant leur législation pour la mettre en conformité avec la jurisprudence de la Cour en autorisant les candidatures indépendantes à toutes les élections présidentielles, législatives et locales[6]. Sous le coup de cette décision, la Tanzanie, directement mise en cause, a dû aligner sa législation pour autoriser les candidatures indépendantes[7]. Indirectement sous le coup de cette décision, les autres Etats africains en situation similaire d'interdiction des candidatures indépendantes doivent réformer leur législation pour autoriser les candidatures indépendantes à toutes les élections présidentielles, parlementaires et locales. L'effet des décisions juridictionnelles de la Cour va ainsi du particulier au général.

---

[1] Pierre Bréchon, « Les partis politiques dans l'expression du suffrage », *Pouvoirs*, n° 120, 2006, pp. 109-121.

[2] § 126 de l'arrêt au fond.

[3] Abdoulaye Soma, *la constitution du Burkina Faso*, Ouagadougou, ERT, 2016, pp. 40 et s.

[4] Fulbert Paré, « Candidatures indépendantes : entre soutien, prudence et opposition », *op.cit.*

[5] Tribunal administratif de Ouagadougou, décision du 19 octobre 2012, *irrecevable de la requête sur les candidatures indépendantes.*

[6] Cas du Burkina Faso, qui en 2015, qui a modifié son code électoral pour autoriser les candidatures indépendantes à toutes les élections présidentielles, parlementaires et locales.

[7] Sarah Hanffou Nana, *La Cour africaine des droits de l'homme et des peuples : étude à la lumière de l'expérience européenne,* Paris, Connaissances et Savoirs, 2016, pp. 35 et s.

Commentaire _ *affaire APDH c. République de Côte D'ivoire*, Requête n° 001/2014 et Requête n° 003/2017

Segbolehoua Youssef OUATTARA*

Le droit de l'homme africain à la démocratie. Tel est l'enjeu de l'affaire ayant opposé l'Organisation Non Gouvernementale (ONG) de droit ivoirien dénommée Actions pour la Protection des Droits de l'Homme (APDH) à la République de Côte d'Ivoire, devant la Cour Africaine des Droits de l'Homme et des Peuples (ci-après « CourADHP »), à l'occasion de laquelle la Cour a rendu deux arrêts datés respectivement du 18 novembre 2016 et du 28 septembre 2017.

Des faits, il ressort que la République de Côte d'Ivoire, Etat partie à la Charte Africaine des Droits de l'Homme et des Peuples (ci-après « CADHP »), au Protocole relatif à la Charte africaine des droits de l'homme et des peuples portant création d'une Cour Africaine des Droits de l'Homme et des Peuples (ci-après « Protocole sur la CourADHP ») et à la Charte Africaine de la Démocratie, des Elections et de la Gouvernance (ci-après « CADEG »), a fait adopter par son Assemblée nationale le 28 mai 2014 la loi N° 2014-335 relative à la Commission Electorale Indépendante (CEI) de l'Etat de Côte d'Ivoire. Cette loi, aussitôt votée, suscita la réprobation d'une partie de la classe politique et de la société civile ivoiriennes[1]. Ainsi, deux jours à peine après l'adoption de ladite loi, elle fut déférée par un collectif de parlementaires au Conseil constitutionnel ivoirien afin qu'il en constate l'inconstitutionnalité. Les plaignants alléguaient principalement la violation du droit à l'égalité devant la loi, consacré par la Constitution ivoirienne, du fait de la surreprésentation au sein de la CEI du Président de la République, potentiel candidat à sa propre succession, ce qui constitue, à n'en point douter, pour eux une atteinte au principe d'égalité entre les candidats. Le Conseil constitutionnel ne fit cependant pas droit à leur requête, jugeant la loi attaquée bien conforme à la Constitution ; ce qui permit au Président de la République ivoirienne de la promulguer le 18 juin 2014. C'est alors qu'intervint l'ONG APDH qui internationalisa l'affaire en la portant devant la CourADHP par une requête datée du 12 juillet 2014.

Dans ses conclusions, l'ONG APDH demandait à la CourADHP de constater que la loi ivoirienne N° 2014-335 relative à la CEI n'était pas conforme à la CADEG, qu'elle violait le droit à l'égalité de tous devant la loi, ainsi que le droit à avoir un organe électoral national indépendant et impartial chargé de la gestion des élections, droits consacrés par ladite Charte. Elle priait par conséquent la Cour de condamner l'Etat de Côte d'Ivoire à réviser la loi querellée pour la conformer aux dispositions de la CADEG. La République de Côte d'Ivoire demandait inversement à la Cour de juger la requête non fondée et de la rejeter par conséquent[2].

---

* Doctorant en droit international public à l'Université de Genève, Assistant à la Faculté de droit civil de l'Université Catholique de l'Afrique de l'Ouest-Unité Universitaire à Abidjan (UCAO-UUA / Côte d'Ivoire). Chercheur au Centre de Recherche Politique d'Abidjan (CRPA).

[1] Il n'est pas inutile de signaler que la Côte d'Ivoire a connu une grave crise post-électorale ayant occasionné le décès de pas moins de 3000 personnes, selon les statistiques officielles, à l'issue du second tour de l'élection présidentielle de 2010. La responsabilité de cette crise fut attribuée par nombre d'observateurs et de citoyens ivoiriens aux dysfonctionnements de la commission électorale dont les blocages et les divisions connus publiquement ont grandement contribué à jeter la suspicion sur les résultats proclamés et favorisé les contestations ayant conduit aux affrontements armés. On comprend donc aisément que l'adoption d'une nouvelle loi relative à la commission électorale juste un an avant l'élection présidentielle de 2015 ait été une question sensible pour la classe politique et la société civile ivoiriennes.

[2] Pour une présentation exhaustive des conclusions des parties, se référer aux §§ 36 à 41 de l'arrêt du 18 novembre 2016.

Dès lors, la question à laquelle la CourADHP devait répondre en l'espèce était la suivante : la loi ivoirienne N° 2014-335 relative à la CEI est-elle conforme à la CADEG en ce qui concerne précisément les obligations souscrites par l'Etat ivoirien de protéger le droit à l'égalité de tous devant la loi et de créer un organe électoral national indépendant et impartial chargé de la gestion des élections ?

L'arrêt rendu par la CourADHP le 18 novembre 2016 en réponse à cette interrogation fondamentale est historique. Il s'agissait en effet dans cette affaire de la première saisine de la Cour sur le fondement de la CADEG. Pourtant, conformément à l'article 3 du Protocole sur la CourADHP, la Cour n'a compétence qu'à l'égard des affaires et différends concernant un « instrument pertinent relatif aux droits de l'homme »[1]. Il fallait donc avant tout examen au fond, que la Cour s'assure que la CADEG est bien un instrument relatif aux droits de l'homme ; conclusion à laquelle elle ne pouvait qu'aboutir logiquement, déjà en raison du fait que les États parties ont reconnu et accepté la démocratie comme un droit fondamental dans la Charte[2] ; et ensuite en raison de l'interdépendance entre les obligations imposées par la CADEG et les droits consacrés par la CADHP que la Cour relève elle-même dans son arrêt[3]. Il a fallu également que la Cour statue sur la recevabilité de la requête. A cette occasion, elle a pu rejeter deux exceptions d'irrecevabilité soulevées par l'Etat défendeur, l'une tirée de la nature du langage utilisé par la Requérante et l'autre du non-épuisement des voies de recours internes[4].

La CourADHP a finalement jugé que la loi ivoirienne N° 2014-335 querellée n'est pas conforme à la CADEG. Elle viole d'une part l'obligation de l'Etat ivoirien de créer un organe électoral national indépendant et impartial, et donc le droit corrélatif qu'ont les citoyens ivoiriens de bénéficier d'un tel organe, en raison fondamentalement du déséquilibre dans la composition de la CEI au profit du pouvoir. Elle viole d'autre part l'obligation de l'Etat ivoirien de protéger le droit à une égale protection de la loi, en créant une situation plus avantageuse à certains candidats aux élections au détriment d'autres candidats.

De ce qui précède, une analyse cohérente de la solution retenue par la Cour impose de subdiviser nos réflexions en deux axes. Ainsi, il sera question dans un premier temps de se pencher sur la violation par l'Etat ivoirien de son obligation de créer un organe électoral indépendant et impartial (I). Il s'agira de s'étendre ensuite, dans un second temps, sur la violation par l'Etat ivoirien de son obligation de protéger le droit à une égale protection de la loi (II).

I. La violation par l'Etat ivoirien de son obligation de créer un organe électoral indépendant et impartial

De l'argumentation de la CourADHP relativement à ce premier grief retenu contre l'Etat de Côte d'Ivoire, on peut retenir que la violation de l'obligation qui incombait à l'Etat ivoirien de créer un organe électoral indépendant et impartial ne découle pas du mode de représentation choisi (I.1.). Il apparait que cette violation

---

[1] Art. 3(1) du Protocole : « La Cour a compétence pour connaître de toutes les affaires et de tous les différends dont elle est saisie concernant l'interprétation et l'application de la Charte, du présent Protocole, et de tout autre instrument pertinent relatif aux droits de l'homme et ratifié par les Etats concernés. »

[2] Blaise Tchikaya, « La Charte africaine de la démocratie, des élections et de la gouvernance », *Annuaire français de droit international*, Volume 54, 2008, pp. 515-528, p. 523. Voir l'art. 4 de la CADEG.

[3] Voir le raisonnement de la Cour à ce propos du § 47 au § 65 de l'arrêt, dans l'examen de sa compétence matérielle.

[4] Nous choisissons de ne pas nous étendre davantage sur cette question de la recevabilité, tant elle ne nous semble pas poser de difficultés majeures, et d'axer nos réflexions sur l'examen au fond de l'affaire. Pour l'argumentation, somme toute détaillée, de la Cour sur la recevabilité de la requête, voir les §§ 69 à 105 de l'arrêt.

découle plutôt fondamentalement du déséquilibre dans la composition de l'organe électoral ivoirien (I.2.).

I.1. Une violation ne découlant pas du mode de représentation choisi

Avant tout propos, il convient de relever ce qui semble être une incohérence dans l'arrêt de la Cour en ce qui concerne les instruments juridiques dont la violation est alléguée par la requérante. En effet, dans les conclusions de l'ONG APDH indiquées aux paragraphes 37 et 38 de l'arrêt du 18 novembre 2016, seule la CADEG est visée. C'est donc à l'égard de cette seule Charte que la République de Côte d'Ivoire aurait violé son obligation de créer un organe électoral indépendant et impartial dont nous traitons ici. Toutefois et paradoxalement, aux paragraphes 20, 107 et 108, la Cour fait apparaitre un autre instrument dont la violation serait également alléguée en l'espèce par la Requérante : le Protocole de la CEDEAO sur la démocratie et la bonne gouvernance additionnel au Protocole relatif au mécanisme de prévention, de gestion, de règlement des conflits, de maintien de la paix et de la sécurité (ci-après « le Protocole de la CEDEAO sur la démocratie »). C'est d'ailleurs sur la base de ces deux instruments (la CADEG et le Protocole de la CEDEAO sur la démocratie) que la Cour a statué et conclu à la violation de l'obligation de créer un organe électoral indépendant et impartial, comme en témoigne le point 5 du dispositif de l'arrêt[1]. Le paradoxe et l'étonnement sont encore plus grands quand, à la lecture de l'opinion individuelle du juge Fatsah Ouguergouz, on apprend que la requérante n'a jamais conclu à la violation du Protocole de la CEDEAO sur la démocratie[2]. Rejoignant en cela l'avis du juge Fatsah Ouguergouz, il apparait dès lors clairement que la Cour a statué *ultra petita*[3]. Aussi, faisons-nous le choix de nous en tenir dans nos développements, aussi strictement que possible, aux conclusions des parties telles qu'indiquées aux paragraphes 36 à 41 de l'arrêt.

La requérante, l'ONG APDH, s'appuyant donc sur les dispositions de la CADEG, précisément l'article 17(1), a estimé que l'Etat de Côte d'Ivoire a violé le droit des citoyens ivoiriens de disposer d'un organe électoral indépendant et impartial, droit résultant de l'engagement pris par cet Etat de créer et de renforcer un tel organe en devenant partie à la CADEG. L'article 17(1) précité dispose en effet que « Les Etats parties réaffirment leur engagement à tenir régulièrement des élections transparentes, libres et justes conformément à la Déclaration de l'Union sur les Principes régissant les Elections démocratiques en Afrique. A ces fins, tout Etat partie doit : Créer et renforcer les organes électoraux nationaux indépendants et impartiaux, chargés de la gestion des élections ». Pour la requérante, la majorité des membres composant la CEI de la République de Côte d'Ivoire représentent des acteurs politiques, ceux-ci ayant par définition des intérêts particuliers à protéger. Ainsi, selon la requérante, du seul fait de ce mode de représentation des acteurs politiques choisi

---

[1] « *Dit que* l'État défendeur a violé son obligation de créer un organe électoral indépendant et impartial, prévu par l'article 17 de la Charte africaine sur la démocratie et l'article 3 du Protocole de la CEDEAO sur la démocratie… ».

[2] « Il me paraît important de faire observer que la Requérante a conclu à la seule violation (…) de la Charte africaine de la démocratie, des élections et de la gouvernance. Contrairement à ce qui est indiqué dans l'arrêt, la Requérante n'a jamais conclu à la violation (…) du Protocole de la CEDEAO sur la démocratie et la bonne gouvernance » ; « [t]ant dans ses écritures que dans ses plaidoiries, la Requérante a en effet conclu à la violation d'un seul de ces instruments juridiques, à savoir la Charte africaine de la démocratie, des élections et de la gouvernance ». *Opinion individuelle du Juge Fatsah Ouguergouz* jointe à l'arrêt du 18 novembre 2016 sur la *Requête no 001/2014 : affaire APDH c. République de Côte D'ivoire*, pp. 9-10.

[3] *Ibidem*, p. 11. Même si selon une autre interprétation, on pourrait aussi voir qu'elle a fait application du principe « *jura novit curia* ».

par l'Etat ivoirien, la CEI ne peut être indépendante et impartiale et dès lors l'Etat de Côte d'Ivoire a violé son obligation imposée par l'article 17(1) de la CADEG. Il apparait toutefois à l'analyse que la Cour n'a pas abondé dans le sens de l'ONG APDH sur ce point.

En effet, il s'est d'abord agi d'élucider le sens des notions d'« indépendance » et d' « impartialité » mentionnées par la CADEG en son article 17(1). En l'absence de définition conventionnelle, la Cour a dû se référer à la doctrine, particulièrement au Dictionnaire de droit international public, qui définit l'indépendance comme « le fait pour une personne ou une entité de ne dépendre d'aucune autre autorité que la sienne propre ou, à tout le moins, de ne pas dépendre de l'État sur le territoire duquel elles exercent leurs fonctions »[1] et l'impartialité comme l' « absence de parti pris, de préjugé et de conflit d'intérêt chez un juge, un arbitre, un expert ou une personne en position analogue par rapport aux parties se présentant devant lui ou par rapport à la question qu'il doit trancher »[2]. Comme on le constate, la Cour a bien pris le soin de distinguer l'indépendance de l'impartialité lorsqu'elle cherchait à les définir, même si elle n'a pas par la suite tenu rigoureusement compte de la distinction entre les deux notions dans son raisonnement[3]. Si l'on s'en tient cependant aux définitions telles qu'énoncées à l'instant, on peut être tenté de donner raison à la requérante en concluant à tout le moins au manque d'impartialité de la CEI ivoirienne[4]. En effet, si l'impartialité désigne l'absence de parti pris par rapport à la question que l'on doit trancher, peut-on soutenir sérieusement que des représentants d'acteurs politiques au sein d'une commission électorale puissent ne pas avoir de parti pris et être par conséquent impartiaux ? Peut-on vraiment affirmer que la commission elle-même est impartiale si la majorité de ses membres représentent des acteurs politiques tel que le dénonce justement l'ONG APDH dans le cas d'espèce ? Une réponse affirmative à ces interrogations semble difficile à donner. On peut donc noter avec étonnement que la Cour n'ait pas porté plus d'attention à cet argument de la requérante. Pour elle, le problème ne se situe aucunement au niveau de la représentation des acteurs politiques. Ainsi, aux paragraphes 124 à 126 de l'arrêt, on peut lire que « *La Cour observe que la majorité des membres qui composent l'organe électoral ivoirien sont désignés par des personnalités et partis politiques participants aux élections ; la Cour considère que pour qu'un tel organe puisse rassurer le public sur sa capacité à organiser des élections transparentes, libres et justes, sa composition doit être équilibrée ; la question est donc ici de savoir si la composition de l'organe électoral ivoirien est équilibrée* ». Voici donc révélé le véritable problème affectant la CEI ivoirienne selon la Cour. On constate aisément que la représentation des acteurs politiques au sein de la CEI ne présente pas d'inconvénient en soi pour la Cour. Ce qui pose problème, c'est la question de l'équilibre dans la composition. La CEI peut donc bien être composée de représentants d'acteurs politiques sans que cela n'affecte ni son indépendance, ni son impartialité, tant que la composition de l'organe est équilibrée.

---

[1] Jean Salmon (Dir.), *Dictionnaire de droit international public*, Bruxelles, Bruylant, 2001, p. 570.

[2] *Ibid.*, p. 562

[3] Voir à ce sujet les critiques du juge Fatsah Ouguergouz dans son opinion individuelle précitée, de la page 3 à la page 9.

[4] La question de l'indépendance semble moins évidente à trancher en raison du statut d'autorité administrative indépendante dont jouit la CEI et qui suppose que ses membres sont affranchis de toute hiérarchie administrative et de tout lien de subordination même à l'égard des autorités qu'ils sont supposés représenter. La Cour semble d'ailleurs reconnaitre une forme d'indépendance à la CEI ivoirienne lorsqu'elle affirme que « le cadre juridique régissant l'organe électoral ivoirien laisse supposer que ce dernier jouit d'une indépendance institutionnelle ». Voir les §§ 118 à 122 de l'arrêt.

C'est donc du déséquilibre dans la composition de l'organe électoral ivoirien que la Cour va fondamentalement déduire la violation par l'Etat de son obligation.

I.2. Une violation découlant fondamentalement du déséquilibre dans la composition de l'organe électoral ivoirien

Comme sus-indiqué, l'attention de la Cour s'est particulièrement portée sur la question de l'équilibre dans la composition de la CEI ivoirienne, cet équilibre devant bien évidemment être réalisé par une répartition égalitaire des sièges entre le pouvoir et l'opposition au sein de la commission. La CEI comportant par ailleurs une commission centrale et des commissions locales, à l'échelon régional, départemental, communal et sous-préfectoral aux termes de l'article 5 alinéa 2 de la loi querellée, l'équilibre recherché devrait exister à tous ces divers échelons. La Cour s'est donc attelée à vérifier si la composition de la CEI ivoirienne est équilibrée en axant principalement son analyse sur la composition de la commission centrale.

De cette analyse de la composition de la commission centrale, il est ressorti que le parti ou groupement politique au pouvoir est représenté par quatre membres, soit autant que le nombre de représentants accordé aux partis ou groupements politiques de l'opposition[1]. Ainsi à première vue, l'équilibre semble respecté. Toutefois, en sus des 8 membres déjà répertoriés, la commission centrale de la CEI comporte également : « un représentant du Président de la République ; un représentant du Président de l'Assemblée Nationale ; un représentant du Ministre chargé de l'Administration du Territoire ; un représentant du Ministre chargé de l'Economie et des Finances ; un magistrat désigné par le Conseil Supérieur de la Magistrature ; quatre représentants de la société civile, dont deux issus des confessions religieuses, un issu des Organisations Non Gouvernementales non confessionnelles et un avocat désigné par le Barreau »[2]. Si l'on peut présumer de l'indépendance et partant de l'impartialité des quatre représentants de la société civile, la présomption inverse parait s'imposer pour les autres. En effet, il est évident, sans que l'on ait besoin d'entrer dans plus de considérations, que le représentant du Président de la République est un représentant du pouvoir. Quant à celui du Président de l'Assemblée Nationale, dans le contexte d'alignement des pouvoirs[3] qui caractérise la plupart des Etats africains dont la Côte d'Ivoire, on ne peut que conclure qu'il représente aussi le pouvoir. En ce qui concerne les représentants des deux Ministres, ils pourraient difficilement ne pas être perçus également comme représentants du pouvoir, quand on sait qu'en politique le principe est que c'est le parti ou groupement politique au pouvoir qui forme le gouvernement. Enfin, s'agissant du magistrat désigné par le Conseil Supérieur de la Magistrature, on peut noter que la Constitution en vigueur en Côte d'Ivoire à l'époque des faits conférait la présidence de ce Conseil au Président de la République[4]. Il lui était donc loisible d'interférer dans le choix de ce magistrat. De ce fait, même si on se gardera de qualifier ce dernier comme représentant du pouvoir, il est au moins manifeste qu'il lui est lié d'une certaine

[1] Conformément à l'art. 5 al. 3 de la loi ivoirienne N° 2014-335 relative à la Commission Electorale Indépendante.

[2] *Ibid.*

[3] Concept théorisé par le Professeur Abdoulaye Soma. L'alignement des pouvoirs désigne une situation dans laquelle les organes des différentes fonctions de l'État existent formellement, mais s'inscrivent politiquement dans la même mouvance partisane. Les trois pouvoirs existent séparément dans l'architecture institutionnelle de l'État, mais leur volonté individuelle est intrinsèquement dominée et déterminée par la même obédience politique. Pour plus d'approfondissement, V° Abdoulaye Soma, « Le peuple comme contre-pouvoir en Afrique », *Revue du droit public et de la science politique en France et à l'Étranger*, n° 4, 2014, pp. 1019-1049.

[4] Art. 104 de la Constitution ivoirienne du 1er août 2000 : « Le Président de la République est le garant de l'indépendance de la magistrature. Il préside le Conseil supérieur de la Magistrature.»

manière. Au total, le pouvoir apparait donc comme étant représenté en réalité par au moins huit membres au sein de la commission centrale de la CEI contre seulement quatre pour l'opposition, ainsi que le relève la Cour au paragraphe 130 de l'arrêt. L'équilibre recherché vole en éclats. C'est en conséquence de ce déséquilibre que la Cour va déduire que « l'organe électoral ivoirien ne présente pas les garanties d'indépendance et d'impartialité requises et qu'il ne peut donc pas être perçu comme tel »[1]. Elle va de ce fait conclure que l'Etat de Côte d'Ivoire a bien violé son obligation de créer un organe électoral indépendant et impartial, obligation imposée par l'article 17(1) précité de la CADEG. De cette première violation ainsi confirmée, la Cour va aussi déduire que l'Etat ivoirien a violé le droit pour chaque citoyen de participer librement à la direction des affaires publiques de son pays, prévu par l'article 13 de la CADHP[2]. On comprend aisément la démarche de la Cour dès lors qu'elle avait pris le soin de souligner dans l'examen de sa compétence matérielle « l'interdépendance entre les obligations imposées par la CADEG et les droits consacrés par la CADHP »[3]. La démocratie représentative étant le type de démocratie appliqué par la quasi-majorité des Etats de la planète, il importe de s'assurer que les représentants sont effectivement choisis librement par les citoyens ainsi que le prévoit la CADHP. Toutefois, si l'organe chargé de l'organisation de l'élection de ces représentants n'est pas crédible en raison d'une absence d'indépendance et d'impartialité, on peut légitimement remettre en cause la liberté du choix des citoyens.

Si les arguments de la Cour ainsi analysés semblent tenus par une certaine logique d'ensemble, ils appellent cependant certaines réserves et interrogations notamment en ce qui concerne les rapports établis entre indépendance, impartialité et équilibre. En effet, peut-on véritablement déduire l'indépendance et l'impartialité d'un organe de l'équilibre dans sa composition ? Inversement, peut-on conclure automatiquement à l'absence d'indépendance et d'impartialité dès lors qu'il y a composition déséquilibrée ? A s'en tenir strictement aux définitions de l'indépendance et de l'impartialité précédemment indiquées, une réponse affirmative semble difficile à soutenir. Un organe peut bien être équilibré dans sa composition sans toutefois correspondre aux caractères d'un organe indépendant et impartial. Il apparait pourtant, au vu de son raisonnement, que si la CEI ivoirienne avait été équilibrée dans sa composition, la Cour aurait conclu à son indépendance et à son impartialité, ce qui nous aurait semblé une conclusion erronée. Pour finir, on peut noter, avec regret et en accord avec l'opinion individuelle du juge Fatsah Ouguergouz, que la Cour a manqué de rigueur dans l'examen de l'indépendance et de l'impartialité de la CEI ivoirienne[4].

Il semble hélas que des critiques similaires puissent être apportées également en ce qui concerne le raisonnement ayant conclu à la violation par l'Etat ivoirien de son obligation de protéger le droit à une égale protection de la loi.

---

[1] § 133 de l'arrêt.

[2] Art. 13(1) de la CADHP : « Tous les citoyens ont le droit de participer librement à la direction des affaires publiques de leur pays, soit directement, soit par l'intermédiaire de représentants librement choisis, ce, conformément aux règles édictées par la loi. »

[3] V° *supra*, introduction, note 5.

[4] « Au terme d'un bref examen de la composition de la Commission électorale, (paragraphes 124-132), la Cour arrive à la conclusion que « l'organe électoral ivoirien ne présente pas les garanties d'indépendance et d'impartialité requises et qu'il ne peut donc pas être perçu comme tel ». Je considère que le traitement fait par la Cour de cette question de l'indépendance et de l'impartialité est insuffisant et qu'il aurait gagné en clarté s'il avait été conduit de manière plus systématique ». *Opinion individuelle du Juge Fatsah Ouguergouz*, *op.cit.*, pp. 4-5.

II. La violation par l'Etat ivoirien de son obligation de protéger le droit à une égale protection de la loi

Au paragraphe 142 de l'arrêt, la Cour a confirmé que « l'égalité et la non-discrimination sont des principes fondamentaux du droit international des droits de l'homme ». On comprend dès lors qu'elle ait censuré la loi querellée, considérant que cette dernière réalise la consécration d'une discrimination entre les candidats potentiels (II.1.) ainsi que celle d'une inégalité entre les mêmes candidats (II.2.).

II.1. La consécration d'une discrimination entre les candidats potentiels

On a déjà relevé dans le premier axe de la réflexion que la requérante n'avait allégué que la violation de la CADEG dans ses conclusions, et que par conséquent la Cour avait statué *ultra petita* en étendant sa décision à d'autres instruments non visés par la requérante[1]. Il convient cependant de noter également à ce stade ce qui semble être une contradiction, à propos du droit dont la violation est alléguée par la requérante. En effet, au paragraphe 38 de l'arrêt indiquant les conclusions de la requérante, on peut lire que celle-ci prie la Cour de dire et juger que la loi ivoirienne N° 2014-335 viole « le droit à l'égalité de tous devant la loi ». Pourtant, au paragraphe 107, on est surpris de noter que la requérante allègue le non-respect par l'Etat défendeur de son engagement de protéger « le droit à l'égalité devant la loi et à la protection égale par la loi ». L'étonnement est cette fois total lorsqu'au point 6 du dispositif de l'arrêt, on constate que la Cour « *Dit que l'Etat défendeur a violé son obligation de protéger le droit à une égale protection de la loi* ». On est donc passé successivement du droit à l'égalité devant la loi uniquement, au droit à l'égalité devant la loi et à la protection égale par la loi, pour ne retenir au final que le droit à une égale protection de la loi, sans que cela ne semble cependant obéir à une quelconque logique. Il convient effectivement de préciser que le droit à l'égalité devant la loi et le droit à une égale protection de la loi sont deux droits bien distincts et de nature différente[2].

Le premier « exige que les autorités en charge d'exécuter ou d'appliquer les lois – principalement le pouvoir exécutif et judiciaire – le fassent de manière égale pour tous, et non pas de manière arbitraire »[3]. Le second quant à lui « s'adresse au législateur et vise à prohiber les lois discriminatoires. L'égale protection de la loi se situe donc dans le champ du travail législatif et de l'édiction des lois tandis que l'égalité devant la loi concerne l'exécution et l'application des lois par le pouvoir exécutif ou judiciaire »[4]. On ne pourrait être plus limpide. Dès cet instant, il apparait clairement que le droit réellement en cause dans l'affaire ayant opposé l'ONG APDH à la République de Côte d'Ivoire est le droit à l'égale protection de la loi. On comprend mieux également pourquoi la Cour a réorienté son examen sur ce droit plutôt que sur celui à l'égalité devant la loi, seul droit réellement évoqué par la requérante dans ses conclusions. Il faut cependant regretter que là encore, la Cour n'ait pas fait preuve d'une grande cohérence, ou à tout le moins de pédagogie dans son raisonnement[5].

---

[1] Voir *supra*, pp. 3-4.
[2] *Opinion individuelle du Juge Fatsah Ouguergouz*, *op.cit.*, p. 13.
[3] Ludovic Hennebel, *La jurisprudence du Comité des droits de l'homme des Nations Unies : Le Pacte international relatif aux droits civils et politiques et son mécanisme de protection individuelle*, Bruxelles, Bruylant, 2007, p. 314.
[4] *Ibid.*, p. 315.
[5] « Dans la présente espèce, ce n'est pas le droit à l'égalité de tous devant la loi ou à l'égale application de la loi qui étaient en cause, mais bien le droit de tous à une égale protection de la loi. Il appartenait donc à la Cour de distinguer rigoureusement entre les deux droits et d'indiquer, par exemple, que des considérations liées à une bonne administration de la justice lui commandaient d'interpréter la demande de la requérante de manière à lui donner un sens ; ce faisant, la

Le droit en cause ici et que l'Etat défendeur a donc violé est le droit à une égale protection de la loi, consacré par l'art. 10(3) de la CADEG[1]. Comme susmentionné, ce droit s'oppose à toute discrimination consacrée par la loi, ce qui impose d'élucider le sens de la notion de discrimination. Selon le Dictionnaire de droit international public déjà cité auparavant, la discrimination s'entend d'une différenciation des personnes ou des situations sur la base d'un ou de plusieurs critères non légitimes[2]. Pour qu'une situation soit jugée discriminatoire, il faut qu'il y ait une distinction entre des situations analogues ou comparables[3]. Dans le cas d'espèce, l'art. 5 de la loi contestée énonçant la composition de la commission centrale de la CEI ivoirienne, confère un représentant personnel au Président de la République alors qu'il est potentiellement candidat à sa propre succession. Par contre, ni les candidats des partis politiques de l'opposition, ni les candidats indépendants, ne disposent de représentants au sein de la commission. Les quatre représentants des partis ou groupements politiques de l'opposition ne peuvent être vus comme les représentants des candidats de l'opposition, d'abord en raison de la diversité des oppositions politiques que quatre personnes ne sauraient en aucun cas pleinement représenter, ensuite parce que leur désignation est opérée bien avant tout dépôt des candidatures. Les candidats indépendants sont quant à eux tout simplement ignorés. On se retrouve de la sorte dans une claire situation de distinction entre deux catégories de candidats : les candidats (sinon le candidat) représentés dans la commission et les candidats non représentés dans la commission. Pourtant, aucun critère ne semble pouvoir légitimer cette distinction. Le Président de la République est certes le détenteur de l'autorité suprême dans le pays, mais dans le cadre de l'élection, il ne saurait en aucun cas être traité différemment des autres candidats. Tous ont droit à une égale protection de la loi, protection qui justement n'est pas accordée aux candidats de l'opposition et aux candidats indépendants par la loi querellée sur la CEI ivoirienne. Il est donc incontestable que cette loi a consacré une discrimination entre les candidats potentiels. Pour qu'il n'y ait pas discrimination, il eut fallu que, soit aucun candidat ne fût représenté, soit que tous les candidats fussent représentés au sein de la commission.

Dans l'affaire ayant opposé le Congrès pour la Démocratie et le Progrès (CDP) au Burkina Faso dans le cadre de l'élection présidentielle de 2015, la Cour de Justice de la Communauté Economique Des Etats de l'Afrique de l'Ouest (CJCEDEAO) a également eu, dans des circonstances certes différentes, à censurer le Code électoral burkinabè tel que modifié par la loi n° 005-2015/CNT du 07 avril 2015, au motif qu'il consacre une discrimination à l'encontre des requérants qui se trouvaient empêchés de participer au scrutin par l'effet de cette loi[4]. Dans son arrêt, la CJCEDEAO posait ainsi, un an avant la CourADHP, que « [s]i (…) le principe de l'autonomie constitutionnelle et politique des Etats implique sans conteste que ceux-ci aient la latitude de déterminer le régime et les institutions politiques de leur choix, et d'adopter les lois qu'ils veulent, cette liberté doit être exercée en conformité avec les

---

Cour aurait dissipé l'apparence d'avoir également statué *ultra petita* relativement à cette deuxième demande de la requérante ». *Opinion individuelle du Juge Fatsah Ouguergouz*, *op.cit.*, p. 13.

[1] « Les Etats parties protègent le droit à l'égalité devant la loi et à la protection égale par la loi comme condition préalable fondamentale pour une société juste et démocratique. »

[2] Jean Salmon (Dir.), *Dictionnaire de droit international public*, *op.cit.*, p. 344.

[3] Ludovic Hennebel, *La jurisprudence du Comité des droits de l'homme des Nations Unies : Le Pacte international relatif aux droits civils et politiques et son mécanisme de protection individuelle*, *op.cit.*, p. 313.

[4] CJCEDEAO, *Congrès pour la Démocratie et le Progrès (CDP) C. Etat du Burkina*, Affaire NO°ECW/CCJ/APP/19/15, arrêt, 13 juillet 2015, §§ 28-29.

engagements que ces Etats ont souscrits en la matière »[1], notamment donc en matière d'interdiction de la discrimination.

La consécration de la discrimination entre candidats, grief déjà suffisamment grave, n'est toutefois pas le seul que l'on puisse reprocher à la loi querellée sur la CEI ivoirienne. Il apparait qu'elle consacre également une inégalité entre les candidats potentiels.

II.2. La consécration d'une inégalité entre les candidats potentiels

La question de l'inégalité entre candidats potentiels ici évoquée entretient des liens étroits avec celle de l'équilibre dans la composition de la CEI, précédemment analysée. En effet, l'inégalité dont il s'agit est une inégalité en termes de représentation numérique des candidats.

On a déjà explicité, dans les analyses précédentes, la conclusion de la Cour selon laquelle la composition de la commission centrale de la CEI ivoirienne est déséquilibrée au profit du pouvoir. Ainsi, le Président de la République, candidat potentiel à sa propre succession se retrouve en réalité en position de pouvoir désigner au sein de la commission centrale au moins huit personnes. Si les quatre représentants des partis ou groupements politiques de l'opposition ne sauraient être considérés comme représentants des candidats de l'opposition tel que nous l'avons précédemment soutenu, il n'en est pas de même pour les quatre représentants du parti ou groupement politique au pouvoir qui, eux, pourraient être perçus comme représentant le candidat-Président. Il faut effectivement bien distinguer la situation du parti ou groupement politique au pouvoir de celle des partis ou groupements politiques de l'opposition. Concernant ces derniers, comme nous l'avons déjà énoncé, la diversité des oppositions politiques ne peut qu'entrainer une fragmentation et une multiplication des candidatures. Ainsi on pourrait très vite se retrouver avec un nombre de candidats de l'opposition supplantant largement le nombre de quatre représentants accordés à l'ensemble des partis ou groupements politiques de l'opposition. En revanche, la situation est tout autre dans le camp du pouvoir. En effet, le Président de la République candidat à sa propre succession ne saurait être que le candidat naturel et l'unique candidat du parti ou groupement politique au pouvoir. Ainsi, l'on peut considérer sans contestation que les quatre représentants accordés à ce parti ou groupement politique lui sont immédiatement acquis. Même dans l'hypothèse où le Président sortant ne se représenterait pas, le candidat désigné par sa chapelle politique se trouverait exactement dans la même position avantageuse.

Dès lors, la loi N° 2014-335 relative à la CEI ivoirienne ne peut que créer une inégalité entre les candidats potentiels, découlant de la surreprésentation d'un candidat (le candidat de la formation politique au pouvoir) au détriment de ses adversaires potentiels qui, eux ne sont aucunement représentés. Le respect de l'égalité entre les candidats aurait commandé que chaque candidat, indépendamment de ses fonctions ou de son poids politique soit représenté par un nombre égal de personnes au sein de la CEI.

Comme on a pu le constater tout au long de cette analyse, la loi ivoirienne N° 2014-335 du 18 juin 2014 relative à la CEI est problématique à plus d'un titre.

L'arrêt rendu par la CourADHP le 18 novembre 2016 ordonnant à la République de Côte d'Ivoire de modifier sa loi relative à la CEI pour la rendre conforme à ses engagements internationaux suscita un immense espoir au sein de la

[1] *Ibid.*, § 31.

société civile ivoirienne. L'espoir de voir le pays se doter d'un organe électoral répondant totalement aux aspirations démocratiques d'un peuple meurtri par des élections successives avec leur lot de cadavres. Toutefois cet espoir retomba très vite avec la naissance d'une polémique entre le pouvoir et l'opposition sur la portée de l'arrêt de la Cour, certains y voyant une simple demande de recomposition de la CEI, quand d'autres en déduisaient une exigence de réforme totale de l'organe. On ne peut dès lors que regretter le fait que la demande en interprétation de l'arrêt introduite par la République de Côte d'Ivoire n'ait pas été formulée avec plus de sérieux. La Cour a en effet déclaré la demande irrecevable estimant « qu'aucune des trois questions posées par la République de Côte d'Ivoire n'a pour objectif de clarifier le sens ou la portée d'un point quelconque du dispositif de l'arrêt susmentionné, rendu par la Cour le 18 novembre 2016 »[1]. L'Etat de Côte d'Ivoire priait notamment la Cour de lui fournir des indications plus précises sur la nomenclature de la nouvelle CEI[2], et de l'éclairer davantage sur la notion de « lois relatives à des libertés publiques ». De toute évidence, un arrêt en interprétation ne saurait se transformer en un avis consultatif, et la Cour ne pouvait en l'espèce faire office de conseil de la République de Côte d'Ivoire.

Dans ce contexte, on pouvait légitimement douter que la loi N° 2019-708 du 05 août 2019 portant recomposition de la CEI, adoptée dans un climat de grande tension avec une partie de l'opposition, puisse définitivement mettre fin au différend. Il n'est donc pas étonnant que la Cour fût à nouveau saisie d'une requête contre la République de Côte d'Ivoire. Introduite le 10 septembre 2019 par monsieur SUY BI Gohoré Emile et 8 autres personnes, cette nouvelle requête vise à contester la conformité de la loi portant recomposition de la CEI à la CADEG une fois de plus, les requérants estimant que la République de Côte d'Ivoire ne s'est pas conformée à l'arrêt rendu par la Cour le 18 novembre 2016 et faisant l'objet de la présente analyse. Dans leur requête enregistrée sous le numéro 044/2019, les requérants demandaient à la Cour d'ordonner des mesures provisoires avant de statuer sur le fond de l'affaire en vue fondamentalement d'empêcher la désignation des membres de la CEI et la mise en place de la Commission sur le fondement de la loi N° 2019-708[3]. Dans son ordonnance rendue le 28 novembre 2019, la Cour a rejeté les mesures provisoires demandées au motif que « la demande (…) est devenue sans objet suite à la mise en place de la Commission Electorale Indépendante et de la désignation de ses membres »[4]. L'affaire est toujours pendante devant la Cour.

Par ailleurs, le 02 mars 2020, la Cour fut saisie d'une nouvelle requête contre la République de Côte d'Ivoire introduite par monsieur SORO Kigbafori Guillaume, ancien Premier ministre et Président de l'Assemblée nationale, et 19 autres personnes. Par la requête à laquelle était jointe une demande aux fins de mesures provisoires, les requérants entendaient contester la violation de certains de leurs droits par l'Etat ivoirien. Comme mesures provisoires, ils demandaient principalement à la Cour d'ordonner à l'Etat ivoirien de suspendre l'exécution, respectivement, du mandat d'arrêt émis contre SORO Kigbafori Guillaume et des mandats de dépôts décernés

---

[1] CourADHP, *Affaire Actions pour la Protection des Droits de l'Homme c. République de Côte D'ivoire*, Requête N° 003/2017 aux fins d'Interprétation de l'arrêt du 18 Novembre 2016, arrêt, 28 septembre 2017, § 18.

[2] Ce que la Cour a jugé, à bon escient, comme relevant de la responsabilité de l'Etat. Cf. *Ibid.*, § 16.

[3] CourADHP, *Affaire SUY BI Gohoré Emile et autres C. République de Côte D'ivoire*, Requête N° 044/2019, Ordonnance portant mesures provisoires, 28 novembre 2019, § 23.

[4] *Ibid.*, § 33.

contre les autres requérants[1]. Cette fois la Cour accéda à la demande des requérants en ordonnant les mesures provisoires souhaitées, ce qui provoqua l'ire des autorités ivoiriennes à tel point qu'elles décidèrent du retrait de la déclaration de compétence prévue à l'article 34(6) du Protocole sur la CourADHP et permettant la saisine directe de la Cour par les individus ainsi que les organisations non-gouvernementales. Les autorités ivoiriennes justifièrent leur décision par les « graves et intolérables agissements que la Cour Africaine des droits de l'homme et des peuples s'est autorisée, dans ses actions, et qui non seulement portent atteinte à la souveraineté de l'Etat de Côte d'Ivoire, à l'autorité et au fonctionnement de la justice, mais sont également de nature à entrainer une grave perturbation de l'ordre juridique interne des Etats et à saper les bases de l'Etat de droit, par l'instauration d'une véritable insécurité juridique »[2]. Bien que l'hypothèse du retrait de la déclaration de compétence ne soit pas prévue par le Protocole sur la CourADHP, on peut affirmer que la décision prise par le Gouvernement ivoirien est valable en se fondant sur la jurisprudence *Ingabire Victoire Umuhoza contre République du Rwanda*[3]. Toutefois, et toujours sur le fondement de la même jurisprudence, le retrait ne devrait, d'une part, prendre effet que dans un délai de 12 mois à compter de la date de sa notification à la Cour, et d'autre part n'avoir aucun effet juridique sur les affaires pendantes devant la Cour contre la République de Côte d'Ivoire[4]. Ainsi, la Cour reste pleinement compétente tant pour la requête concernant la loi portant recomposition de la CEI que pour celle relative à l'affaire SORO. L'histoire entre la CourADHP et la République de Côte d'Ivoire est loin d'être terminée !

---

[1] CourADHP, *Affaire Guillaume Kigbafori SORO et autres c. République de Côte d'Ivoire*, Requête N° 012/2020, Ordonnance portant mesures provisoires, 22 avril 2020, § 13.
[2] Communiqué du Gouvernement ivoirien, 29 avril 2020. Disponible sur le site internet de l'Agence ivoirienne de presse : https://aip.ci/communique/communique-du-gouvernement-2/.
[3] CourADHP, *Affaire Ingabire Victoire Umuhoza c. République du Rwanda*, Requête N° 003/2014, arrêt sur le retrait de la déclaration, 3 juin 2016, §§ 53 à 59. La Cour a en l'espèce estimé que le retrait de sa déclaration par l'Etat rwandais était valable en raison de la souveraineté des Etats qui prescrit, en matière d'actes unilatéraux, que les Etats sont libres de s'engager et conservent le pouvoir discrétionnaire de retirer leurs engagements. Pour une analyse de l'arrêt, voir David Pavot, « Le retrait de la déclaration du Rwanda permettant aux individus et ONG de saisir la Cour africaine des droits de l'homme et des peuples », *Revue québécoise de droit international*, Numéro 30.2, 2017, pp. 221-237.
[4] *Ibid.*, §§ 60 à 68.

Commentaire _ *Affaire Sébastien Germain Ajavon c. République du Bénin*, Requête n° 013/2017

Boukaré SAWADOGO*

INTRODUCTION

Le 29 mars et le 28 novembre 2019, la Cour Africaine des Droits de l'Homme et des Peuples (ci-après Cour ADHP ou la Cour) a rendu deux importants arrêts (respectivement sur le fond et sur les réparations) dans l'affaire *Sébastien Germain Ajavon* (ci-après arrêt Ajavon ou affaire Ajavon) contre *République du Bénin* (ci-après le Bénin).

Pour bien connaître et comprendre les enjeux politiques et juridiques suscités par ces deux arrêts, un bref rappel des faits et des péripéties de l'affaire parait nécessaire. Ainsi, entre le 26 et le 27 octobre 2016, la gendarmerie et la douane du Port Autonome de Cotonou ont été alertées, par les services de renseignements et de la documentation de la Présidence de la République du Bénin, de la présence d'une quantité importante de cocaïne dans un conteneur de produits surgelés importés par la société Comptoir Mondial de Négoce (COMON SA) et dont l'administrateur général n'est rien d'autre que Monsieur Ajavon. Le 28 octobre 2016, une procédure judiciaire a été ouverte contre celui-ci et trois autres employés de la société pour trafic de dix-huit (18) kg de cocaïne pure. Après huit (08) jours de garde à vue, ils seront présentés à la chambre correctionnelle du tribunal de première instance de Cotonou. Le 4 novembre 2016, le requérant et un autre employé ont été relaxés au bénéfice du doute.

En fin novembre 2016, l'Administration des Douanes et la Haute Autorité de l'Audiovisuel et de la Communication ont procédé, respectivement, à la suspension du terminal à conteneur de la Société de Courtage de Transit et de Consignation (SOCOTRAC), à la coupure des signaux de la station de radio diffusion de SOLEIL FM, de ceux de la chaine de télévision SIKKA TV, des sociétés dont Monsieur Ajavon prétend en être actionnaire majoritaire. Le 02 décembre 2016, celui-ci sollicite et obtient du greffe de la chambre correctionnelle, une attestation de non appel et de non opposition du jugement du 4 novembre 2016 précité. Curieusement, il apprendra courant janvier 2017 que le procureur général aurait relevé appel de ladite décision sans qu'il ne reçoive notification de cet acte d'appel.

Considérant que toute l'affaire de trafic international de drogue et la procédure qui s'en est suivie, s'inscrivent «dans le cadre d'un complot ourdi par l'Etat [béninois] contre lui» (§ 7), *Ajavon* saisit la Cour ADHP pour voir constater la violation par l'Etat béninois de ses droits garantis par la CADHP, la Déclaration des droits de l'homme et du citoyen de 1789 et le Pacte international relatif aux droits civils et politiques (ci-après le PIDCP), en particulier, le droit à l'égale protection de la loi, le droit au respect de la dignité inhérente à la personne humaine, le droit à la liberté et à la sécurité, le droit à ce que sa cause soit entendue, ainsi que celui relatif à la présomption d'innocence jusqu'à ce que sa culpabilité soit établie par une juridiction compétente, le droit à la propriété et le devoir de l'Etat de garantir l'indépendance des tribunaux (§9).

---

* Juge au Tribunal de grande instance de Ouagadougou (BurkinaFaso)/ Doctorant en droit à l'Université Ouaga II (Burkina Faso).

Dans ses nouvelles allégations soumises à la Cour le 16 octobre 2018, le requérant soutient qu'en juillet de la même année, une loi portant création de la Cour de Répression des Infractions Economiques et du Terrorisme (ci-après CRIET) a été adoptée par l'Etat défendeur. Cette Cour nouvellement créée l'a de nouveau jugé pour la même affaire de trafic de drogue et l'a condamné à vingt (20) ans d'emprisonnement ferme et à cinq millions d'amende. Il considère que la nouvelle procédure viole ses droits de recevoir notification des charges à son encontre, le droit d'accès au dossier de la procédure, celui tendant à ce que sa cause soit entendue par les juridictions nationales compétentes et dans un délai raisonnable, le droit au respect du principe d'indépendance de la justice, d'assistance de conseils, au respect du principe *non bis in idem* ainsi que son droit au respect du principe du double degré de juridiction. Le 14 janvier 2019, le requérant produit des demandes additionnelles[1] par lesquelles il demande à la Cour de constater que l'Etat béninois, par une série de lois non conformes aux conventions internationales, a violé ses droits non visés dans la requête initiale.

Au fond, la Cour devrait déterminer si, d'une part, la procédure judiciaire engagée contre *Sébastien Germain Ajavon* pour trafic de drogue, qui a conduit aux décisions du 4 novembre 2016 de la chambre de première instance de première classe de Cotonou et du 16 octobre 2018 de la CRIET, violent ses droits garantis par la CADHP et la Déclaration française des droits de l'homme et du citoyen de 1789 ; d'autre part, la Cour devrait dire si les décisions de l'Administration des douanes et de la HAAC, suspendant le terminal à conteneur de sa société et la coupure des signaux de sa radio diffusion ainsi que la SIKKA TV, violent son droit de propriété garanti par l'article 14 de la CADHP et si cette violation est imputable à l'Etat béninois.

Ainsi présentés, les faits, les prétentions et les moyens de Monsieur Ajavon devraient donner l'occasion à la Cour de renforcer les charpentes de l'édifice africain de garanties des droits de l'homme, conçu en 1981 à Banjul avec l'adoption de la Charte et implémenté en 1998 à Ouagadougou avec le Protocole à la Charte portant création d'une Cour-ADHP.

En particulier, l'intérêt principal de l'arrêt du 29 mars 2019 réside dans le catalogue des droits et libertés qui étaient en cause et l'occasion offerte à la Cour de contribuer à la consolidation de sa politique jurisprudentielle en matière de recevabilité des requêtes[2], mais aussi et surtout, de sanctionner les manipulations de la justice à des fins politiques. Il s'inscrit également en droite ligne de la théorie de la fertilisation croisée consistant pour un organe de protection des droits de l'homme à s'inspirer des méthodes d'interprétation des autres organes et vice versa[3]. L'arrêt met particulièrement à nu les rapports entre le pouvoir politique et le pouvoir judiciaire en Afrique. Ici plus qu'ailleurs, la justice est très souvent accusée, à tort ou à raison, d'être à la solde ou au service du pouvoir exécutif, utilisée comme un instrument de

---

[1] Au paragraphe 11 de l'arrêt, la Cour, comme pour souligner le caractère inédit de la formule utilisée par le requérant, souligne que par « d'autres écritures dites « demandes additionnelles », le Requérant allègue la violation par l'Etat défendeur, d'autres droits non répertoriés dans ses requêtes introductives d'instance.

[2] Laurence Burgorgue-Larsen et Gui-Fleury Ntwari, « Chronique de jurisprudence de la Cour africaine des droits de l'homme et des peuples », *Revue Trimestrielle des Droits de l'Homme*, n°116, 1er octobre 2018, pp. 910-951, spéc. p.928.

[3] Pour la définition et la portée de la théorie de fertilisation croisée, v° Sébastien Touzé, « Les techniques interprétatives des organes de protection des droits de l'homme », *RGDIP*, 2011-2, pp. 517- 540, spéc. p.525 ; Salvioli Fabian, « La perspective *pro personnae* : un mécanisme d'interprétation contemporaine des instruments internationaux des droits humains », *in Réciprocité et universalité, sources et régimes du droit international des droits de l'homme*, Mélanges en l'honneur du Professeur Emmanuel Decaux, Paris, A. Pedone, 2017, pp.897-910, spéc. p.904.

répression des opposants politiques. Or, dans une situation comme le cas d'espèce, où la politique semble avoir élu domicile à la CRIET, la justice ne pouvait qu'en sortir par la fenêtre pour paraphraser le Professeur Salif Yonaba[1]. C'est cette lecture des rapports entre pouvoir politique et justice qui justifierait la démarche de la Cour qui, frisant parfois l'insinuation, conclut que les procédures judiciaires engagées contre Monsieur Ajavon et les mesures administratives prises à l'encontre des sociétés dont il est actionnaire majoritaire, ne pouvaient qu'entacher son honneur et sa réputation et violer ses droits fondamentaux.

En second lieu, l'arrêt du 28 novembre 2019 sur les réparations a eu le mérite de réaffirmer les principes généraux qui gouvernent la réparation des violations des droits de l'homme et surtout de consacrer l'abandon de l'exigence de la preuve du dommage moral que semblait exiger l'arrêt *Mtikila c. République-Unie de Tanzanie*[2], pour ouvrir droit à indemnisation. Mais à l'analyse, on se rendra compte que la rigueur argumentative de l'arrêt sur les réparations (II) contraste avec la démarche quelque peu brumeuse de la Cour quant à l'examen au principal, de l'affaire (I).

I. La brumeuse démarche de la Cour sur le principal

La Cour a été invitée à répondre à des questions classiques de recevabilité et de compétence soulevées devant elle (I.1.). Cependant, si la démarche a été plus classique et plus claire à ce niveau, il en est autrement de l'examen des droits matériels (I.2.).

I.1. Une réaffirmation des conditions procédurales de saisine de la Cour

En application de l'article 39 de son (ancien) Règlement intérieur, la Cour-ADHP devait procéder à l'examen préliminaire de sa compétence et des conditions de recevabilité des requêtes conformément aux articles 50 et 56 de la Charte et à l'article 40 du Règlement intérieur de la Cour[3]. Mais la question qui se pose est celle de savoir si les termes de l'article 39 du règlement impliquent que la Cour se doive d'examiner toutes les sept (07) conditions de recevabilité dans l'ordre énoncé par les dispositions susvisées ou si elle peut se borner à n'examiner que celles qui sont discutées par les parties, quitte à évacuer les autres conditions de recevabilité en indiquant simplement qu'elles étaient remplies. La réponse apportée à cette question par la Cour, même si elle n'a pas fait l'unanimité en son sein, mérite d'être approuvée (V° l'opinion individuelle du juge Bensaoula jointe à l'arrêt). Procédant ainsi à un « *contrôle systématique mais global et minimal* »[4] – les autres conditions de recevabilité et de compétence ne posant pas de problème – la Cour s'est penchée principalement sur les bases de compétence contestée (1) et sur les conditions de recevabilité discutées (2).

1. Les bases de compétence contestées

Deux exceptions d'incompétence matérielle ont été soulevées par l'Etat béninois. Dans la première, il fait valoir que les « violations alléguées par le requérant sont de nature commerciale et politique » et ne se rapportent à aucun droit fondamental

[1] Salif YONABA, *Les grandes décisions de la jurisprudence Burkinabè : droit administratif*, Collection précis de droit burkinabè, 2ème éd. 2013, p. 292.

[2] Cour-ADHP, *Révérend Christopher R. Mtikila et autres C. Rép.-Unie de Tanzanie*, requête n°011/2011, arrêt sur la réparation du 13 juin 2014

[3] L'article 40 du règlement de la Cour dispose ceci : « Examen préliminaire de la compétence de la Cour et de la Recevabilité de la requête (...) 1. La Cour procède à un examen préliminaire de sa compétence et des conditions de recevabilité de la requête telles que prévues par les articles 50 et 56 de la Charte et l'article 40 du présent Règlement ».

[4] Laurence Burgorgue-Larsen et Gui-Fleury Ntwari, « Chronique de jurisprudence de la Cour africaine des droits de l'homme et des peuples », *Revue Trimestrielle des Droits de l'Homme*, n°116, 1er octobre 2018, pp. 910-951.

garanti par la Charte, son Protocole ou tout autre instrument relatif aux droits de l'homme auquel il est lié.

Réaffirmant sur ce point sa jurisprudence *Peter Joseph Chacha c. République Unie de Tanzanie*[1], la Cour note que sa compétence matérielle est tributaire de l'autorité de la Charte à laquelle se rattache le droit dont la violation est alléguée ou de « tout autre instrument des droits de l'homme ratifié par l'Etat concerné » (§42). Il s'agit là d'une des particularités devant la Cour-ADHP, contrairement au système prévu par exemple devant la Cour-EDH qui n'applique, en principe, que la CEDH et ses Protocoles[2]. L'innovation ainsi apportée par le Protocole de Ouagadougou[3] à fait dire à un auteur que la Cour apparait ainsi comme un organe universel de protection des droits de l'homme[4]. La Cour précise que les conséquences des violations d'un droit, qui peuvent être d'ordre politique ou économique et leur nature, ne déterminent pas sa compétence. Est seul pris en compte le rattachement des préjudices (commerciaux et politiques) à des droits garantis par la Charte. Tous les droits invoqués au soutien de la requête trouvant leur fondement dans la Charte et dans le Protocole de Ouagadougou portant création de la Cour-ADHP[5], celle-ci a naturellement retenu sa compétence matérielle.

Dans la seconde exception, la République du Bénin expose que la référence faite par le requérant à la Déclaration française des droits de l'homme et du citoyen de 1789 ne saurait rentrer dans le champ de la compétence matérielle de la Cour dans la mesure où il n'est pas lié par cet instrument juridique. Cet appel à la Déclaration française par le requérant paraît curieux. De toute évidence, la Déclaration française de 1789 ne liait pas l'Etat béninois, sauf à invoquer le principe de la spécialité qui veut que les instruments juridiques de la métropole rendus applicables aux colonies restent applicables aussi longtemps qu'ils n'ont pas été expressément abrogés après leur accession à l'indépendance[6]. C'est donc sans surprise que la Cour a décliné sa compétence matérielle, la mission générale dont elle est investie ne l'autorisant pas à s'estimer compétente pour connaître « d'un texte de droit interne français qui n'impose aucune obligation à l'Etat défendeur » (§ 45).

La compétence personnelle de la Cour, malgré son apparente simplicité, a souvent fait l'objet de discussion à cause de l'articulation que les rédacteurs ont faite

---

[1] Cour ADHP, *Peter Joseph Chacha c. République Unie de Tanzanie*, requête n°009-011/2011, arrêt, 28 mars 2016, §114.

[2] Cette affirmation doit être cependant relativisée car la Cour-EDH a admis de façon prétorienne que « les principes qui sous-tendent la convention ne peuvent s'interpréter et s'appliquer dans le vide. Elle [la Cour] doit prendre en compte toute règle pertinente du droit international lorsqu'elle se prononce sur des différends concernant sa compétence et, par conséquent, déterminer la responsabilité des Etats (…), tout en tenant compte du caractère particulier de la convention, instrument de protection des droits de l'homme» : Cour-EDH, *Berhami et Behrami c. France et Saramati c. France, Allemagne et Norvège*, requête n°71412/01 et 78166/01, Arrêt du 02 mai 2007, § 122 ; Cour-EDH, [GC], *Bankovic et autres c. Belgique et 16 pays membres*, requête n°52207, arrêt du 12 décembre 2001, § 7. Cour-EDH, *Demir et Baykara c. Turquie*, requête n°34503/97, arrêt du 12 novembre 2008, §78 ; Laurence Burgorgue-Larsen, « « Noting is perfect », Libres propos sur la méthodologie interprétative de la Cour européenne », *in L'homme et le droit, Mélanges en hommage du professeur Jean-François Flauss*, Paris, A. Pédone, 2014, pp.129-143.

[3] Il s'agit du Protocole de Ouagadougou adopté lors de la 34ème Session ordinaire de l'Assemblée Générale des Chefs d'Etat et de Gouvernement de l'Organisation de l'Unité Africaine tenue à Ouagadougou du 08 au 10 juin 1998.

[4] Hélène Tigroudja, « Les systèmes universels et régionaux de protection des droits de l'homme : harmonisation, complémentarité ou fragmentation », *in United Nations Audiovisual Library of international Law*, Audio posté le 15 novembre 2018, 72 minutes.

[5] Le Bénin a ratifié la charte africaine des droits de l'homme et des peuples le 21 octobre 1986 et le protocole de Ouagadougou relatif à la Cour-ADHP le 10 juin 2014.

[6] Cette hypothèse n'est pas non plus envisageable puisque dès le 28 juillet 1885, Jules Ferry déclarait aux parlementaires français que la déclaration des droits de l'homme et du citoyen de 1789 n'avait été écrite pour les noirs de l'Afrique Equatoriale.

entre les articles 3, 5 et 34 (6) du Protocole[1]. En effet, l'article 3 est intitulé « Compétence » alors que l'article 5 se réfère à sa « Saisine »[2]. L'article 34 (6) énonce pour sa part que « l'Etat doit faire une déclaration acceptant la compétence de la Cour *pour recevoir* les requêtes énoncées à l'article 5(3) (...). La Cour ne *reçoit* aucune requête en application de l'article 5(3) intéressant un Etat partie qui n'a pas fait une telle déclaration » (les italiques sont de nous). Or, pour un habitué du droit processuel des pays de tradition romano germanique par exemple, la tentation serait de rattacher la question de la qualité et de l'intérêt à agir sous l'angle de la recevabilité[3]. C'est pourquoi les Etats défendeurs ont tendance à parler d'exception d'irrecevabilité plutôt que de compétence[4]. Refusant cette lecture, la Cour procède à un examen d'ensemble de l'article 5 (3) et considère que la compétence personnelle peut être examinée sous l'angle de la victime (requérant) ou de l'Etat défendeur. Dès ses débuts, la Cour a relevé que le verbe « recevoir » de l'article 34 (6) appliqué à une requête ne doit pas être entendu dans son sens littéral de réception ou technique de recevabilité, mais doit plutôt être lu à la lumière et à l'esprit de la disposition dans son intégralité qui se réfère à la « déclaration d'acceptation de la compétence »[5] de la Cour de connaître des requêtes ; ce qui est contestable et contesté[6].

Ainsi, l'Etat défendeur, sans préciser s'il soulevait une exception d'incompétence personnelle ou d'irrecevabilité, a fait valoir que d'une part, au regard de l'article 5 (3), les personnes morales de droit privé n'ont pas de *locus standi* devant la Cour et que d'autre part, le requérant « n'a pas qualité pour demander réparation de prétendus préjudices subis par des personnes juridiques distinctes de sa personne »[7]. La Cour induit malgré tout, sans une véritable motivation, que l'Etat défendeur a soulevé une exception d'incompétence personnelle, ce qui nous semble moins évident puisque la Cour notait par la suite que « selon l'Etat défendeur, elle ne saurait déclarer la Requête recevable » (§ 49). S'il est exact que la question du *locus standi* des personnes morales de droit privé relève de la compétence personnelle passive, il nous semble en revanche que la question de l'intérêt à agir de la victime (requérant) est une question distincte qui relève plus de la recevabilité que de compétence personnelle[8]. La jurisprudence des systèmes interaméricain et européen de protection des droits de l'homme semblent faire la distinction entre la qualité de victime/personne en tant que telle (de personne

[1] La discussion porte le plus souvent sur la distinction entre « saisine » et « compétence » d'une part et sur l'ordre d'examen de ces deux questions d'autre part. Voir Prosper Weil cité par le juge OUGERGOUZ dans son opinion individuelle, note infra marginale 1.

[2] En droit international des droits de l'homme comparé, on remarquera que la Convention interaméricaine des droits de l'homme instituant la Commission et la Cour ont fourré dans le moule de la compétence, ce qui a trait à la saisine et à la recevabilité *prima facie* des requêtes devant ces deux instances (Chapitre VII, section 4 et Chapitre VIII, section II). La Convention européenne des droits de l'homme quant à elle, même si elle a fait la distinction entre Compétence (générale) et conditions de recevabilité dans l'enchainement des articles, a pris le soin de faire des renvois à d'autres dispositions dont l'examen se rattache facilement à l'une ou l'autre des bases de compétence personnelle ou territoriale.

[3] En droit interne, ce qui correspond à la compétence personnelle est généralement examinée sous l'angle de la qualité, de l'intérêt et de la capacité à agir qui se rattachent à des questions de recevabilités.

[4] Dès la première affaire *Michelot Yogogombaye c. République du Sénégal* précitée, la question a été posée. Alors que le Sénégal y voyait une question de recevabilité arguant d'une part que *Michelot Yogogombaye* n'avait aucun intérêt ni qualité pour s'immiscer dans une affaire qui l'oppose à Monsieur Hissein Habré et d'autre part, que l'Etat du Sénégal n'avait pas fait la déclaration prévue à l'article 34 (6) ; la Cour sans s'expliquer, a dit que « [l'] exception préliminaire doit en réalité s'analyser comme une exception d'incompétence ».

[5] Cour-ADHP, *Michelot Yogogombaye c. République du Sénégal*, *op. cit.* §39.

[6] V° l'opinion individuelle du juge OUGUERGOUZ jointe à l'arrêt *Michelot Yogogombaye*, §§ 7, 8 et 12.

[7] Pour l'Etat béninois, seules les personnes morales telles que la COMON SA, SOTRAC, SIKKA TV et SOLEIL FM pouvaient se prévaloir d'un préjudice, le requérant n'ayant pas personnellement subi de préjudice.

[8] Ludovic Hennebel et Hélène Tigroudja, *Traité de droit international des droits de l'homme*, *op. cit.* pp. 469. Voir également l'opinion individuelle du juge OUGUERGOUZ dans l'affaire Mtikila précitée au § 25.

morale par exemple) et l'intérêt à agir de celle-ci[1]. Mais l'absence de *locus standi* des personnes morales n'empêche pas les personnes physiques qui les composent d'agir pour défendre leurs droits propres, les droits dont elles attendent comme rétributions résultant des activités de ces personnes morales[2]. Mais il se posera sans doute la question de la recevabilité des requêtes introduites par ces personnes.

2. Les conditions de recevabilité discutées

En réaction aux *« nouvelles demandes dites additionnelles »* déposées par le requérant le 24 janvier 2019, soit un peu plus de deux mois avant le rendu de l'arrêt, le Bénin a opposé l'immutabilité du litige qui serait consacrée à l'article 34 (4) du règlement de la Cour. Ce principe voudrait que le contentieux entre les parties soit fixé dès la requête introductive et qu'une demande incidente ne puisse être déposée qu'à la condition que celle-ci ait un lien avec la requête principale (§ 61). En deux lignes et demie, la Cour fait partiellement droit à l'exception soulevée par l'Etat béninois, considérant que de toutes « les lois invoquées »[3], seule celle portant création de la CRIET présentait un lien avec les faits de la cause. Ce déficit de motivation dans l'examen des demandes additionnelles, suscite deux observations. D'abord, il est symptomatique de constater que nulle part dans l'arrêt, la Cour ne donne des indications sur ces « autres lois » ; elle ne dit pas non plus en quoi elles n'auraient pas de lien avec la requête initiale ; elle ne donne même pas de précisions sur ce qu'il faut entendre par demande additionnelle, peut-être a-t-elle considéré que cela allait de soi. Or, compte tenu du fait que les demandes additionnelles peuvent entrer en conflit avec le principe de l'épuisement des voies de recours internes, on aurait espéré que la Cour soit un peu plus prolixe sur la question[4]. Ensuite, la Cour pouvait, en se référant à la jurisprudence de la Cour-EDH, voir dans la demande additionnelle, une notion autonome qui autorisait une compréhension différente de celle qui prévaut dans les systèmes juridiques nationaux[5] ou à la jurisprudence de la CIJ à propos des demandes additionnelles implicites[6].

L'exception tirée des termes outrageants ou insultants de la requête est l'une des spécificités du contentieux africain des droits de l'homme. Elle est prévue à l'article 56 de la CADHP auquel renvoient les articles 6 (2) du Protocole et 40 du Règlement de la Cour. C'est la Commission-ADHP qui, pour la première fois dans l'affaire *Zimbabwe Lawyers for Human Rights & Associated* Newpapers of *Zimbabwe c. Zimbabwe*[7], a tenté de donner un contenu à cette condition. Dans cette affaire en effet,

---

[1] Hélène Tigroudja et Ioannis K. Panoussis, *La Cour interaméricaine des droits de l'homme, Analyse de la jurisprudence consultative et contentieuse*, Bruxelles, Bruylant, Collection Droit et Justice, 2003, pp. 98-109.

[2] Ludovic Hennebel, *Traité de droit international des droits de l'homme*, *op. cit.*, p. 120

[3] L'arrêt ne permet pas de savoir lesquelles de ces lois étaient incriminées.

[4] CIJ, *Ahmadou Sadio Diallo (République de Guinée c. République. Démocratique du Congo)*, §§ 38 à 48. Dans cette affaire, la RDC a justement soutenu avec succès que les demandes additionnelles doivent satisfaire la condition d'épuisement des voies de recours interne.

[5] La technique des notions autonomes a été expérimentée et appliquée par la Cour-EDH depuis 1968. Cour-EDH, *Neumeister c. Autriche*, requête 1936/63, arrêt du 27 juin 1968, § 18 ; Cour-EDH, *Engel et al. c. Pays-Bas*, requête n°5100/71 (Cour Plénière), Série A, n°22, arrêt du 8 juin 1976, §§79-83 ; Cour-EDH, *König c.RFA*, requête n°6232/73, (Cour Plénière), Série A, n°27, arrêt du 28 juin 1978, §§ 88-95, à propos des notions de « loi » et « d'accusation ». Depuis lors, la jurisprudence de la Cour ne cesse de se développer sur l'autonomie des notions comme « tribunal », « accusation en matière pénale ». La Cour-IADH et la Commission ADHP ont également recours à cette technique. Il en est ainsi des notions de « peuple » ou de «famille». La technique permet ainsi aux organes de protection des droits de l'homme de contourner la compréhension restrictive ou de ces notions en droit interne ; Aurelia Schahmaneche, « Les Notions autonomes », *in* Frédéric Sudre « et al », *Les Grands arrêts de la Cour Européenne des droits de l'homme*, Paris, PUF, Thémis droit, 9ème éd. 2019, pp. 42-52, Spéc. p. 46.

[6] Le dernier arrêt en date en la matière est l'arrêt *Ahmadou Sadio Diallo* précité, §41.

[7] Commission-ADHP, *Zimbabwe Lawyers for Human Rights & Associated Newpapers of Zimbabwe c. Zimbabwe*, communication n°284/2003, 3 avril 2009, § 87.

se référant au *Oxford Advanced Dictionnary* selon lequel le terme outrageant renvoie « à une manière blessante de déprécier » et le terme insultant qui signifierait « insulter avec mépris, offenser la dignité ou la modestie de… » (§ 88). De ces définitions, la Commission en vient à considérer que les termes ne sont outrageants ou insultants que lorsqu'ils visent « à violer illégalement et intentionnellement la dignité, la réputation ou l'intégrité d'un fonctionnaire (…) et s'ils sont utilisés de manière à corrompre l'esprit du public ou de toute personne raisonnable pour calomnier et saper la confiance du public » (§ 91). Elle précise que la caractérisation des termes « outrageants » ou « insultants » doit tenir compte du besoin d'équilibre entre la liberté d'expression et la nécessité de protéger les institutions. Dans l'affaire *Lohé Issa Konaté c. Burkina Faso*[1], la Cour-ADHP avait repris cette constatation de la Commission, précisant que le fait pour le recourant de spécifier dans sa requête « *République Populaire Démocratique du Burkina Faso* » au lieu de « Burkina Faso » tout simplement, malencontreuse ou pas, ne peut être regardé comme ayant une charge « outrageante » ou « insultante »[2]. Dans l'affaire ici commentée, la Cour, à la suite de l'arrêt *Lohé Issa Konaté c. Burkina Faso*, du Comité des droits de l'homme des Nations Unies[3]et de la Cour-EDH[4], a soutenu qu'un équilibre est à rechercher entre la protection de l'honneur et de la dignité des personnalités publiques d'une part et les exigences de la critique tolérable dans une société démocratique d'autre part[5].

La condition spécifique d'épuisement des voies de recours internes, contrairement à celle qui vient d'être examinée, est commune aux différents systèmes de protection des droits de l'homme[6]. L'épuisement des voies de recours internes postule que le requérant ne peut saisir une instance internationale sans avoir au préalable soumis son affaire à l'appréciation des instances nationales[7]. Selon la jurisprudence de la Cour, les recours à épuiser sont les recours ordinaires qui existent, qui sont disponibles et effectifs[8]. C'est à l'aune de ces trois conditions cumulatives, que l'exception du Bénin a été rejetée. Si l'existence et la disponibilité des recours ne posent généralement pas de problème, il n'en est pas de même pour le caractère efficace du recours. Le Bénin avait en effet invoqué trois types de recours qui auraient dû être épuisés par le requérant. Il s'agit du recours devant la Cour constitutionnelle, du recours prévu par le code de procédure pénale en matière de réparation de

---

[1] Cour-ADHP, *Lohé Issa Konaté c. Burkina Faso*, requête n°004/2013, arrêt (fond), 5 décembre 2014, §§ 65-72.

[2] Le requérant a mentionné dans sa requête « République Populaire démocratique du Burkina Faso ». L'Etat Burkinabè y voit là une manière « sournoise et tendancieuse [de comparer le Burkina Faso aux] anciennes démocraties populaires de l'Europe de l'Est et une tristement célèbre République populaire d'Asie dont tout le monde s'accorde à dire que leurs principales caractéristiques étaient ou sont la dictature et la violation massive des droits de l'homme » (§ 65).

[3] Comité des droits de l'homme, *Raphael Marques Marais c. Angola*, communication n°1128/2002, 14 mars 2002, CCPR/C/83/D/1128/2002, § 6.8

[4] Cour-EDH, *Brunet-Lecomte et Lyon Mag c. France*, requête 1726/2005, arrêt du 6 août 2010, §§ 38-39 ; Cour-EDH, *Haguenauer c. France*, requête n°34050/2005, arrêt du 22 avril 2010, § 48.

[5] Ludovic Hennebel et Hélène Tigroudja, *Traité de droit international des droits de l'homme, op. cit.* p. 1103.

[6] En dehors de la Cour de Justice de la CEDEAO, l'épuisement préalable des voies de recours interne est prévu devant tous les organes juridictionnels et quasi-juridictionnels de contrôle du respect des droits de l'homme.

[7] La règle de l'épuisement préalable des voies de recours interne est qualifiée de règle bien établie du droit international coutumier par la Cour internationale de Justice (*CIJ, Interhandel (Suisse c. Etats-Unis*), Exceptions préliminaires, 21 mars 1959, rec. 1959, p. 27. Cour-IDH, *Velasquez Rodriguez c. Honduras*, Série C, n°04, § 61. La Cour souligne que l'épuisement préalable des voies de recours interne avant de saisir une instance internationale recouvre toute sa pertinence en droit international des droits de l'homme dans le sens où c'est cette dernière qui « reinforces or complements the domestic jurisdiction ».

[8] Cour-ADHP, *Alex Thomas c. République Unie de Tanzanie*, requête n°005/2013, arrêt (fond) du 20 novembre 2015, § 64 ; Commission-ADHP, *Southern African Human Rights NGO Network c. République Unie de Tanzanie*, Communication n°333/2006, 28ème Rapport d'activités, 2009-2010, §64. Cour-ADHP, *Tanganyka Law Society et the Legal and Human Rights et Christopher R. Mtikila c. République-Unie de Tanzanie*, requête n°009/2011 et 011/2011, arrêt du 14 juin 2013, § 82.3

préjudices résultant d'une procédure judiciaire abusive et enfin du recours devant les juridictions administratives. La Cour rappelle que l'appréciation de l'efficacité des recours à épuiser doit être pragmatique en fonction des circonstances de chaque cause, des contextes politique et juridique ainsi que de la situation personnelle du requérant[1]. Ce faisant, motifs pris du flou qui entoure l'appel du procureur général du jugement de la chambre correctionnelle, la non signification de l'acte d'appel au requérant et son jugement devant la CRIET, la Cour en vient à conclure que quand bien même ces trois recours qu'auraient dû épuiser Monsieur Ajavon existent, leur efficacité était loin d'être acquise.

Cette conclusion n'est cependant pas exempte de critique. Pour ne citer que le cas du recours pour excès de pouvoir exercé contre les décisions administratives, la Cour procède par un décompte mathématique du temps qui s'est écoulé entre la date des recours pour excès de pouvoir du 15 février 2016 et le jugement devant la CRIET en date du 18 octobre 2018, soit moins de deux (02) ans, pour conclure que cette lenteur a légitimement contribué « à alimenter la méfiance ou la suspicion sur l'efficacité de la justice ». Cette conclusion est d'autant plus contestable que d'une part, la Cour ne démontre nulle part en quoi ce délai n'est pas raisonnable. D'autre part, à supposer ce délai non raisonnable, la Cour devrait démontrer la faute de l'Etat défendeur, la procédure administrative étant essentiellement écrite, sa célérité était tributaire aussi de la diligence du requérant. Il n'est pas exagéré de soutenir que dans cette affaire, la Cour a eu des appréhensions sur ses arrières plans politiques. Ainsi, peut-on constater une certaine précipitation dans la rédaction de l'arrêt qui pourrait justifier l'examen quelque peu lapidaire des droits et libertés en cause.

I.2. Un examen lapidaire des droits et libertés en cause

Suivant la logique de la pente glissante, la Cour va déduire, à partir des droits procéduraux, plusieurs conséquences à partir de l'absence de notification de l'acte d'appel au requérant (1). Puis, au détour d'une motivation en clair-obscur, elle fait droit à certaines demandes du requérant, rejetant d'autres (2).

1. La logique de la pente glissante à propos de l'examen des droits procéduraux

La trame de fond des différents constats de violation opérés par la Cour réside dans le mystérieux[2] appel du procureur général contre le jugement de la chambre correctionnelle du tribunal de première instance de première classe de Cotonou du 4 novembre 2016. De ce constat, la Cour en déduit des constats de violation en cascade qu'elle a regroupé, pour les besoins de son office, sous l'appellation « *droit à un procès équitable* ». Il faut préciser que ce droit ne figure pas, en tant que tel, dans la Charte à l'image de l'article 6 de la CEDH. Mais la Cour le déduit de l'article 7 (1) de la CADHP et de l'article 14 du PIDCP, estimant que « ces dispositions relèvent toutes de l'exigence globale d'équité de la procédure de sorte qu'elles sont reliées entre elles, se chevauchent fréquemment, même si elles sont distinctes et peuvent s'apprécier différemment » (§ 124).

La question a été posée de savoir si l'affaire de trafic international de cocaïne était ou pas une affaire pendante devant la Cour d'Appel de Cotonou. Pour y répondre,

---

[1] Cour-ADHP, *Mdandawire c. Malawi*, (Recevabilité), (2013) 1 RJCA, 291, p. 301

[2] « Mystérieux », l'épithète n'est pas assez forte car comme nous l'avons déjà rappelé, après que le requérant a eu l'assurance auprès des services du greffe, qu'aucun appel ni opposition n'a pas été formalisé contre le jugement du 4 novembre 2016, on ne sait pas comment-en tout cas l'arrêt ne nous renseigne rien-la CRIET a pu avoir été convaincue que le procureur général a régulièrement relevé appel pour connaître de l'affaire en tant que juridiction d'appel.

la Cour est partie de l'idée qu'en matière pénale, c'est la notification des charges qui constitue l'accusation et qui, ce faisant, entraine la liaison du contentieux. En convoquant ce qu'elle appelle la « jurisprudence internationale »[1], elle aboutit à la conclusion que faute pour le procureur général d'avoir notifié son acte d'appel au requérant, cet acte ne lui est pas opposable et partant, l'affaire de trafic de drogue ne pouvait être pendante devant la Cour d'Appel. Par suite, la CRIET ne peut donc être une juridiction compétente pour en connaître[2]. En retenant malgré tout sa compétence, le droit du requérant à être jugé par une juridiction compétente a donc été violé[3]. En outre, d'après la Cour, à partir du moment où le premier jugement a acquis force de chose jugée, les droits subséquents comme le principe *ne bis in idem* et le principe du double degré de juridiction ne pouvaient qu'être violés. Par ailleurs, la Cour conclut que le défaut de notification des charges constitue une violation des droits de la défense au même titre que le défaut d'assistance d'un conseil. Sans le dire expressément, la Cour semble déduire du comportement suspicieux de l'Etat défendeur, la violation des droits de la défense du requérant dès le début de l'affaire du trafic international de drogue en ce que celui-ci n'a pas pu bénéficier d'une enquête complète lui permettant de faire valoir tous les éléments de preuve. Elle va même plus loin pour ce qui concerne l'allégation de violation du droit d'être jugé dans un délai raisonnable. Au motif que ce délai doit tenir compte des circonstances factuelles de chaque affaire, y compris la complexité, le comportement du requérant et celui de l'Etat défendeur, la Cour conclut, tirant argument que quand bien même il ne s'est écoulé que moins de deux (2) ans entre l'appel « présumé » du procureur et la décision de la CRIET, il n'en demeure pas moins que la procédure est entachée d'un vice si substantiel « qu'elle ne saurait en tirer de conséquence » (§ 205).

L'autre effet domino que la Cour semble avoir tiré du comportement suspicieux de l'Etat défendeur est celui de l'allégation de violation du devoir de garantir l'indépendance de la justice prévu à l'article 26 de la CADHP. On pourrait légitimement s'attendre à ce que la Cour définisse le rapport qui existe entre les articles 7 et 26 de la Charte comme l'a fait la Commission pour qui les deux dispositions « devraient être lus conjointement »[4]. Cette dernière affirme en effet que le terme « tribunaux » contenu à l'article 26 « ne peut être une référence à une juridiction internationale mais renvoie et se rapporte aux organes judiciaires nationaux mentionnés à l'Article 7 de la Charte [5]». Contrairement à la Commission, la Cour est allée plutôt sur le terrain procédural de l'article 26 en soulignant que le devoir de l'Etat de garantir l'indépendance des tribunaux comporte une obligation positive de

---

[1] A la note de bas de page 18, un seul arrêt est cependant cité, vieux de plus de trente (30 ans) : l'arrêt *Georg Brozicek c. Italie* du 19 décembre 1989 de la Cour-EDH.

[2] Dans un arrêt daté du 17 septembre 1973, dans l'affaire *Loayza Tamayo c. Pérou*, la Cour-IADH avait jugé qu'une personne acquittée pour trahison par un tribunal militaire ne peut plus être maintenue en détention et renvoyée devant les juridictions civiles pour les faits de terrorisme par ce même tribunal militaire, son sort relevant désormais des juridictions civiles.

[3] Il convient de noter que la CEDH ne fait pas de référence à la notion de tribunal compétent.

[4] Commission-ADHP, *Luke Munyandu Tembani et et al. c.Zimbabwe et treize autres,* Communication n°409/2012, décision du 30 avril 2014, §144.

[5] Ibid. §§ 144-145. La Commission semble donc écarter l'idée d'une responsabilité du fait de l'appartenance à une Organisation internationale. En effet, à l'origine de l'affaire se trouve un citoyen zimbabawéen (les requérants Campbell) qui, estimant avoir été privé de son droit de propriété, avait saisi le tribunal de la Communauté de Développement de l'Afrique Australe (SADC) contre le Zimbabwe qui lui donnait raison. Face à l'inexécution de la décision et d'autres décisions rendus contre cet Etat, les requérants Campbell ont demandé au tribunal de déférer la situation au sommet des chefs d'Etat de la SADC. Contre toute attente, le sommet qui s'est tenu les 16 et 17 août 2010 décidait de la suspension du tribunal. Les requérants se retournèrent alors vers la Commission-ADHP contre les Etats membres de la SADC, par ailleurs parties à la CADHP, sur le fondement des articles 7 et 26 de la CADHP.

consécration textuelle de cette indépendance et une obligation négative de comportement, celui de s'abstenir de s'immiscer dans les affaires de justice et à tout stade de celles-ci.

En revanche, pour constater la violation par l'Etat béninois du devoir de garantir l'indépendance des tribunaux, la Cour s'est appuyée sur les déclarations publiques du ministre de la Justice selon lesquelles « par rapport à l'affaire Ajavon, la CRIET était compétente pour connaître de l'affaire ». On pourrait s'étonner que de telles déclarations du seul ministre de la Justice aient suffi à convaincre la Cour que le devoir de garantir l'indépendance de la Justice a été violé. En dehors du statut d'homme politique de Monsieur Ajavon, les déclarations du ministre de la Justice, en soi, même portant sur une affaire en cours, ne suffisent pas, à notre humble avis, à porter atteinte à l'indépendance des tribunaux béninois. Cet examen que nous qualifions de clair-obscur déteint particulièrement sur l'examen des droits matériels.

2. L'obscure clarté dans l'examen des droits matériels

Dans l'examen des droits et libertés qui étaient en cause, la Cour était invitée à répondre à la question de savoir si de l'ouverture de l'enquête pour trafic international de cocaïne jusqu'à la décision de la CRIET et même après ce verdict, l'Etat défendeur s'est rendu responsable de la violation du droit à une égale protection de la loi, du droit à l'égalité et à la non-discrimination, du droit à la liberté et à la sécurité et enfin du droit à l'honneur et à la réputation.

Concernant les allégations de violation du *droit à une égale protection de la loi, du droit à l'égalité devant la loi et du droit à la non-discrimination,* les constatations de la Cour paraissent ambiguës d'autant plus que d'une part, elle ne se fonde sur aucun dispositif normatif précis et d'autre part, contrairement à sa jurisprudence antérieure[1], elle a présenté les notions « d'égale protection de la loi », « d'égalité devant la loi » et de « non-discrimination » comme si elles pouvaient s'employer indistinctement ou se renvoyer. Par une formule qui frise la tautologie, elle relève en effet « que l'égale protection de la loi et la non-discrimination suppose que la loi dispose pour tous et qu'elle s'applique à tous de la même manière sans discrimination » (§ 221). Elle ajoute que l'égale protection de la loi et la non-discrimination sont violés lorsque « des personnes se trouvant dans une situation semblable ou identique [ont] été traitées différemment » (§221). Pourtant, sa consœur Cour-EDH [2] a par exemple jugé que le droit à la non-discrimination visé à l'article 14 de la CEDH, bien que n'ayant pas une existence indépendante, peut néanmoins avoir une portée autonome de sorte qu'une mesure conforme à la convention peut s'avérer discriminatoire dans sa mise en œuvre[3]. Elle a précisé que « l'article 6 (art. 6) de la Convention n'astreint pas les États à instituer un double degré de juridiction. L'État qui établit des cours d'appel (...) violerait pourtant l'article 6, combiné avec l'article 14 (art. 14+6), s'il refusait cette voie de recours à certains sans raison légitime, alors qu'il l'ouvrirait à d'autres pour la même catégorie de litiges »[4]. Ainsi, le droit à la

[1] Il s'agit des affaires *Alex Thomas c. Rép.-Unie de Tanzanie* précitée et *Kijiji Isiaga c. République Unie de Tanzanie*, requête n°032/2015, arrêt du 21 mars 2018, §§ 83 et ss. Cour-ADHP, *Réverend Christopher R. Mtikila et autres c. République. Unie de Tanzanie*, requête n°009/2011, arrêt (fond) du 14 juin 2013 §119.

[2] Cour-EDH, *Affaire relative à certains aspects du régime linguistique de l'enseignement en Belgique c. Belgique*, Requête n°1474/62, Cour Plénière, Série A, n°6, arrêt du 23 juillet 1968, §9 ; Hélène Surrel, « L'exercice des droits sans discriminations », in Frédéric Sudre «et al », Les Grands arrêts de la Cour Européenne des droits de l'homme, Paris, PUF, Thémis droit, 9ème éd. 2019, pp. 103-119, Spéc. p.105.

[3] *Ibid.* p.751.

[4] Cour-EDH, *Affaire relative à certains aspects du régime linguistique de l'enseignement en Belgique c. Belgique*, Requête n°1474/62, Cour Plénière, Série A, n°6, arrêt du 23 juillet 1968, §9

non-discrimination se présente comme un droit conditionné, à partir duquel s'agrègent *l'égale protection de la loi* laquelle doit être le fait du législateur et *l'égalité devant la loi* dont le respect s'impose aux pouvoirs exécutif et judiciaire[1]. Le traitement discriminatoire résultera de la rupture de l'égalité entre les personnes en fonction de leurs situations respectives. A l'évidence, l'égale protection de la loi devrait être vérifiée dans la formulation de l'article 12 de la loi portant création de la CRIET et l'égalité devant la loi devrait se vérifier ailleurs, dans le traitement réservé à Monsieur Ajavon par rapport à un autre citoyen qui serait dans une situation analogue[2]. Par ailleurs, la Cour semble se contredire puisqu'elle a déjà dit que l'inégalité devant la loi suppose une « situation semblable ou identique ». Elle ne peut donc rechercher le traitement égalitaire entre « les droits de l'accusation » et ceux des « condamnés » (§225), ces deux situations nous semblant différentes. En outre, s'il est vrai qu'en prévoyant que seuls les arrêts de non-lieu étaient susceptibles d'appel, la loi portant création de la CRIET a créé une situation défavorable aux prévenus. Il nous semble réducteur d'en inférer cependant la violation du droit à la non-discrimination sans démontrer au préalable si cette inégalité apparente est justifiée, raisonnable et proportionnelle[3] par rapport à l'objectif poursuivi et s'il n'existe pas des hypothèses où le procureur lui aussi se trouvera pris au piège de cette absence d'appel des arrêts de mise en accusation[4]. La Cour-EDH a par exemple, depuis longtemps expliqué que l'égalité de traitement n'est violée que si la distinction manque de justification objective et raisonnable[5]. Il est important de rappeler également que contrairement au système judiciaire des pays de la *Common law*, dans le système *romano germanique* comme celui du Bénin, le procureur n'est pas une partie à égalité avec les autres parties en matière pénale et celui-ci ne se contente pas uniquement de prouver la culpabilité des mis en cause. Il ne propose pas que des conclusions de mise en accusation. Il peut aussi déposer des conclusions de non-lieu tout comme il lui arrive de faire appel des arrêts de mise en accusation de la juridiction d'instruction[6]. Par ailleurs, la situation ne défavorise pas[7] seulement le Procureur mais également la victime qui se voit privée de droit de relever appel du non-lieu prononcé par la commission d'instruction[8]. C'est donc en définitive à l'aune du test de proportionnalité et de légitimité de la discrimination de la législation litigieuse que la Cour devrait effectuer son contrôle[9].

[1] *Ibid.* p. 751

[2] L'article 12 de la loi portant création de la CRIET dispose que « Les décisions de la Commission d'instruction ne sont pas susceptibles de recours ordinaires. Toutefois, l'arrêt de non-lieu peut être frappé d'appel devant la Cour de répression des infractions économiques et du terrorisme. Selon le cas, la Cour évoque et juge l'affaire ou rejette le recours ».

[3] On espère que cet arrêt ne constitue pas un abandon pour la Cour, des tests de proportionnalité et de nécessité des mesures discriminatoires.

[4] Dans l'arrêt *Mtikila,* la Cour a bien recherché, conformément à l'article 27 (2) de la charte, si les restrictions prévues par la législation nationale étaient raisonnables et légitimes.

[5] Cour-EDH, *Affaire « relative à certains aspects du régime linguistique de l'enseignement en Belgique » c. Belgique*, Requête n°1474/62, Cour Plénière, Série A, n°6, arrêt du 23 juillet 1968, §10.

[6] C'est ce qu'on appelle génériquement « appel dans l'intérêt de la loi ».

[7] Article 10 de la loi portant création de la CRIET

[8] Cour-IADH, *Cantos c. Argentine*, arrêt du 7 septembre 2001, exceptions préliminaires, Série C n°85 § 25.

[9] La jurisprudence de la Cour-EDH a par exemple affirmé à plusieurs l'obligation positive en référence à ce qu'on peut appeler la discrimination à l'inverse ou discrimination positive, pour corriger certaines inégalités de fait : Commission-ADHP, *Centre For Minority Rights Development (Kenya) and Minority Rights Group c. Kenya*, Communication n°276/03, décision du 25 novembre 2009, § 196 ; Cour-EDH, *Cam c. Turquie*, requête n°51500/08, §§ 68-69 ; Cour-EDH, *Enver Sahin c. Turquie*, requête n°23065/2012, §§ 72 et 73 à propos du défaut de procéder à des aménagements des bâtiments pédagogiques pour en faciliter l'accès aux handicapés ; communication n°276/03

Le *droit à la dignité et à la réputation* est par contre généralement coulé dans le moule de ce qu'on appelle « la vie privée »[1]. C'est à travers cette expression générique que la Cour-EDH protège, sous le couvert de l'article 8 de la CEDH, le droit à l'honneur et à la réputation des personnes[2]. La question reste de savoir si d'une part une arrestation brutale sans convocation préalable suivie de la comparution immédiate ou la relaxe au bénéfice du doute, constituent en soi, une violation du droit à la dignité protégé par la Charte ; d'autre part, si les déclarations publiques du Chef de l'Etat sur des médias publics étrangers après un jugement de relaxe porte atteinte à la réputation d'une personne. Pour la Cour, du silence de la Charte quant à la manière et aux conditions dans lesquelles une personne devrait être arrêtée, elle doit apprécier au cas par cas selon les circonstances de chaque espèce. En l'espèce, elle conclut que l'intéressé savait les raisons pour lesquelles il a été arrêté. En effet, la Cour a souligné qu'outre le fait que c'est à l'issue d'une conférence de presse que Monsieur Ajavon lui-même a organisé sur « l'affaire de trafic international de cocaïne », la gravité de faits à lui reprochés pouvaient dispenser les enquêteurs de la convocation préalable. Elle conclut que ni les conditions de son arrestation, ni le jugement de relaxe ne constituent, en soi, une violation de l'article 5 de la CADHP[3]. Par contre, concernant l'allégation de violation du droit à la dignité et à la réputation de la personne tirée des déclarations du chef de l'Etat, la Cour conclut à la violation de l'article 5 de la CADHP, estimant que les déclarations du chef de l'Etat après le jugement de relaxe étaient de nature à compromettre la renommée et la dignité du requérant aux yeux de ses partenaires et du public en général.

Concernant enfin les allégations de violation du *droit à la liberté et à la sécurité* sur les fondements des articles 6 de la CADH et les articles 3 et 9 de la Déclaration universelle des droits de l'homme, la Cour a pris le contrepied du requérant en estimant que compte tenu de sa position sociale, l'autorité judiciaire a raisonnablement voulu éviter des pressions pouvant venir du milieu politique ou des affaires. Ce faisant, elle aboutit à la conclusion que ni les conditions d'arrestation du requérant ni la prolongation de sa garde à vue ne constituent en soi, la violation du droit à la liberté et à la sécurité visé à l'article 6 de la Charte.

Le droit de propriété est par contre l'un des droits les plus complexes et les plus controversés du droit des droits de l'homme[4]. De l'examen croisé de la pratique des juridictions régionales de protection des droits de l'homme, on retient que ce droit revêt une dimension à la fois personnelle et collective (art. 14 et 21 de la CADHP). Dans le premier cas, on vise la possibilité pour les communautés autochtones de se prévaloir d'un tel droit qu'elles pourront exercer collectivement.[5] Dans le second cas, le plus fréquemment invoqué devant les organes de contrôle des droits de l'homme, c'est le droit pour toute personne d'en jouir à titre individuel[6]. L'affaire *Ajavon* a le

---

[1] Ludovic Hennebel, *Traité de droit international des droits de l'homme*, p. 1047

[2] *Ibid* p.1042

[3] Dans l'affaire *Cesti Hurtado c. Pérou*, arrêt du 29 septembre 1999, prenant le contrepied de la Commission, la Cour-IADH souligne que l'engagement des poursuites pénales ne peut, en tant que tel, constituer l'atteinte à l'honneur ou à la réputation d'une personne, l'instance pénale et la peine n'ayant pas pour but d'humilier la personne ; V° également Hélène Tigroudja et Ioannis K. Panoussis, *La Cour interaméricaine des droits de l'homme, Analyse de la jurisprudence consultative et contentieuse*, *op. cit*. pp.215-216.

[4] Ludovic Hennebel et Hélène Tigroudja, *Traité de droit international des droits de l'homme*, *op. cit*, pp.1205. Fréderic Sudre, *Droit international et européen des droits de l'homme*, 12è éd., PUF, 2015, p. 835. Le débat tant dans la doctrine que dans la jurisprudence porte généralement sur la nature de ce droit (civil ou droit économique), la délimitation de la notion des titulaires de ce droit, les restrictions à son sujet ainsi que les modalités de sa jouissance.

[5] Cour-ADHP, *Commision-ADHP c. Kenya*, requête n°006/2012, arrêt (fond) du 26 mai 2017, § 123

[6] Ludovic Hennebel et Hélène Tigroudja, *Traité de droit international des droits de l'homme, op. cit.* p.1208

mérite de s'inscrire dans le droit fil de la construction de la jurisprudence de la Cour en matière de droit de propriété[1]. Ainsi, la Cour se référant à l'affaire *Commission ADHP c. Kenya*,[2] a affirmé que le droit de propriété « dans son acceptation classique comporte le droit d'user de la chose qui en fait objet (usus), le droit de jouir de ses fruits (fructus) et le droit d'en disposer (abusus) ». Cette délimitation du droit de propriété semble faire écho à la conception romaine du droit de propriété[3]. Le droit romain distingue en effet entre le *jus utendi* ou droit d'user de la chose, du *jus fruendi* ou du droit de jouir de la chose et enfin du jus *abutendi* ou le droit de disposer de la chose. La Cour a reconnu que les décisions administratives suspendant le terminal à conteneur de la *SOCOTRAC* d'une part et retirant l'agrément de commissionnaire en douane de la même société d'autre part, ont privé le requérant de la jouissance de l'*usus* et du *fructus* qu'il tirait de ces personnes morales. Il en est de même pour les mesures prises par l'instance de régulation des médias qui a suspendu les signaux de la radio *Soleil FM* et de la *SIKKA TV*, sans respecter les règles prévues par le droit interne. Pour la Cour, ces deux décisions n'étaient pas justifiées puisque la première est intervenue après la relaxe du requérant tandis que la seconde n'a pas été précédée d'une mise en demeure. Elle aurait dû suivre la même démarche à propos de l'allégation de violation du droit à la non-discrimination en démontrant que l'Etat défendeur n'avait pas justifié l'atteinte à ce droit. En effet, l'atteinte au droit de propriété, tout comme la violation du droit à la non-discrimination, ne constitue pas en soi une violation ni de la Charte, ni de tout autre instrument de garanti des droits de l'homme. Malheureusement, la Cour n'est pas allée loin dans la détermination des conditions dans lesquelles l'atteinte au droit de propriété est justifiée. C'est à la Commission-ADHP que revient le mérite d'avoir posé les conditions de limitation à la jouissance du droit de propriété. Dans l'affaire *Centre For Minority Rights Development (Kenya) and Minority Rights Group c. Kenya*[4], elle a reconnu qu'elle « est consciente que l'empiètement en soi ne constitue pas une violation de l'article 14 de la Charte tant qu'il est conforme à la loi.». Elle précise en outre que « L'article 14 de la Charte africaine indique une (…) condition à deux volets, au cas où l'empiètement est incontournable, « pour utilité publique ou pour l'intérêt général de la communauté » et « conformément aux lois en vigueur » (§211). C'est donc seulement lorsque les motifs de la limitation font défaut[5] ou si ceux sont détournés que l'atteinte au droit de propriété-tout comme l'atteinte des autres droits de l'homme internationalement garantis-peut donner lieu à des réparations.

II. L'arrêt sur les réparations : vers un assortiment de principes généraux du droit à la réparation devant la Cour ADHP

De manière générale, l'effectivité des mécanismes de garantie des droits de l'homme dans un système donné est tributaire de l'efficacité des mesures de réparation en tant que sanction de l'inobservation des obligations des droits de l'homme prévus dans ce système. Cependant, l'entreprise s'avère délicate et complexe plus que dans toute autre matière car ici plus qu'ailleurs, le juge est tenu à

[1]Claire Malwé, « La protection du droit de propriété par la Cour interaméricaine des droits de l'homme », RTDH, n°78, Avril 2009, pp.569-605, spéc. p. 577.
[2] Cour ADHP, *Commission ADHP c. Kenya*, requête n°006/2012, arrêt (fond) du 26 mai 2017, §124 et 204
[3] François Chabas, Jean Mazeaud et Henri et Léon Mazeau, *Leçons de droit civil*, Tome I/premier volume, *Introduction à l'étude du droit*, Paris Montchrestien, 1996, p. 260.
[4] Commission-ADHP, *Centre For Minority Rights Development (Kenya) and Minority Rights Group c. Kenya*, Communication n°276/03, décision du 25 novembre 2009, §
[5] La Cour n'est pas allée loin dans la détermination de ces conditions.

l'équilibre entre l'exactitude des torts causés et l'étendue de la réparation à octroyer[1] comme le témoigne l'opinion dissidente bien motivée du juge Gérard NYUNGEKO joint à l'arrêt commenté. Dans cette perspective, on remarquera que la recherche de l'équilibre a amené la Cour-ADHP, dans le droit fil de sa jurisprudence et de celle des autres organes, à poser d'abord les principes qui président à la réparation des préjudices causés (II.1.) avant de s'appesantir sur les formes de réparation (II.2.).

II.1. Les principes généraux du droit de la réparation

Les instances (régionales) de protections des droits de l'homme partent du principe de la réparation intégrale (1) pour évaluer les préjudices subis en recherchant l'existence d'un *nexus* entre les violations des droits qu'elles ont constatées et les préjudices prétendument subis (2).

1. Le principe de la réparation intégrale

La jurisprudence de la Cour-ADHP ne souffre d'aucune ambiguïté, dans l'examen des réparations sollicitées, quant à l'alignement du droit de la réparation des violations des droits de l'homme avec le principe de droit international général selon lequel « l'Etat reconnu auteur d'un fait internationalement illicite a l'obligation de réparer intégralement les conséquences de manière à couvrir l'ensemble des dommages subis par la victime » (§ 16 de l'arrêt *Ajavon*). Le principe de la réparation intégrale fait écho à *l'obiter dictum* de la Cour Permanente de Justice Internationale (ci-après CPJI) dans son célèbre arrêt *Usine de Chorzow* (*Allemagne c. Pologne*)[2]. Le renvoi à cet arrêt est encore plus explicite dès son premier arrêt sur les réparations dans l'affaire *Réverend Christopher Mtilila c. République-Unie de Tanzanie précité* (§27*)* mais aussi plus récemment dans l'arrêt *Ayant droit de Feu Norbert Zongo et autres c. Burkina Faso* déjà cité (§ 20). Dans chacun de ces arrêts, la Cour, reprenant à son compte l'arrêt de la CPJI précité, note que le principe de la réparation intégrale des faits internationalement illicites attribués à l'Etat a acquis valeur de norme coutumière. Ce principe, insiste la Cour, a été intégré dans le projet d'articles de la CDI sur la responsabilité internationale en son article 31 (1). Elle affirme que le principe de la réparation intégrale a ainsi été transposé à l'article 27 (1) du Protocole de Ouagadougou portant création de la Cour. Si le principe de la réparation intégrale est admis par tous les organes de protection des droits de l'homme, on peut déceler dans leur pratique respective, des nuances quant à la nature de ce principe. Ainsi, alors que la CIJ[3], la Cour-IADH [4]et la Cour-ADHP[5] y voient un droit subjectif de la victime, le Comité des droits de l'homme[6], la Commission IDH[7] et la Cour-EDH[8] voient par contre dans le principe de réparation intégrale, une obligation de l'Etat[9]. En conséquence, dans le premier cas, la victime bénéficie d'un droit à la *restitutio* tout comme l'Etat peut en bénéficier dans le cadre de la mise en œuvre de la responsabilité internationale alors que dans le second cas, la réparation est considérée comme une

---

[1] Laure Milano, « Réparations » in Frédéric Sudre « et al », Les Grands arrêts de la Cour Européenne des droits de l'homme, Paris, PUF, Thémis droit, 9ème éd. 2019, pp. 934-947, Spéc. p.936. Cour-ADH, *Velasquez Rodriguez c. Honduras*, arrêt du 21 juillet 1989, Série C, n°7, § 27.

[2] CPJI, *Usine de Chorzow* (*Allemagne c. Pologne*), arrêt du 13 septembre 1928, Série A, n°17, p. 47.

[3] CIJ, *Ahmadou Sadio Diallo, République de Guinée c. République. Démocratique du Congo*, Indemnisation, arrêt du 19 juin 2012, recueil 2012, p. 324.

[4] Cour-IADH, *Velasquez Rodriguez c. Honduras*, arrêt du 21 juillet 1989, Série C, n°7, §§ 26 et 27.

[5] Cour-ADHP, *Ayant droits de feu Norbert Zongo et autres c. Burkina Faso*, arrêt sur les Réparations, *op. c*it., §§ 46-47.

[6] Comité des droits de l'homme, *Johnson c. Ghana*, Constatations du 27 mars 2014, communication n°2177/2012, § 9

[7] Commission-IADH, *James Zapata Valenzia et al. Colombie*, décision du 21 juillet 2011, pétition n°10.916, §95

[8] Cour-EDH, *Papamichalopoulos et al. c.* Grèce, requête n°14556/89, arrêt du 31 octobre 1995, §34.

[9] V° Hélène Tigroudja, *Traité de droit international des droits de l'homme, op. cit*. p.1381-1397.

obligation de l'Etat, lequel est tenu au premier plan, de prendre toutes les mesures pour mettre fin à la violation[1]. Mais dans l'un comme dans l'autre cas, pour avoir droit à réparation, il est nécessaire d'établir le lien de causalité entre les violations constatées et les préjudices réclamés.

2. Le *nexus* entre violations constatées et préjudices réclamés

S'il y a un aspect sur lequel l'arrêt *Ajavon* n'a fait que confirmer la jurisprudence en voie de consolidation de la Cour ADHP (affaire *Ingabire Victoire c. Rwanda* du 24 novembre 2017, *affaire Mtikila, affaire Zongo et affaire Lohé Konaté* précitées), c'est bien la question de l'établissement du lien de causalité entre les violations constatées et les préjudices dont la réparation est demandée. Le principe coutumier selon lequel « toute action en responsabilité exige un rapport de cause à effet entre l'acte incriminé et le dommage »[2] a ainsi été réaffirmé avec force. Dans son arrêt, la Cour-ADHP a rappelé qu'elle tenait pour principe « l'existence d'un lien de causalité entre la violation et le préjudice allégué » (§17). Mais l'établissement de ce lien n'est pas toujours aisé. Pour surmonter ces obstacles, la jurisprudence et la doctrine vont développer deux théories pour appréhender les différents liens de causalité : la théorie de la causalité pure et celle de la causalité transitive[3]. La causalité pure est celle qui établit directement le fait illicite imputable à l'Etat[4]. Par exemple, dans l'affaire *Ajavon*, la Cour-ADHP a établi un lien direct et personnel entre les procédures judiciaires et l'atteinte à l'honneur et à la réputation de la requérante. De même, dans l'affaire *Issa Lohé Konaté*, la Cour a établi un lien direct entre la suspension, par l'Etat défendeur, du journal *L'Ouragan* et la perte des revenus par le journaliste. Par contre, la causalité est dite transitive lorsque « l'acte initial cause un préjudice qui, lui-même, en entraine un autre ou bien l'acte initial déclenche un évènement qui entraine un préjudice »[5]. On peut ainsi dire que le *lien de causalité* entre les réclamations de Monsieur Ajavon quant aux frais exposés pour son exil en France, ainsi que les dommages subis par l'épouse et les enfants d'une part et d'autre part la procédure pénale engagée par le Bénin en violation de son droit à un procès équitable l'exposant, à tort, à une peine d'emprisonnement de vingt (20) ans, *était transitif.* Cette causalité transitive ressort aussi dans l'affaire *Issa Lohé Konaté* précitée, la Cour ayant reconnu que la « famille du requérant a dû faire des déplacements pour lui rendre visite pendant qu'il était en prison » (§ 49).

Mais poser le principe du lien de causalité c'est poser également le problème de la charge de la preuve[6]. Pour la Cour, c'est en principe au requérant d'apporter la preuve devant justifier sa demande (§17). Mais ce principe *actori incumbit probatio* n'est pas rigide en contentieux de la réparation des violations droits de l'homme, du moins en ce qui concerne le préjudice moral[7]. Ce n'est donc, on le rappelle, que dans l'évaluation des préjudices matériels ou économiques que la question de la preuve se

---

[1] *Ibid.*

[2] CIJ, *Ahmadou Sadio Diallo, République de Guinée c. République. Démocratique du Congo*, Indemnisation, arrêt du 19 juin 2012, recueil 2012, p. 324, §14 ; CIJ, *Application de la Convention pour la prévention et la répression du crime de Génocide, Bosnie-Herzgovine c. Serbie Monténegro*, arrêt du 26 février 2007, recueil 2007 (I), §462. Brigitte B. Stern, *Le préjudice dans la théorie de la responsabilité internationale*, Paris, Pédone, 1973, pp. 180-185, spéc. 182.

[3] Hélène Trigroudja, « Réparation des violations des droits de l'homme », Audivisual Library of International Law, 30 novembre 2017, Audio, 98 minutes.

[4] Brigitte Stern, *Le préjudice dans la théorie de la responsabilité internationale*, *op. cit.* pp. 186 et suivants.

[5] *Ibid.* p.187.

[6] *Ibid.* p 189.

[7] Affaire *Ahmadou Sadio Diallo* précitée, §§15 et 21.

pose avec acuité, puisque dans ce chef de préjudice, le lien requis est celui qui est normalement direct et personnel.

On voit bien qu'en définitive, la nature du lien de causalité conjuguée à la catégorie du droit violé, détermine les formes de réparation à octroyer à la victime.

II.2. Les formes (modalités) de réparation discutées

L'idéal en matière de réparation, voudrait que la victime puisse retrouver la situation qui était la sienne si la violation n'avait pas eu lieu (arrêt CPJI précité). Mais la *naturalis restitutio* n'étant pas toujours possible ou pas satisfaisante, la pratique des organes de contrôle des droits de l'homme, dans le droit fil de l'arrêt *Usine de Chorzow*, puis des travaux de la CDI[1], a consisté à octroyer des formes de réparation alternatives sous forme d'indemnisation qualifiée de réparation par équivalent[2]. C'est dans cette perspective que s'inscrit l'arrêt ici commentée, la Cour-ADHP ayant accepté d'ordonner des réparations aussi bien pécuniaires (1) que non pécuniaires (2).

1. Les réparations pécuniaires

Les réparations pécuniaires selon la Cour, recouvrent à la fois les préjudices matériels et les préjudices moraux.

L'indemnisation des préjudices matériels couvrent aussi bien les pertes subies (*damnum emergens*) que les gains manqués (*lucrum cesssans*). Dans l'arrêt commenté, il s'agissait d'abord de la baisse des chiffres d'affaires que le requérant impute à la perte de confiance de ses partenaires qui ont résilié les contrats qui étaient en cours, des pertes de bénéfices des sociétés, ainsi que de la dévalorisation de ses parts sociales. Les préjudices concernaient ensuite la perte d'opportunité d'affaire dans le secteur du pétrole, les dépenses exposées relativement aux procédures internes et les dépenses exposées en exil, pour lui-même ainsi que son épouse et ses enfants. La Cour a estimé à l'unanimité de ses membres, que la preuve des dépenses exposées pour les procédures nationales et les honoraires d'avocats n'a pas été rapportée. Il en est de même pour la demande relative à la perte des bénéfices subis par les sociétés commerciales autres que les sociétés COMON SA et SOTRAC dont le terminal à conteneurs a fait l'objet de suspension. Par contre, à l'unanimité, la Cour a accordé une réparation à Monsieur Ajavon pour les pertes subies par ces deux dernières sociétés, ainsi que les préjudices résultant de la dépréciation de leurs parts sociales, les frais d'huissier et les billets d'avion. Mais c'est à la courte majorité de six voix contre quatre que la Cour a abouti à la conclusion que la perte d'opportunité dans le secteur du pétrole devrait être indemnisée à hauteur de trente milliards (30 000 000 000) sur les cent cinquante milliards (150 000 000 000) FCFA réclamés par le requérant, ce qui est discutable. L'un des juges dissidents, le juge NIYUNGEKO a d'ailleurs estimé que la Cour devrait s'attacher au caractère raisonnable des réclamations et à l'équilibre entre les violations constatées et les torts causés (§§ 8 et 9)[3]. Cette somme assez consistante au regard des circonstances de l'affaire, la nature du préjudice invoqué (perte d'opportunité ou préjudice moral) et du niveau de développement économique du Bénin pose question et posera davantage de difficultés d'exécution.

---

[1] Articles 37 et 39 du Projet d'articles sur la responsabilité internationale des Etats.

[2] Laure Milano, « Réparations », *op. cit.* p.942.

[3] Le juge NIYUNGEKO a notamment constaté que les sommes réclamées par le requérant au titre de la perte d'opportunité sont 25 fois supérieures à celles qui s'attachent aux entreprises déjà fonctionnelles appartenant d'une manière ou d'une autre. Dès alors, accorder trente milliards (30 000 000 000) pour des revenus hypothétiques qu'il aurait pu avoir si la condamnation n'avait pas lieu ne tiendrait pas compte, selon lui, du caractère aléatoire et des réclamations du même chef de préjudice concernant les autres entreprises.

Concernant les préjudices moraux, Monsieur Ajavon a sollicité la réparation non seulement du préjudice moral subi par lui, mais aussi celui subi par les membres de sa famille. Considérant l'existence d'une présomption de préjudice moral dès lors qu'elle constate une violation des droits de l'homme, la Cour a dispensé la victime de faire la preuve de ce préjudice. Ce faisant et abandonnant la jurisprudence *Mtikila,* elle considère que l'annulation de la décision de condamnation n'exclut pas d'accorder une indemnité comme une forme de compensation. C'est à la majorité de sept voix contre trois que la Cour a accepté accorder trois milliards (3 000 000 000) FCFA au requérant pour le préjudice moral subi. Mais le problème, comme l'a relevé l'un des trois juges dissidents, le juge NIYUNGEKO, est que lors de l'examen au fond de l'affaire, la Cour avait ordonné d'autorité[1] à l'Etat défendeur d'annuler l'arrêt de la CRIET en date du 18 octobre 2018 condamnant le requérant à vingt ans de prison ferme pour trafic international de Cocaïne. En principe, pour des accusations de diffamation et d'atteinte à l'honneur, on ne pourrait trouver meilleure réparation, au titre du préjudice moral, comme du reste l'a reconnu la Cour (§ 92), que l'annulation de la décision qui en est l'élément déclencheur. Or, se laissant un pouvoir discrétionnaire[2], la Cour se place donc dans sa logique rappelée plus haut, celle consistant à voir dans le principe de la réparation intégrale, un droit subjectif de la victime. Sauf que dans le cas d'espèce, le requérant apparait avoir été réparé doublement. La Cour aurait été plus logique en constatant d'abord la non-exécution, à savoir l'annulation de l'arrêt du 18 octobre 2018 avant d'accorder, le cas échéant, la somme d'argent forfaitaire, tout en restant dans des proportions raisonnables. La Cour a accepté également, réaffirmant sa jurisprudence *Norbert Zongo*[3], d'accorder une réparation aux membres de la famille les plus proches qui ont fait la preuve de ce lien de famille. La Cour a également accepté d'accorder des mesures de réparations non pécuniaires au requérant.

2. Les réparations non pécuniaires

Les réparations non pécuniaires ne visent pas à obtenir de la part de l'Etat reconnu responsable de la violation d'un droit, une indemnisation sous forme de somme d'argent mais la prise de mesures administratives, législatives, judiciaires ou autres tendant à la remise en l'état de la victime dans la situation qui était la sienne si la violation n'était pas intervenue. Il peut s'agir de mesure de restitution. Il peut s'agir également des garanties de non répétition.

Comme rappelé plus haut, la restitution est préférée aux autres formes de réparation lorsqu'elle est possible. C'est en droit de propriété que cette mesure est la plus sollicitée. C'est dans cette perspective que *Ajavon* a sollicité et obtenu de la Cour, la levée des saisies de ses comptes bancaires personnelles ainsi que celles des sociétés dont il est actionnaire, saisies, du reste, opérées consécutivement à la procédure pénale engagée à son encontre. De même, la Cour a ordonné la levée des mesures administratives de suspension de son terminal à conteneurs et de la fermeture de ses chaines de radio et de télévision.

---

[1] Sans qu'on ne comprenne sa motivation sur ce point, la Cour fait curieusement apparaître dans le dispositif de l'arrêt sur le fond du 29 mars 2019, à titre de mesure de réparation, l'annulation de l'arrêt n°007/3 C. COR du 18 octobre 2018 condamnant le requérant, on le rappelle, à vingt (20) ans.

[2] V° Cour-EDH, *Brumarescu c. Roumanie*, requête n°28342/95, Gr. Ch., arrêt sur la satisfaction équitable, 23 janvier 2001, §27.

[3] Cour-ADHP, *Ayant droits de feu Norbert Zongo et autres c. Burkina Faso*, arrêt sur les Réparations, *op. cit.*, §§ 46-47.

Les garanties de non répétition constituent par contre des mesures classiques prises par la Cour-ADHP lorsqu'elle constate des violations de certains droits de l'homme. Dans l'affaire commentée, elle a ordonné la révision de la loi portant création de la CRIET, de sorte que celle-ci soit conforme aux dispositions des articles 32 (2) de la Charte ADHP et 34 du Pacte international relatif aux droits civils et politiques.

CONCLUSION

Les deux arrêts rendus sur le fond et sur les réparations dans l'affaire *Ajavon contre République du Bénin* marquent un pas supplémentaire dans la consolidation de la jurisprudence de la Cour-ADHP, elle qui a grandi en âge, passant ainsi à l'adolescence dans le « microcosme » des mécanismes régionaux de protection des droits de l'homme.

En premier lieu, l'arrêt sur le fond marque particulièrement la volonté de la Cour de sanctionner l'instrumentalisation de la justice à des fins politiques. L'incapacité des juridictions internes d'inscrire leur office dans le respect des standards internationaux en matière de procès équitable et de s'affranchir du joug du pouvoir exécutif pour apprécier en toute indépendance les affaires déférées devant elles, font que l'intervention de la Cour-ADHP apparait d'une grande importance. Cependant, s'il faut se féliciter de la consolidation des conditions procédurales de sa saisine et les éclaircissements apportés sur certains points du droit matériel, il faut tout aussi regretter que sur d'autres, la Cour a manqué l'occasion de donner plus de précisions sur le contenu des droits matériels. En second lieu, l'arrêt sur les réparations a eu le mérite de contribuer à la systématisation des principes généraux de la réparation des violations des droits de l'homme. En particulier, l'arrêt semble sonner le glas de l'exigence de la preuve du dommage moral pour donner droit à réparation comme le laissait penser le premier arrêt de la Cour dans l'affaire *Mtikila*. De ce qui précède, il est tout à fait regrettable que les Etats aient trouvé agaçant que la Cour-ADHP soit saisie de requêtes successives[1] de personnes aux ambitions politiques bien tranchées, au point de prendre des mesures extrêmes de retrait de leur déclaration d'acceptation de la compétence de la Cour. En effet, au motif que la Cour rend des arrêts de constat de violations ou prend des ordonnances en indication de mesures provisoires qui perturbent leur calendrier électoral[2], les Etats commencent à adopter des positions extrêmes qui privent leurs citoyens du prétoire direct des organes régionaux et sous régionaux de protection des droits de l'homme. C'est dans cette perspective que s'inscrivent les décisions bien malheureuses du gouvernement béninois de retirer sa déclaration d'acceptation de la Compétence de la Cour au titre de l'article 34 (6) du Protocole de Ouagadougou et dans ce sillage, celle de la Cour constitutionnelle qui, dans sa décision du 30 avril 2020 a décidé que le Protocole A/SP.1/01/05 du 19 janvier, fondement des recours en matière de droits de l'homme

[1] La seconde requête de Ajavon qui a entre autres pour objet, l'allégation de « violation du droit de prendre part à la direction des affaires publiques de son pays et du droit à la vie », a déjà donné lieu à une ordonnance en indication de mesures provisoires par laquelle la Cour a enjoint à l'Etat défendeur de surseoir aux élections locales. Cette ordonnance constitue sans doute la goutte d'eau qui a fait déborder le vase de la colère du gouvernement béninois.

[2] Dans une déclaration publiée dans la presse le 24 avril 2020, pour justifier la décision de retrait de la déclaration, le représentant du gouvernement, évoquant les exemples du Rwanda et de la Tanzanie, a parlé de « réitération et la récurrence de ces dérapages qu'il n'est pas possible de sanctionner et que la cour elle-même ne donne pas l'air de vouloir corriger en dépit des remous qu'ils provoquent en son propre sein, qui ont amené notre pays à initier dans le courant du mois de mars dernier, son désengagement de la compétence individuelle». Le gouvernement béninois a été suivi par celui de la Côte d'Ivoire qui a fait la même déclaration -quant au fond- dans la presse le 28 avril 2020 après que la Cour a rendu une autre ordonnance en indications de mesures provisoires au profit de Guillaume SORO et une dizaine de ses proches.

devant la Cour de Justice de la Communauté des Etats de l'Afrique de l'Ouest, n'était pas opposable au Bénin. Il est peut-être temps que des réformes puissent s'opérer dans le fonctionnement de la Cour afin d'éviter un effet de contagion. Il n'est pas dénié d'intérêt de prévoir la possibilité de déférer certaines affaires délicates à une instance supérieure selon le modèle de la Cour EDH.

Commentaire _ *Affaire APDF et IHRDA c. République du Mali*, Requête n° 046/2016

Passéktalé Liliane SANOU/NIKIEMA*

INTRODUCTION

« Il n'y aura pas de paix sur cette planète tant que les droits de l'homme seront violés en quelque partie du monde que ce soit »[1], disait René CASSIN.

Cette violation provient souvent des normes juridiques adoptées par les Etats dans le cadre de leur mission de législateur, comme c'est le cas dans la présente affaire à commenter. Il s'agit d'un arrêt rendu par la Cour Africaine des Droits de l'Homme et des Peuples (CourADHP) le 11 mai 2018, qui opposait l'Association pour le Progrès et la Défense des Droits des Femmes Maliennes (APDF) et *l'Institute for Human Rights and Development in Africa* (IHRDA)[2], requérants d'une part, à la République du Mali, défenderesse d'autre part. Il est spécifiquement relatif à la discrimination et à la violation de droits à l'égard des femmes. En effet, la partie requérante reproche à la partie défenderesse des violations des droits fondamentaux des femmes et des enfants au Mali.

Des faits, il ressort que l'Assemblée nationale malienne a adopté le 02 décembre 2011 la loi n° 2011-087 portant Code des Personnes et de la Famille (CPF)[3]. Selon les requérants, cette loi violerait, en certaines de ses dispositions, les droits fondamentaux des femmes et des enfants consacrés par les instruments internationaux[4] auxquels l'Etat Malien a souscrit[5]. Ces violations portent notamment sur l'âge minimal requis pour contracter mariage des filles, leur consentement, la dévolution successorale des femmes au Mali, ainsi que la persistance de pratiques traditionnelles néfastes[6].

---

* Enseignante-chercheuse, Maître-Assistante, Chef de Département de droit public, Université Nazi Boni de Bobo-Dioulasso (Burkina Faso).

[1] René Cassin a été un homme politique et Diplomate français (1887-1976). Cette citation est disponible sur https://citation-celebre.leparisien.fr/citation/droits-de-l-homme, site consulté le 25 août 2019.

[2] En français, il s'agit de l'Institut pour les droits de l'homme et le développement en Afrique.

[3] En effet, depuis 2000,23 pays africains ont entrepris une reforme du code de la famille dans le but de mettre à jour une législation souvent ancrée dans le code napoléonien de 1804. De nouveaux codes de la famille ont ainsi été adoptés dans certains de ces pays. Les codes ont été adoptés comme suit : en Mauritanie (2001), au Maroc en 2014, au Benin en 2004, aux Comores en 2005, en Algérie en 2005, au Mali en 2011, au Togo en 2012, en République démocratique du Congo en 2016, au Rwanda en 2016. La reforme est en cours dans 12 autres pays : au Burkina Faso, au Burundi, au Cameroun, en République centrafricaine, au Tchad, en République du Congo, en Côte d'Ivoire, au Gabon, en Guinée, au Niger, au Sénégal et en Tunisie. Pour plus de détails, voir Brenda KOMBO, « Silences that speak volumes : the significance of the African Court decision in APDF and IHRDA v Mali for women's human rights on the continent », *African Human Rights Yearbook, vol. 3, 2019, p. 389-412.*

[4] CourADHP, *APDF et IHRDA c. République du Mali*, Requête n° 046/2016, arrêt, 11 mai 2018, § 9.

[5] La République du Mali est devenue partie à la Charte africaine des Droits de l'Homme et des Peuples (CADHP) le 21 octobre 1986, au Protocole à la CADHP portant création d'une CourADHP le 25 janvier 2004. Elle est devenue partie au Protocole à la CADHP relatif aux droits des femmes le 25 novembre 2005, à la CABEE le 29 novembre 1999 et a en outre déposé la Déclaration spéciale prévue par l'article 34 § 6 du Protocole sur la CourADHP, autorisant les individus et les ONG à saisir directement la Cour, le 19 février 2010. Elle est également devenue partie à la Convention sur l'élimination de toutes les formes de discrimination à l'égard des femmes (CEDEF) le 10 septembre 1985. (Voir CourADHP, *APDF et IHRDA c. République du Mali, op. cit.*, § 4).

[6] Bien que la réforme du droit de la famille ait été entreprise dans le monde entier, depuis le début du XXème siècle, elle a été très souvent source de contestations surtout pour ce qui concerne le statut des femmes et l'influence des visions religieuses et culturelles relativement à la famille. Par exemple, au Tchad et au Niger, les projets de loi ont fait l'objet d'une forte désapprobation, surtout de la part d'organisations islamiques. Voir Brenda KOMBO, « Silences that speak volumes: the significance of the African Court decision in APDF and IHRDA v Mali for women's human rights on the continent », *op. cit., p. 389-412.*

Par requête datant du 26 juillet 2016, les requérants ont donc saisi la CourADHP pour contraindre l'Etat Malien à modifier son CPF, et à mener des séances de sensibilisations en vue d'éliminer les pratiques néfastes qui nuisent à l'épanouissement de la femme et de l'enfant.

Pour soutenir leur prétention, notamment la violation des droits fondamentaux, les requérants évoquent plusieurs instruments. Pour ce qui est de l'âge minimal de mariage, ils arguent la violation du Protocole de Maputo en son article 6.b et les articles 1(3), 2 et 21 de la Charte Africaine sur les Droits et le Bien-Etre de l'Enfant (CADBEE). De plus, pour soutenir leur requête sur la violation du droit de consentir au mariage, les requérants s'appuient sur l'article 16.a et b de la Convention sur l'Elimination de toutes formes de Discrimination à l'Egard des Femmes (CEDEF). En ce qui concerne le manque de volonté d'éliminer les pratiques traditionnelles néfastes préjudiciables au bien-être de la femme et de la jeune fille, les requérants ont recouru au Protocole de Maputo, à la CADBEE et à la CEDEF. Le défendeur, l'Etat malien, évoque quant à lui une incompétence de la Cour au regard des griefs des requérants basés sur le non-respect de l'obligation de sensibiliser la population sur l'abandon des pratiques traditionnelles néfastes et sur le caractère infondé de la requête. En outre, pour le défendeur, le CPF est le reflet des aspirations de la population[1].

Les prétentions des différentes parties suscitent plusieurs interrogations. A la suite de l'adoption de la première loi portant CPF qui respectait globalement les instruments internationaux relatifs aux droits fondamentaux, des contestations ont conduit le gouvernement malien à adopter un nouveau CPF en conformité avec les aspirations d'une frange religieuse (notamment musulmane) mais en violation des normes internationales. Cette situation amène à s'interroger non seulement si l'adaptation d'une loi aux réalités sociales et culturelles constitue une violation des engagements internationaux, mais aussi sur la représentativité du *Treaty Making Power* (ou le droit de conclure les traités). En d'autres termes, les Chefs d'Etats tiennent-ils vraiment compte de la volonté des populations lors de la ratification des traités ? En outre, au regard de la date de promulgation de la loi querellée[2] et la date de saisine de la CourADHP[3], on peut se demander si le délai écoulé était vraiment raisonnable pour introduire une requête.

La Cour, après avoir établi à l'unanimité les différentes violations[4], a fait droit aux prétentions des requérants en demandant au défendeur de modifier son CPF afin de l'harmoniser avec les instruments internationaux relatifs aux droits de l'homme et en adoptant des mesures visant à informer, à éduquer et à sensibiliser la population sur les pratiques traditionnelles néfastes. Elle a également demandé la soumission par le défendeur d'un rapport sur les mesures prises conformément aux paragraphes x[5] et xii[6] de l'arrêt dans un délai raisonnable, qui dans tous les cas n'excède pas deux (2) ans.

---

[1] Voir, CourADHP, *APDF et IHRDA c. République du Mali*, *op. cit.*, §§ 65-103.

[2] Cette loi n° 2011-087 a été adoptée le 2 décembre 2011 par l'Assemblée Nationale malienne et promulguée le 30 décembre 2011 par le chef de l'Etat malien.

[3] L'APDH et l'IHRDA ont saisi la Cour de céans le 26 juillet 2016.

[4] *Idem.*, § 135.

[5] Dans le paragraphe 135 (x) de son arrêt, la Cour « ordonne à l'Etat défendeur de modifier la loi contestée en l'harmonisant avec les instruments internationaux et de prendre les dispositions utiles afin de mettre fin aux violences constatées ».

[6] Dans le paragraphe 135 (xii) de l'arrêt, la Cour « ordonne à l'Etat défendeur de se conformer à ses engagements en vertu de l'art. 25 de la Charte, concernant l'information, l'enseignement, l'éducation et la sensibilisation des populations.

Cette décision constitue non seulement le premier procès dans lequel la Cour s'est prononcée sur le Protocole de Maputo, mais aussi sa première sanction contre la violation de ce Protocole. Ainsi, elle est porteuse de leçon pour l'ensemble des Etats membres qui ont des législations influencées par la religion. Aussi, les juges de la CourADHP ont-ils fait de la pédagogie[1]en mettant en exergue, point par point, tous les éléments factuels de nature à incriminer la République du Mali.

Pour mieux examiner cet arrêt de la CourADHP, nous montrerons dans un premier temps qu'il est assez expressif dans la protection des droits fondamentaux (I) et dans un second temps montrerons son caractère décisif dans la protection des droits fondamentaux (II).

I. Un arrêt expressif dans la protection des droits de l'homme

La CourADHP s'est attelée à analyser les conditions de recevabilité du recours prévu par son Règlement. Elle a ainsi discuté du recours préalable et apprécié la notion de délai raisonnable *in concreto* (I.1.). Elle a ensuite établi les violations des conditions substantielles du mariage et des règles de dévolution successorales (I.2.).

I.1. De l'inopérant recours préalable à l'appréciation du délai raisonnable *in concreto*

La saisine de la CourADHP obéit à un certain nombre de conditions qui ont été rappelées par la Cour[2]. Parmi celles-ci, il y a l'épuisement des voies de recours internes si elles existent et l'introduction de la requête devant la Cour dans un délai raisonnable.

Pour saisir la CourADHP, un requérant doit au préalable soumettre les faits à l'appréciation des juridictions du pays[3] contre lequel ces faits sont reprochés conformément au principe de subsidiarité. Mais contrairement à ce principe et aux prescriptions de la CourADHP, les requérants ont saisi directement la Cour africaine pour faire valoir leur prétention. Pourtant, dans la législation malienne, il existe une voie de recours contre les actes qui violent les instruments internationaux. Il s'agit du recours en inconstitutionnalité[4]. C'est ce que la CourADHP fait observer en retenant que « le seul recours que les requérants pouvaient exercer est le recours en inconstitutionnalité de la loi contestée »[5].

Mais dans la Constitution malienne, la saisine de la Cour constitutionnelle est exclusivement réservée aux autorités politiques[6]. Il est aussi évident que les autorités qui ont adopté le CPF ne se chargeront pas de se dédire en saisissant la Cour constitutionnelle pour le faire déclarer contraire aux engagements internationaux. La CourADHP, au regard de cette saisine restreinte de la Cour constitutionnelle malienne, a déclaré l'impossibilité pour les ONG de défense des droits de l'homme d'épuiser les voies de recours internes avant de la saisir. Elle a donc conclu à

[1] Oumar KONE, *« Le droit malien discrimine t-il les femmes ? »*, 2018, disponible sur https://www.village-justice.com/articles/droit-malien-famille-discrimine-les-femmes,30306.html, site consulté le 18 août 2019.

[2] Les conditions de recevabilité sont énoncées par les articles 50 et 56 de la CADHP auxquels renvoie le Protocole de Ouagadougou sur la CourADHP et l'article 40 du Règlement de la CourADHP.

[3] Article 40 (5) du Règlement de la CourADHP.

[4] Article 85 de la Constitution malienne.

[5] CourADHP, *APDF et IHRDA c. République du Mali*, *op. cit.*, § 39.

[6] C'est ce qui ressort de l'article 88 de la Constitution malienne. Il ressort de ces dispositions que les ONG de défense des droits de l'homme n'ont pas qualité pour saisir la Cour constitutionnelle des recours en inconstitutionnalité des lois (CourADHP, *APDF et IHRDA c. République du Mali*, *op. cit.*, § 43).

l'inexistence de voies de recours et rejeté l'exception d'irrecevabilité soulevée par le défendeur[1]. La courADHP est allée dans le même sens dans d'autres affaires[2].

La Commission ADHP va dans le même sens quand elle retient que l'exigence de l'épuisement est levée à titre exceptionnel lorsque les voies de recours internes ne sont pas disponibles, sont inefficaces ou insuffisantes, ou lorsque les procédures devant les juridictions internes se prolongent de façon anormale[3]. La commission ADHP soutient également que l'épuisement des voies de recours interne n'est pas nécessaire lorsqu'il s'agit de violations massives ou graves des droits de l'homme[4].

Quant à la CourEDH, elle définit ces recours comme étant ceux « à la fois relatifs aux violations alléguées, accessibles et adéquats »[5]. En outre, ils doivent exister et être effectifs[6]. Le requérant ne sera ainsi dispensé de l'épuisement des voies de recours internes en cas d'inexistence de recours[7]. Aussi bien la CourADHP, la CourEDH que la Commission ADHP, acceptent, toutes, la levée de l'exigence d'épuisement des voies de recours internes en cas d'inexistence de voies de recours interne.

En plus de la question de l'épuisement des voies de recours internes, la Cour africaine a examiné le délai dans lequel la requête devrait être introduite.

La notion de délai raisonnable est « une notion floue qui est difficile à définir »[8]. Le délai raisonnable, en l'espèce, désigne le délai qui doit s'écouler entre la date d'épuisement des voies de recours internes et la saisine de la CourADHP[9]. Etant donné qu'aucune voie de recours interne n'était offerte aux requérants, la Cour a estimé que ce délai a commencé à courir le 30 décembre 2011, c'est-à-dire à la date de promulgation de la loi litigeuse ou en d'autres termes, à « la date de la prise de connaissance par les requérants de la loi contestée »[10]. De ladite date au 26 juillet 2016, date de l'introduction de la requête, s'est écoulé un délai de quatre (4) ans, six (6) mois et vingt-quatre (24) jours. On peut dès lors se poser la question du caractère

---

[1] *Idem.*, § 45.

[2] CourADHP, *Lohé Issa KONATE c. Burkina Faso*, 5 décembre 2014, fond, §§ 96-115 ; CourADHP, *Ayants droit de feus Norbert ZONGO, Abdoulaye NIKIEMA dit Ablassé, Ernest ZONGO et Blaise ILBOUDO et le Mouvement burkinabé des droits de l'homme et des peuples (MBDHP) c. Burkina Faso*, 28 mars 2014, fond, §§ 56-106 ; Commission ADHP c. Kenya, 26 mai 2017, § 93.

[3] Commission ADHP, *Sir Dawda K. Jawara c. Gambie*, Communications n° 147/95 et n° 149/96, 27ème session ordinaire, mai 2000, 13ème Rapport annuel d'activités, 2000, spécialement § 31 ; voir également Commission ADHP, *Zimbabwe Lawyers for Human Rights & Associated Newspapers of Zimbabwe c. Zimbabwe*, Communication n° 284/03, 3 avril 2009, § 116 ; Commission ADHP, *RADDHO c. Zambie*, Communication 71/92, Dixième rapport annuel d'activités, 21ème session ordinaire, 21-31 octobre 1997.

[4] Voir Commission ADHP, *Purohit et Moore c. Gambie*, Communication 241/2001, sixième rapport annuel d'activités, 33ème session ordinaire, 15-19 mai 2003.

[5] *Ibidem.* ; CourEDH, *Van Ooterwijck c. Belgique*, requête n° 7654/76, arrêt, 6 novembre 1980.

[6] *Ibidem.* ; CourEDH, *Radio France et autres c. France*, requête n° 53984/00, arrêt, 23 septembre 2003, § 34 ; CourEDH, *Gnahoré c. France*, requête n° 40031/98, arrêt, 19 septembre 2000, § 48.

[7] CourEDH CourEDH, *Gautrin et autres c. France*, requêtes n° 21257/93, 21258/93, 21259/93, 21260/93, arrêts, 20 mai 1998, § 49 et ss ; CourEDH, *Maurice c. France*, requête n° 11810/03, arrêt, 6 juillet 2004 ; Nisrine EBA NGUEMA, « Recevabilité des communications par la Commission africaine des droits de l'homme et des peuples », *La Revue des droits de l'homme* [En ligne], 5 | 2014, mis en ligne le 27 mai 2014, consulté le 29 juin 2020. URL : http://journals.openedition.org/revdh/803 ; DOI : https://doi.org/10.4000/revdh.803; CourEDH, *Sultani c. France*, requête n° 45223/05, arrêt, 20 septembre 2007, § 50 ; CourEDH, *Tomasi c. France*, requête n°12850/85, arrêt, 27 août 1992, § 79 ; CourEDH, *Danemark c. Turquie*, Requête n° 34382/97, arrêt, 8 juin 1999 ; CourEDH, *Thiermann et autres c. Norvège, requête n*°18712/03, arrêt, 13 juillet 2007 ; CourEDH, *Akdivar c. Turquie*, requête n° 21893/93, arrêt, 16 septembre 1996, § 69.

[8] Naty SARR, *« Le délai raisonnable dans le procès pénal »*, Mémoire de Maitrise en sciences juridiques, Université Gaston Berger de Saint-Louis, 2007, p. 1.

[9] CourADHP, *APDF et IHRDA c. République du Mali, op. cit.*, § 48.

[10] *Idem.*, § 50.

raisonnable de ce délai. Pour apprécier le caractère raisonnable de ce délai, la CourADHP prend en compte un certain nombre d'éléments. Le premier élément est le temps dont disposait les requérants pour « vérifier la conformité de la nouvelle loi avec les instruments internationaux auxquels l'Etat défendeur est partie »[1]. Le deuxième élément est relatif au climat d'insécurité qui prévalait après la première adoption du CPF. Une contestation immédiate du nouveau code par les organisations de défense des droits de l'homme exposerait celles-ci à la grogne sociale. La Cour a donc estimé qu'au regard de ces deux éléments, le délai qui s'est écoulé entre la promulgation de la loi contestée et la saisine de la Cour doit être considéré comme raisonnable en ces termes : « dans un premier temps le fait que les requérants ont besoin du temps pour vérifier la conformité de la nouvelle loi avec les instruments internationaux auxquels l'Etat défendeur est partie et dans un second temps, compte tenu du climat de peur, des intimidations et menaces que caractérisaient la période postérieure à l'adoption du premier code de la famille le 3 août 2009, il est raisonnable que les requérants aient été affectés par la situation, le pays s'étant retrouvé dans une situation de crise exceptionnelle avec un vaste mouvement de protestation des forces religieuses qui, selon l'Etat défendeur lui-même, pouvait « être fatale pour la paix, la cohabitation et la cohésion sociale »[2]. La CourADHP a tenu la même position dans l'affaire *Ayants droits de feu Norbert ZONGO* en soutenant que le caractère raisonnable d'un délai de saisine s'apprécie en fonction des circonstances particulières de chaque affaire[3]. Elle a ainsi conclu au caractère raisonnable du délai de trois ans au sens de l'article 56 § 6 de la CADHP[4]. La Cour a donc conservé globalement son analyse relative à l'appréciation *in concreto* des circonstances particulières de chaque affaire sur la notion de délai raisonnable.

Quant à la CourEDH, elle doit être saisie dans un délai de six (6) mois à partir de la date de la dernière décision définitive[5]. Il ressort clairement que le délai accordé par la CourEDH pour sa propre saisine est non seulement très court mais aussi ne s'apprécie pas concrètement en fonction des circonstances particulières de l'affaire comme c'est le cas devant la CourADHP.

Si l'appréciation du climat d'insécurité qui prévalait après la première adoption du CPF comme curseur de détermination du délai raisonnable parait acceptable, celle relative au temps de vérification de la conformité de la loi querellée aux instruments internationaux semble critiquable. En effet, un délai de plus de 4 ans est excessif pour que la conformité d'une norme soit vérifiée. Une année tout au plus

---

[1] *Idem*. § 54.

[2] *Idem*., § 54.

[3] Alors la CourADHP a tenu compte des éléments de l'affaire tels que la date d'entrée en vigueur tardive de son règlement intérieur ou la nécessité de réfléchir avant de saisir la juridiction régionale. Voir, CourADHP, *Ayants droits de feus Norbert ZONGO et consorts c. Burkina Faso*, requête n° 013/2011, arrêt, 21 juin 2013, § 121 ; voir également, Sarah HANFFOU NANA, *La cour africaine des droits de l'homme et des peuples : à la lumière de l'expérience européenne*, Saint-Denis, Connaissances et savoirs, 2016, p. 244.

[4] *Ibid*., §124 ; CourADHP, *Alex Thomas c. République Unie de Tanzanie*, Requête n° 005/2013, 25 novembre 2015, § 66 ; Sarah HANFFOU NANA, *La cour africaine des droits de l'homme et des peuples : à la lumière de l'expérience européenne, op. cit.* , p. 245.

[5] Il s'agit d'une application de l'article 35 § 1 de la CEDH de 1950. Voir CourEDH, *Akçiçek c. Turquie*, requête n° 40965/10, 18 octobre 2011 ; CourEDH, *Prystavka et Rezgui c. France*, requête n° 49859/99, 7 novembre 2000; CourEDH, *Sapeïan c. Arménie*, requête n° 35738/03, arrêt, 13 janvier 2009 ; Sarah HANFFOU NANA, *La cour africaine des droits de l'homme et des peuples : à la lumière de l'expérience européenne, op. cit.* , p. 245. Il est à noter que le protocole 15 qui entrera en vigueur après sa ratification par tous les Etats membres du conseil de l'Europe, réduit la durée du délai de saisine de la cour de 6 mois à 4 mois. A ce propos, voir, l'article 4 du Protocole n°15 portant amendement à la Convention de sauvegarde des droits de l'homme et des libertés fondamentales adopté par le comité des ministres le 16 mai 2013 et ouvert à signature le 24 juin 2013.

aurait pu suffire à cet exercice juridique. Mais l'attitude de la Cour est compréhensible, en ce sens qu'elle est animée du souci de protéger les droits fondamentaux et de garder les instruments qui les consacrent hors de portée des violations[1]. La CourADHP a procédé à un raisonnement clair afin de rejeter les exceptions préliminaires soulevées par la partie défenderesse. Il s'agit d'une volonté de cette Cour de lever les obstacles tendant à l'examen au fond des violations alléguées par les requérants en vue d'établir les atteintes aux droits fondamentaux des individus telles que celles portant sur les conditions du mariage et la dévolution successorale.

I.2. Des violations de conditions substantielles du mariage aux règles de dévolution successorales

L'âge pour contracter le mariage[2] est réglementé par l'article 6 (b) du Protocole de Maputo qui fixe le minimum à 18 ans. Cependant, l'article 281 du CPF malien retient 18 ans pour le garçon, et 16 pour la fille et permet une dispense d'âge à partir de 15 ans si le consentement du père est donné.

La République du Mali explique cette situation par le fait qu'un premier code de la famille avait été adopté le 03 août 2009 et était conforme aux engagements internationaux auxquels elle a souscrit[3]. Mais ce dernier n'a pu être promulgué suite à un vaste mouvement de protestation contre celui-ci[4]. L'Etat, se retrouvant face à une menace de fracture sociale et de déclenchement de violences, était obligé d'adopter un nouveau Code qui est conforme « aux réalités sociales et culturelles »[5].

Selon la CourADHP, l'Etat malien, en évoquant de tels arguments, admet lui même implicitement que l'adoption de ce texte dans ces conditions n'est pas conforme au droit international. Qu'en ne s'y conformant pas, l'Etat défendeur a violé le droit international des droits de l'homme[6]. La Cour fait ressortir ici que l'adaptation de la loi aux « réalités sociales et culturelles » ne peut pas justifier l'abaissement de l'âge minimal pour contracter le mariage. Elle considère que l'intérêt supérieur de l'enfant est une considération primordiale[7] et que les coutumes et pratiques négatives qui discriminent certains enfants doivent être abolies[8]. Elle a pris en considération les vues exprimées par la Commission ADHP et le Comité africain d'experts sur les droits de l'enfant selon lesquelles, avant 18 ans les conditions biologiques et psychologiques ne sont pas réunies pour permettre à un enfant de consentir de manière éclairée à un mariage[9]. Cette décision a répondu partiellement aux inquiétudes du Comité pour l'élimination de la discrimination à l'égard des femmes exprimées lors de son dernier rapport sur le Mali relatif au mariage d'enfant[10].

---

[1] Voir Providence NCOY WALUPAKAH, « *La Cour Africaine des Droits de l'Homme et des Peuples : le problème de contrôle juridictionnel des droits de l'homme en Afrique* », Licence en droit public, Université Catholique de BUKAVU, 2007.

[2] Pour plus d'informations, voir Patrice HILT, *Le couple et la convention européenne des droits de l'homme : Analyse du droit français*, d'Aix-en-Provence, Presses Universitaires d'Aix-Marseille, 2004, p. 119-178.

[3] Brenda KOMBO, « Silences that speak volumes: the significance of the African Court decision in APDF and IHRDA v Mali for women's human rights on the continent », *op. cit.*, p. 389-412.

[4] Relativement à ces mouvements, voir Brenda KOMBO, « Silences that speak volumes: the significance of the African Court decision in APDF and IHRDA v Mali for women's human rights on the continent », *op. cit.*, p. 389-412.

[5] *Ibidem.*

[6] *Idem.*, § 78.

[7] Article 4 (1) de la CADBEE.

[8] *Idem.*, article 21.

[9] Commission ADHP, Comité Africain d'experts sur les droits et le bien-être de l'enfant sur l'éradication du mariage d'enfants, Observation générale conjointe, p. 7.

[10] Comité pour l'élimination de la discrimination à l'égard des femmes, Observations finales concernant les sixième et septième rapports périodiques (présentés en un seul document) du Mali, CEDAW/C/MLI/CO/6-7, 25 juillet 2016, § 44.

Dans son arrêt du 8 décembre 2015, *Z.H. et R.H. c. Switzerland*[1], la CourEDH a adopté la même position[2]. Son analyse reposait sur l'idée selon laquelle les Etats sont parfaitement fondés à interdire les mariages précoces, ce qui constitue le seul moyen de s'assurer de la réalité des consentements et de lutter contre les mariages forcés[3].

La question du consentement au mariage a aussi été évoquée devant la CourADHP. Elle est régie par les article 2.1 (a) et 6 du Protocole de Maputo et les article 10 et 16 de la CEDEF qui énoncent le principe du libre consentement au mariage. Cependant, l'article 300 du CPF Malien octroie conjointement aux officiers d'état civil et au Ministre du culte, la compétence pour prononcer le mariage, sans obligation pour ces derniers de vérifier le consentement des futurs époux. De plus, l'article 751 du même texte prévoit des sanctions à l'égard de l'officier d'état civil en cas de non vérification du consentement des futurs époux, alors qu'aucune sanction n'est prévue pour un Ministre du culte qui ne respecte pas cette obligation. En outre, conformément à son article 287, la vérification du consentement donné oralement et en personne est exigée devant l'officier d'état civil, alors qu'elle ne l'est pas concernant le Ministre du culte.

Pour la CourADHP, en ménageant des régimes différents[4] selon que le mariage est célébré par l'officier d'Etat civil ou par le Ministre du Culte, le CPF viole les instruments internationaux précités[5]. Pour elle, le consentement libre exprimé constitue « la clé de voûte » de la validité du mariage. Elle accorde ainsi à la volonté des futurs époux un rôle fondamental. De la sorte, le consentement matrimonial est considéré comme l'élément essentiel dans la formation du mariage et constitue « l'expression de la liberté individuelle de chacun »[6]. La Commission EDH a suivi la même logique quant elle a soutenu que la condamnation des volontés nuptiales simulées correspond à un objectif légitime que les autorités nationales peuvent poursuivre[7]. Cette position est aussi partagée par la CourEDH[8].

Les juges de la CourADHP ont également éclairé les lanternes sur les règles de successions concernant les femmes et les enfants. En effet, elles sont établies par les article 21 du Protocole de Maputo concernant la femme et 3 de la CADBEE pour

---

[1] CourEDH, *Z.H et R.H c. Suisse*, requête n° 60119/12, arrêt, 8 décembre 2015, §§ 38-47.

[2] La nubilité prévue par l'article 12 de la CEDH est appréciée compte tenu de la « maturité intellectuelle » de l'individu qui désire se marier. Celui-ci doit être autorisé à exercer le droit en question à partir du moment où il a acquis une capacité de discernement qui lui permette de donner un consentement éclairé quant à la portée de son engagement. Selon la Commission EDH, « une jeune fille de moins de 16 ans ne peut être considérée d'un âge nubile (voir Commission EDH, *Janis Khan c. Royaume-Uni*, Décisions et Rapports n° 48, 7 juillet 1986, p. 253).

[3] C'est d'ailleurs dans cette logique que le droit français, par une loi du 4 avril 2006, a porté à dix-huit ans l'âge requis pour se marier, pour les deux membres du couple.

[4] Observations finales concernant les sixième et septième rapports périodiques (présentés en un seul document) du Mali, Comité pour l'élimination de la discrimination à l'égard des femmes, CEDAW/C/MLI/CO/6-7, 25 juillet 2016, § 91-93.

[5] CourADHP, *APDF et IHRDA c. République du Mali, op. cit.*, § 95.

[6] Guy RAYMOND, *Le consentement des époux au mariage*, Paris, LGDJ., 1965. La Commission EDH concevait pareillement le mariage comme un accord de volonté. L'expression « contracter mariage » qu'elle emploie fréquemment en est la preuve. Voir Commission EDH, *Sydney Draper c. Royaume-Uni, op. cit.*, p. 72 ; Commission EDH, *M. c République Fédérale d'Allemagne,* requête n° 10995/84, Décisions et Rapports n° 41, 13 décembre 1984, p. 259 ; Commission EDH, *Janis Khan c. Royaume-Uni*, requête n° 11579/85, Décisions et Rapports n° 48, 7 juillet 1986, p. 253; Commission EDH, *D.G. et D.W. Lindsay c. Royaume-Uni*, requête n° 11089/84, Décisions et Rapports n° 49, 11 novembre 1986, p. 181.

[7] V° Commission EDH, *Dagan et Sonia Stander c. France,* requête n° 31401/96, Décisions et Rapports n° 87-A, 16 octobre 1996, p. 160.

[8] Dans plusieurs de ses arrêts, la Cour n'a accordé aux requérants une protection conventionnelle que parce que leur mariage n'était pas fictif. Voir CourEDH, *Abdulaziz Cabales et Balkandali c. Royaume-Uni, requête n° 9214/80 ; 9473/81 ; 9474/81,* arrêt, 28 mai 1885, § 62 ; CourEDH, *Berrehab c. Pays-Bas,* requête n° 10730/84, arrêt, 21 juin 1988, § 21.

ce qui est de l'enfant. Ces textes prohibent toute discrimination à l'égard de ces catégories de personne. Le CPF malien lui, en son article 751 consacre le droit religieux et coutumier comme le régime applicable en l'absence de tout autre régime de droit ou d'un écrit authentifié par les services d'un notaire. Aussi, en matière d'héritage, le droit islamique donne-t-il à la femme la moitié de ce que reçoit l'homme et les enfants naturels n'ont droit à l'héritage que selon la volonté de leurs géniteurs.

La CourADHP a considéré que le droit musulman applicable au Mali en matière de succession ainsi que les pratiques coutumières ne sont pas conformes aux instruments ratifiés par ce dernier[1]. Elle conclut alors que l'Etat défendeur a violé les dispositions pertinentes des textes précités[2]. Selon le juge, c'est « l'intérêt supérieur » de l'enfant qui est exigé en matière de succession. C'est la même position qu'a adopté la CourEDH quand elle a condamné la France, en soutenant que « le but légitime de protection des droits successoraux des enfants légitimes de la mère du requérant ne prévalait pas sur la prétention de ce dernier d'obtenir une part de l'héritage litigieux et que la différence de traitement à son égard était discriminatoire, n'ayant pas de justification objective et raisonnable »[3]. En plus d'être expressif, cet arrêt est décisif dans la protection des droits de l'homme.

II. Un arrêt décisif dans la protection des droits de l'homme

Après avoir établi la violation des conditions du mariage et des règles successorales, la CourADHP a montré que ces comportements de l'Etat constituent des pratiques traditionnelles qui nuisent aux droits des femmes et des enfants (II.1.). Elle a de ce fait infligé la première sanction de la violation du Protocole de Maputo qui, du même coup, remet en cause la représentativité des *Treaty Making Power* (II.2.).

II.1. Des pratiques traditionnelles qui nuisent aux droits des femmes et des enfants

Les pratiques traditionnelles sont le reflet des valeurs et des croyances des membres d'une communauté sur des générations. Tous les groupes sociaux dans le monde ont des pratiques et des croyances spécifiques qui ont souvent des fondements culturels solides. Ces dernières peuvent être positives tout comme négatives. Pratiquement, toutes les sociétés ont des pratiques culturelles positives qui sont bénéfiques à tous les membres du groupe comme celles qui soutiennent la société, favorisent la cohésion et la solidarité, ainsi que le développement pris au sens large. Mais il existe également des pratiques qui peuvent être nuisibles à des groupes spécifiques tels que les femmes ou les enfants.

L'obligation d'arrêter les pratiques néfastes est très explicitement mentionnée dans plusieurs traités internationaux de droits de l'homme. Il en est ainsi de la Convention sur les droits de l'enfant. Elle établit l'obligation pour les Etats

---

[1] *Idem.*, § 114.

[2] *Idem.*, § 115.

[3] CourEDH (GC), *Fabris c. France*, requête n° 16574/08, arrêt, 7 février 2013. Dans cet arrêt, la CourEDH dit, à l'unanimité, qu'il y a eu violation de l'article 14 (interdiction de la discrimination) combiné avec l'article 1 du protocole n° 1 (protection de propriété) de la CEDH. Les requérants se plaignaient de ne pas avoir bénéficié d'une loi introduite en 2001 (Loi du 3 décembre 2001) accordant aux enfants « adultérins » des droits successoraux identiques à ceux des enfants légitimes, loi adoptée à la suite du prononcé par la Cour de l'arrêt *Mazurek c. France* (CourEDH, *Mazurek c. France*, requête n° 34406/97, arrêt, 1er février 2000). La Cour a estimé que le but légitime de protection des droits successoraux du demi-frère et de la demi-sœur de monsieur Fabris ne prévalait pas sur la prétention du requérant d'obtenir une part de sa mère et que la différence de traitement à son égard était discriminatoire, n'ayant pas de justification objective et raisonnable.

d'abolir les pratiques traditionnelles préjudiciables à la santé des enfants [1]. C'est le cas également de la Convention sur l'élimination de toutes les formes de discrimination à l'égard des femmes qui stipule que les Etats doivent modifier ou abolir les textes, les coutumes et les pratiques qui constituent une discrimination à l'égard des femmes[2]. Elle est régie par les articles 2 (2) du Protocole de Maputo, 5a de la CEDEF, 16.1 (a) et (b) de la CEDEF, et 21 (1) de la CADBEE.

En effet, ce dernier texte établit l'obligation pour les Etats de « prendre des mesures appropriées et efficaces en vue d'abolir les pratiques traditionnelles préjudiciables à la santé des enfants ». La CEDEF établit aussi que les Etats doivent « prendre toutes les mesures appropriées, y compris législatives, pour modifier ou abolir les lois actuelles, les règles, coutumes et pratiques qui constituent une discrimination à l'égard des femmes ».

Ces différents textes posent l'obligation pour les Etats qui les ont ratifiés, d'éliminer les pratiques ou attitudes traditionnelles qui nuisent aux droits de la femme et de l'enfant[3]. Le CPF du Mali, comme il a été démontré plus haut, contient pourtant des dispositions qui ne respectent pas ces textes auxquels le pays a souscrit. La CourADHP a donc rappelé l'ensemble des violations constatées préalablement, à savoir la violation des dispositions relatives à l'âge minimum du mariage, au droit au consentement au mariage et au droit à la succession pour les femmes et les enfants naturels. Elle a alors conclu que « l'Etat défendeur en adoptant le code de la famille et en y maintenant des pratiques discriminatoires qui nuisent aux droits de la femme et de l'enfant, a violé ses engagements internationaux »[4]. La Cour a alors déduit « la violation par l'Etat défendeur des articles 2 (2) du Protocole de Maputo, 5 (a) de la CEDEF et 1(3) et 21 de la CADBEE »[5]. La CourADHP a ensuite conclu que ces manquements constituent des pratiques discriminatoires envers les femmes et constituent alors une violation de l'article 2 (2) du Protocole de Maputo visant à mettre un terme aux pratiques traditionnelles néfastes[6].

Il s'agit d'une bonne interprétation des dispositions de ces textes. Il est toutefois regrettable que la Cour n'ait pas saisi l'occasion pour recommander à l'Etat malien d'offrir des moyens aux victimes de pratiques néfastes d'obtenir réparation et de s'assurer de leur offrir le droit à un recours effectif devant les juridictions ou les autorités nationales. C'est ce que le Comité pour l'Elimination des Discriminations à l'égard des Femmes préconise dans sa Recommandation n°31 sur les pratiques préjudiciables, en précisant que les victimes doivent avoir droit à un accès égal à la justice[7]. Il est également recommandé que des services d'aide d'urgence, d'assistance psychologique et de protection soient mis en place[8].

---

[1] Voir l'article 24. 3 de la Convention relative aux droits de l'enfant du 20 novembre 1989.

[2] Voir l'article 2 (f) de la Convention sur l'élimination de toutes les formes de discrimination à l'égard des femmes du 18 décembre 1979.

[3] Il existe plusieurs formes de pratiques néfastes comme la mutilation génitale féminine, le mariage d'enfants et ou le mariage forcé, la polygamie, les crimes prétendument commis au nom de l'honneur et la violence liée à la dot.

[4] CourADHP, *APDF et IHRDA c. République du Mali*, *op. cit.*, § 124.

[5] *Idem.*, § 125.

[6] Pour plus d'informations sur la notion, voir Claudia NAPOLI, *L'ONU face « aux pratiques traditionnelles néfastes de l'enfant africain*, Paris, L'Harmattan, 2013, 462 p.

[7] Il s'agit de la Recommandation générale n° 21 du Comité pour l'élimination de la discrimination à l'égard des femmes et n° 18 du Comité des droits de l'enfant sur les pratiques préjudiciables, CEDAW/C/GC/31/18, 4 novembre 2014, § 55.

[8] *Idem.*, §. 87.

Au total, on peut retenir que la Cour aurait pu s'inspirer, voire adopter et faire siennes les Recommandations de ce Comité, comme elle l'a déjà fait par le passé[1] et par là donner au Mali des solutions concrètes pour réduire l'impact néfaste des pratiques traditionnelles.

II.2. De la première sanction de la violation du Protocole de Maputo à la remise en cause de la représentativité des *Treaty Making Power*

Le 11 juillet 2003, lors du second sommet de l'Union Africaine à Maputo (Mozambique), les Etats membres de cette organisation ont adopté, en complément de la Charte Africaine des Droits de l'Homme et des Peuples de 1986, un Protocole relatif aux droits des femmes en Afrique, appelé également « Protocole de Maputo ». Avec le Protocole de Maputo, l'Union Africaine s'est dotée d'un instrument destiné à remédier à la précarité de la situation juridique des femmes. En effet, le Protocole garantit tous les droits fondamentaux reconnus au niveau international pour les femmes[2]. Il protège cette catégorie vulnérable contre des pratiques traditionnelles préjudiciables à la santé telles que les mutilations génitales féminines[3]. En plus, il reconnait le droit à la paix et à une protection particulière des femmes dans les conflits armés[4].

Cette volonté de l'Union de protéger la femme va au-delà des textes dès lors que la violation du protocole est désormais sanctionnée. En effet, avant le 11 mai 2018, aucune décision de la CourADHP n'a sanctionné un Etat pour violation du Protocole de Maputo. La présente décision apparait donc comme décisive pour la protection des droits fondamentaux des femmes, en ce sens que désormais, les Etats ne bénéficient plus d'une « immunité de violation ». Ils pourraient se voir sanctionner sur la base de cet instrument international. Il s'agit du point de départ de l'épanouissement de la femme en Afrique. Mais cette décision de la Cour nous parait inachevée. En effet, à la lecture de la décision, aucune réparation n'a été prévue par la CourADHP pour les victimes de ces violations. La Cour s'est bornée à un rappel à l'ordre de la défenderesse, le Mali. Elle aurait encore plus d'impact si elle octroyait des dommages et intérêts aux personnes ayant souffert de l'application de la loi, même si elle considère que la constatation des violations constitue en soi une réparation[5]. On peut cependant se réjouir du suivi de l'exécution de cette décision[6] à travers la production d'un rapport « dans un délai raisonnable » qui ne saurait dépasser deux (2) ans par le défendeur[7].

Cette décision, quoi qu'inachevée à notre égard, constitue un arrêt important pour la protection des droits fondamentaux de la femme. Cet arrêt est aussi décisif[8] dans la mesure où il a mis en lumière, à travers les débats, la question de la représentativité des populations lors de la signature des traités. En effet, la représentativité est le caractère d'une personne ou d'une structure qui reflète ceux

---

[1] CourADHP, *Tanganyika Law Society and Human Rights Centre c. République-Unie de Tanzanie et Révérend Christopher Mtikila c. Tanzanie,* Requête n° 009 et 011/2011, arrêt, 14 juin 2013.

[2] Articles 2, 3, 4 du Protocole de Maputo.

[3] *Idem.*, article 5.

[4] *Idem.*, article 10.

[5] CourADHP, *APDF et IHRDA c. République du Mali, op. cit.*, § 134 (xi).

[6] Relativement à la suite des décisions, voir Philippe VECKEL, « Les suites des décisions de la Cour internationale de justice », *AFDI*, 1996, pp. 428-442.

[7] *Idem.*, § 134 (xiii).

[8] Sur le caractère décisif de certains arrêts d'autres juridictions internationales, voir Isabelle MOULIER, Adeline ECALLE, « La Cour internationale de justice, : commentaires de jurisprudence », *Revue québécoise de droit international*, 2002, pp. 139-166.

qu'elle représente. La représentation désigne une délégation de pouvoir par laquelle des gens autorisent des représentants mandatés à agir en leur nom[1]. En droit international, les Etats sont représentés par des personnes disposant d'un plein pouvoir[2]. Ces personnes représentent l'Etat pour « la négociation, l'adoption ou l'authentification du texte d'un traité, pour exprimer le consentement de l'Etat à être lié »[3].

Mais le consentement exprimé par les représentants de l'Etat ne reflète pas toujours la volonté des populations. C'est ce qui se lit en filigrane de la présente décision. En effet, pour se défendre, l'Etat malien fait valoir qu'à l'adoption de la loi, « un vaste mouvement de protestations contre le Code de la famille a freiné le processus ; que l'Etat était en face d'une grande menace de fracture sociale, de déchirure de la nation et de déclenchement de violences dont l'issue pouvait être fatale pour la paix, la cohabitation et la cohésion sociale »[4]. Pourtant, il est important de relever que ce premier code était en conformité avec les dispositions du Protocole de Maputo. Ce mouvement d'une partie de la population, notamment les associations musulmanes remet en cause le consentement donné par le gouvernement malien lors de la conclusion de ce traité. En effet, ce groupe musulman a exprimé son désaccord sur plusieurs dispositions telles que l'âge minimum de mariage des filles qu'elle trouve contraire à la culture malienne. Dans cette dernière, les filles sont mariées plus tôt. En outre, la question de l'égalité successorale entre l'homme et la femme est mal perçue au sein d'une population majoritairement musulmane. Il s'ensuit que même si le gouvernement malien a voulu faire un pas décisif dans la protection des droits des femmes, à travers la signature du protocole de Maputo, il ne semble pas qu'il ait traduit la volonté de ceux qu'il a représentés. Cette situation de la conformité de la volonté du peuple à celle des représentants pourrait trouver solution si le référendum était la voie privilégiée d'adoption des traités.

En somme, on peut dire que les gouvernements n'expriment pas toujours la volonté de leur peuple dans les instances internationales. Cela se remarque par les hostilités de certains peuples envers certains traités et une persistance des violations des normes internationales.

CONCLUSION

La CourADHP s'est illustrée à travers cet arrêt. En effet, elle a levé les obstacles juridiques qui pouvaient l'empêcher de connaitre de la présente affaire. Cela est passé par le rejet des exceptions préliminaires de l'épuisement des voies de recours préalable[5] d'une part, et de la soumission de la requête dans un délai raisonnable[6], d'autre part. Cela a permis à la CourADHP de se prononcer sur la

---

[1] David ALCAUD et *al*, *Dictionnaire de sciences politiques*, Paris, éd. Sirey, 2010, p.312.

[2] Relativement à la conclusion, l'entrée en vigueur et les formalités accessoires des traités, voir, Paul REUTER, *Introduction au droit des traités*, Paris, PUF, 1985, p. 51-85.

[3] Article 2 (1) C de la Convention de Vienne sur le droit des traités. En effet, la conclusion d'un traité exige plusieurs conditions au titre desquelles l'existence des parties qui peuvent être des Etats ou des Organisations internationales. Dans un Etats, certaines personnes sont habilitées à négocier et à conclure un traité. Ils représentent l'Etat. Les questions de la représentativité puis de son effectivité seront examinées. Sur la question de conclusion des traités, voir Patrick DAILLIER, Mathias FORTEAU, Nguyen QUOC DINH, Alain PELLET, *Droit international public*, Paris, LGDJ, 8ème éd., 2009, pp. 139 et ss ; Jean COMBACAU, Serge SUR, *Droit international public*, Paris, LGDJ, 11ème éd., 2014, pp. 115 et ss ; Grigore GEAMANU, « Théorie et pratique des négociations en droit international », *RCADI*, vol. 166, 1980, pp. 369-448.

[4] CourADHP, *APDF et IHRDA c. République du Mali*, *op. cit.*, § 64.

[5] *Idem.*, § 50.

[6] *Idem.*, § 55.

violation des instruments internationaux de protection des droits des femmes par l'Etat défendeur et d'ordonner la modification de la législation incriminée[1].

Au-delà, l'importance de cet arrêt mérite d'être soulignée à deux égards. D'un côté, il s'agit du premier arrêt qui a sanctionné la violation du Protocole de Maputo depuis son adoption. Cela témoigne de la volonté de la CourADHP de faire de l'égalité entre l'homme et la femme une réalité en Afrique. De l'autre côté, cet arrêt, à travers les arguments avancés par le défendeur[2], a permis de montrer la fragilité de la représentativité de ceux-là même qui sont chargés de négocier et de signer les traités.

---

[1] *Idem.*, § 135.
[2] *Idem.*, § 64.

III. Les affaires de violations de masse soumises par la Commission ADHP

- *Commission ADHP c. Libye*
- *Commission ADHP c. Kenya*

Commentaire _ *Commission africaine des droits de l'homme et des peuples c. Libye*, Requête n° 002/2013

Abdul Aziz Wendkuni OUANDAOGO *

« Aucun homme libre ne sera arrêté ou emprisonné ou dépouillé ou mis hors-la-loi ou exilé et il ne lui sera fait aucun dommage, si ce n'est en vertu du jugement légal de ses pairs ou en vertu de la loi du pays. »[1]. Ce bout de texte, venu de la lointaine Angleterre, a posé les fondements de la liberté individuelle et du droit au juge depuis le Moyen Âge européen. Ces droits sont considérés comme des droits fondamentaux de l'homme si bien qu'ils sont garantis par tous les instruments relatifs aux droits de l'homme à travers le monde et les juridictions y afférentes. Pour autant, même de nos jours, beaucoup d'affaires portées devant les juridictions des droits de l'homme visent à faire constater et condamner la violation de ces droits. La Cour africaine des droits de l'homme et des peuples[2] (ci-après la CourADHP) illustre parfaitement ce constat. Dix ans déjà que cette institution judiciaire principale des droits de l'homme en Afrique a rendu son premier arrêt[3] en lien avec le droit à un procès équitable. Par ailleurs, près d'une affaire sur deux traitée par cette juridiction a un rapport avec la violation du droit à la liberté ou au droit au juge. C'est le cas notamment de l'affaire qui a opposé la Commission africaine des droits de l'homme et des peuples (ci-après Commission ADHP) à la Libye qui a donné lieu à un arrêt[4] rendu par la CourADHP le 3 juin 2016.

En l'espèce, un citoyen libyen[5] (ci-après la victime) était détenu et mis à l'isolement dans un lieu secret depuis le 19 novembre 2011 par le gouvernement du Conseil national de transition (ci-après CNT) reconnu à l'époque comme Gouvernement au pouvoir en Libye[6]. Le détenu n'avait pas accès à sa famille ou à ses amis et n'avait bénéficié de l'assistance d'aucun conseil. Il n'avait été inculpé d'aucune infraction, n'avait pas fait l'objet de poursuites et n'avait été présenté devant aucune instance judiciaire[7]. Son lieu de détention était la ville libyenne de Zintan sans aucune précision sur l'adresse du Centre de détention[8].

Le secrétariat de la Commission ADHP a alors reçu une plainte au nom du détenu contre la République de Libye (ci-après le Défendeur) le 02 avril 2012. Cette plainte a donné lieu à la formulation de mesures provisoires[9] par la Commission à l'endroit de l'État défendeur le 18 avril 2012, lesquelles sont restées sans suite.

---

* Docteur en Droit de l'Université Rouen Normandie, Enseignant-chercheur, Maître-Assistant en Droit Public, Université de Ouahigouya (Burkina Faso).

[1] Jean d'Angleterre (Jean sans Terre), *Magna Carta* (Grande Charte), Runnymede (Angleterre), 15 juin 1215, article 39.

[2] La Cour africaine des droits de l'homme et des peuples a été instituée par l'article 1 du Protocole relatif à la Charte africaine des droits de l'homme et des peuples portant création d'une Cour africaine des droits de l'homme et des peuples, le 10 juin 1998 à Ouagadougou (Burkina Faso).

[3] Cour Africaine des droits de l'homme et des peuples, *Michelot Yogogombaye c. République du Sénégal*, Requête n° 001/2008, Arrêt, 15 décembre 2009.

[4] Cour africaine des droits de l'homme et des peuples, *Commission africaine des droits de l'homme et des peuples c. Libye*, Requête n° 002/2013, arrêt, 3 juin 2016.

[5] Saif Al-Islam Khadafi, deuxième fils de l'ancien guide libyen Mouammar Khadafi, né le 25 juin 1972.

[6] Cour africaine des droits de l'homme et des peuples, *Commission africaine des droits de l'homme et des peuples c. Libye, Requête n° 002/2013*, Ordonnance portant mesures provisoires, 15 mars 2003, paragraphe 3.

[7] *Ibid.*

[8] *Ibid.*

[9] *Ibid.* La commission a demandé au Défendeur de s'abstenir de causer tout dommage irréparable au détenu.

La Commission (ci-après le Requérant) a par la suite saisi la CourADHP le 8 janvier 2013 d'une requête en indication de mesures provisoires[1]. Cette requête priait la Cour de rendre une ordonnance invitant l'État défendeur à « mettre fin à toute action portant sur des procédures légales ou enquêtes qui pourraient causer des dommages irréparables au détenu » [2] et de lui « permettre d'avoir immédiatement accès à un conseil sans plus de délai »[3]. Le 15 mars 2013, la Cour, par une Ordonnance, a donné une suite favorable aux mesures provisoires demandées par la Commission.

La Cour a rendu une deuxième Ordonnance le 10 août 2015 suite aux informations faisant état de la condamnation à mort du détenu par contumace par la Cour d'Assises de Tripoli le 28 juillet 2015 en méconnaissance de sa première Ordonnance[4]. Dans cette seconde Ordonnance, la Cour a réitéré les termes de son Ordonnance du 15 mars 2013 et a fait observer que « l'exécution de la peine capitale par le gouvernement libyen constituera une violation de ses obligations internationales découlant de la Charte[5], du Protocole[6] et des instruments des droits de l'homme dûment ratifiés par la Libye »[7].

Un peu plus tôt, plus précisément le 03 mars 2014, la Commission ADHP avait saisi la Cour d'une requête introductive d'instance demandant à la Cour de conclure à la violation des articles 6 et 7 de la Charte africaine relatifs, respectivement au droit de l'individu à la liberté et à la sécurité de sa personne et au droit au juge.

Face au non-respect par le Défendeur des Ordonnances portant mesures provisoires et aussi parce que celui-ci n'a fait valoir aucun moyen de défense depuis que l'affaire est pendante devant la Cour, le Requérant a finalement introduit le 15 mai 2015, une requête aux fins d'arrêt par défaut en vertu de l'article 55 du Règlement intérieur de la Cour.

Dans cette dernière requête, le Requérant demandait à la Cour de constater, par le moyen d'un arrêt par défaut, que le Défendeur « a violé et continue de violer les droits du détenu garantis par les articles 6 et 7 de la Charte africaine des droits de l'homme et des peuples »[8]. Il alléguait également la violation des droits du détenu par le refus du Défendeur de se conformer à l'Ordonnance portant mesures provisoires rendue par la Cour le 15 mars 2013. La Commission invoquait, en soutien de sa demande, le maintien continuel en détention de façon secrète de la victime faisant peser un danger sur sa vie et des risques de dommages irréparables sur son intégrité physique. A cela s'ajoutait le fait que la victime n'a pas eu la possibilité de se faire assister par un conseil de son choix.

Le Défendeur, pour sa part, s'est contenté de transmettre deux notes verbales à la Cour. La première, le 29 mai 2013, était constituée d'une série de documents et

---

[1] Cour africaine des droits de l'homme et des peuples, *Commission africaine des droits de l'homme et des peuples c. Libye*, Requête n° 002/2013, arrêt, *op. cit.*, paragraphe 5.
[2] Cour africaine des droits de l'homme et des peuples, *Commission africaine des droits de l'homme et des peuples c. Libye*, Requête n° 002/2013, ordonnance portant mesures provisoires, 15 mars 2013, paragraphe 4.
[3] *Ibid.*
[4] Cour africaine des droits de l'homme et des peuples, *Commission africaine des droits de l'homme et des peuples c. Libye*, Requête n° 002/2013, ordonnance portant mesures provisoires, 10 août 2015, paragraphe 9.
[5] La Charte Africaine des Droits de l'Homme et des Peuples adoptée le 27 juin 1981 à Nairobi au Kenya.
[6] Le Protocole relatif à la Charte africaine des droits de l'homme et des peuples portant création d'une Cour africaine des droits de l'homme et des peuples, le 10 juin 1998 à Ouagadougou (Burkina Faso).
[7] Cour africaine des droits de l'homme et des peuples, *Commission africaine des droits de l'homme et des peuples c. Libye*, Requête n° 002/2013, ordonnance portant mesures provisoires, 10 août 2015, paragraphe 9.
[8] Cour africaine des droits de l'homme et des peuples, *Commission africaine des droits de l'homme et des peuples c. Libye*, Requête n° 002/2013, arrêt, *op. cit.*, paragraphe 11.a).

ne comportait aucun moyen de défense[1]. La seconde, le 16 mai 2014, était supposée être un rapport sur la mise en œuvre de l'Ordonnance du 15 mars 2013[2], mais que la Cour, après examen, n'a pas considéré comme tel[3].

Par conséquent, la CourADHP devait répondre aux questions de droit suivantes : une affaire dans laquelle l'une des parties s'abstient de faire valoir ses moyens de défense peut-elle donner lieu à un arrêt par défaut ? La détention au secret d'un individu, sans accès à une instance judiciaire ou au conseil de son choix, par un État partie à la Charte africaine des droits de l'homme et des peuples, constitue-t-elle une violation du droit à la liberté et la sécurité de sa personne et du droit à un procès équitable ?

Les juges de la CourADHP ont répondu par l'affirmative à ces deux questions. Ils ont jugé tout d'abord que la condition pour le prononcé d'un « jugement par défaut » était remplie[4], avant de rendre un arrêt par défaut qui affirme que « la Libye a violé et continue de violer les articles 6 et 7 de la Charte africaine des droits de l'homme et des peuples »[5].

La solution est logique, les droits en cause constituent des droits fondamentaux de l'homme garantis même en cas de conflit armé (I), mais la motivation est sommaire, conséquence probable du fait que la solution a été donnée au terme d'un « jugement par défaut » (II).

I. L'*habeas corpus*[6] et le droit à un procès équitable : des droits fondamentaux de l'homme

Le droit de l'individu à la liberté et à la sécurité de sa personne et le droit à un procès équitable sont des droits fondamentaux de l'homme consacrés par tous les instruments universels et régionaux des droits de l'homme (I.1.) et qui, aux termes du présent arrêt, demeurent applicables même en situation de conflit armé (I.2.).

I.1. Des droits universellement consacrés

Les premiers linéaments de l'*habeas corpus* ont été tracés par l'article 39 de la Grande Charte des libertés d'Angleterre (*Magna Carta*) mais aussi par l'article 5 de la « Charte du Kurukanfuga »[7], lequel garantissait à tout individu « le droit à la vie et à la préservation de son intégrité physique ». Il convient cependant de relever, s'agissant de la *Magna Carta*, que les droits qu'elle accordait étaient réservés à des catégories particulières de personnes à savoir les barons, les bourgeois des villes et les seigneurs ecclésiastiques. C'est avec l'avènement de la Déclaration universelle des droits de l'homme (ci-après DUDH) que ces droits seront reconnus à « tous les membres de la famille humaine »[8]. L'article 3 de cet instrument énonce, en effet, le droit de tout individu à la vie, à la liberté et à la sûreté de sa personne. Nonobstant son

[1] *Ibid*, paragraphe 19.
[2] *Ibid*, paragraphe 27.
[3] *Ibid*, paragraphe 28.
[4] *Ibid*, paragraphe 42.
[5] *Ibid*, p. 37.
[6] Cour interaméricaine des droits de l'homme, *L'habeas corpus dans les situations d'urgences*, Advisory Opinion OC-8/87, 30 janvier 1987, paragraphe 33 : « L'*habeas corpus* est une procédure judiciaire garantissant une protection de la liberté individuelle ou de l'intégrité physique d'une personne détenue en imposant sa comparution immédiate devant un juge afin de déterminer si sa détention est légale et d'obtenir, le cas échéant, sa remise en liberté ».
[7] La Charte du Kurukanfuga a été adoptée par les représentants du mandé primitifs et leurs alliés, réunis en 1236 à Kurukanfuga (actuel cercle de Kangaba en République du Mali) après l'historique bataille de Kirina. Elle est disponible sur le site internet de la Cour Constitutionnelle de la République du Mali, http://www.courconstitutionnelle.ml/wp-content/uploads/2019/06/kururkan-fuga.pdf, consultée le 18 juin 2020.
[8] Préambule de la Déclaration universelle des droits de l'homme, adoptée le 10 décembre 1948 par l'Assemblée générale de l'Organisation des Nations-Unies.

caractère non contraignant, cet article sera repris et développé par des traités internationaux juridiquement contraignants relatifs aux droits de l'homme.

Parmi ces traités, figure la Charte africaine des droits de l'homme et des peuples (ci-après CADHP) dont la violation est alléguée en l'espèce. Son article 6 dispose que : « Tout individu a droit à la liberté et à la sécurité de sa personne. Nul ne peut être privé de sa liberté sauf pour des motifs et dans des conditions préalablement déterminées par la loi ; en particulier nul ne peut être arrêté ou détenu arbitrairement ». Ainsi la CADHP, à l'instar des instruments pertinents des droits de l'homme dans le monde, garantit le droit à la liberté[1]. Ce droit suppose qu'une personne ne peut être privée de sa liberté que pour des motifs et conformément aux procédures prévus par la loi[2]. La Convention européenne des droits de l'homme a fourni une liste exhaustive des circonstances dans lesquelles une personne peut légalement être privée de sa liberté[3]. Par ailleurs, les législations nationales relatives aux arrestations et à la détention, ainsi que celles qui fixent les procédures en la matière, doivent être conformes aux normes internationales[4]. De même, les mesures d'arrestation, de détention ou d'emprisonnement ne peuvent être appliquées que par les personnes habilitées à cet effet[5]. En outre, toute personne arrêtée ou détenue devra avoir le droit de contester, assistée du conseil de son choix, la légalité de son arrestation ou de sa détention devant un tribunal qui statue sans délai[6].

Il s'agit là de mesures de protection visant aussi bien à empêcher toute privation de liberté illégale ou arbitraire qu'à mettre en place des garanties contre d'autres atteintes aux droits fondamentaux des détenus. On comprend alors pourquoi la détention au secret prolongée a été qualifiée par la jurisprudence de grave violation

---

[1] Article 3 de la Déclaration universelle des droits de l'homme ; article 9(1) du Pacte international sur les droits civils et politiques (PIDCP) ; article 16(1) de la Convention sur les travailleurs migrants ; article 6 de la Charte africaine des droits de l'homme et des peuples ; article 14(1) de la Charte arabe des droits de l'homme ; article 7(1) de la Convention américaine des droits de l'homme ; article 5(1) de la Convention européenne des droits de l'homme ; titre M(1) des Principes relatifs aux procès équitables en Afrique ; article I de la Déclaration américaine ; article 37(b) de la Convention relative aux droits de l'enfant.

[2] Article 9(1) du PIDCP ; article 17(2)(a) de la Convention sur les disparitions forcées ; article 37(b) de la Convention relative aux droits de l'enfant ; article 16(4) de la Convention sur les travailleurs migrants ; article 6 de la Charte africaine ; article 14(2) de la Charte arabe des droits de l'homme ; articles 7(2) et 7(3) de la Convention américaine des droits de l'homme ; article 5(1) de la Convention européenne des droits de l'homme ; principe 2 de l'Ensemble de principes ; Titre M(1)(b) des Principes relatifs aux procès équitables en Afrique ; article XXV de la Déclaration américaine des droits de l'homme ; principe IV des Principes sur les personnes privées de liberté dans les Amériques.

[3] Convention européenne des droits de l'homme, Article 5(1) : Toute personne a droit à la liberté et à la sûreté. Nul ne peut être privé de sa liberté, sauf dans les cas suivants et selon les voies légales :

a) s'il est détenu régulièrement après condamnation par un tribunal compétent ;

b) s'il a fait l'objet d'une arrestation ou d'une détention régulières pour insoumission à une ordonnance rendue, conformément à la loi, par un tribunal ou en vue de garantir l'exécution d'une obligation prescrite par la loi ;

c) s'il a été arrêté et détenu en vue d'être conduit devant l'autorité judiciaire compétente, lorsqu'il y a des raisons plausibles de soupçonner qu'il a commis une infraction ou qu'il y a des motifs raisonnables de croire à la nécessité de l'empêcher de commettre une infraction ou de s'enfuir après l'accomplissement de celle-ci ;

d) s'il s'agit de la détention régulière d'un mineur, décidée pour son éducation surveillée ou de sa détention régulière, afin de le traduire devant l'autorité compétente ;

e) s'il s'agit de la détention régulière d'une personne susceptible de propager une maladie contagieuse, d'un aliéné, d'un alcoolique, d'un toxicomane ou d'un vagabond ;

f) s'il s'agit de l'arrestation ou de la détention régulières d'une personne pour l'empêcher de pénétrer irrégulièrement dans le territoire, ou contre laquelle une procédure d'expulsion ou d'extradition est en cours.

[4] Amnesty International, *Pour des procès équitables*, deuxième édition, Index : POL 30/002/2014, Amnesty International Publications, Londres, 2014, p. 27.

[5] Pacte international sur les droits civils et politiques, Article 9(3) : « Tout individu arrêté ou détenu du chef d'une infraction pénale sera traduit dans le plus court délai devant un juge ou une autre autorité habilitée par la loi à exercer des fonctions judiciaires, et devra être jugé dans un délai raisonnable ou libéré. (...) ».

[6] *Ibid*, Article 9(4) : « Quiconque se trouve privé de sa liberté par arrestation ou détention a le droit d'introduire un recours devant un tribunal afin que celui-ci statue sans délai sur la légalité de sa détention et ordonne sa libération si la détention est illégale ».

des droits de l'homme pouvant engendrer d'autres violations telles que la torture, le mauvais traitement, l'interrogatoire sans les mesures de protection appropriées[1].

Outre le droit à la liberté et à la sécurité de sa personne, les juges de la CourADHP devaient également se prononcer sur la violation par le Défendeur du droit à un procès équitable tel que défini à l'article 7[2] de la CADHP. La Cour note d'emblée que le droit à un procès équitable est un droit fondamental de l'homme[3] consacré par tous les instruments universels et régionaux des droits de l'homme[4]. Ces instruments offrent des garanties générales en matière de procès équitable. Il s'agit notamment du droit d'être traduit devant un tribunal « établi par la loi » ou « conforme à la loi »[5] ; du droit à ce que la « procédure soit équitable », ce qui sous-entend l'égalité des armes entre les parties ainsi que la possibilité raisonnable pour chacune d'elles d'exposer sa cause au tribunal dans des conditions qui ne la désavantagent pas d'une manière appréciable vis-à-vis de la partie adverse[6] ; du droit à la « publicité de la procédure », ce qui suppose que les débats et le prononcé de la décision soient publics afin de protéger les justiciables contre une justice secrète ; du droit d'être jugé dans un délai raisonnable, ce qui signifie que tout « individu arrêté ou détenu du chef d'une infraction pénale doit être traduit dans le plus court délai devant un juge ou une autorité habilitée par la loi à exercer une fonction judiciaire (...). »[7], et enfin du droit d'être traduit devant un tribunal – indépendant aussi bien du pouvoir exécutif que des parties – et impartial.

Les garanties susmentionnées sont applicables dans le cadre d'une procédure de nature civile ou pénale. Toutefois, certaines garanties du droit à un procès équitable sont spécifiques à la matière pénale. Il s'agit, entre autres, de la présomption d'innocence[8] ; du droit d'accès au dossier et de disposer du temps et des facilités nécessaires pour préparer sa défense ; du droit de se défendre soi-même ou avec

---

[1] Commission ADHP, *Liesbeth Zegveld et Mussie Ephrem / Érythrée*, Communication 250/2002, 2003, paragraphe 55 ; CourADHP, *Commission africaine des droits de l'homme et des peuples c. Libye*, Requête n° 002/2013, arrêt, *op. cit.*, paragraphe 84.

[2] Charte africaine des droits de l'homme et des peuples, Article 7 : « 1. Toute personne a droit à ce que sa cause soit entendue. Ce droit comprend :

a. le droit de saisir les juridictions nationales compétentes de tout acte violant les droits fondamentaux qui lui sont reconnus et garantis par les conventions, les lois, règlements et coutumes en vigueur ;

b. le droit à la présomption d'innocence, jusqu'à ce que sa culpabilité soit établie par une juridiction compétente ;

c. le droit à la défense, y compris celui de se faire assister par un défenseur de son choix ;

d. le droit d'être jugé dans un délai raisonnable par une juridiction impartiale.

2. Nul ne peut être condamné pour une action ou une omission qui ne constituait pas, au moment où elle a eu lieu, une infraction légalement punissable. Aucune peine ne peut être infligée si elle n'a pas été prévue au moment où l'infraction a été commise. La peine est personnelle et ne peut frapper que le délinquant ».

[3] CourADHP, *Commission africaine des droits de l'homme et des peuples c. Libye*, Requête n° 002/2013, arrêt, *op. cit.*, paragraphe 89.

[4] Article 10 de la Déclaration universelle des droits de l'homme ; article 14(1) du PIDCP ; article 40(2)(b)(iii) de la Convention relative aux droits de l'enfant ; article 18(1) de la Convention sur les travailleurs migrants ; articles 7(1) et 26 de la Charte africaine des droits de l'homme et des peuples ; articles 12 et 13 de la Charte arabe des droits de l'homme ; articles 8(1) et 27(2) de la Convention américaine des droits de l'homme ; article 6(1) de la Convention européenne ; Principes fondamentaux relatifs à l'indépendance de la magistrature ; titre A(1) des Principes relatifs aux procès équitables en Afrique ; article XXVI de la Déclaration américaine ; Article 3(1)(d) commun aux Conventions de Genève du 12 août 1949.

[5] MEUNIER (J.), « La notion de procès équitable devant la Cour européenne des droits de l'Homme », *in* Ruiz Fabri (Hélène) (dir.), *Procès équitable et enchevêtrement des espaces normatifs*, Paris : *Société de législation comparée*, 2003, pp. 185-208. - Travaux de l'atelier de droit international de l'UMR de droit comparé de Paris.

[6] *Ibid.*

[7] CourADHP, *Commission africaine des droits de l'homme et des peuples c. Libye*, Requête n° 002/2013, arrêt, *op. cit.*, paragraphe 91.

[8] Charte africaine des droits de l'homme et des peuples, Article 7(1)(b).

l'assistance d'un avocat de son choix[1] et du droit de se taire lors d'un interrogatoire de police et de ne pas contribuer à sa propre incrimination[2].
Par ailleurs, les principes fondamentaux relatifs à l'équité des procès se recoupent avec certains principes relatifs au droit de recours en *habeas corpus*. C'est le cas notamment du droit pour toute personne arrêtée ou détenue d'être informée des raisons de son arrestation ou de sa détention ainsi que des charges retenues contre elle[3].

En somme, le droit à ne pas être privé arbitrairement de sa liberté et le droit à un procès équitable sont des droits fondamentaux de l'homme juridiquement contraignants pour tous les États car ils font partie du droit international coutumier[4]. De surcroît, ils sont valables en toutes circonstances, même en cas d'état d'urgence ou de conflit armé[5].

I.2. Des droits indérogeables même en situation de conflit armé

Il convient de rappeler que les faits de l'espèce se sont produits dans un pays en proie à un intense conflit armé ayant entrainé l'effondrement des structures de sécurité et des institutions de l'État défendeur[6]. Néanmoins, les juges de la CourADHP ont affirmé que cela n'exonérait pas le Défendeur « du respect et de la garantie des droits de l'homme énoncés par les articles 6 et 7 de la Charte »[7]. Autrement dit, les principes du droit à la liberté et à la sécurité de sa personne et ceux relatifs à l'équité des procès définis, respectivement, aux articles 6 et 7 de la CADHP demeurent applicables même en période de conflit armé.

La CourADHP parvient à cette conclusion en se référant au droit de dérogation reconnu aux États par l'article 4 du Pacte international relatif aux droits civils et politiques (ci-après PIDCP). Cette disposition autorise, en effet, les États parties à déroger aux obligations prévues par le Pacte en cas de situations exceptionnelles menaçant leur existence[8]. Pour autant, ce droit comporte des limites, car les obligations définies aux articles 6, 7, 8 (§ 1 et 2), 11, 15, 16 et 18 du Pacte sont insusceptibles de dérogation quelle que soit la situation qui prévaut. Visiblement, les

---

[1] *Ibid*, Article 7(1)(c).

[2] CourEDH, *John Murray c. Royaume-Uni*, 8 février 1996, Recueil 1996-I, paragraphe 45.

[3] Pacte international relatif aux droits civils et politiques, Article 9(2) : « Tout individu arrêté sera informé, au moment de son arrestation, des raisons de cette arrestation et recevra notification, dans le plus court délai, de toute accusation portée contre lui ».

[4] HENCKAERTS (J.-M.), DOSWALD-BECK (L.), *Droit international coutumier, Volume 1 : Règles*, Bruylant, 2006, règle 99, p. 455 (privation arbitraire de liberté) ; *Ibid*, règle 100, p. 467 (procès équitable) ; Dans l'affaire Kayishema et Ruzindana, les juges ont affirmé que « le principe du droit au procès équitable fait partie du droit international coutumier », Tribunal Pénal International pour le Rwanda (TPIR), *Le Procureur c/ Clément Kayishema et Obed Ruzindana, Motifs de l'arrêt*, Chambre d'Appel, Affaire N° ICTR-95-1-A, 1er juin 2001.

[5] Amnesty International, *Pour des procès équitables*, deuxième édition, *op. cit.*, p. XV.

[6] Assemblée générale des Nations Unies, *Assistance technique à la Libye dans le domaine des droits de l'homme*, Rapport du Haut-Commissariat des Nations Unies aux droits de l'homme, Nations Unies, Doc. A/HRC/25/42, 13 janvier 2014, paragraphe 2.

[7] CourADHP, *Commission africaine des droits de l'homme et des peuples c. Libye*, Requête n° 002/2013, arrêt, *op. cit.*, paragraphe 77.

[8] PIDCP, Article 4 : « 1. Dans le cas où un danger public exceptionnel menace l'existence de la nation et est proclamé par un acte officiel, les États parties au présent Pacte peuvent prendre, dans la stricte mesure où la situation l'exige, des mesures dérogeant aux obligations prévues dans le présent Pacte, sous réserve que ces mesures ne soient pas incompatibles avec les autres obligations que leur impose le droit international et qu'elles n'entraînent pas une discrimination fondée uniquement sur la race, la couleur, le sexe, la langue, la religion ou l'origine sociale.
2. La disposition précédente n'autorise aucune dérogation aux articles 6, 7, 8 (par. 1 et 2), 11, 15, 16 et 18.
3. Les États parties au présent Pacte qui usent du droit de dérogation doivent, par l'entremise du Secrétaire général de l'Organisation des Nations Unies, signaler aussitôt aux autres États parties les dispositions auxquelles ils ont dérogé ainsi que les motifs qui ont provoqué cette dérogation. Une nouvelle communication sera faite par la même entremise, à la date à laquelle ils ont mis fin à ces dérogations ».

articles 9 et 14 du Pacte, correspondant respectivement aux articles 6 et 7 de la CADHP, ne figurent pas parmi les dispositions non-dérogeables. Par conséquent, la CourADHP, en l'espèce, aurait pu justifier davantage le caractère indérogeable des droits consacrés aux articles 6 et 7 de la CADHP que sur le seul fondement de l'article 4 du PIDCP.

Contrairement au PIDCP, à la Convention américaine[1], à la Charte arabe[2] et à la Convention européenne[3] qui ont énuméré chacun une série de droits auxquels il ne peut être dérogé, la CADHP ne comporte aucune clause de dérogation[4]. La CourADHP aurait pu examiner de manière plus approfondie en l'espèce, comme le suggère le juge Fatsah OUGUERGOUZ dans son opinion individuelle[5], la question de l'applicabilité de la CADHP en situation de conflit armé. Cette question pourrait trouver réponse dans celle plus générale concernant l'application du droit des droits de l'homme en période de conflit armé ou des rapports qu'entretient cette branche du droit avec le Droit international humanitaire (ci-après DIH).

Tout d'abord, il faut noter que le problème de l'application des droits de la personne en période de conflit armé et de leurs relations avec le DIH a suscité une littérature abondante. La doctrine internationale, la pratique et même la jurisprudence insistent sur le fait que les règles protectrices des droits de la personne, surtout les plus fondamentales, continuent à s'appliquer en cas de conflit armé[6]. Il s'ensuit qu'en temps de guerre, le droit international des droits de l'homme s'applique en même temps que le droit international humanitaire. Par ailleurs, il est désormais fréquent que l'Organisation des Nations Unies (ci-après ONU), à l'occasion de conflits armés ou de troubles intérieurs, demande le respect, à la fois, des droits de l'homme et du DIH[7]. Cette application conjuguée des deux régimes juridiques est dite application concomitante ou double applicabilité avec néanmoins le statut de *lex specialis* reconnu au DIH[8].

---

[1] Article 27(2).

[2] Article 4(2).

[3] Article 15(2).

[4] La Commission ADHP interprète strictement l'absence de clause générale de dérogation au sein de la CADHP. Elle estime que toute dérogation est inadmissible du fait du silence de la Charte et se refuse, par conséquent, à avaliser *a posteriori* les violations commises par les États parties qui invoquent des circonstances exceptionnelles comme la guerre civile ou une situation d'urgence. Pour plus de précisions voir : Commission ADHP, communication 74/92, *CNDHL c/ Tchad*, 9ème rapport d'activités, (2000) AHLRL 66 (CADHP 1995) ; Commission ADHP, communications 48/90, 50/91, 52/91, 89/93 *Amnesty international et autres c/ Soudan*, 13ème rapport d'activités, (2000) AHLRL 297 ; Commission ADHP, communications 54/91, 61/91,98/93, 164-169/97, 210/98, *Malawi african association, Amnesty International et autres c/ Mauritanie*, 13ème rapport d'activités, (2000) AHLRL 149.

[5] CourADHP, *Commission africaine des droits de l'homme et des peuples c. Libye*, Requête n° 002/2013, Opinion individuelle du juge Fatsah Ouguergouz, 3 juin 2016, paragraphe 13.

[6] D'ASPREMONT (J.), DE HEMPTINE (J.), *Droit International Humanitaire*, Paris, Ed. Pédone, 2012, 510 p. ; DAVID (E.), *Principes de droit des conflits armés*, cinquième édition, Bruxelles, Bruylant, 2012, 1152 p. ; DE RAYMOND (J. F.), *Les enjeux des droits de l'homme*, Paris, Larousse, 1988, 257 p. ; TALL (S.), *Théories et réalités du droit international humanitaire : contribution à l'étude de l'application du droit des conflits armés en Afrique noire contemporaine*, Université Cheikh Anta Diop, Faculté des sciences juridiques et politiques, 2001 ; Cour Internationale de Justice (C.I.J.), *Licéité de la menace ou de l'emploi d'armes nucléaires*, Avis consultatif, 8 juillet 1996 ; Cour Internationale de Justice (C.I.J.), *conséquences juridiques de l'édification d'un mur dans le territoire palestinien occupé*, Avis consultatif, 9 juillet 2004.

[7] A titre d'exemple, le Préambule de la Résolution 237 adoptée en 1967 par le Conseil de sécurité des Nations Unies lors de « la guerre des 6 jours » entre Israël et ses voisins : « les droits de l'homme essentiels et inaliénables doivent être respectés même dans les vicissitudes de la guerre ».

[8] La Cour internationale de justice (CIJ) a établi que l'article 6 du PIDCP – le droit de ne pas être arbitrairement privé de sa vie – s'applique aussi en période de conflit armé, CIJ, *Licéité de la menace ou de l'emploi d'armes nucléaires*, Avis consultatif, 8 juillet 1996 ; CIJ, *Conséquences juridiques de l'édification d'un mur dans le territoire palestinien occupé*, Avis consultatif, 9 juillet 2004, paragraphe 106.

Cependant, il convient de préciser que le principe de la *lex specialis* n'est pas d'application « automatique ». La Commission du droit international a indiqué que « pour que le principe de la *lex specialis* s'applique, il ne suffit pas que deux dispositions traitent du même sujet, il doit y avoir une véritable contradiction entre ces deux dispositions, ou l'on doit pouvoir à tout le moins discerner dans l'une de ces dispositions l'intention d'exclure l'autre » [1]. Pour d'autres encore, le principe de la *lex specialis* signifie simplement que dans les situations de normes conflictuelles, la règle la plus détaillée et la plus spécifique devait prévaloir sur la règle plus générale, sur la base d'une analyse au cas par cas, indépendamment de savoir s'il s'agissait d'une norme relative aux droits de l'homme ou au droit humanitaire[2].

Enfin, selon l'Institut de droit international, « l'existence d'un conflit armé n'autorise pas une partie à mettre fin unilatéralement aux dispositions d'un traité relatives à la protection de la personne humaine, ni à en suspendre l'application, à moins que le traité n'en dispose autrement »[3].

Tout ce qui précède conduit à conclure que la CADHP est applicable en période de conflit armé d'autant plus qu'elle ne comporte aucune clause de dérogation. Le raisonnement ci-dessus aurait pu permettre à la CourADHP de parvenir à une telle conclusion. Elle aurait pu, par ailleurs, déduire le caractère non-dérogeable des droits garantis aux articles 6 et 7 de la CADHP par le même moyen. La Cour aurait pu relever, en sus, que le Comité des droits de l'homme des Nations Unies et la Cour interaméricaine des droits de l'homme ont établi que les principes fondamentaux garantissant un procès équitable et d'autres droits qui leur sont associés – notamment le droit de ne pas être privé arbitrairement de sa liberté – sont insusceptibles de dérogation au regard du droit international relatif aux droits humains[4].

Manifestement, la CourADHP, dans la présente affaire, n'a pas fait œuvre utile en matière d'approfondissement des éléments de technique juridique. Elle aurait, sans doute, dû faire un plus grand usage des pouvoirs inhérents à sa fonction judiciaire en application du principe *jura novit curia* (la Cour connaît le droit)[5]. Cela n'était, probablement, pas évident dans le cadre d'une affaire qui a fait l'objet d'un « jugement par défaut ».

II. La procédure par défaut et son incidence sur la motivation de l'arrêt

Le Défendeur, dans la présente affaire, s'est abstenu de faire valoir ses moyens de défense devant la Cour et de fournir des rapports sur la mise en œuvre des ordonnances portant mesures provisoires rendues à son encontre. Cet état de fait a nécessairement eu un impact négatif sur une bonne administration de la justice (II.2.). Par conséquent, la Cour a suivi le Requérant dans ses prétentions en rendant un arrêt

[1] Commission du droit international, *Commentaire de l'article 55 du Projet d'articles sur la responsabilité des États pour fait internationalement illicite*, 53ème Session, 2001.

[2] Assemblée générale des Nations Unies, *Rapport au Conseil des droits de l'homme sur les résultats de la consultation d'experts sur la question de la protection des droits de l'homme des civils dans les conflits armés*, Doc. A/HRC/11/31, 4 juin 2009, paragraphe 13.

[3] Institut de droit international, *Les effets des conflits armés sur les traités*, Cinquième Commission, Rapporteur : M. Bengt Broms, Helsinki, 1985, article 4.

[4] Comité des Nations Unies pour les droits de l'homme, *Observation générale n° 29 sur l'article 4 du Pacte international relatif aux droits civils et politiques*, CCPR/C/21/Rev.1/Add.11, 24 juillet 2001, paragraphe 15 et 16 ; Cour interaméricaine des droits de l'homme, *L'habeas corpus dans les situations d'urgences*, Advisory Opinion OC-8/87, *op. cit.*

[5] CourADHP, *Commission africaine des droits de l'homme et des peuples c. Libye*, Requête n° 002/2013, Opinion individuelle du juge Fatsah Ouguergouz, *op. cit.*, paragraphe 5.

par défaut contre le Défendeur sans, toutefois, se donner la peine de préciser les principes clairs devant guider la procédure du « jugement par défaut » (II.1.).

II.1. Les principes directeurs du « jugement par défaut »

Les États parties à la CADHP et au Protocole relatif à la CADHP portant création d'une CourADHP ont accepté la compétence de cette Cour en vertu de l'article 3[1] du Protocole. En acceptant la compétence de la Cour, ces États acceptent, *a priori*, de se soumettre à sa juridiction et de collaborer à la procédure afin de lui permettre d'accomplir sereinement les tâches qui lui ont été assignées. Ainsi, afin d'éviter que le manquement des États vis-à-vis des obligations qu'ils ont à l'égard de la Cour empêche son bon fonctionnement, notamment par le défaut ou la non-comparution, il est prévu une procédure de jugement par défaut. Selon Geneviève GUYOMAR, « doit être considéré comme un défaut toute absence de participation à la procédure engagée devant un tribunal international, que cette absence de participation soit totale ou partielle, temporaire ou définitive »[2].

Le jugement par défaut est prévu à l'article 55 du Règlement intérieur de la Cour (l'ancien), lequel est libellé comme suit : « 1. Lorsqu'une partie ne se présente pas ou s'abstient de faire valoir ses moyens, la Cour peut, à la demande de l'autre partie, rendre un arrêt par défaut après s'être assurée que la partie défaillante a dûment reçu notification de la requête et communication des autres pièces de la procédure. 2. La Cour, avant de faire droit aux prétentions de la partie comparante, doit s'assurer non seulement qu'elle a compétence, mais également que la requête est recevable et que les conclusions sont fondées en fait et en droit ».

La Cour, en l'espèce, a conclu que la condition pour le prononcé d'un jugement par défaut était remplie[3], uniquement après avoir vérifié que le Défendeur a dûment reçu notification de la requête et communication des autres pièces de la procédure. S'agissant là du tout premier arrêt par défaut qu'elle rendait, il aurait été opportun que la Cour soit un peu plus prolixe en ce qui concerne les principes pertinents relatifs au jugement par défaut[4]. Partant, il convient de se référer à la jurisprudence de la Cour internationale de justice (ci-après CIJ) afin de déterminer ces principes. L'organe judiciaire principal des Nations Unies a, en effet, été amené à appliquer plus d'une fois l'article 53[5] de son Statut, lequel est quasiment similaire à l'article 55 du Règlement de la CourADHP.

Il ressort de la jurisprudence de la CIJ que « l'État qui décide de ne pas comparaitre doit accepter les conséquences de sa décision, dont la première est que l'instance se poursuivra sans lui »[6]. Cet État reste, cependant, partie au procès[7] et en

---

[1] Protocole relatif à la CADHP portant création d'une CourADHP, Article 3 : « 1. La Cour a compétence pour connaître de toutes les affaires et de tous les différends dont elle est saisie concernant l'interprétation et l'application de la Charte, du présent Protocole, et de tout autre instrument pertinent relatif aux droits de l'homme et ratifié par les États concernés. 2. En cas de contestation sur le point de savoir si la Cour est compétente, la Cour décide ».

[2] GUYOMAR (G.), *Le défaut des parties à un différend devant les juridictions internationales*, Paris, L.G.D.J., 1960, p. 27.

[3] CourADHP, *Commission africaine des droits de l'homme et des peuples c. Libye*, Requête n° 002/2013, arrêt, *op. cit.*, paragraphe 42.

[4] CourADHP, *Commission africaine des droits de l'homme et des peuples c. Libye*, Requête n° 002/2013, Opinion individuelle du juge Fatsah Ouguergouz, *op. cit.*, paragraphe 31.

[5] Statut de la Cour internationale de justice, Article 53 : « 1. Lorsqu'une des parties ne se présente pas, ou s'abstient de faire valoir ses moyens, l'autre partie peut demander à la Cour de lui adjuger ses conclusions.
2. La Cour, avant d'y faire droit, doit s'assurer non seulement qu'elle a compétence aux termes des Articles 36 et 37, mais que les conclusions sont fondées en fait et en droit ».

[6] Cour Internationale de Justice (C.I.J.), *Affaire des activités militaires et paramilitaires au Nicaragua et contre celui-ci (Nicaragua c. États-Unis d'Amérique)*, arrêt sur le fond, 27 juin 1986, paragraphe 28.

[7] *Ibid.*

aucun cas sa non-participation à la procédure ou à une phase quelconque de celle-ci ne saurait affecter la validité du futur arrêt[1]. Cette validité n'est pas non plus conditionnée par l'acceptation de l'arrêt par une partie[2]. Pour autant, il n'est pas permis à la Cour de se prononcer « automatiquement » en faveur de la partie comparante. Elle a l'obligation de s'assurer, au préalable, que les conclusions de cette partie sont fondées en fait et en droit[3]. Autrement dit, la Cour doit « tout autant que dans une autre instance, acquérir la conviction que les conclusions de la partie comparante sont fondées en droit et, pour autant que la nature de l'affaire le permette, que les faits sur lesquels ces conclusions reposent sont étayés par des preuves convaincantes »[4].

Pour s'assurer que les conclusions sont fondées en droit, la Cour ne doit pas s'appuyer uniquement sur les exposés des parties relativement au droit applicable[5]. Elle est tenue « de prendre en considération de sa propre initiative toutes les règles de droit international qui seraient pertinentes pour le règlement du différend »[6]. De même, s'agissant des faits de la cause, la Cour n'est pas tenue, en principe, de se limiter aux éléments que lui soumettent formellement les parties[7]. Il lui incombe tout particulièrement, en cas d'absence de l'une des parties, « de s'assurer qu'elle est bien en possession de tous les faits disponibles »[8]. Néanmoins, la Cour ne saurait pallier totalement, par ses propres recherches, les conséquences de l'absence de l'une des parties qui limite nécessairement l'information de la Cour[9].

Il s'agit là, de l'essentiel des principes directeurs de la procédure par défaut consacrés par la CIJ dans le cadre de l'interprétation de l'article 53 de son Statut. Les juges de la CourADHP, en l'espèce, ont manqué l'occasion de donner une interprétation pertinente de l'article 55 du Règlement de cette Cour. De ce fait, ils auraient pu, à tout le moins, se référer aux principes susmentionnés, afin de ne pas rompre l'égalité des parties au différend.

II.2. La remise en cause du principe fondamental de l'égalité des parties

« La vigilance que la Cour est à même d'exercer lorsqu'elle bénéficie de la présence des deux parties à l'instance a pour corollaire le soin tout particulier qu'elle doit apporter à bien administrer la justice dans une affaire où l'une d'elles seulement participe à l'instance »[10]. C'est la conclusion à laquelle est parvenue la CIJ concernant les principes directeurs de la procédure par défaut dans sa jurisprudence *activités militaires et paramilitaires au Nicaragua*. Il y aurait donc un risque plus grand d'une mauvaise administration de la justice en cas de jugement par défaut en raison de l'absence de l'une des parties à l'instance. Tout bien considéré, la CourADHP, dans la présente affaire, n'a pas su composer avec cet écueil et semble s'être appuyée

---

[1] *Ibid*, paragraphe 27.
[2] *Ibid.*
[3] *Ibid*, paragraphe 28.
[4] *Ibid*, paragraphe 29.
[5] Cour Permanente de Justice Internationale, *affaire du « Lotus »*, Recueil des arrêts, série A – N° 10, 7 septembre 1927, p. 31.
[6] Cour Internationale de Justice (C.I.J.), *affaire de la Compétence en matière de pêcheries (Royaume-Uni de Grande-Bretagne et d'Irlande du Nord c. Islande)*, arrêt au fond, Recueil, 25 juillet 1974, paragraphe 17.
[7] Cour Internationale de Justice (C.I.J.), *Essais nucléaires (Australie c. France)*, arrêt, C.I.J. Recueil 1974, paragraphes 31-32.
[8] *Ibid*, paragraphe 31.
[9] Cour Internationale de Justice (C.I.J.), *Affaire des activités militaires et paramilitaires au Nicaragua et contre celui-ci (Nicaragua c. États-Unis d'Amérique)*, arrêt sur le fond, *op. cit.*, paragraphe 30.
[10] *Ibid*, paragraphe 31.

uniquement sur les conclusions de la partie comparante aussi bien sur le droit applicable que sur les faits.

Tout d'abord en ce qui concerne le droit applicable, la Requérante demandait à la Cour de conclure à la violation des articles 6 et 7 de la CADHP par le Défendeur. Pour y parvenir, la Cour a rappelé les articles 9 et 14 du PIDCP sans toutefois expliciter l'articulation qu'elle faisait entre ces deux instruments[1]. Pourtant, l'article 7 du Protocole lui donne compétence pour appliquer « les dispositions de la Charte ainsi que tout autre instrument pertinent relatif aux droits de l'homme et ratifié par l'État concerné ». En vertu de cet article, la Cour aurait pu également mentionner les dispositions pertinentes de la Charte arabe des droits de l'homme à laquelle l'État défendeur est partie depuis le 15 janvier 2008[2]. La Cour a aussi conclu – et cela a déjà été démontré – que les articles 6 et 7 de la CADHP sont applicables en l'espèce sans même s'interroger sur l'applicabilité de la Charte en situation de conflit armé[3]. Elle aurait pu relever, à juste titre, que les droits garantis par ces dispositions font partie du droit international coutumier et mentionner aussi les Observations générales du Comité des droits de l'homme des Nations Unies sur l'interprétation des articles 9 et 14 du PIDCP.

La Cour n'a pas non plus suffisamment démontré que les conclusions de la Requérante étaient fondées en fait. Il ressort pourtant des principes directeurs de la procédure par défaut, que la Cour est tenue de s'assurer qu'elle est en possession de tous les faits disponibles. Or, les conclusions de la Cour tels que : « (…) il est établi que le Détenu n'a pas bénéficié des garanties minimales d'un procès équitable (…) »[4] ou encore « les informations actuellement disponibles font ressortir que le Détenu n'a pas eu accès à un avocat (…) »[5], conduisent à penser que la Cour a considéré les faits allégués par la partie comparante comme étant des faits établis[6]. Pis encore, la Cour n'a pas jugé bon de mentionner, dans les motifs de l'arrêt, les documents que lui avait transmis le Défendeur par notes verbales le 29 mai 2013 et le 16 mai 2014. Ces documents ont, certes, été transmis en dehors des délais prescrits[7], mais la Cour était tenue de les examiner plus sérieusement afin de connaître les vues de la partie défaillante sur les faits de l'espèce[8]. La CIJ a, en effet, jugé que la Cour « (…) a avantage à connaître les vues des deux parties, quelle que soit la manière dont ces vues s'expriment »[9]. Par conséquent, même transmis hors délai, la Cour aurait dû tenir compte des documents transmis par le Défendeur en l'espèce. Il s'agit là, d'un autre principe directeur du jugement par défaut consacré par l'organe judiciaire principal des Nations Unies.

En définitive, la CourADHP n'a pas pris en considération, de sa propre initiative, toutes les règles de droit international des droits de l'homme pertinentes pour le

[1] Cour africaine des droits de l'homme et des peuples, *Commission africaine des droits de l'homme et des peuples c. Libye*, Requête n° 002/2013, Opinion individuelle du juge Fatsah Ouguergouz, *op. cit.*, paragraphe 7.
[2] *Ibid*, paragraphe 8.
[3] Voir *supra*, p. 9-10.
[4] CourADHP, *Commission africaine des droits de l'homme et des peuples c. Libye*, Requête n° 002/2013, arrêt, *op. cit.*, paragraphe 90.
[5] *Ibid*, paragraphe 96.
[6] CourADHP, *Commission africaine des droits de l'homme et des peuples c. Libye*, Requête n° 002/2013, Opinion individuelle du juge Fatsah Ouguergouz, *op. cit.*, paragraphe 16.
[7] CourADHP, *Commission africaine des droits de l'homme et des peuples c. Libye*, Requête n° 002/2013, arrêt, *op. cit.*, paragraphe 19.
[8] Cour Internationale de Justice (C.I.J.), *Affaire des activités militaires et paramilitaires au Nicaragua et contre celui-ci (Nicaragua c. États-Unis d'Amérique)*, arrêt sur le fond, *op. cit.*, paragraphe 31.
[9] *Ibid.*

règlement de l'espèce. C'est à elle qu'incombait la charge d'établir ou de prouver les règles de droit applicable, « car le droit ressortit au domaine de la connaissance judiciaire de la Cour »[1]. Elle n'a pas, non plus, tout mis en œuvre pour s'assurer de la véracité des allégations de la partie comparante en se gardant de faire usage des ressources offertes par l'article 45 (« Mesures d'instruction ») et l'article 46 (« Témoins, experts et autres personnes ») de son (ancien) Règlement[2]. Toutes ces omissions sont de nature à remettre en cause le principe fondamental de l'égalité des parties.

Parce qu'un jugement rendu par défaut court un plus grand risque de ne pas être appliqué, les juges de la CourADHP auraient dû motiver davantage le présent arrêt, d'autant qu'il s'agissait là du tout premier arrêt par défaut rendu par cette juridiction principale des droits de l'homme en Afrique.

---

[1] *Ibid*, paragraphe 29.

[2] CourADHP, *Commission africaine des droits de l'homme et des peuples c. Libye*, Requête n° 002/2013, Opinion individuelle du juge Fatsah Ouguergouz, *op. cit.*, paragraphe 17.

Commentaire _ *Commission africaine des droits de l'homme et des peuples c. République du Kenya*, Requête n° 006/2012

Dr. Valérie Edwige SOMA/KABORE*

Introduction générale

La reconnaissance et la réaffirmation des droits collectifs. Ainsi, pourrait-on qualifier la substance de l'affaire sur laquelle porte la présente contribution. En effet, cette affaire a été l'occasion pour l'organe juridictionnel continental de définir, d'interpréter et de préciser les contours normatifs de plusieurs droits collectifs et notions juridiques consacrés dans la Charte africaine des droits de l'homme et des peuples (la Charte).

L'affaire sur laquelle porte le présent écrit est un arrêt rendu le 26 mai 2017 par la Cour africaine des droits de l'homme et des peuples (la Cour), seul organe juridictionnel opérationnel de l'Union africaine[1] (UA), qui, depuis son institution par le Protocole à la Charte AHP portant création d'une Cour ADHP (le Protocole) a contribué, par sa jurisprudence, au rayonnement progressif des droits de l'homme en Afrique[2]. Dans cette affaire qui a opposé la Commission africaine des droits de l'homme (la Commission) à la République du Kenya (l'Etat défendeur), l'organe de céans a pu reconnaitre et affirmer certains droits des peuples à une communauté vivant au Kenya, les Ogieks. Les Ogieks constituent un groupe de minorités ethniques autochtones du Kenya, qui compte près de 20000 personnes, dont 15000 habitent dans le complexe forestier du Grand Mau, un territoire couvrant près de 400000 hectares, à cheval sur près de sept districts administratifs[3]. En octobre 2009, un préavis d'expulsion émis par le Service des forêts du Kenya exigeait que les Ogieks et les autres communautés vivant dans la forêt de Mau déguerpissent de celle-ci dans un délai de 30 jours, au motif que cette forêt constitue non seulement une réserve de captage hydrographique, mais faisait également partie du domaine public, en vertu de l'article 4 de la Loi kényane régissant les propriétés domaniales[4]. Pour remédier à cette situation, la Commission, organe quasi juridictionnel de promotion et de protection des droits de l'homme et de peuples[5], a été saisie le 14 novembre 2009, par deux Organisations non gouvernementales (ONG) kenyanes, le *Centre for Minority Rights Development* (CEMIRIDE), rejoint par *Minority Rights Group International* (MRGI), au nom de la communauté Ogiek de la forêt de Mau. Il faut souligner que la Commission, dont la création a précédé celle de la Cour, participe très largement à la protection des droits de l'homme et des peuples sur le continent africain, notamment à travers ses nombreuses communications auxquelles elle entend donner un caractère

---

* Agrégée des facultés de droit public, Université Thomas Sankara de Ouagadougou (Burkina Faso) ; Membre du conseil d'Administration du Centre d'Etudes et de Recherches sur le Droit International général et les droits de l'Homme (CERDIH) ; Membre universitaire de la Commission Nationale des Droits Humains (CNDH / Burkina Faso).

[1] Abdoulaye SOMA « Le jeu des protocoles dans le processus juridique de construction d'une Cour africaine de protection des droits de l'homme », *Revue CAMES/SJP*, n°2, 2015, pp. 1-8.

[2] Kéba M'BAYE, *Les droits de l'homme en Afrique*, 2e édition, Paris, Pedone, 2002, pp. 10 et s ; Frans Viljoen, *International Human Rights Law in Africa*, Oxford, Oxford University Press, 2012, pp. 17 et s.

[3] Voir le § 5 de l'arrêt.

[4] Voir le § 6 de l'arrêt.

[5] Voir l'article 30 de la Charte.

contraignant, qu'elle lit en filigrane à travers l'article 1er de la Charte qui impose aux Etats une obligation générale d'appliquer ses dispositions[6]. Afin d'éviter à cette

communauté des conséquences graves et des dommages irréparables, la Commission dans sa mission de protection des droits de l'homme et des peuples, a demandé, comme mesures conservatoires, la suspension par l'Etat de l'application du préavis d'expulsion le 23 novembre 2009, en vain. C'est à cette étape de la procédure que la Commission, soucieuse de ne pas faillir à la mission qui lui a été dévolue par la Charte, a décidé de saisir la Cour le 12 juillet 2012, conformément à l'article 5(1) (a) du Protocole. Sur ce point, il faut saluer cette saisine de la Cour par la Commission qui est assez rare pour mériter d'être soulignée[2], mais qui risque cependant de devenir, si la tendance ne s'inverse pas, le seul moyen juridictionnel de sanction des violations des droits consacrés dans la Charte. On constate effectivement une tendance actuelle des Etats parties à la Charte à remettre en cause le recours individuel[3], mécanisme de défense le plus répandu du contentieux des droits de l'homme[4] dont il constitue la « pierre angulaire »[5].

La communication de la Commission a été notifiée à l'Etat défendeur le 25 septembre 2012, lequel a soulevé plusieurs exceptions préliminaires dans son mémoire du 12 décembre 2012. Le 28 décembre 2012, la Commission a demandé à la Cour d'ordonner des mesures provisoires visant à empêcher l'application d'une directive du 9 novembre 2012 assouplissant les restrictions sur les transactions de certains terrains dans la zone du complexe forestier de Mau[6]. Ces mesures provisoires demandées par la Commission ont été ordonnées le 15 mars 2013, prescrivant à l'Etat défendeur la remise en vigueur avec effet immédiat des restrictions sur les transactions foncières de la forêt de Mau, l'abstention de tout acte préjudiciable à la requête principale de même que l'établissement dans un délai de quinze (15) jours, d'un rapport sur les mesures de mise en œuvre de l'ordonnance des mesures conservatoires. En septembre 2013 et février 2014, la Commission a informé la Cour de la non-exécution par le Défendeur des mesures provisoires prononcées. Après une navette de concertations orchestrées par le greffe de la Cour entre la Commission et l'Etat défendeur, la Cour a entendu toutes les parties dans une audience préliminaire tenue en novembre 2014[7]. Après cette audience préliminaire, la Cour, en application des articles 9 du Protocole et 57 de son (ancien) règlement intérieur, a proposé aux parties de négocier un règlement à l'amiable en mars 2015. Il est vrai qu'en matière de règlement pacifique des différends internationaux, les organes saisis sont encouragés

---

[6]Rachidatou ILLA MAIKASSAOUA, *La Commission africaine des droits de l'homme et des peuples. Un organe de contrôle au service de la Charte africaine*, Paris, Karthala, 2013, p. 161.

[2] Parmi les nombreux arrêts rendus par la Cour, seuls trois (03) arrêts ont été rendus sur saisine de la Commission. Voir le résumé des statistiques de la Cour, disponible sur https://fr.african-court.org/index.php/affaires/affaires-contentieuses#r%C3%A9sum%C3%A9-statistique, consulté le 1er mai 2020.

[3] Après le Rwanda qui a retiré sa déclaration facultative de compétence de la Cour pour connaitre des requêtes individuelles le 1er avril 2016 et la Tanzanie en novembre 2019, deux autres Etats viennent d'annoncer également leur intention de faire ce retrait après que la Cour ait rendu des ordonnances qui ne leur étaient pas favorables. Il s'agit du Bénin à la suite des mesures provisoires prises par la Cour dans l'affaire AJAVON (Requête no 062/2019 - *Sébastien Germain Marie Aïkoué AJAVON c. République du Bénin* du 17 avril 2020) et de la Côte d'Ivoire à la suite des mesures provisoires ordonnées par la Cour dans l'affaire SORO (Requête no 012/2020 - *Guillaume Kigbafori Soro & Autres c. République de Côte d'Ivoire*, du 22 avril 2020).

[4] Hélène TIGROUDJA et Ludovic HENNEBEL, *Traité international des droits de l'homme*, Paris, Pedone, 2016, p. 443.

[5] Frédéric SUDRE, *Droit européen et international des droits de l'homme,* Paris, PUF, 2016, 3ème Ed., p. 291.

[6] Voir le § 13 de l'arrêt.

[7] Durant cette audience préliminaire tenue lors de sa trente-cinquième sessions ordinaire les 27 et 28 novembre 2014, la Cour a entendu toutes les parties, les témoins et expert de la requérante ainsi que l'ONG plaignante initiale, MRGI conformément aux articles 29 (1) et 45 (1) de son règlement intérieur.

par les instruments internationaux qui les instituent, même en matière de protection des droits de l'homme, à privilégier un règlement amiable en accord avec les parties[1], ce qui est tout à fait conforme à la préférence des Etats pour le règlement diplomatique[2]. Toutefois, les propositions faites par l'Etat défendeur dans le cadre de ce règlement amiable n'ont pas répondu aux attentes de la Commission qui a demandé à la Cour la poursuite de la procédure contentieuse, pour rendre le présent arrêt.

La requérante qui, en rappel dans cette affaire, est la Commission, prétend que l'Etat défendeur (la République du Kenya), à travers les différentes mesures administratives et législatives adoptées a violé plusieurs droits humains des Ogieks, qui couvrent toutes les générations de droits de l'homme consacrées en droit international des droits de l'homme. Au titre des droits de première génération[3], elle allègue la violation par l'Etat du droit à la vie, de l'interdiction de la discrimination et de la liberté religieuse des Ogieks. Au titre des droits de seconde génération[4], elle soutient que l'Etat a violé le droit de propriété et les droits culturels des Ogieks. Enfin, à propos des droits de troisième génération[5], la Commission accuse l'Etat d'avoir porté atteinte au droit à la libre disposition de la richesse et des ressources naturelles et au droit au développement des Ogieks. Elle estime que ces violations sont dues aux décisions d'expulsions arbitraires des Ogieks de la forêt de Mau, à l'absence de leur reconnaissance légale en tant que tribu, au refus de leur octroyer des titres fonciers, aux différentes lacunes législatives, au non-respect par l'Etat des décisions juridictionnelles, à l'insuffisance de mesures internes adoptées pour donner effet aux droits garantis par la Constitution, et à l'absence de consultation préalable des Ogieks pour la prise de toute décision qui les affecte. Elle demande par conséquent à la Cour de constater la violation par l'Etat, au détriment des Ogieks en tant que population autochtone, des articles 1, 2, 4, 8, 14, 17(2) et (3), 21 et 22 de la Charte qui garantissent les droits dont la violation est alléguée. Elle demande par ailleurs à la Cour d'ordonner à l'Etat de prendre toutes les dispositions nécessaires pour faire cesser les violations constatées, empêcher leur répétition et réparer tous les dommages subis par les Ogieks. La Commission remet en cause la conformité des actes adoptés par l'Etat avec ses engagements internationaux en matière de respect, de protection et de promotion des droits de l'homme, notamment ceux garantis dans la Charte qu'il a ratifiée. L'Etat défendeur rejette en bloc toutes les allégations de la Commission en affirmant la légalité interne et internationale de ses mesures et leurs justifications le cas échéant par des motifs légitimes d'ordre public, de santé publique, de protection et de préservation de l'environnement prévus par la Charte.

---

[1] Voir par exemple l'article 52 de la Charte, l'articles 38 §1 b) de la Convention européenne des droits de l'homme et l'article 48§1f) de la Convention interaméricaine des droits de l'homme.

[2] Valérie Edwige SOMA/KABORE, « La requête interétatique dans le contentieux international des droits de l'homme », *Afrilex*, 2018, pp. 1-26.

[3] Il s'agit des droits civils et politiques (DCP) qui visent à protéger l'homme social contre les atteintes arbitraires du pouvoir politique. Ils sont qualifiés de droit de première génération car ils sont chronologiquement les premiers droits humains à avoir été revendiqués dans l'évolution historique de la garantie des droits de l'homme (fin 18ème-début 19ème siècle). Abdoulaye SOMA, « La Charte africaine des droits de l'homme et des peuples », *in* Michel Hottelier et Maya Hertig Randall (dir.), *Introduction aux droits de l'homme*, Paris, LGDJ, 2014, pp. 558-569.

[4] Il s'agit des droits économiques, sociaux et culturels (DESC), qui visent à garantir la satisfaction des besoins élémentaires de l'homme social par le pouvoir politique. Ils sont qualifiés de droit de deuxième génération car ils sont chronologiquement les seconds à avoir fait l'objet de revendication (1ère moitié du 20ème siècle). Abdoulaye SOMA, « La Charte africaine des droits de l'homme et des peuples », *op.cit.*

[5] Il s'agit des droits de solidarité, qualifiés de droits de troisième génération car les derniers à être apparus d'un point de vue chronologique (2ème moitié du 20ème siècle). Abdoulaye SOMA, « La Charte africaine des droits de l'homme et des peuples », *op.cit.*

La Cour, appelée à arbitrer et à trancher ces thèses juridiques diamétralement opposées, devait essentiellement pour les départager se pencher sur les questions essentielles suivantes : l'expulsion d'une communauté d'une forêt qui est leur habitat ancestral constitue-t-elle une violation des droits humains garantis dans la Charte africaine des droits de l'homme et des peuples ? Quels statuts juridiques faut-il reconnaitre à ces populations au regard de la Charte ? Les atteintes alléguées sont-elles conformes aux restrictions autorisées par la Charte dans la jouissance des droits humains ? Cette décision de la Cour est d'autant plus importante que les réponses qu'elles apporte à ces questions intéressent une catégorie de droits dont la violation n'est pas aussi fréquemment invoquée, les droits collectifs, notamment ceux des populations en tant que « peuple » auxquels la Charte accorde une place de choix

La question des droits des peuples revêt une importance significative sur le continent africain, composé d'Etats dont les frontières ont été arbitrairement tracées par les anciens colonisateurs sans tenir compte des populations multiethniques qui y vivaient. La Charte, qui lie tous les Etats africains, est d'ailleurs le seul instrument de protection des droits de l'homme juridiquement contraignant qui consacre, à côté des droits individuels, les droits collectifs, en l'occurrence les droits des peuples[1].

L'interprétation et la délimitation des contours normatifs de ces droits, de même que la légitimité de la restriction dans leur application *in concreto* dans un cas d'espèce, dénote de l'intérêt aussi bien théorique que pratique de cet arrêt de la Cour. Dans cette affaire, en s'inspirant des principes africains et onusiens du droit international, la Cour a fourni des éléments d'éclaircissement sur des notions fondamentales de peuple, population autochtone, afin de préciser dans quelles mesures les droits collectifs consacrés dans la Charte pouvaient être invoqués par les groupes de populations qui répondent à ces caractéristiques et jusqu'à quel degré ils pouvaient être légitimement restreints. C'est par ce travail technique minutieux qu'elle a pu reconnaitre et constater certaines violations des droits de l'homme allégués au détriment de ces populations, dont elle a demandé la cessation par l'Etat défendeur dans un délai raisonnable, tout en se réservant le droit, comme le lui permet l'article 63 de son règlement intérieur, de décider des réparations subséquentes dans un arrêt ultérieur.

L'Etat défendeur, avant de présenter ses arguments pour contrer les violations alléguées au fond par la Commission, a d'abord soulevé une série d'exceptions préliminaires tenant aussi bien à la compétence de la Cour qu'à la recevabilité de la demande, qui ont été successivement rejetées. La Cour, comme à son habitude a donc dû évacuer des éléments non substantiels pour satisfaire aux règles de procédures qui régissent généralement le fonctionnement des juridictions internationales, avant de se pencher sur les éléments fondamentaux qui divisent les parties. C'est en suivant cette logique qu'il parait opportun de se pencher sur les éléments préliminaires de l'affaire (I), avant d'en analyser les éléments substantiels (II).

I. Les éléments préliminaires de l'affaire

Il faut entendre ici par éléments préliminaires, les aspects préalables que la Cour devait nécessairement examiner avant de s'intéresser aux violations alléguées sur le fond de l'affaire. Il s'agit concrètement de deux séries d'exceptions préliminaires soulevées par l'Etat défendeur pour éviter l'examen au fond de l'affaire par la Cour.

[1] Abdoulaye SOMA, « La Charte africaine des droits de l'homme et des peuples », *op. cit.*

La première série d'exceptions est relative à la compétence de la Cour (I.1.). La seconde est relative à la recevabilité de la demande (I.2.).

I.1. Les exceptions d'incompétence de la Cour

L'exception d'incompétence est une exception préliminaire qui vise à dénier à la Cour son aptitude à connaitre d'une affaire dont elle est saisie[1]. L'Etat défendeur a soulevé plusieurs types d'exception d'incompétence que la Cour a examiné conformément à l'article 39 al. 1 de son règlement intérieur[2]. Ces exceptions portent d'une part sur la compétence matérielle de la Cour et d'autre part sur ses autres formes de compétences.

Concernant la compétence matérielle, l'Etat défendeur soutient que la Cour n'est pas compétente pour connaitre de cette affaire. Selon lui, en vertu de l'article 58 de la Charte, la Commission, en cas de réception d'une communication attestant de l'existence d'une situation de violation massive des droits de l'homme et des peuples, aurait dû attirer l'attention de la Conférence des chefs d'Etat et de gouvernement (CEG) de l'UA sur cette situation, au lieu de saisir la Cour comme elle l'a fait. La Cour a rejeté cette exception sur la base de trois arguments. Le premier est que sa compétence matérielle, régie par les articles 3(1) du Protocole et 26 (1) de son règlement intérieur la rend apte à connaitre de toutes les affaires qui portent sur l'interprétation et l'application de la Charte, du Protocole, et de tout autre instrument pertinent relatif aux droits de l'homme et ratifié par les Etats concernés[3], comme c'est le cas en l'espèce[4]. Le second concerne la compétence de la Commission pour la saisir depuis sa création, conformément à l'article 5 al. 1 a) du Protocole, en cas notamment de violation massive des droits de l'homme et des peuples[5], sans autres conditions que celles relatives à sa compétence matérielle susmentionnée. Le troisième argument est que la saisine de la CEG prescrite à l'article 58 de la Charte n'est qu'une voie de recours possible pour la Commission parmi d'autres, comme la saisine de la Cour pour laquelle elle a opté. La saisine de la CEG par la Commission n'est donc pas obligatoire, ni ne constitue une condition préalable à la saisine de la Cour dont l'article 2 du Protocole de création affirme la complémentarité avec la Commission. La Cour a de ce fait, avec raison, balayé les arguments de l'Etat défendeur en lui montrant que la Commission a choisi dans cette affaire d'utiliser un moyen de règlement juridictionnel des différends internationaux, comme elle en a le droit, au détriment de la voie diplomatique prévue par l'article 58 de la Charte.

Quant aux autres formes de compétence, l'Etat défendeur a remis en cause la compétence personnelle et temporelle de la Cour. Sur sa compétence personnelle, la Cour a opéré l'examen à l'égard de la requérante et de l'Etat défendeur. Au sujet de la compétence personnelle à l'égard de la requérante, l'Etat défendeur a récusé la compétence de la Cour en soutenant que les plaignantes initiales n'avaient pas compétence pour saisir la Commission car, n'étant pas autorisées à représenter les Ogieks, elles n'agissaient pas en leur nom. La Cour s'est contentée sur ce point de

[1] Serge GUINCHARD et Thierry DEBARD, *Lexique des termes juridiques*, Paris, Dalloz, 2017-2018, 25ème ed., p. 1107.

[2] Article 39 al 1du règlement intérieur de la Cour : « La Cour procède à un examen préliminaire de sa compétence et des conditions de recevabilité de la requête telles que prévues par les articles 50 et 56 de la Charte et l'article 40 du présent Règlement ».

[3] Voir Cour africaine des droits de l'homme et des peuples (Cour ADHP), *Alex Thomas c. République-Unie de Tanzanie* (arrêt sur le fond), Requête n° 005/2013, 20 novembre 2015, § 45, et *Mohamed Abubakari c. République-Unie de Tanzanie* (arrêt sur le fond), Requête n° 007/2013, 3 juin 2016, §§ 28 et 35.

[4] Voir le § 52 de l'arrêt.

[5] Voir l'article 118(3) du règlement intérieur de la Commission africaine des droits de l'homme et des peuples (Commission ADHP).

relever, à juste titre, le caractère non pertinent de cette exception sans la discuter. En effet, la requérante dans l'affaire qui est soumise à sa compétence étant bien la Commission et non pas les plaignantes initiales[1], il n'était nul besoin pour la Cour de s'attarder davantage dans l'examen de cet argument. Au demeurant, même si cette exception avait été soulevée à l'encontre des plaignantes initiales devant la Commission, elle n'allait pas non plus prospérer puisque cette dernière, à l'instar du système interaméricain de protection des droits de l'homme a adopté *l'actio popularis*[2], qui permet d'ouvrir largement son prétoire à quiconque, au nom des victimes, sans avoir nécessairement obtenu leur consentement préalable. Il est alors permis de se demander pourquoi l'Etat défendeur, qui ne peut ignorer l'existence de l'*actio popularis* devant les organes africains de protection des droits de l'homme, a voulu malgré cela présenter cet argument, qui pourrait s'assimiler à une manœuvre dilatoire. Sur sa compétence personnelle à l'égard de l'Etat défendeur, la Cour a souligné qu'elle résultait de l'adhésion de l'Etat défendeur à la Charte et au protocole, et qu'en plus, contrairement aux requêtes individuelles, l'article 34(6) du protocole n'exige pas que l'Etat défendeur ait fait une déclaration facultative d'acceptation de la compétence de la Cour pour une saisine par la Commission[3]. C'est dire que la compétence personnelle de la Cour à l'égard des Etats parties à la Charte et au Protocole est automatique, si l'affaire est portée devant elle par la Commission. Sur la compétence temporelle, l'Etat défendeur soutient que la Charte ne saurait être appliquée rétroactivement à des faits survenus avant son entrée en vigueur, conformément à l'article 28 de la Convention de vienne sur le droit des traités[4]. Selon lui, les obligations qui lui incombent en vertu de la Charte n'ont pris effet qu'à partir du 10 février 1992, date à laquelle il en est devenu partie. Par conséquent, la Cour ne saurait statuer sur des allégations portant sur des violations survenues avant cette date. Ce principe de non-rétroactivité du droit international invoqué par l'Etat défendeur a été écarté par la Cour au profit d'un principe du droit international des droits de l'homme qui rend l'Etat responsable des violations qui ont eu lieu avant la ratification d'un instrument de protection des droits de l'homme, lorsque l'Etat a continué de les perpétrer ou n'y a pas mis fin après cette ratification. Dans le cas d'espèce, la Cour constate que bien que les violations alléguées du fait de l'expulsion forcée des Ogieks par le défendeur aient commencé avant que ce dernier ne soit lié à la charte et au protocole, les manquements aux obligations internationales qui lui sont reprochés se poursuivent depuis qu'il est partie à ces instruments[5]. Cette démarche de la Cour parait tout à fait appropriée, notamment pour une protection efficace des droits humains.

La Cour déclare en conséquence, sa compétence matérielle, personnelle, temporelle et même territoriale pour connaitre de la requête et en examiner les exceptions d'irrecevabilité.

---

[1] Voir le § 58 de l'arrêt.

[2] Valérie Edwige SOMA/KABORE, « La requête interétatique dans le contentieux international des droits de l'homme », *Afrilex, op.cit.*

[3] Voir Cour ADHP, *Commission africaine des droits de l'homme et des peuples c. Libye* (arrêt sur le fond), 3 juin 2016, § 51.

[4] L'article 28 de la Convention de Vienne du 23 mai 1969 sur le droit des traités qui porte sur la non-rétroactivité des traités dispose : « A moins qu'une intention différente ne ressorte du traité ou ne soit par ailleurs établie, les dispositions d'un traité ne lient pas une partie en ce qui concerne un acte ou fait antérieur à la date d'entrée en vigueur de ce traité au regard de cette partie ou une situation qui avait cessé d'exister à cette date ».

[5] Voir le § 65 de l'arrêt.

I.2. Les exceptions d'irrecevabilité

Contrairement aux exceptions d'incompétence qui ont trait à la Cour elle-même, les exceptions d'irrecevabilité portent sur la requête introduite devant la Cour et tendent à la faire rejeter par cette dernière, avant tout examen au fond[1]. L'Etat défendeur a soulevé deux séries d'exceptions d'irrecevabilité. La première concerne certaines procédures préliminaires et la seconde concerne le non-respect des conditions de recevabilité devant la Cour.

Les exceptions sur les procédures préliminaires sont relatives d'une part à la procédure devant la Commission et d'autre part à la procédure devant la Cour elle-même. Relativement à la procédure devant la Commission, l'Etat défendeur soutient que la Cour doit écarter sa compétence car les faits portés devant elle font toujours l'objet d'une procédure pendante devant la Commission. Cette exception d'irrecevabilité est rejetée par la Cour au motif que sa saisine d'une affaire par la Commission conformément à l'article 5 al. 1 du Protocole, entraine concomitamment le dessaisissement automatique de la même affaire par la Commission[2] de telle sorte que l'on n'assiste pas à deux procédures parallèles. Cet argument de la Cour est logique et imparable puisqu'en décidant de soumettre une affaire dont elle a été personnellement saisie à la Cour, la Commission a entendu décliner sa propre compétence pour poursuivre sur cette affaire et laisser le soin à l'organe juridictionnel de rendre une décision juridiquement contraignante pour l'Etat. Cette exception d'irrecevabilité soulevée par l'Etat défendeur s'assimilerait à l'exception de litispendance si la Cour avait été saisie de la même affaire par une requête individuelle, en l'occurrence par les plaignantes initiales, ce qui n'est pas le cas dans la présente affaire. Relativement à la procédure devant la Cour, l'Etat défendeur estime que la Cour a omis de procéder à un examen préliminaire de sa compétence conformément aux articles 50 et 56 de la Charte et 40 de son règlement intérieur. Pour lui des ordonnances ne peuvent être rendues sans lui donner la possibilité d'être entendu. Cette exception est également rejetée par la Cour. Pour elle, les conditions de recevabilité d'une requête devant la Commission ne doivent pas être confondues avec celles applicables devant elle. Ces conditions sont distinctes et ne peuvent être appréciées à l'aunes de celles de la Commission. Par ailleurs, elle ne peut statuer sur la recevabilité d'une requête sans avoir entendu les parties.

Les exceptions sur le non-respect des conditions de recevabilité devant la Cour concerne d'une part, le défaut d'identification de la requérante et d'autre par le défaut d'épuisement des voies de recours internes (EVRI). Sur le défaut d'identification de la requérante, l'Etat défendeur affirme que la requête est incompatible avec l'article 40 al. 1 du règlement intérieur de la Cour sur la recevabilité des requêtes[3]. Selon lui, les plaignantes initiales n'ont pas présenté la liste nominative des Ogieks lésés ni la preuve de l'autorisation de les représenter, ni d'ailleurs la preuve du statut d'observateur d'une des ONG auprès de la Commission. Cette exception est également rejetée par la Cour, parce que non fondée, pour la simple raison que la requérante étant la Commission en application de l'article 5 al. 1 a) du Protocole et non pas les plaignantes initiales, la question de leur identification n'est pas pertinente

[1] Serge GUINCHARD et Thierry DEBARD, *Lexique des termes juridiques, op.cit.*, p., 1176.

[2] Voir le § 74 de l'arrêt.

[3] Article 40 al 1 de la Charte : En conformité avec les dispositions de l'article 56 de la Charte auxquelles renvoie l'article 6.2 du Protocole, pour être examinées, les requêtes doivent remplir les conditions ci-après : « 1. Indiquer l'identité de leur auteur même si celui-ci demande à la Cour de garder l'anonymat »

devant elle[1]. Cette réponse de la Cour à l'argument de l'Etat défendeur est conforme à son attitude précédente pour réfuter son argument similaire relatif à sa compétence personnelle pour connaitre de cette affaire. Elle ne fait que rappeler à l'Etat défendeur d'éviter de faire une confusion entre la requérante dans la présente affaire dont l'identité est bien connue, la Commission, et les requérantes initiales devant la Commission qui sont les ONG. Il est paradoxal que l'Etat dans cette affaire éprouve des difficultés à faire la distinction entre la communication initiale introduite par les ONG devant la Commission et la présente requête portée par la Commission devant la Cour, à moins qu'il ne s'agisse d'une manœuvre délibérée, quoique infructueuse, pour empêcher ou retarder l'examen au fond de l'affaire. Sur l'épuisement des voies de recours internes, qui est un principe coutumier du droit international public[2], l'Etat défendeur assure que la requête est irrecevable au motif que les plaignantes initiales n'ont pas épuisé les voies de recours internes existants efficaces et suffisants, conformément à l'article 40 al 5 du règlement intérieur de la Cour. Il affirme que ni la requérante, ni les plaignantes initiales n'ont saisi au préalable ses juridictions compétentes ou sa Commission des droits de l'homme pour obtenir réparation avant la saisine de la Cour. Par cette invocation de l'EVRI, l'Etat ne fait que réaffirmer le principe de subsidiarité des recours internationaux[3] qui est une manifestation de sa souveraineté étatique[4]. Cette dernière exception d'irrecevabilité est, à l'instar des précédentes, rejetée par la Cour pour deux raisons. La première est que les voies de recours internes prévus aux articles 56 (5) de la Charte et 40 (5) de son règlement intérieur doivent être avant tout « judiciaires »[5], « disponibles », « suffisantes » ou « efficaces » et ne pas se prolonger anormalement[6], comme l'indique le cas présent. La seconde est que l'EVRI, qui est, il est vrai une règle quasi-universelle[7] n'impose pas obligatoirement que les recours internes aient été personnellement exercés par l'auteur de sa saisine, de telle sorte que l'exigence de l'EVRI est considérée comme satisfaite si la requérante peut prouver que l'affaire a bien fait l'objet des procédures internes appropriées[8]. Dans le cas d'espèce, la requérante a fourni la preuve de nombreux recours devant les juridictions internes du défendeur par les membres de la communauté Ogieks[9], dont certains ont été indûment prolongées[10], notamment par les actions du défendeur. Fort est de constater que la Cour ne fait ici qu'appliquer une

---

[1] Voir le § 88 de l'arrêt.

[2] Jean GUINAN, « La règle de l'épuisement des voies de recours internes dans le cadre des systèmes internationaux de protection des droits de l'homme », *RBDI*, 1968, vol 4, pp. 471-484.

[3] Jean François FLAUSS, « Contentieux européen des droits de l'homme et protection diplomatique », *in Libertés, justice, tolérance. Mélanges en hommage au Doyen Gérard COHEN-JONATHAN, Vol 1*, Bruxelles, Bruylant, 2004, pp. 813-838.

[4] Elle incarne l'idée qu'il faut d'abord donner l'opportunité à l'Etat souverain de réparer les violations alléguées avant de mettre à mal sa souveraineté en le traduisant devant des organes internationaux de contrôle.

[5] Voir Cour ADHP, *affaire Muhammed Abubakari, op.cit*, §§ 66 – 70. L'argument du défendeur sur le défaut de saisine de la Commission nationale des droits de l'homme du Kenya n'est donc pas pertinent.

[6] Voir Cour ADHP, *Lohé Issa Konaté c. Burkina Faso*, (arrêt sur le fond) du 5 décembre 2014, §§ 96 -116 ; *affaire Zongo* (arrêt sur le fond) du 28 mars 2014, §§ 56 – 106 ; V° le commentaire de cet article dans Maurice Kamto, *La Charte africaine des droits de l'homme et des peuples et le protocole y relatif portant création de la Cour africaine des droits de l'homme et des peuples : commentaire article par article*, Bruxelles, Bruylant, 2011.

[7] Il faut toutefois signaler que le système ouest africain de protection des droits de l'homme fait figure d'exception, puisque cette règle de l'épuisement des voies de recours interne ne figure pas parmi les conditions de saisine de la Cour de justice de la Communauté économique des Etats de l'Afrique de l'Ouest. Voir cette Cour, *Kadiatou Mani Koraou c/ République du Niger*, 27 octobre 2008, §§ 36-45.

[8] Voir le § 94 de l'arrêt.

[9] Voir affaire *Francis Kemai et 9 autres L. Attorney général et 3 autres*, devant la Haute Cour, requête civile n° 238 de 1999 ; affaire *Joseph Letuya et 21 autres c. Attorney général et 2 autres*, requête n°635 de 1997 devant la Haute Cour du Kenya à Nairobi.

[10] Voir par exemple l'affaire *Joseph Letuya et 210 autres c. Attorney général et 2 autres*, *Miscellaneous Application* n°635 de 1997 devant la Haute Cour de Nairobi, (après 17 ans de procédure).

jurisprudence constante en matière de respect de la règle d'épuisement des voies de recours internes. Même si cette règle est justifiée par le respect de la souveraineté étatique, pour une protection effective des droits humains, elle ne doit pas être appliquée au détriment des justiciables.

Après l'examen des éléments préliminaires qui ont conduit la Cour à affirmer sa compétence pour connaitre de l'affaire et rejeter toutes les exceptions d'irrecevabilité qui auraient pu en empêcher l'examen au fond, la Cour a procédé à un examen des éléments substantiels de l'affaire.

II. Les éléments substantiels de l'affaire

Il s'agit ici de l'examen des aspects essentiels de l'affaire, c'est-à-dire des violations des droits de l'homme alléguées par la requérante, contestées par l'Etat défendeur et examinées par la Cour. Dans l'examen de ces éléments substantiels, la Cour a d'abord procédé à la reconnaissance de statuts juridiques dont elle a précisé les contours (II.1.), puis elle a examiné les violations de droits humains (II.2.).

II.1. Les statuts juridiques reconnus

Avant de se prononcer sur les violations des droits humains dont les Ogieks ont été victimes, la Cour a estimé nécessaire de leur reconnaitre le statut de « peuple autochtone », et d'étendre à leur situation la notion de peuple consacrée dans la Charte.

Sur le premier point, la Commission soutient que les Ogieks constitue un « peuple autochtone » qui doit faire l'objet de reconnaissance légale. Elle affirme que des générations d'Ogieks vivent dans la forêt de Mau depuis des temps immémoriaux et leur mode de vie et de survie en tant que communauté de chasseurs-cueilleurs est inextricablement lié à la forêt, leur terre ancestrale[1]. Cette demande, non contestée par l'Etat a fait l'objet d'un examen minutieux par la Cour. En l'absence de définition universellement reconnue de la notion de « peuple autochtone », la Cour s'est référée aux critères normatifs proposés dans les travaux de la Commission, en l'occurrence ceux de son Groupe de travail sur les populations et communautés autochtones[2], ainsi que des travaux du Rapporteur spécial des Nations Unies sur les minorités[3], comme l'y autorisent les articles 60 et 61 de la Charte. Elle pose le postulat que l'identification des populations autochtones requiert la prise en compte des éléments déterminants proposés par la doctrine que sont « la priorité dans le temps en ce qui concerne l'occupation et l'exploitation d'un territoire spécifique , « une perpétuation volontaire du caractère distinctif culturel [..], les modes de production, les lois et les institutions, l'auto-identification ainsi que la reconnaissance par d'autres groupes ou par les autorités de l'Etat, en tant que collectivité distincte, et une expérience d'assujettissement, de marginalisation, de dépossession, d'exclusion ou de

---

[1] Voir le § 103 de l'arrêt.

[2] Ce groupe de travail propose les critères suivants : l'auto-identification, l'attachement à leur terre et l'usage particulier de celle-ci d'importance capitale pour leur survie physique et culturelle entant que peuple ; l'assujettissement, l'exclusion sociale, la marginalisation ou la discrimination du fait de leur différence avec le modèle hégémonique dominant Avis consultatif de la Commission africaine des droits de I 'homme et des peuples sur la Déclaration des Nations Unies sur les droits des peuples autochtones adoptée par la Commission africaine des droits de l'homme et des peuples lors de sa 41e session ordinaire tenue en mai 2007 d Accra (Ghana), p. 4.

[3] Les peuples autochtones sont définis comme des communautés minoritaires ayant une continuité historique avec les sociétés pré-invasives et précoloniales qui se sont développées sur leurs territoires, se considèrent distincts des autres groupes sociaux et déterminés à préserver, développer et à transmettre leur identité ethnique et leurs territoires ancestraux aux générations futures comme base de leur existence continue en tant que peuples, conformément à leurs propres modèles. Rapport du Rapporteur spécial de la Sous-commission sur la prévention et de la discrimination et la protection des minorités E/CN.4/sub.2/1986/7/Add. 4, § 379.

discrimination, que ces conditions persistent ou non »[1]. Dans le cas d'espèce, s'agissant de la priorité dans le temps, les différents rapports et mémoires déposés montrent suffisamment que les Ogieks ont la priorité dans le temps en ce qui concerne l'occupation de la forêt de Mau[2] qui est leur domaine ancestral. Par rapport à leur attachement à la terre dont dépend leur survie, les Ogieks, en tant que communauté de chasseurs-cueilleurs, dépendent, depuis des siècles, de la forêt de Mau qui constitue à la fois leur habitat et la source de leur subsistance. Par leur auto-identification et la reconnaissance par d'autres groupes et par les autorités de l'Etat en tant que collectivité distincte, les Ogieks démontrent aussi leur volonté de perpétuer leur caractère culturel distinct, qui comprend les aspects de la langue, de l'organisation sociale, les valeurs religieuses, culturelles et spirituelles, les modes de production, les lois et les institutions[3]. De plus, ils ont des normes sociales et des formes de subsistance qui les distinguent des tribus voisines avec lesquelles ils ont des échanges réguliers en tant que voisins distincts. Par ailleurs, les Ogieks ont été victimes d'assujettissement et de marginalisation comme le prouvent leurs souffrances subies depuis des décennies du fait des expulsions violentes de leurs terres ancestrales, l'assimilation forcée et l'absence de leur reconnaissance légale en tant que tribu[4]. Sur la base de ces constats, la Cour reconnait le statut de « peuple autochtone » des Ogieks, faisant partie intégrante du peuple kenyan qui doivent être spécialement protégés en raison de leur vulnérabilité[5]. En définitive, la Cour s'est basée sur plusieurs principes onusiens et africains pour reconnaitre la qualité de « peuple autochtone » à la communauté Ogieks. Il faut apprécier à leur juste valeur ces efforts de la Cour pour définir et circonscrire une notion qui n'est pas facile à appréhender et qui inclue des éléments beaucoup plus complexes et complets que le simple fait d'être un peuple qui vit sur le territoire dont il est issu[6].

Sur le second point qui concerne l'application de la notion de « peuple » utilisée par la Charte aux populations Ogieks, la Cour a eu recours dans l'interprétation de cette notion, aux outils que lui offre le droit international en matière d'interprétation des traités. Aussi, parmi les nombreuses méthodes d'interprétation proposées par le droit international[7], la Cour a fait le choix d'une interprétation téléologique, extensive de la Charte comme elle en a la faculté en tant qu'organe juridictionnel compétent en matière d'interprétation non authentique des textes[8]. En effet, selon la Cour, l'omission de définition de la notion de peuple contenue dans plusieurs dispositions par les rédacteurs de la Charte est intentionnelle. Il en est ainsi parce que ces derniers ont entendu laisser de la souplesse dans l'application et l'interprétation future de cette notion afin de donner plein effet aux dispositions

[1] Voir le § 106 de l'arrêt.
[2] Rapport du groupe de travail de la Commission africaine sur les populations et les communautés autochtones, p. 83 ; le rapport de la visite d'enquêtes et d'observations effectuée au Kenya du 1er au 19 mars 2010, pp. 41-42, annexe 81 ; HCR, « affaire examinée par le Rapporteur spécial (Juin 2009 - Juillet 2010), Comité des droits de l'homme, 15ème session (15 septembre 201 0) UN Doc A/HRC/15/37/Add.1, §268.
[3] Voir le § 110 de l'arrêt.
[4] Voir le § 111 de l'arrêt.
[5] Voir le § 112 de l'arrêt.
[6] SALMON Jean (ss.dir), *Dictionnaire de droit international*, Bruxelles, Bruylant, 2001, p. 830.
[7] Voir les commentaires des articles pertinents de la Convention de Vienne sur le droit des traités relatifs à l'interprétation des traités, Jean Marc SOREL, « Article 31 Convention de 1969 » et Yves LE BOUTHILLIER, « Article 32, Convention de 1969 », in Oliver CORTEN et Pierre KLEIN (ss.dir) *Les Conventions de Viennes sur le droit des traités, Commentaire article par article*, Bruxelles, Bruylant, 2006, respectivement aux pp. 1289-1334 et 1339-1371.
[8] Alain PELLET, Patrick DAILLIER, Mathias FORTEAU, *Droit international public*, Paris, LGDJ, 2009, 8ème éd., p. 280.

concernées[1]. Pour l'organe juridictionnel saisi, même si généralement la notion de « peuple » est utilisée pour désigner toute la population d'un Etat qui luttent contre la domination étrangère pour affirmer leur droit à l'autodétermination comme souligné dans le préambule de la Charte[2], elle peut s'appliquer à d'autres catégories spécifiques. C'est pourquoi, dans son interprétation de cette notion, elle affirme que la jouissance des droits reconnus aux peuples constitutifs de la population d'un Etat donné peut être étendue aux « groupes et communautés ethniques infra étatiques »[3] qui en font partie. C'est dire que la notion de peuple peut être utilisée dans un sens non politique et s'appliquer non pas à la totalité, mais à une composante de la population d'un Etat donné. Cette interprétation extensive de la notion de peuple par la Cour confirme celle que Commission avait déjà eue dans une affaire similaire, en constatant la violation de droits des peuples au détriment d'une population spécifique du Nigéria[4]. La Cour pose toutefois comme condition à une telle extension de la notion, que ces groupes et communautés ne constituent pas une menace pour la souveraineté et l'intégrité territoriale de l'Etat sur le territoire duquel ils sont installés[5]. L'absence d'une telle limitation reviendrait à consacrer un droit à la sécession au profit de ces communautés, qui ne ressort manifestement pas de l'intention des rédacteurs de la Charte, pour lesquels le maintien de la paix et de la sécurité continentale est primordiale et nécessaire à une jouissance effective des droits humains. Cette restriction de la notion de peuple précisée par la Cour s'inscrit dans la même dynamique que celle adoptée par la Commission. En effet, cette dernière, se posant en garante de la souveraineté et de l'intégrité territoriale des Etats, a déjà exclu le droit à l'autodétermination en tant que droit humain consacré par la Charte, dans une affaire mettant en cause une population spécifique vivant sur le territoire d'un Etat Partie qui en soutenait la violation sur la base de l'article 20 al. 1[6]. Il est appréciable que ces deux organes complémentaires de protection des droits de l'homme et des peuples de l'UA soient sur la même longueur d'onde en ce qui concerne l'interprétation et l'application de la notion de peuple. En définitive, pour la Cour, la notion de peuple peut être étendue à des composantes partielles de la population d'un Etat pour la revendication de certains droits humains collectifs consacrés dans la Charte, sans toutefois pouvoir être instrumentalisée à des fins politiques de déstabilisation de l'Etat ou de sécession. A cette condition *sine qua non*, elle a reconnu que les Ogieks pouvaient revendiquer certains droits des peuples consacrés dans la Charte.

Une fois que la Cour a reconnu et circonscrit ces statuts juridiques applicables aux Ogieks, elle a procédé à l'examen des violations des droits humains qu'ils ont pu collectivement subir.

---

[1] Voir le §196 de l'arrêt.

[2] Voir les §§ 3 et 8 de la Charte. Voir également dans le même sens, Jean SALMON (ss.dir), *Dictionnaire de droit international, op.cit., pp.* 828-829.

[3] Voir les §§ 198-199 de l'arrêt.

[4] Voir Commission ADHP, *Social and Economic Rights Action Center, Center for Economic and Social Rights c. Nigeria*, Communication 155/96, 30e Session Ordinaire, Banjul, Gambie, 13 octobre 2001. Dans Cette affaire couramment appelée affaire du « peuple Ogoni », la Commission a constaté la violation des droits au logement, à la santé, à un environnement sain, à l'alimentation etc., en tant que droits collectifs au détriment du « peuple Ogoni » par le Nigéria.

[5] Voir le § 199 de l'arrêt.

[6] Voir Commission ADHP, *Congrès du peuple katangais c/ république démocratique du Congo*, Communication 75/92, Huitième rapport annuel d'activités de la Commission africaine des droits de l'homme et des peuples, 17e session ordinaire 13-22 mars 1995.

II.2. Les violations des droits humains examinées

La saisine de la Cour par la requérante avait pour objectif de lui faire constater la violation de plusieurs droits humains par l'Etat défendeur. En rappel, la requérante allègue la violation du droit de propriété, de l'interdiction de la discrimination, droit à la vie, de la liberté religieuse, des droits culturels, de la libre disposition de la richesse et des ressources naturelles et du droit au développement des Ogieks en tant que population autochtone par l'Etat défendeur, du fait principalement de leur expulsion arbitraire de la forêt de Mau. Ces violations couvrent la panoplie de toutes les générations des droits de l'homme. A une exception près, la quasi-totalité des griefs a emporté la conviction de la Cour.

En ce qui concerne les droits dont la violation par l'Etat est constatée par la Cour, il faut opérer une distinction entre les deux premières générations et la dernière génération de droits de l'homme. En effet, pour les droits des deux premières générations mis en cause, il s'est agi pour la Cour de vérifier non seulement s'il y a eu atteinte à ces droits protégés par la Charte, mais également de s'assurer que ces atteintes n'entraient pas dans le champ d'application des restrictions à l'exercice des droits humains prévues par les dispositions invoquées. De la sorte, au titre des droits de première génération, la Cour devait examiner si les atteintes à l'interdiction de la discrimination et à la liberté religieuse des Ogieks étaient légitimement justifiées comme le prétendait l'Etat défendeur. Pour ce qui est de l'interdiction de la discrimination, la Cour constate que le refus par l'Etat de reconnaitre légalement le statut de tribu aux Ogieks, (avec les droits fonciers y attachés), en raison de leur mode de vie en tant que communauté de chasseurs-cueilleurs, alors même que d'autres groupes similaires en ont bénéficié, constitue une distinction fondée sur l'appartenance « ethnique » ou sur « toute autre situation » au sens de l'article 2 de la Charte ; laquelle discrimination ne peut être couverte par la préservation de l'écosystème avancée par l'Etat défendeur, qui ne constitue pas une « justification raisonnable et objective » [1]. Pour ce qui est de la liberté religieuse, la Cour a conclu que les expulsions des Ogieks de la forêt de Mau et les restrictions d'accès les empêchant de pratiquer leurs rites religieux sur les sites qui s'y trouvaient ne pouvaient être justifiées comme le soutient l'Etat pour les raisons d'ordre public prévues à l'article 8 de la Charte, parce que non « nécessaires » ni « raisonnables », d'autres mesures plus souples pouvant permettre d'atteindre les mêmes résultats[2]. Au titre des droits de seconde génération, la Cour devait se pencher sur les atteintes au droit de propriété et aux droits culturels. Relativement au droit de propriété, la Cour a constaté que l'Etat n'a pas pu justifier que la détérioration de la forêt de Mau est causée par le seul fait de la présence continue des Ogieks. C'est pourquoi elle a conclu que ces expulsions non justifiées par « la préservation de l'écosystème naturel » invoquée comme raison d'« intérêt public » par l'Etat, ont violé les droits de propriété des Ogieks garantis à l'article 14 de la Charte lu à la lumière de la Déclaration des Nations Unies sur les peuples autochtones de 2007[3]. Au sujet des droits culturels, la Cour a relevé que les expulsions des Ogieks de la forêt de Mau les empêchant de pratiquer leurs activités culturelles constituaient des atteintes par l'Etat à leurs droits culturels consacrés à l'article 17 al. 2 et 3 de la Charte. Elle a statué que ces atteintes ne peuvent être justifiées pour les raisons de protection de l'intérêt commun de

[1] Voir l § 145 de l'arrêt.
[2] Voir les §§ 167 et 169 de l'arrêt.
[3] Voir les § 130 et 131 de l'arrêt.

l'article 27 al. 2 de la Charte[1]. Vu qu'elles n'étaient ni « objectives » ni « raisonnables », l'Etat n'ayant pas suffisamment démontré le motif de préservation de l'environnement naturel, ces atteintes qui ne peuvent être considérées comme « une justification légitime de restriction » des droits, constituent, pour ces motifs, une violation de l'article 17 al. 2 et 3[2]. En conclusion, la Cour a statué, à juste titre, que les atteintes par l'Etat défendeur à la jouissance de ces droits par les Ogieks n'étaient pas conformes aux restrictions autorisées par la Charte et constituaient un manquement de l'Etat à ses obligations internationales en matière de protection des droits humains.

A propos de la dernière génération de droits de l'homme invoquée dans cette affaire, elle touche aux droits collectifs des populations en tant que peuple. La Cour ayant déjà étendu la notion de peuple à la communauté des Ogieks, elle devait décider si l'Etat défendeur a manqué à ses obligations internationales en ce qui concerne leur droit à disposer librement de la richesse et des ressources naturelles et leur droit au développement consacrés respectivement aux articles 21 et 22 de la Charte. En ce qui concerne l'article 21, la Cour, ayant déjà constaté précédemment la violation de droits fonciers des Ogieks sur leurs terres ancestrales les empêchant d'exploiter librement les ressources naturelles qui s'y trouvaient, conclut également à la violation de cet article[3]. Elle prend à contrepied l'Etat qui affirmait que ce droit appelait à une entente entre lui et ses populations et devait être exercé en dernier recours par lui dans l'intérêt de celles-ci[4]. Quant au droit au développement, que la Cour a interprété à la lumière de l'article 23 de la déclaration des Nations Unies sur les droits de l'homme[5], elle a également relevé sa violation. Elle l'a fait sur le double fondement de l'expulsion arbitraire des Ogieks sans leur consultation préalable avec des « incidences négatives sur leur développement économique, social et culturel » et de l'omission de leur association active dans la définition et l'élaboration de tout programme les concernant[6]. Pour terminer sur les violations constatées, la Cour, sur la base de sa propre jurisprudence[7] et de celle de la Commission[8], a affirmé, de façon logique et incontestable, que la violation par l'Etat des dispositions susmentionnées de la Charte et l'absence de mesures idoines pour y remédier entraine subséquemment une violation de l'article 1er de la Charte qui impose une obligation générale de reconnaitre et de mettre en œuvre tous les droits garantis[9].

Pour ce qui est du grief qui n'a pas emporté la conviction de la Cour, il porte sur l'allégation de la violation d'un droit civil et politique, en l'occurrence le droit à

---

[1] V° le commentaire de cet article dans Maurice KAMTO, *La Charte africaine des droits de l'homme et des peuples et le protocole y relatif portant création de la Cour africaine des droits de l'homme et des peuples : commentaire article par article*, Bruxelles, Bruylant, 2011.

[2] Voir les §§ 188-190 de l'arrêt.

[3] Voir le § 201 de l'arrêt.

[4] Voir le § 194 de l'arrêt.

[5] Article 23 de la Déclaration des Nations Unies sur les droits de l'homme « Les peuples autochtones ont le droit de définir et d'élaborer des priorités et des stratégies en vue d'exercer leur droit au développement. En particulier, ils ont le droit d'être activement associés à l'élaboration et à la définition des programmes de santé, de logement et d'autres programmes économiques et sociaux les concernant, et, autant que possible, de les administrer par l'intermédiaire de leurs propres institutions ».

[6] Voir les §§ 209-211 de l'arrêt.

[7] Voir Cour ADHP, *Tanganyika Law Society and The Legal and Human Rights Centre et le Reverend Christopher R. Mtikila c. République-Unie de Tanzanie*, cité au § 212 de l'arrêt.

[8] Voir par exemple, Commission ADHP, Communications n°147/95 et 149/96 *Sir Dawda K. Jawara c Gambie* (2000), 11 mai 2000, § 46, 13ème Rapport d'activité annuel 1999-2000 ; Communications 211/98 *Legal Resources Foundation c. Zambie* (2001), § 62, cité au § 212 de l'arrêt.

[9] Voir le § 217 de l'arrêt.

la vie consacré à l'article 4 de la Charte. Pour la requérante, l'expulsion arbitraire des Ogieks de la forêt de Mau dont dépend leur survie quotidienne, qui entrave leur accès à des conditions de vie décente en les privant de leurs moyens de subsistance, constitue une violation de leur droit à la vie. La Cour a rejeté cet argument sur la base de deux raisons. La première est qu'elle estime que le droit à la vie est un droit individuel et non collectif qui est intiment lié au respect de l'inviolabilité et de l'intégrité de la personne humaine. La seconde est que la violation des droits économiques sociaux et culturelles qui empêche des conditions de vie décente n'entraine pas automatiquement une violation du droit à la vie dont il faut avoir une lecture « physique » et non existentielle[1]. Dans le cas d'espèce, constatant qu'il n'y a pas de preuve de « lien de causalité entre l'expulsion des Ogieks [...] et les décès qui seraient dus à cette expulsion »[2], elle affirme par conséquent l'absence de violation du droit à la vie par l'Etat défendeur. Cette conclusion de la Cour soulève des critiques face à sa frilosité dans l'interprétation du droit à la vie. En effet, elle en a fait une lecture restrictive contrairement aux recommandations du Comité des droits civils et politiques (Comité DCP) dans son Observation génale (OG) n°6 sur le droit à la vie consacré par l'article 6 du PIDCP[3]. Si dans le cas d'espèce, l'Etat n'a pas adopté de mesures pour éviter la « malnutrition » dans la mise en œuvre du droit à la vie comme l'y invitait le Comité DCP[4], il aurait dû s'abstenir de mesures qui pourraient y exposer les Ogieks, telle que l'expulsion arbitraire de la forêt dont ils tirent leur subsistance. La nouvelle Observation générale sur le droit à la vie adoptée en 2018 va dans le même sens puisque le Comité y affirme que le droit à la vie va au-delà des atteintes à l'intégrité physique[5]contrairement à l'interprétation de la Cour dans cet arrêt. Il ajoute que les mesures permettant de créer des conditions propices à la protection du droit à la vie impliquent entre autres l'accès à l'alimentation, à l'eau, à un abri[6]. Au-delà de ces principes onusiens, la Cour aurait également pu s'inspirer de la jurisprudence de la Commission, notamment de son interprétation du droit à la vie à travers lequel elle a lu en filigrane le droit à l'alimentation dans l'*affaire* du *peuple Ogoni*[7], afin d'établir la connexion entre le droit à la vie et l'accès aux moyens de subsistances dont les Ogieks ont été arbitrairement privés. Si la Cour avait été aussi perspicace que la Commission dans l'interprétation du droit à la vie, tous les griefs soulevés par la requérante emporteraient la conviction de l'organe de céans dans cet arrêt. Il faut néanmoins saluer la Cour qui a permis de mettre en exergue l'originalité des droits collectifs consacrés dans la Charte et d'assurer leur protection au même titre que les droits individuels. Même si cet arrêt a fait l'objet de contestations par des requêtes en interventions rejetées par la Cour[8], il reste à espérer que les mesures de réparations

---

[1] Voir le § 154 de l'arrêt.

[2] Voir le §155 de l'arrêt.

[3] Voir le § 1 de l'Observation générale n°6 sur l'article 6 du PIDCP sur le droit à la vie du Comité des droits civils et politiques du 30 avril 1982 qui recommande ne pas avoir une interprétation restrictive du droit à la vie.

[4] Voir le § 5 de l'Observation générale n°6 sur l'article 6 du PIDCP sur le droit à la vie du Comité des droits civils et politiques du 30 avril 1982.

[5] Voir le § 6 de l'OG n°36 sur l'article 6 (droit à la vie) du PIDCP du Comité DCP du 30 octobre 2018

[6] Voir le § 30 de l'OG n°36 sur l'article 6 (droit à la vie) du PIDCP, du Comité DCP du 30 octobre 2018.

[7] Voir Commission Africaine des Droits de l'Homme et des Peuples, *Social and Economic Rights Action Center, Center for Economic and Social Rights c. Nigeria*, Communication 155/96, 30e Session Ordinaire, Banjul, Gambie, 13 octobre 2001, § 64. Sur la théorie des droits en filigrane devant la Commission, voir Abdoulaye SOMA, *Droit de l'homme à l'alimentation et sécurité alimentaire en Afrique*, Bruxelles, Bruylant, 2010, 561 p. ; Voir également sur cette théorie, Dabiré Cyriaque, *La théorie des droits en filigrane*, Mémoire de Master II, Université Ouaga II, 2018, 87 p.

[8] Voir les ordonnances du 4 juillet 2019, du 11 novembre 2019 et du 28 novembre 2019 prises par la Cour pour rejeter les demandes d'intervention déposées par des personnes privées qui s'estimaient lésées par l'arrêt rendu.

que la Cour s'est réservé le droit d'ordonner dans un arrêt ultérieur, satisferont aux attentes de la requérante et des victimes au nom desquels elle a agi. Ce vœu peut sembler pieux si l'on sait que l'exécution de bonne foi des arrêts est toujours problématique[1], car largement tributaire de la volonté de l'Etat défendeur[2]. Ce n'est pourtant qu'à ces conditions que les droits humains, garantis dans les instruments internationaux de protection, bénéficieront réellement d'une protection effective[3].

---

[1] Valérie Edwige SOMA/KABORE, « La requête interétatique dans le contentieux international des droits de l'homme », *Afrilex, op.cit.*

[2] Fabienne QUILLERÉ-MAJZOUB, « L'option juridictionnelle de la protection des droits de l'homme en Afrique – étude comparée autour de la création de la Cour africaine des droits de l'homme et des peuples » *RTDH*, 2000, n° 729-785 ; p. 780.

[3] Maya HERTIG RANDALL, « Histoire des droits de l'homme » in HERTIG RANDALL Maya et HOTTELIER Michel (ss.dir), *Introduction aux droits de l'homme, op.cit.*, pp. 4-18.

IV. Les affaires de la liberté d'expression et des droits des journalistes

- *Norbert Zongo et autres c. Burkina Faso*
- *Lohé Konaté c. Burkina Faso*
- *Ingabire Victoire Umuhoza c. République du Rwanda*

Commentaire _ *affaire Ayants droit de feus Norbert Zongo, Abdoulaye Nikiema dit Ablassé, Ernest Zongo et Blaise Ilboudo & Le mouvement Burkinabè des Droits de l'Homme et des Peuples (MDBHP) c. Burkina Faso*, Requête n° 0113/2011

Samson Mwin Sôg Mè DABIRE*

Introduction

L'affaire Ayants droit de feus Norbert Zongo et autres (ci-après affaire Norbert Zongo) est l'une des grandes affaires que la Cour ADHP a connues. C'est la seconde affaire, après l'affaire *Tanganyika Law Society and Legal and Human Rights Centre and Christopher Mtikila*[1], dont l'examen a donné lieu à un arrêt au fond de la Cour[2]. C'est aussi la seule affaire à ce jour dont l'examen a donné lieu à trois arrêts de la Cour ADHP[3] : un arrêt sur les exceptions préliminaires (ci-après Exceptions préliminaires), un arrêt au fond (ci-après Fond) et un arrêt sur les réparations (ci-après Réparations). C'est enfin une affaire dont les faits à l'origine, on s'en souvient, ont secoué la vie politique et sociale Burkinabè. L'onde de choc de cette affaire a été d'une telle ampleur qu'elle fait partie, à côté des affaires Thomas Sankara et Dabo Boukary, des trois gros scandales politico-criminels assez médiatisés de l'histoire politique de l'après révolution Burkinabè.

A l'origine de l'affaire se trouve l'assassinat du journaliste d'investigation et directeur de l'hebdomadaire burkinabè *L'indépendant* Norbert Zongo, de ses compagnons et collaborateurs Ablasse Nikiema et Blaise Ilboudo et de son jeune frère Ernest Zongo. Tous les quatre ont été retrouvés calcinés le 13 décembre 1998 dans une voiture qui les transportait à Sapouy, sur la route de Léo, dans le sud du Burkina. Ce quadruple assassinat serait lié à des enquêtes que le journaliste Norbert Zongo menait sur des scandales politico-économiques et sociaux que le Burkina connaissait

---

* Docteur en droit de l'Université de Genève / Enseignant-chercheur à l'Université Thomas Sankara du Burkina Faso. LLM en droit international humanitaire et droits de l'homme de l'Académie de droit international humanitaire et de droits de l'homme de Genève (Suisse) / Diplôme de droit international et comparé des droits de l'homme de l'Institut international des droits de l'homme de Strasbourg (France). Il a aussi été assistant d'enseignement et de recherches à la Faculté de droit de l'Université de Genève (Suisse) et chercheur postdoctoral du Fonds National Suisse pour la Recherche Scientifique (FNS) – *visiting fellow* du Max Planck Institute de Heidelberg (Allemagne) et du Institute for International and Comparative Law in Africa (ICLA) de l'Université de Pretoria (Afrique du Sud).

[1] Cour ADHP, affaire *Tanganyika Law Society et Legal and Human Rights Centre et Révérend Christopher R. Mtikila c. République-Unie de Tanzanie*, Requête no 009 & 011/2011, arrêt,14 juin 2013. V° le Commentaire de cette affaire par le Pr. Abdoulaye Soma.

[2] Depuis l'affaire *Michelot Yogogombaye* (Cour ADHP, affaire *Michelot Yogogombaye c. République du Sénégal*, Requête n° 001/2008, 15 décembre 2009) jusqu'à l'affaire *Atambong Denis Atemnkeng* (Cour ADHP, affaire *Atambong Denis Atemnkeng c. Union africaine*, Requête n° 014/2011, Décision, 7 décembre 2012), soit plus d'une vingtaine d'affaires, la Cour ADHP a successivement rejeté tous les recours par des décisions ou des arrêts d'irrecevabilité ou d'incompétence. Son premier arrêt au fond a été rendu dans l'affaire *Tanganyika Law Socity et autres*.

[3] Il y a certaines affaires qui ont donné lieu le plus souvent à deux arrêts, un arrêt sur le fond dans lequel les exceptions préliminaires sont aussi réglées, et un arrêt sur les réparations : V° par exemple les affaires *Alex Thomas c. République Unie de Tanzanie* (Requête n° 005/2013, arrêt au fond, 15 novembre 2015 et arrêt sur les réparations, 4 juillet 2019) ou *Wilfred Onyango et autres c. République Unie de Tanzanie* (Requête n° 006/2013, arrêt au fond et arrêt sur les réparations, 4 juillet 2019) ou encore *Mahamed Abubakari c République Unie de Tanzanie* (Requête n° 007/2013, arrêt au fond, 3 juin 2016 et arrêt sur les réparations, 4 juillet 2019). L'affaire *Nobert Zongo* est pour l'instant la seule, plus exactement, l'une des rares affaires pour laquelle la Cour a consacré trois arrêts. En vérité une autre affaire, l'affaire *Ingabire Victoire Umuhoza c. République du Rwanda* a aussi donné lieu à trois arrêts, mais à la différence de l'affaire Norbert Zongo, un premier arrêt a été consacré au retrait par le Rwanda de sa déclaration d'acceptation de la compétence de la Cour (CourADHP, *Ingabire Victoire Umuhoza c. République du Rwanda*, Requête n° 003/2014, Arrêt sur le retrait de la déclaration, 3 juin 2016), puis un second aux exceptions préliminaires et au fond (Cour ADHP, *Ingabire Victoire Umuhoza c. République du Rwanda*, Requête n° 003/2014, Arrêt, 24 novembre 2017) et un troisième aux réparations (*République du Rwanda*, Requête n° 003/2014, Arrêt sur les réparations, 17 décembre 2018).

à cette époque, notamment ses investigations sur le décès de David Ouédraogo, le chauffeur de François Compaoré (frère du Président du Faso et conseiller à la présidence de la République à cette époque). Ce serait donc la série d'articles très critiques que Norbert Zongo a consacrée à cette affaire David Ouédraogo dans laquelle la famille du frère du Président était très impliquée qui lui (et à ses compagnons) aurait valu cet assassinat[1].

Sur le plan procédural au niveau national, à la suite du drame dit de Sapouy et aux manifestations de colère qui s'en sont suivies, le gouvernement burkinabè a mis en place une Commission d'enquête indépendante chargée d'investiguer sur les causes du quadruple assassinat. Cette commission rendra son rapport en mai 1999 que le gouvernement transmettra à la justice. Un collège des sages a aussi été mis en place pour passer en revue toutes les affaires scandaleuses, l'affaire Norbert Zongo y compris, et pour faire des recommandations en vue d'apaiser le climat social et politique. Ce collège rendra son rapport en juillet 1999. Sur le plan judiciaire, le Procureur près le tribunal de grande instance de Ouagadougou a demandé le 24 décembre 1998 l'ouverture d'une information judiciaire pour rechercher les causes de l'assassinat. Le Juge d'instruction du même tribunal de Ouagadougou a auditionné François Compaoré en janvier 2001, inculpé et mis sous mandat de dépôt un principal suspect en février 2001, puis a procédé à des confrontations entre l'inculpé et un témoin. Mais en raison de l'état de santé de l'inculpé en mai 2001, la confrontation avec le témoin a été suspendue pour être reprise le 31 mai 2006. Le 13 juillet 2006, le Procureur a pris un réquisitoire définitif requérant l'abandon des poursuites contre l'unique inculpé, ce qui a conduit à une ordonnance de non-lieu en faveur de l'inculpé que le Juge d'instruction du tribunal de grande instance de Ouagadougou a prise le 18 juillet 2006. La famille de Norbert Zongo interjette appel le 19 juillet 2006 auprès de la Chambre d'accusation de la Cour d'appel de Ouagadougou contre l'ordonnance de non-lieu. La Chambre d'accusation rejette l'appel et confirme le non-lieu le 16 août 2006[2]. Et c'est le 11 décembre 2011 que les ayants droits des victimes du quadruples assassinat et le Mouvement burkinabè des droits de l'homme et des peuples (ci-après MBDHP), une organisation non gouvernementale burkinabè de défense de droits humains, saisissent par lettre la Cour ADHP[3].

Devant la Cour ADHP, l'Etat burkinabè soulève une exception d'incompétence de la Cour et des exceptions d'irrecevabilité de la requête. La Cour consacrera un premier arrêt à l'examen de ces exceptions préliminaires[4] avant de se pencher dans un arrêt au fond[5] à l'examen des violations de droits de l'homme alléguées par les requérants. Dans cet arrêt au fond, elle décidera de se prononcer sur les demandes en réparation des requérants dans un autre arrêt ultérieur qu'elle rendra le 05 juin 2015[6]. Ce sera le premier arrêt exclusif de la Cour sur les réparations. Elle aurait pu examiner la question de réparations dans l'arrêt au fond qui constate les violations des droits de l'homme. Selon l'art. 63 du Règlement intérieur de la Cour

[1] V° Cour ADHP, affaire *Ayants droit de feus Norbert Zongo et autres c. Burkina Faso*, Requête n° 013/2011, arrêt sur les exceptions préliminaires, 29 juin 2013, (ci-après Exceptions préliminaires), §§ 2-6.
[2] *Ibid.*, §§ 16-19.
[3] *Ibid.*, §§ 1 et 20.
[4] V° Cour ADHP, affaire *Ayants droit de feus Norbert Zongo et autres c. Burkina Faso*, Requête n° 013/2011, arrêt sur les exceptions préliminaires, 29 juin 2013, (ci-après « Exceptions préliminaires »).
[5] Cour ADHP, affaire *Ayants droit de feus Norbert Zongo et autres c. Burkina Faso*, Requête n° 013/2011, arrêt (au fond), 28 mars 2014 (ci-après « Arrêt au fond »).
[6] Cour ADHP, affaire *Ayants droit de feus Norbert Zongo et autres c. Burkina Faso*, Requête n° 013/2011, arrêt sur les réparations, 5 juin 2015 (ci-après « Réparations »).

(en vigueur au moment du rendu de l'arrêt) en effet, celle-ci « statue sur la demande de réparation (…) dans l'arrêt par lequel elle constate une violation d'un droit de l'homme ou des peuples, ou, *si les circonstances l'exigent*, dans un arrêt séparé ». A teneur de cette disposition, régler la question des réparations dans l'arrêt au fond semble être le principe et donc à défaut de l'avoir fait, la Cour aurait pu, voire dû, expliquer « les circonstances » qui ont exigé un arrêt séparé sur les réparations, d'autant que c'est, comme nous l'avons indiqué, son premier arrêt exclusif sur les réparations.

Intéressons-nous à ce premier sur les réparations.

Ce premier arrêt sur les réparations est globalement de belle facture. La Cour y traite successivement la question de la demande des dommages et intérêts, des frais et dépens encourus par les requérants et des mesures de satisfaction et des garanties de non-répétition.

Avant de fixer le montant de la réparation du préjudice subi par les requérants, la Cour rappelle dans cet arrêt les fondements de l'obligation de réparer et les principes qui président à cette réparation. Elle affirme d'entrée de jeu que c'est « le droit international [qui] consacre l'obligation pour l'Etat reconnu auteur d'un fait international illicite de réparer intégralement le préjudice causé ». Elle cite un *dictum* de la Cour permanente de Justice dans l'affaire *Usine de Chorzów* et se réfère à l'art. 31 (1) du Projet d'articles sur la responsabilité de l'Etat pour fait internationalement illicite de la Commission du droit international (ci-après CDI) de 2001 pour étayer cette obligation du droit international de réparer. Puis elle considère que dans le système africain de droits de l'homme et des peuples, ce principe de l'obligation de réparation est reflété à l'art. 27 (1) du Protocole de Ouagadougou de 1998 créant la Cour ADHP[1] (Réparations, §§ 20-22). Rappelant que (dans l'arrêt au fond), l'Etat Burkinabè a été reconnu responsable de violations de droits de la Charte, elle conclut que celui-ci « est tenu de réparer intégralement le préjudice causé aux requérants » (Réparations, § 23). Le fait internationalement illicite, générateur de la responsabilité internationale ici, est la violation de l'art. 7 de la CADHP découlant du fait que le Burkina « n'a pas agi avec la diligence due dans la recherche, la poursuite et le jugement des responsables des assassinats de Norbert Zongo et ses trois compagnons » (Réparations, § 30).

Se référant à l'art. 31 (2) du Projet d'articles de la CDI, la Cour précise toutefois que la condition de la réparation est qu'il doit avoir « un lien de causalité entre le fait illicite établi et le préjudice allégué » (Réparations, §§ 24-25). Le lien de causalité entre le fait illicite et le préjudice subi « peut résulter de la violation d'un droit de l'homme, comme une conséquence automatique, sans qu'il soit besoin de l'établir autrement ». Pour la preuve d'un tel lien de causalité, on peut, selon la Cour, procéder par « présomption à cet égard » et dans la présente affaire, il ne fait « pas de doute que les proches de Norbert Zongo et de ses trois compagnons ont moralement souffert des carences imputables à l'Etat défendeur dans la recherche, la poursuite, et le jugement des auteurs du quadruple assassinat (…) et en particulier de la longueur indue d'une procédure en fin de compte infructueuse » (Réparations, §§ 55-56).

[1] A teneur de cet art. 27 (1) du Protocole de Ouagadougou, « lorsqu'elle [la Cour] estime qu'il y a violation d'un droit de l'homme ou des peuples, la Cour ordonne toutes les mesures appropriées afin de remédier à la situation, y compris le paiement d'une juste compensation ou l'octroi d'une réparation ». Pour un commentaire sur cette disposition, V° Robert Nemedeu, « Article 27. Décision de la Cour », *in* Maurice Kamto (dir.), *La Charte africaine des droits de l'homme et des peuples et le Protocole y relatif portant création de la Cour africaine des droits de l'homme. Commentaire article par article*, Bruxelles, Bruylant, 2011, pp. 1466-1480.

Au sujet du dommage, la Cour fait une distinction entre le dommage matériel qui serait « une atteinte à un intérêt économique ou patrimonial » et le dommage moral qui lui, serait « une atteinte à la considération, aux sentiments ou à l'affection d'une personne physique » (Réparations, §§ 26-29)[1]. La réparation du préjudice[2] moral concerne les requérants personnes physiques, ceux-ci réclamant une « réparation en raison de la douleur, de la souffrance physique et des souffrances et traumatismes émotionnels endurés par eux pendant toute la durée de la longue procédure totalement imputable aux autorités burkinabè » (Réparations, §§ 32-35) et la réparation du préjudice économique concerne le MBDHP qui demande « le remboursement de tous les frais encourus par l'organisation, entre 1998 et 2013, de manifestations (…) pour forcer les autorités à rechercher les auteurs de l'assassinat du journaliste et de ses compagnons ». La Cour ne fera pas droit à cette demande de remboursement, estimant qu'en tant qu'organisation de défense des droits de l'homme et des peuples au Burkina, « l'organisation de manifestations en vue de la défense de droits de l'homme dans ce pays, y compris des droits des ayants droits de Norbert Zongo et de ses compagnons, rentre dans le mandat et dans le cadre normal » des activités du MBDHP (Réparations, §§ 68-69). Le raisonnement de Cour est ici convaincant.

Bien qu'ayant donné l'impression dans un premier temps, d'exclure le préjudice moral pour le MBDH, la Cour admettra plus loin, que dans le principe « une personne morale peut subir un préjudice moral » et qu'en l'espèce, « ce préjudice a pu résulter des frustrations ressenties durant des années par le MBDHP en raison du non-aboutissement des actions de recherche, de poursuite et de jugement des assassins de Norbert Zongo et ses compagnons » (Réparations, § 65). Pour ce préjudice, elle estime que « la constatation, dans l'arrêt au fond (…) de la violation de la Charte par l'Etat défendeur, constitue déjà en soi une forme de réparation du préjudice moral subi par le MBDHP », forme de réparation à laquelle elle ajoute le paiement par l'Etat d'un franc CFA symbolique comme le réclamait le MBDHP (Réparations, §§ 66-67). Pour ce qui est du préjudice subi par les requérants personnes physiques, les discussions devant la Cour ont achoppé sur la qualité de victimes. Tandis que les requérants avaient une approche très large de la notion de victime, l'Etat défendeur lui, limitait les victimes aux héritiers en première ligne des personnes décédées selon le droit national. Se fondant sur la jurisprudence du Comité des droits de l'homme, de la CourEDH et de la CourIADH, la Cour ADHP conclut que la notion de victime peut en effet comprendre ces héritiers, « mais aussi éventuellement d'autres personnes proches de la personne décédée, dont on peut raisonnablement penser qu'elles ont pu subir un préjudice moral caractérisé du fait de la violation des droits de l'homme concernée » et que ces personnes proches devaient être déterminées au cas par cas (Réparations, §§ 45-49). Pour la Cour, dans la présente affaire, ce sont « le conjoint, les enfants et les pères et mères des défunts » qui peuvent prétendre à la qualité de victime et prétendre à la réparation. Pour la preuve de cette qualité de victime, la Cour déduit de l'art. 26 (2) du Protocole de Ouagadougou un principe de la libre admissibilité des preuves qui « implique notamment que la Cour n'est pas tenue par les règles restrictives de droit interne en ce qui concerne les moyens de preuve

---

[1] La Cour se réfère ici au *Dictionnaire de droit international* édité par Jean Salmon et à des arrêts de la CourIADH.
[2] Le passage du terme « dommage » au terme « préjudice » s'est fait sans que la Cour n'en donne aucune explication.

admissible ». Elle a donc décidé les éléments que chaque victime devrait produire pour prouver sa qualité de victime (Réparations, §§ 50-54).

S'agissant du montant des réparations à allouer aux victimes, la Cour dégage deux principes sur lesquels elle se fonde : un principe de réparation intégrale proportionnellement au préjudicie subi et un principe selon lequel le montant est fixé en équité en fonction des circonstances de l'affaire. Sans autres développements sur ces principes, la Cour, affirmant qu'elle statue en équité et qu'elle prend en considération le fait que les souffrances des victimes se sont étalées sur de nombreuses années, fait droit aux demandes de versement des montants forfaitaires faites par les requérants pour chaque victime. Elle condamne ainsi le Burkina à verser 25 millions de francs CFA à chaque conjoint, 15 millions à chaque enfant et 10 millions à chaque père et mère des personnes décédées dans l'assassinat[1]. C'est aussi « en équité et sur la base de ce qui lui semble raisonnable » qu'elle condamne le Burkina à rembourser aux requérants les honoraires d'avocats à hauteur de 40 millions de francs CFA (Réparations, §§ 73-87) et les frais de déplacement et de séjours des requérants et de leurs représentants au siège de la Cour pour les besoins de l'affaire, à hauteur de 3 135 405 francs CFA (Réparations, §§ 88-94). Car, estime-t-elle, « la réparation due aux victimes des violations des droits de l'homme peut également inclure le remboursement des honoraires d'avocats, et celui des frais de déplacement et de séjours des requérants et de leurs représentants au siège de la Cour pour les besoins de l'affaire (Réparations, §§ 79 et 91).

Enfin, la Cour traite des mesures de satisfaction et des garanties de non-répétitions. Pour les mesures de satisfaction, les parties avaient demandé la publication de l'arrêt de la Cour dans le Journal officiel du Burkina et dans un certain nombre de journaux nationaux de grand tirage (Réparations, §§ 95). La Cour accepte le principe de la publication nationale de ses arrêts au titre des mesures de satisfaction parce qu'il s'agit, dit-elle, d'une pratique courante des organes juridictionnels de droits de l'homme ; mais que cela doit se concevoir de manière raisonnable (Réparations, §§ 97-99). Elle condamne l'Etat burkinabè à publier une fois au journal officiel un résumé de l'arrêt sur les réparations, et une fois dans un quotidien de large diffusion et sur un site Internet officiel de l'Etat et l'y maintenir pendant un an (Réparations, § 100)[2]. Comme garantie de non-répétition, les requérants ont demandé que la Cour exige de l'Etat la reprise des investigations sur l'assassinat de Norbert Zongo et de ses compagnons. Ce à quoi la Cour fera droit, mais en précisant que la reprise des investigations n'est pas véritablement une mesure de non-répétition, « mais plutôt une mesure de cessation d'une violation déjà constatée. Quoi qu'il en soit, la Cour est d'avis qu'il s'agit d'une mesure légitime susceptible d'éviter la continuation de la violation de l'article 7 de la Charte en l'espèce » (Réparations, §§ 103-104).

Au final – et pour examiner les deux autres arrêts –, si la Cour ADHP en est venue à imposer au Burkina toutes ces mesures de réparations, c'est parce qu'elle a au préalable reconnu le Burkina responsable d'un certain nombre de violations des droits de la Charte africaine (**II**). Mais c'est aussi et surtout parce qu'elle s'est d'abord considérée compétente pour connaître de cette affaire Norbert Zongo. Pour des faits

[1] C'est sans doute ce qui a fait dire à un homme politique burkinabè, Ablassé Ouédraogo du parti politique *Le Faso Autrement*, que l'affaire Norbert Zongo a été réglée financièrement avec succès (V° <https://lefaso.net/spip.php?article82639>, consulté le 20/08/2019).

[2] On se demande pourquoi la Cour choisit de faire publier seulement l'arrêt sur les réparations et pas (aussi) l'arrêt au fond.

qui ont eu lieu à un moment où la Cour n'était pas encore fonctionnelle, la compétence temporelle de celle-ci dans cette affaire n'était pas évidente. La Cour a cependant pu asseoir sa compétence temporelle entre la non-rétroactivité et la notion de violation continue (**I**).

I. La compétence temporelle de la Cour ADHP sise entre non-rétroactivité et violation continue

Devant la Cour africaine, le Burkina a soulevé une exception préliminaire d'incompétence *ratione temporis*. Elle soutint que les violations de droits de l'homme alléguées à son encontre, même si elles étaient fondées, seraient antérieures à l'entrée en vigueur à l'égard du Burkina du Protocole créant la Cour africaine, du Règlement intérieur de la Cour et du PIDCP dont la violation de certains droits est alléguée. En effet, bien que la CADHP fut en vigueur pour le Burkina le 21 octobre 1986, le Protocole créant la Cour lui, n'est rentré en vigueur que le 25 janvier 2004, alors que les faits à l'origine de l'affaire, le quadruple assassinat, ont eu lieu le 13 décembre 1998, donc après l'entrée en vigueur de la CADHP, mais avant l'entrée en vigueur de la Cour (en tout cas du Protocole qui la crée). L'Etat défendeur demande alors à la Cour de décliner sa compétence en raison du principe de non-rétroactivité et du fait que l'assassinat est un fait instantané et non une violation continue pouvant fondée une quelconque compétence de la Cour. Mais c'est sur cette même non-rétroactivité (I.1.) et la notion de violation continue (I.2.) que la Cour reposera sa compétence temporelle dans cette affaire.

I.1. La non-rétroactivité

A la vérité, le cœur du raisonnement de la Cour sur sa compétence temporelle repose surtout sur la distinction entre violations continues et violations instantanées et c'est à travers ce raisonnement que la question de la (non) rétroactivité prend place, du moins est réglée. La Cour l'annonce d'entrée de jeu : le « principe de la non-rétroactivité (…) n'est pas contestée par les parties. Ce qui est en discussion ici est la question de savoir si les diverses violations alléguées par les requérants constitueraient, si elles étaient avérées, des violations instantanées ou continues » (Exceptions préliminaires, § 63).

Le point de clou dans la (non) rétroactivité est ce qui est couramment appelé « la date critique », la date à partir de laquelle l'Etat en cause est juridiquement lié par l'obligation conventionnelle en cause et la date à partir de laquelle l'organe conventionnel de contrôle devient compétent pour connaitre de l'action contentieuse[1]. Dans l'affaire qui nous occupe, la Cour ADHP a considéré la date du 25 janvier 2004 comme étant la « date critique » ; c'est la date d'entrée en vigueur du Protocole qui crée la Cour (Exceptions préliminaires, §§ 67, 74 et 77). Ainsi, toute violation alléguée qui aurait survenu avant cette date critique sort du champ de compétence temporelle de la Cour ; par contre la Cour aura parfaitement compétence temporelle sur toute violation survenue après cette date.

La fixation de cette date critique au 25 janvier 2004 n'est pas sans susciter quelques interrogations dont la plus immédiate est : pourquoi la date critique ne serait-elle pas fixée au 21 octobre 1986, date d'entrée en vigueur de la CADHP pour le Burkina ?

[1] Ludovic Hennebel et Helene Tigroudja, *Traité de droit international des droits de l'homme*, Paris, Pedone, 2016, p. 454. La Cour africaine utilise l'expression de « date critique » dans l'arrêt sur exceptions préliminaires, § 77. C'est aussi la même expression qu'utilise la CourEDH : V° par exemple *Silih c. Slovenie*, Requête n° 71463/01, arrêt, 9 avril 2009, § 104.

Dans les systèmes de droits de l'homme dans lesquels l'organe de contrôle est institué par la même convention que celle qui garantit les droits matériels et dans lesquels la compétence contentieuse de l'organe de contrôle est automatique et obligatoire pour les Etats parties, la détermination de la date critique est plus aisée et rarement controversée. C'est le cas du système européen des droits de l'homme (depuis le Protocole n° 11 à la CEDH) dans lequel la compétence de la Cour EDH est automatique et obligatoire pour l'Etat, une fois que celui-ci a ratifié la CEDH. C'est aussi le cas du système interaméricain, mais pour ce qui est de la Commission interaméricaine dont la compétence contentieuse est automatique et obligatoire pour les parties à la Convention IADH. C'est aussi le cas, dans une certaine mesure, de la Commission africaine des droits de l'homme et des peuples dont la compétence quasi contentieuse est automatique pour l'Etat partie à la CADHP. En revanche les systèmes dans lesquels la compétence contentieuse de l'organe de contrôle est optionnelle, soit parce qu'elle exige de ratifier un protocole additionnel, soit parce qu'elle nécessite une déclaration spécifique d'acceptation, la détermination de la date critique peut être plus problématique. Dans ce cas, la date d'entrée en vigueur de la convention des droits et libertés peut être antérieure (en tout cas différente) de la date d'entrée en vigueur de la compétence de l'organe de contrôle[1]. C'est le scénario dans cette affaire Norbert Zongo : la CADHP est entrée en vigueur pour le Burkina le 21 octobre 1986 et le Protocole créant la Cour ADHP le 25 janvier 2004. En pareilles situations la pratique des différents organes de contrôle n'est pas très stable. Si l'on prend le cas du Comité des droits de l'homme par exemple, globalement il prend en compte et l'entrée en vigueur du PIDCP et l'entrée en vigueur du Protocole facultatif qui établit sa compétence quasi contentieuse pour fixer le seuil temporel de sa compétence *ratione temporis*. Il se refuse à une application rétroactive de sa compétence contentieuse, sauf si l'Etat en cause accepte, au moment de la ratification du Protocole facultatif, d'étendre la compétence du Comité à des violations survenues après l'entrée en vigueur du PIDCP et avant l'entrée en vigueur du Protocole[2]. Toutefois, on le verra ultérieurement[3], il est arrivé au Comité de retenir rétroactivement sa compétence temporelle au motif qu'il s'agirait d'une violation continue, avec une notion de violation continue qui n'est pas très stable. La Cour interaméricaine elle, considère que si l'acceptation de sa compétence contentieuse est postérieure à l'entrée en vigueur de la Convention IADH, il revient à l'Etat, s'il le souhaite, d'assortir son acceptation de la compétence de la Cour d'une limite temporelle excluant cette compétence pour des violations antérieures à l'entrée en vigueur de la déclaration de l'Etat (acceptation de la compétence de la Cour selon l'art. 62 CIADH). A défaut, la Cour IADH pourrait faire rétroagir sa compétence en considérant comme date critique l'entrée en vigueur de la Convention IADH[4].

---

[1] Ludovic Hennebel et Helene Tigroudja, *Traité de droit international des droits de l'homme*, *op. cit.*, p 454.

[2] V° par exemple Comité des droits de l'homme, Communication n° 718/1996, *Mme María Otilia Vargas et son fils, M. Dagoberto Pérez Vargas c. Chili*, 3 mai 1996, §§ 6.2 et 6.4 ; Communication n° 574/1994, *Keun-Tae Kim c. République de Corée*, 3 novembre 1998, §§ 4.1-6.2 ; Communication n° 740/1997, *Vicente Barzana Yutronic c. Chili*, 23 juillet 1999, § 6.2 ; Communication n° 1078/2002, *Norma Yurich c. Chili*, 12 décembre 2005, §§ 4.1, 4.2, 6.4.

[3] *Infra* nos développements au point I.B.

[4] V° entre autres, Cour IADH, *Genie Lacayo c. Nicaragua*, arrêt sur les exceptions préliminaires, 27 janvier 1995, Série C n° 21, §§ 21-26 ; *Blake c. Guatemala*, arrêt sur les exceptions préliminaires, 2 juillet 1996, Série C n° 27, §§ 22-23, 33-40 ; *Gracia Lucero et al. c. Chili*, arrêt sur les exceptions préliminaires, fond et réparations, 28 août 2013, Série C n° 267, §§ 17-19, 28-41. Dans ces affaires, malgré que les différents Etats défendeurs eurent eu fait des déclarations excluant la compétence de la Cour pour des faits survenus après lesdites déclarations, la Cour a pu tout de même maintenir sa compétence sur le fondement entre autres, de violations continues ou d'actes autonomes. Ludovic Hennebel et Helene Tigroudja, *Traité de droit international des droits de l'homme*, *op. cit.*, pp. 454-455.

La Cour ADHP semble avoir adopté la même posture de principe que celle du Comité des droits de l'homme : prendre la date d'entrée en vigueur de sa compétence contentieuse à l'égard de l'Etat en cause comme date critique. Elle aurait pu aussi adopter la posture de la Cour IADH dont elle épouse par ailleurs la jurisprudence sur les réparations. Créée plus d'une décennie après l'entrée en vigueur de la CADHP, la Cour africaine aurait pu considérer qu'elle n'est qu'un organe et un mécanisme de contrôle du respect d'un instrument auquel les Etats sont liés et dont ils sont comptables des violations depuis l'entrée en vigueur de cet instrument[1]. La « date critique » pertinente serait donc la date à partir de laquelle l'Etat est tenu du respect des droits et libertés de la Charte et non la date d'entrée en vigueur du Protocole créant la Cour, à moins qu'au moment de la ratification du Protocole l'Etat ne fasse une déclaration expresse d'exclusion de la compétence de la Cour pour les violations antérieures à l'entrée en vigueur du Protocole créant la Cour. Ce, d'autant que le Burkina Faso avait fait sa déclaration d'acception de la compétence contentieuse de la Cour pour connaitre des requêtes individuelles et des ONG le 28 juillet 1998, donc antérieurement aux faits de l'affaire, sans aucune réserve. Même si pour la Cour une telle déclaration ne pouvait produire d'effets juridiques avant l'entrée en vigueur du Protocole dont elle découle : donc pas avant le 25 janvier 2004 (Exceptions préliminaire, § 68). Mais cette posture, *pro victima* de toute évidence, que la Cour ADHP aurait pu adopter, aurait l'avantage de ne pas réduire davantage la compétence de la Cour déjà amenuisée par le fait que celle-ci existe par un instrument différent de la Charte, qu'elle ne peut connaitre des requêtes individuelles que si l'Etat en cause a ratifié à la fois la CADHP et le Protocole de Ouagadougou et a fait une déclaration expresse d'acceptation de la compétence de la Cour pour connaître de telles requêtes individuelles selon l'art. 36 (4) du Protocole. On peut s'étonner par ailleurs, que bien qu'ayant fixé au 25 janvier 2004 la date de référence de sa compétence temporelle, la Cour se soit tue sur sa compétence à connaitre des violations du PIDCP, instrument pourtant ratifié par le Burkina Faso le 4 avril 1999, donc antérieurement à sa compétence contentieuse.

En tout état de cause, l'option faite par la Cour de fixer au 25 janvier 2005 le *dies a quo* de sa compétence *ratione temporis* est, certes moins favorable aux requérants, mais défendable, d'autant qu'elle combine cette lecture de sa compétence temporelle avec l'idée de violation continue. On peut y lire – même si la Cour ne le dit pas – une distinction que la Cour fait entre sa compétence temporelle en tant qu'organe de contrôle de la Charte africaine pour connaître des violations de celle-ci et le droit applicable *ratione temporis* devant elle. En d'autres termes, on devrait remonter en 1998 (année des faits de l'affaire) pour déterminer si les violations alléguées pouvaient être opposées *de jure* au Burkina (puisque déjà partie à la Charte à la date des faits) ; mais on devrait considérer la date du 25 mai 2005 (date d'entrée en vigueur de la Cour) pour déterminer si lesdites allégations de violations opposables au Burkina (depuis 1998) pouvaient être soumises au *forum* de la Cour africaine.

[1] Elle le dira au demeurant plus franchement trois ans plus tard, dans l'affaire *Ingabire Victoire* (Cour ADHP, *Ingabire Victoire Umuhoza c. République du Rwanda*, Requête n° 003/2014, arrêt sur les effets du retrait de la déclaration faite en vertu de l'art. 34 (6) du Protocole, 3 juin 2016, § 62) : « *le Protocole [de Ouagadougou] est un instrument d'application de la Charte* qui garantit la protection et la jouissance des droits de l'homme et des peuples inscrits dans la Charte et dans d'autres instruments pertinents relatifs aux droits de l'homme » (nous soulignons).

I.2. La violation continue

C'est sur la notion de violation continue que la Cour retient sa compétence temporelle. Lorsqu'il y a violation continue, il y a comme une exception ou une atténuation, en tout cas une grande nuance au principe de non-rétroactivité : bien que n'étant pas compétente pour les faits survenus avant le 25 janvier 2004 (date critique), elle le devient si les mêmes faits sont constitutifs d'une violation continue de la Charte. Pour ce faire, elle distingue entre les différentes allégations de violations, celles qui sont des violations continues de celles qui sont des violations instantanées (§§ 63-64). Cette distinction entre violations continues et instantanées n'est pas propre à la Cour africaine, elle est commune aux autres cours régionales et au Comité des droits de l'homme[1] et même la Commission africaine a recouru à la notion avant la Cour africaine[2].

Les allégations de violation du droit à la vie – Avant de qualifier le type de violation, la Cour se réfère au Projet d'articles de la CDI sur la responsabilité internationale de l'Etat pour fait internationalement illicite (art. 14 (1)) qui définit la violation instantanée comme une violation qui « a lieu au moment où le fait se produit, même si ses effets perdurent ». La violation n'a donc pas un caractère continu du simple fait que « ses effets ou ses conséquences s'étendent dans le temps. Il faut que le fait illicite proprement dit continue ». Elle observe que le quadruple assassinat dans l'affaire est un « fait instantané et achevé (...) intervenu avant l'entrée en vigueur à l'égard du Burkina Faso, de l'instrument qui attribue compétence à la cour pour connaître, entre autres, des violations alléguées de la Charte » (Exceptions préliminaires, §§ 67-68). Elle conclut en conséquence qu'elle n'est pas compétente *ratione temporis* pour connaitre de l'allégation de violation du droit à la vie (Exceptions préliminaires, § 69).

On convient avec la Cour que le fait d'assassinat est un fait instantané et achevé à sa date d'exécution, mais ce fait n'épuise pas la violation (éventuelle) du droit à la vie. Il est de notoriété jurisprudentielle[3] que le droit à la vie est un droit composite qui comprend l'obligation négative de ne pas porter arbitrairement atteinte à la vie des personnes (obligation de respecter le droit), mais aussi des obligations positives

---

[1] Pour la Cour EDH V° par exemple les affaires : *Loizidou c. Turquie*, Requête n° 15318/89, arrêt, 18 décembre 1996, § 41 ; *Posti et Rahko c. Finland*, Requête27824/95, arrêt, 24 septembre 2002, § 39 ; *Ilascu et autres c. Moldavie*, Requête n° 48787/99, arrêt, 8 juillet 2004, §§ 407-408. Pour la Cour IADH, V° entre autres : *Blake c. Guatemala*, arrêt sur les exceptions préliminaires, *op. cit.*, §§ 33-40 ; *Cantos c. Argentine*, arrêt sur les exceptions préliminaires, 7 septembre 2001, Série C n° 85, §§ 32-39 ; *Gracia Prieto et autres c. El Salvador*, arrêt sur les exceptions préliminaires, fond et réparations, 20 novembre 2007, Série C n° 168, §§ 42-45. Pour le Comité des droits de l'homme, V° entre autres, *M. S. Jegatheeswara Sarma, sa famille et son fils, M. Thevaraja Sarma c. Sri Lanka*, Communication n° 950/2000, 16 juillet 2003, §§ 5.2, 6.2 ; *Norma Yurich c. Chilie*, Communication n° 1078/2002, 2 novembre 2005, § 6.4.

[2] Commission ADHP, Communication n° 59/91, *Emgba Louis Mekongo c. Cameroun*, 13-22 mars 1995 ; Communications n° 54/91, 61/91, 98/93, 164/97 à 196/97, 210/98, *Malawi African Association, Amnesty International Ms. Sarr Diop, Union Interafricaine des Droits de l'Homme and RADDHO, Collectifs des veuves et ayants-droit, Association Mauritanienne des Droits de l'homme c. Mauritanie*, 11 mai 2000, § 91 (« The Commission can oly consider a violation that took place prior to the entry into force of the Charter *if such a violation continues or has effects which themselves constitute violations after the entry into force of the Charter* »)

[3] V° CourEDH, *Teren Aksakal c. Turquie*, Requête n° 51967/99, arrêt, 11 septembre 2007, §§ 67-77 ou *Silih c. Slovenie*, *op. cit.*, §§ 148 ss. ou encore *Varnava et autres c. Turquie*, Requêtes n°16064/90, 16065/90, 16066/90,16068/90, 16069/90, 16070/90, 16071/90, 16072/90 et 16073/90, arrêt, 18 septembre 2009, §§ 147-149. V° aussi CourIADH, *Blake c. Guatemala*, *op. cit.*, §§ 33-40 ; *Gracia Prieto et autres c. El Salvador*, *op. cit.*, §§ 42-45, *Huilca-Tecse c. Pérou*, arrêt sur les exceptions préliminaires, fond et réparations, 3 mars 2005, Série C n° 121, § 66. Pour le Comité des droits de l'homme V° entre autres, Communication n° 888/1999, *Telitsina c. Fédération de Russie*, 29 mars 2004, § 7.6 ; Communication n° 1559/2007, *Evangeline Hernandez c. Philippines*, 26 juillet 2010, §§ 7.1-10. Ludovic Hennebel et Helene Tigroudja, *Traité de droit international des droits de l'homme*, *op. cit.*, pp. 828-837 ; Lucia Bieules Bînzaru, « Compétence ratione temporis », *in* Pascal Doourneau-Josette et al. (dir.), *Quel filtrage des requêtes par la Cour européenne des droits de l'homme ?*, Strasbourg, Conseil de l'Europe, 2011, pp. 151-164, spéc. pp. 156-158.

matérielles et procédurales (obligation de protéger et de garantir le droit). Et c'est la dimension procédurale de l'obligation positive du droit à la vie que la Cour a occultée dans son examen de l'exception préliminaire. Cette obligation procédurale, fruit d'une construction prétorienne bien consolidée[1], exige entre autres, de l'Etat d'offrir aux victimes ou aux ayants droits des moyens procéduraux pour faire la lumière sur des cas de violations de droit à la vie et surtout une obligation d'enquête en cas d'allégation de violation du droit à la vie. Cette obligation d'enquêter est parfois présentée comme une obligation autonome et distincte ou détachable de l'obligation matérielle de protéger la vie[2], mais un élément tout de même du droit à la vie. L'enquête doit être indépendante, impartiale, transparente, effective et être faite dans la célérité par un organe compétent. L'obligation d'enquête implique une obligation de poursuite et de sanction, qui exige que l'Etat, au terme de l'enquête, identifie et poursuive les auteurs de l'atteinte au droit à la vie. La violation du devoir d'enquête (soit par une absence totale de l'enquête ou par une enquête défaillante) constitue une violation du droit à la vie. C'est cette dimension de la violation du droit à la vie, alléguée cependant par les requérants, que la Cour n'a pas prise en compte et dont la considération l'aurait sans doute conduit à retenir ici sa compétence temporelle. Cette dimension du droit à la vie est en effet une violation continue[3]. La Cour, en écartant le droit à la vie parce qu'il s'agirait d'une violation instantanée, a manqué de voir et de détacher la dimension procédurale du droit à la vie dont la méconnaissance dans cette affaire est persistante. Elle semble avoir saisi cette dimension sous l'angle de la violation de l'article 7 de la CADHP. Ce qui n'est pas non plus moins regrettable. Le même fait, le manquement à l'obligation d'enquête, avec toutes ses implications, pourrait constituer à la fois une violation de la dimension procédurale de l'art. 4 de la CADHP, mais aussi de l'art.7 de la même Charte.

Les allégations de violation du droit à ce que sa cause soit entendue par les juridictions nationales compétentes – C'est ainsi que la Cour a considéré les allégations des requérants selon lesquelles l'Etat défendeur a manqué de rechercher, de poursuivre, de juger et de condamner les auteurs du quadruple assassinat. Elle a estimé que si ce fait devrait être considéré comme une inaction de l'Etat burkinabè, il s'agirait d'un « état de fait qui n'est pas encore achevé, qui est donc continu », d'une situation commencée avant l'entrée en vigueur du Protocole qui crée la Cour, mais qui a persisté après cette date critique. Il s'agirait en clair d'une violation continue qu'elle définit comme une violation qui « s'étend sur toute la période durant laquelle le fait continue et reste non conforme » à l'obligation internationale[4]. La Cour retient donc sa compétence *ratione temporis* pour connaitre de cette allégation (Exceptions préliminaires, §§ 73-77).

Comme nous l'avons déjà relevé, la qualification de ces allégations de violations continues ne pose pas un problème. Ce qui est critiquable, c'est le fait que les allégations relèvent ici (plus ou) à la fois d'une violation de la dimension procédurale du droit à la vie et d'une violation du droit à ce que sa cause soit entendue par une juridiction compétente.

---

[1] *Ibid.*

[2] CourIADH, *Gracia Prieto et autres c. El Salvador*, *op. cit.*, §§ 42-45 ; CourEDH, ou *Silih c. Slovenie*, *op. cit.*, §§ 153 ss ou *Varnava et autres c. Turquie*, op. cit., §§ 132 ss. Ludovic Hennebel et Helene Tigroudja, *Traité de droit international des droits de l'homme*, *op. cit.*, pp. 459 ss.

[3] V° la jurisprudence des CourEDH, CourIADH et du Comité des droits de l'homme à note 21.

[4] Elle fait sienne en réalité la définition de la CDI dans son projet d'articles sur la responsabilité internationale de l'Etat pour fait internationalement illicite (art. 14 (2)).

Les autres allégations de violation des droits de l'homme – Il s'agit des allégations selon lesquelles l'Etat défendeur n'aurait pas pris les mesures nécessaires pour garantir les droits de la Charte, qu'il aurait violé le droit à l'égalité devant la loi et à une égale protection de la loi et du droit de s'exprimer et de diffuser ses opinions. La cour s'abstient ici de qualifier chacune de ces allégations de violation continue ou instantanée. Elle se contente d'estimer qu'elle ne sera compétente temporellement pour connaitre de ces allégations de violation « que dans la mesure où ces allégations seront directement reliées à l'allégation de violation du droit à ce que sa cause soit entendue par les juridictions nationales compétentes » (Exceptions préliminaires, § 82). On se demande pourquoi un tel traitement marginal de ces allégations. La Cour aurait pu, sinon dû examiner chacune de ces allégations et les classer en violation continue ou instantanée. Elle n'explique pas ce qui donne à ces allégations leur caractère connexe ou dépendant de l'allégation de la violation du droit à ce que sa cause soit entendue par une juridiction compétente.

En plus de l'exception d'incompétence temporelle examinée, la Cour a aussi examiné deux exceptions d'irrecevabilité, l'une tirée du non-épuisement des voies de recours internes et l'autre tirée du non-respect d'un délai raisonnable dans la soumission de la requête à la Cour (Exceptions préliminaires, §§84-124).

S'agissant du non-épuisement des voies de recours internes, l'Etat défendeur relève que la voie de la Cour de cassation, la plus haute juridiction judiciaire, était ouverte aux requérants qui ne l'ont pas saisie (Exceptions préliminaires, §§85-91). Ce que les requérants admettent, avouant avoir délibérément décidé de ne pas saisir la Cour de cassation parce que les voies judiciaires nationales auxquelles elles ont déjà eu recours pendant 9 ans se sont révélées inefficaces et insatisfaisantes et que par conséquent le pourvoi en cassation serait à coup sûr inopérant (Exceptions préliminaires, §§ 92-99). La Cour, estimant qu'elle ne peut se prononcer sur la prolongation normale ou anormale de la procédure judiciaire interne ou sur l'efficacité ou l'inefficacité de l'éventuelle saisine de la Cour de cassation sans préjuger du fond de l'affaire, considère que cette exception d'irrecevabilité n'a pas un caractère exclusivement préliminaire et décide de la joindre à l'examen au fond (Exceptions préliminaires, §§ 100-103). La Cour a ici vu juste, puisqu'entre autres raisons avancées par les requérants pour soutenir leur allégation de violation de l'art. 7 de la CADHP il y a la prolongation excessive et inefficace des recours internes.

Pour ce qui est de l'exception de la saisine tardive ou non de la Cour africaine, il s'est agi de savoir si le délai dans lequel la cour continentale a été saisie est raisonnable ou pas au sens de l'art. 56 al. 6 de la CADHP. Mais il fallait au préalable déterminer le *dies a quo* de ce délai, puisque les parties avaient des divergences à ce sujet, l'Etat défendeur estimant que c'est la date du dernier acte de la juridiction interne (16 août 2006) et les requérants considérant que ce délai n'a pas encore commencé à courir puisqu'il s'agit de violations continues (Exceptions préliminaires, §§ 105-113). La Cour rejettera d'entrée de jeu l'argument des requérants et considérera que comme en cette affaire tous les recours internes n'ont pas été épuisés, le *dies a quo* ici serait la date de l'expiration du délai du recours non exercé selon le droit national, donc le 22 août 2006 selon le calcul de la Cour. Elle précise toutefois qu'il n'est pas raisonnable de retenir cette date, puisque la Cour n'était pas encore fonctionnelle. Elle ne l'est devenue qu'à l'entrée en vigueur de son Règlement, le 20 juin 2008. Ce serait donc au final, à cette date que les requérants potentiels auraient pu prendre connaissance du Règlement de la Cour et songer à la saisir (Exceptions préliminaires, §§ 116-120). La Cour n'avait pas autre choix que de reconsidérer et de moduler le *dies a quo* de principe qu'elle a posé, puisqu'elle s'est trouvée coincée par son approche de la (non) rétroactivité examinée ci-dessus. Elle ne peut pas prendre comme référentiel de la (non) rétroactivité, non pas l'entrée en vigueur de la CADHP, mais celle du Protocole créant la Cour et du Règlement de cette Cour, et maintenir un *dies a quo* – pour apprécier si elle a été saisie à temps ou pas – antérieur à son « opérationnalisation judiciaire effective ». Au demeurant, elle estimera que « le caractère relativement récent de la mise en œuvre et son opérationnalisation (circonstances étrangères aux requérants) devrait plaider en faveur d'une certaine souplesse dans l'évaluation de la *raisonnabilité* du délai de saisine. Ce délai qui court désormais du 20 juin 2008 au 11 décembre 2011, soit 3 ans cinq mois, selon la Cour, n'affecte ni la sécurité juridique de l'Etat défendeur, ni la capacité de la Cour elle-même à établir les faits, et a pu donner un certain temps aux requérants « pour réfléchir sur l'opportunité d'introduire une requête », et est donc un délai raisonnable (Exceptions préliminaires, §§ 122-124).

C'est ainsi donc que la Cour a jugé le recours recevable et sa compétence fondée pour connaitre des allégations de violations de la Charte.

II. Les droits méconnus et la technique interprétative de la Cour ADHP

Dans l'arrêt au fond, la Cour africaine reconnaît le Burkina responsable de la violation d'un certain nombre de droits de la CADHP mais aussi d'autres instruments internationaux de droits de l'homme (II.1.). La Cour arrive à ces constats de violations parfois par une sorte de lecture combinatoire des différents instruments invoqués par les requérants (II.2.). Mais avant d'y parvenir, elle a dû trancher la question de l'exception d'irrecevabilité tirée du non-épuisement des voies de recours interne qu'elle avait renvoyée, dans son arrêt sur les exceptions préliminaires, au fond. Considérant que les requérants devraient faire le pourvoi en cassation tel que le prévoit le droit Burkinabè, parce qu'il s'agit d'un recours efficace (arrêt au fond, §§ 57-71), la Cour estime cependant que la procédure interne concernant cette affaire qui a duré près de huit ans, s'est prolongée de manière anormale. Elle conclut alors, au sens de l'art. 56 al. 5 CADHP, que la requête est recevable (arrêt au fond, §§ 72-106).

II.1. Le droit à un recours effectif, la liberté d'expression et les droits des journalistes

Etaient alléguées devant la Cour, les violations du droit à avoir sa cause entendue par des juridictions nationales compétentes, du droit à une égale protection de la loi et à l'égalité devant la loi, du droit au respect des droits des journalistes et à la liberté d'expression et enfin de l'obligation de garantir le respect des droits de l'homme. La Cour trouvera toutes ces allégations bien fondées, sauf la seconde.

Le droit à avoir sa cause entendue par des juridictions nationales compétentes – Ce sont les art. 7 al. 1 de la CADHP, 2 al. 3 et 14 du PIDCP et 8 de la Déclaration universelle des droits de l'homme (ci-après DUDH) qui sont invoqués ici. La Cour écarte la DUDH, à juste titre, au motif qu'il ne s'agit pas d'un traité[1] et décide d'examiner l'allégation des requérants d'abord par rapport à la CADHP et ensuite, s'il y a lieu, par rapport aux autres instruments invoqués[2].

---

[1] V° arrêt au fond, § 48 et note de bas de page n° 2. Elle aurait pu aussi considérer la DUDH sous l'angle du droit coutumier. On se demande aussi pourquoi après avoir écarté la DUDH, la Cour la mentionne tout de même à nouveau plus loin dans l'arrêt . arrêt au fond, §§ 117 et 157.

[2] Nous reviendrons *infra* (au point II.2.) sur cette façon de procéder.

Elle souligne d'entrée de jeu que le droit à ce que sa cause soit entendue par les juridictions nationales compétentes comporte plusieurs aspects, qu'elle ne précise pas davantage (arrêt au fond, § 119). Elle se contente de préciser que les aspects en cause ici sont au nombre de six. Il s'agit de la durée de la procédure interne, qu'elle trouve déraisonnable en se référant à son analyse de l'exception d'irrecevabilité de non-épuisement des voies judiciaires internes (arrêt au fond, § 120). Le second aspect est la place du procureur dans le système judiciaire burkinabè, puisque pour les requérants, le procureur est dans une soumission hiérarchique au ministre de la Justice et cela serait une violation de l'art. 7 de la CADHP. Ce que la Cour rejette en considérant que l'institution du procureur n'affecte en rien l'indépendance des juridictions nationales (arrêt au fond, §§ 121-126). Le troisième aspect est une question factuelle, une erreur d'appréciation des requérants qui se sont ravisés : le premier juge d'instruction qui se serait dessaisit ; or il n'y a pas eu de dessaisissement (arrêt au fond, §§ 127-131). Il en est de même pour le quatrième aspect : les requérants soulèvent la non-comparution d'un suspect, François Compaoré. Ce que la Cour rejette au motif que ce n'est factuellement pas exact (arrêt au fond, §§ 132-135). Le cinquième aspect concerne l'implication insuffisante des parties civiles dans la procédure interne. Ce qui, selon les requérants, aurait rendu les procédures inéquitables. Pour la Cour cependant, les parties civiles ont été auditionnées avant la décision du juge, l'*équitabilité* de la procédure n'aurait donc été pas entachée (arrêt au fond, §§ 136-140). Le dernier aspect est au sujet de la diligence avec laquelle l'Etat burkinabè aurait garanti le recours. La Cour reproche ici au Burkina Faso d'avoir étalé les procédures internes sur une durée non raisonnable, de n'avoir pas cherché à poursuivre d'autres pistes d'investigations, d'avoir auditionné tardivement les parties civiles et d'avoir abandonné les recherches des auteurs des assassinats après l'ordonnance de non-lieu d'août 2006. « En raison de toutes ces carences, la Cour conclut que l'Etat défendeur n'a pas agi avec la diligence due dans la recherche, la poursuite et le jugement des responsables des assassinats ». Le Burkina a ainsi violé le droit des requérants à ce que leur cause soit entendue par les juridictions nationales garanti par l'art. 7 de la CADHP (arrêt au fond, §§141-156).

On épouse la conclusion à laquelle la Cour est parvenue tout en regrettant qu'elle ait manqué de systématiser plus clairement les composantes de cet art. 7 de la CADHP dont elle dit qu'il est composite. Elle aurait pu préciser exactement les dimensions de ce droit qui a été méconnu. L'art. 7 de la CADHP en effet comprend à la fois le droit d'avoir sa cause entendue (al.1) et le principe de la légalité des infractions et des peines (al. 2)[1]. Était en cause ici le droit d'avoir sa cause entendue qui, lui-même comprend le droit d'accès au juge (a), la présomption d'innocence (b), le droit de la défense et à l'assistance judiciaire (c) et le droit d'être jugé dans un délai raisonnable (d). C'est plus précisément les droits d'accès au juge et d'être jugé dans un délai raisonnable, c'est-à-dire le droit du requérant d'avoir sa cause jugée dans un délai raisonnable qui ont été violé ici. On pourrait aussi se demander pourquoi la Cour n'a pas examiné l'article 26 de la CADHP qui impose à l'Etat le devoir de garantir

---

[1] Fatsah Ouguergouz, *La Charte africaine des droits de l'homme et des peuples. Une approche juridique des droits de l'homme entre tradition et modernité*, Paris, PUF, 1993, pp. 107-109 ; Solange Ngono, « Article 7 », *in* Maurice Kamto (dir.), *La Charte africaine des droits de l'homme et des peuples et le Protocole y relatif portant création de la Cour africaine des droits de l'homme. Commentaire article par article*, *op. cit.*, pp. 178-202.

l'indépendance des tribunaux pour la protection des droits[1]. Ç'aurait été l'occasion pour la Cour de clarifier le rapport entre cet art. 26 et l'art. 7. La Commission africaine a eu le mérite d'avoir été précise sur ce sujet en affirmant que « si l'art. 7 (1) (a) a été violé, il y a aussi violation de l'article 26 de la Charte »[2]. Il faut attendre quelques années plus tard pour que la Cour africaine, dans l'affaire Ally Rajabu, fasse une « lecture conjointe » des deux dispositions[3]. Dans l'affaire Sébastien Ajavon[4], la Cour bottera en touche ce rapport entre les art. 7 et 26 de la Charte. Elle aurait dû encore être plus précise et plus franche sur le rapport entre le droit des individus à un recours effectif (art. 7) et le devoir de l'Etat de garantir l'indépendance des tribunaux (art. 26). Par ailleurs, la Cour a manqué de préciser les nuances qu'il y a ou qu'il y aurait entre l'art. 7 de la CADHP et les art. 2 al. 3 et 14 du PIDCP[5]. Mais hélas ! elle s'est contentée d'indiquer qu'il n'y a pas lieu d'examiner les mêmes allégations sous l'angle du PIDCP au motif qu'elle aurait déjà reconnu l'Etat défendeur responsable de la violation de l'art. 7 CADHP.

Enfin, faudrait-il le réitérer, la Cour a manqué d'examiner sous les mêmes allégations, les dimensions procédurales du droit à la vie. Elle a donné par moment l'impression d'avoir noyé ces dimensions procédurales dans le droit de l'article 7 de la CADHP : l'art. 7 de la CADHP « oblige l'Etat défendeur à mettre tout en œuvre pour rechercher, poursuivre et juger les auteurs des crimes comme l'assassinat » (arrêt au fond, § 150). C'est aussi, (sinon plutôt) le droit à la vie qui impose pareille obligation.

Le droit à une égale protection de la loi et à l'égalité devant la loi – Pour les requérants, ce droit aurait été violé au motif que l'affaire *Norbert Zongo* a été traitée avec moins de célérité que d'autres affaires. Ce que réfute à juste titre la Cour, la durée de traitement d'une affaire dépendant des circonstances particulières de celle-ci (arrêt au fond, § 167)[6]. Ce qui attire l'attention dans cette partie de l'arrêt, c'est l'ambiguïté de la Cour sur le caractère indépendant ou non de l'art. 3 de la CADHP. Affirmant tantôt qu'elle ne serait compétente pour connaitre de l'allégation de la violation de l'art. 3 de la CADHP que pour autant que cette allégation soit directement liée à l'allégation de violation de l'art. 7 de la CADHP (arrêt au fond, § 165) et parlant tantôt de « principe d'égalité impliqué par le principe de l'égale protection de la loi et de l'égalité devant la loi », la Cour donne l'impression que l'art. 3 n'aurait pas de portée indépendante, qu'on ne pourrait alléguer sa violation isolement et que cette violation ne devrait pouvoir être constatée qu'au sujet de droits et de libertés garantis par la Charte. Pourtant, c'est plutôt l'art. 2 de la CADHP qui n'a pas cette portée indépendante, l'art. 3 lui, pourrait être invoqué isolement comme c'est le cas de l'art.

---

[1] V° Paul Tavernier, « Article 26 », », *in* Maurice Kamto (dir.), *La Charte africaine des droits de l'homme et des peuples et le Protocole y relatif portant création de la Cour africaine des droits de l'homme. Commentaire article par article*, *op. cit.*, pp. 658-669.

[2] Commission ADHP, Communications n° 137/94, 139/94, 154/96, 161/97, *International PEN, Constitutionnal Rights, Interights au nom de Ken Saro-Wiwa Jr. et Civil Liberties Organisation c. Nigeria*, 31 octobre 1998, § 95.

[3] Cour ADHP, affaire *Ally Rajabu et autres c. République-Unie de Tanzanie*, Requête n° 007/2015, arrêt, 28 novembre 2019, § 107.

[4] Cour ADHP, affaire *Sébastien Germain Ajavon c. République du Bénin*, Requête n° 013/2017, arrêt au fond, 29 mars 2019, §§ 273 ss.

[5] Sur quelques nuances entre le PIDCP et la CADHP sur ce droit, V° Fatsah Ouguergouz, *La Charte africaine des droits de l'homme et des peuples*, *op. cit.*, pp. 107-109.

[6] Elle fera un raisonnement similaire plus tard dans l'affaire Alex Thomas : CourADHP, affaire *Alex Thomas c. République Unie de Tanzanie*, Requête n° 005/2013, arrêt, 25 novembre 2015, §§ 100 ss.

26 du PIDCP, du Protocole n° 12 à la CEDH ou de l'art. 24 de la CIADH[1]. C'est en tout cas ce que laisse paraître la jurisprudence de la Commission africaine, même si en générale la Commission fait une lecture combinée des art. 2 et 3[2]. La jurisprudence de la Cour africaine gagnerait à être plus lisible à ce sujet.

L'obligation de respect des droits des journalistes et du droit à la liberté d'expression – Etaient alléguées ici les violations de l'art. 66 (2) du Traité révisé de la CEDEAO et l'art. 9 de la CADHP, que la Cour décide de lire « conjointement »[3]. Considérant que l'allégation concerne la liberté d'expression de la profession des médias dans sa généralité, la Cour en conclut qu'une telle allégation ne peut intéresser que le MBDHP, organisation non gouvernementale de défense de droits de l'homme. On pourrait se demander si la Cour ne laisse pas entendre que pour une telle allégation générale, les requérants individuels n'ont aucun intérêt à agir ; que pour cette sorte d'*actio popularis* c'est l'ONG de défense de droits humains qui a intérêt à agir. Dans tous les cas, elle conclura que la défaillance de l'Etat burkinabè dans la recherche et le jugement des assassins de Nobert Zongo « a suscité des peurs et des inquiétudes dans les milieux des médias », ce qui constitue une violation des art. 66 (2) (c) du Traité révisé de la CEDEAO et de l'art. 9 de la CADHP lu conjointement. Autant on peut s'étonner que la Cour ait occulté dans cet arrêt la dimension procédurale du droit à la vie, autant on s'étonne qu'elle retienne ici la violation des droits sus mentionnés sur un argumentaire aussi sobre, sans un commencement de preuve[4]. Toutefois, la technique d'interprétation qu'utilise la Cour ici est fort intéressante. Elle fait naître de l'obligation des Etats de respecter les droits des journalistes et de la liberté d'expression un « droit à la liberté d'expression de la profession des médias dans sa généralité » (arrêt au fond, § 185). Cela rappelle la Commission africaine qui avait, dans l'affaire du peuple Ogoni, extrait du mélange des droits à la santé, à l'éducation, au travail, à la participation politique et à la dignité humaine, un droit à l'alimentation[5]. A la différence de la Commission qui a procédé à une combinaison *intraconventionnelle*, c'est-à-dire à l'intérieur de la Charte africaine, de plusieurs droits, la Cour procède ici par une combinaison *interconventionnelle*, c'est-à-dire de plusieurs conventions, le Traité révisé de la CEDEAO et la CADHP.

L'obligation de garantir le respect des droits de l'homme – C'est l'obligation générale des Etats parties à la CADHP qui figure à l'article 1er de la Charte. La Cour constate qu'en violant l'art. 7 de la CADHP, « l'Etat défendeur a simultanément violé l'article 1er de la Charte » (§ 199). On en déduit donc justement que toute violation

---

[1] Au sujet de l'art. 26 PIDCP, V° Comité des droits de l'homme, *Observation générale n° 18. Non-discrimination*, HRI/GEN/1/Rev.9 (Vol. I), Trente-septième session, 10 novembre 1989, § 12 ; Olivier De Schutter, « Article 26 », *in* Emmanuel Decaux (dir.), *Le Pacte international relatif aux droits civils et politiques. Commentaire article par article*, *op. cit.*, pp. 561-593, spéc. pp. 563-572.

[2] ComADHP, Communication 241/01, *Purohit and Moore c. Gambie*, *op. cit.*, § 49 ; Communication 355/07, *Hossam Ezzat & Rania Enayet (represented by Egyptian Initiative for Personal Rights & Interights) c. République Arabe d'Egypte*, 17 février 2016, §§ 168 et 181 ; Communication 431/12, *Thomas Kwoyelo c. Ouganda*, 12-22 février 2018, § 158 . Il est même arrivé à la Commission de faire une lecture combinée des art. 2 et 18 (3) de la Charte : V° Communication 325/06, *Organisation Mondiale contre la Torture et Ligue de la Zone Afrique pour la Défense des Droits des Enfants et Elèves (pour le compte de Céline) c. RDC*, 4-18 novembre 2015, § 83. Sur les art. 2 et 3 de la CADHP, V° Alain Ondoua, « Article 3 » et Frédéric Sudre, « Article 2 », *in* Maurice Kamto (dir.), *La Charte africaine des droits de l'homme et des peuples et le Protocole y relatif portant création de la Cour africaine des droits de l'homme*, *op. cit.*, respectivement pp. 132-139 et pp. 228-231.

[3] Nous y reviendrons *infra* au point II. B. de ce commentaire.

[4] V° la « Déclaration commune des juges Gérard Niyungeko, Fatsah Ouguergouz, El Hadji Guisse et Kimlabalou Aba » jointe à l'arrêt au fond de cette affaire *Norbert Zongo*.

[5] ComADHP, Communication 155/96, *Social and Economic Rights Action Center (SERAC) and Center for Economic and Social Rights (CESR) c. Nigéria* (ci-après *affaire du peuple Ogoni*), 13-27 octobre 2001, §§ 65 ss.

d'un quelconque droit de la Charte est *ipso facto* aussi une violation de l'article 1er de cette Charte découlant du fait que l'Etat aura manqué d'adopter des mesures législatives ou autres pour garantir les droits et libertés de la CADHP[1].

II.2. La méthode de lecture combinatoire des droits

Dans cette affaire, la Cour semble faire une lecture combinée et croisée de différents droits ; elle donne même un peu le sentiment de faire une sorte de syncrétisme des différents instruments en jeu dans l'affaire. Tout commence par la kyrielle d'instruments, certes invoqués par les requérants, mais au sujet desquels la Cour justifie magistralement sa compétence matérielle à connaître de leur violation (arrêt au fond, §§ 8 et 48) : la CADHP, le PIDCP, le Traité révisé de la CEDEAO. C'est tout un *réseau*[2] de normes et d'instruments aux origines diverses qu'elle embrasse en lisant certains conjointement : « La Cour estime que dans le cadre de la présente affaire, il faut *lire ensemble* l'article 66 (2) (c) du Traité révisé de la CEDEAO et l'art. 9 (2) de la Charte » (arrêt au fond, § 180). Elle constate dans la même affaire la violation à la fois d'un instrument régional (la CADHP), d'un instrument sous-régional (le Traité révisé de la CEDEAO) et d'un instrument onusien (le PIDCP) de droits de l'homme[3].

Cette approche combinatoire de plusieurs normes et le fait d'embrasser dans une même affaire différents instruments conventionnels sont le sens même et la nature de l'office du juge de la Cour africaine tel que le prévoient les art. 3 et 7 du Protocole de Ouagadougou[4]. Compétente pour appliquer et interpréter (art. 7) non seulement la CADHP, mais aussi « tout autre instrument pertinent relatif aux droits de l'homme et ratifiés par les Etats concernés » (art. 3)[5], la Cour est ainsi assignée à l'office du *juge Hermès*, pour reprendre l'allégorie de François Ost[6]. C'est la figure d'un juge messager (comme le dieu Hermès ou Mercure dans les mythologies grecque ou latine) chargé de l'intermédiation d'un ordonnancement juridique non pas (ou plus) en pyramide, mais en réseau et sous la forme d'une banque de données[7]. En assignant pareille compétence à la Cour africaine, le Protocole de Ouagadougou et même avant lui, la CADHP par les art. 60 et 61[8], ouvrent le système africain des droits de l'homme

---

[1] Les autres juridictions régionales ont la même approche. Une fois qu'un Etat est responsable de violation d'un droit de la convention de droits de l'homme, il est aussi de ce fait responsable de la violation de l'obligation générale de respect des droits et libertés garantis par ladite convention : V° par exemple CourIADH, *Rodriguez Vera et al. c Colombie*, arrêt, exceptions préliminaires, fond, réparations, 14 novembre 2014, dispositif.

[2] Pour reprendre l'expression de François Ost et de Michel van de Kerchove (*De la pyramide au réseau ? Pour une théorie dialectique du droit*, Bruxelles, Publications des Facultés universitaires Saint-Louis, 2002, 597 p.).

[3] V° arrêt au fond, §§ 156, 157, 186, 187, 199, même si dans le dispositif, la Cour occulte assez curieusement la mention des droits du PIDCP dont elle constate pourtant la violation dans le corps de l'arrêt.

[4] Pour commentaire de ces deux dispositions, V° Pierre Kenfack, « Article 3. Compétence de la Cour » et Maurice Kamto, « Article 7. Droit applicable », *in* Maurice Kamto, *La Charte africaine des droits de l'homme et des peuples et le Protocole y relatif portant création de la Cour africaine des droits de l'homme*, *op. cit.*, pp. 1252-1254 et 1296-1298 respectivement.

[5] Ce que la Cour rappelle magistralement dans chaque arrêt : V° entre autres, cette affaire, arrêt au fond, § 48 ; affaire *Commission africaine des droits de l'homme et des peuples c. Republique du Kenya*, Requête n° 006/2012, arrêt, 26 mai 2017, § 51 ; affaire *Alfred Agbesi Woyome c. République du Ghana*, Requête n° 001/2017, arrêt, 28 juin 2019, § 27, etc.

[6] François Ost, « Jupiter, Hercule, Hermès : trois modèles du juge », *in* Pierre Bouretz (dir.), *La force du droit. Panorama des débats contemporains*, Paris, ESPRIT, 1991, pp. 241-272.

[7] François Ost, « Jupiter, Hercule, Hermès : trois modèles du juge », *op. cit.*, pp. 244-245, 257-272 ; Maya Hertig Randall, « Le dialogue entre le juge suisse et le juge européen », *in* François Bellanger et Jacques de Werra (dir.), *Genève au confluent du droit interne et du droit international. Mélanges offerts par la Faculté de droit de l'université de Genève à la Société Suisse des Juristes à l'occasion du Congrès 2012*, Genève, Zurich, Bâle, Schulthess, 2012, pp. 19-59, p. 21 ; Samson Mwin Sôg Mé Dabiré, *La dérogation aux droits de l'homme en Afrique. Le droit africain des droits de l'homme et des peuples à l'épreuve des circonstances exceptionnelles*, Genève, Schulthess, 2021, pp. 140-141.

[8] Bien que ces articles 60 et 61 CADHP concernent l'office de la Commission africaine, la Cour s'y réfère aussi pour ouvrir davantage le champ des règles qu'elle peut utiliser. Ainsi dans l'affaire du peuple Ogiek (Cour ADHP, affaire *Commission africaine des droits de l'homme et des peuples c. République du Kenya*, *op. cit.*, §§ 103 ss.) la Cour, fondement

et des peuples sur une pluralité d'instruments juridiques (africains comme extra-africains) à mettre en interrelation. Avec ce « décloisonnement »[1] de la CADHP, voire de tout le système africain des droits de l'homme et des peuples, la Cour africaine, tenue non pas seulement d'interpréter mais aussi d'appliquer d'autres instruments (même) extra-africains, devrait, pour assurer la cohérence des différents instruments qui viendraient à être convoqués dans une affaire, lire la Charte et tous ces « autres instruments » de façon croisée et combinée, sans même exclure parfois que la substance des normes en jeu, le *negotium*, prenne le pas sur les *instrumenta*[2]. La Cour africaine elle-même le dira de façon assez explicite dans l'affaire *Ally Rajabu* : « A la lumière de l'art. 60 de la Charte, la position de la Cour (...) est renforcée (...) par *la concordance déterminante d'une lecture combinée des principaux instruments internationaux et africains des droits* »[3].

Cette tendance à *décloisonner* une convention régionale de droit de l'homme par une approche combinatoire avec d'autres instruments externes, les cours européenne et interaméricaine des droits de l'homme le font aussi et déjà, bien que n'ayant pas dans leur convention régionale les correspondants des articles 3 et 7 du Protocole de Ouagadougou. Dans l'affaire *Serguei Zolotoukhine* par exemple, sur le principe *non bis in idem*, la Grande Chambre de la Cour EDH recourt à la fois et de façon combinatoire au PIDCP (art 14 § 7), à la Charte des droits fondamentaux (art. 50), à la jurisprudence de la Cour de justice de l'Union européenne et même à la Convention interaméricaine (art. 8 § 4), au Statut de Rome (art. 20) et à la jurisprudence de la Cour suprême américaine pour donner une définition de la notion de « même infraction » de l'art. 4 du Protocole n°7[4]. C'est cette même lecture « combinatoire interconventionnelle »[5] que fait la Cour IADH dans l'arrêt *Gelman* par exemple : elle combine les articles 3 (droits des enfants), 17 (droits de la famille), 18 (droit au nom) et 20 (droit à la nationalité) de la Convention américaine des droits de l'homme aux articles 7, 8, 9, 11, 16 et 18 de la Convention de New York sur les droits de l'enfant pour en dégager un droit à l'identité[6].

C'est sous le prétexte d'opérer une interprétation vivante et évolutive de la CEDH et de la CIADH que la Cour EDH et la Cour IADH, respectivement, s'autorisent une telle ouverture de leur convention de base sur un réseau d'instruments cosmopolites et exogènes. La Cour africaine ne devrait donc avoir aucune gêne à s'y aventurer aussi : le Protocole qui la crée et la CADHP, comme déjà mentionné, l'y incitent, voire l'y obligent. Mais hélas ! elle reste encore assez timide et quelque fois trop prudente.

---

pris de ces art. 60 et 61 de la Charte, se réfère aux critères du Groupe de travail des Nations unies sur les populations et communautés autochtones et du Rapporteur spécial des Nations unies sur les minorités pour déterminer si les Ogiek de la forêt de Mau sont des populations autochtones. Ici, précisions, elle s'inspire plus de ces instruments qu'elle ne les interprète ou les applique.

[1] Pour reprendre une expression de Laurence Burgorgue-Larsen, « Nothing is perfect. Libres propos sur la méthodologie interprétative de la Cour européenne », *in L'homme et le droit. En hommage au Professeur Jean-François Flauss*, Paris, Pedone, 2014, pp. 129-143, p. 132.

[2] Laurence Burgorgue-Larsen, « Nothing is perfect. Libres propos sur la méthodologie interprétative de la Cour européenne », *op. cit.*, p. 133.

[3] Cour ADHP, affaire *Ally Rajabu et autres c. République-Unie de Tanzanie*, Requête n° 007/2015, arrêt, 28 novembre 2019, § 113.

[4] Cour EDH (Grande Chambre), *Sergueï Zolotoukhine c. Russie*, Requête n° 14939/03, arrêt, 10 février 2009, §§ 31-44, et 79.

[5] Laurence Burgorgue-Larsen, « Les méthodes d'interprétation de la Cour interaméricaine des droits de l'homme. Justice in context », *Revue Trimestrielle de Droits de l'Homme*, n° 97, janvier 2014, pp. 31-79, spéc. p. 54.

[6] Cour IADH, *Gelman c. Urugay*, fond et réparations, 24 février 2011, Série C, n° 221, §§ 121-122. Sur l'office d'Hermès de la Cour ADHP et la mission d'interprétation croisée de la Charte et d'autres instruments de droits de l'homme, voir Samson Mwin Sôg Mé Dabiré, *La dérogation aux droits de l'homme en Afrique*, *op. cit.*, pp. 140-147.

Certes dans l'affaire *Norbert Zongo* qui nous occupe ici, elle fait cas d'une lecture conjointe des articles 66 (2) (c) du Traité révisé de la CEDEAO et l'article 9 (2) de la Charte pour en tirer un droit à la liberté d'expression de la profession des médias dans sa généralité ; plus tard dans l'affaire *Lohé Issa Konaté*, elle lira encore de façon combinée à la fois les art. 9 de la CADHP, 19 du PIDCP et 66 (2) du traité révisé de la CEDEAO et s'inspirera de la jurisprudence du Comité des droits de l'homme, de la Cour EDH, de la Cour IADH et de la Commission africaine pour déterminer la régularité d'une limitation imposée à la liberté d'expression d'un journaliste[1]. Elle affirmera dans l'affaire *Oscar Josiah*, au sujet du droit à la défense, qu'elle a toujours interprété l'art. 7 (1) (c) de la Charte « *à la lumière* de l'art. 14 (3) (d) du PIDCP »[2]. Mais l'on sent encore et toujours dans ces démarches quelques hésitations. Pour rester à cette affaire *Norbert Zongo*, la Cour s'est refusée, de façon flagrante, à interpréter les droits du PIDCP dont les requérants alléguaient la violation. Elle s'est réfugiée chaque fois derrière l'idée qu'ayant constaté la violation ou non d'un droit en cause en vertu de la Charte, il n'y avait plus besoin d'examiner la même allégation des requérants sur la base des articles du PIDCP (§§ 157, 170, 188)[3]. C'est une posture qui se défend sans doute, mais qui peut paraître minimaliste quand on considère le champ des possibles qu'offrent à la Cour les art. 3 et 7 du Protocole de Ouagadougou. Derrière cette posture de la Cour se noient les nuances qui pourraient exister entre le PIDCP et la CADHP au sujet d'un même droit. Le principe de faveur qui commande d'appliquer, quand il y a concours de plusieurs normes, la norme la plus favorable pour le requérant, pourrait aussi être prétérité. La Cour ne se sentirait-elle pas assez légitime d'interpréter un instrument dont elle n'est pas l'interprète principal ? Craindrait-elle quelque dissonance de son interprétation avec la jurisprudence du Comité des droits de l'homme et plus généralement des autres organes conventionnels de contrôle des droits de l'homme ? En tout cas le Protocole incite la Cour à être plus franche à ce sujet. Se donnerait-elle la peine de connaitre la jurisprudence du Comité, qu'elle pourrait davantage s'assumer en s'alignant sur cette jurisprudence toutes les fois qu'elle doit connaitre du PIDCP ou en s'en départant ouvertement et de façon suffisamment justifiée quand il le faut[4]. Il est assez clair que les articles 3 et 7 du Protocole de Ouagadougou exigent de la Cour, plus que d'un simple dialogue (dans la jurisprudence, on entend) avec les autres organes de contrôle. Ils lui demandent d'interpréter et d'appliquer en plus de la Charte, les autres instruments internationaux de droits de l'homme liant l'Etat défendeur, de faire féconder la Charte par ces instruments, de combler les lacunes éventuelles de la Charte par ceux-ci.

---

[1] Cour ADHP, Affaire *Lohé Issa Konaté c. Burkina Faso*, Requête n° 004/2013, arrêt, 5 décembre 2014, §§ 124-171. V° aussi Frédéric Sudre, « Conclusion », *in* Joël Andriantsimbazavina, Laurence burgorgue-Larsen, Sébastien Touzé (dir.), *La protection des droits de l'homme par les Cours supranationales. Actes du colloque des 8 et 9 octobre 2015*, Paris, Pedone, 2016, pp. 245-268, pp. 252 ss.

[2] Cour ADHP, Affaire *Oscar Josiah c. République-Unie de Tanzanie*, Requête n° 053/2016, arrêt (fond), 28 mars 2019, § 66.

[3] Elle adoptera la même démarche dans l'affaire *Armand Guéhi c. République-Unie de Tanzanie* (Requête n° 001/2015), arrêt, 7 décembre 2018). Lorsque le requérant, dans cette affaire, allègue la violation du droit à l'assistance consulaire tel que garanti par l'art. 36 (1) de la Convention de Vienne sur les relations consulaires (CVRC), la Cour établira une équivalence entre ce droit et celui consacré à l'art. 7 (1) (c) de la CADHP ; et n'ayant pas constaté une violation de l'art. 7 de la Charte, elle en conclut de façon assez simpliste que la CVRC n'est par conséquent pas violé.

[4] On sait par exemple que la Cour EDH, sans être tenue comme la Cour ADHP d'interpréter et d'appliquer le PIDCP, a, sur la liberté religieuse, une jurisprudence assez différente et assumée de la jurisprudence du Comité des droits de l'homme. V° par exemple sur le port des signes religieux, Cour EDH, *Ebrahimian c. France*, Requête n° 64846/11, arrêt, 26 novembre 2015 ou *Eweida et autres c. Royaume-Uni*, Requête n° 48420/10, 59842/10, 51671/10 et 36516/10), arrêt, 15 janvier 2013 et Comité des droits de l'homme, Communication n° 2662/2015, *F.A. c. France* (affaire crèche Baby loup), 16 juillet 2018.

Conclusion

En conclusion à cette affaire Norbert Zongo, on peut retenir trois éléments. D'abord, il s'agit d'une affaire qui est et qui restera l'une des plus grandes de la Cour africaine pour des raisons que nous avons déjà indiquées à l'introduction et aussi pour son caractère pionnier sur bien de points (compétence temporelle, réparations, technique d'interprétation combinatoire des droits de la CADHP). La Cour s'y réfère depuis lors dans plusieurs autres arrêts[1]. Ensuite l'arrêt sur les réparations de cette affaire pose dorénavant les principes et en clair, la jurisprudence de la Cour en matière de réparation. C'est une jurisprudence qui est assez proche de celle de la Cour IADH[2] ; la Cour ADHP s'en inspire assez ouvertement. Enfin, il faut regretter dans cette affaire l'approche que la Cour a faite du droit à la vie ; une approche qui a malheureusement occulté les dimensions procédurales de ce droit et dont la considération aurait pu féconder davantage positivement la lecture que la Cour a donnée de sa compétence personnelle et de l'examen des allégations des requérants au fond.

---

[1] V° par exemple Cour ADHP, *Alex Thomas c. République Unie de Tanzanie*, Requête n° 005/2013, arrêt au fond, *op. cit.*, §§ 73 et 136 ou *Alfred Agbesi Woyome c. République du Ghana*, Requête n°001/2017, arrêt (fond et réparations), 28 juin 2019, § 80, etc.

[2] Isabela Piacentini de Andrade, *La réparation dans la jurisprudence de la Cour interaméricaine des droits de l'homme*, Villeneuve d'Ascq, Atelier national de reproduction des thèses, 2013.

Commentaire _ *Affaire Lohé Konaté c. Burkina Faso*, Requête n° 004/2013

Dr MILLOGO Kibessoun Pierre Claver*

Le présent commentaire porte sur un arrêt rendu par la Cour Africaine des Droits de l'Homme et des Peuples (ci-après la Cour ADHP) dans la requête n° 004 2013 dans l'affaire qui a opposé M. Lohe Issa Konaté au Burkina Faso. L'arrêt de la Cour ADHP a été rendu le 5 décembre 2014.

Des faits, il ressort que la Cour a été saisie par une requête en date du 14 juin 2013, introduite par les Avocats de M. Konate qui est le rédacteur en chef de l'hebdomadaire l'Ouragan. Cette requête était assortie d'une demande en indication de mesures provisoires, sur laquelle la Cour a statué par ordonnance en date du 4 octobre 2013. M. Konaté avait été poursuivi au pénal et au civil pour diffamation, injures publiques et outrage à magistrat suite à la publication dans l'édition de l'ouragan du 1er aout 2012 d'un article intitulé : « Contrefaçon et trafic de faux billets de banque Le procureur du Faso, 3 policiers et un cadre de banque, parrains de bandits » ainsi que d'un article de Monsieur Roland Ouedraogo intitulé : « Le procureur du Faso : un torpilleur de la justice ». M. Konaté avait ensuite publié dans l'Ouragan du 8 aout 2012 un article intitulé : « Déni de justice : le Procureur du Faso ; un justicier voyou ? ».

Le Procureur du Faso, M. Placide Nikiema, qui était mis en cause dans ces articles, avait intenté une action pénale et civile contre M. Konate et M. Ouedraogo pour diffamation, injures publiques et outrage à Magistrat.

Le 29 octobre 2012, le requérant a été condamné par le Tribunal de grande instance (TGI) de Ouagadougou à 12 mois d'emprisonnement ferme et au paiement d'une amende de 1500000 F CFA. Le même tribunal a condamné le requérant au paiement de 4500000 F CFA au titre des dommages et intérêts aux parties civiles et 250000 F CFA au titre des frais de procédure.

En outre, et à titre de sanction complémentaire, le tribunal a ordonné la suspension de la parution de l'hebdomadaire l'Ouragan pour une durée de 6 mois à compter de la publication du dispositif du jugement et la publication du dispositif du jugement aux frais de M. Konaté et Ouedraogo dans les journaux l'Evènement, l'Observateur, le Pays et l'Ouragan dès la première publication de l'Ouragan et pendant 4 mois après la reprise des activités.

Le 10 mai 2013, la Cour d'appel de Ouagadougou a confirmé ce jugement. Le requérant estime, devant la Cour ADHP, que sa condamnation à une peine de prison et au paiement de dommages et intérêts violent son droit à la liberté d'expression qui est protégé notamment par les art. 9 de la Charte africaine des Droits de l'Homme et des Peuples et 19 au Pacte international relatif aux droits civils et politiques auxquels le Burkina est partie. Il invoque aussi la violation de l'art. 66 (2) (c) du traité révisé de la CEDEAO du 24 juillet 1993.

Le requérant demande à la Cour ADHP de dire que sa condamnation à une peine de prison et à des amendes constitue une violation de son droit à la liberté d'expression ; de constater que les lois du Burkina sur l'injure et la diffamation criminelle sont contraires au droit à la liberté d'expression ou de dire que la

---

* Chercheur en Droit public au Centre National de la Recherche Scientifique et Technologique (CNRST) et à l'Institut des Sciences des Sociétés (INSS).

condamnation pour diffamation constitue une violation du droit à la liberté d'expression et d'ordonner au Burkina de modifier sa législation en conséquence ; d'ordonner au Burkina de l'indemniser pour compenser la perte des revenus et lui octroyer une réparation pour souffrance morale.

Le Burkina Faso a, quant à lui, demandé à la Cour de constater que la requête de M. Konate ne satisfaisait pas aux conditions de recevabilité posées aux articles 56.2, 56.3 et 56.5 de la Charte et aux art. 34.2 ; 40.2 ; 40.3 et 40.5 du Règlement intérieur de la Cour. Il a aussi demandé à la Cour, au cas où la requête de M. Konate était reçue, de la déclarer comme non fondée. Le Burkina a enfin contesté la qualité de Journaliste au requérant.

La question juridique qui se posait dans cette affaire est relative aux limitations que l'Etat peut légitimement apporter à la liberté d'expression. Un adage populaire dit 'ma liberté s'arrête là où commence celle des autres'. Selon donc cet adage, je ne peux pas tout dire *a fortiori* tout faire. Cela signifie que l'Etat peut limiter la liberté d'expression. Il se pose la question des limites qu'il faut apporter aux limites. Les limites apportées par l'Etat doivent elles-mêmes faire l'objet de limites et c'est l'objet de l'intervention de la Cour. L'Etat ne peut donc pas faire n'importe quoi dans la limitation de la liberté d'expression. Il est soumis aux lois et aux conventions internationales auxquelles il peut être partie.

D'abord, je démontrerai, ainsi que le dit la Cour ADHP, que la liberté d'expression peut être limitée mais par la loi et doit poursuivre un objectif légitime (**I**). Ensuite, la limitation de la liberté d'expression doit être proportionnée à l'objectif poursuivi et les tribunaux doivent en faire une juste application (**II**).

I. Une limitation légitime et prévue par la loi

Nous envisagerons d'abord la question de la base légale de la limitation de la liberté d'expression (I.1.). Ensuite nous aborderons son caractère légitime (I.2.).

I.1. La liberté d'expression doit être limitée par la loi

Selon la Constitution burkinabè en son article 8, la liberté d'expression est une liberté fondamentale. Il en de même de la liberté de presse. L'art 8 dispose : « les libertés d'opinion, de presse et le droit à l'information sont garantis. Toute personne a le droit d'exprimer et de diffuser ses opinions dans le cadre des lois et règlements en vigueur ».

Les dispositions du droit burkinabè en cause dans notre affaire selon la Cour sont les art. 109, 110 et 111 du Code de l'information du 30 décembre 1993 et aussi l'art. 178 du code pénal du 13 novembre 1996. Selon l'art. 109 : « Toute allégation ou imputation d'un fait qui porte atteinte à l'honneur ou à la considération de la personne ou du corps auquel le fait est imputé est une diffamation. La publication directe ou par voie de reproduction de cette allégation ou de cette imputation est punissable même si elle est faite sous forme dubitative ou si elle ne vise une personne ou un corps non expressément nommé, mais dont l'identification est rendue possible par les termes des discours, cris, menaces, écrits ou imprimés. Toute expression outrageante, terme de mépris ou invective qui ne renferme l'imputation d'aucun fait est une injure ». Selon l'art. 178 al. 1 du code pénal : « Lorsqu'un ou plusieurs magistrats, jurés ou accesseurs auront reçu dans l'exercice de leurs fonctions ou à l'occasion de cet exercice, quelque outrage par paroles, par écrit ou dessin non rendu publics, tendant dans ces divers cas, à porter atteinte à leur honneur ou leur délicatesse, le coupable sera puni d'un emprisonnement de six mois à un an et d'une amende de 150000 à 1500000 F CFA ».

Selon le requérant, la loi qui restreint la liberté d'expression ne doit pas seulement exister, elle doit être suffisamment précise, de sorte que les individus puissent adapter leur conduite en conséquence. Par contre, selon l'Etat burkinabè, les dispositions du code pénal et du code sur la liberté d'expression et de la presse ont été rédigées sensiblement dans les mêmes termes que ceux de la loi française du 29 juillet 1881 sur la liberté de la presse et la Cour européenne des droits de l'Homme a jugé que les dispositions de la loi de 1881 sur la liberté de la presse revêtaient l'accessibilité et la prévisibilité requises au sens de l'art.10 paragraphe 2 de la Convention européenne des droits de l'Homme et des libertés fondamentales. Les autorités burkinabè affirment que les lois burkinabè sur la liberté d'expression sont suffisamment claires et précises.

Selon la Cour, qui se réfère à l'art 19 (2) du Pacte, la loi est une norme libellée avec suffisamment de précision pour permettre à un individu d'adapter son comportement en fonction de la règle et elle doit être accessible au public. La loi ne doit pas conférer aux personnes chargées de son application un pouvoir illimité de décider de la restriction de la liberté d'expression. Les lois doivent énoncer des règles suffisamment précises pour permettre aux personnes chargées de leur application d'établir quelles formes d'expression sont légitimement restreintes et quelles formes d'expression le sont indument[1]. Pour la Cour, et se référant à la Commission africaine, l'expression affirmant que la liberté d'expression peut être restreinte dans le cadre des lois et règlements doit être interprétée par référence aux normes internationales qui prévoient des motifs de restrictions à la liberté d'expression.

La Cour estime que les restrictions apportées à la liberté d'expression et de la presse sont bien prévues par la loi car contenues dans le code pénal et le code de l'information burkinabè[2]. La Cour a estimé que les art. 109, 110 et 111 du Code de l'information et l'art. 178 du Code pénal sont libellés avec suffisamment de précision pour permettre, d'une part, à un individu d'adapter son comportement en fonction de la règle et d'autre part, pour permettre aux personnes chargées de leur application d'établir quelles formes d'expression sont légitimement restreintes et quelles formes d'expression le sont indument. La limitation de la liberté d'expression doit aussi avoir un caractère légitime.

I.2. La limitation de la liberté d'expression doit être légitime

Pour la Cour ADHP, à l'instar de la Commission africaine, les raisons de limitations possibles doivent se fonder sur un intérêt public légitime et les inconvénients de la limitation doivent être strictement proportionnels et absolument nécessaires pour les avantages à obtenir. Selon l'art. 27 (2) de la Charte africaine, les seules raisons légitimes de limiter ces droits et libertés sont que 'ces droits s'exercent dans le respect du droit d'autrui, de la sécurité collective, de la morale et de l'intérêt commun'. Selon l'art. 19 paragraphe 3 als a et b du Pacte, le but légitime d'une limitation consiste dans le respect des droits et de la réputation d'autrui ou de la sauvegarde de la sécurité nationale, de l'ordre public, de la santé ou de la moralité publique.

Pour la Cour, les trois dispositions du Code de l'information burkinabè poursuivent l'objectif de la protection de l'honneur et de la réputation de la personne ou d'un corps et la disposition du code pénal burkinabè poursuit l'objectif de la

[1] Paragraphe 128 de l'arrêt.
[2] Paragraphe 130 de l'arrêt.

protection de l'honneur et de la réputation des magistrats, des jurés ou assesseurs dans l'exercice de leurs fonctions ou à l'occasion de cet exercice.

La Cour conclut sur ce point, qu'il s'agit là d'un objectif parfaitement légitime et que, partant, la limitation ainsi apportée au droit à la liberté d'expression par la législation burkinabè est conforme aux standards internationaux en la matière[1]. Maintenant, nous devons examiner le point de savoir si la limitation apportée par la législation burkinabè est nécessaire pour atteindre l'objectif visé et si les tribunaux burkinabè ont fait une exacte application de la loi.

II. Les limitations au droit à la liberté d'expression doivent être proportionnées et l'application de la loi par les tribunaux doit être juste

Je traiterai d'abord de la proportionnalité de la limitation (II.1.). Ensuite, j'envisagerai la question de savoir si l'application des lois par les tribunaux burkinabè a été juste (II.2.).

II.1. La proportionnalité de la limitation

Le requérant a affirmé dans sa requête que la législation burkinabè est contraire au droit à la liberté d'expression dans la mesure où elle érige la diffamation et l'injure en infractions pénales, ou à tout le moins, parce qu'elle sanctionne ces infractions par des peines privatives de liberté. Pour le Gouvernement burkinabè, les peines prononcées par les juridictions burkinabè prennent en compte la gravité des propos diffamatoires, injurieux et outrageants tenus par le requérant dans sa publication et sa récidive à la suite de sa condamnation dans le cadre d'une autre affaire. Il soutient aussi que les condamnations au civil du requérant sont en justes proportions de la gravité du préjudice incommensurable, notamment sur le plan moral, subi par Monsieur Placide Nikiema. Il soutient que sa législation ne porte nullement atteinte à la liberté d'expression.

Les *amici curiae* indiquent qu'en imposant des sanctions pénales pour diffamation, c'est-à-dire relativement à l'exercice de la liberté d'expression qui est protégée par des instruments internationaux auxquels le Burkina a souscrit, le pays viole ses engagements internationaux en matière de protection des droits de l'Homme. Ils indiquent que l'art. 9 de la Charte africaine garantit le droit à la liberté d'expression. Pour eux, la pénalisation de la diffamation ou de l'outrage envers un personnage public va à l'encontre du droit à la liberté d'expression et du fonctionnement d'une société libre. Cette pénalisation est une sanction disproportionnée à l'égard de l'auteur présumé, mais aussi a un effet paralysant sur le débat public de questions d'intérêt général. Pour ces raisons, les *amici curiae* considèrent que dans la mesure où elle prévoit des sanctions pénales, la législation burkinabè sur l'information est contraire à la liberté d'information.

La Cour se réfère à l'art. 19 (3) du Pacte qui dispose que l'exercice des libertés comporte des devoirs spéciaux et des responsabilités spéciales. Il peut toutefois être soumis à des restrictions qui doivent être fixées par loi et être nécessaires au respect des droits ou de la réputation d'autrui et à la sauvegarde de la sécurité nationale, de l'ordre public, de la santé ou de la moralité publique[2]. La Commission africaine a aussi posé la règle selon laquelle les sanctions ne doivent jamais être sévères au point d'entraver l'exercice du droit à la liberté d'expression. Pour le Comité des droits de

[1] Paragraphe 137 de l'arrêt.
[2] Paragraphe 164 de l'arrêt.

l'Homme, les limitations doivent être proportionnelles et cette proportionnalité a été explicitée comme suit : « Les restrictions ne doivent pas avoir une portée trop large. Le Comité a relevé dans l'observation générale n° 27 que les mesures restrictives doivent être conformes au principe de la proportionnalité ; elles doivent être appropriées pour remplir leur fonction de protection, elles doivent constituer le moyen le moins perturbateur parmi ceux qui pourraient permettre d'obtenir le résultat recherché et elles doivent être proportionnées à l'intérêt à protéger (…) Le principe de proportionnalité doit être respecté non seulement dans la loi qui institue les restrictions, mais également par les autorités administratives et judiciaires chargées de l'application de la loi»[1] .

Pour la Cour, il ne fait aucun doute qu'un procureur de la République est une personnalité publique et à ce titre plus exposé qu'un individu ordinaire et est susceptible de critiques plus nombreuses et plus sévères. Un degré de tolérance plus élevé est attendu de sa part et par conséquent les législations en matière d'atteinte à l'honneur ou à la réputation des personnalités publiques ne devrait pas prévoir des sanctions plus sévères que celles relatives à l'honneur ou à la réputation d'un individu ordinaire[2]. La Cour conclut que la diffamation est pour l'instant une infraction passible d'une peine d'emprisonnement dans la législation burkinabè et que l'Etat burkinabè n'a pas démontré que pareille peine d'emprisonnement constituait une limitation nécessaire de la liberté d'expression aux fins de protéger les droits et la réputation des membres du corps judiciaire[3].

Par conséquent, les art. 109 et 110 du Code de l'information, ainsi que l'art. 178 du Code pénal burkinabè ne sont pas compatibles avec les prescriptions de l'art. 9 de la Charte et l'art. 19 du Pacte. Il y a aussi violation de l'art. 66 (2) (c) du Traité CEDEAO révisé, dans la mesure où la peine privative de liberté prévue par les dispositions sus-citées constitue une ingérence disproportionnée dans l'exercice de la liberté d'expression des journalistes en général et du requérant en particulier.

Selon la Cour, hormis des circonstances graves et très exceptionnelles, en particulier l'apologie des crimes internationaux, l'incitation à la haine, à la discrimination ou à la violence ou les menaces à l'égard d'une personne ou d'un ensemble de personnes, en raison de critères spécifiques tels que la race, la couleur, la religion ou l'origine nationale, les infractions aux lois relatives à la liberté de presse et à la liberté d'expression ne sauraient être sanctionnées par des peines privatives de liberté sans être contraires aux dispositions relevées *supra.*

Mais dans une opinion dissidente, la vice-présidente de la Cour et trois autres juges ont estimé qu'une fois que les propos sont criminalisés dans le cadre de l'exercice de la liberté d'expression, ils cessent de devenir de simples infractions mais tombent sous le coup des crimes tels que la haute trahison ou la subversion. Dans ce cas, il ne s'agit plus de simple diffamation criminelle.

Il y a enfin la question de la juste application de la loi par les tribunaux burkinabè.

II.2. L'application des lois sur la liberté d'expression et de la presse par les tribunaux burkinabè

La Cour relève sur ce point tout d'abord que la condamnation du requérant à une peine privative de liberté pour diffamation est contraire à la Charte, au Pacte et au Traité révisé de la CEDEAO. En conséquence, l'application de telles lois par les

[1] Comité des droits de l'homme, *Observation générale n°34, article 19 liberté d'opinion et d'expression*, paragraphe 33.
[2] Paragraphe 156 de l'arrêt.
[3] Paragraphe 157 de l'arrêt.

juridictions burkinabè constitue une violation des dispositions pertinentes des droits de l'Homme en la matière. Selon la Cour, le Burkina n'a pas démontré que ces condamnations étaient nécessaires et proportionnelles pour protéger les droits et la réputation de Monsieur Placide Nikiema, le Procureur de la République[1].

Ensuite, s'agissant de la sanction pécuniaire imposée, le requérant a affirmé qu'elle constitue une autre violation de son droit à la liberté d'expression. Il ajoute que le montant de 6000000 F CFA représente 20 fois le revenu national brut par habitant au Burkina selon les rapports de la Banque mondiale. Selon la Cour, le Burkina n'a pas apporté la démonstration que cette sanction pécuniaire, ainsi que la suspension de la publication de l'hebdomadaire l'Ouragan pour une durée de six mois étaient nécessaires pour protéger les droits et la réputation du Procureur de la République[2].

La Cour conclut que toutes les condamnations prononcées par le Tribunal de Grande Instance et confirmées par la Cour d'appel de Ouagadougou étaient disproportionnées par rapport au but poursuivi par les dispositions pertinentes du Code de l'information et du code pénal burkinabè. Pour la Cour, le comportement des juridictions burkinabè est pleinement imputable à l'Etat burkinabè et par conséquent, ce dernier a manqué à son obligation de respecter les dispositions de l'art. 9 de la Charte, l'art. 19 du Pacte et l'art. 66 (2) (c) du Traité révisé de la CEDEAO. La Cour estime aussi que les amendes fixées dépassent excessivement les revenus du requérant car ce dernier a notamment été privé de revenus du fait de la suspension de son hebdomadaire[3].

---

[1] Paragraphe 167 de l'arrêt.
[2] Paragraphe 169 de l'arrêt.
[3] Paragraphe 170 de l'arrêt.

V. Les affaires sur le droit au procès équitable

- *Alex Thomas c. Tanzanie*
- *Dioclès William c. Tanzanie*
- *Mohamed Abubakari c. Tanzanie*
- *Armand Guéhi c. Tanzanie*
- *Christopher Jonas c. Tanzanie*
- *Wilfred Onyango Nganyi et 9 autres c. Tanzanie*

Commentaire _ *Affaire Alex Thomas c. République-Unie de Tanzanie*, Requêtes n° 005/2013 et n° 001/2017

Adama CHERIF*

Introduction

L'affaire à commenter (*Alex Thomas c. République-Unie de Tanzanie*) oppose la Tanzanie à l'un de ses ressortissants. C'est un cas de recours individuel[1] dans lequel la Cour africaine des droits de l'homme et des peuples (ci-après la Cour africaine) a rendu trois arrêts. Le premier est un arrêt « déclaratoire »[2], c'est-à-dire un arrêt au fond condamnant l'Etat de Tanzanie pour violation du droit à un procès équitable[3]. Le second a été rendu suite à un recours en interprétation introduit par la Tanzanie[4]. Le troisième est un arrêt de « prestation », rendu suite à une demande de réparation introduite par Alex Thomas[5].

A l'origine, M. Alex Thomas et quatre autres personnes ont été mis en examen le 31 décembre 1996 par les tribunaux tanzaniens[6]. Libéré sous caution pour des raisons de santé[7], M. Alex Thomas ne se présente pas à son procès à deux reprises. Après un premier report, les tribunaux tanzaniens ont jugé et condamné l'accusé par contumace à 30 années d'emprisonnement[8]. Il commence à purger sa peine le 3 juin 1998. Son appel est rejeté le 23 mars 2000[9]. Le requérant va également utiliser, en vain, toutes les voies de droit que lui offre l'ordre juridique tanzanien pour faire entendre sa cause[10].

Le 02 août 1996, M. Alex Thomas saisit la Cour africaine pour faire entendre sa cause. La requête a été déposée par le requérant à son nom propre. Il est ensuite représenté par l'Union panafricaine des avocats (UPA)[11]. Le requérant demande à la Cour d'annuler les décisions des tribunaux tanzaniens le déclarant coupable ; d'ordonner sa mise en liberté et de prononcer en sa faveur des mesures de réparation[12]. Le requérant allègue la violation de plusieurs droits, notamment le droit à un procès équitable : le droit à l'égalité devant la loi[13], le droit au respect et à la dignité

* Docteur en droit public, Enseignant-chercheur à l'Université Péléforo Gon Coulibaly de Korhogo ; Ancien Conseiller technique au ministère des Droits de l'homme et des libertés publiques (Côte d'Ivoire).

[1] Art. 5 § 3 du Protocole à la Cour ADHP ; V° Werner Hoeffner, « L'accès de l'individu à la Cour africaine des droits de l'homme et des peuples », *Revista Juridica*, vol. 2, n° 43, pp. 825-883.

[2] Sur les types d'arrêts rendus par la Cour EDH, V° Céline Fercot, « Les effets des arrêts de la Cour européenne des droits de l'homme en droit allemand. Analyse de la jurisprudence récente de la Cour de la Karlsruhe et regards sur le droit français », *Revue française de droit constitutionnel*, 2007/3 n° 71, p. 639.

[3] CourADHP, *Alex Thomas c. République-Unie de Tanzanie*, Requête n° 005/2013, fond, arrêt du 20 novembre 2015, 1 RJCA, p. 482.

[4] CourADHP, *Alex Thomas c. République-Unie de Tanzanie*, Requête n° 001/2017, aux fins d'interprétation de l'arrêt du 20 novembre 2015, arrêt du 28 septembre 2017.

[5] CourADHP, *Alex Thomas c. République-Unie de Tanzanie*, Requête n° 005/2013, réparations, arrêt du 4 juillet 2019.

[6] CourADHP, *Alex Thomas c. République-Unie de Tanzanie* (fond), *op. cit.*, § 23.

[7] *Ibid.*, § 24.

[8] *Ibid.*, § 3.

[9] *Ibid.*, § 27.

[10] *Ibid.*, §§ 28-36.

[11] *Ibid.*,§ 18.

[12] *Ibid.*, § 17.

[13] *Ibid.*, § 138.

humaine[14], le droit à la liberté et à la sécurité de la personne[15], le droit à l'information[16].

Le 20 novembre 2015, la Cour africaine condamne la Tanzanie pour violation de plusieurs garanties procédurales intimement liées au droit à un procès équitable[4]. Face à une difficulté d'interprétation, la Tanzanie introduit devant la Cour africaine un recours en interprétation de sa décision. Enfin, M. Alex Thomas introduit une requête en réparation devant la Cour africaine.

Partant, le présent commentaire concerne les trois arrêts rendus par la Cour africaine dans l'affaire *Alex Thomas*. Il consiste à analyser le sens, la valeur et la portée des solutions dégagées par la Cour africaine dans cette affaire à la lumière des principes du droit international général et du droit international des droits de l'homme. Cela étant rappelé, au centre de cette affaire deux problèmes peuvent retenir l'attention du commentateur : le premier est lié au droit à un procès équitable. Ce droit est prévu par tous les instruments généraux de protection des droits de l'homme au niveau universel[5] et régional[6]. Les organes de protection internationaux des droits de l'homme le considèrent comme un droit crucial ou un élément clé de la protection des droits de l'homme[7]. Le second problème concerne la portée des arrêts rendus par la Cour africaine et particulièrement la réparation des violations des droits de l'homme. Partant, les constatations de la Cour africaine relatives à la violation du droit à un procès équitable (I) et la décision relative à la réparation de ces violations (II) constitueront les deux articulations de ce commentaire.

I. Les constatations relatives à la violation du droit à un procès équitable

Dans son examen de l'affaire *Alex Thomas*, les constatations de la Cour africaine portent d'une part sur la violation de garanties procédurales (I.1.), et d'autre part sur l'existence d'erreurs manifestes dans l'accusation (I.2.).

I.1. La violation des garanties procédurales

La Cour africaine condamne la Tanzanie pour violation de plusieurs droits de l'homme ayant un lien avec le droit à un procès équitable. Notre commentaire porte sur les constatations concernant les restrictions au droit d'être présent à son procès (1), l'évaluation du caractère raisonnable du délai de jugement (2) et l'exercice du droit à une assistance judiciaire gratuite (3). La constatation relative à la violation du droit de consulter le dossier n'appelle pas de commentaires particuliers.

1. Les restrictions au droit d'être présent à son procès

Le droit d'être présent à un procès a un lien étroit avec le droit d'être entendu et les droits de la défense[8]. Il implique pour chaque individu accusé d'une infraction d'être présent à son procès pour être entendu et pour entendre elle-même les arguments de l'accusation afin éventuellement de les contester. D'une importance

[14] *Ibid.*, § 141.
[15] *Ibid.*, §§ 147-149.
[16] *Ibid.*, §§ 151-154.
[4] Amnesty International, *Pour des procès équitables*, 2e éd., Londres, Amnesty International Publications, 2014.
[5] Art. 14 du PIDCP.
[6] Art. 7 § 1 de CADHP ; art. 6 de la CEDH ; art. 8 de la CIADH ; art. 13 de la CArDH.
[7] Comité des droits de l'homme, *Observation générale n° 32*, § 2, CCPR/C/GC/32 du 23 août 2007.
[8] Andreas Auer, Giorgio Malinverni, Michel Hottelier, *Droit constitutionnel suisse*, vol. II, Berne, Stämpfli Edition, 3e éd., 2013, p. 605.

capitale, ce droit est prévu par certains instruments de protection des droits de l'homme[1] et dans les Statuts des tribunaux pénaux internationaux[2].

Cependant le droit d'être présent à son procès n'est pas expressément prévu par les instruments régionaux de protection des droits de l'homme. Toutefois, ce droit résulte de la casuistique de la Cour de Strasbourg[3] qui l'associe au droit pour tout accusé d'exercer ses droits de la défense. Dans le même sens, on pourrait déduire le droit d'être présent à son procès du « droit pour l'accusé de se défendre lui-même » prévu par l'article 8 § 2 d de la CIADH. Enfin, le droit d'être présent à son procès n'est pas mentionné dans la CADHP, mais se trouve dans les Principes relatifs aux procès équitables et Afrique[4].

Dans l'affaire *Alex Thomas*, la Cour africaine était confrontée au problème suivant : l'accusé qui ne s'est pas présenté à son procès, pour cause de maladie, peut-il invoquer son droit à être présent à son procès s'il a été jugé et condamné par contumace ou par défaut ? Autrement dit, le droit d'être présent à son procès peut-il faire l'objet de restriction ?

Les procès par contumace ou par défaut, c'est-à-dire les procès qui se tiennent en l'absence de l'accusé, sont expressément interdits par les Principes relatifs aux procès équitables en Afrique[5]. De même, pour le Comité des droits de l'homme, l'article 14 § 3 let. d) du PIDCP exige que l'accusé ait le droit d'être présent à son procès[6]. Toutefois, dans « l'intérêt de la bonne administration de la justice », le procès peut exceptionnellement se poursuivre en l'absence de l'accusé, lorsque celui-ci, bien qu'informé des chefs d'accusation pesant sur lui, de la date et du lieu du procès suffisamment à l'avance, a refusé malgré tout de comparaitre[7]. De même, le jugement par défaut ne constitue pas *per se* une violation du droit d'être présent à son procès, si l'absence de l'accusé a pour but de se soustraire à la justice et n'est pas lié à un cas de force majeure. Enfin, une personne condamnée par défaut ou par contumace a droit à la reprise de son procès en sa présence[8], sans qu'il ait à prouver que son absence était justifiée par un cas de force majeure et non dans le but de se soustraire à la justice[9].

Conformément à la démarche qui lui est familière, la Cour africaine expose la jurisprudence des autres cours et organes régionaux des droits de l'homme[10]. Paradoxalement, la Cour ne mentionne pas l'Observation générale n° 32[11] du Comité des droits de l'homme, bien qu'elle applique au cas d'espèce l'article 14 § 3 let. d) du PIDCP.

La Cour africaine conclut que le jugement par contumace de M. Alex Thomas est une violation du droit d'être présent à son procès. Á l'examen, on peut faire quelques remarques : premièrement, la Cour africaine reproche à l'Etat défendeur de n'avoir pas cherché à savoir la cause du défaut de comparution de l'accusé[12], qu'il savait

---

[1] Art. 14 § 3 let. d) du PIDCP, art. 18 § 3 d) de la Convention sur les droits des travailleurs migrants et des membres de leurs familles, art. 16 § 3 a. de la CArDH.
[2] Art. 63 § 1 et 67 § 1 du Statut de la CPI ; Titre 20 § 4 d) du Statut du TPIR ; art. 21 § 4 d) du Statut du TPIY.
[3] CourEDH, *Hermi c. Italie*, Requête n° 18114/02, arrêt du 18 octobre 2006, § 58-59.
[4] Titre N § 6 c) des Principes relatifs aux procès équitables en Afrique.
[5] Titre N § 6 c) 2) des Principes relatifs aux procès équitables en Afrique.
[6] Comité des droits de l'homme, *Observation générale n° 32*, *op. cit.*, § 36.
[7] *Ibid.*
[8] Titre N § 6 c) 2) des Principes relatifs aux procès équitables en Afrique.
[9] CourEDH, *Hermi c. Italie*, *op. cit.*, § 75.
[10] CourADHP, *Alex Thomas c. République-Unie de Tanzanie* (fond), *op. cit.*, §§ 95-99.
[11] Comité des droits de l'homme, *Observation générale n° 32*, *op. cit.*, § 2.
[12] CourADHP, *Alex Thomas c. République-Unie de Tanzanie* (fond), *op. cit.*, § 94.

pourtant très malade[1]. Deuxièmement, l'Etat défendeur n'a pas autorisé la reprise du procès tel que le prescrivent les Principes relatifs aux procès équitables en Afrique et le Comité des droits de l'homme. Troisièmement, la Cour africaine stigmatise indirectement une anomalie du Code de procédure pénal tanzanien (article 226)[2] qui autorisait les tribunaux à poursuivre une audience qui avait été déjà renvoyée une première fois, même si l'accusé était absent au moment de la reprise de son procès[3]. Enfin, puisqu'il s'agissait de répondre à la question de savoir si le droit d'être présent à son procès pourrait être restreint, la Cour aurait pu analyser l'affaire sous commentaire à la lumière des trois conditions de restrictions des droits de l'homme : l'exigence d'une base légale, la justification par un motif légitime et la proportionnalité de la mesure au but visé.

Au-delà de la restriction du droit à un procès équitable, l'office de la Cour africaine dans cette affaire consista à évaluer le caractère raisonnable du délai d'être jugé.

2. L'évaluation du caractère raisonnable du délai d'être jugé

Á l'instar des autres instruments internationaux de protection des droits de l'homme[4], le droit d'être jugé dans un délai raisonnable est prévu par l'article 7 § 1 let. d) de la CADHP. Il se présente comme l'un des éléments fondamentaux du droit à un procès équitable, et postule le droit pour tout accusé d'être jugé « sans retard excessif » afin de ne pas rester trop longtemps dans l'incertitude quant à son sort[5].

Dans le cas d'espèce, M. Alex Thomas reproche à la justice tanzanienne d'avoir violé son droit d'être jugé dans un délai raisonnable. Il estime que la procédure d'examen de son recours en révision de la décision de la Cour d'appel s'est prolongée de façon excessive[6] et anormale. La Cour africaine devait donc répondre à la question de savoir si le droit du requérant à être jugé dans un délai raisonnable avait été violé. Mais comment la Cour apprécie-t-elle le caractère raisonnable du délai ?

De façon constante la Cour africaine apprécie le caractère raisonnable ou excessif du délai, « au cas par cas »[7], à l'aune de trois critères alternatifs dégagés par les cours européennes et interaméricaine des droits de l'homme. Ces principes sont : la complexité de l'affaire, les activités de procédure menées par l'accusé et le comportement des autorités administratives et judiciaires qui traitent de l'affaire[8].

L*a complexité de l'affaire* est déductible d'un faisceau d'indices liés à la nature et à la gravité de l'infraction (un assassinat), au nombre de personnes impliquées dans l'infraction (un vol à main armée en réunion), aux éléments de preuve, au nombre de témoin, à la complexité des faits, à la complexité des problèmes juridiques[9]. Ainsi la Cour EDH juge complexe une affaire relative à 607 chefs

---

[1] *Ibid.*, §§ 92, 93 et 94. On rappelle que ce dernier était hospitalisé au moment de son procès et l'est resté jusqu'au 21 février 1998, souffrant de tuberculose et d'asthme.

[2] *Ibid.*, §§ 25 et 27.

[3] *Ibid.*, § 25.

[4] Art. 14 § 3 c) du PIDCP, art. 8 § 1 de la CIADH, art. 6 § 1 de la CEDH, art. 14 let. e) de la CArDH.

[5] Comité des droits de l'homme, *Observation générale n° 32*, *op. cit.*, § 35.

[6] CourADHP, *Alex Thomas c. République-Unie de Tanzanie* (fond), *op. cit.* § 100.

[7] CourADHP, *Zongo c. Burkina Faso* (fond), Requête n° 013/2011, arrêt du 28 mars 2014, 1 RJCA, 226 ; CourADHP, *Wilfred Onyango Nganyi et 9 autres c. Tanzanie* (fond), Requête n° 006/2013, arrêt du 18 mars 2016, 1 RJCA 526 ; CourADHP, *Guéhi c. Tanzanie* (fond et réparations), Requête 001/2015, arrêt du 7 décembre 2018, 2 RJCA 493, § 122.

[8] CourADHP, *Alex Thomas c. République-Unie de Tanzanie* (fond), *op. cit.* § 104,

[9] TPIR, *Procureur c. Mugiraneza* ICTR-99-50-AR73, chambre d'appel, 27 février 2004, Préambule 6e § 2, cité *in* Amnesty International, *Pour des procès équitables*, *op. cit.*, p. 154, note n° 760.

d'accusation et impliquant 723 prévenus[1]. En revanche, dans l'affaire *Sayadi et Vinck c. Belgique*, le Comité des droits de l'homme conclut au caractère raisonnable d'une instruction de 3 ans et demi visant deux personnes, objets de sanctions ciblées de l'ONU et de l'UE pour blanchiment d'argent et association criminelle[2]. Ensuite, *la conduite de l'accusé* est prise en compte notamment lorsque les retards dans la procédure lui sont imputables (la fuite du requérant vers un autre pays)[3]. Les retards imputables à l'accusé de bonne foi ne sont pas pris en compte par la CourEDH[4] et par le Comité des droits de l'homme[5]. Enfin, *la conduite des autorités administratives* est prise en compte lorsque celles-ci rechignent à faire aboutir rapidement la procédure. Ainsi, le Comité des droits de l'homme juge excessive une procédure d'appel qui a duré 34 mois dans la mesure où les autorités judiciaires ont attendu 29 mois avant de délivrer à l'accusé les comptes rendus d'audience[6]. De même, les retards imputables aux problèmes systémiques, notamment des dysfonctionnements généraux du système judiciaire sont pris en compte dans l'évaluation du caractère raisonnable ou non du délai[7].

Concrètement, dans l'affaire *Alex Thomas*, la Cour africaine conclut à une violation du droit du requérant d'être jugé dans un délai raisonnable. En effet, sur la base des trois critères décrits ci-dessus, la Cour juge que : 1° l'affaire n'était pas complexe[8] ; 2° l'argument de l'Etat défendeur selon lequel les retards excessifs sont imputables au requérant sont « sans aucun fondement »[9] ; 3° les retards excessifs sont imputables au comportement des autorités judiciaires tanzaniennes qui n'ont pas fourni au requérant les comptes rendus d'audience[10]. La Cour africaine a recours aux mêmes critères d'appréciation chaque fois que le droit d'être jugé dans un délai raisonnable est en cause. Ainsi dans l'affaire *Zongo c. Burkina Faso*, elle impute la longueur anormale de la procédure au comportement de l'Etat burkinabé[11]. En revanche, dans l'affaire *Kouma et Diabaté c. Mali*, ce sont les requérants qui sont jugés responsables des retards excessifs dans la procédure, n'ayant pas apporté leur concours à sa célérité[12].

Par ailleurs, même si elle ne le précise pas expressément, la Cour africaine a eu recours, dans cette affaire, à une méthode d'appréciation au « cas par cas »[13]. Parce qu'« il n'y a pas de délai considéré comme raisonnable », la Cour africaine dispose d'un large pouvoir d'appréciation des délais en tenant compte des circonstances de l'affaire. Ainsi, dans l'affaire sous commentaire (*Alex Thomas*), la Cour juge

---

[1] CourEDH, *Mitap et Müftüoglu c. Turquie*, Requêtes n° 15530/89 et 15531/89, arrêt du 25 mars 1996, §§ 33-37 ; CourEDH, *Coëme et autres c. Belgique*, Requête n° 32492/96, 32547/96, 32548/96, 33209/96 et 33210/96, arrêt du 18 octobre 2000, §§ 137-141.

[2] Comité des droits de l'homme, *Sayadi et Vinck c. Belgique*, communication n° 1472/2006, U.N. Doc.CCPR/C/94/D/1472/2006 (2008), § 10.10.

[3] CourEDH, *Sari c. Turquie et Danemark*, Requête n° 21889/93, arrêt du 8 novembre 2001, §§ 73-100.

[4] CourEDH, *Yagci et Sargin c. Turquie*, Requêtes n° 16419/90 et 16426/90, arrêt du 23 mai 1995, § 66.

[5] Comité des droits de l'homme, *Abdelhamid Taright et al. c. Algérie*, communication n° 1085/2002, U.N.Doc.CCPR/C/86/D/1085/2002 (2006), §§ 8.4-8.5.

[6] Comité des droits de l'homme, *Larry James Pinkney c. Canada*, communication n° 27/1978, U.N. Doc. CCPR/C/OP/1 (1981), § 10 et 22.

[7] Amnesty International, *Pour des procès équitables*, *op. cit.*, p. 155.

[8] CourADHP, *Alex Thomas c. République-Unie de Tanzanie* (fond), *op. cit*, § 109.

[9] *Ibid*, § 108.

[10] *Ibid*, § 108. Voir aussi CourADHP, *Guéhi c. Tanzanie* (fond et réparations), Requête 001/2015, arrêt du 7 décembre 2018, 2 RJCA 493, § 124.

[11] CourADHP, *Zongo c. Burkina Faso* (fond), *op. cit*, § 106.

[12] CourADHP, *Kouma et Diabaté c. Mali* (Fond), Requête n° 0040/2016, arrêt du 21 mars 2018, 2 RJCA 246, § 47.

[13] Comité des droits de l'homme, *Observation générale n° 32*, *op. cit.*, § 35.

raisonnable la durée de la procédure de 1 an 7 mois devant la Haute Cour de Moshi[1]. En revanche dans l'affaire *Armand Guéhi c. Tanzanie* la Cour trouve déraisonnable une durée de procédure de 2 ans 6 mois[2]. Toujours dans l'affaire *Alex Thomas*, une durée de procédure de 8 ans 3 mois devant la Cour d'appel est considérée de « longue haleine »[3]. Une durée similaire (8 ans) dans l'affaire *Zongo c. Burkina Faso* avait également été considérée comme excessive[4]. Enfin dans son arrêt relatif à l'affaire du peuple *Ogieck c. Kenya*, une durée de procédure oscillant entre 10 et 17 ans[5] est jugée anormale.

Enfin une dernière remarque peut être faite relativement à la motivation de sa décision par la Cour africaine. D'abord, contrairement à son arrêt relatif à l'affaire *Zongo c. Burkina Faso*[6], la Cour africaine ne précise pas de prime abord que son appréciation dans l'espèce se fait « au cas par cas »[7]. Toutefois la Cour corrige cette lacune dans ses arrêts ultérieurs sur les affaires *Wilfred Onyango Nganyi et 9 autres c. Tanzanie*[8] d'une part et *Kouma et Diabaté* d'autre part[9]. Ensuite la Cour africaine se contente de dire que « l'affaire n'était pas complexe »[10], sans étayer suffisamment sa pensée. De même, la Cour ne dit pas à qui incombe la charge d'apporter la preuve de la complexité de l'affaire. Or dans l'arrêt *Zongo c. Burkina Faso* précité, la Cour avait précisé que la démonstration de la complexité de l'affaire incombait à l'Etat défendeur[11].

Après avoir constaté la violation par la Tanzanie du droit de M. Alex Thomas d'être jugé dans un délai raisonnable, la Cour africaine se prononce sur l'exercice du droit à une assistance judiciaire gratuite dont la violation est alléguée par le requérant.

3. L'exercice du droit à une assistance judiciaire gratuite

Le droit international des droits de l'homme ne consacre pas un droit général à l'assistance judiciaire gratuite. Le droit à une assistance judiciaire gratuite, encore appelé droit à un avocat commis d'office, ne concerne que les personnes accusées d'une infraction pénale. Ce droit a pour objectif de garantir « l'égalité des chances » ou des armes face à la justice[12]. Fort de cette importance, il est consacré par les instruments internationaux de protection des droits de l'homme comme le PIDCP[13], la CEDH[14], la CIADH[15], la CArDH[16]. La CADHP ne prévoit pas expressément l'obligation d'une assistance judiciaire gratuite. Pour surmonter cette lacune liée au droit applicable, la Cour africaine applique l'article 14 § 3 let. d) du PIDCP[17] dans le cadre de l'affaire *Alex Thomas*.

---

[1] CourADHP, *Alex Thomas c. République-Unie de Tanzanie (fond)*, *op. cit.*, § 105.
[2] CourADHP, *Guéhi c. Tanzanie* (fond et réparations), *op. cit*, § 124.
[3] CourADHP, *Alex Thomas c. République-Unie de Tanzanie* (fond), *op. cit.*, § 105.
[4] CourADHP, *Zongo c. Burkina Faso* (fond), *op. cit*, § 106.
[5] CourADHP, *Commission africaine des droits de l'homme et des peuples c. Kenya* (fond), Requête n° 006/2012, arrêt du 26 mai 2017, 2 RJCA 19, § 96.
[6] CourADHP, *Zongo c. Burkina Faso* (fond), op. cit, § 92.
[7] Comité des droits de l'homme, *Observation générale n° 32*, *op. cit.*, § 35.
[8] CourADH, *Wilfred Onyango Nganyi et 9 autres c. Tanzanie* (fond), *op. cit*, § 135.
[9] CourADHP, *Kouma et Diabaté c. Mali* (fond), *op. cit.*, § 37.
[10] CourADHP, *Alex Thomas c. République-Unie de Tanzanie* (fond), *op. cit*, § 109.
[11] CourADHP, *Zongo c. Burkina Faso* (fond), *op. cit*, § 93.
[12] Andreas Auer, Giorgio Malinverni et Michel Hottelier, *Droit constitutionnel suisse*, vol. II, *op. cit.*, p. 699.
[13] Art. 14 § 3 let. d) du PIDCP.
[14] Art. 6 § 3 let. d) de la CEDH.
[15] Art. 8 § 2 let. e) de la CIADH.
[16] Art. 13 let. a) et en particulier l'art. 16 letr. d) de la CArDH.
[17] Art. 14 § 3 let. d) du PIDCP : « Toute personne accusée d'une infraction pénale a droit, en pleine égalité (...) à avoir l'assistance d'un défenseur de son choix ; si elle n'a pas de défenseur, à être informée de son droit d'en avoir un, et, chaque

Dans l'espèce, accusé d'un vol à main armé et condamné à une peine d'emprisonnement de 30 ans, M. Alex Thomas s'est plaint de n'avoir pas bénéficié de l'assistance gratuite d'un avocat. Ce droit lui est pourtant reconnu par la Constitution tanzanienne et par le droit international des droits de l'homme. Pour l'Etat défendeur, le requérant avait la double obligation d'apporter la preuve de son indigence et de formuler une demande d'assistance judiciaire gratuite.

Dans la démarche qui lui est familière, la Cour africaine se réfère à une jurisprudence foisonnante de la CourEDH[1], à des communications du Comité des droits de l'homme[2] et à la pratique de la Commission africaine des droits de l'homme et des peuples[3]. La solution de la Cour africaine permet de mettre en exergue d'une part les conditions d'accès à une assistance judiciaire gratuite, et d'autre part les modalités d'exercice de ce droit.

S'agissant des conditions ou critères d'accès à l'assistance judiciaire : ici la Cour fait application des conditions dégagées dans la jurisprudence constante des organes de protection des droits de l'homme pour bénéficier de l'assistance judiciaire gratuite. Ces conditions sont : la gravité de l'infraction, la sévérité de la peine, la complexité de l'affaire et la situation sociale et personnelle du requérant[4].

Á l'analyse, il se dégage deux remarques. La première est que la Cour africaine applique de façon cumulative les critères d'accès à l'assistance judiciaire gratuite En effet, dans l'affaire sous commentaire, la Cour d'Arusha met l'accent sur la gravité des charges, la peine potentiellement encourue et l'état du requérant[5]. La Cour confirme sa jurisprudence dans l'affaire *Mohamed Abubakari c. République-Unie de Tanzanie* en ces termes : « une personne indigente poursuivie en matière pénale a spécifiquement droit à l'assistance judiciaire gratuite lorsque l'infraction concernée est grave et la peine prévue par la loi est sévère »[6]. Aussi bien dans l'affaire *Alex Thomas* que dans l'affaire *Mohamed Abubakari*, la Cour n'a pas fait état de la complexité de l'affaire.

La deuxième remarque est que la Cour africaine est plus souple concernant la preuve de la situation sociale ou personnelle de l'accusé. Alors que l'Etat défendeur exigeait que l'accusé apporte la preuve de son indigence, la Cour conclut que l'indigence de ce dernier était présumée au regard de trois indices : 1° il était poursuivi pour un crime grave et encourait une lourde peine ; 2° il était malade, et 3° il n'était pas représenté au procès par un conseil[7]. La solution de la Cour africaine a mis en exergue une anomalie systémique dans l'assistance judiciaire gratuite en Tanzanie au point d'obliger le pays à adopter une nouvelle loi en la matière[8].

S'agissant des modalités d'exercice ou de jouissance du droit de bénéficier de l'assistance judiciaire gratuite : ici la Cour était confrontée à une principale difficulté. C'est que parmi les instruments de protection des droits de l'homme, seule la Charte

---

fois que l'intérêt de la justice l'exige, à se voir attribuer d'office un défenseur, sans frais, si elle n'a pas les moyens de le rémunérer ».

[1] Cour ADHP, *Alex Thomas c. Tanzanie (fond)*, *op. cit.*, §§ 118-119.

[2] *Ibid.*, § 120.

[3] *Ibid.*, § 121.

[4] *Ibid.*, § 118 ; V° aussi Amnesty International, *Pour des procès équitables*, *op. cit.*, p. 43.

[5] *Ibid.*, § 115.

[6] Cour ADHP, *Mohamed Abubakari c. République-Unie de Tanzanie*, Requête n° 007/2013, fond, arrêt du 4 juin 2016, § 139.

[7] Cour ADHP, *Alex Thomas c. République-Unie de Tanzanie* (fond), *op. cit.*, §§ 123-124.

[8] CourADHP, *Alex Thomas c. République-Unie de Tanzanie* (réparation), *op. cit.*, § 69.

arabe des droits de l'homme[1] pose clairement le principe d'une assistance judiciaire gratuite systématique[2]. En dépit de cette « lacune », la Cour dégagea le principe d'une assistance judicaire systématique ou d'office lorsque les conditions rappelées ci-dessus sont réunies. Ce qui signifie que l'accusé n'a pas l'obligation de la solliciter de façon expresse l'assistance judiciaire[3].

Cette solution nous semble rationnelle. En effet, l'assistance judiciaire gratuite a été prévue dans « l'intérêt de la justice », pour les personnes arrêtées, inculpées ou détenues qui ne peuvent pas se défendre elles-mêmes[4] et qui ne disposent pas d'avocat[5]. Selon le Comité des droits de l'homme, l'intérêt de la justice peut même légitimer les autorités judiciaires à commettre d'office un avocat contre le gré de l'accusé si celui-ci « fait de manière persistante gravement obstruction au bon déroulement du procès »[6].

Hormis les constatations relatives à la violation des garanties procédurales, la Cour africaine fait également état de l'existence d'erreurs manifestes dans les éléments de preuve.

I.2. L'existence d'erreurs manifestes dans les éléments de preuve

Le requérant soulève sept éléments de divergence ou de contradiction grave entre l'acte d'accusation et les éléments de preuve fournis par les témoins à charge pendant son procès en première instance, devant la Haute Cour et la Cour d'appel. Ces griefs portent sur la propriété, la description, le nombre, la valeur des objets volés. Ils portent également sur le lien de connexité entre le requérant et le crime pour lequel il a été emprisonné[7]. Pour l'Etat défendeur ces questions ne relèvent pas de la compétence de la Cour africaine. En réponse, la Cour s'estime compétente pour examiner la conformité avec les droits de l'homme de certaines procédures pertinentes devant les juridictions nationales. Il s'ensuit que la Cour africaine étend sa compétence matérielle (1) ainsi que le champ d'application du droit à un procès équitable (2).

1. L'extension de la compétence 'matérielle' de la Cour

La Cour africaine interprète certains faits comme relevant du spectre des droits protégés par la CADHP. Ce faisant, elle élargit continuellement sa compétence matérielle. Dans l'affaire *Alex Thomas*, elle se déclare compétente pour se prononcer sur le fond d'un jugement rendu par le juge interne, notamment sur « des divergences graves entre l'acte d'accusation et les éléments de preuve fournis par les témoins à charge »[8]. Au soutien de cette solution, les juges d'Arusha concluent en ces termes : « Certes la Cour africaine n'est pas une instance d'appel des décisions rendues par les juridictions nationales, mais cela ne l'empêche pas d'examiner les procédures pertinentes devant les instances nationales pour déterminer si elles sont en conformité avec les normes prescrites dans la Charte ou avec tout autre instrument ratifié par l'Etat concerné »[9].

Á l'analyse, deux remarques peuvent être faites. D'une part, la Cour africaine reconnait que de par sa nature elle n'est pas une Cour d'appel des tribunaux nationaux.

---

[1] Art. 13 letr. a et 16 letr. d) de la CArDH.
[2] Amnesty International, *Pour des procès équitables*, *op. cit.*, p. 43.
[3] CourADHP, *Alex Thomas c. République-Unie de Tanzanie (fond)*, *op. cit.*, § 123.
[4] Tout individu a le droit de se défendre lui-même.
[5] Art. 14 § 3 let. d) du PIDCP ; V° aussi Comité des droits de l'homme, *Observation générale n° 32*, *op. cit.*, § 38.
[6] Comité des droits de l'homme, *Observation générale n° 32*, *op. cit.*, § 37.
[7] CourADHP, *Alex Thomas c. République-Unie de Tanzanie (fond)*, *op. cit.* § 125 i, ii, ii, iv, v, vi, vii,
[8] *Ibid.*, § 123.
[9] CourADHP, *Alex Thomas c. République-Unie de Tanzanie (fond)*, *op. cit.*, § 130.

Dans le même sens, la CourEDH « estime qu'il [ne lui appartient pas] (...) d'agir en qualité de cour d'appel ni (...) en tant que juridiction de quatrième instance, des décisions rendues par les juridictions nationales »[1]. Partant, il appartient en principe aux tribunaux nationaux d'interpréter et d'appliquer les règles de droit procédural ou matériel pertinentes »[2]. La Commission interaméricaine des droits de l'homme (Commission IADH) pose implicitement le même principe dans sa communication relative à l'affaire *Santiago Marzioni c. Argentine*[3] lorsqu'elle conclut « qu'il ne lui appartient pas de connaître des erreurs de fait ou de droit prétendument commises par une juridiction interne ».

D'autre part, même si elle ne se considère pas comme une cour d'appel, les cours régionales des droits de l'homme peuvent, dans certains cas, se déclarer compétentes pour analyser les moyens de preuve à la lumière des droits de l'homme. C'est ce que rappelle la Cour africaine lorsqu'elle s'estime compétente pour « examiner les procédures pertinentes devant les instances nationales [afin de] déterminer si elles sont en conformité » avec les droits de l'homme.

La position de la Cour africaine s'inspire largement des systèmes européen et interaméricain de protection des droits de l'homme. Ainsi, dans l'affaire *Perez c. France*, la Cour européenne accepte de connaitre des erreurs de fait et de droit commises par une juridiction interne à condition que ces erreurs soient susceptibles de porter atteinte aux droits de l'homme[4]. Bien avant, dans l'affaire *Khan c. Royaume-Uni*, la Cour européenne avait considéré un enregistrement servant de preuve comme dépourvu de base légale[5]. Dans l'affaire *Santiago Marzioni c. Argentina*, la Commission IADH précise qu'elle n'est compétente que si les erreurs entraînent « une possible violation de l'un quelconque des droits énoncés dans la Convention »[6].

Par ailleurs, cette extension de la compétence 'matérielle' des Cours africaine, européenne et interaméricaine à l'égard des erreurs manifestes a pour corollaire l'élargissement du spectre du droit à un procès équitable.

2. L'élargissement du spectre du droit à un procès équitable

Pour la Cour africaine « le défaut de statuer sur la question de propriété des biens dont le vol est allégué ainsi que les divergences dans la description de ces biens (...) constitue une violation du principe de procès équitable »[7]. Cela signifie que la Tanzanie a été condamnée non pas du fait de l'existence de certaines erreurs manifestes dans l'accusation, mais plutôt parce que « les juridictions tanzaniennes n'ont pas appliqué les normes internationales appropriées pour rectifier les erreurs dans les éléments de preuve »[8]. Comme le précise la Cour africaine, ni la Haute Cour[9] ni la Cour d'appel[10] n'ont examiné la question de la divergence entre l'acte d'accusation et les témoignages. Il s'ensuit que le contrôle de la Cour africaine porte

[1] CourEDH, *Baumann c Autriche*, Requête n° 79809/01, arrêt du 7 octobre 2004, § 49.
[2] *Ibid.*
[3] Commission IADH, *Santiago Marzioni v. Argentine*, Case 11.673, Report No. 39/96, Inter-Am.C.H.R., OEA/Ser.L/V/II.95 Doc. 7 rev. at 76 (1997).
[4] CourEDH, *Perez c. France*, Requête n° 47287/99, arrêt du 12 février 2004, § 82.
[5] CourEDH, *Khan c. Royaume-Uni*, Requête n° 35394/97, arrêt du 12 mai 2000, § 28.
[6] Commission IADH, *Santiago Marzioni v. Argentina*, Case 11.673, Report No. 39/96, Inter-Am.C.H.R., OEA/Ser.L/V/II.95 Doc. 7 rev. at 76 (1997), § 51.
[7] Cour ADHP, *Alex Thomas c. République-Unie de Tanzanie (fond), op. cit.*, § 131.
[8] *Ibid.*, § 130.
[9] *Ibid.*, § 128.
[10] *Ibid.*, § 129.

en réalité sur « l'équité procédurale » et non « l'équité substantielle » des décisions des juridictions nationales[1].

Á l'analyse, la Cour africaine consacre l'élargissement du spectre du droit à un procès équitable : le défaut d'examen par les tribunaux des erreurs manifestes dans l'accusation, notamment des « divergences graves entre l'acte d'accusation et les éléments de preuve » constitue une atteinte au droit à un procès équitable. Cette extension de la définition du droit à un procès équitable n'est pas l'apanage de la Cour africaine. En effet pour la Cour européenne, il y a atteinte au droit à un procès équitable lorsque le juge interne fonde son arrêt sur « une constatation manifestement inexacte »[2]. De même l'absence de motivation[3] ou la motivation insuffisante[4] d'une décision de justice peuvent être considérée comme une atteinte au droit à un procès équitable.

Par ailleurs, la Cour africaine aurait pu également analyser la décision des juges tanzaniens sous l'angle de l'interdiction de l'arbitraire[5]. L'arbitraire se définit ici comme ce qui est injuste, imprévisible, inadmissible et incompatible avec la légalité[6] ou encore comme une action contraire à la loi ou une action déraisonnable[7].

Pour conclure sur cette partie, les constatations de la Cour africaine relatives à la violation du droit à un procès équitable s'inspirent, dans une large mesure, de la jurisprudence des autres organes internationaux de protection des droits de l'homme. En ne retenant que la violation du droit à un procès équitable, la Cour africaine finit de convaincre que ce droit occupe une place particulière dans sa jurisprudence et que les Etats parties à la CADHP devraient être plus regardants quant à son respect. Cependant, on constate une velléité de la Cour africaine de développer une jurisprudence propre au regard de ses décisions relatives à la réparation des violations des droits de l'homme.

II. Les décisions relatives à la réparation

L'obligation de réparer est un principe général du droit international général reconnu par la CPJI. Conformément à son fameux *dictum* : « toute violation d'un engagement comporte l'obligation de réparer »[8]. Cette obligation résultant du droit international général existe également en droit international des droits de l'homme. Ainsi, à teneur de l'article 27 § 1 du Protocole sur la Cour africaine : « Lorsqu'elle estime qu'il y a eu violation d'un droit de l'homme ou des peuples, la Cour [africaine des droits de l'homme et des peuples] ordonne toutes les mesures appropriées afin de remédier à la situation, y compris le paiement d'une juste compensation ou l'octroi d'une réparation ».

La réparation des préjudices pour la violation du droit international et particulièrement du droit international des droits de l'homme est fondée sur le principe de la réparation intégrale du préjudice connue sous le nom de *restitutio in integrum*.

[1] Christophe Alonso, « La motivation des décisions juridictionnelles : exigence (s) du droit au procès équitable », *in* Benjamin Lavergne et Mehdi Mezaguer (dir.), *Regards sur le droit au procès équitable*, Toulouse, Presses de l'Université de Toulouse 1 Capitole – LGDJ/Lextenso Editions, pp. 137-150, https://books.openedition.org/putc/589?lang=fr
[2] CourEDH, *Dulaurans c France*, Requête n° 34553/97, arrêt du 21 mars 2000, § 39.
[3] Christophe Alonso, « La motivation des décisions juridictionnelles… », op. *cit*.
[4] CourEDH, *Perez c. France*, *op. cit.*, § 83.
[5] Julien Portier, « La notion d'arbitraire dans la jurisprudence de la Cour européenne des droits de l'homme », *Les Cahiers de la Justice* 2016/3 n°3, pp. 521-531.
[6] Comité des droits de l'homme, *Albert Womah Mukong c. Cameroun*, communication n° 458/1991, U.N. Doc. CCPR/C/51/D/48/1991 (1994), § 9.8.
[7] Comité des droits de l'homme, *Samba Jalloh c. Pays-Bas*, communication n° 794/1998, UN. Doc. CCPR/74/D/794/1998 (2002), § 8.2.
[8] CPJI, Affaire de l'*Usine de Chorzow*, 13 septembre 1928, Série A, n° 17, §. 29 p. 17.

Elle consiste pour l'Etat défendeur à rétablir la situation antérieure de la victime et/ou à accorder une indemnité réparatrice lorsque la constatation ne suffit pas à constituer une satisfaction équitable[1]. Autrement dit, l'octroi de l'indemnité réparatrice n'est pas systématique. Dans l'affaire sous commentaire, la Cour africaine traite des questions relatives à la réalisation de la *restitutio in integrum* (II.1.) et à la réparation pécuniaire (II.2.).

II.1. La réalisation de la *restitutio in integrum*

L'arrêt *Alex Thomas* pose le problème de la portée et de l'exécution des arrêts de la Cour africaine et plus spécifiquement des arrêts qui touchent à la matière pénale. Dans cette affaire, la Cour africaine pose le principe selon lequel la réalisation de la *restitutio in integrum* dépend fortement du droit interne (1). Toutefois, la Cour s'octroie un relatif pouvoir d'injonction destiné à orienter les mesures qu'elle juge appropriées pour remédier aux violations (2).

1. La dépendance au droit interne

Selon les Principes fondamentaux et Directives concernant le droit à un recours et réparation des victimes des violations flagrantes du droit international des droits de l'homme et violations graves du droit international humanitaire adoptés par l'Assemblée Générale des Nations Unies le 16 décembre 2005, « la restitution devrait, dans la mesure du possible, rétablir la victime dans la situation originale qui existait avant que les violations (…) ne se soient produites »[2]. Dans l'espèce, au moment où la Cour statuait sur l'affaire *Alex Thomas* le requérant avait été condamné à une peine d'emprisonnement de 30 ans pour vol à main armée dont les 2/3 avaient déjà été purgées. C'est donc tout naturellement que le requérant demandait sa remise en liberté, comme mesure de restitution, à la suite de la condamnation de la Tanzanie pour violation de son droit à un procès équitable. Cependant la Cour refusa de faire droit à cette demande en ces termes : « La Cour fait observer qu'elle ne peut ordonner la remise en liberté du requérant que dans des circonstances exceptionnelles ou impérieuses. En l'espèce, le requérant n'a pas fait état de circonstances exceptionnelles ou impérieuses qui justifieraient que la Cour accède à sa demande de remise en libertés »[3].

Deux idées principales surgissent de la décision de la Cour. D'une part, cette décision laisse entrevoir qu'une remise en liberté n'était possible qu'en cas de « circonstances exceptionnelles ou impérieuses ». D'autre part, l'existence de ces circonstances exceptionnelles ou impérieuses doivent être démontrée par le requérant. Cette position a suscité l'opinion dissidente des juges Thompson et Ben Achour, pour lesquels il n'y a pas de « circonstances » plus « exceptionnelles »[4] que la situation du requérant qui avait déjà purgé les 2/3 des 30 ans de réclusion criminelle à laquelle il a été condamné[5]. Cette opinion dissidente semble avoir fait évoluer la position de la Cour africaine. Ainsi dans l'affaire *Armand Guéhi* la Cour ajoute un nouvel élément

[1] Elisabeth Lambert Abdelgawad, *L'exécution des arrêts de la Cour Européenne des Droits de l'Homme*, 2e éd., Strasbourg, Editions du Conseil de l'Europe, 2008, p. 11.
[2] Principes fondamentaux et Directives concernant le droit à un recours et réparation des victimes des violations flagrantes du droit international des droits de l'homme et violations graves du droit international humanitaire (Principes et directives), Résolution 60/147 de l'Assemblée générale du 16 décembre 2005, Principe IX.
[3] CourADHP, *Alex Thomas c. République-Unie de Tanzanie* (fond), *op. cit.*, § 157. La Cour rappelle ce principe dans l'affaire *Guéhi c. Tanzanie* (fond et réparations), *op. cit.*, § 164.
[4] CourADHP, *Alex Thomas c. République-Unie de Tanzanie* (fond), Opinion dissidente des Juges Elsie N. Thompson et Rafâa Ben Achour, § 6.
[5] *Ibid.*, § 5.

à prendre en considération à savoir « la proportionnalité entre la mesure de réparation demandée et l'ampleur de la violation établie »[1].

On peut toutefois comprendre la position de la Cour africaine dans l'affaire sous commentaire. En effet, la Tanzanie a été condamnée pour une violation ponctuelle des garanties procédurales, et non pour une violation des règles de fond. Dans ces circonstances, requérir expressément la libération du requérant aurait fait de la Cour d'Arusha une juridiction d'appel des tribunaux nationaux ou une juridiction de plein contentieux. De même, la remise en liberté du requérant aurait également posé le problème de l'effet de l'arrêt à l'égard des autres individus impliqués dans l'affaire. Enfin, si la Cour refuse d'ordonner la remise en liberté du requérant, elle laisse cette initiative aux autorités tanzaniennes tout en réduisant drastiquement leur marge de manœuvre.

Á l'examen, la Cour africaine, à l'instar de la CourEDH[2] développe une politique fondée sur la subsidiarité. De ce fait, elle refuse d'appliquer elle-même ou d'imposer aux Etats la réalisation de la *restitutio in integrum*. Dans l'espèce, en ordonnant à la Tanzanie de « prendre toutes les mesures requises, dans un délai raisonnable, pour remédier aux violations constatées »[3], la Cour laisse à l'Etat défendeur la liberté de choisir les moyens qu'il trouve nécessaires pour se conformer à un arrêt constatant une violation des droits de l'homme. Toutefois, même s'il est déjà arrivé à la CourEDH d'ordonner la remise en liberté d'un requérant irrégulièrement détenu, en raison de la violation des droits à la liberté et à un procès équitable[4], elle n'opère pas véritablement un changement de doctrine : elle estime n'avoir « ni la compétence, ni la possibilité d'accomplir la *restitutio in integrum* par elle-même »[5].

Contrairement à la Cour africaine et à la CourEDH, la CourIADH ordonne les mesures de *restitutio in integrum* sans forcément tenir compte de la capacité juridique de l'Etat défendeur à mettre en œuvre de telles mesures. Ainsi, dans l'affaire *Aloeboetoe et autres c. Surinam*, la Cour interaméricaine ordonna la réouverture d'une école et d'un dispensaire[6]. De même, dans l'affaire *Loayza Tamayo c. Pérou*, elle va jusqu'à ordonner la fin de la détention arbitraire, la réintégration de la victime à son poste de travail, et le versement du salaire cumulé pendant toute la période de la détention[7].

Au final, cette forte dépendance à l'égard du droit interne pour la réalisation de la restitution intégrale peut avoir une portée négative sur l'exécution des arrêts de la Cour africaine comme on le constate dans l'affaire sous commentaire. Le requérant n'a été remis en liberté que le 2 juin 2018[8], soit plus de 2 ans après la condamnation de la Tanzanie par la Cour. Même si les autorités tanzaniennes disent que le requérant n'a été libéré qu'« après avoir purgé sa peine »[9], il apparait de toute évidence que l'injonction à elles adressée par la Cour africaine y a contribué fortement.

---

[1] CourADHP, *Guéhi c. Tanzanie* (fond et réparations), *op. cit.*, § 164.

[2] CourEDH, *Papamichalopoulos et autres c. Grèce,* Requête n° 14556/89, arrêt 31 octobre 1995.

[3] CourADHP, *Alex Thomas c. République-Unie de Tanzanie* (réparation), *op. cit.*, § 2.

[4] CourEDH, *Assanidze c. Géorgie*, Requête n° 71503/01, arrêt du 8 avril 2004.

[5] CourEDH, *Ex-roi de Grèce et autres c. Grèce,* Satisfaction équitable, Requête n 25701/94, arrêt du 28 novembre 2002, § 73.

[6] CourIADH, *Aloeboetoe et autres c. Surinam*, Réparations et dépens, 10 septembre 1993, Serie C No. 15.

[7] CourIADH, *Loayza Tamayo c. Pérou,* Réparations et dépends, 27 novembre 1998, Serie C No. 42.

[8] CourADHP, *Alex Thomas c. République-Unie de Tanzanie* (réparation), *op. cit.*, § 65.

[9] *Ibid.*

2. Le pouvoir d'injonction de la Cour

Á teneur l'article 30 du Protocole sur la Cour africaine, « les Etats parties au présent Protocole s'engagent à se conformer aux décisions rendues par la Cour dans tout litige où ils sont en cause et à en assurer l'exécution dans le délai fixé par la Cour ». Autrement dit, l'exécution des décisions de la Cour est obligatoire[1] et suit le régime de la responsabilité internationale de l'Etat. L'Etat condamné pour violation des droits de l'homme doit effacer toutes les conséquences de l'acte illicite comme si « aucune violation n'était intervenue »[2]. Cela implique pour l'Etat de faire cesser l'acte illicite ; réparer les violations semblables[3] et éventuellement garantir la non-répétition de la violation[4], surtout lorsque celle-ci est d'origine structurelle ou systémique.

Dans l'affaire *Alex Thomas*, la Cour africaine ordonne à la Tanzanie « de prendre les mesures appropriées pour remédier aux violations constatées »[5] mais exclut formellement toute possibilité de réouverture du procès[6]. La reprise du procès selon la Cour, aurait pu conduire à un déni de justice ou à la condamnation de requérant à une peine plus sévère connu sous le nom de *reformatio in pejus*. La reprise du procès aurait également posé la question du sort des coaccusés qui n'ont pas saisi la Cour africaine[7].

Á l'analyse, l'injonction que la Cour adresse aux autorités tanzaniennes déroge au principe de la portée déclaratoire des arrêts. En effet, les arrêts de la Cour africaine n'entrainent pas l'annulation ou la modification de la norme ou de la décision nationale incriminée. Ils n'ont pas d'effet direct sur le droit interne. Ce qui signifie que l'Etat défendeur dispose de la liberté du choix des moyens de s'acquitter de ses obligations conventionnelles. Il s'agit toutefois d'une obligation de résultat[8]. C'est le sens de l'expression « toutes les mesures appropriées » contenue dans l'article 27 § 1 du Protocole sur la Cour[9]. Cependant, dans l'affaire sous commentaire, la Cour africaine ne laisse pas aux autorités tanzaniennes toute la latitude et la liberté de prendre les mesures qu'elles trouvent « appropriées » pour éliminer la violation constatée du droit à un procès équitable de M. Alex Thomas[10]. Du moins, elle interdit en tout cas à la Tanzanie de reprendre ou de rouvrir le procès.

On remarque que cette solution se démarque de la jurisprudence de la Cour EDH. En effet, lorsque cette dernière conclut à la violation des garanties procédurales dans une affaire pénale, un nouveau procès est nécessaire pour libérer les individus et/ou leur verser une satisfaction équitable. Par exemple dans les affaires *Van Mechelen et autres c. Pays-Bas* et *Hulki Günes c. Turquie*, sur recommandation du Comité des Ministres, de nouveaux procès furent nécessaires pour permettre la libération des individus qui purgeaient de lourdes peines d'emprisonnement[11].

---

[1] Article 30 du Protocole relatif à la CADHP portant création de la Cour africaine des droits de l'homme et des peuples (Protocole sur la Cour ADHP).
[2] Elisabeth Lambert Abdelgawad, *L'exécution des arrêts…*, *op. cit.*, p. 11.
[3] *Ibid.*, p. 10.
[4] CourADHP, *Zongo c. Burkina Faso*, Requête n° 013/2011 (réparations), arrêt du 5 juin 2015, §§ 101-110.
[5] CourADHP, *Alex Thomas c. République-Unie de Tanzanie* (fond), *op. cit.*, § 159.
[6] *Ibid.*, § 161, ix ; Cour ADHP, *Alex Thomas c. République-Unie de Tanzanie* (réparation), *op. cit.*, § 2.
[7] Elisabeth Lambert-Abdelgawad, *L'exécution des arrêts…*, *op. cit.*, p. 18.
[8] *Ibid.*, p. 7.
[9] Art. 27 § 1 du Protocole relatif à la Cour ADHP : « Lorsqu'elle estime qu'il y a violation d'un droit de l'homme ou des peuples, la Cour ordonne toutes les mesures appropriées afin de remédier à la situation, y compris le paiement d'une juste compensation ou l'octroi d'une réparation ».
[10] CourADHP, *Alex Thomas c. République-Unie de Tanzanie* (interprétation), *op. cit.*, § 35.
[11] Elisabeth Lambert-Abdelgawad, *L'exécution des arrêts…*, *op. cit.*, p. 19.

L'affaire *Stoyanov c. Bulgarie*[1] n'a pas dérogé à ce principe. Par conséquent, en droit européen des droits de l'homme, le contentieux de la réparation dépend fortement du droit interne.

En revanche, la Cour africaine se rapproche de la politique « intrusive » de la Cour IADH qui affirme l'autonomie du contentieux de la réparation du droit interne. Ainsi dans l'affaire *Velasquez,* la CourIADH affirme que « la réparation ne s'établit pas en fonction des défauts, imperfections ou insuffisances du droit national, sinon en indépendance de celui-ci »[2]. Toutefois, la Cour africaine opère le grand écart avec la jurisprudence de la Cour interaméricaine lorsqu'il s'agit d'octroyer une indemnité réparatrice aux victimes.

II.2. La réparation pécuniaire

Dans l'affaire sous commentaire, M. Alex Thomas demande en plus de sa remise en liberté, l'obtention d'une réparation pécuniaire[3]. Certes la Cour africaine reconnait que « l'Etat reconnu coupable d'un fait internationalement illicite est tenu de réparer intégralement les dommages causés à la victime »[4]. Cependant, elle apprécie de façon stricte les conditions d'octroi de la compensation financière (1). Toute chose qui lui permet de faire primer l'exécution de l'obligation conventionnelle sur les mesures de réparation pécuniaires (2).

1. L'appréciation stricte des conditions d'octroi de l'indemnité

Le système de la responsabilité devant la Cour africaine est principalement fondé sur l'existence d'une faute (la violation d'un droit de l'homme), d'un dommage ou préjudice et du lien entre les deux. Dans sa jurisprudence constante[5], la Cour rappelle et applique de façon stricte la règle générale selon laquelle : « il doit exister un lien de causalité entre la violation alléguée et le préjudice causé et la charge de la preuve incombe au requérant qui doit fournir des éléments de preuve pour justifier les mesures demandées »[6].

La Cour africaine adopte un système de responsabilité pour faute qui ne peut aboutir à l'octroi d'une indemnité que s'il existe un préjudice rattachable à une faute, notamment une violation des droits de l'homme[7]. Ce lien de causalité doit être démontré par le demandeur, dans la mesure où la violation d'une obligation internationale ne fait naitre au profit de la victime un droit à réparation que s'il arrive à prouver le lien existant entre le fait illicite et le préjudice qu'il a subi. Dans l'espèce, la Cour juge que « le requérant n'a pas établi de lien entre les violations constatées dans l'arrêt sur le fond et le préjudice matériel qu'il prétend avoir subi »[8]. On constate que la Cour africaine fait une interprétation stricte du lien de causalité entre la violation des droits de l'homme et le préjudice matériel et/ou moral allégué.

Á supposer que le lien de causalité entre la violation et le préjudice soit suffisamment établi, encore faut-il que le requérant fournisse des preuves de la réalité

[1] CourEDH, *Stoyanov c. Bulgarie,* Requête n° 39206/07, arrêt du 31 janvier 2012.
[2] CourIADH, *Velásquez Rodríguez c. Honduras,* Réparations et dépens, 21 juillet 1989, Serie C n° 7 (1990), § 30.
[3] CourADHP, *Alex Thomas c. République-Unie de Tanzanie (*fond), §§ 19, 20.
[4] CourADHP, *Alex Thomas c. République-Unie de Tanzanie,* Requête n° 005/2013 (réparations), arrêt du 4 juillet 2019, § 11.
[5] CourADHP, *Révérend Christopher R. Mtikila c. République-Unie de Tanzanie*, Requête n° 011/2011 (réparations), arrêt du 14 juin 2014, § 40 ; Cour ADHP, *Lohé Issa Konaté c. Burkina Faso*, Requête n° 004/2013 (réparations), arrêt du 3 juin 2016, § 15.
[6] CourADHP, *Alex Thomas c. République-Unie de Tanzanie* (réparations), *op. cit*., § 14.
[7] Xavier Philippe, « Les dommages-intérêts pour violation des droits de l'homme », *Revue internationale de droit comparé* 2014, vol 66 n° 2, p. 530.
[8] CourADHP, *Alex Thomas c. République-Unie de Tanzanie* (réparations), *op. cit*., § 26.

du préjudice[1]. De ce fait, la Cour africaine rappelle sa jurisprudence de principe rendue dans l'affaire *Révérend Mtikila* selon laquelle une violation de la CADHP n'est pas à elle seule suffisante pour établir un préjudice matériel[2]. Au regard de ce principe, la Cour africaine suit dans l'espèce l'argument de l'Etat défendeur selon lequel la perturbation du projet de vie et la perte de gain ou de revenus évoquées par le requérant ne sont pas quantifiables en terme monétaire[3] ou n'ont pas été suffisamment démontrées[4].

Á l'examen, l'approche de la Cour africaine pour l'octroi de dommages-intérêts est trop formaliste, et exige une double certitude élevée : la première est relative à la réalité du préjudice ; et la seconde concerne le lien de causalité entre le préjudice et les violations des droits de l'homme constatées.
Contrairement à la Cour africaine, les autres cours régionales des droits de l'homme adoptent une approche spécifique à la responsabilité pour violation des droits de l'homme[5]. Cette approche se veut plus souple dans l'appréciation des éléments de preuves. Par exemple dans l'affaire *Velasquez Rodriguez c. Honduras*, la Cour IADH pose le principe selon lequel les standards de la preuve sont moins formels dans la procédure judiciaire internationale que dans la procédure pénale nationale[6]. De même, la Cour EDH indemnise systématiquement le préjudice moral et la « perte de chance réelle »[7], au titre du préjudice matériel, sans qu'il soit besoin pour le requérant d'apporter des éléments de preuve incontestables.

La conception des juges européen et interaméricain semble plus réaliste dans la mesure où une violation des droits de l'homme entraine peu ou prou en principe un préjudice matériel et/ou moral, que celui-ci soit prouvé par le requérant ou pas. Il en est ainsi *a fortiori* lorsque le requérant a passé 20 années en prison à la suite d'une violation de son droit à un procès équitable.

Au final, il revenait aux juges d'Arusha d'envisager la demande de réparation du requérant comme « une façon de compenser financièrement les dommages subis plus que comme une évaluation mathématique d'un préjudice parfois difficile à apprécier »[8]. Du fait qu'il n'existe pas un régime d'indemnisation spécifique aux droits de l'homme, l'évaluation du préjudice devrait laisser place à une appréciation subjective et prépondérante du juge. Elle ne devrait pas être subordonnée à une démonstration par le requérant d'un préjudice difficilement quantifiable[9]. Par ailleurs, en appréciant de façon stricte les conditions d'octroi de l'indemnité, la Cour africaine semble faire primer l'exécution des obligations conventionnelles des Etats sur la réparation financière.

2. La primauté de l'exécution de l'obligation conventionnelle

Comme l'écrit Xavier Philippe, les conséquences d'une violation des droits de l'homme justifient une demande de dommages-intérêts « si celles-ci sont durables, affectent la vie quotidienne des victimes ou laissent des séquelles difficilement

---

[1] *Ibid.*, § 26. Voir CourADHP, *Révérend Christopher R. Mtikila c. République-Unie de Tanzanie*, (réparations), *op. cit.*, § 30 ; CourADHP, *Guéhi c. Tanzanie (*fond et réparations), op. cit., § 186.
[2] CourADHP, *Alex Thomas c. République-Unie de Tanzanie* (réparations), *op. cit.*, § 25.
[3] *Ibid.*, § 23.
[4] *Ibid.*, § 27.
[5] Xavier Philippe, « Les dommages-intérêts… », *op. cit.*, pp. 529-563.
[6] Cour IADH, *Vélasquez Rodriguez c. Honduras*, Fond, 29 juillet 1988, Série C. n° 4 (1988), § 128.
[7] CourEDH, *Lechner et Hess c. Autriche,* Requête n° 9316/81, arrêt du 23 avril 1987, § 64.
[8] Xavier Philippe, « Les dommages-intérêts… », *op. cit.*, p. 537.
[9] *Ibid.*

compensables dans leur intégralité »[1]. En appliquant cette idée au cas d'espèce, il est évident que le fait pour le requérant d'avoir passé 21 années en prison, à la suite d'un procès inéquitable, ne peut que laisser des séquelles notamment la perturbation durable de son « projet de vie »[2]. Partant, tout comme la *restitutio in integrum*, la recherche d'une indemnisation constituait l'un des éléments clef de la demande du requérant. Mais comme il a été déjà mentionné, à la suite d'un formalisme excessif dans l'examen des conditions de la réparation, la Cour africaine écarte la demande d'indemnisation en raison d'un préjudice matériel et accorde un montant assez dérisoire au requérant ainsi qu'aux victimes indirectes en raison du préjudice moral[3].

Á l'examen, la Cour africaine semble établir un ordre de priorité entre la sanction de la violation de la CADHP et les mesures de réparation matérielle. Plus précisément, la Cour semble privilégier la restauration de la situation juridique du requérant au détriment de la restauration de sa situation matérielle, notamment les mesures visant à lui octroyer une indemnité réparatrice[4]. En effet, l'expression « y compris » inscrite dans l'article 27 § 1 du Protocole à la Cour serait analysée comme si la satisfaction réparatrice (le paiement d'une juste compensation ou l'octroi d'une réparation) venait en seconde position par rapport aux « mesures appropriées » que l'Etat défendeur devrait prendre pour remédier à la situation. Dans l'espèce, l'Etat défendeur libéra le requérant le 2 juin 2018[5] et adopta, au titre de la garantie de non-répétition, une loi sur l'assistance judiciaire le 21 février 2017 en vue de résoudre le problème systémique[6].

La solution consacrée dans l'affaire *Alex Thomas* ne doit pas surprendre. D'abord, elle relève d'une politique jurisprudentielle consistant à ne pas faire du contentieux de la réparation « un eldorado pour les victimes et un fonds de commerce pour les conseils »[7]. C'est sans nul doute la raison pour laquelle la Cour africaine exige que le requérant fournisse suffisamment de justificatifs pour établir la réalité du préjudice[8]. Ensuite cette solution est significative de la prudence de la Cour africaine. Ainsi, la condamnation de la Tanzanie sur le volet indemnitaire aurait pu légitimement renforcer l'hésitation de nombreux Etats à reconnaître la compétence de la Cour du fait qu'ils pourraient voir dans les arrêts de la Cour africaine, une source de déperdition des recettes publiques. D'ailleurs, cette prudence se comprend au regard des retraits par certains Etats, à titre de « représailles », de leurs déclarations faites conformément l'article 34(6) du Protocole autorisant un accès direct à la Cour africaine aux particuliers et aux organisations non gouvernementales[9].

Conclusion

Que retenir de ce qui précède ?

Dans cette affaire la Cour africaine se réfère massivement à la jurisprudence des autres organes de protection des droits de l'homme pour condamner la Tanzanie

---

[1] *Ibid.*, p. 536.
[2] Cour ADHP, *Alex Thomas c. République Unie de Tanzanie* (réparation), *op. cit.*, § 20.
[3] La Cour accorde au requérant une compensation financière de 2 millions de shillings tanzaniens, 1, 5 million de shillings à la mère et 1 million de shillings à chacun des trois frères et sœurs. V° Cour ADHP, *Alex Thomas c. République Unie de Tanzanie* (réparation), *op. cit.*, §§ 57 et 60.
[4] Selon la doctrine, la Cour EDH a fait l'objet d'une critique similaire jusqu'en 2002. V° Gérard Cohen-Jonathan et Jean-François Flauss, « Cour européenne des droits de l'homme et droit international général (2002) », *Annuaire français de droit international* vol. 48, 2002, p. 686.
[5] CourADHP, *Alex Thomas c. République Unie de Tanzanie* (réparation), *op. cit.*, § 65.
[6] *Ibid.*, § 69.
[7] Gérard Cohen-Jonathan et Jean-François Flauss, « Cour européenne des droits de l'homme... », *op. cit.*, p. 686.
[8] CourADHP, *Révérend Christopher R. Mtikila c. République-Unie de Tanzanie*, (réparations), *op. cit.*, § 30.
[9] Rwanda, Tanzanie, Bénin, Côte d'Ivoire.

pour violation de garanties procédurales liées au droit à un procès équitable. La Cour va plus loin jusqu'à étendre sa compétence aux procédures pertinentes devant les instances nationales pour déterminer si ces procédures sont en conformité avec les normes prescrites par le droit international des droits de l'homme.

Mais il arrive que la Cour africaine s'« affranchisse » des solutions proposées par les autres cours régionales des droits de l'homme. C'est surtout en matière de réparation des préjudices liés aux violations des droits de l'homme que la Cour africaine confirme sa volonté d'élaborer une jurisprudence « autonome ». Mais la Cour africaine reste trop formaliste dans l'évaluation des conditions d'octroi de l'indemnité réparatrice et semble faire primer la restauration de la situation juridique des victimes sur la restauration de leur situation matérielle. Partant, peut-on dire que la réparation constitue le talon d'Achille de la jurisprudence de la Cour africaine ?

Commentaire _ *Affaire Diocles William c. République-Unie de Tanzanie*, Requête n° 016/2016

Touwendé Roland Ouédraogo* & Mahamady Ouédraogo*

INTRODUCTION

S'il y'a un droit dont l'existence et l'effectivité assurent une garantie juridictionnelle effective des droits des individus ou des justiciables, c'est le droit à un procès équitable. Il traduit l'idée pour un justiciable d'obtenir la sanction de la violation de ses droits par une juridiction indépendante, impartiale et suivant des règles équitables. Le droit à un procès équitable est ainsi un droit « essentiel »[1] pour tout justiciable[2]. Comme le souligne Mastor, « [u]ne norme, toute pertinente et/ou légitime qu'elle soit, n'a de sens que si elle est effective. Être titulaire de droits n'a de sens que si la violation de ceux-ci peut être sanctionnée. Pas de droits sans possibilité de les exercer, d'en jouir. Pas de droit sans possibilité de sanctionner leurs éventuelles atteintes. Pas de règle de droit sans sanction »[3].

D'un point de vue normatif, le droit à un procès équitable inonde, aussi bien les ordres juridiques internes, régionaux et internationaux que diverses branches du droit. Dans le domaine des droits humains[4], qui est la branche du droit qui nous intéresse ici par exemple, le droit à un procès équitable est consacré par divers instruments régionaux et internationaux de protection des droits humains[5]. En tant que garantie essentielle des droits des justiciables, le droit à un procès équitable fait l'objet de fréquents litiges devant les juridictions.

Dans le système africain de protection des droits humains, qui est le système qui nous intéresse particulièrement dans cette réflexion, le droit à un procès équitable occupe une place de choix dans la jurisprudence de la Cour africaine des droits de l'Homme et des peuples (ci-après Cour ADHP). Il en est ainsi de l'affaire *Diocles William c. République-unie de Tanzanie*[6] du 21 septembre 2018, dans laquelle la Cour ADHP reprécise une fois de plus les contours de ce droit.

Cette affaire met en cause Monsieur Diocles William, le Requérant, et la République-unie de Tanzanie, le défendeur. Le requérant s'est vu condamné le 4 aout 2010 à 30 ans de réclusion et à douze (12) coups de fouet pour viol sur une mineure de 12 ans, par le tribunal de première instance de Bukoba, sur la base des articles 130(2)(e) et 131(2)(a) du Code pénal tanzanien.

Il conteste alors ce jugement devant la Haute Cour tanzanienne pour défaut de crédibilité des témoins, discordance des témoignages et en raison des châtiments

---

* Candidat au doctorat au département des sciences juridiques de l'Université du Québec à Montréal (UQAM) et Chargé de cours à l'UQAM et à l'Université de Montréal (UdeM).

** Candidat au doctorat au département des sciences juridiques de l'Université du Québec à Montréal (UQAM).

1 Wanda Mastor, « Préface », « *in* », Benjamin Lavergne, Mehdi Mezaguer (dir.), *Regards sur le droit à un procès équitable. Acte de colloques de l'IFR*, Toulouse, Presses de l'Université Toulouse 1 Capitole, 2012, pp. 9-11, p. 9.

2 Jean Pradel, « La notion de procès équitable en droit pénal européen », *Revue générale de droit*, Vol 27/n°4, 1996, pp. 505-523, p. 505.

3 Wanda Mastor, « Preface », *op. cit.* p. 9.

4 Les expressions « droits humains » et « droits de l'Homme » seront utilisées de manières indifférentes dans le cadre de ce commentaire.

5 Au titre des instruments internationaux, on peut citer la *Déclaration universelle des droits de l'Homme* (DUDH) et le *Pacte international relatif aux droits civils et politiques* (PIDCP) ; au titre des instruments régionaux, on peut citer la *Convention européenne des droits de l'Homme* (CEDH), la *Charte africaine des droits de l'Homme et des peuples* (CADHP) et la *Convention américaine relative aux droits de l'Homme* (CADH).

6 Cour ADHP, *Diocles William c. République-unie de Tanzanie, Requête n° 016/2016, 21 septembre 2018, arrêt.*

corporels qui lui ont été infligés. Débouté par cette juridiction le 29 mai 2014, il interjette appel de la décision devant la Cour d'appel de Tanzanie siégeant, à l'instar de la précédente, à Bukoba. Ce recours connait le même sort que le précèdent suivant une décision du 24 février 2015.

C'est dans un tel contexte de désaccord avec les décisions rendues par les juridictions tanzaniennes, que Monsieur Diocles William a saisi la Cour ADHP par la requête 016/2016 du 8 mars 2016. Il allègue avoir été privé, par les juridictions tanzaniennes, de son droit à ce que sa cause soit entendue par un tribunal, tel que prévu par les articles 231(4) du Code de procédure pénale tanzanien et 7(1) de la CADHP. Il conteste également la constitutionnalité des articles 130(2)(e) et 131(2)(a) au regard de l'article 13(2) et (5) de la Constitution tanzanienne[1]. Il demande, dès lors, qu'il plaise à la Cour ADHP de réexaminer toute la procédure suivie devant les juridictions tanzaniennes en lien avec la violation de ses droits fondamentaux susmentionnés, d'annuler sa condamnation, de prononcer sa remise en liberté, de lui accorder toute réparation qui sied en l'espèce et enfin de lui accorder une assistance judiciaire.

Quant au défendeur, il demande à la Cour ADHP de se déclarer incompétente et de déclarer la requête irrecevable pour non-épuisement des voies de recours internes et pour non-respect d'un délai raisonnable dans sa saisine[2]. Le cas échéant, il sollicite à la Cour ADHP de reconnaitre qu'il n'a pas méconnu les droits fondamentaux du requérant, de rejeter sa requête et de maintenir sa condamnation.

En somme, dans cette affaire, la Cour ADHP a été appelée à se prononcer sur un certain nombre de questions dont celles liées à sa compétence, à la recevabilité de la requête, mais surtout celle relative à la violation ou non du droit du requérant à un procès équitable, par le défendeur.

Statuant sur l'affaire, et après avoir admis sa compétence et la recevabilité de la requête, la Cour ADHP conclut à la violation du droit du requérant à un procès équitable. Concrètement, pour la Cour ADHP, la République-Unie de Tanzanie a méconnu le droit du requérant à une assistance judiciaire. En outre, sa condamnation s'est faite sans l'intervention de témoins à décharge et sur la base d'allégations discordantes et insuffisantes des témoins à charge ; ce qui constitue une violation de son droit à la défense. Elle refuse toutefois de prononcer la remise en liberté du requérant, en se contentant d'ordonner à l'État tanzanien la réouverture de son procès et sa clôture dans un délai maximal de deux ans.

Cette décision de la Cour ADHP, même si elle n'opère pas un revirement, suscite néanmoins un certain nombre de commentaires. Quelle est l'étendue de la Compétence de la Cour ADHP ? Quels sont les critères d'interprétation de la Cour ADHP en matière de droit à un procès équitable ? Nous nous attèlerons, dans les lignes qui suivent, à apprécier ces aspects de l'affaire et nous ferons une analyse comparée avec la jurisprudence d'autres juridictions de protection des droits humains. Aussi, avons-nous remarqué une Cour ADHP très attachée à ses prérogatives en matière de droits humains (I) et qui réitère son interprétation du droit à un procès équitable (II).

---

[1] Ces dispositions garantissent à l'instar de l'article 3 de la CADHP l'égalité devant la loi et l'égale protection par la loi.
[2] Article 40(5) et (6) du Règlement intérieur de la Cour ADHP.

I. Une Cour ADHP jalouse de ses prérogatives en matière de droits humains

La question de la compétence de la Cour ADHP (I.1.) et de ses limites (I.3.) ainsi que celle de la recevabilité de la requête (I.2.) n'ont pas manqué de susciter de vives discussions dans cette affaire. Cela a donné l'occasion à la Cour ADHP de fixer celles-ci et de réaffirmer son attachement aux questions relevant des droits humains.

I.1. La réaffirmation de ses prérogatives en matière de compétence

Dans cette affaire, la Cour ADHP commence par examiner sa compétence sans pour autant révolutionner sa jurisprudence. Nous nous intéresserons particulièrement à sa compétence matérielle, qui est celle qui a suscité des débats. En effet, la compétence territoriale, personnelle et temporelle de la Cour ADHP allait de soi puisque l'État défendeur est partie à la CADHP, a accepté la compétence de la Cour ADHP et les violations alléguées par le requérant se sont produites sur son territoire. La détermination de la compétence de la Cour ADHP a donc été une détermination de sa compétence matérielle et s'est axée sur la question de savoir si en admettant sa compétence, la Cour ADHP ne s'érigerait pas en une juridiction d'appel et/ou en une juridiction de première instance.

Sur la première branche de la question, le défendeur soutient que le rôle de la Cour ADHP est de veiller à l'application et à l'interprétation de la CADHP et des autres instruments de protection des droits humains, tel qu'il ressort de l'article 3 (1) du Protocole[1], et de la jurisprudence antérieure[2] de la Cour ADHP[3]. Or en l'espèce, le requérant voudrait que la Cour se comporte en juge d'appel en lui demandant de réexaminer des éléments de preuve, et donc la procédure suivie devant les juridictions nationales[4]. Toute chose qui ne relèverait pas des prérogatives de la Cour ADHP.

Fidèle à sa jurisprudence[5], la Cour ADHP ne conteste pas l'argument tiré de ce que la fonction de juge d'appel ne fasse pas partie de ses attributions. Cependant, elle réaffirme[6] le principe de sa pleine compétence pour le contrôle de la conformité des procédures des instances juridictionnelles nationales à la CADHP et aux autres normes de protection des droits humains liant les États parties[7]. Tout l'intérêt de la question était de savoir si l'examen par la Cour ADHP des allégations du requérant (non concordance des affirmations des témoins de la victime et d'absence de témoins à décharge tout au long de la procédure interne) était un réexamen de la décision du juge interne[8] ou un simple contrôle de conformité de la procédure interne aux standards de la CADHP et des autres instruments de protection des droits humains. La Cour ADHP opte pour la seconde hypothèse puisque : « en l'espèce, la Cour a compétence pour déterminer si les procédures internes relatives aux chefs d'accusations pour infraction pénale, qui constituent le fondement de la Requête devant elle, ont été menées conformément aux normes internationales énoncées dans

---

[1] Organization of African Unity (OAU), Protocole relatif à la Charte africaine des droits de l'homme et des peuples, portant création d'une Cour africaine des droits de l'homme et des peuples, 10 Juin 1998, disponible sur : https://www.refworld.org/docid/493fd4142.html [consulté le 16 Juin 2020].

[2] Cour ADHP, *Ernest Francis Mtingwi c. République du Malawi,* Requête n°001/2013, arrêt, 15 mars 2013, § 14.

[3] Cour ADHP, *Diocles William c. République-unie de Tanzanie, op. cit.* § 25.

[4] *Ibid.* § 24

[5] Cour ADHP, *Ernest Francis Mtingwi c. République du Malawi, op. cit.* § 14

[6] Conformément à sa jurisprudence : Cour ADHP, *Alex Thomas c. République-Unie de Tanzanie*, Requête n°005/2013, arrêt, 20 novembre 2015, § 130 ; Cour ADHP, *Mohamed Abubakari c. République-Unie de Tanzanie*, Requête n°007/2013, arrêt du 3 juin 2016, § 29 et Cour ADHP, *Kijiji Isiaga c. République-Unie de Tanzanie*, Requête n°032/2015, arrêt, 23 mars 2018, §§ 34 et 35.

[7] Cour ADHP, *Diocles William c. République-unie de Tanzanie, op. cit.* § 28.

[8] Dans ce cas, la Cour ADHP agirait comme une juridiction d'appel, ce qui n'est pas son rôle.

la Charte »[1]. L'admission des témoignages est donc une question de procédure et fonde la compétence de la Cour ADHP lorsque celle-ci se fait au mépris des normes dont elle est gardienne.

Ce n'est pas une première pour une Cour régionale de droits humains d'admettre sa compétence dans une affaire portant sur une admission de témoignages. En effet, dans une affaire similaire, la Cour EDH n'a pas eu besoin d'examiner la question de sa compétence, tant celle-ci était évidente[2]. Elle s'est ainsi prononcée sur le fond de l'affaire après avoir admis la recevabilité de la Requête et a conclu à la violation du droit du requérant à un procès équitable. Pour elle, « [...] l'omission de la cour d'appel de Palerme d'entendre à nouveau X, Y et/ou d'autres témoins avant d'infirmer le verdict d'acquittement dont le requérant avait bénéficié en première instance a porté atteinte à l'équité du procès »[3].

Cette branche de la question a permis à la Cour ADHP de rappeler son attachement à toute question intéressant les droits humains, mais également de réaffirmer qu'elle n'est pas une juridiction de second degré, pas plus qu'une juridiction de première instance, comme elle le relève dans la seconde branche de la question.

La deuxième branche de la question, impliquait de savoir si en examinant la requête dans ses aspects concernant la violation du droit à l'assistance judiciaire[4] et du droit à l'égalité et à l'égale protection de la loi[5] du requérant, la Cour ADHP ne ferait pas office de juge de première instance. En effet, pour l'État défendeur, c'est la première fois que le requérant invoque ces violations, ne l'ayant pas fait devant les juridictions nationales. En conséquence, la Cour ADHP ne peut les examiner car le Requérant n'aurait pas visiblement épuisé les voies de recours internes concernant ces prétentions. La Cour ADHP tout en admettant, qu'elle n'est évidemment pas une juridiction de première instance, utilise le même argumentaire que sur la première branche de la question pour affirmer sa compétence. En effet, le fait que la requête porte sur des violations des instruments internationaux de protection des droits humains liant l'État défendeur fondait suffisamment sa compétence en l'espèce[6], au regard de l'article 3(1) du Protocole[7].

Cette position de la Cour ADHP n'est pas surprenante. En effet, la Cour ADHP est l'une des rares juridictions de protection des droits humains à avoir une compétence matérielle aussi large que celle que lui confère l'article 3 (1) du Protocole. En rappel, la Cour ADHP peut juger aussi bien des violations de la CADHP que de tout autre instrument en matière de droits humains liant tout État membre de la CADHP. Cette compétence matérielle est inédite, comparée à celles de ses consœurs européennes et américaines, ainsi qu'à celle du Comité des droits de l'Homme (ci-après Comité). En effet la Cour EDH, aux termes de l'article 32§2 de la CEDH, ne peut connaitre que de l'interprétation et de l'application de la Convention et de ses

---

[1] Cour ADHP, *Diocles William c. République-unie de Tanzanie*, *op. cit.* § 28.
[2] Cour EDH, *Lorefice c. Italie*, Requête n° 63446/1, arrêt, 29 septembre 2017.
[3] *Ibid.* § 46.
[4] Article 7(1) (c) de la CADHP.
[5] Conformément aux articles 13(2) et (5) de la Constitution tanzanienne et 3 de la CADHP.
[6] Cour ADHP, *Diocles William c. République-unie de Tanzanie*, *op. cit.* § 29.
[7] Conformément à l'article 3 du Protocole, la Cour ADHP « a compétence pour connaître de toutes les affaires et de tous les différends dont elle est saisie concernant l'interprétation et l'application de la Charte, du présent Protocole, et de tout autre instrument pertinent relatif aux droits de l'homme et ratifié par les États concernés ».

protocoles[1]. Il en est de même de la Cour IADH dont la compétence matérielle est limitée par l'article 62 §3 de la CADH à l'interprétation et à l'application de ladite convention[2]. Ce n'est que concernant sa fonction consultative, que la Cour IADH est habilitée par l'article 64 §1 à interpréter, outre la CADH, tout autre traité de protection des droits humains liant les États américains[3]. Quant au Comité des droits de l'homme, l'article 1 du protocole facultatif au PIDCP réserve sa compétence matérielle aux contestations liées aux droits consacrés par le PIDCP[4].

En somme, la Cour ADHP, contrairement à ces instances juridictionnelles, semble être érigée par l'article 3(1) du Protocole en un véritable rempart contre les violations des droits humains dans les États parties à la CADHP. Toutefois, si on ne peut contester la compétence de la Cour ADHP en cas d'allégations de violation des droits humains par un État partie à la CADHP, on ne peut s'empêcher de s'interroger sur la conclusion de la Cour ADHP quant à la deuxième branche de la question. A notre avis, la Cour ADHP ne motive pas suffisamment sa position. Ce qui était réellement en cause, c'est le principe de l'épuisement des voies de recours internes comme préalable nécessaire à la saisine de la Cour ADHP. Principe qui ne se pose pas en matière de compétence mais en matière de recevabilité de la Requête. La Cour ADHP aurait donc dû aller plus loin en faisant ressortir que cette question relève de la recevabilité et qu'elle n'entame en aucun cas sa compétence sur ces aspects de la demande, dans la mesure où la Cour ADHP peut se déclarer compétente tout en déclarant la Requête irrecevable. Ainsi, elle aurait pu tout simplement rattacher cette question à l'examen de la recevabilité de la demande. Ce que nous reprochons à la Cour ADHP ici, c'est de n'avoir pas été explicite car, implicitement, on peut supposer que la Cour ADHP n'a pas approfondi sa motivation parce qu'elle a considéré la question comme relevant de la recevabilité de la Requête. D'ailleurs, l'État défendeur réutilise (à bon escient) la même exception pour contester la recevabilité de la requête.

I.2. Des prérogatives élargies dans l'examen de la recevabilité de la requête

Même compétente pour connaitre d'une requête, la Cour ADHP ne pourra se prononcer sur le fond que si la requête est recevable. Concrètement, toute requête soumise à la Cour ADHP, pour être examinée, doit obéir à une panoplie de conditions prévue aux articles 50 et 56 de la CADHP et 40 du Règlement intérieur. Dans cette affaire, deux de ces exigences ont fait l'objet de contestations : le principe de l'épuisement préalable des recours internes et le respect d'un délai raisonnable dans la saisine de la Cour ADHP[5].

Sur la première condition, le défendeur conteste la recevabilité de la requête sous deux angles. D'une part, le requérant ne saurait prétendre à la violation de son droit à un procès équitable devant la Cour ADHP, alors même qu'il lui restait un dernier recours interne, à savoir « la requête pour violation des droits fondamentaux »[6]. Ne l'ayant pas encore utilisée, le requérant n'aurait toujours pas épuisé les recours internes disponibles et partant, sa requête violerait l'article 40 (5) du Règlement

[1] Conseil de l'Europe, Convention européenne des droits de l'Homme, 4 novembre 1950, en ligne : https://www.echr.coe.int/Documents/Convention_FRA.pdf.
[2] Organisation des États américains, Convention américaine relative aux droits de l'homme, 22 novembre 1969, en ligne : https://www.cidh.oas.org/Basicos/French/c.convention.htm
[3] *Ibid.*, article 64§1.
[4]Nations unies, Protocole facultatif relatif au PIDCP, 16 décembre 1966, en ligne : https://www.ohchr.org/FR/ProfessionalInterest/Pages/OPCCPR1.aspx.
[5] Article 40 (5) et (6) du règlement intérieur de la Cour ADHP.
[6] Article 30 (3) de la Constitution tanzanienne et Loi d'application des droits et devoirs fondamentaux telle qu'amendée en 2002. Voir Cour ADHP, *Diocles William c. République-unie de Tanzanie*, *op. cit.* § 37.

intérieur. D'autre part, pour le défendeur, le requérant n'a jamais sollicité une assistance judiciaire devant les juridictions nationales alors que ce droit est prévu par le droit tanzanien[1]. Ce faisant, invoquer le non-respect de son droit à une assistance judiciaire devant la Cour ADHP, revient pour le requérant à faire une nouvelle demande ; ce qui serait une méconnaissance de la règle de l'épuisement des voies de recours interne.

Pour le requérant, il n'était tenu ni d'utiliser la requête concernant les droits fondamentaux, ni de demander expressément l'assistance judiciaire qui est octroyée aux justiciables à la discrétion des autorités judiciaires et suivant l'intérêt de la justice[2]. La Cour ADHP abonde dans ce sens et considère de manière générale que les différentes allégations du requérant ont été examinées par les juridictions internes, y compris la plus haute juridiction[3]. Sur le non usage de 'la requête concernant la violation des droits fondamentaux', la Cour ADHP réaffirme sa jurisprudence antérieure concernant cette voie de recours tanzanienne[4]. Dans cette jurisprudence, elle a déjà précisé qu'il s'agit d'un recours extraordinaire, non soumis au principe de l'épuisement des voies de recours internes « dans le système judiciaire tanzanien »[5]. Concernant l'assistance judiciaire, la Cour ADHP rappelle sa jurisprudence *Alex Thomas c. la République-Unie de Tanzanie* dans laquelle elle rattache ce droit au droit à un procès équitable. Dès lors, même si le requérant ne l'a pas invoqué expressément devant les juridictions nationales, celles-ci sont supposées avoir eu l'occasion de s'y prononcer. La Cour ADHP ajoute qu'il serait également déraisonnable de reprendre un procès national sur ce grief. En conclusion, ces prétendus manquements ne suffisent pas à entacher la recevabilité de la requête.

La Cour ADHP adopte la même position à propos du non-respect d'un délai raisonnable depuis l'épuisement des voies de recours internes. En effet, si le Règlement intérieur se contente d'exiger un délai raisonnable dans la saisine de la Cour ADHP, la Commission africaine des droits de l'Homme et des peuples (ci-après la Commission ADHP) aurait fixé ce délai à six 6 mois[6]. Or, en l'espèce, le requérant a dépassé ce délai, ayant saisi la Cour ADHP onze (11) mois, selon le défendeur[7], un (1) an et 13 jours selon la Cour ADHP[8], après la décision de la Cour d'appel tanzanienne[9]. La question qui se pose est de savoir si ce délai peut toujours être considéré comme étant raisonnable. Pour y répondre, la Cour ADHP réaffirme le principe de l'interprétation casuistique de la notion de délai raisonnable tel qu'elle l'a posé dans sa jurisprudence *Ayants-droit de feu Norbert Zongo et autres c. le Burkina Faso*[10]. Mais la situation du requérant justifie-t-elle vraiment un dépassement aussi

[1] Notamment l'article 3 du code de procédure pénale et l'article 31 du Règlement de la Cour d'appel de 2009.
[2] Cour ADHP, *Diocles William c. République-unie de Tanzanie*, *op. cit.* §§ 39 et 40.
[3] *Ibid.* § 41.
[4] Cour ADHP, *Alex Thomas c. République-Unie de Tanzanie*, *op. cit.* §§ 60-62 ; Cour ADHP, *Mohamed Abubakari c. République-Unie de Tanzanie*, *op. cit.* §§ 66-70 et Cour ADHP, *Christopher Jonas c. République-Unie de Tanzanie*, Requête n°011/2015, arrêt, 28 septembre 2017, § 44.
[5] Cour ADHP, *Diocles William c. République-unie de Tanzanie*, *op. cit.* § 42.
[6] Commission ADHP, *Michael Majuru contre le Zimbabwe*, Communication 308/5, 24 novembre 2008.
[7] Cour ADHP, *Diocles William c. République-unie de Tanzanie*, *op. cit.* § 47.
[8] *Ibid.* 50.
[9] Un fait curieux, alors que le défendeur et la Cour ADHP sont du même avis en ce qui concerne les dates de la dernière décision interne et de saisine de la Cour ADHP, ils aboutissent à un décompte différent du délai mis par le requérant pour saisir la Cour ADHP. Est-ce une erreur dans la rédaction de l'arrêt ou s'agit-il d'une négligence de calcul de la part du défendeur, dans la mesure où le décompte de la Cour ADHP correspond à la réalité des faits.
[10] « Le caractère raisonnable d'un délai de sa saisine dépend des circonstances particulières de chaque affaire, et doit être apprécié au cas par cas », Voir. Cour ADHP, *Ayants-droit de feu Norbert Zongo et autres c. Burkina Faso*, Requête n° 013/2011, arrêt sur les exceptions préliminaires, 21 juin 2013, § 121.

important du délai « indicatif » de 6 mois[1] ? Pour le requérant, les circonstances de la cause le justifient. Argument qu'épouse la Cour ADHP pour qui, « le Requérant est profane en matière de droit, indigent et incarcéré [...] [et] ne bénéficie ni d'un conseil ni d'une assistance judiciaire »[2]. Dès lors, le délai d'un (1) an et treize (13) jours est amplement raisonnable au vu de cette situation particulière du Requérant[3].

Concernant la notion de délai raisonnable, tandis que la Cour ADHP adopte une interprétation casuistique, la Cour EDH considère le délai raisonnable comme étant d'ordre public[4], et partant, d'interprétation stricte. La Cour ADHP semble cependant s'inscrire dans la même logique que la Commission interaméricaine des droits de l'homme[5] et le Comité des droits de l'homme. En effet, si l'article 46 §2 de de la CIADH[6] prévoit un délai de six mois suivant l'épuisement des voies de recours internes pour la saisine de la Commission IADH, ce délai ne semble pas strict. Cette disposition prévoit des cas dans lesquels ce délai n'est pas applicable : en cas d'inexistence de recours interne pour les droits dont la violation est alléguée, de refus des voies de recours à la victime ou d'impossibilité pour elle de les épuiser et en cas de retard injustifié dans la décision des instances internes saisies[7]. C'est ainsi que dans certaines affaires dont celle « des condamnés à la peine capitale »[8] le dépassement du délai de six mois n'a pas fait obstacle à la recevabilité de la requête par la Commission IADH[9]. Quant au Comité des droits de l'homme, ni le PIDCP, ni le Protocole facultatif, ni l'observation générale n° 14 sur le droit à un procès équitable ne prévoient un délai pour sa saisine. Ce qui laisse une grande marge de manœuvre au Comité dans la fixation de ce délai. Toutefois, le Comité semble exiger dans la pratique le respect d'un délai raisonnable. Ainsi, dans l'affaire *Gobin c. Moritius* le Comité a considéré la requête irrecevable pour non-respect d'un délai raisonnable constitutif d'abus de droit[10]. En effet, la requérante a saisi le Comité cinq ans après la survenance de l'évènement litigieux[11]. Il s'agit ici, de sanctionner les requêtes intempestives qui, comme le relèvent Sabourin et Mérette, risqueraient de mettre les États parties dans une impossibilité de se défendre compte tenu de l'écoulement de temps suivant la survenance des litiges[12]. Il faut préciser que c'est la date de la

[1] Il s'agit du délai retenu par la Commission ADHP et invoqué par le défendeur. En droit comparé, c'est le même délai qui est retenue par l'article 35 de la CEDH.

[2] Cour ADHP, *Diocles William c. République-unie de Tanzanie*, *op. cit.* § 52.

[3] *Ibid.*

[4] Cour EDH, *Assanidze v. Georgia*, Requête n° 71503/01, arrêt, 8 avril 2004, § 160 ; Cour EDH, *Sabri Günes c. Turquie*, Requête n°27396/06, arrêt, 29 juin 2012, § 29.

[5] Il faut préciser que dans le système inter américain des droits de l'homme, seule la Commission peut être saisie des plaintes individuelles. La Cour IADH n'intervient qu'en cas de non-satisfaction devant la Commission et sur saisine de cette dernière.

[6] Convention américaine relative aux droits de l'homme, 22 novembre 1969, disponible en ligne : https://www.cidh.oas.org/Basicos/French/c.convention.htm

[7] *Ibid.*, articles 46 paragraphes 2.a, b et c.

[8] Résolution 00/82 du 23 novembre 1982, *in* : Informe Annal de la CIDH 1982-1983, doc. OEA/ Ser.L/V/II.61, doc. 22, rév. 1, 27 septembre 1983, p. 102-103. Citée par Bertha Santoscoy, *La commission interaméricaine des droits de l'homme et le développement de sa compétence par le système des pétitions individuelles*, Genève, presses universitaires de France, 1995, disponible en ligne : https://books.openedition.org/iheid/1385?lang=fr#bodyftn66 §§ 74 – 77.

[9] Bertha Santoscoy, *La commission interaméricaine des droits de l'homme et le développement de sa compétence par le système des pétitions individuelles*, *op. cit.* §§ 74-77.

[10] Comité des droits de l'homme, *Gobin c. Moritius*, Communication No. 787/1997, décision, 16 juin 2001, §6,3.

[11] *Ibid.*

[12] Frédérique Sabourin et Pierre Mérette, Le mécanisme de plaintes individuelles au Comité des droits de l'homme de l'ONU,2009, En ligne : https://www.conferencedesjuristes.gouv.qc.ca/files/documents/9l/e9/lemecanismedeplaintesindividuellesaucomitedesdroitsdelhommedelonu.pdf, à la p. 514.

survenance de l'évènement litigieux qui a été retenu dans la mesure où le requérant ne disposait pas de voies de recours internes au regard de la violation alléguée[1].

Au terme de ce détour de droit comparé, il convient de noter que si l'interprétation de la notion de délai raisonnable par la Cour ADHP nous semble dynamique et souhaitable, elle reste tout de même critiquable. Il s'agit du double du délai normalement retenu dans la communication de la Commission ADHP. Par ailleurs, la situation du requérant est certainement similaire à celle de bon nombre de personnes dans cette partie de l'Afrique où, la majorité de la population est indigente et analphabète. Le risque d'abus est donc élevé quant à l'usage de cette jurisprudence. Du reste, on s'étonne qu'une personne dans la situation du Requérant (« profane en matière de droit, indigent et incarcérée ; […] [et qui]ne bénéficie ni d'un conseil ni d'une assistance judiciaire ») puisse utiliser des arguments aussi pertinents dans sa requête[2]. Là également, la Cour EDH se distancie de sa consœur africaine en adoptant une approche autonome de la notion de délai raisonnable, considérant la sécurité juridique comme étant le critère d'interprétation[3]. Plus précisément, « l'existence d'un tel délai s'explique par le souci des Hautes Parties Contractantes d'empêcher la constante remise en cause du passé et il s'agit là d'une préoccupation légitime d'ordre public, de stabilité et de paix »[4].

Qu'à cela ne tienne, la Cour ADHP, sur ces questions montre sa promptitude et son souci de se saisir, autant que faire se peut, de toutes les requêtes concernant les violations des droits humains, en adoptant une interprétation allant dans ce sens, même si elle demeure consciente des limites de sa compétence.

I.3. Une réaffirmation des limites de sa compétence ?

La Cour ADHP, même soucieuse de sanctionner toutes les violations des droits humains, reste limitée par le principe de la compétence d'attribution. En d'autres termes, la Cour ADHP ne peut se saisir que des violations relatives aux instruments de protection des droits humains entrant dans le cadre de sa compétence telle que définis par l'article 3 du Protocole. C'est ce qu'elle dit en substance lorsque le requérant demande qu'il lui plaise de reconnaitre la violation de son droit constitutionnel à l'égalité et à l'égale protection devant la loi par les articles 130 (2) (a) et 131 (2) (e) du Code pénal tanzanien. Pour la Cour ADHP, elle a pour attribution de veiller au respect des droits humains prescrits par la CADHP et les autres instruments de protection des droits humains liant le défendeur et non de contrôler la constitutionnalité d'une loi nationale[5]. En l'occurrence, il ne lui appartient pas de dire si oui ou non les articles 130 (2) et 131 (2) violent le droit du requérant à l'égalité et à l'égale protection devant la loi tel qu'il ressort de l'article 13 (2) et (5) de la Constitution tanzanienne, car elle n'est pas juge de la constitutionnalité des lois nationales mais de la conventionalité de celles-ci.

C'est ainsi, qu'elle examinera la prétention du requérant dans ce dernier sens. En effet, le requérant, en plus d'invoquer la violation de la constitution par les dispositions suscitées du Code pénal, ajoute que celles-ci violent l'article 3 de la CADHP qui est l'équivalent de l'article 13 (2) et (5) de la constitution tanzanienne.

---

[1] Comité des droits de l'homme, *Gobin c. Moritius*, *op. cit.* § 5.2.

[2] La Cour ADHP a repris pratiquement toute l'argumentation du requérant pour rejeter les exceptions du défendeur.

[3] Cour EDH, *Sabri Günes c. Turquie*, *op. cit.* §§ 39 et 401 ; Commission EDH, *De Becker c. Belgique*, Requête n° 214/56, 9 juin 1958.

[4] Cour EDH, *Sabri Gunes c. Turquie*, *op. cit.* § 40 ; Voir aussi Commission EDH, *De Becker c. Belgique*, *op. cit.*

[5] Cour ADHP, *Diocles William c. République-unie de Tanzanie*, *op. cit.* § 90.

S'il n'y'a pas de doute que ces deux dispositions ont le même contenu, pour la Cour ADHP, néanmoins, la définition de l'infraction de viol par le Code pénal tanzanien est claire. En outre, la condamnation du requérant s'est faite sur la base de ses dispositions et le procès et la procédure ne sont pas entachés d'erreur. Elle ajoute que les allégations du requérant quant « à la violation de la Constitution[1]» sont générales et non justifiées. Or, conformément à sa jurisprudence, « des affirmations d'ordre général selon lesquelles son droit a été violé ne sont pas suffisantes. Des preuves plus concrètes sont requises »[2]. Dès lors, sa condamnation sur la base des articles 130 (2) (a) et 131 (2) (e) du Code pénal tanzanien ne méconnait pas l'article 3 de la CADHP.

Si nous partageons cette conclusion de la Cour ADHP dans la mesure où, nous ne percevons pas non plus une violation du droit du requérant à l'égalité et à l'égale protection devant la loi, il reste que la démarche de la Cour ADHP appelle quelques observations. D'abord, la Cour ADHP dit qu'elle ne fait pas de contrôle de constitutionnalité des lois nationales[3] et dans son argumentaire elle se réfère à la constitution lorsqu'elle qualifie de générales les allégations du requérant[4]. N'aurait-elle pas dû viser directement l'article 3 de la CADHP dans son argumentaire ? Ensuite, on pourrait se demander si la Cour ADHP ne tombe pas sous le coup du contrôle de constitutionnalité, ne serait-ce qu'indirectement ? En examinant la conformité des dispositions du Code pénal à la CADHP et à la Constitution conjointement, ne juge-t-elle pas indirectement la constitutionnalité de ces dispositions [5]? Enfin, s'il est vrai que les allégations du requérant de violation de son droit à l'égalité et à l'égale protection devant la loi ne sont pas fondées comme l'a si bien conclu la Cour ADHP, elles ne sont pas si générales que ça, à notre avis. En effet, le requérant vise clairement les dispositions des articles 130 (2) (e) et 131 (2) (a) du Code pénal tanzanien qui introduiraient une discrimination dans le traitement des cas de viols. Succinctement, ces articles prévoient des traitements spéciaux pour les mineurs de moins de 18 ans et les chefs religieux auteurs de viol. Les premiers ne subissent qu'une condamnation à des peines de châtiment corporel et les seconds se rendent coupables de viol dès lors qu'ils usent de leurs positions pour obtenir des relations sexuelles avec une fille. Dans l'un ou dans l'autre cas, il n'y'a manifestement pas de discrimination en défaveur du requérant, ce dernier n'étant pas un mineur de moins de 18 ans au moment du viol et étant donné que le traitement de la situation des chefs religieux parait plus rigoureux que celui des personnes ordinaires. Toutefois, la Cour ADHP aurait dû à notre avis examiner la question dans ce sens en faisant ressortir l'absence de discrimination et non se contenter de qualifier les allégations du requérant de générales. Au demeurant, la Cour ADHP, en se saisissant de la question, a pu délimiter par la même occasion ses compétences en matière de droits humains. Ce faisant, elle en a profité pour réaffirmer ses principes d'interprétation.

II. L'interprétation du droit à un procès équitable par la cour ADHP

Au-delà des questions de compétences et de recevabilité, cette affaire a fourni l'occasion à la Cour ADHP de consolider son interprétation du droit à un procès équitable, qui constitue le cœur de cet arrêt et qui sera l'objet de cette seconde partie. Ce faisant, la Cour ADHP semble être restée fidèle à son interprétation antérieure

---

[1] La Cour ADHP construit ici son argumentaire en référence à la Constitution tanzanienne et non à l'article 3 de la CADHP.
[2] Cour ADHP, *Alex Thomas c. République-Unie de Tanzanie*, *op. cit.* § 140.
[3] Cour ADHP, *Diocles William c. République-unie de Tanzanie*, *op. cit.* § 90.
[4] *Ibid.* § 93.
[5] *Ibid.*

(II.3.) dans l'examen du contenu normatif (II.1.) et des aspects litigieux du droit à un procès équitable (II.2.) en l'espèce.

II.1. Le contenu normatif du droit à un procès équitable dans le régime africain

Tel que ressorti dans cette affaire, le droit à un procès équitable est prévu dans le système africain de protection des droits humains par la CADHP en son article 7[1], qui est aussi présenté comme « le droit à une bonne administration de la justice »[2]. Dans une perspective de droit comparé, la phraséologie de la disposition montre des similitudes et des dissemblances avec d'autres instruments de protection des droits humains. Ainsi, l'article 7 de la CADHP se recoupe avec l'article 8 de la DUDH[3], les articles 14 et 15 a. 1 du PIDCP[4], l'article 6 de la CEDH[5], et les articles 8 et 25 de la CADH[6]. Toutefois, contrairement à ses équivalents internationaux ou régionaux, l'article 7 de la CADHP a un contenu beaucoup plus sommaire, voire lacunaire[7], une faiblesse que la Commission ADHP a sans doute voulu corriger en adoptant sa résolution relative à une bonne administration de la justice[8].

A titre illustratif, on notera que le texte de la CADHP ne prévoit pas le droit pour la personne poursuivie d'« être informée, dans le plus court délai, dans une langue qu'elle comprend et de façon détaillée, de la nature et des motifs de

---

[1] *CADHP*, article 7 : « Toute personne a droit à ce que sa cause soit entendue. Ce droit comprend: a)le droit de saisir les juridictions nationales compétentes de tout acte violant les droits fondamentaux qui lui sont reconnus et garantis par les conventions, les lois, règlements et coutumes en vigueur ; b)le droit à la présomption d'innocence, jusqu'à ce que sa culpabilité soit établie par une juridiction compétente; c) le droit à la défense, y compris celui de se faire assister par un défenseur de son choix; d) le droit d'être jugé dans un délai raisonnable par une juridiction impartiale… ».

[2] Fatsah Ouguergouz, *La Charte africaine des droits de l'homme et des peuples : une approche juridique des droits de l'homme entre tradition et modernité*, Genève, Paris, Presses universitaires de France, 1993, p. 108.

[3] *DUDH,* article 8 : « Toute personne a droit à un recours effectif devant les juridictions nationales compétentes contre les actes violant les droits fondamentaux qui lui sont reconnus par la constitution ou par la loi ».

[4] *PIDCP*, article 14 : « Tous sont égaux devant les tribunaux et les cours de justice. Toute personne a droit à ce que sa cause soit entendue équitablement et publiquement par un tribunal compétent, indépendant et impartial, établi par la loi, qui décidera soit du bien-fondé de toute accusation en matière pénale dirigée contre elle, soit des contestations sur ses droits et obligations de caractère civil… 2. Toute personne accusée d'une infraction pénale est présumée innocente jusqu'à ce que sa culpabilité ait été légalement établie. 3. Toute personne accusée d'une infraction pénale a droit, en pleine égalité, au moins aux garanties suivantes: a) à être informée, dans le plus court délai, dans une langue qu'elle comprend et de façon détaillée, de la nature et des motifs de l'accusation portée contre elle; b) à disposer du temps et des facilités nécessaires à la préparation de sa défense et à communiquer avec le conseil de son choix; c) à être jugée sans retard excessif; d) à être présente au procès et à se défendre elle-même ou à avoir l'assistance d'un défenseur de son choix; si elle n'a pas de défenseur, à être informée de son droit d'en avoir un, et, chaque fois que l'intérêt de la justice l'exige, à se voir attribuer d'office un défenseur, sans frais, si elle n'a pas les moyens de le rémunérer; e) à interroger ou faire interroger les témoins à charge et à obtenir la comparution et l'interrogatoire des témoins à décharge dans les mêmes conditions que les témoins à charge; f) à se faire assister gratuitement d'un interprète si elle ne comprend pas ou ne parle pas la langue employée à l'audience; g) à ne pas être forcée de témoigner contre elle-même ou de s'avouer coupable… ». Article 15, al 1er : « Nul ne sera condamné pour des actions ou omissions qui ne constituaient pas un acte délictueux d'après le droit national ou international au moment où elles ont été commises. De même, il ne sera infligé aucune peine plus forte que celle qui était applicable au moment où l'infraction a été commise. Si, postérieurement à cette infraction, la loi prévoit l'application d'une peine plus légère, le délinquant doit en bénéficier ».

[5] *CEDH*, article 6 : « Toute personne a droit à ce que sa cause soit entendue équitablement, publiquement et dans un délai raisonnable, par un tribunal indépendant et impartial, établi par la loi, qui décidera, soit des contestations sur ses droits et obligations de caractère civil, soit du bien-fondé de toute accusation en matière pénale dirigée contre elle… ».

[6] *CADH*, article 8 : « Toute personne a droit à ce que sa cause soit entendue avec les garanties voulues, dans un délai raisonnable, par un juge ou un tribunal compétent, indépendant et impartial, établi antérieurement par la loi, qui décidera du bien-fondé de toute accusation dirigée contre elle en matière pénale, ou déterminera ses droits et obligations en matière civile ainsi que dans les domaines du travail, de la fiscalité, ou dans tout autre domaine… ». Article 25 : « Toute personne a droit à un recours simple et rapide, ou à tout autre recours effectif devant les juges et tribunaux compétents, destiné à la protéger contre tous actes violant ses droits fondamentaux reconnus par la Constitution, par la loi ou par la présente Convention, alors même que ces violations auraient été commises par des personnes agissant dans l'exercice de fonctions officielles… ».

[7] Fatsah Ouguergouz, *La Charte africaine des droits de l'homme et des peuples : une approche juridique des droits de l'homme entre tradition et modernité*, *op. cit.* pp. 108 et 109.

[8] *Résolution sur la procédure relative au droit de recours et à un procès équitable*, adoptée par la Commission ADHP, lors de sa 11ème Session ordinaire tenue à Tunis en Tunisie, du 2 au 9 mars 1992.

l'accusation portée contre elle »[1]. La CADHP ne prévoit pas non plus, contrairement aux autres instruments, « le droit de disposer du temps et des facilités nécessaires à la préparation de sa défense et communiquer avec le conseil de son choix ; le droit d'interroger les témoins à décharge ; le droit de se faire assister gratuitement d'un interprète s'il ne comprend pas ou ne parle pas la langue du procès, le droit de ne pas être forcé de témoigner contre soi-même ou de s'avouer coupable »[2]. Au regard du taux d'analphabétisme en Afrique, surtout à l'époque de rédaction de la CADHP, l'omission de tels droits et garanties par la CADHP nous paraît incompréhensible.

L'importance de l'article 7 dans le système africain s'est tout de même révélée à travers le contentieux de la Commission ADHP[3], et se réaffirme de nos jours dans le contentieux croissant de la Cour ADHP[4]. Son originalité réside dans « la consécration expresse du principe de personnalité des peines qui est un des piliers du droit pénal moderne »[5].

Du point de vue de son contenu normatif, une méthode exégétique permet d'identifier le droit d'accès au juge, le droit à la présomption d'innocence, le droit à la défense, le droit d'être jugé dans un délai raisonnable et le droit à l'impartialité de la juridiction comme éléments essentiels du droit à un procès équitable dans le régime africain[6]. Ce contenu se retrouve dans l'interprétation faite par le Comité de l'article 14 du PIDCP dans son *Observation générale* n°32 de 2007. En outre, dans ses *Directives et principes sur le droit à un procès équitable et l'assistance judiciaire en Afrique,* la Commission ADHP énumère tous les éléments essentiels de l'article 7, en plus des orientations pour sa mise en œuvre, telles que le droit à être équitablement et publiquement entendu, le droit à un traitement humain, et les droits pendant le déroulement d'un procès[7]. Quels sont les éléments en cause dans les faits de l'espèce et quelle en a été l'interprétation faite par la Cour ADHP ?

---

[1] *PIDCP*, article 14 (3), (a).

[2] Cf. les articles 6 de la CEDH, 14 du PIDCP et 8 de la CADH. Voir également Solange Ngono, « Article 7, §1 » « *in* » Maurice Kamto (dir.), *La charte africaine des droits de l'homme et des peuples et le protocole y relatif portant création de la Cour africaine des droits de l'homme, commentaire article par article*, Bruxelles, Bruylant, 2011, pp. 178-191, p. 187.

[3] Solange Ngono, « Article 7, § 1 » *op. cit.* p.179. Devant la Commission ADHP, on dénombre plusieurs communications mettant en cause l'article 7 de la CADHP. Plusieurs ont été déclarées irrecevables ou ont été radiées pour défaut de diligence à l'instar des communications *Lawyers For Human Rights (Swaziland) C/ Royaume Du Swaziland*, communication 414/12 ; *Eyob B. Asemie c/ Royaume du Lesotho*, communication 435/12; *Mohammed Abdullah Saleh Al-Asad V. The Republic Of Djibouti*, communication 383/10; *Peter Odiwuor Ngoge & 3 Others V. The Republic Of Kenya*, communication 524/15 ; *Shereen Said Hamd Bakhet V. Arab Republic Of Egypt*, communication 658/17, etc. Plusieurs autres ont été examinées au fond à l'instar des communications *Thomas Kwoyelo V. Ouganda*, communication 431/12 ; *Patrick Okiring Et Agupio Samson (Représentés Par Human Rights Network Et ISIS-WICCE) C. La République D'Ouganda*, communication 339/2007 ; *Jean-Marie Atangana Mebara C. République Du Cameroun*, communication 416/12 ; *Mouvement Du 17 Mai C. République Démocratique Du Congo*, communication 346/07 ; *Titanji Duga Ernest (Pour Le Compte De Cheonumu Martin Et Autres) C. Cameroun*, communication 287/04. En ligne : https://www.achpr.org/fr_communications .

[4] Cour ADHP, *Ernest Francis Mtingwi c. République du Malawi op. cit.*; Cour ADHP, *Alex Thomas c. République-Unie de Tanzanie, op. cit.*; Cour ADHP, *Mohamed Abubakari c. République-Unie de Tanzanie*, op. cit.; Cour ADHP, *Kijiji Isiaga c. République-Unie de Tanzanie* ; etc. En ligne : http://fr.african-court.org/index.php/affaires#affaires-finalisées

[5] En effet, l'alinéa 2 *in fine* de l'article 7 se lit : « la peine est personnelle et ne peut frapper que le délinquant ». Cette disposition n'est pas prévue par les équivalents universels et régionaux du texte africain. Fatsah Ouguergouz, *La Charte africaine des droits de l'homme et des peuples : une approche juridique des droits de l'homme entre tradition et modernité*, *op. cit.* p. 108.

[6] *Ibid.* pp. 107-109. Solange Ngono, « Article 7, § 1 » *op. cit.* p.180.

[7] *Directives et principes sur le droit à un procès équitable et à l'assistance judiciaire en Afrique,* adoptés par la Commission africaine lors de sa 33è session ordinaire tenue du 15 au 28 novembre 2003 à Niamey au Niger, en ligne : https://www.achpr.org/fr_legalinstruments/detail?id=38

II.2. Les aspects litigieux en l'espèce

Dans cette affaire, trois éléments du droit à un procès équitable ont été soulevés par le requérant, à savoir le défaut d'audition de ses témoins, l'insuffisance des preuves fondant sa déclaration de culpabilité en sus des déclarations contradictoires des témoins à charge et enfin le défaut d'accès à l'assistance judiciaire[1].

S'agissant du premier élément qui met en cause le droit à la défense, la Cour ADHP se réfère à la situation de l'accusé[2] – « personne indigente, en détention et sans assistance judiciaire »[3] –, pour interpréter le droit à la défense comme imposant à l'État l'ultime responsabilité de faire comparaître les témoins à charge et à décharge en toute bonne foi, afin de garantir l'égalité des armes[4]. Ce faisant, la Cour ADHP interprète le droit à la défense comme étant l'un des moyens d'atteindre l'égalité des armes, indispensable pour un procès équitable. Sur ce point, son interprétation est similaire à celle de la Cour EDH qui considère que « dans les litiges opposants des intérêts privés, « l'égalité des armes » implique l'obligation d'offrir à chaque partie une possibilité raisonnable de présenter sa cause – y compris ses preuves – dans des conditions qui ne la placent pas dans une situation de net désavantage par rapport à son adversaire »[5]. La Cour IADH va dans le même sens lorsqu'elle soutient que : « *In the opinion of this Court, for "the due process of law" a defendant must be able to exercise his rights and defend his interests effectively and in full procedural equality with other defendants* »[6]. L'interprétation de la Cour ADHP semble plus large et plus protectrice que celle du Comité selon lequel, la défense « ne confère pas, cependant, un droit illimité d'obtenir la comparution de tout témoin demandé par l'accusé ou par son conseil, mais garantit seulement *le droit de faire comparaître les témoins utiles pour la défense* et d'avoir une possibilité adéquate d'interroger les témoins à charge et de les soumettre à un contre-interrogatoire à un stade ou un autre de la procédure »[7]. S'il ne s'agit pas d'un droit illimité, le moins que l'on puisse dire est que la mise en œuvre de ce droit n'en demeure pas moins une obligation des États parties au PIDCP. Cependant, la question de savoir qui décide de l'utilité du témoin pour la défense reste posée. La défense, l'accusation ou la juridiction ? *Quid* lorsqu'il y a désaccord sur l'utilité d'un témoin ?

Relativement au second aspect portant sur l'insuffisance des éléments de preuves et sur les déclarations contradictoires des témoins, la Cour ADHP rappelle son critère de certitude ou de crédibilité tiré de la présomption d'innocence comme condition *sine qua non* de l'admission des preuves en vue de toute condamnation dans le cadre

---

[1] Cour ADHP, *Diocles William c. République-Unie de Tanzanie*, *op. cit.* p 13.

[2] La situation de l'accusé fait tout de même penser à la maxime « nul n'est censé ignoré la loi ». Toutefois, de l'interprétation de la Cour ADHP, dans le cadre d'un procès, cette maxime deviendrait inopérante afin de garantir les droits de l'accusé à un procès équitable.

[3] Solange Ngono, « Article 7, § 1 » *op. cit.* p 15.

[4] Selon *l'Observation générale n°32 du Comité des droits de l'homme sur le droit à l'égalité devant les tribunaux et les cours de justice et à un procès équitable*, CCPR/C/GC/32, § 13, l'égalité des armes signifie que « toutes les parties à une procédure judiciaire ont les mêmes droits procéduraux, les seules distinctions possibles étant celles qui sont prévues par la loi et fondées sur des motifs objectifs et raisonnables n'entraînant pas pour le défendeur un désavantage ou une autre inégalité ». Voir aussi, Comité des droits de l'homme, *Dudko c. Australie*, Communication n° 1347/2005, 23 juillet 2007, § 7.4.

[5] Cour EDH, *Dombo Beheer B.V. c. Pays-Bas*, Requête n°14448/88, arrêt, 27 octobre 1993, § 33.

[6] Cour IADH, *Advisory Opinion N°. 16, on The Right to Information on Consular Assistance in the Framework of the guarantees of the Due Process of Law*, October 1st, 1999, § 117 ; Cour IADH, *Acevedo Jaramillo et autres v. Pérou*, arrêt, 7 février 2006, Série C n° 144, § 5.

[7] *Observation générale* n°32, *op. cit.* § 39. Italiques ajoutées par nous.

d'un procès pénal équitable[1]. En clair, selon la Cour ADHP, les éléments de preuves et les déclarations des témoins doivent être établis avec certitude d'une part, et pouvoir d'autre part, être corroborés avec une « diligence raisonnable » de la part de l'État. Là encore, l'interprétation de la Cour ADHP est similaire à celle de son homologue européen selon laquelle « le droit à un procès contradictoire équitable implique par principe, pour une partie, la faculté de prendre connaissance des observations ou des pièces produites par l'autre ainsi que d'en discuter »[2]. En l'espèce, l'absence de « diligence raisonnable » de la part de l'État dans l'établissement des preuves, doublée à l'absence de précautions prises par l'État pour confirmer ou infirmer les déclarations contradictoires et pour établir le rapport médical, a conduit à la violation du droit à un procès équitable. Selon la Cour ADHP, « il aurait fallu exercer une diligence raisonnable pour corroborer les déclarations de la victime et des témoins à charge et éclaircir les circonstances du crime »[3] et « il aurait été souhaitable que les autorités judiciaires fassent plus d'efforts »[4] dans ce sens. La Cour ADHP admet en quelque sorte à demi-mots, à la charge des États, une obligation de diligence raisonnable en matière de vérification des déclarations, des témoignages et des circonstances des faits incriminés, laquelle impliquerait une obligation de prendre des précautions. Une telle posture ressemble à celle de la Cour IADH qui applique « systématiquement l'interprétation la plus favorable au profit de l'individu »[5] et qui interprète « les règles d'administration de la preuve en faveur de la victime dans ces contentieux difficiles »[6]. En ce faisant, la Cour ADHP semble s'inscrire dans une logique de dialogue avec ses homologues européen et américain, toute chose qui est favorable à une meilleure protection des droits humains.

Concernant le défaut d'accès à l'assistance judicaire, la Cour ADHP rappelle dans un premier temps l'immanence et l'inhérence de l'assistance judiciaire gratuite au droit à un procès équitable et particulièrement au droit à la défense prévu par l'article 7 (1) (c) de la CADHP[7], alors même que celui-ci « ne prévoit pas expressément le droit à une assistance judiciaire gratuite »[8]. Dans un second temps, se référant à sa jurisprudence constante, elle réaffirme les conditions dans lesquelles l'accès à une assistance judiciaire gratuite devient obligatoire à savoir : « lorsque l'intérêt de la justice l'exige et, en particulier si [la personne accusée d'une infraction pénale] est indigente, si l'infraction est grave et si la peine prévue par la loi est lourde »[9]. Pour la Cour ADHP, dès lors qu'une personne accusée au pénal remplit ces conditions, il y a une obligation pour l'État de lui accorder une assistance judiciaire gratuite même si elle ne la sollicite pas. Cette interprétation de la Cour ADHP est conforme à celle du Comité[10] et aux *Directives et principes de la Commission ADHP*

[1] Il s'agit ici d'une référence à l'arrêt *Mohamed Aboubakari c. République de Tanzanie*, dans lequel la Cour ADHP a estimé au paragraphe 174 que « un procès équitable requiert que la condamnation d'une personne à une sanction pénale et particulièrement à une lourde peine de prison, soit fondée sur des preuves solides. C'est tout le sens du droit à la présomption d'innocence consacré également par l'article 7 de la Charte ».

[2] Cour EDH, *Mcmichael c. Royaume-Uni*, Requête n°16424/90, arrêt, 24 février 1995, § 80.

[3] Cour ADHP, *Diocles William c. République-Unie de Tanzanie, op. cit.* p. 18.

[4] *Ibid.* p. 19.

[5] Ludovic Hennebel, « La Convention américaine des droits de l'homme » *in* Maya Hertig Randall et Michel Hottelier (dir), *Introduction aux droits de l'homme*, Schulthess, Genève, 2014, pp. 524-543, p 536.

[6] *Ibid.* à p. 537.

[7] Cour ADHP, *Alex Thomas c. République-Unie de Tanzanie, op. cit.* § 114.

[8] Cour ADHP, *Diocles William c. République-Unie de Tanzanie, op. cit.* § 20.

[9] *Ibid.* § 123 ; Cour ADHP, *Mohamed Abubakari c. République-Unie de Tanzanie, op. cit.* §§ 138 et 139.

[10] En effet, le Comité des droits de l'homme reconnaît « le droit d'avoir l'assistance d'un défenseur chaque fois que l'intérêt de la justice l'exige, et sans frais s'il n'a pas les moyens de le rémunérer ». *Observation générale n°32, op. cit.* §§ 10 et 38. Voir aussi Comité des droits de l'homme, *Lindon c. Australie*, Communication n° 646/1995, § 65.

sur le droit à un procès équitable et à l'assistance judiciaire en Afrique qui estiment que « la représentation d'une personne accusée (au pénal) par un avocat est considérée comme le meilleur moyen de se défendre contre les violations de ses droits humains et de ses libertés fondamentales »[1]. Cette représentation pour une personne indigente, comme c'est le cas de monsieur Diocles William, nécessite une assistance judiciaire gratuite, laquelle est étroitement liée au droit d'accès même à la justice, qui est du reste, considéré par la Cour IADH comme relevant du *jus cogens*[2]. La Cour EDH quant à elle, admet que le pourvoi à l'assistance judiciaire peut être indispensable soit « pour diverses catégories de litiges, soit en raison de la complexité de la procédure ou de la cause »[3], en raison de « la gravité de l'enjeu pour le requérant »[4], et en fonction de la capacité du justiciable d'argumenter seul sa cause[5]. Ce qui se recoupe avec les conditions de l'attribution obligatoire de l'assistance judiciaire fixées par la Cour ADHP qui a établi un nouvel étalon de mesure en matière de délai raisonnable.

II.3. Une cour quasi-fidèle à son interprétation du droit à un procès équitable ?

Dans la présente affaire, aucun élément du raisonnement ni de l'interprétation de la Cour ADHP ne permet d'affirmer qu'elle a opéré un revirement de jurisprudence ni un changement de test dans ses critères d'interprétation du droit à un procès équitable[6]. Cependant, il nous semble qu'elle a opéré une interprétation expéditive en ce qui concerne la notion de délai raisonnable, donnant l'impression qu'elle tenait coute que coute à connaître de la présente affaire. En effet, si « le caractère raisonnable d'un délai de sa saisine dépend des circonstances particulières de chaque affaire, et doit être apprécié au cas par cas »[7], le cas d'espèce a permis à la Cour ADHP d'étendre et de fixer une nouvelle mesure en matière de délai raisonnable[8]. En se référant à la situation de monsieur Diocles William, « profane en matière de droit, indigent et incarcéré [et sans] bénéfice ni d'un conseil ni d'une assistance judiciaire »[9], la Cour ADHP a considéré qu'un délai d'un (1) an et treize (13) jours après l'épuisement des voix de recours interne était raisonnable pour sa saisine. L'on comprend que la Cour ADHP, jalouse de ses prérogatives en matière d'interprétation de la CADHP et en l'occurrence de l'article 7 relatif au droit à un procès équitable, voulait garantir le respect du droit en cause de monsieur Diocles William. Toutefois, on ne comprend pas son raisonnement qui est inexistant puisqu'elle se contente de dire que la situation du requérant justifie à suffisance le dépôt de sa Requête un (1) an et treize (13) jours après la décision de la Cour d'appel tanzanienne. En quoi la situation du requérant explique ce délai de saisine de la Cour ADHP, d'autant qu'il était condamné à une lourde peine de prison ? Sommes-nous en présence d'une interprétation évolutive ? Quel en est le nouveau critère ou test, dans la mesure où il s'agit d'une interprétation casuistique ? Toute personne profane en droit, indigente, incarcérée et sans conseil ni

---

[1] *Directives et principes sur le droit à un procès équitable et à l'assistance judiciaire en Afrique, op. cit.* pp.13-14
[2] Cour IADH, *Goiburu et al. c. Paraguay*, arrêt, 22 septembre 2006, Série C n° 153, §§ 64 à 68 ; Voir également Ludovic Hennebel, *op. cit.* p. 535.
[3] Cour EDH, *Airey c. Irelande*, Requête n° 6289/73, arrêt, 9 octobre 1979, § 26 *in fine*.
[4] Cour EDH, *Steel et Morris c. Royaume-Uni*, Requête n° 68416/01, arrêt, 15 février 2005, § 61 ; Cour EDH, *P., C. ET S. c. Royaume-Uni*, Requête n° 56547/00, arrêt, 16 juillet 2002, § 91.
[5] Cour EDH, *Mcvicar c. Royaume-Uni*, Requête n° 46311/99, arrêt, 7 mai 2002, § 53.
[6] En témoigne le renvoi fréquent de la Cour ADHP à sa jurisprudence antérieure et constante.
[7] Cour ADHP, *Ayants droit de feu Norbert Zongo et autres c. Burkina Faso, op. cit,* § 121 ; Cour ADHP, *Alex Thomas c. république-Unie de Tanzanie, op. cit.* § 73 et Cour ADHP, Abubakari *c. République-Unie de Tanzanie, op. cit.* § 52.
[8] La Commission ADHP avait retenu un délai de six (6) mois comme étant raisonnable. Voir, Commission ADHP, *Michael Majuru c. Zimbabwe, op. cit.*
[9] Cour ADHP, *Diocles William c. République-Unie de Tanzanie, op. cit.* p 12.

assistance judicaire pourrait-elle invoquer cet arrêt pour justifier son délai de saisine de la Cour ADHP ? La recevabilité de ce nouveau délai, eu égard à la situation du requérant, sans aucune argumentation de la Cour ADHP, risque, selon nous, de conduire à des situations abusives dans son invocation par des personnes de mauvaises foi. En l'espèce, les arguments soutenus par monsieur Diocles William pour sa défense, font planer tout de même un doute raisonnable sur le fait qu'il n'ait reçu aucun conseil ni avis d'une personne avisée et connaissant le droit. D'ailleurs la Cour ADHP semble avoir vidé de son sens, l'adage *nemo censitur legem ignorare*[1]. Cela semble toutefois de bonne guerre dans la perspective de protection des droits humains, mais il reste à espérer la bonne foi de tous les joueurs pour éviter les abus.

Au niveau international, le délai de saisine d'une instance internationale, après l'épuisement des voies de recours interne, se situe généralement à douze (12) mois, soit un (1) an après la décision de la plus haute juridiction interne[2]. Treize (13) jours de plus pourraient donc être tolérables si on s'en tient aux conclusions de la Cour ADHP. Au-delà de cette interprétation à propos du délai raisonnable, la Cour ADHP a réitéré sa jurisprudence antérieure à propos de l'appréciation casuistique du délai raisonnable[3], du refus de se comporter en juridiction de premier et/ou de second degré[4], de la prise en compte de la situation des personnes et des questions susceptibles d'influencer la décision des juges[5], se montrant ainsi fidèle à elle-même.

Conclusion

Au terme de ce commentaire, le moins que l'on puisse dire est que la Cour ADHP s'est positionnée en Afrique comme l'ultime gardienne des droits et libertés des individus. De ce fait, elle n'hésite pas à rappeler et à préciser l'étendue de son champ de compétence quand il le faut, tout en dessinant des critères de recevabilité qui lui permettent de jouer ce rôle de vigile. En l'espèce, l'admission d'un délai d'un (1) an et de treize (13) jours comme étant raisonnable pour sa saisine témoigne bien de l'attachement de la Cour ADHP à l'interprétation et à l'application de la CADHP. En ce qui concerne son interprétation, la Cour ADHP s'inscrit dans une logique de continuité constante, se référant à ses jurisprudences antérieures et se révélant ainsi fidèle à elle-même. Néanmoins, cette affaire met à nue également une certaine discontinuité dans l'argumentation de la Cour ADHP, révélant du même coup une inexistence argumentaire, du moins une faiblesse dans l'argumentation à propos de certaines analyses. En dépit de tout ceci, la Cour ADHP reste attachée au respect des dispositions de la CADHP et en l'occurrence au respect des garanties du droit à un procès équitable.

---

[1] Nul n'est censé ignorer la Loi.

[2] En effet, selon l'article 3 (2) (a) du Protocole facultatif se rapportant au Pacte international relatif aux droits économiques, sociaux et culturels, « le Comité déclare irrecevable toute communication qui n'est pas présentée dans les douze mois suivant l'épuisement des recours internes, sauf dans les cas où l'auteur peut démontrer qu'il n'a pas été possible de présenter la communication dans ce délai ».

[3] Cour ADHP, *Ayants droit de feu Norbert Zongo et autres c. Burkina Faso*, *op. cit.* § 121 ; Cour ADHP, *Alex Thomas c. république-Unie de Tanzanie*, *op. cit.* § 73 et Cour ADHP, *Abubakari c. République-Unie de Tanzanie*, *op. cit.* § 52.

[4] Cela transparait également dans le refus de la Cour ADHP d'ordonner la remise en liberté du requérant.

[5] Cour ADHP, *Alex Thomas c. république-Unie de Tanzanie*, *op. cit.* § 74 ; Cour ADHP, *Nguza Vikink (Babua Seya) et Johnson (Papi Kocha) c. République-Unie de Tanzanie*, Requête n °006/2015, arrêt, §§ 105-107.

Commentaire _ *Affaire Mohamed Abubakari c. République-Unie de Tanzanie*, Requête n° 007/2013

Dr R. Louis Martial ZONGO et Dr Yda Alexis NAGALO[1]

L'arrêt, ici sous commentaire, repose sur des faits de vol à main armée ayant entrainé la condamnation de M. Mohamed Abubakari, ressortissant tanzanien, par le Tribunal du district de Moshi. Condamné le 21 juillet 1998 à une peine de trente (30) ans d'emprisonnement, le requérant a d'abord essuyé un rejet de son appel devant la Haute Cour à Moshi, puis devant la Cour d'appel à Arusha, avant de saisir la Cour ADHP le 8 octobre 2013. S'il est plus que digne d'intérêt pour son caractère didactique sur la compétence de la Cour[2] mais non moins critiquable notamment en ce qui concerne l'application des conditions de recevabilité des recours individuels[3], c'est sur le fond que l'arrêt retient plus l'attention à travers d'une part, l'interprétation mitigée donnée par la Cour quant aux règles liées au procès équitable (I) et d'autre part, son abstention problématique sur la question de l'indication des mesures réparatrices (II).

I. L'interprétation mitigée des règles liées au procès équitable

S'il est un sujet qui domine de fond en comble l'arrêt *Mohamed Abubakari*, c'est bien le droit à un procès équitable, dont les tentaculaires ramifications font l'objet d'une interprétation appréciable (I.1.) mais également, dans une certaine mesure, discutable (I.2.) par la Cour ADHP.

I.1. Une interprétation appréciable

Dans l'arrêt Mohamed Abubakari, la Cour ADHP se livre à une interprétation fort appréciable des règles liées au procès équitable en faisant du juge national, le principal garant du droit des justiciables au procès équitable tel que prévu à l'article 7 de la Charte ADHP. À cet effet, il met un accent particulier sur les obligations positives du juge national dans la garantie dudit droit (1) et procède à une interprétation des droits de la défense cohérente vis-à-vis de la jurisprudence des juridictions internationales des droits de l'Homme (2).

1. L'accentuation des obligations positives du juge national dans la garantie du droit à un procès équitable

L'exigence du respect des droits de l'homme par les États et leurs organes respectifs n'impose pas que des obligations négatives à ces derniers mais bien également des obligations positives. Cela signifie que les États sont susceptibles de condamnation non seulement pour ce qu'ils font et qui entrave ou brime les droits de l'homme mais également pour ce qu'ils ne font pas pour préserver ou protéger ces droits. Telle est en substance la réponse de la Cour quant à l'allégation faite *in casu*

---

[1] Respectivement Maître-Assistant en droit public à l'Université Thomas SANKARA et Chargé de recherche au CNRST (Burkina-Faso).

[2] Invoquant le principe « *iura novit curia* », la Cour se prononce sur sa compétence au détour d'une typologie des compétences (ratione *materiae, personae, temporis* et *loci)* détaillée et explicitée.

[3] Voir par exemple, les développements de la Cour sur l'exception tirée de l'incompatibilité de la requête avec l'Acte constitutif de l'UA et la Charte, p. 16 à 18. Si elle se prononce en effet sur la recevabilité de la requête à travers l'exception tirée de l'incompatibilité de la requête avec la Charte, la Cour laisse irrésolue la question de l'exception tirée de l'incompatibilité avec l'Acte constitutif. Il aurait été intéressant que la Cour se détermine sur la question de savoir quand est-ce qu'une requête présentée devant elle peut être considérée comme étant incompatible avec l'Acte constitutif.

par le requérant, selon laquelle il aurait été poursuivi par un procureur qui se trouvait dans une situation de conflit d'intérêts par rapport à la victime du vol à main armée. D'entrée de jeu, la Cour souligne pertinemment l'importance majeure de cette allégation qui touche au principe même de l'impartialité des institutions judiciaires, celles chargées des poursuites y compris. Il s'agit d'un principe qui se trouve être par-dessus, l'un des piliers du procès équitable[1]. Pour n'avoir pas poussé plus en avant les investigations sur cette allégation du requérant, mais plus encore, pour n'avoir pas pris une décision formelle sur la question, la Cour considère que le juge national a failli à son obligation de garantir à ce dernier un procès équitable[2]. Est donc ici manifestement sanctionnée l'attitude passive, voire le manque de diligence, du juge national dans la conduite du procès au principal.

2. L'interprétation cohérente des droits de la défense vis-à-vis de la jurisprudence internationale

Deux points importants retiennent l'attention dans la réponse de la Cour suite aux allégations de violation des droits de la défense du requérant : il s'agit dans un premier temps de l'impossibilité d'accéder à un avocat et dans un second temps du non bénéfice du droit à l'assistance judiciaire gratuite. Sur ces deux aspects des droits de la défense, l'arrêt *Mohamed Abubakari* s'avère parfaitement cohérent avec la jurisprudence des juridictions internationales des droits de l'homme.

D'abord, sur l'impossibilité d'accéder à un avocat pour assurer sa défense, la Cour constate que l'inculpé n'a eu droit à un avocat que deux mois après son arrestation. Or, se référant à l'affaire *Abdel Hadi, Ali Radi et autres c. Rép. Du Soudan*, la Cour rappelle que le fait de ne pas avoir accès à un avocat pendant une longue période depuis l'arrestation, affecte la capacité des victimes à se défendre de façon appropriée et constitue une violation de l'article 7, par. 1, let. c, de la Charte[3]. N'ayant pas été informé de son droit de bénéficier de l'assistance d'un avocat dès son arrestation, la Cour conclut que le droit du requérant d'accéder aux services d'un avocat avait été violé par l'État défendeur.

Ensuite, sur le droit à l'assistance judiciaire gratuite, la Cour se réfère à l'article 14, paragraphe 3, let. d, du PIDCP qui, à l'inverse de l'article 7 de la Charte, porte spécifiquement sur la question de l'octroi d'une assistance légale gratuite. Pour la Cour, cette disposition lue conjointement avec l'article 7 de la Charte, garantit le droit de toute personne accusée d'une infraction pénale, chaque fois que l'intérêt de la justice l'exige, de se voir attribuer d'office un défenseur sans frais, si elle n'a pas les moyens de le rémunérer. Bien qu'étant d'avis qu'une personne indigente poursuivie en matière pénale a spécialement droit à l'assistance judiciaire gratuite lorsque l'infraction concernée est grave et la peine encourue sévère[4], la Cour refuse d'en limiter l'application à l'unique hypothèse de l'homicide comme c'est le cas dans le droit national tanzanien.

Mieux, la Cour opère l'option de ne même pas entrer en matière sur l'argument tiré de l'existence de garanties procédurales compensatrices permettant au requérant d'assurer lui-même sa défense. Ce choix est compréhensible dans la mesure où les

---

[1] Paras 110 et 111.

[2] *Ibidem.*

[3] Voir également dans ce sens, Affaire *A. T. c. Luxembourg*, arrêt du 9 avril 2015, paras 63-65.

[4] La Cour se réfère sur ce point à sa jurisprudence antérieure *Alex Thomas c. Rép. de Tanzanie*, arrêt du 20 nov. 2015, paras 115, 123, 124. Cette jurisprudence apparaît tout à fait conforme avec la jurisprudence de la Cour EDH. Voir par exemple, Cour EDH, Aff. *Quaranta c. Suisse*, 24 mai 1991, Rec. 12744/87, paras 33-35.

garanties procédurales offertes à l'individu aux fins d'assurer lui-même sa défense, si excellentes soient-elles, ne peuvent remplacer la préciosité de la défense assurée par un spécialiste du droit aux côtés du justiciable *a priori* profane de la matière juridique. Ainsi, la Cour estime que l'État défendeur se devait d'offrir au requérant, d'office et gratuitement, les services d'un avocat tout au long de la procédure judiciaire interne, et que ce dernier avait violé de ce fait, les articles 7 et 14, respectivement de la Charte et du PIDCP.

I.2. Une interprétation discutable

Nonobstant son caractère appréciable, l'arrêt *Mohamed Abubakari* nous paraît critiquable dans la mesure où la Cour nous semble y commettre un excès de compétence camouflé à travers l'examen des éléments de preuves (1) tout en retenant une interprétation controversée de la publicité des jugements (2).

1. L'excès de compétence camouflé dans l'examen des éléments de preuves

L'arrêt *Mohamed Abubakari* intrigue sur la manière dont la Cour ADHP y interprète et exerce sa compétence dans l'examen des éléments de preuves versés au dossier. En effet, la Cour affirme qu'elle n'est pas une juridiction d'appel des décisions rendues par les juridictions nationales. De ce fait, elle n'est pas habilitée à opérer un réexamen des éléments de preuves en vue de remettre en cause l'appréciation desdites juridictions. Pourtant la Cour semble avoir du mal à éviter la trappe de faire exactement le contraire de ce qu'elle affirme. D'ailleurs, elle se fonde sur un argument pour le moins discutable en affirmant qu'elle n'est pas une juridiction d'appel pour les juridictions nationales. Pour la Cour, il n'en est pas ainsi, entre autres, parce qu'à la différence d'une juridiction d'appel nationale, elle n'applique que le droit régional et le droit international des droits de l'homme pertinent (donc différence du droit applicable).

Certes, la Cour n'applique pas les lois nationales qui ne la lient aucunement, mais tel n'est pas le cas des juridictions nationales en ce qui concerne le droit régional et international des droits de l'homme, dans la mesure où ces instruments de protection, une fois ratifiés, s'insèrent dans les ordres juridiques internes dont ils font désormais partie intégrante. Si elle n'est pas une juridiction d'appel vis-à-vis des juridictions internes, c'est plutôt parce que la Cour ADHP n'est pas compétente pour réexaminer au fond les décisions rendues par les juridictions nationales, mais elle est plutôt compétente pour connaitre des questions de violations des droits de l'homme imputables aux États parties et à leurs organes. Or, à la fois dans la démarche et dans le résultat auquel elle aboutit dans l'examen de l'allégation portant sur le témoignage contradictoire ayant servi de base à la condamnation du requérant, tout porte à croire que la Cour excède dans une certaine mesure ses compétences.

En se référant à sa jurisprudence *Alex Thomas c. Tanzanie*, la Cour affirme que le fait qu'elle ne soit pas une juridiction d'appel n'affecte pas sa compétence à réexaminer la conformité des procédures devant les juridictions internes vis-à-vis des standards régionaux et internationaux du procès équitable. Citant la jurisprudence de la Cour EDH, elle précise que cela comprend notamment la possibilité d'examiner les preuves comme éléments du dossier, non pas pour remettre en cause l'appréciation opérée par le juge national, mais pour juger la démarche suivie par ce dernier dans l'appréciation de ces éléments. Autrement dit, l'on ne juge pas le mets mais la cuisine, et c'est là où le bât blesse. En effet, poursuivant son analyse, la Cour observe d'abord qu'un procès équitable requiert que la condamnation d'une personne à une sanction pénale et particulièrement à une lourde peine de prison, soit fondée sur des preuves solides comme l'induit le droit à la présomption d'innocence consacré à l'article 7 de la CADHP.

Partant de cette affirmation, la Cour se livre ensuite à un véritable réexamen du témoignage versé au dossier, avant de conclure que la lecture de l'ensemble du dossier révèle qu'il subsiste des incertitudes sur plusieurs points. Pour la Cour, il est donc difficile de dire que « *toutes les possibilités d'erreur, notamment sur l'identité de l'auteur de l'infraction ont été éliminées puisque les déclarations du témoin sont soit contradictoires, soit à tout le moins émaillées d'inconsistances, et sont loin de constituer un témoignage irréfutable et de ce fait, une preuve inattaquable* ». La Cour en conclut que la condamnation du requérant sur la base d'un tel témoignage n'a pas été conforme aux exigences d'un procès équitable au sens de l'article 7 de la CADHP. Cette conclusion de la Cour laisse perplexe, tant il appert qu'elle substitue son appréciation du témoignage à celle des juridictions tanzaniennes.

2. L'interprétation controversée de la publicité des jugements

Autre point critiquable dans la décision rendue par la Cour ADHP dans l'arrêt *Mohamed Abubakari* est la question de la publicité des jugements, d'autant qu'elle est l'objet de deux opinions dissidentes émanant du juge Rafaa Ben Achour et de la juge Elsie N. Thompson. En l'occurrence, il s'agit notamment pour la Cour de dire si une audience tenue dans le bureau d'un juge, entièrement ouvert au public, pouvait être considérée comme une audience publique, et si en conséquence, le jugement prononcé dans de telles circonstances pouvait être réputé comme ayant été prononcé publiquement.

Se fondant sur la jurisprudence *Lorenzetti c. Italie* de la Cour EDH, la Cour ADHP déclare être d'avis que la publicité du prononcé du jugement est assurée dès lors qu'elle a eu lieu dans un local ou un endroit ouvert, pourvu que le public soit informé du lieu et qu'il puisse y accéder librement. Or, poursuit la Cour, dans la présente affaire, il n'est pas rapporté que le bureau du juge dans lequel l'audience a eu lieu n'était pas ouvert et accessible au public, pas plus qu'il n'est allégué que le public ne pouvait pas y accéder librement. Bien au contraire, il ressort du dossier que le prononcé des décisions de justice dans les bureaux des juges est une pratique courante due à l'insuffisance des locaux et qu'il s'agit d'une pratique qui pouvait être considérée comme étant connue du public. Ainsi, la Cour estime que le fait que le prononcé de l'arrêt de condamnation ait eu lieu dans un bureau d'un juge n'est pas en lui-même une violation du droit à un procès équitable.

Comme le démontrent les opinions dissidentes du juge Rafaa Ben Achour et de la juge Elsie N. Thompson, ce raisonnement de la Cour et la conclusion à laquelle elle aboutit ne résistent pas à l'analyse. En effet, à l'instar du juge Rafaa Ben Achour, il est important de relever que les dimensions courantes d'un bureau sont rarement adéquates pour recevoir un public à la taille de celui que pourrait susciter un procès dans les conditions normales. Qui plus est, il est vrai qu'un bureau pourrait en soi s'avérer intimidant à la fois pour l'accusé et le public. Hormis ces aspects purement matériels, il importe d'accorder une attention particulière au raisonnement de la juge Elsie N. Thompson. Revenant à l'affaire *Lorenzetti c. Italie* dans laquelle la Cour EDH a affirmé que « l'exigence selon laquelle le jugement doit être rendu publiquement a été interprétée avec une certaine souplesse », la juge regrette que la majorité de ses pairs ait constaté dans le jugement que le manque de salles d'audiences adéquates fût une raison suffisante pour faire preuve de souplesse. À son avis (et nous le partageons), l'ensemble des conditions qui prévalent dans le processus judiciaire doit être examiné pour déterminer si une telle souplesse peut être autorisée. Tel est par exemple le cas lorsque le texte du jugement est immédiatement accessible afin de permettre non seulement aux parties mais également au public, d'avoir connaissance du jugement qui aurait dû être prononcé en audience publique. Pourtant, tel n'a pas été le cas dans les circonstances spécifiques de l'affaire au principal. Cette solution qui permet de préserver le but même de la règle de la publicité des jugements (protéger les justiciables contre une justice secrète échappant au contrôle du public) reflète, dans une certaine mesure la jurisprudence des juridictions internationales des DH et précisément la jurisprudence *Pretto* de la Cour EDH qui considère que « *le but poursuivi (...) par l'art. 6, par. 1 - assurer le contrôle du pouvoir judiciaire par le public pour la sauvegarde du droit à un procès équitable - n'est pas moins bien réalisé (...) par un dépôt au greffe, permettant à chacun d'avoir accès au texte intégral de l'arrêt, que par la lecture en audience publique- parfois limitée au dispositif (...)* »[1]. Autrement dit, l'accessibilité (idéalement immédiate) du texte intégral d'un jugement est de nature à pallier l'absence d'une lecture en audience publique. En autorisant (ou en tolérant) le défaut de cette lecture en audience publique, en l'absence de toute mesure compensatrice visant à préserver la *ratio legis* de la règle de la publicité, l'arrêt rendu par la Cour ADHP en l'affaire *Mohamed Abubakari* s'avère tout à fait reprochable.

II. Une abstention problématique de la Cour à la fixation des mesures réparatrices

La présente affaire est une illustration classique des conséquences attachées aux violations des droits de l'homme par l'Etat. Lorsque celui-ci est reconnu auteur d'un acte internationalement illicite, il pèse sur lui une obligation de réparer intégralement les conséquences de manière à couvrir l'ensemble des dommages subis par la victime[2]. L'ensemble des dommages dont il s'agit dans cette espèce porte sur une demande en réparation pécuniaire et non pécuniaire. L'analyse et la fixation des dommages résultant de la décision de la Cour comporte une appréciation relative à la faible consistance de la réparation pécuniaire (II.1.) d'une part, à et une indemnisation insuffisante quant au préjudice moral (II.2.), d'autre part.

II.1. De la faible consistance de la réparation pécuniaire...

Au titre de la réparation pécuniaire, Mohamed Abubakari demande des réparations pour préjudices matériel et moral subis par lui-même et les victimes indirectes. L'examen de la réponse de la Cour laisse entrevoir, pour des raisons somme toutes logiques, la non-constitution d'une réparation matérielle (1) et une indemnisation insuffisante résultant du préjudice moral (2).

1. La non-constitution d'une réparation matérielle

Le requérant allègue, en ce qui concerne le préjudice matériel, la perte de revenus et du projet de vie. Il se présente comme un homme d'affaires ayant une responsabilité sociale et financière pour son épouse, son fils, ses parents, ses frères et sœurs. Son arrestation et emprisonnement constituent un préjudice qui a en conséquence affecté le cours de son activité professionnelle, et l'éventualité de sa remise en liberté l'exposerait à une vie sans source de revenus.

---

[1] Cour EDH, Cour plénière, affaire Pretto et autres c. Italie, requête n°7984/77, arrêt du 08 décembre 1983, §. 27.

[2] Voir sur ce point, Requête n°013/2011, arrêt du 5/6/2015, *Ayants-droit de feu Norbert Zongo et autres c. Burkina Faso*, § 20 ; Requête n°004/2013, arrêt du 3/6/2016, *Lohé Issa c. Burkina Faso*, § 15.

La cour rappelle à cet égard qu'« il ne suffit pas d'établir que l'Etat défendeur a enfreint des dispositions de la Charte, il faut également fournir la preuve du préjudice dont le requérant demande au défendeur de fournir la compensation. En principe, une violation de la Charte ne suffit pas en elle-même pour établir un préjudice matériel »[1]. La Cour précise à cet égard que le requérant doit prouver le lien de causalité entre les faits de l'affaire et les dommages-intérêts réclamés à la partie adverse[2]. Or, de l'examen de la Cour des éléments factuels, le requérant n'est pas en mesure de prouver sa qualité d'homme d'affaires, encore moins de prouver les revenus réguliers que ses activités professionnelles étaient censées lui procurer. Cette absence de preuve découle du défaut d'informations fournies par le requérant.

L'argument du défendeur n'est pas non plus de nature à apporter suffisamment de renseignements sur la situation du requérant, dès lors qu'il se contente de rejeter les prétentions de son vis-à-vis[3]. Dans l'affaire *Aloeboeto c. Suriname*[4], la Cour interaméricaine des Droits de l'homme affirme que la perte du projet de vie est de nature à renverser la charge de la preuve quant à l'occurrence du préjudice matériel. Mais, il faut se rendre à l'évidence que pour une bonne administration de la justice, les insuffisances de la preuve contraire par le défendeur ne dispensent pas la Cour d'étayer la décision adoptée. C'est donc à bon escient qu'elle se substitue aux parties dans la recherche de la preuve. Enfin, et *a contrario*, il y a lieu de tirer de la demande d'une assistance judiciaire gratuite l'aveu d'une situation sociale précaire du requérant. Tous ces éléments concordent pour établir la non-constitution du préjudice matériel, qui ne préjuge en rien des dommages susceptibles de constituer un préjudice moral pour le requérant.

2. Une indemnisation insuffisante pour préjudice moral

A la différence du préjudice matériel qui ne se présume point, la Cour précise d'emblée la présomption du préjudice moral subi par le requérant dès lors qu'il est établi une violation des droits de celui-ci. Ce préjudice n'est pas soumis à la fourniture de la preuve de son occurrence ; cela va de soi[5]. Le requérant allègue un préjudice moral direct, en l'occurrence une souffrance émotionnelle, physique et financière du fait de son incarcération et la détérioration de son état de santé, et un préjudice indirect pour ses proches parents.

En s'inspirant de l'*affaire Konaté c. Burkina Faso* dans laquelle la Cour a octroyé la coquette somme de 20.000 dollars américains au titre de préjudice moral pour avoir passé dix-huit mois en prison ; le requérant demande, en guise de préjudice moral direct, la somme de 261.111 dollars américains pour avoir passé dix-neuf ans et sept mois en prison. Pour préjudice moral indirect, au profit de son épouse et de son fils, il demande le montant de 1.044.445 dollars américains, et un montant similaire pour ses proches parents. Le cumul de l'indemnisation demandée par le requérant s'élève à 2.350.001 de dollars américains.

De toute évidence, ces prétentions pécuniaires résultent de la décision de la Cour qui établit la violation des droits à un procès équitable et à la défense du requérant.

---

[1] Cour Africaine des Droits de l'Homme et des Peuples, requête n° 011/2011, affaire *Révérend Christopher. Mtikila c. République Unie de Tanzanie* arrêt portant sur la réparation, § 31.

[2] *Ibid*, § 32.

[3] Sur ce point d'ailleurs, le défendeur se contente pour tout argument d'affirmer que le requérant « a été mis en accusation, jugé, déclaré coupable et condamné en raison d'actes criminels. En outre, sa condamnation a été prononcée selon les procédures réglementaires et conformément aux lois en vigueur en République-Unie de Tanzanie ».

[4] Inter-American Court of Human Rights, Case of Aloeboetoe et al v. Suriname, judgment of september 10, 1993

[5] *Norbert Zongo c. Burkina Faso* (Réparations), § 61.

Cela étant, la Cour considère que l'évaluation des sommes à octroyer est fondée sur le principe de l'équité, les circonstances particulières de l'espèce et de la fixation d'un forfait[1]. C'est au regard de ces critères que la Cour apprécie les sommes à octroyer à la demande du requérant. Elle décide, de manière tout de même expéditive, que le montant de 261.111 dollars américain en guise de réparation du préjudice moral direct du requérant est excessif ; et octroie la somme d'environ 870 dollars américains. C'est la somme de 1087 dollars américains qui est octroyée à l'épouse et à l'enfant du requérant, après avoir débouté les demandes similaires au profit des proches parents pour non-établissement de la filiation entre le requérant et ces personnes. A l'analyse, il apparaît un écart abyssal entre les sommes demandées, de l'ordre de 2.350.001 dollars américains, et celles octroyées, environ 2956.1 dollars américains.

Pourtant, les circonstances particulières de la condamnation du requérant auraient dû permettre l'octroi d'une juste indemnisation. L'arrêt de la Cour lui-même fait état de faits graves, comme la condamnation sur la base du témoignage d'une seule personne dont les propos sont émaillés de nombreuses incohérences, la non prise en considération ou du moins le défaut d'investigations de l'alibi du requérant et le jugement de l'affaire dans le bureau du juge, toute chose qui jette l'opprobre sur le caractère équitable du jugement. Au surplus, la Cour semble attacher de l'intérêt aux souffrances du requérant lorsque celles-ci se sont étalées sur de nombreuses années. L'affaire *Norbert Zongo c. Burkina Faso* l'illustre d'ailleurs, dans la mesure où la Cour a octroyé une somme conséquente[2] aux ayants-droits du défunt journaliste. À la date de l'introduction de l'arrêt de la Cour sur les réparations, il s'est écoulé plus de vingt ans de prison pour le requérant. Ce qui, du reste, représente une souffrance suffisamment longue et pénible pour infléchir l'intransigeance de la Cour. A défaut, cette insuffisance des mesures de réparations pécuniaires vient amplifier une perte de la qualité de la vie notamment lorsque la réparation non pécuniaire est inopérante.

II.2. ...A une réparation non pécuniaire inopérante

Le caractère non opérant s'apprécie à l'aune d'une décision mitigée de mise en liberté (1) et constitue en soi la révélation de l'emprise de la souveraineté des Etats sur l'autorité de la Cour (2).

1. De la décision mitigée de mise en liberté...

Dans son *arrêt au fond en date du 3 juin 2016*, à la demande de la remise en liberté formulée par le requérant, la Cour affirme qu'« en ce qui concerne la demande par le requérant de sa remise en liberté, comme [elle] l'a indiqué dans *l'affaire Alex Thomas c. République Unie de Tanzanie*, une telle mesure ne pourrait être ordonnée par la Cour elle-même que dans des circonstances spéciales et contraignantes. Dans la présente affaire, le requérant n'a pas indiqué de telles circonstances. En conséquence, la Cour, dans son dispositif, « x) dit que la demande du requérant d'être libéré de prison n'est pas acceptée ».

La condition principale de la remise en liberté porte sur l'existence de circonstances spéciales et contraignantes. Dans le cas d'espèce, il s'agit de déterminer l'occurrence de telles circonstances spéciales. D'une manière générale, malgré

---

[1] Cette approche est empruntée à la CIADH, selon laquelle, « since it is not possible to allocate a precise monetary equivalent for non-pecuniary damage, it can only be compensated, in order to provide comprehensive reparation to the victime, by the payment of a sum of money or the delivery of goods services with a monetary value, which the Court determines by the reasonable exercise of judicial discretion and based on the principle of equity (...) », *Goiburu et al. c. Paraguay* (fond, reparations et dépens), arrêt du 22 septembre 2006, § 156.

[2] 25 millions par conjoint ; 15 millions par enfant ; 10 millions par père ou mère (en F CFA).

l'élasticité du contenu de ces circonstances, il convient d'y voir l'ensemble des éléments factuels, de nature procédurale ou substantielle, susceptibles de conférer un caractère absurde à la violation d'un droit. Partant de là, la Cour a une marge d'appréciation importante dans la qualification de ces circonstances en veillant à prendre en compte les données du procès et du requérant pour déterminer la remise en liberté. Dans son opinion dissidente, le juge Ben Achour fait valoir que « la Cour a établi elle-même ces circonstances exceptionnelles et/ou impérieuses lorsqu'elle a confirmé toutes les irrégularités qui ont entaché les différentes étapes de cette étape, depuis l'arrestation jusqu'à la lourde condamnation à 30 ans de prison ». Dans l'*affaire Del Rio Prada c. Espagne*[1], la Cour EDH établit qu'une peine rétroactive constitue une circonstance qui viole l'article 7 de la Convention EDH et oblige à la remise en liberté de la requérante. La Cour IADH ordonne la libération de Mme Loayza-Tamayo dans la mesure où « s'abstenir de rendre une telle décision aurait constitué une situation de double incrimination qui est interdite par la Convention américaine des droits de l'homme »[2]. Ces deux affaires constituent une convergence d'éléments factuels – rétroactivité de la peine et le maintien en détention – pour justifier ces circonstances spéciales à la mise en liberté de requérant Mohamed Abubakari.

Lorsque la Cour rend son arrêt relatif aux réparations, le 4 juillet 2019, elle rejette la demande de remise en liberté dans la mesure où le représentant du requérant adresse une correspondance à la Cour aux fins de l'informer que le requérant a été mis en liberté depuis le 28 juillet 2017. Cette décision de l'Etat de Tanzanie dispense la Cour de statuer sur la demande. Toutefois, la mise en liberté laisse en suspens les conditions de la liberté, en l'occurrence les questions relatives à l'effacement juridique[3] de cette peine infamante et dégradante pour la personne du requérant et de sa famille. Tous ces éléments sont susceptibles de mettre en évidence la prégnance de la souveraineté des Etats sur l'autorité de la Cour.

2. …À la révélation de l'emprise de la souveraineté des Etats sur l'autorité de la Cour

Dans son arrêt au fond, la Cour ordonne à l'Etat défendeur de « prendre toutes les mesures requises dans un délai raisonnable, pour remédier aux violations constatées, à l'exclusion de la réouverture du procès, et d'informer la Cour, dans un délai de six mois à partir de la date du présent arrêt, des mesures ainsi prises ». Cette expression est caractéristique de la marge d'appréciation laissée à l'Etat pour « remédier aux violations constatées ». Cela souligne l'exigence d'une obligation de coopération entre la Cour et les Etats ayant accepté sa compétence en ce qui concerne les mesures appropriées à prendre en vue de remédier à une situation donnée. Mais cette attitude de la Cour s'entend de précédentes affaires dans lesquelles l'Etat de Tanzanie n'a pas suivi l'ordonnance de mise en liberté prescrite par la Cour. Nous en voulons pour preuve les réticences de cet Etat à faire droit à la mise en liberté du

[1] Cour EDH, troisième section, affaire Del Rio Prada c. Espagne, requête n° 42750/09, arrêt du 10 Juillet 2012.

[2] Cité dans l'opinion dissidente de la juge Elsie N. Thompson, p. 6. ; V° Inter-American Court of Human Rights case of Loayza-Tamayo v. Peru, judgment of September 17, 1997.

[3] Lors de la décision en interprétation de la décision au fond, le requérant soulève les questions juridiques qui restent en suspens en identifiant les trois hypothèses susceptibles de s'appliquer à sa situation : « a) La remise de peine, prévue par le Code Pénal tanzanien, chap. 16, article 27(2) qui prévoit la réduction d'une peine d'emprisonnement), b) La mise en liberté définitive ou conditionnelle, prévue par l'article 38 du Code Pénal tanzanien qui confère le pouvoir a l'instance judiciaire qui a condamné une personne pour infraction, d'ordonner sa libération définitive ou conditionnelle, c) La grâce présidentielle, prévue par l'article 45 de la Constitution de la République-Unie de Tanzanie qui prévoit la prérogative de grâce en vertu de laquelle le Président de la République-Unie de Tanzanie (…) ».

requérant Alex Thomas. Il s'agit en conséquence d'éviter une nouvelle déconvenue susceptible d'affecter l'image de marque de la Cour.

On comprend en conséquence que la demande en interprétation de l'arrêt de 3 juin 2016 par le défendeur se présente comme une bouée de sauvetage pour permettre à la Cour de « clarifier le sens et la portée de l'arrêt ». Saisissant cette occasion, la Cour précise que « la forme la plus appropriée de redressement pour une violation du droit à un procès équitable consiste à faire en sorte que la victime se retrouve dans la situation qui aurait été la sienne si les violations constatées n'avaient pas été commises (…) ». Et pour ce faire, elle « a souhaité donner une marge d'appréciation a l'État défendeur afin qu'il puisse identifier et activer toutes les mesures qui permettraient d'éliminer les effets des violations constatées (…) ».

C'est probablement cette clarification opérée par la Cour qui a conduit l'Etat défendeur à la mise en liberté du requérant, sans préciser le régime de l'effacement de l'acte illicite. Cela laisse en l'état la question de la cohérence entre la décision de la Cour et la mise en œuvre par l'Etat défendeur des mesures appropriées pour la réparation d'un préjudice. Mais qu'à cela ne tienne, l'on constate que l'Etat reste l'agent d'exécution des mesures de droit international, qu'elles soient générales ou particulières. D'ailleurs, la déclaration d'acceptation de la compétence de la Cour ne fait que corroborer le postulat de la prégnance de la souveraineté sur une matière où c'est encore l'Etat qui est le « fossoyeur » du respect des droits de l'homme[1].

Mais l'obligation de coopération de la Cour avec les Etats constitue un passage obligé pour la construction de sa légitimité. Cette tendance de la Cour à s'accommoder de quelques marges d'appréciation reconnues aux Etats permet à ceux-ci d'accepter leur citation devant cette juridiction et un moyen complémentaire pour renforcer l'administration de la justice des Etats africains. Car il s'agit pour la Cour de construire, à l'occasion de son activité jurisprudentielle, un standard d'application suffisamment uniforme en ce qui concerne les règles de la réparation de violations des droits de l'homme.

[1] La Tanzanie a retiré sa déclaration faite au titre de l'article 34.6 reconnaissant la compétence de la Cour pour connaitre des requêtes formulées par les individus et les ONG

Commentaire _ *Affaire Armand Guéhi c. République-Unie de Tanzanie*, Requête n° 001/2015

Somda Faasseome Maxime*

« Le droit international est parfois perçu comme un droit "bon et bafoué", celui qui voulait proscrire la guerre et promouvoir le développement. C'est qu'on le connait mal, et qu'on le confond facilement avec la rhétorique de la passion et de la condamnation, qui relève simplement d'une sociologie possible des relations internationales. Le droit international n'est pas toujours grand, et il est rarement gentil (...) »[2].

Quoique cela puisse paraitre paradoxal à première lecture, le droit international des droits de l'homme tel qu'il a été interprété et appliqué par la CourADHP dans son arrêt rendu le 7 décembre 2017 dans l'affaire *Armand Guéhi c. République-Unie de Tanzanie*[3] ne trahit pas cette conviction du professeur Carlo Santulli. En l'espèce, la CourADHP a été saisie le 6 janvier 2015 d'une requête de monsieur Armand Guéhi, ressortissant de la République de la Côte d'Ivoire, condamné à la peine capitale par les juridictions compétentes de la République-Unie de Tanzanie. Ancien stagiaire au Tribunal pénal international pour le Rwanda (TPIR) où son épouse était employée comme secrétaire, monsieur Armand Guéhi résidait en Tanzanie depuis le 1er mai 2004. À la suite de la disparition de son épouse dont le corps sans vie a été retrouvé plus tard, il a été interpellé le 6 octobre 2005, puis remis à la police tanzanienne par les agents du TPIR. Mis en accusation devant la Haute Cour tanzanienne pour le meurtre de son épouse le 18 octobre 2005, il est reconnu coupable et condamné à la peine capitale le 30 mars 2010. La décision de condamnation a été confirmée de façon définitive par la Cour d'appel le 28 février 2014, puis a fait l'objet d'une demande aux fins de révision. Cette demande était encore pendante devant le juge national au moment où la requête a été introduite devant la Cour ADHP.

Globalement, la procédure suivie en droit interne reste classique même si, devant la Haute Cour de Tanzanie, une seconde mise en accusation de Monsieur Armand Guéhi est intervenue le 24 août 2007 après l'abandon des poursuites par le ministère public pour vice de procédure. Devant le juge tanzanien, Monsieur Guéhi a plaidé coupable.

Devant la CourADHP, la procédure a été marquée d'une part par la décision de la Cour ordonnant à l'État défendeur un sursis à exécution de la peine de mort[4] au regard du risque de préjudice irréparable que courrait le requérant détenu à la prison centrale d'Arusha. D'autre part, outre l'avis juridique sur la peine de mort en Afrique fourni par le *Legal and Human Rights* à la demande de la Cour, cette dernière a reçu deux demandes en intervention : celle de l'État de la Cote d'Ivoire et celle des professeurs Christof Heyns et Sandra Babcock qui ont soumis un mémoire *d'amicus*

---

* Docteur en droit du Centre de recherches juridiques (CRJ), Université Grenoble Alpes.

2 Carlo Santulli, *Introduction au droit international*, Paris, Éditions A. Pedone, 2013, p. 4.

3 CourADHP, *Armand Guéhi c. République-Unie de Tanzanie*, Requête n° 001/2015, arrêt sur le fond et les réparations, 7 décembre 2018.

4 Cour ADHP, *Armand Guéhi c. République-Unie de Tanzanie*, Requête n° 001/2015, Ordonnance portant mesures provisoires, 18 mars 2016.

curiae[1]. Ces tierces parties ont avancé des arguments au soutien de la cause du requérant. Ce dernier a, à l'occasion, allégué plusieurs violations des dispositions de la CADHP (dans ses articles 1, 5, 7 et 14) par l'État défendeur et demandé des réparations pour les dommages qui en ont résulté.

Ainsi, dans le fond, la Cour ADHP devait trancher, au regard du droit international, la question de l'équité de la procédure ayant abouti à la condamnation à la peine capitale par le juge national tanzanien et en tirer les conséquences sur le plan de la réparation. Après un examen des exceptions préliminaires somme toute classiques soulevées par l'État défendeur[2], la Cour a retenu sa compétence pour juger le cas qui lui a été soumis et a déclaré la requête recevable. Elle a alors décidé que le droit à un procès équitable dans son aspect relatif au respect d'un délai raisonnable de jugement (article 7 (1) (d))[3] et le droit de ne pas subir de traitement inhumain et dégradant (article 5 : violation résultant en l'espèce des conditions de détention, précisément de la privation de nourriture pendant dix jours) ont été violés par le défendeur. Ce qui a entrainé également une violation de l'article 1er de la Charte[4]. Elle a rejeté en revanche les allégations de violations du droit se faire assister par un interprète ou par un avocat, du droit à l'assistance consulaire et du droit de propriété[5]. Par ailleurs, elle a renvoyé, au niveau des réparations[6], la demande relative aux allégations de souffrances morales qu'elle considère comme la conséquence des violations constatées.

Dans la jurisprudence de la Cour, le cas Armand Guéhi est la première affaire dans laquelle la Cour a décidé dans le fond sur des allégations mettant en cause une décision interne de condamnation à la peine capitale. En tant que telle, cette affaire ne permet pas seulement de présenter l'état du droit positif sur la peine de mort tel qu'il découle de l'interprétation de la Charte sur le sujet. Elle donne aussi l'occasion à la Cour de répondre aux préoccupations relatives à la peine de mort suscitées par la pratique des États et aux attentes progressistes sur ce sujet dans le contexte du régionalisme africain des droits de l'homme.

La position de la Cour dans cette dernière perspective est *a priori* décevante. Centrant son analyse principalement sur l'appréciation de la procédure ayant conduit à la condamnation à la peine capitale, la Cour ne retient pas une violation de la procédure de nature à remettre en cause la décision de condamnation à la peine de mort et à améliorer le sort du requérant. Trivialement, bien qu'ayant reconnu la violation de la Charte par l'État défendeur, qui a infligé un traitement inhumain et dégradant au requérant et qui a accusé un retard injustifié dans la conduite de la procédure, la Cour a décidé qu'elle n'avait pas de raison valable de s'opposer à la mise à mort du requérant.

Mais en réalité, cette décision qui procède d'une interprétation concrète des dispositions de la Charte parait conforme au droit de la Charte, même s'il peut être

---

[1] Amici Curiae Brief of Professor Christof Heyns and Professor Sandra Babcock. (V° http://www.icla.up.ac.za/images/amicus_briefs/2017_12_22_PRIV%20AGuéhi%20Amicus%20Brief%20on%20behalf%20of%20Professors%20Christof%20Heyns%20UNSR%20and%20Sandra%20Babcock%20FINAL%20AS%20SENT.pdf, consulté le 12 Août 2019)

[2] §§ 24-40.

[3] § 125. V° pour un commentaire de l'article 1, Sandra Szurek, « Article 1 » *in* Maurice Kamto, *La Charte africaine des droits de l'homme et des peuples et le protocole y relatif portant création de la Cour africaine des droits de l'homme. Commentaire article par article*, Bruxelles, Éditions Bruylant, 2011, pp. 81-117.

[4] §§ 149-150.

[5] §§ 142-144.

[6] §§ 147-148.

reproché à la Cour une attitude réservée vis-à-vis de la promotion de la restriction de la peine de mort en Afrique. En effet, en procédant à une appréciation légaliste de la licéité de la condamnation à la peine capitale (I), la Cour s'interdit des excursions au-delà du texte de la Charte et des allégations du requérant ; toute chose contraire qui aurait pu dessiner les traits d'une tendance abolitionniste de la Cour avant l'heure (II).

I. L'appréciation légaliste de la licéité de la condamnation à la peine capitale.

Le raisonnement de la Cour sur la licéité de la condamnation à la peine capitale n'est pas explicite, et cela est compréhensible. Le Requérant, qui n'a pas encore le statut de victime de la peine de mort, n'a pas allégué une violation de l'article 4 de la Charte[1]. Il a implicitement avancé que la violation de l'article 7 devait conduire la Cour à remettre en cause la déclaration de culpabilité, et donc à conclure à une privation arbitraire de la vie si la peine de mort venait à être exécutée. Aussi, en concluant que « *le Requérant n'a pas suffisamment démontré, tout comme la Cour n'a pas établi, que la déclaration de culpabilité et la peine prononcée étaient fondées sur des considérations arbitraires et que son maintien en prison était illégal* »[2], la Cour rappelle indirectement la licéité de la peine de mort au regard de la Charte (I.1.). Tant le requérant que les intervenants ont déjà fait leur ce présupposé fondamental, car tous ne condamnent que le défaut d'équité de la procédure. La Cour se contente alors de faire une appréciation souple de la condition de licéité de la peine capitale (I.2.).

I.1. Le rappel du principe de la licéité de la peine de mort dans la Charte

Contrairement à d'autres instruments internationaux de protection des droits de l'homme, la CADHP ne vise pas explicitement la peine de mort[3]. Cela n'a pas empêché une interprétation de la Charte conforme à la tendance générale en droit international par la Commission ADHP[4]. Il est arrivé à la Commission de préconiser l'interdiction de la peine de mort dans le système africain des droits de l'homme.

---

[1] Art. 4 de la CADHP : « La personne humaine est inviolable. Tout être humain a droit au respect de sa vie et l'intégrité physique et morale de sa personne. Nul ne peut être privé arbitrairement de ce droit ».

[2] § 165.

[3] V° Article 4 de la CIADH sur le droit à la vie : « *1. Toute personne a droit au respect de sa vie. Ce droit doit être protégé par la loi, et en général à partir de la conception. Nul ne peut être privé arbitrairement de la vie. 2. Dans les pays qui n'ont pas aboli la peine de mort, celle-ci ne pourra être infligée qu'en punition des crimes les plus graves en vertu d'un jugement définitif rendu par un tribunal compétent en application d'une loi prévoyant cette peine qui était en vigueur avant la perpétration du crime. La peine de mort ne sera pas non plus appliquée à des crimes qu'elle ne sanctionne pas actuellement. 3. La peine de mort ne sera pas rétablie dans les États qui l'ont abolie. 4. En aucun cas la peine de mort ne peut être infligée pour des délits politiques ou pour des crimes de droit commun connexes à ces délits. 5. La peine de mort ne peut être infligée aux personnes qui, au moment où le crime a été commis, étaient âgées de moins de dix-huit ans ou de plus de soixante-dix ans ; de même, elle ne peut être appliquée aux femmes enceintes. 6. Toute personne condamnée à mort a le droit de demander l'amnistie, la grâce ou la commutation de la peine. L'amnistie, la grâce ou la commutation de la peine de mort peuvent être accordées dans tous les cas. La sentence de mort ne peut être exécutée tant que la demande sera pendante devant l'autorité compétente* ». V° également l'article 6. 2 du PIDC : « *2. Dans les pays où la peine de mort n'a pas été abolie, une sentence de mort ne peut être prononcée que pour les crimes les plus graves, conformément à la législation en vigueur au moment où le crime a été commis et qui ne doit pas être en contradiction avec les dispositions du présent Pacte ni avec la Convention pour la prévention et la répression du crime de génocide. Cette peine ne peut être appliquée qu'en vertu d'un jugement définitif rendu par un tribunal compétent* » ; et l'article 2.1 de la CEDH : « *1. Le droit de toute personne à la vie est protégé par la loi. La mort ne peut être infligée à quiconque intentionnellement, sauf en exécution d'une sentence capitale prononcée par un tribunal au cas où le délit est puni de cette peine par la loi* ».

[4] V° Commission ADHP, *Egyptian Initiative for Personal Rights et Interights c. République Arabe d'Égypte*, Communication n° 334/2006, 3 mars 2001, § 224 : « Il est à noter que l'imposition de la peine de mort n'est pas, en soi, illégale en vertu de la Charte ou du droit international en matière des droits de la personne plus large ». Une année plus tôt, elle expliquait que « (t)he right to life is the fulcrum of all other rights. It is the fountain through which all other rights flow, and any violation of this right without due process amounts to arbitrary deprivation of law" (Commission ADHP, *Forum of Conscience v Sierra Leone*, Communication n° 223/98, 6 November 2000, § 20; V° également Commission ADHP, *Observation générale n° 3 sur la Charte africaine des droits de l'homme et des peuples : le droit à la vie (Article 4)*, 18 novembre 2015, §§ 22ss).

Mais, c'est pour mieux rappeler l'état actuel du droit régional : *« Il serait naturellement arbitraire, de la part de la Commission et compte tenu de ses décisions précédentes sur la peine de mort, que ladite Commission décide soudainement que la pratique de la peine de mort en Afrique constituerait, dans tous les cas de figure, une violation de l'article 4. Cependant, compte tenu de "l'évolution de la législation et de la jurisprudence internationales des droits de l'homme et de la pratique de l'État" et consciente du travail progressif réalisé par son propre Groupe de Travail sur la peine de mort, les exécutions extrajudiciaires ou arbitraires en Afrique, la Commission estime qu'il est de plus en plus difficile d'envisager une affaire dans laquelle la peine de mort aurait été exécutée d'une manière qui ne serait pas plus ou moins arbitraire. Ce faisant, il est difficilement concevable que, si elle est sollicitée à l'avenir pour ce faire, la Commission puisse juger que la peine de mort, quel que soit son mode d'application, n'est plus compatible avec la Charte africaine »*[1]. La Commission espère une évolution du droit matériel que favorisera l'adoption du projet de protocole facultatif sur la peine de mort[2]. Toutefois, cela n'entrainera une modification de la Charte qu'au regard d'une pratique établie des États (quand tous les États parties l'auront ratifié ou auront aboli la peine de mort dans leurs législations)[3]. Cet état du droit apparait comme une évidence sur laquelle la Cour n'a pas jugé nécessaire de revenir dans son arrêt ; le requérant n'ayant pas allégué une violation du droit à la vie (l'article 4).

D'ailleurs, l'ordonnance portant mesures provisoires montrait déjà, tout comme toutes les ordonnances de mesures provisoires décidées (le plus souvent d'office)[4] dans des affaires relatives à la peine de mort, que c'est bien la préservation de certains droits et non l'interdiction de la peine de mort qui est recherchée. La Cour a, en effet, l'habitude de constater *« que la requête en l'espèce révèle une situation d'extrême gravité et présente un risque de porter atteinte aux droits des requérants protégés par les articles 7 de la Charte et 14 du PIDCP, si la peine de mort venait à être appliquée »*[5].

---

[1] Commission ADHP, *Interights & Ditshwanelo c. République du Botswana*, Communication n°319/06, 28 juin 2016, § 66.

[2] La Commission ADHP a mis en place un groupe de travail qui a réfléchi sur un projet de protocole additionnel à la CADHP sur la peine de mort en 2015. Ce projet n'est pas encore adopté par l'UA.

[3] A titre comparatif, la rigueur dans l'interprétation évolutive peut s'observer dans la démarche de la CourEDH ayant finalement abouti à la conclusion que la peine de mort est interdite dans la CEDH. La CourEDH a eu l'occasion de statuer sur l'évolution de la CEDH par rapport à la question de la peine de mort. Après avoir précisé que la peine de mort n'est pas prise en compte dans la rédaction de l'article 3 (interdiction de la torture et des traitements inhumains et dégradants), car cela réduirait à néant le libellé de l'article 2.1 (CourEDH, *Soering c. Royaume-Uni*, Requête n° 14038/88, arrêt du 7 juillet 1989, § 103), la CourEDH relève que pour le moment (on est en 2005), *« le fait qu'un nombre élevé d'États qui n'ont pas signé ou ratifié la Protocole 13 peut empêcher la cour de constater que les États contractants ont une pratique établie de considérer l'exécution de la peine de mort comme un traitement inhumain et dégradant »* (CourEDH, *Öcalan c. Turquie*, Requête n° 46221/99, arrêt du 13 mai 2005, § 165). Ainsi, elle ne nie pas la tendance abolitionniste qui apparait avec la ratification du protocole 6, mais elle constate que celle-ci ne *« va pas à l'encontre de la thèse selon laquelle, l'article 2 a été amendé en tant qu'il autorise la peine de mort en tant de paix »* (§ 164). Ce n'est que lorsque les ratifications du protocole 13 ont considérablement évolué (seule la Russie fait exception) et sur la base de la pratique des moratoires par les États dont la Russie, que la CourEDH a pu affirmer que la peine de mort tombe sous le coup de l'article 3 et que l'article 2 peut être interprété comme interdisant la peine de mort (Cour EDH, *Al Saadoon et Mufdhi c. Royaume-Uni*, Requête n° 61498/08, arrêt du 2 mars 2010, § 120).

[4] Dans quelques affaires, c'est le Requérant qui a fait la demande de mesures provisoires : CourADHP, *Mulokozi Anatory c. République-Unie de Tanzanie*, Requête N° 057/2016, Ordonnance portant mesures provisoires, 18 novembre 2016 ; CourADHP, *Tembo Hussein c. République-Unie de Tanzanie*, Requête n° Requête N° 001/2018, Ordonnance portant mesures provisoires, 11 février 2019 ; Cour ADHP, *Dexter Eddie Johnson c. République du Ghana*, Requête n° 016/2017 , 28 septembre 2017.

[5] § 20. Ce constat vaut même en présence d'une allégation du requérant relative à l'illégalité de la peine de mort au regard d'autres textes internationaux (v° CourADHP, *Chrizant John c. République-Unie de Tanzanie*, Requête n° 049/2016, Ordonnance portant mesures provisoires, 18 novembre 2016) ou en présence d'une allégation de violation de l'article 5

Conformément à l'article 4, seule la privation arbitraire de la vie est interdite. Avant de la confirmer plus tard dans l'affaire *Ally Rajabu et autres* dans laquelle les Requérants ont allégué une violation de l'article 4[1], la Cour s'en tient à cette position partagée en droit international et se limite à l'appréciation de l'équité de la procédure.

I.2. L'appréciation souple de la condition de licéité de la peine capitale

L'analyse du caractère arbitraire de la privation de la vie passe par le contrôle du respect des exigences procédurales de l'article 7 de la Charte (droit à un procès équitable). À propos de l'équivalent de cet article dans le PIDC (article 14), le Comité des droits de l'homme a toujours insisté sur le respect strict des garanties procédurales de l'article 14, notamment dans les procédures pénales susceptibles d'aboutir à une condamnation à la peine de mort[2].

En l'espèce, le principe de la condamnation à la peine de mort n'étant pas contesté, la Cour a été appelée à apprécier et à sanctionner le caractère arbitraire de la décision de condamnation à la peine de mort. Les arguments du requérant à ce propos ont été essentiellement fondés sur la violation du droit à un procès équitable. Il a soutenu des allégations de violation du droit à la défense (droit de se faire assisté par un interprète, droit de se faire assister par un avocat, droit à une assistance consulaire), du droit à la présomption d'innocence et du droit de se faire juger dans un délai raisonnable, ainsi que des allégations relatives à l'insuffisance des enquêtes conduites et de la preuve de culpabilité. Seule la violation du droit de se faire juger dans un délai raisonnable a été retenue par la Cour.

Pour ce faire, la Cour a eu recours par moments à une appréciation *in concreto* du comportement fautif de l'État. Ce faisant, elle procède à une définition restrictive de la violation des droits en cause, et partant à une appréciation souple de l'équité de la procédure pénale interne. Cela veut dire qu'elle a considéré, au-delà du comportement critiquable de l'État, l'importance de l'impact de ce comportement sur l'exercice du droit dont la violation est alléguée. Elle a ainsi conclu, à propos de l'allégation de violation du droit de se faire assister par un interprète, « *que le fait de n'avoir pas bénéficié de l'assistance d'un interprète lors des procédures visées n'avait pas compromis la capacité du Requérant d'assurer sa défense* »[3]. De même, en matière de preuve où la Cour ne s'immisce pas dans l'appréciation faite par les juridictions nationales de la pertinence des preuves, la Cour a recouru au standard du « doute raisonnable »[4]. Elle a alors constaté que les juridictions nationales ont établi

(la peine de mort est un traitement inhumain et dégradant) (CourADHP, *Gozbert Henerico c. République-Unie de Tanzanie*, Requête n° 056/2016, Ordonnance portant mesures provisoires, 18 novembre 2016 ; CourADHP, *Dexter Eddie Johnson c. République du Ghana,* Requête n° 016/2017, Ordonnance portant mesures provisoires , 28 septembre 2017).

[1] La « Cour relève que la question de la peine de mort, dans le contexte de l'article 4 de la Charte, est de savoir si l'imposition de cette peine constitue une privation arbitraire du droit d la vie. En effet, l'article 4 de la Charte ne mentionne pas la peine de mort. La Cour observe que malgré la tendance internationale d l'abolition de la peine de mort, notamment par l'adoption du deuxième Protocole facultatif relatif au Pacte international relatif aux droits civils et politiques, l'interdiction de la peine de mort en droit international n'est pas encore absolue » (§ 96). « La peine de mort est donc implicitement admissible en tant qu'exception au droit à la vie en vertu de l'article 4, à condition qu'elle ne soit pas prononcée de manière arbitraire » (CourADHP, *Ally Rajabu et autres c. République-Unie de Tanzanie*, Requête n° 007/2015, arrêt, 28 novembre 2019, § 98).

[2] « The Committee reiterates that all guarantees under article 14 of the Covenant should be strictly observed in any criminal procedure » (Comité des droits de l'homme, *affaire Owen Brown and Burchell Parish c. Jamaïque,* Communication n° 665/1995, 5 août 1999, CCPR/C/66/D/665/1995 § 9.5). Dans les affaires de peine de mort "the obligations of the parties to observe vigorously all the guarantees of a fair trial set out in Article 14 of the Covenant admits no exception" (Comité des droits de l'homme, *affaire Champagnie, Palmer and Chisolm c. Jamaïque,* Communication n° 445/991, CCPR/C/51/D/445/1991, § 9.

[3] § 78. V° CourEDH, *Kalēja c. Latvia*, Requête n° 22059/08, arrêt du 5 octobre 2017, §§ 69-70.

[4] §§ 106-107.

la culpabilité du requérant au-delà de tout doute raisonnable[1] nonobstant la présence de certaines contradictions jugées mineures qui n'ont pas entaché la crédibilité des preuves présentées par le ministère public[2].

Toutefois, c'est suivant un raisonnement différent qu'elle a conclu à la *« violation du droit du Requérant à ce que sa cause soit entendue dans un délai raisonnable tel que garanti par l'article 7 (1) (d) de la Charte »*[3]. En effet, pour retenir cette violation, la Cour a recouru à une démarche devenue classique dans la pratique des juridictions internationales de droits de l'homme. Suivant celle-ci, la longueur de la procédure n'entraine pas par elle seule une violation du droit de se faire juger dans un délai raisonnable. Elle fait l'objet d'une appréciation globale au cas par cas. Dans cette perspective, c'est le caractère injustifié de la durée de la procédure qui caractérise la violation. Pour apprécier cela, la Cour analyse les trois critères suivants : le comportement de l'État, le comportement du requérant et la complexité de l'affaire[4]. Elle conclut alors *« qu'il est incontestable que l'État défendeur est responsable de ce retard »*. Elle estime *« que dans les circonstances où le Requérant était en détention et qu'il n'avait pas entravé la procédure, l'État défendeur avait l'obligation de s'assurer que l'affaire est jugée avec la diligence et la célérité voulues. En outre, le retard n'a pas été causé par la complexité de l'affaire. Enfin, même après la nouvelle accusation portée contre le Requérant, les juridictions de l'État défendeur ont maintes fois ajourné l'affaire et il a fallu encore attendre du 24 août 2007 au 1er mars 2010, soit près de deux (2) ans et six (6) mois, avant que ne commence effectivement le procès. Le Requérant a été finalement déclaré coupable le 30 mars 2010 »*[5]. Dès lors que l'État défendeur ne pouvait valablement justifier la durée anormalement longue de la procédure interne par les défaillances de son système judiciaire[6], il a commis une violation de l'article 7 (1) (d).

Mais si la Cour ne s'est pas référée à l'impact du comportement de l'État sur l'exercice du droit dont la violation est alléguée, elle a différé ce raisonnement au niveau de l'appréciation globale de l'équité de la procédure qu'elle fait au niveau des conclusions sur les réparations. Répondant à la demande de remise en liberté du requérant à titre de mesure de réparation, la Cour explique que « *le vice de procédure qui fonde la demande d'une mesure particulière doit avoir fondamentalement affecté les procédures devant les juridictions internes pour justifier une telle demande* »[7]. Surtout, elle décide qu'en l'espèce, « *les violations constatées par la cour n'ont pas affecté les procédures qui ont abouti à la déclaration de culpabilité et à la peine prononcée contre le Requérant, au point où il se serait trouvé dans une situation différente si ces violations n'avaient pas eu lieu* »[8]. Ainsi, est-il possible d'en déduire que le procès est validé comme équitable malgré la violation constatée.

---

[1] § 106.

[2] § 108. V° également l'affaire Oscar Josiah dans laquelle le requérant alléguait une violation du droit à un procès équitable par l'État tanzanien en se fondant sur la contradiction d'un témoin. La Cour s'est accordée avec la Cour d'appel que la présence de contradictions d'un témoin n'entachait pas la cohérence de l'ensemble des témoignages. CourADHP, *Oscar Josiah c. République-Unie de Tanzanie*, Requête n° 053/2016, arrêt sur le fond, 28 mars 2019, §§ 56-57.

[3] § 125.

[4] CourEDH, *König c. Allemagne*, Requête n° 6232/73, arrêt du 28 juin 1978, § 99 ; CourEDH, *Pedersen et Baadsgaard c. Danemark*, Requête n° 49017/99, arrêt du 19 juin 2003, § 45.

[5] § 124.

[6] Comité des droits de l'homme, *affaire Lubuto c. Zambie*, Communication n° 390/1990, 31 octobre 1995, CCPR/C/55/D/390/1990/Rev.1, § 7.3

[7] § 164.

[8] § 165.

Dès lors, si la condamnation à la peine de mort n'est pas autorisée à l'issue d'un procès inéquitable[1], la seule interprétation conforme à la décision de la Cour est que la violation du délai raisonnable ne rend pas toujours le procès inéquitable. Ce qui serait le cas en l'espèce même si la Cour n'a pas établi un lien entre la violation de l'article 7 (1) (d) et celle de l'article 4 de la Charte sur la privation arbitraire de la vie.

Sur ce point, le raisonnement de la Cour n'est pas isolé. Le Comité des droits de l'homme a déjà décidé dans ce sens. Certes, il n'est pas nié que la violation du droit de se faire juger dans un délai raisonnable peut avoir un impact sur l'équité de la procédure et être constitutive d'un déni de justice. L'appréciation se fait au cas par cas. La longueur d'une procédure peut jouer sur la disponibilité de la preuve de culpabilité : certaines preuves disparaissent et les témoins ne sont plus disponibles ou oublient. Dans ce sens, il est compréhensible que, même lorsqu'il n'est pas sollicité à cet effet, le Comité des droits de l'homme retienne parfois une violation de l'article 6 lorsqu'il conclut à une violation de l'article 14 (3) (c) du PIDC[2] ; et ce, même si le requérant n'a pas encore le statut de victime de la privation de vie. Ce lien établi entre les deux dispositions repose sur une approche restrictive de la peine de mort qui veut que la condamnation à la peine de mort soit illégale lorsqu'elle résulte d'une procédure arbitraire, non équitable[3]. Son intérêt réside alors dans la forme de réparation qui peut être retenue par le juge international (réexamen de l'affaire ou commutation de la peine[4]). Mais, la jurisprudence du Comité montre également qu'au-delà du principe selon lequel la violation du droit au procès équitable rend illégale la peine de mort, le Comité admet des exceptions concernant la violation de certaines composantes de ce droit. Il en est ainsi du droit au respect d'un délai raisonnable de jugement. Il est tout à fait admis qu'une violation du droit de se faire juger dans un délai raisonnable ne puisse pas entrainer systématiquement une violation de l'interdiction de la privation arbitraire de la vie[5]. Cela semble d'ailleurs être le principe au niveau du Comité ; les cas dans lesquels le Comité ayant admis une violation concomitante de l'article 6 et de l'article 14 (3) (c)[6] étant considérés comme exceptionnels[7]. Cette attitude laisse entendre que le délai déraisonnable ne constitue

---

[1] Comité des droits de l'homme, *Observation générale n°36* (article 6 du Pacte international relatif aux droits civils et politiques sur le droit à la vie), 30 octobre 2018, § 41.

[2] Comité des droits de l'homme, *affaire Clifford McLawrence c. Jamaica,* Communication n° 702/1996, 18 juillet 1997, CCPR/C/60/D/702/1996, § 5.13 : « In this case, since the final sentence of death was passed without due respect for the requirements of article 14, the Committee must hold that there has also been a violation of article 6 of the Covenant »

[3] V° CourIADH, *Hilaire, Constantine and Benjamin et al. c. Trinidad and Tobago*, arrêt du 21 juin 2002, Série C, n° 94, § 100 : « In light of the general spirit evident in Article 4 of the American Convention, considered in its entirety, the Court has found that: three types of limitations can be seen to be applicable to States Parties which have not abolished the death penalty. First, the imposition or application of this sanction is subject to certain procedural requirements whose compliance must be strictly observed and reviewed. Second, the application of the death penalty must be limited to the most serious common crimes not related to political offenses. Finally, certain considerations involving the person of the defendant, which may bar the imposition or application of the death penalty, must be taken into account. ».

[4] Comité des droits de l'homme, *affaire Clifford McLawrence c. Jamaïque, op. cit.*, §7

[5] Comité des droits de l'homme, *affaire Owen Brown and Burchell Parish c. Jamaïque,* Communication n°. 665/1995, 5 Août 1999, CCPR/C/66/D/665/1995 § 9.5 ; Comité des droits de l'homme, *affaire Samuel Thomas c. Jamaïque,* Communication n°614/1995, 25 mai 1999, CCPR/C/65/D/614/1995, § 9.5.

[6] Comité des droits de l'homme, *affaire Champagnie, Palmer and Chisholm* c. *Jamaïque, op. cit.* § 8 ; Comité des droits de l'homme, *Affaire William Kamoyo c. Jamaïque,* Communication n°1859/2009, 23 mars 2012, CCPR/C/104/D/1859/2009, § 6.4.

[7] Sarah Joseph, Melissa Castan, *The International Covenant on Civil and Political Rights. Cases, Materials, and Commentary*, Third Edition, Oxford, Oxford University Press, 2013, p. 192.

dans certains cas qu'un traitement injuste pour le requérant [1]. Aussi lorsqu'il constate ces cas, le juge s'en tient à l'appréciation du lien de causalité entre la violation du délai raisonnable constatée et les souffrances morales ou matérielles alléguées[2]. En l'espèce, c'est bien ce que la Cour a fait.

Dès lors, la CourADHP ne dit pas moins le droit international en adoptant cette position, car son raisonnement est conforme au droit international qui autorise, sous certaines conditions, la condamnation à la peine de mort. Aussi, s'il est possible de reprocher à la Cour une attitude de retenue dans cet arrêt, ce n'est donc pas sur le point de son raisonnement général mais sur des aspects plus ou moins périphériques par rapport aux allégations des parties.

II. Une attitude légaliste peu promotionnelle de la restriction ou de l'abolition de la peine capitale

Certains points de l'arrêt révèlent une attitude de retenue de la part de la Cour lorsque ces points ne sont pas clairement visés par la Charte ou ne ressortent pas explicitement dans les allégations du Requérant. En l'espèce, sa réponse à l'allégation de violation du droit à l'assistance consulaire en est une illustration (II.1.). Or, par un tel « *self-restraint* » qui est également constatable au niveau des mesures de réparations décidées (II.2.), la Cour se met insensiblement en retrait de la tendance abolitionniste marquée des autres juridictions internationales de droits de l'homme, et relativement à l'interprétation de la Charte, de celle de la Commission ADHP.

II.1. L'esquive de la question de l'existence d'un droit de l'homme à l'assistance consulaire dans la Charte

La décision de la Cour relativement à l'allégation de violation du droit à l'assistance consulaire contient des affirmations non explicites que la Cour aurait dû prendre la peine et le temps d'étayer. Étant donné que c'est la première fois que la question de savoir si l'article 36 de la Convention de Vienne sur les relations consulaires du 22 avril 1963 (CVRC) consacre un droit de l'homme se posait devant elle, la Cour aurait pu saisir l'occasion de l'affaire Armand Guéhi pour donner sa propre interprétation de cette disposition conventionnelle.

En l'espèce, le requérant s'est plaint du fait qu'il n'a pas bénéficié d'une assistance consulaire prévue à l'article 36 (1) (b) et (c) de la Convention de Vienne sur les relations consulaires et qu'en conséquence de ce défaut, l'État défendeur a violé son droit à un procès équitable, en particulier le droit d'être assisté par un interprète et par un avocat[3]. Avant de répondre à la question, la Cour a dû établir qu'elle était compétente pour juger ce point. Elle s'est fondée sur une interprétation finaliste de cette disposition conventionnelle. Selon les termes de la Cour, « *l'assistance consulaire touche certains privilèges dont l'objet est de permettre aux personnes de jouir de leur droit à un procès équitable, notamment le droit d'être assisté par un interprète et un avocat, dont le Requérant allègue la violation en l'espèce. Étant donné que ce droit est également garanti par l'article 7 (1) (c) de la Charte lu à la lumière de l'article 14 du Pacte international relatif aux droits civils et*

---

[1] " With regard to the author's allegations of violations of article 14 of the Covenant, the Committee finds that the inordinate delay in issuing a note of oral judgment in his case entailed of violation of article 14, paragraphs 3(c) and 5, of the Covenant, although it appears that the delay did not ultimately prejudice the author's appeal to the Judicial Committee of the Privy Council" (Comité des droits de l'homme, *Affaire Francis c. Jamaïque*, Communication n° 606/1994, 25 juillet 1995, CCPR/C/54/D/606/1994, § 9.3).

[2] V° également sur l'appréciation du lien de causalité : CourEDH, *Gorou c. Grèce*, Requête n° 12686/03, arrêt du 20 mars 2009, § 51.

[3] § 35.

politiques (ci-après dénommé "le PIDCP") auquel l'État défendeur est devenu partie le 11 juin 1976, la cour est compétente pour examiner l'allégation du Requérant fondée sur la disposition susmentionnée de la Charte »[1]. Répondant à l'allégation dans le fond, la Cour est convaincue que « *ces droits garantis à l'article 36 (1) de la CVRC sont aussi protégés par l'article 7 (1) (c) de la charte. La cour ayant conclu que les allégations soulevées relativement à l'article 7 (1) (c) de la Charte n'étaient pas fondées, elle n'estime pas nécessaire de les examiner de nouveau au regard de la CVRC* »[2].

Suivant la rédaction de ce dernier paragraphe (§ 96), une première hypothèse peut être retenue : la Cour semble avoir concédé au requérant que les « droits garantis à l'article 36 (1) de la CVRC » sont assimilables ou identiques aux droits de l'article 7 (1).

Une telle conclusion appellerait alors trois observations. D'abord, admettre que l'article 36 (1) garantit des « droits » de l'homme, c'est rejoindre sans explications une position jurisprudentielle à laquelle se sont référés les *amici curiae* dans l'affaire Armand Guéhi[3]. En effet, certaines décisions citées justifient le caractère fondamental du droit à la notification consulaire par la finalité de la notification, à savoir que le droit à la notification consulaire permet une défense effective de la personne poursuivie. Par exemple, la CourIADH considère que le droit à la notification consulaire est implicite dans le droit au procès équitable en droit international parce qu'il permet de mieux se défendre devant une procédure pénale[4]. Toutefois, ces décisions ne sont pas unanimes sur le fondement textuel du caractère fondamental de ce droit. Certes, dans son arrêt de 2006, la Cour constitutionnelle allemande a considéré que le droit à l'assistance consulaire est un aspect du droit constitutionnel à un procès équitable, qu'elle dérive de la « rule of law ». Mais, pour la Cour allemande, c'est la violation du traité international (en l'occurrence de l'article 36 de la Convention de Vienne sur le droit à la notification consulaire tel qu'il est interprété par la Cour internationale de justice) qui constitue la violation du droit constitutionnel fondamental[5].

Pour sa part, la CourADHP n'a pas explicité son raisonnement au-delà de l'affirmation qu'elle semble avoir tenue et qui consisterait à dire que la Convention de Vienne garantit le droit à un interprète et à un avocat (§ 96). Peut-être n'a-t-elle pas voulu s'étendre sur un traité auquel l'État de nationalité du requérant n'est pas parti. Si cela est vrai, elle aurait pu tout de même rechercher une voie par laquelle cet État pourrait être considéré comme lié par la Convention, d'autant que le requérant s'est fondé sur le caractère coutumier de la Convention de Vienne[6]. En était-elle convaincue du contraire qu'il suffisait de l'indiquer.

---

[1] §§ 36-38.
[2] § 96.
[3] V° CourIADH, *The right to information on consular assistance in the framework of the guarantees of the due process of law*, Advisory Opinion OC-16/99, 1 October 1999, §§ 124, 137, 141 (6). Pour cette Cour, « [a]rticle 36 of the Vienna Convention on Consular Relations concerns the protection of the rights of a national of the sending state and is part of the body of international human rights law » (§ 146 (2)).
[4] CourIADH, *The right to information on consular assistance in the framework of the guarantees of the due process of law*, *op. cit.*, § 121–122.
[5] Bundesverfassungsgericht, *Case Nos. 2 BvR 2115/012, BvR 2132/01, & 2 BvR 348/03*, 19 septembre 2006.
[6] V° OULEPO Nemlin Hie Arnaud, « L'affaire *Armand Guéhi c. République Unie de Tanzanie* et la question du droit à l'assistance consulaire : l'intrusion d'une nouvelle préoccupation dans le corpus juridique des droits de l'homme en Afrique », *Annuaire africain du droit international*, vol. 3 (2019), p. 495.

Ensuite, une deuxième observation peut se fonder sur la supposition que la cour a vraiment voulu soutenir que l'article 36 (1) de la Convention de Vienne garantit des droits et que « ces droits garantis à l'article 36 (1) de la CVRC sont aussi protégés par l'article 7 (1) (c) de la charte ». Elle consisterait alors à reprocher à la Cour, en raison des suppositions implicites dans son affirmation, une interprétation discutable de l'article 36 dont la cause pourrait résider dans l'absence d'une analyse étayée de la disposition concernée dans la Convention de Vienne. La Cour pouvait prendre prétexte de l'analyse du caractère coutumier de la convention pour donner sa propre interprétation de l'article 36 (1) de la Convention de Vienne. Elle aurait ainsi pu faire remarquer que l'article 36 (1) (b) impose d'abord une obligation de notification consulaire à l'État de résidence : « *b) Si l'intéressé en fait la demande, les autorités compétentes de l'État de résidence doivent avertir sans retard le poste consulaire de l'État d'envoi lorsque, dans sa circonscription consulaire, un ressortissant de cet État est arrêté, incarcéré, ou mis en détention préventive ou toute autre forme de détention. Toute communication adressée au poste consulaire par la personne arrêtée, incarcérée ou mise en état de détention préventive ou toute autre forme de détention préventive doit également être transmise sans retard par lesdites autorités. Celles-ci doivent sans retard informer l'intéressé de ses droits aux termes du présent alinéa* ». Certes, le fait que la Convention de Vienne crée des obligations interétatiques n'a pas empêché la Cour internationale de justice d'admettre dans les affaires *Lagrand, Avena et Ahmadou Diallo*[1], le caractère individuel du droit à la notification consulaire. Ce que confirmerait alors l'affirmation de la CourADHP. Mais la nature de droits de l'homme et la sanction en cas de violation sont encore sujettes à discussion. Dans les affaires relatives à l'assistance consulaire portées devant elle, la Cour internationale de justice ne s'est pas prononcée sur la nature de droit de l'homme du droit à la notification consulaire[2].

L'article 36 (1) reconnait ensuite des droits à l'État d'envoi vis-à-vis de l'État de résidence : « c) *les fonctionnaires consulaires ont le droit de se rendre auprès d'un ressortissant de l'État d'envoi qui est incarcéré, en état de détention préventive, ou toute autre forme de détention, de s'entretenir et de correspondre avec lui et de pourvoir à sa représentation en justice. Ils ont également le droit de se rendre auprès d'un ressortissant de l'État d'envoi qui, dans leur circonscription, est incarcéré ou détenu en exécution d'un jugement. Néanmoins, les fonctionnaires consulaires doivent s'abstenir d'intervenir en faveur d'un ressortissant incarcéré ou mis en état*

---

[1] CIJ, *Affaire Lagrand (Allemagne c. États-Unis d'Amérique)*, arrêt du 21 juin 2001, Recueil 2001, p. 466, § 77 : « Compte tenu du libellé de ces dispositions, la Cour conclut que le paragraphe 1 de l'article 36 crée des droits individuels qui, en vertu de l'article premier du protocole de signature facultative, peuvent être invoqués devant la Cour par l'État dont la personne détenue a la nationalité. En l'espèce, ces droits ont été violés ». V° également : CIJ, *Affaire Avena et autres ressortissants mexicains (Mexique c. États-Unis d'Amérique)*, arrêt du 31 mars 2004, Recueil 2004, p. 12.

[2] Répondant à l'Allemagne qui avançait l'argument selon lequel « le caractère de droit de l'homme que revêt le droit prévu à l'article 36 rend l'effectivité de cette disposition plus impérieuse encore », « [l]a Cour ayant conclu à la violation par les États-Unis des droits que les frères LaGrand tiraient du paragraphe 1 de l'article 36, il ne lui parait pas nécessaire d'examiner l'argumentation supplémentaire développée par l'Allemagne à cet égard » (CIJ, *Affaire Lagrand (Allemagne c. États-Unis d'Amérique)*, *op. cit.*, § 78). Dans *l'affaire Avena*, sur la question de « savoir si le droit en cause est ou non un droit de l'homme, la Cour fera observer que ni le texte ni l'objet et le but de la convention, ni aucune indication qui figurerait dans les travaux préparatoires, ne permettent d'arriver à la conclusion que le Mexique tire de cet argument » (CIJ, *Affaire Avena et autres ressortissants mexicains*, *op. cit.* § 124). Enfin, dans *l'affaire Jadhav*, la Cour n'a pas répondu au lien qu'établissait l'Inde entre la violation de l'article 36 (1)(b) de la Convention de Vienne sur les relations consulaires et la violation de l'article 14 du PIDCP. Elle a fait observer que « le remède qu'il y a lieu de prescrire en la présente espèce a pour but de réparer uniquement le préjudice causé par le fait internationalement illicite du Pakistan qui relève de sa compétence, à savoir le manquement de ce dernier aux obligations que lui impose l'article 36 de ladite convention et non le Pacte » (CIJ, *Affaire Jadhav (Inde c. Pakistan)*, arrêt du 17 juillet 2019, § 135).

de détention préventive ou toute autre forme de détention lorsque l'intéressé s'y oppose expressément». Rigoureusement parlant, l'absence d'obligation imposée à l'État d'envoi d'assister son ressortissant rend difficile l'établissement d'une corrélation directe entre droit individuel et obligation étatique qu'implique tout droit de l'homme. Aussi, l'effet principal et immédiat de la notification consulaire est l'information des autorités consulaires. Étendre cet effet à l'octroi automatique d'une assistance consulaire, comme le fait le requérant, c'est rendre responsable l'État de résidence pour les actes discrétionnaires des autorités consulaires (qui ne sont pas tenues de fournir à leur citoyen un interprète ou un avocat)[1]. Cela est valable même s'il est pris en compte l'interdépendance entre la violation de l'alinéa (b) d'une part, et celle des alinéas (a) et (c) de l'article 36 (1) d'autre part[2].

Enfin, si la CourADHP semble avoir admis que l'article 36 (1) garantit des droits, elle n'en tire aucun avantage pour le requérant. En assimilant dans son contenu (ce que le Requérant considère comme) le droit à l'assistance consulaire au droit à un interprète ou à un avocat, la Cour refuse d'en faire un chef de violation autonome. Ce faisant, elle semble tenir que le droit à l'assistance consulaire n'est pas un aspect autonome du droit au procès équitable et s'écarte des cas jurisprudentiels et autres exemples cités par les *amici curiae*. Dans l'affaire *Jadhav*, la Cour internationale de justice estimait que « même si elle est établie, l'affirmation du Pakistan selon laquelle M. Jadhav a choisi d'être représenté par un officier défenseur possédant les qualifications requises pour assurer une représentation en justice alors qu'il avait été autorisé à désigner l'avocat de son choix ne rend pas superflu le droit des fonctionnaires consulaires de pourvoir à la représentation en justice de l'intéressé »[3]. L'assistance consulaire garde ainsi son importance même en présence d'une belle représentation de la personne suivie.

L'intérêt de reconnaitre l'existence autonome d'un droit à l'assistance consulaire est d'en faire un fondement juridique de la responsabilité de l'État qui, si elle est retenue, est sanctionnée dans le cadre des réclamations interétatiques par une ordonnance de réexamen et de révision du procès[4]. C'est d'ailleurs ce à quoi s'atendait le requérant.

Cependant, cela dit, il n'est pas certain que la Cour ait voulu mettre les pieds dans le plat en abordant cette question délicate. À l'analyse, elle ne semble pas avoir voulu dire que l'article 36 (1) de la Convention de Vienne garantit également les droits de l'homme de l'article 7 (1) (c) de la Charte. En effet, l'hypothèse (la seconde partant) que la Cour a fait un mauvais choix de termes au dernier paragraphe (§ 96) de sa réponse à l'allégation relative à la violation du droit à l'assistance consulaire est plus probable. Car, la Cour n'a pas affirmé explicitement l'existence d'un droit à

---

[1] Même dans le système interaméricain où le principe semble établi, la Commission interaméricaine n'admet pas systématiquement qu'une violation du droit à la notification consulaire porte atteinte à l'équité de la procédure : "*The Commission notes that non-compliance with obligations under Article 36 of the Vienna Convention is a factor that must be evaluated together with all of the other circumstances of each case in order to determine whether a defendant received a fair trial. In cases in which a state party to the Vienna Convention on Consular Relations fails to fulfill its consular notification obligation to a foreign national, a particular responsibility falls to that state to put forward information indicating that the proceeding against a foreign national satisfied the requirements of a fair trial notwithstanding the state's failure to meet its consular notification obligation.*"(Commission IADH, *Medellín, Ramírez Cardenas and Leal García v. United State (Case 12.644)*; August 7, 2009, Admissibility and Merits, Report No. 90/09, § 127. Il en est de même du Comité des droits de l'homme (Observation générale n° 36, op. cit., § 42)).

[2] CIJ, *Affaire Lagrand* (Allemagne c. États-Unis d'Amérique), op. cit., § 74.

[3] CIJ, *Affaire Jadhav (Inde c. Pakistan), op. cit.*, § 118.

[4] CIJ, *Affaire Avena et autres ressortissants mexicains, op. cit.* § 123 ; CIJ, *Affaire Jadhav (Inde c. Pakistan), op. cit.*, § 147.

l'assistance consulaire dans la Convention de Vienne ni dans la Charte. À propos de l'article 36 (1) de la Convention de Vienne, elle a reconnu que « *l'assistance consulaire touche à certains privilèges dont l'objet est de permettre aux personnes de jouir de leur droit à un procès équitable, notamment le droit d'être assisté par un interprète et un avocat, dont le Requérant allègue la violation en l'espèce* ». La rédaction choisie montre ainsi que l'assistance consulaire est d'abord un ensemble de privilèges reconnus à l'État d'envoi dont l'exercice contribue à la garantie des droits de l'homme en question. L'assistance consulaire contribue indirectement à l'effectivité de ces droits. La Cour l'exprime clairement lorsqu'elle « *relève que, comme en témoignent les propres observations du Requérant et celles de l'État intervenant, le fait de n'avoir pas bénéficié de l'assistance consulaire prévue à l'article 36 (1) de la CVRC a privé le Requérant de la possibilité de bénéficier de l'assistance de son pays en ce qui concerne la protection de ses droits relatifs à un procès équitable* ». La référence à l'argument du requérant et de l'État intervenant est certes malheureuse parce que le requérant est convaincu qu'il existe un lien direct entre l'absence de notification et la violation des droits alléguées. Mais, la Cour a voulu simplement relever l'importance de l'assistance consulaire que pouvait fournir l'État intervenant et son impact sur le respect par l'État défendeur des droits de la défense. Elle ne s'est donc pas méprise seulement sur l'allégation du requérant. Elle l'a simplement esquivée, laissant sans réponse les questions soulevées autour d'un droit de l'homme à l'assistance consulaire.

On ne se demandera donc pas pourquoi la Cour n'a pas tenté de dégager une obligation de l'État défendeur relative à l'assistance consulaire à partir des traités internationaux de droits de l'homme auxquels est parti l'État défendeur.

Ce « *self-restraint* » de la Cour est également regrettable lorsque celle-ci se prive volontiers de son pouvoir d'inciter, à tant qu'interprète de la Charte, à la restriction de la peine de mort.

II.2. L'attentisme de la Cour dans la prescription des mesures structurelles

D'un côté, la Cour ne semble pas s'imposer une limite dans la prescription des mesures de réparation en présence d'une violation du droit international des droits de l'homme[1].

Aussi, est-il aisé de répondre à la question de savoir quelle aurait été la mesure de réparation que la Cour aurait accordée si elle avait pu retenir une violation de l'article 7 de nature à influencer fondamentalement la procédure pénale. La Cour aurait-elle pu ordonner une réouverture du procès ou une remise en liberté ?

Dans des affaires non relatives à la peine de mort[2] dans lesquelles la Cour a conclu, entre autres, à des violations des dispositions de l'article 7, la Cour est d'avis pour ordonner la reprise du procès. Dans l'affaire Alex Thomas par exemple, elle s'est abstenue de l'ordonner parce qu'une telle mesure conduirait à maintenir en détention le requérant qui y avait déjà passé près de vingt ans[3]. On peut dès lors penser qu'en présence d'une condamnation à la peine de mort, une telle mesure pourrait être ordonnée si les circonstances sont favorables. L'occasion a été donnée à la Cour de

---

[1] V° CourADHP, *Ayants droit du feu Norbert Zongo et autres c. Burkina Faso*, Requête n° 013/2011, arrêt sur les réparations, 05 juin 2015, § 20 ; CourADHP, *Ingabire Victoire Umuhoza c. République du Rwanda*, Requête n° 003/2014, arrêt sur les réparations, 7 décembre 2018, § 19.

[2] V° les commentaires des arrêts 7 et 17 du présent ouvrage.

[3] CourADHP, *Alex Thomas c. République Unie de Tanzanie*, Requête n° 005/2013, arrêt, 20 novembre 2015, § 158 ; CourADHP, *Mohamed Abubakari c. République Unie de Tanzanie*, Requête n° 007/2013, arrêt, 3 juin 2016, §§ 235-236.

décider en partie dans ce sens dans une récente affaire de condamnation à la peine de mort. La Cour y ayant admis une violation de l'article 7 par l'État tanzanien a ordonné une reprise partielle, peut-on dire, du procès. Car, le dispositif de l'arrêt oblige seulement à la prise par la Tanzanie des mesures nécessaires « pour faire entendre de nouveau l'affaire sur la détermination de la peine des Requérants »[1]. Par contre, la Cour a établi le principe qu'il ne lui revient pas d'ordonner une remise en liberté du requérant. Dans l'affaire Abubakari, elle a pris le soin d'indiquer qu'elle ne pourra ordonner une remise en liberté que dans des circonstances particulières[2]. Mais, elle n'exclut pas une telle mesure lorsqu'elle demande à l'État reconnu responsable des violations des droits garantis par la Charte de prendre les mesures appropriées pour remédier aux violations constatées[3].

Il reste que la Cour n'a pas encore réellement admis une violation de l'article de 7 de nature à remettre en cause l'intégrité d'une procédure pénale ayant abouti à une condamnation à la peine capitale. Certes, dans *l'affaire Ally Rajabu* et autres, l'imposition obligatoire de la peine de mort a été considérée « contraire à l'équité et à la régularité de la procédure » garanties à l'article 7 (1) de la Charte[4]. Mais, la Cour a cependant jugé que cette conclusion n'a pas d'incidence sur la déclaration de la culpabilité et sur la condamnation des Requérants[5]. Ce qui revient à dire que les violations n'ont pas entamées l'intégrité de la procédure. En conséquence, elle a rejeté la demande de mesure de réparation relative à l'annulation de la déclaration de culpabilité. La question se pose de savoir si une telle décision implique en pratique une reprise de tout le procès.

De l'autre, la Cour semble manifester de la réticence à ordonner des mesures structurelles. S'attachant à répondre strictement aux allégations des parties, la Cour ne s'autorise pas un discours incitatif en faveur de l'abolition de la peine de mort. C'est ainsi qu'en l'espèce, elle n'a pas trouvé nécessaire d'aller au-delà de la réponse à la demande de garanties de non-répétition. Ayant constaté que les violations n'étaient pas structurelles, elle n'a donc pas prescrit de mesures structurelles[6].

Il reste que, des affaires relatives à la peine de mort, l'affaire Armand Guéhi est la première dans laquelle la Cour a pu jusqu'à présent rendre une décision sur le fond. Or, pour une première décision de la CourADHP qui aurait pu orienter la pratique des Etats sur le sujet, la Cour est restée légaliste de ce point de vue. Pourtant, plusieurs raisons concourraient à l'affirmation sur ce point d'une position progressiste qui irait au-delà de la solution au problème juridique qui lui a été posé. D'abord, la CourADH aurait pu choisir d'appuyer la dynamique initiée par la Commission, dynamique manifeste d'une interprétation restrictive de l'autorisation de la peine de mort que celle-ci dégageait de l'esprit de la Charte[7]. La Commission a manifesté une volonté de s'aligner sur l'état de droit en matière de restriction de la peine de mort dans

---

[1] CourADHP, *Ally Rajabu et autres c. République-Unie de Tanzanie* *op. cit.*, § 171. xvi.

[2] CourADHP, Alex Thomas c. République Unie de Tanzanie, *op. cit.*, § 157 ; CourADHP, *Mohamed Abubakari c. République Unie de Tanzanie, op. cit.*, § 234.

[3] V° pour une critique de cette attitude d'indécision de la Cour : Sègnonna Horace Adjolohoun « Les grands silences jurisprudentiels de la Cour africaine des droits de l'homme et des peuples », *Annuaire africain des droits de l'homme,* volume 2, 2018, pp. 24-46, pp. 38 ss.

[4] CourADHP, *Ally Rajabu et autres c. République-Unie de Tanzanie, op. cit.*, § 111.

5 *Ibid.*, § 158.

6 § 191.

[7] V° Commission ADHP, *Principles and Guidelines on The Right to a Fair Trial and Legal Assistance in Africa*, DOC/OS (XXX) 247, p.17 ; Commission ADHP, *Observation générale n° 3 sur la Charte africaine des droits de l'homme et des peuples : le droit à la vie (Article 4)*, 18 novembre 2015, pp.13-14.

d'autres systèmes de protection de droits de l'homme. Or, c'est une pratique établie de la Cour que de faire référence à la jurisprudence internationale et à l'élan qui s'y dégage relativement à l'évolution de la protection des droits fondamentaux. Enfin, le nombre grandissant des affaires relatives à la peine de mort pouvait inciter à sonner l'alarme. A ce dernier propos, le cas particulier de la Tanzanie constituait un motif supplémentaire. Presque toutes les affaires relatives à la peine de mort sont portées contre la République-Unie de Tanzanie[1]. Premier État défendeur devant la Cour, la Tanzanie pratique, certes, un moratoire de fait sur l'exécution de la condamnation à la peine de mort. Mais comme le soulignent les *amici curiae*, cela n'engage pas juridiquement l'État défendeur, et le condamné à mort peut toujours être exécuté[2]. Un appel à faire évoluer la législation orienterait l'interprétation par le juge national des dispositions internes permissives de la peine de mort.

Cette suggestion n'est pas théorique. Certaines questions cruciales relatives à la peine de mort demeurent encore sans réponses de la Cour. C'est le cas de la question de la conformité à la Charte de condamnation à la peine de mort, de l'absence de restrictions conventionnelles à la peine de mort relativement au type d'infractions éligibles à la condamnation ainsi qu'à l'exemption de certaines catégories de personne. L'évolution conventionnelle dans d'autres systèmes de protection des droits de l'homme a permis de préciser ces points[3]. Dans le contexte africain, c'est la commission ADHP qui a tracé les premières pistes que la Cour confirme progressivement mais seulement à la demande.

C'est le cas concernant la question relative au caractère automatique de la condamnation à la peine de mort en Tanzanie. Si la question n'a pas été soulevée dans l'affaire Armand Guéhi, elle l'a été dans d'autres qui sont encore pendantes[4] devant

---

[1] V° les mesures provisoires ordonnées : CourADHP, *Ally Rajabu et* autres *c. République-Unie de Tanzanie*, Requête n° 007/2015, Ordonnance portant mesures provisoires, 18 mars 2016 ; CourADHP, *John Lazaro c. République-Unie de Tanzanie*, Requête n° 003/2016, Ordonnance portant mesures provisoires, 18 mars 2016 ; CourADHP, *Evodius Rutechura c. République-Unie de Tanzanie*, Requête n° 004/2016, ordonnance portant mesures provisoires, 18 mars 2016 ; CourADHP, *Habiyalimana Augustino et Mburo Abdukarim c. République-Unie de Tanzanie,* Requête n° 015/2016, *Ordonnance portant mesures provisoires*, 3 juin 2016 ; CourADHP, *Deogratius Nicholaus Jeshi c. République-Unie de Tanzanie*, Requête n° 017/2016, ordonnance portant mesures provisoires, 3 juin 2016 ; CourADHP, *Cosma Faustin c. République-Unie de Tanzanie,* Requête n° 018/2016, Ordonnance portant mesures provisoires, 3 juin 2016 ; CourADHP, *Joseph Mukwano c. République-Unie de Tanzanie*, Requête n° 021/2016, ordonnance portant mesures provisoires, 3 juin 2016 ; CourADHP, *Amini Juma c. République-Unie de Tanzanie*, Requête n° 024/2016, ordonnance portant mesures provisoires, Requête n° 3 juin 2016 ; CourADHP, *Oscar Josiah c. République-Unie de Tanzanie,* Requête n°053/2016, Ordonnance portant mesures conservatoires, 18 novembre 2016 ; CourADHP, *Dominick Damian c. République-Unie de Tanzanie*, Requête n° 048//2016, Ordonnance portant mesures provisoires, 18 novembre 2016 ; CourADHP, *Chrizant John c. République-Unie de Tanzanie*, Requête n° 049//2016, Ordonnance portant mesures provisoires, 18 novembre 2016 ; CourADHP, *Crospery Gabriel et Ernest Mutakyawa c. République-Unie de Tanzanie*, Requête N°050/2016, Ordonnance portant mesures provisoires, 18 novembre 2016 ; CourADHP, *Nzigiyimana Zabron c. République-Unie de Tanzanie,* Requête n°051/2016, Ordonnance portant mesures provisoires, 18 novembre 2016 ; CourADHP, *Marthine Christain Msuguri c. République-Unie de Tanzanie*, Requête n°052/2016, Ordonnance portant mesures provisoires, 18 novembre 2016 ; CourADHP, *Gozbert Henerico c. République-Unie de Tanzanie*, Requête n°056/2016, Ordonnance portant mesures provisoires, 18 novembre 2016 ; CourADHP, *Mulokozi Anatory c. République-Unie de Tanzanie*, Requête n°057/2016, Ordonnance portant mesures provisoires, 18 novembre 2016 ; CourADHP, *Tembo Hussein c. République-Unie de Tanzanie*, Requête n° 001/2018, Ordonnance portant mesures provisoires, 11 février 2019 ; CourADHP, *Dexter Eddie Johnson c. République du Ghana,* Requête n° 016/2017 , 28 septembre 2017.

[2] *Amici Curiae* Brief of Professor Christof Heyns and Professor Sandra Babcock, § 62.

[3] Voir supra note 12.

[4] CourADHP, *Chrizant John c. République-Unie de Tanzanie*, Requête N°049//2016, Ordonnance portant mesures provisoires, 18 novembre 2016 (§ 3.d) ; CourADHP, *Crospery Gabriel et Ernest Mutakyawa c. République-Unie de Tanzanie*, Requête N°050/2016, Ordonnance portant mesures provisoires, 18 novembre 2016 (§ 3.e) ; CourADHP, *Gozbert Henerico c. République-Unie de Tanzanie*, Requête n°056/2016, Ordonnance portant mesures provisoires, 18 novembre 2016 (§ 3.g). Dans ces trois affaires toujours pendantes devant la Cour, les requérants soutiennent que « la peine qui leur a été imposée viole leur droit à la vie, qui est consacré dans la Déclaration universelle des droits de l'homme et inscrit aux articles 13 (6) et 14 de la Constitution tanzanienne » (§ 3.e).

la Cour. Mieux, la Cour a eu l'occasion de prendre position sur la question dans l'affaire Dexter Eddie Johnson. En l'espèce, le requérant, un binational (ghanéen et britannique) condamné à la peine capitale pour meurtre, a allégué que le fait que la loi ghanéenne impose une application automatique de la peine de mort en présence d'un meurtre sans laisser la possibilité au juge de prendre en compte des circonstances liées à l'infraction ou au délinquant portait atteinte aux droits à la vie, au procès équitable, à l'interdiction de traitements inhumains et dégradants protégés par la Charte et le PIDCP. Après avoir ordonné des mesures provisoires[1], la Cour rend un arrêt sur la compétence et la recevabilité[2] dans lequel il déclare la requête irrecevable sur la base du principe *non bis in idem*. En effet, le requérant avait préalablement soumis l'affaire au Comité des droits de l'homme qui a constaté que l'imposition automatique et obligatoire à la peine de mort (la loi ne laisse d'autre choix au juge que l'application de la seule peine prévue) constitue une privation arbitraire de la vie en violation de l'article 6 (1) du PIDC[3]. En conséquence, le Comité a demandé à l'État de commuer la peine et de modifier sa législation pour la mettre en conformité avec le Pacte. Ce que l'État partie n'a pas respecté. Mais ni cela ni la valeur des constatations du CDH n'ont empêché la Cour de considérer que la constatation faite par le CDH est *res judicata*. Avec l'arrêt Armand Guéhi, la Cour manque une deuxième occasion de se prononcer sur la question

Aussi, les juridictions nationales peuvent-elles continuer d'y aller de leur propre interprétation. Dans une affaire récente devant la haute cour tanzanienne, un requérant contestait la constitutionnalité de la Section 197 du Code pénal. Il alléguait que cette disposition, en imposant une condamnation obligatoire à la peine de mort sans prévoir une sanction alternative ni laisser une marge de discrétion au juge pour apprécier les circonstances de l'infraction, violait plusieurs dispositions de la Constitution, dont l'article 14 (droit à la vie) et l'article 13 (6)(e) (interdiction de peine inhumaine et dégradante). En réponse, la Haute Cour a déclaré la requête irrecevable en se fondant sur le principe *non bis in idem*. Son raisonnement s'appuie sur la doctrine de *stare decisis* en vertu de laquelle elle est tenue de respecter la décision de la Cour d'appel qui avait conclu à la constitutionnalité de la peine de mort dans une affaire similaire que la Haute Cour avait précédemment décidée. Or, pour la Haute Cour, le caractère automatique est la caractéristique la plus manifeste de la peine de mort telle qu'elle est prévue à la Section 197 du Code pénal. La distinction entre la peine de mort et la peine de mort obligatoire est alors factice. Aussi, selon la Haute Cour, c'est en toute connaissance de cause (donc, c'est en considérant nécessairement le caractère automatique de la peine de mort) que la Cour d'appel a affirmé la constitutionnalité de la peine de mort en droit tanzanien[4]. Dès lors, la constitutionnalité de la peine de mort tout court emporte celle de la peine de mort obligatoire.

---

[1] CourADHP, *Dexter Eddie Johnson c. République du Ghana*, Requête n° 016/2017 , Ordonnance portant mesures provisoires, 28 septembre 2017

[2] CourADHP, *Dexter Eddie Johnson c. République du Ghana*, Requête n° 016/2017, arrêt sur la compétence et la recevabilité, 28 mars 2019, §§ 54-56.

[3] Comité des droits de l'homme, *affaire Dexter Eddie Johnson c. Ghana*, Communication n° 2117/2012, CCPRC/C/110/D/2012, 27 mars 2014.

[4] High Court of Tanzania, *Jebra Kambole v. Attorney General of the United Republic of Tanzania*, 4 July 2019, pp. 13 ss.

Pourtant cette position n'est pas celle du droit international des droits de l'homme[1] qui promeut une application restrictive de la peine de mort en vue d'aboutir à son abolition.

Il ne restait plus qu'à espérer que la CourADHP saisisse l'occasion des affaires encore pendantes devant elle pour s'inscrire dans une démarche plus restrictive de la condamnation à la peine de mort[2]. A ce titre, l'arrêt rendu dans *l'affaire Ally Rajabu* et autres mérite d'être mentionné une fois de plus. En rappel, les Requérants ont explicitement allégué une violation de l'article 4 de la Charte par la Tanzanie. Ils ont argumenté que la violation de cet article résultait de l'imposition automatique de la peine de la mort (Section 197). La Cour devait alors juger si l'imposition automatiquc de la peine de mort rendait la procédure pénale irrégulière entrainant par-là même une violation de l'article 4. Ce que la Cour a bien retenu. Aussi, au titre de garanties de non-répétition, elle a ordonné à l'État tanzanien de « prendre les mesures nécessaires pour abroger de son code pénal la disposition relative à l'imposition obligatoire de la peine de mort »[3].

Si cette mesure de réparation est à saluer, il convient de remarquer que la Cour ne s'est pas attardée à faire des recommandations sur d'autres situations susceptibles de rendre la sentence de mort contraire à la Charte ou des recommandations relatives à la modification de la législation ordonnée[4]. On aura aussi observé qu'il a fallu, dans ce dernier arrêt, une demande expresse de la part des Requérants pour que la Cour déclare que l'application de la peine de mort par pendaison était contraire à l'article 5 de la Charte. Il en est de même en ce qui concerne l'ordonnance de la modification de la législation pénale tanzanienne au titre des mesures structurelles.

Tout cela amène à conclure que l'évolution jurisprudentielle autour de la peine de mort dans le contexte de la Charte requiert de la part des Requérants non seulement une explicitation des prétentions mais également une recherche d'une interprétation de la Charte à la lumière des conditions de vie d'aujourd'hui [5]. C'est alors qu'on pourra espérer que la Cour décide que l'imposition de la peine (qu'elle soit automatique ou non, et quelle que soit la forme d'application d'une telle sentence) est contraire à la Charte.

---

[1] V° Comité des droits de l'homme, *Affaire Rawle Kennedy c. Trinité-et-Tobago*, Communication n° 845/1999, 2 novembre 1999, CCPR/C/67/D/845/1999, § 7.2 ; Cour IADH, *Hilaire, Constantine et Benjamin et al. c. Trinité-et-Tobago*, arrêt du 21 juin 2002, Série C, n° 94, § 103 : " *The Court finds that the Offences Against the Person Act of 1925 of Trinidad and Tobago automatically and generically mandates the application of the death penalty for murder and disregards the fact that murder may have varying degrees of seriousness. Consequently, this Act prevents the judge from considering the basic circumstances in establishing the degree of culpability and individualising the sentence since it compels the indiscriminate imposition of the same punishment for conduct that can be vastly different. In light of Article 4 of the American Convention, this is exceptionally grave, as it puts at risk the most cherished possession, namely, human life, and is arbitrary according to the terms of Article 4(1) of the Convention.*"

[2] Une affaire *Jebra Kambole c. République-Unie de Tanzanie* est pendante devant la CourADH (V° Requête n°018/2018).

[3] CourADHP, *Ally Rajabu et autres c. République-Unie de Tanzanie*, *op. cit.*, § 163.

[4] Voir à titre comparatif, dans *l'affaire Eversley Thompson c. Saint Vincent-et-les Grenadines*, le Comité des droits de l'homme a suggéré à l'Etat partie la commutation de la peine à titre de mésure de réparation appropriée et effective (Communication n° 806/1998, U.N. Doc. CCPR/C/70/D/806/1998 (2000) (CDHNU), § 10). De meme, dans *l'affaire Hilaire, Constantine et Benjamin et al. c. Trinité-et-Tobago*, la CourIADH recommandait les réformes législatives ordonnées devraient inclure l'introduction de différentes catégories de meurtres en fonction du niveau de gravité de l'acte, afin de tenir compte des circonstances particulières du crime et de l'auteur. Ce système graduel devrait permettre de garantir que la sévérité de la peine soit proportionnelle à la gravité de l'acte et à la culpabilité pénale de l'accusé (arrêt du 21 juin 2002, Série C, n° 94, § 212).

[5] CourIADH, *The right to information on consular assistance in the framework of the guarantees of the due process of law*, Advisory Opinion OC-16/99, 1 October 1999, § 114.

Commentaire _ *Affaire Christopher Jonas c. République Unie de Tanzanie*, Requête n° 011/2015

Dr Yann Marius SOMA*

Les droits de l'homme, concept majeur du droit, demeurent un grand défi en ce qui concerne leur mise en œuvre en Afrique[1]. Bien souvent, l'Etat qui doit en être le pourvoyeur[2], devient le principal pourfendeur. Dans ces conditions, l'option la plus adéquate pour jouir de ses droits reste le recours juridictionnel[3]. C'est dans ce contexte global qu'en date du 28 septembre 2017, la Cour Africaine des Droits de l'Homme et des Peuples a rendu l'arrêt suivant dans l'affaire Christopher Jonas contre République Unie de Tanzanie, requête n°011/2015, pour violation de l'article 7 de la Charte Africaine des Droits de l'Homme et des Peuples (CADHP) qui protège le droit fondamental de l'homme à un procès équitable.

Des faits de l'espèce, il ressort, selon les termes des paragraphes 4 à 7 de l'arrêt, que : « Le requérant et un certain Erasto Samson ont été tous deux inculpés pour avoir, le 1er octobre 2002, volé de l'argent et différents objets de valeur à Habibu Saidi, usant de violence et blessant la victime au visage avec une machette ; qu'ils ont été tous les deux condamnés à une peine d'emprisonnement de trente (30) ans et douze (12) coups de bâton, contre laquelle décision de condamnation, ils ont interjeté appel devant la Haute Cour de Tanzanie à Dar-es-Salaam, puis formé un recours auprès de la Cour d'appel de Tanzanie à Dar-es- Salaam. Que ces deux recours furent rejetés. ».

C'est donc insatisfait de cette procédure interne et estimant que ses droits fondamentaux, conformément à la CADHP et aux autres instruments internationaux de protection des droits de l'homme, ont été violés, que le Sieur Christopher Jonas, représenté par l'Union Panafricaine des Avocats (UPA), saisit la Cour ADHP aux fins d'aboutir d'une part, à la constatation de la violation desdits droits et d'autre part, à leur réparation par l'Etat tanzanien.

Plus précisément, le Sieur Christopher Jonas soutient que l'Etat tanzanien a violé à son égard l'article 13 (b) (c) de la Constitution de la République-Unie de Tanzanie de 1977 ainsi que les articles 1, 2, 3, 4, 5, 6, 7(1) (c) et 7(2) de la Charte africaine des droits de l'homme et des peuples. Ce, aux motifs récriminant : « Qu'il a été inculpé et condamné à tort pour vol à main armée d'une peine de trente (30) ans de servitude pénale ; que le juge de première instance ainsi que les juges d'appel ont commis une grave erreur de droit et de fait pour avoir pris en compte la déposition principale du témoin à charge 1 (TC1), Habibu Saidi Shomari qui ne corrobore pas les éléments de l'acte d'accusation, notamment la liste des effets dont le vol est allégué, leurs valeurs respectives ainsi que le montant total estimé ; Que la peine de trente (30) ans d'emprisonnement prononcée par le tribunal de première instance à son encontre n'était pas en vigueur au moment où le vol a été commis (1er octobre 2002) ; que les articles 285 et 286 du Code pénal prévoyaient plutôt une peine maximale de quinze

---

* Docteur en droit de l'Université de Genève. Enseignant-Chercheur au Centre Univsersitaire de Banfora (Burkina Faso).

[1]Alexis DIETH, « Le problème du respect des droits de l'homme en Afrique », disponible sur https://www.afrik.com/le-probleme-du-respect-des-droits-de-l-homme-en-afrique.

[2] Vincent MARTENET, « L'Etat en que destinataire des droits fondamentaux », in *Etudes en l'honneur du Professeur Thierry Tanquerel : entre droit constitutionnel et droit administratif : questions autour du droit de l'action publique*, Genève, Schulthess éditions romandes, 2019, pp. 221-228.

[3] Dany COHEN, « Le juge, gardien des libertés ? », *Pouvoirs*, vol. 130, n° 3, 2009, pp. 113-125.

(15) ans d'emprisonnement ; que la peine de trente (30) ans de servitude n'est entrée en vigueur qu'en 2004 suite au décret n° 269 de 2004, tel que modifié et qui est devenu l'article 287 A du Code pénal ; Qu'il s'est vu refuser le droit à l'information ; Qu'il n'a bénéficié d'aucune assistance d'un conseil ou d'une assistance judiciaire durant son procès »[1].

De son côté, l'Etat Tanzanien, s'est défendu sur toute la ligne et n'a pas manqué, tout au long de la procédure qui a duré environ deux années, de résister aux prétentions du requérant. De manière concrète, celui-ci demandait à la juridiction régionale de : « Dire que le Gouvernement de la République-Unie de Tanzanie n'a pas violé les articles 1, 2, 3, 4, 5, 6, 7.1 c) el 7.2 de la Charte ; Dire [en outre] que le Gouvernement de la République-Unie de Tanzanie n'a pas enfreint l'article 13-6 b) et c) de la Constitution de la République-Unie de Tanzanie ; Dire [en plus] que la condamnation du Requérant et la peine à lui infligée par le juge de première instance, la Haute Cour et la Cour d'appel de Tanzanie étaient appropriées et non excessives ; Dire [aussi] que la peine de 30 ans d'emprisonnement pour vol à main armée est légale ; Dire [enfin] que le Gouvernement de la République-Unie de Tanzanie n'a fait aucune discrimination contre le requérant »[2].

En ce qui concerne la procédure sus évoquée, il est à noter qu'elle n'a véritablement commencé devant la Cour qu'avec la saisine du greffe par une requête en date du 11 mai 2015. Conformément à la pratique de la Cour et en application de l'article 35 de son Règlement intérieur, le greffe, après réception de la requête, la transmettait aussi bien à l'Etat défendeur qu'à la Présidente de la Commission par une lettre datée du 9 juin 2015. S'en est suivie une série d'échanges de mémoires – *en ce compris les différentes répliques et dupliques* - entre les différentes parties et la juridiction jusqu'au jugement final de l'affaire, intervenu en 2016.

Le problème de droit qui était posé devant la Cour était de savoir si, au regard des dispositions pertinentes de la Charte ADHP, et à la lumière des circonstances de l'espèce, l'Etat tanzanien avait, oui ou non violé les droits à une égalité devant la loi et à une égale protection de la loi, ainsi que le droit à un procès équitable en ses différents aspects du Sieur Christopher Jonas.

Mais comme il est de jurisprudence constante, en matière de contentieux des droits de l'homme ou de contentieux international tout court, les défendeurs ne se limitent souvent pas à une simple défense quant aux violations alléguées. Ils essaient en tout début de procédure de la neutraliser avant toute connaissance du fond par le biais des exceptions préliminaires. La présente affaire ne dérogea pas à cette pratique tant et si bien que la Cour devait répondre à des questions préalables se rapportant à sa compétence et à la recevabilité de la requête.

C'est l'ensemble de ces procédures et les réponses données par la juridiction qui feront l'objet de ce commentaire. Le moins que l'on puisse dire, c'est que la Cour a eu une démarche et une réponse qui diffèrent selon que l'on se situe dans la phase des exceptions préliminaires ou dans la phase du jugement au fond de l'affaire. Tandis qu'elle semble avoir rejeté toutes les exceptions soulevées par l'Etat tanzanien, et donc n'a pas trouvé d'empêchement à connaître de l'affaire (I), elle a néanmoins apprécié diversement les violations alléguées des droits de l'homme, puisqu'à l'analyse, selon elle, beaucoup de griefs soulevés contre la Tanzanie n'étaient pas

---

[1] V. § 8.

[2] V. § 21.

fondés. Mais, elle n'a pas non plus affirmé que toutes les allégations ne l'étaient pas. Au final, on se retrouve avec une solution au fond mitigée pour les deux parties (II).

I. Une affaire jugée recevable par la Cour

Il a été vu que la Cour est allée au fond de l'affaire à elle soumise pour en apprécier le bien fondé. Elle a dit le droit, en l'occurrence le droit de la Charte. Pour ce faire, elle a d'abord dû épuiser un certain nombre de questions relatives à sa compétence et à la recevabilité même de la requête, d'autant plus que l'Etat tanzanien entendait lui dénier toute compétence à en connaître. Sur la base d'un raisonnement assez constant, la Cour a vidé toutes les exceptions préliminaires soulevées pour retenir sa compétence et déclarer la requête du Sieur Christopher Jonas recevable (I.2.) malgré les résistances du défendeur dans l'affaire, l'Etat tanzanien (I.1.).

I.1. Les questions préliminaires soulevées par le défendeur

L'Etat tanzanien, défendeur dans cette affaire, a soulevé *in limine litis* un certain nombre d'exceptions préliminaires aux fins d'empêcher la connaissance au fond de l'affaire. Comme dit précédemment, ces exceptions ont porté sur la question bien connue de la compétence de la Cour (1) mais aussi celle de la recevabilité de la requête aux vues des dispositions pertinentes de la Charte et des autres instruments applicables au contentieux des droits (2).

1. L'incompétence de la Cour selon l'Etat tanzanien

Les questions de compétence, qui diffèrent des questions de recevabilité, sont souvent avancées par les parties pour contrer la connaissance d'une affaire au fond. La compétence renvoie à l'aptitude de la juridiction saisie à connaître du contentieux. Une juridiction ne peut connaître d'un litige donné que lorsqu'elle est compétente d'un point de vue matériel, d'un point de vue personnel et d'un point de vue territorial. Comme l'a dit Gérard CORNU, la compétence « c'est l'aptitude à connaître d'une affaire déterminée par l'ordre auquel appartient la juridiction (tribunal civil ou juridiction répressive), par le degré de la juridiction (juge d'appel ou de première instance), par la nature de la juridiction (commerciale, prud'homale) et celle des affaires (divorce, filiation, etc.) »[1].

En matière de contentieux des droits de l'homme, C'est l'acte qui crée l'organe du contentieux qui définit les contours de sa compétence ou encore l'acte qui consacre les droits garantis. A titre d'exemple, l'article 32 § 1 de la Convention européenne des droits de l'homme prévoit que « la compétence de la Cour s'étend à toutes les questions concernant l'interprétation et l'application de la Convention et de ses protocoles qui lui seront soumises dans les conditions prévues par les articles 33, 34, 46 et 47 ».

Dès lors qu'il existe une raison qui amènerait une juridiction à se déclarer incompétente, elle ne peut plus exercer son pouvoir de juger. A ce sujet, le § 2 de l'article 32 de la Convention européenne des droits de l'homme énonce que « en cas de contestation sur le point de savoir si la Cour est compétente, la Cour décide ». Pour le cas du système africain de protection des droits de l'homme, c'est l'article 39 (1) du Règlement de la Cour ADHP qui énonce qu'« [elle] procède à un examen préliminaire de sa compétence ».

Selon l'Etat tanzanien, la Cour ADHP n'était pas compétente pour connaître de l'affaire qui lui a été soumise par le Sieur Christopher Jonas. Mais, c'est seulement la compétence matérielle de la Cour qui était en cause ici. Matériellement donc, selon le

[1] Gérard CORNU, *Vocabulaire juridique*, 7e éd., PUF, 2005, p. 186.

défendeur, il ne revenait pas à la juridiction de s'ériger en organe d'appel ou de révision des arrêts rendus par les différentes juridictions nationales. Ses attributions ne lui permettent pas de jouer ce rôle de second degré de juridiction. C'est ce qu'il avançait lorsqu'il affirmait que : « L'article 3 du Protocole [se rapportant à la Cour] ne donne pas à la Cour la latitude de se prononcer sur les questions soulevées par le Requérant devant les juridictions nationales, de réviser les arrêts rendus par ces juridictions, d'évaluer les éléments de preuve et de parvenir à une conclusion »[1].

Or, toujours selon le défendeur, c'est ce que le requérant demandait à la Cour : que celle-ci se comporte comme un organe d'appel, une instance de validation ou d'annulation de la solution au litige qui résulte de la procédure interne. Dans ce sens, il peut être lu au § 24 de l'arrêt que : « L'Etat défendeur soutient que le requérant demande à la Cour de céans d'agir comme Cour d'appel ou Cour suprême alors qu'elle n'en a pas le pouvoir ».

Pour démontrer ce fait, l'Etat tanzanien a tenu à produire devant la juridiction un certain nombre d'éléments matériels. Ainsi, pour lui, « La Cour d'appel de Tanzanie a, dans l'arrêt qu'elle a rendu en l'affaire pénale n° 38/2006, examiné toutes les allégations du requérant [de sorte] que la Cour de céans doit respecter l'arrêt rendu par cette Cour »[2].

Contre cette argumentation, le requérant, le Sieur Christopher Jonas opposa l'idée selon laquelle le fait que l'institution judiciaire ne doive pas s'ériger comme un second degré de juridiction, ne signifie pas non plus qu'elle doit refuser sa compétence pour des cas de violation des droits de l'homme. D'ailleurs, c'est la pratique de la Cour en cette matière qui conforta l'idée du requérant dans le fait que la Cour doive retenir sa compétence. En effet, la Cour elle-même l'a dit : « elle demeure compétente aussi longtemps qu'il y a des allégations de violation des droits de l'homme »[3]. Dans tous les cas, la Cour a pris une position qui sera vue ultérieurement. Mais, il est intéressant de noter que le défendeur, dans sa tentative de paralyser la requête, n'a pas avancer des exceptions préliminaires se rapportant uniquement à la compétence de la Cour. Son action a porté aussi sur la recevabilité de la requête.

2. L'irrecevabilité de la requête selon l'Etat Tanzanien

Les requêtes doivent respecter certaines conditions, sous peine d'être déclarées irrecevables par la Cour, sans même qu'elle examine les griefs[4]. A la différence de la compétence qui est relative à l'aptitude de la juridiction à juger, et donc qui porte sur la juridiction elle-même, la recevabilité, elle, porte sur la requête elle-même. Comme le souligne Emmanuel JACOMY, l'exception d'incompétence « consiste à soutenir que le juge saisi par le demandeur n'est pas le bon, conformément aux règles de répartition des compétences entre juridictions établies par 1' ordre juridique interne. Elle fait obstacle à la procédure engagée par le défendeur »[5]. S'agissant de l'exception d'irrecevabilité, elle vise à « éteindre de manière définitive, avant tout examen au fond, indépendamment du juge saisi ou de la procédure engagée »[6].

---

[1] V. § 25.

[2] V. § 26.

[3] V. Affaire *Alex Thomas c. la République-Unie de Tanzanie* (Requête n°005/2013), arrêt du 20 novembre 2015 ; *Joseph Peter Chacha c. la République-Unie de Tanzanie* (Requête 003/2012), décision sur la recevabilité du 28 mars 2014.

[4] Cour européenne des droits de l'homme, *La CEDEH en 50 questions*, 2017, publications de la CEDH. Disponible sur *https://www.echr.coe.int/Documents/*50Questions_*FRA.pdf*

[5] Yas BANIFATEMI et Emmanuel JACOMY « Compétence et recevabilité dans le droit de l'arbitrage en matière d'investissements », *in Droit international des investissements et de l'arbitrage transnational,* Paris, Pedone, 2015, p. 773.

[6] Yas BANIFATEMI et Emmanuel JACOMY « Compétence et recevabilité dans le droit de l'arbitrage en matière d'investissements », *op. cit.*

C'est encore l'article 39 (1) du Règlement de la Cour ADHP qui prévoit qu'elle « procède à un examen préliminaire des conditions de recevabilité de la requête telles que prévues par les articles 50 et 56 de la Charte et de l'article 40 du Règlement ». Lorsqu'on regarde de près ces dispositions, on peut noter que les conditions qu'une requête doit remplir pour être recevable devant la Cour ADHP sont les suivantes : « 1. Indiquer l'identité de leur auteur même si celui-ci demande à la Cour de garder l'anonymat ; 2. Etre compatible avec l'Acte constitutif de l'Union africaine et la Charte ; 3. Ne pas contenir de termes outrageants ou insultants ; 4. Ne pas se limiter à rassembler exclusivement des nouvelles diffusées par les moyens de communication de masse ; 5. Etre postérieures à l'épuisement des recours internes s'ils existent, à moins qu"il ne soit manifeste à la Cour que la procédure de ces recours se prolonge de façon anormale ; 6. Etre introduites dans un délai raisonnable courant depuis l'épuisement des recours internes ou depuis la date retenue par la Commission comme faisant commencer à courir le délai de sa propre saisine ; 7. Ne pas concerner des cas qui ont été réglés conformément soit aux principes de la Charte des Nations Unies, soit de la Charte de l'Organisation de l'Unité Africaine et soit des dispositions de la présente Charte ».

A titre de droit comparé, dans le système européen de protection des droits de l'homme, c'est l'article 35 qui fixe les conditions de recevabilité des requêtes. Aux termes de cette disposition : « 1. La Cour ne peut être saisie [d'une requête] qu'après l'épuisement des voies de recours internes, tel qu'il est entendu selon les principes de droit international généralement reconnus, et dans un délai de six mois à partir de la date de la décision interne définitive. 2. La Cour ne retient aucune requête individuelle introduite en application de l'article 34, lorsqu'elle est anonyme ou elle est essentiellement la même qu'une requête examinée précédemment par la Cour ou déjà soumise à une autre instance internationale d'enquête ou de règlement, et si elle ne contient pas de faits nouveaux. 3. La cour déclare irrecevable toute requête individuelle introduite en application de l'article 34 lorsqu'elle estime que la requête est incompatible avec les dispositions de la Convention ou de ses protocoles, manifestement mal fondée ou abusive, ou que le requérant n'a subi aucun préjudice important, sauf si le respect des droits de l'homme garantis par la Convention et ses protocoles exige un examen de la requête au fond et à condition de ne rejeter pour ce motif aucune affaire qui n'a pas été dûment examinée par un tribunal interne. 4. La Cour rejette toute requête qu'elle considère comme irrecevable par application du présent article. Elle peut procéder ainsi à tout stade de la procédure ».

Dans le système interaméricain des droits de l'homme, les conditions de recevabilité des requêtes sont posées aux articles 46 et 47 de la Convention américaine relative aux droits de l'homme.

Dans le système onusien de protection des droits de l'homme, en ce qui concerne le mécanisme particulier du Comité des droits de l'homme qui nous intéresse dans le cas d'espèce, les conditions de recevabilité sont posées aux articles 2 à 5 du Protocole facultatif se rapportant au Pacte international relatif aux droits civils et politiques.

Comme on peut le constater, d'un système à un autre, les conditions de recevabilité sont pratiquement les mêmes, même s'il existe quelques légères différences de formulation de part et d'autre. Ce qui est à relever ici, c'est qu'il s'agit en fait de conditions cumulatives de sorte que la non observation de l'une quelconque de ces conditions suffit à entraîner le rejet d'une requête. En pratique donc, la partie qui a un intérêt au rejet de la requête peut invoquer toutes les conditions de recevabilité qu'elle estime ne pas être remplies ; mais elle peut aussi se contenter d'invoquer seulement quelques conditions. En l'espèce, l'Etat tanzanien a opté pour la dernière solution. Il a choisi en effet d'invoquer deux conditions parmi les exigences posées par l'article 56 de la Charte, à savoir la règle de l'épuisement des voies de recours internes (EVRI) et la règle de l'introduction de la requête dans un délai raisonnable suivant l'EVRI.

La règle de l'épuisement des voies de recours internes (EVRI) en droit international coutumier vise à sauvegarder la souveraineté des États en exigeant des particuliers qu'ils cherchent à obtenir réparation pour tous préjudices prétendument causés par un État dans le cadre de son système juridique interne avant d'engager des poursuites internationales contre ledit État[1]. La nécessité de l'épuisement des voies de recours internes résulte donc du fait qu'il s'agit d'abord de la mise en jeu de la responsabilité internationale d'un Etat et qu'il n'est, par conséquent, pas raisonnable de la faire jouer sans avoir essayé au préalable d'obtenir satisfaction auprès des instances internes normalement compétentes de l'Etat mis en cause[2]. La Cour doit par conséquent être saisie après épuisement des voies de recours internes, c'est-à-dire que la personne qui se plaint de la violation de ses droits doit avoir au préalable porté son affaire devant les juridictions du pays concerné jusqu'à la plus haute instance compétente. Ainsi, l'Etat est mis en mesure de réparer lui-même, au niveau national, la violation alléguée[3].

La logique qui sous-tend la règle de l'épuisement des voies de recours internes est de ménager aux autorités nationales, et avant tout aux tribunaux, l'occasion de prévenir ou de redresser les violations alléguées des droits garantis. C'est là un aspect important du caractère subsidiaire des mécanismes internationaux de protection des droits de l'homme[4]. Il appartient donc au requérant, c'est-à-dire à Etat ou à individu, qui saisit un organe régional en cas de violation des droits de l'homme d'apporter la preuve de l'épuisement des voies de recours internes[5], même si, comme l'a fait remarquer la Cour EDH dans l'affaire *De Wilde, Ooms et Versyp c. Belgique*, « l'Etat peut renoncer au bénéfice de la règle de l'EVRI »[6]. Les requérants doivent observer les règles et procédures applicables en droit interne, faute de quoi leur requête risque d'être rejetée faute d'avoir satisfait à la condition de l'EVRI[7]. Il faut aussi qu'ils fassent appel à tous les moyens de procédure qui peuvent empêcher une violation des droits[8]. S'il dispose éventuellement de plus d'une voie de recours pouvant être effective, le requérant est uniquement dans l'obligation d'utiliser l'une d'entre

---

[1] V. International Institute for Sustainable Development, *L'épuisement des voies de recours internes en droit international de l'investissement*, Série bonnes pratiques de l'IISD - janvier 2017, p. 1.

[2] Hans WIEBRINGHAUS, « La règle de l'épuisement préalable des voies de recours internes dans la jurisprudence de la Commission européenne des Droits de l'Homme », in *Annuaire français de droit international*, volume 5, 1959, pp. 685-704.

[3] Cour Européenne des Droits de l'Homme, *La CEDH en 50 questions*, *op. cit.* V. également parmi beaucoup d'autres précédents *Selmouni c. France* [GC], n° 25803/94, CEDH 1999-V, § 74 ; *Kudla c. Pologne* [GC], n° 30210/96, CEDH 2000-XI, § 152 ; *Andrášik et autres c. Slovaquie* (déc.), n° 57984/00 et al., CEDH 2002-IX.

[4] Cour Européenne des Droits de l'Homme, *Point-clé de jurisprudence : l'EVRI*, publication de la CEDH, 2006, disponible sur https://www.humanrights.ch/cms/upload/pdf/091222_j... · Fichier PDF

[5] *Ibidem.*

[6] *De Wilde, Ooms et Versyp c. Belgique* (arrêt du 18 juin 1971, série A n° 12),

[7] *Ben Salah, Adraqui et Dhaime c. Espagne*, n° 45023/98, décision du 27 avril 2000 ; *Merger et Cros c. France*, n° 68864/01, décision du 11 mars 2004 ; *MPP Golub c. Ukraine*, n° 6778/05, décision du 18 octobre 2005)

[8] *Cardot c. France*, n° 11069/84, arrêt du 19 mars 1991, § 34 ; *Michalak c. Pologne*, n° 24549/03, décision du 1er mars 2005 ; *Charzynski c. Pologne*, n° 15212/03, décision du 1er mars 2005.

elles[1]. De l'avis de la Commission africaine des droits de l'homme, il incombe, en tout premier lieu, au Plaignant de prouver qu'il a rempli la condition prévue par l'article 56 (5) de la Charte africaine. Ensuite, cette charge est transférée à l'Etat défendeur s'il conteste les allégations du Plaignant, en faisant valoir qu'il existe d'autres voies de recours efficaces[2].

Ce qui est important à noter, c'est « il ne suffit pas, pour le Plaignant, de critiquer l'aptitude des voies de recours internes disponibles dans l'Etat en citant des cas isolés ou passés. Lorsqu'une voie de recours a la plus petite chance d'être efficace, alors le requérant doit l'utiliser. Le fait de se contenter d'expliquer que les recours internes ont peu de chances d'aboutir, en s'abstenant de les utiliser, ne saurait peser sur la décision de recevabilité »[3]. C'est pourquoi, dans l'affaire *Anuak Justice Council c. Ethiopie*, la Commission africaine des droits de l'homme a jugé la Communication irrecevable car le Plaignant n'avait pas fourni des éléments de preuve à l'appui de sa requête pour expliquer pourquoi il ne lui était pas possible d'épuiser les voies de recours internes. La Commission africaine avait statué que : « Outre les critiques faites concernant l'efficacité des recours internes, le Plaignant n'a pas fourni des preuves concrètes ou démontré suffisamment que ces appréhensions sont fondées et pourraient constituer un obstacle à ses efforts visant l'épuisement des recours internes »[4].

La règle de l'EVRI est si importante que tous les systèmes et mécanismes internationaux de protection des droits de l'homme la consacrent. Par exemple, le Pacte international relatif aux droits civils et politiques (PIDCP) pose en son article 41 que le Comité des droits de l'homme « ne peut connaître d'une affaire qui lui est soumise en vertu du présent article qu'après s'être assuré que tous les recours internes disponibles ont été utilisés et épuisés, conformément aux principes de droit international généralement reconnus »[5].

---

[1] *Moreira Barbosa c. Portugal*, n° 65681/01, décision du 29 avril 2004 ; *Jeličić c. Bosnie-Herzégovine*, n° 41183/02, décision du 15 novembre 2005, p. 31.

[2] Communication 338/07 - *Socio-Economic Rights and Accountability Project (SERAP) c. République fédérale du Nigeria*, § 63.

[3] Communication 338/07 - *Socio-Economic Rights and Accountability Project (SERAP) c. République fédérale du Nigeria*, § 65.

[4] Les communications suivantes ont été déclarées irrécevables pour le même motif: Communication 300/05 : *Socio Economic Rights and Accountability Project / Nigeria*; Communication 307/05 : *Obert Chinhamo / Zimbabwe; Communication 322/06 : Tsatsu Tsikata / Ghana*; Communication 299/05 : *Anuak Justice Council / Ethiopie*; Communication 268/03 : *Ilesanmi / Nigeria*; Communication 264/02 : *Association Que Choisir Bénin / Bénin*; Communication 263/02 : *Kenyan Section of the International Commission of Jurists, Law Society of Kenya et Kituo Cha Sheria / Kenya*; Communication 260/02 : *Bakweri Land Claims Committee / Cameroo*n; Communication 258/02 : *Miss A / Cameroun*; Communication 248/02 : *Interights and World Organisation against Torture / Nigeria*; Communication 256/02 : *Samuel Kofi Woods, II et Kabineh M. Ja'neh / Libéria*; Communication 254/02 : *Mouvement des réfugiés mauritaniens au Sénégal pour la defense; des droits de l'Homme / Senegal*; Communication 252/02 : *Stephen O. Aigbe / Nigeria*; Communication 247/02 : *Institute for Human Rights and Development in Africa (on behalf of Jean Simbarkiye) / DRC*; Communication 239/01 : *Interights (pour le compte de Jose Domingos Sikunda) / Namibie*; Communication 220/98 : *Law Offices of Ghazi Suleiman / Soudan*; Communication 207/97 : *Africa Legal Aid (agissant pour le compte de Isaac et Robert ; Banda) c/ Gambie*; Communication 230/99 : *Motale Zacharia Sakwe / Cameroon*; Communication 226/99 : *Union Nationale des Syndicats Autonomes du Sénégal (UNSAS) / Sénégal*; Comunication 219/98 : *Legal Defence Centre / Gambia (The)*; Communication 209/97 : *Africa Legal Aid / Gambia (The)*; Communication 201/97 : *Egyptian Organisation for Human Rights / Egypte*; Communication 73/92_13AR : *Mohamed Lamine Diakité c/ Gabon*; Communication 221/98 : *Alfred B. Cudjoe / Ghana*; Communication 198/97 : *S.O.S. Esclaves / Mauritania*; Communication 162/97 : *Mouvement des réfugiés mauritaniens au Sénégal / Sénégal*; Communication 135/94 : *Kenya Human Rights Commission / Kenya*; Communication 138/94 : *International PEN (on behalf of Senn and Sangare) / Cote d'Ivoire*; Communication 92/93 : *International PEN (in respect of Kemal al-Jazouli) / Sudan* ; Communication 53/91_8AR : *Alberto Capitao/ Tanzania*; Communication 86/93 : *M. S. Ceesay / Gambie*; Communication 127/94 : *Sana Dumbaya / Gambia (The)*; Communication 90/93 : *Paul S. Haye / Gambia (The); Communication 18/88 : El Hadj Boubacar Diawara/Bénin; Communication 131/94 : Ousman Manjang / Gambie*; Communication 72/92 : *Bamidele Aturu / Nigéria*; Communication 45/90 : *Civil Liberties Organisation / Nigéria*; Communication 53/90_7AR : *Albert T. Capitao/Tanzania*.

[5] Art. 41 § (1) (c) du Pacte international sur les droits civils et politiques (PIDCP).

Le Protocole facultatif du PIDCP pose de même comme exigence, l'EVRI en ce qui concerne la soumission de communications des particuliers au Comité[1]. A son tour, la Convention européenne des droits de l'homme prévoit que la Cour européenne des droits de l'homme « ne peut être saisie qu'après l'épuisement de tous les recours internes, tel qu'il est entendu selon les principes de droit international généralement reconnus »[2]. Quant à la Convention américaine relative aux droits de l'homme, l'article 46 1(a)-(b) rend obligatoires « l'exercice et l'épuisement des voies de recours internes conformément aux principes du Droit international généralement reconnus avant toute soumission de pétitions ou de communications à la [juridiction] »[3]. En Afrique, comme déjà évoquée, la Charte africaine des droits de l'homme et des peuples impose comme condition de recevabilité d'une requête, entre autres, le fait que la Commission ou la Cour « ne peut connaitre d'une affaire qui lui est soumise qu'après s'être assurée que tous les recours internes, s'ils existent, ont été épuisés »[4].

Revenant au cas d'espèce, s'agissant de la non-observation de la règle de l'EVRI, l'Etat tanzanien soutient « qu'il était prématuré pour le requérant de soumettre l'affaire à une instance internationale, vu qu'il avait encore des voies de recours internes à sa disposition »[5]. Ces recours possibles sont de deux ordres. C'est ainsi que, « le requérant avait d'abord la possibilité d'introduire une requête en inconstitutionnalité auprès de la Haute Cour de Tanzanie au sujet des violations alléguées de ses droits en se fondant sur la loi relative à la mise en œuvre des droits fondamentaux et des devoirs, Livre 3, 6e édition révisée de 2002 (Basic Rights and Duties Enforcement Act [Chapter 3 Revised Edition 2002] pour obtenir réparation »[6]. Ensuite, « le requérant avait aussi la possibilité de demander à cette même Cour de procéder à la révision de son arrêt, en vertu de l'article 66 de son Règlement »[7]. Pour toutes ces raisons donc, l'Etat tanzanien a demandé à la Cour de constater la non-observation par le requérant de l'exigence de l'EVRI.

S'agissant de la seconde règle, qui porte sur le délai raisonnable, il est à noter qu'elle existe, elle aussi, dans tous les systèmes de protection des droits de l'homme. Par exemple, l'article 35 § 1 de la Convention européenne des droits de l'homme ne contient pas seulement la règle relative à l'épuisement des voies de recours internes ; il soumet aussi la recevabilité d'une requête à une deuxième condition : la soumission de la requête dans un délai de six mois à partir de la date de la décision interne définitive. Cette prescription s'explique par le souci des auteurs de la Convention de ne pas permettre pendant trop longtemps des contestations à l'égard de situations définitivement acquises en droit interne[8].

Dans le cas d'espèce, il convient de noter que pour l'Etat tanzanien, « Le requérant n'a pas saisi la Cour dans un délai raisonnable. Tout en reconnaissant que l'article 40(6) du Règlement de la Cour ne prescrit pas un délai précis pour le dépôt des plaintes, l'Etat défendeur indique qu'en s'inspirant des décisions des organismes

---

[1] Art. 5 (2) (b) du Protocole facultatif au PIDCP.
[2] Art 35 § 1 de la Convention européenne des droits de l'homme.
[3] Art 46 1(a)-(b), 2 de la Convention interaméricaine des droits de l'homme.
[4] Art 56 (5) de la Charte Africaine des droits de l'homme et des peuples.
[5] V. § 37.
[6] V. § 38.
[7] V. § 39.
[8] Hans WIEBRINGHAUS, « La règle de l'épuisement préalable des voies de recours internes dans la jurisprudence de la Commission européenne des Droits de l'Homme », *op. cit.*

régionaux similaires de la Cour de céans, une période de six (6) mois serait un délai raisonnable dans lequel le requérant aurait dû déposer sa requête. Il affirme que telle est également la position de la Commission Africaine des Droits de l'Homme et des Peuples dans l'affaire *Michael Majuru c. Zimbabwe* et soutient donc que le délai de quatre (4) ans et 10 mois dans lequel le requérant a saisi la Cour est de loin supérieur au délai de six mois considéré comme un délai raisonnable »[1].

Mais, malgré l'argumentation faite, la juridiction continentale a retenu la solution contraire.

I.2. La position de la Cour concernant la compétence et la recevabilité

On l'a dit, en dépit de toutes les résistances formées contre la requête, la Cour a fini par la connaître au fond. Elle a non seulement conclu qu'elle est compétente pour en connaître, mais aussi que celle-ci était bel et bien recevable. Ce qui est utile à relever, c'est que pour construire son raisonnement et aboutir à ces conclusions, elle s'est non seulement prononcée sur les arguments invoqués par les parties, en l'occurrence le défendeur (1) mais aussi s'est appuyée sur des éléments dont les parties n'ont pas fait mention dans leur argumentation (2).

1. L'admission de la requête sur la base des arguments invoqués par les parties

Les arguments invoqués par le défendeur pour ne pas voir la requête être jugée au fond ont été déconstruits par la juridiction. En rappel, dans une procédure juridictionnelle, la charge de la preuve incombe au demandeur. Il revient donc à celui qui réclame un droit d'en apporter la preuve. Or, en l'espèce, c'est le défendeur à l'action principale, l'Etat Tanzanien qui souhaite voir la requête paralysée. C'est donc à lui d'apporter la preuve de ses allégations. Dans cette logique, comme vu précédemment, il a mis en avant principalement deux choses : le défaut de compétence de la Cour et la non-observation des conditions de recevabilité de la requête.

S'agissant du premier argument, portant précisément sur la compétence matérielle de la Cour, la juridiction a pris acte des allégations du défendeur et a maintenu sa position tendant à dire qu'elle n'est pas un organe d'appel des décisions rendues par les juridictions nationales[2]. Cela est acté et ne fait l'objet de contestation dans aucun système[3]. Mais, elle est allée plus loin pour confirmer une jurisprudence antérieure selon laquelle le fait qu'elle ne soit pas un organe d'appel « n'affecte pas sa compétence à examiner [la requête] aux fins de savoir si les procédures devant les juridictions nationales répondent aux standards internationaux établis par la Charte ou les autres instruments des droits de l'homme applicables »[4]. Après tout, l'article 3 (1) du Protocole portant sur la Cour pose qu'elle « est compétente pour connaître de

---

[1] V. § 46.

[2] § 28. V. dans le même sens l'affaire *Ernest Francis Mtingwi c. République du Malawi* (Requête n 001/2013), arrêt du 15 mars 2013, § 14 ; *Kenedy Ivan c. République-Unie de Tanzanie*, (Requête n° 025/2016), Arrêt du 28/03/2019 (fond et r6parations), § 26 ; *Armand Guehi c. République-Unie de Tanzanie*, (Requête n°024/2015), Arrêt du 07/11/2018 (fond et r6parations), § 33 ; *Nguza Viking (Babu Seya) et Johnson Nguza (Papi Kocha) c. Tanzanie* (Requête n° 006/2015), Arrêt du 23/03/2018 (fond), § 35.

[3] V. pour plus de détails Dieter Helmut SCHEUING, « Justice constitutionnelle, justice ordinaire, justice supranationale : à qui revient la protection des droits fondamentaux en Europe ? », *in Annuaire international de justice constitutionnelle*, 20-2004, 2005, pp. 141-166.

[4] *Ibidem*, § 28. V. aussi *Alex Thomas c. la République-Unie de Tanzanie* (Requête n 005 de 2013), arrêt du 20 novembre 2015, § 130 ; *Mohamed Abubakai c. la République-Unie de Tanzanie* (Requête n 007 de 2013), arrêt du 3 juin 2016, § 29 ; *Ingabire Victoire Umuhoza c. République du Rwanda*, (Requête n°007/2013) ; Arrêt du 03/06/2013 (Fond), § 52 ; *Mohamed Abubakari c. République-Unie de Tanzanie*, § 29.

toutes les affaires et de tous les différends dont elle est saisie concernant l'interprétation et l'application de la Charte, du présent Protocole, et de tout autre instrument pertinent relatif aux droits de l'homme ratifié par les Etats concernés.

Or, en l'espèce, c'est bien de cela qu'il s'agit. Le requérant Christopher Jonas invoque devant la juridiction continentale, à l'encontre de l'Etat tanzanien, des violations de droits de l'homme à son égard qui témoignent que les procédures nationales, en ce qui concerne notamment le droit à un procès équitable, n'ont pas été conformes aux standards internationaux, notamment le droit à une assistance. La Cour note cet élément au § 29 de son arrêt en ces termes : « En tout état de cause, le requérant a allégué la violation de droits garantis par la Charte ». C'est pour cette raison qu'elle a rejeté l'exception soulevée par l'Etat tanzanien quant à la compétence matérielle de la Cour.

L'observation qui peut être faite à ce niveau, c'est que s'agissant de sa compétence, la Cour a un certain droit de vérifier dans chaque cas si un ou des éléments font ou non obstacle à ladite compétence. Même s'il est bien admis dans tous les systèmes de protection des droits de l'homme que les juridictions régionales ne doivent pas s'ériger en organe d'appel des décisions des juridictions nationales, comme vu précédemment, reste que si une procédure interne n'a pas été de nature à préserver suffisamment les droits des individus conformément au droit international dont l'Etat a la charge de la mise en œuvre, c'est la responsabilité de l'organe régional de le relever puisque son rôle est de veiller à l'application de tous les droits de l'homme y compris les droits qui sont attachés à la procédure judiciaire. La juridiction aurait manqué de dire le droit si, sur le fondement de ne pas se transformer en organe d'appel, elle refusait de retenir sa compétence. Sa position ici est d'ailleurs conforme à sa propre jurisprudence[1].

Sur la question de la non-observation des conditions de recevabilité, deux arguments ont été mis en avant par le défendeur : la question de l'EVRI et la question du délai raisonnable.

Concernant l'EVRI, « l'Etat défendeur devrait d'abord avoir la possibilité de réparer, par ses propres moyens et dans le cadre de son système juridique interne, le préjudice supposé avoir été causé à l'individu »[2]. Les voies de recours internes qui doivent être épuisées au sens des conventions internationales « visent [en principe] non seulement toutes les actions et tous les autres recours judiciaires devant les Tribunaux de l'Etat mis en cause, tels que par exemple l'appel, le pourvoi en cassation, le recours devant la Cour Constitutionnelle, c'est-à-dire tous les recours ordinaires, et le cas échéant même les recours extraordinaires, mais aussi, par exemple, des demandes ou requêtes adressées à des autorités administratives, ainsi que des voies de recours éventuellement ouvertes devant des tribunaux administratifs »[3].

---

[1] V. *Rev. Christopher Mtikila c. République- Unie de Tanzanie*, (Requête no 011/2011), arrêt du juin 2013 ; *Peter Joseph Chacha c. République-Unie de Tanzanie*, (Requête n°003/2012), Décision du 28/03/2014 (Recevabilité), § 14 ; *Alex Thomas c. République-Unie de Tanzanie*, (Requête n°005/2013), Arrêt du 20/11/2015 (Fond), § 45 ; *Oscar Josiah c. République-Unie de Tanzanie* (Requête n°053/2016), Arrêt du 2810312019 (Fond), § 24.

[2] Communication 338/07 - *Socio-Economic Rights and Accountability Project (SERAP) c. République fédérale du Nigeria*, § 58.

[3] Hans WIEBRINGHAUS, « La règle de l'épuisement préalable des voies de recours internes dans la jurisprudence de la Commission européenne des Droits de l'Homme », *op. cit.*

Toutefois, la jurisprudence des organes de défense des droits de l'homme reconnaît plusieurs exceptions ou limites à la règle de l'EVRI[1]. C'est ainsi que l'indisponibilité du recours interne constitue une exception à l'EVRI. « Les recours indisponibles sont les recours internes auxquels il est très difficile d'accéder »[2]. Une deuxième exception porte sur le manque d'efficacité ou d'adéquation. De la sorte, « un requérant ne saurait épuiser les recours internes s'il y a de sérieuses raisons de croire qu'ils n'offrent pas de réelles perspectives de succès ou d'efficacité »[3]. La troisième exception à l'EVRI concerne le déni de justice ou le retard abusif. Ainsi, un requérant ne sera pas obligé d'épuiser les recours internes dans l'hypothèse où les tribunaux internes « refusent d'administrer la justice, ou s'ils ne sont pas indépendants et impartiaux, ou s'ils rendent des jugements qui sont manifestement inéquitables, ou si le recours interne dépasse les délais raisonnables »[4]. Enfin, une exception à l'EVRI est relative aux recours disciplinaires, administratifs, discrétionnaires ou extraordinaires. Le requérant n'est aucunement tenu de les épuiser avant la saisine de l'organe international de protection[5].

Tous les systèmes de protection consacrent ces exceptions à l'EVRI. Par exemple, la CEDH n'exige pas la satisfaction par le plaignant de cette condition si les recours internes ne peuvent pas traiter les plaintes en cause, ou que la jurisprudence interne bien établie est défavorable à de tels griefs ou, finalement, si la mesure interne législative ou administrative, contestée par le plaignant, rend toute procédure de recours interne inefficace[6]. Quant au système interaméricain, la convention américaine prévoit également trois cas dans lesquels il peut être dérogé à cette règle : a. S'il n'existe pas, dans la législation interne de l'État considéré, une procédure judiciaire pour la protection du droit ou des droits dont la violation est alléguée. b. Si l'individu qui est présumé lésé dans ses droits s'est vu refuser l'accès des voies de recours internes ou a été mis dans l'impossibilité de les épuiser. c. S'il y a un retard injustifié dans la décision des instances saisies[7]. S'agissant du système africain, la Commission africaine estimait que cette condition n'est pas obligatoire dans les cas de violations massives ou graves des droits fondamentaux. C'est le cas de la torture et du déplacement forcé. De même, cette condition est écartée dans les cas où les tribunaux locaux ne sont pas compétents pour statuer sur les violations alléguées, ou quand les procédures judiciaires internes sont trop coûteuses[8]. En tous les cas, les voies de recours doivent être *disponibles, efficaces et suffisantes*. Dans l'affaire *Jawara c. Gambie*, la Commission explique « qu'une voie de recours est considérée comme *disponible* lorsqu'elle peut être utilisée sans entrave par le requérant, elle est *efficace* si elle offre des perspectives de réussite et elle est *suffisante* lorsqu'elle est à même de donner satisfaction au plaignant ».

---

[1] V. International Institute for Sustainable Development, *L'épuisement des voies de recours internes en droit international de l'investissement*, *op. cit.*
[2] *Ibidem.*
[3] *Ibidem.*
[4] V. International Institute for Sustainable Development, *L'épuisement des voies de recours internes en droit international de l'investissement*, *op. cit.*
[5] *Ibidem.*
[6] Mostafa Khami, *La Cour africaine des droits de l'homme : Quelles restrictions à l'accès à la justice ?*, Mémoire, Université de Montréal, 2018, p. 70.
[7] Art 46 1(a)-(b), 2 de la Convention américaine des droits de l'homme.
[8] Mostafa Khami, *La Cour africaine des droits de l'homme : Quelles restrictions à l'accès à la justice ?*, *op. cit.*

La CEDH a défini les recours internes efficaces comme étant ceux « à la fois relatifs aux violations alléguées, accessibles et adéquates »[1]. Le recours interne efficace se présente donc comme étant un recours qui « peut raisonnablement aboutir après saisine en première instance des autorités judiciaires compétentes, au réexamen de l'affaire par une juridiction supérieure, et que celle-ci doit présenter, dans cette perspective, toutes les garanties d'une bonne administration de la justice »[2]. S'il est évident que le recours interne aurait vraisemblablement été inefficace ou insuffisant, le requérant peut être relevé de l'obligation de l'épuiser[3]. Cette condition d'efficacité du recours interne « est étroitement liée au droit d'accès à la justice. L'inefficacité du système juridique interne représente le premier obstacle au droit d'accès à la justice. C'est pour cette raison que les tribunaux internationaux doivent, lors de l'examen de la condition de l'épuisement des recours internes, prendre en considération le critère de l'efficacité du système juridique interne afin de ne pas priver les victimes de leur droit d'accès à la justice international »[4].

En l'espèce, il est à noter tout d'abord que pour le requérant, le Sieur Christopher Jonas, il a épuisé les voies de recours internes puisqu'il a interjeté appel : « Contre le jugement de la Haute Cour de Tanzanie devant la Cour d'appel de Tanzanie qui est la plus haute juridiction du pays. Il ajoute que dès lors que la Cour d'appel s'était prononcée sur son recours, il n'aurait pas été raisonnable de lui demander de déposer une nouvelle requête portant sur son droit à un procès équitable devant la Haute Cour, qui est une juridiction d'un rang inférieur par rapport à la Cour d'appel »[5].

De plus, lorsqu'on parle de recours internes, il s'agit en réalité des recours ordinaires selon la nomenclature de l'ordre juridictionnel de l'Etat. Or, dans le cas d'espèce, note le requérant, le défendeur invoque des recours, notamment le recours en inconstitutionnalité et en révision, qui « sont des recours extraordinaires qu'il n'était pas tenu d'épuiser avant de saisir la Cour de céans de sa requête »[6]. Comme nous l'avons déjà souligné, les organes de protection des droits de l'homme sont assez favorables à l'admission des recours extraordinaires comme une exception au principe de l'EVRI. Dès lors qu'un requérant a mobilisé de manière verticale tous les recours qui sont à sa portée, il a respecté le principe, sans qu'on ne lui impose d'épuiser les recours extraordinaires. C'est donc à juste titre, et conformément à la pratique internationale en la matière que la juridiction continentale, dans son arrêt, a reconnu la pertinence des arguments avancés par le requérant. Elle a en particulier noté que d'une part : « Le requérant a effectivement fait appel de sa condamnation auprès de la Cour d'appel de Tanzanie qui est la plus haute instance judiciaire du pays, et que celle-ci a confirmé les jugements rendus par le Tribunal de District de Morogoro et la Haute Cour de Tanzanie »[7], et que d'autre part, « s'agissant des deux autres recours mentionnés par l'Etat défendeur, à savoir le recours en inconstitutionnalité et le recours en révision, [elle] a déjà établi, dans d'autres requêtes dirigées contre le défendeur, que ces recours sont, dans le système juridique tanzanien, des recours

[1] *Van Oosterwijck c. Belgique*, 9 mai 1978, CEDH-7654/76

[2] Mostafa Khami, *La Cour africaine des droits de l'homme : Quelles restrictions à l'accès à la justice ?, op. cit.*

[3] C'est ce qu'a souligné la Commission des Droits de l'Homme dans sa décision du 5 septembre 1958 au sujet de la recevabilité de la requête n° 359/58.

[4] Mostafa Khami, *La Cour africaine des droits de l'homme : Quelles restrictions à l'accès à la justice ?, op. cit.*

[5] V. § 41.

[6] V. § 42.

[7] V. § 43.

extraordinaires que les requérants ne sont pas tenus d'épuiser avant de la saisir de leur requête »[1].

En ce qui concerne la question du délai raisonnable, si la Convention européenne des droits de l'homme et des libertés fondamentales[2] et la Convention américaine sur les droits de l'homme[3] ont fixé un délai spécifique pour l'introduction des communications auprès des mécanismes régionaux à savoir six mois, la Charte ADHP n'a pas fourni une telle précision. Elle se contente d'énoncer que les communications doivent être introduites « dans un délai raisonnable » qui n'est pas défini. Ce qui fait qu'en pratique, aussi bien la Commission que la Cour traite la question du délai raisonnable de façon casuistique[4].

Dans le cas d'espèce, la Cour a battu en brèche les arguments du défendeur, l'Etat Tanzanien. Elle a noté, conformément à sa propre jurisprudence que « le caractère raisonnable d'un délai de saisine de la Cour dépend des circonstances particulières de chaque affaire et qu'il doit être apprécié au cas par cas »[5]. Dans cet ordre d'idées, sur la base d'un raisonnement analogue à celui développé dans l'affaire *Mohamed Abubakai c. la République-Unie de Tanzanie*[6], la Cour a conclu que « le délai de cinq (5) ans, un (1) mois et douze (12) jours dans lequel elle a été saisie est un délai raisonnable au sens de l'article 56(6) de la Charte »[7].

La position de la Cour ici est conforme à la pratique internationale mais surtout elle est logique. S'il est vrai que ni la Charte ni le Protocole ne fixent un délai dans lequel la requête doit être introduite après l'EVRI, laissant l'appréciation à l'organe saisi, il est tout autant vrai que c'est à la lumière des circonstances de chaque espèce que le délai raisonnable doit être apprécié. Il ne doit donc pas s'agir d'une imputation mathématique mais d'une décision qui mobilise toutes les circonstances qui font que dans un cas, même une requête introduite plusieurs années après la fin supposée de la procédure nationale, puisse être considérée comme introduite dans un délai raisonnable. Cette position de la Cour, qui est conforme à sa propre jurisprudence, corrobore la pratique des autres organes régionaux en la matière. Par exemple, dans l'affaire *Darfur Relief and Documentation Centre c. République du Soudan,* la Commission ADHP notait que « quand un Plaignant a une raison valable et contraignante de ne pas soumettre sa plainte à l'examen de la Commission, cette dernière a la responsabilité, dans un souci d'équité et de justice, de lui accorder une opportunité d'être entendu »[8].

Quoiqu'il en soit, les organes apprécient avec beaucoup de rigueur les circonstances de chaque espèce pour finalement aboutir à la conclusion que la requête a été ou non soumise dans un délai raisonnable. Ce n'est donc pas une admission mécanique. On a pu voir dans ce sens dans la même affaire sus citée, *Darfur Relief and Documentation Centre c. République du Soudan*, que la Commission ADHP a

---

[1] V. § 44. V. aussi Affaires *Alex Thomas c. la République-Unie de Tanzanie* (Requête n° 005/2013), arrêt du 20 novembre 2015, §§ 60-65; *Abubakari c. la République-Unie de Tanzanie* (Requête n° 007/2013), arrêt du 3 juin 2016, §§ 65-72; *Wilfred Onyango c. la République-Unie de Tanzanie*, (Requête n° 006/2013), arrêt du 18 mai 2016, § 95.

[2] Art 35 § 1 Convention européenne des droits de l'homme.

[3] Art 46(1) (b) Convention américaine sur les droits de l'homme.

[4] Communication 310 /05 - Darfur Relief and Documentation Centre c. République du Soudan (2009), § 74.

[5] V. § 52. V. aussi l'affaire *Norbert Zongo et al. c. Burkina Faso*, (Requête 013/2011), exceptions préliminaires, arrêt du 21 juin 2013, § 121 ; *Alex Thomas c. la République-Unie de Tanzanie* (Requête n° 005/2013), arrêt du 20 novembre 2015, § 73; *Mohamed Abubakari c. la République-Unie de Tanzanie* (Requête n° 007/2013), arrêt du 3 juin 2016, § 91.

[6] V. *Mohamed Abubakari c. la République-Unie de Tanzanie*, (Requête n° 007/2013), arrêt du 3 juin 2016, § 92.

[7] V. § 54.

[8] Communication 310/05 : *Darfur Relief and Documentation Centre c. République du Soudan*, § 77 et suivants.

déclaré que l'expiration de deux ans et cinq mois ou vingt-neuf mois *sans aucune raison ou justification* était considérée irraisonnable[1]. Dans la même logique, dans la Communication 305/05 - *ARTICLE 19 et autres c. Zimbabwe*, la Cour Suprême, dernier recours interne a rendu sa décision le 25 septembre 2003 et les Plaignants ont introduit la Plainte auprès de la Commission le 19 août 2005, soit presque deux ans après l'épuisement des recours internes[2]. Il revenait donc à la Commission d'apprécier si ce délai pouvait être considéré 'raisonnable' aux termes de l'Article 56(6) de la Charte ADHP.

A la lumière des éléments en sa possession, la Commission avait fini par conclure que : « La raison avancée par les plaignants concernant la saisine tardive n'est ni bonne, ni impérieuse. (...) Les plaignants savent que depuis Septembre 2003, ils avaient atteint une impasse au niveau national. Ils auraient pu, dans un délai raisonnable, saisir la Commission de l'affaire. Attendre deux ans sans aucune raison impérieuse ne peut être justifié. Pour les raisons susmentionnées, la Commission estime que la Communication n'a pas été introduite dans un délai raisonnable après l'épuisement des recours internes et n'est donc pas conforme aux dispositions de l'Article 56(6) de la Charte en foi de quoi elle a déclaré la Communication irrecevable »[3].

D'autres communications soumises au même organe dans les mêmes circonstances avaient connu le même sort et avaient été déclarées irrecevables[4]. Ce qui est intéressant dans le cas de notre affaire, c'est qu'au-delà des arguments avancés par le défendeur, la Cour elle-même est allée chercher d'autres arguments pour finalement aboutir à la même conclusion : la recevabilité de la requête d'une part, sa compétence pour connaître de l'affaire d'autre part.

2. L'admission de la requête sur la base d'arguments non invoqués par les parties

A ce niveau aussi, la Cour a fait preuve d'une grande générosité en mobilisant une argumentation sur des éléments qui n'étaient « pas en discussion entre les parties devant elle »[5], et ce, tant en ce qui concerne la question de la compétence qu'en ce qui concerne la question de la recevabilité.

S'agissant de la compétence, elle note en effet que « sa compétence personnelle, temporelle et territoriale n'est pas contestée par l'Etat défendeur, et rien dans le dossier n'indique qu'elle n'est pas compétente »[6]. En analysant les faits à la lumière du droit de l'Union, elle a donc abouti à la conclusion suivant laquelle elle était compétente à tous points de vue pour connaître de l'affaire. De manière détaillée, elle a noté que : premièrement, « elle est compétente sur le plan personnel étant donné que l'Etat défendeur est partie au Protocole et qu'il a déposé la déclaration prévue à l'article 34 (6) qui permet aux individus d'introduire des requêtes directement devant elle, en vertu de l'article 5(3) du Protocole »[7]. Ensuite, « elle est compétente sur le plan

---

[1] *Ibidem*, § 77.
[2] Communication 305/05 - *ARTICLE 19 et autres c. Zimbabwe*, § 89.
[3] *Ibidem*, §§ 96-99.
[4] Les communications suivantes ont été déclarées irrecevables pour le même motif : Communication 361/08 : *J.E Zitha & P.J.L.Zitha (représentés par le Professeur Dr Liesbeth Zegveld) c/ Mozambique* ; Communication 306/05 – *Samuel Muzerengwa et 110 autres c. Zimbabwe*, Communication 333/06 : *Southern Africa Human Rights NGO Network and Others C. Tanzanie*; Communication 310/05 : *Darfur Relief and Documentation Centre / Soudan* ; Communication 308/05 : *Michael Majuru c. Zimbabwe.*
[5] V. § 55.
[6] V. § 31.
[7] V. § 31.

temporel dans la mesure où les violations alléguées présentent un caractère continu, le requérant étant toujours condamné sur la base de ce qu'il considère comme étant des irrégularités »[1]. Enfin, « elle est compétente sur le plan territorial dans la mesure où les faits de l'affaire se sont déroulés sur le territoire d'un Etat partie au Protocole, en l'occurrence l'Etat défendeur »[2].

S'agissant des conditions de recevabilité, la Cour note là aussi que « le respect des points 1, 2, 3, 4, et 7 de l'article 40 du Règlement n'est pas contesté et que rien dans le dossier n'indique non plus qu'ils ne sont pas respectés. La Cour estime donc que les exigences de ces dispositions sont remplies »[3]. Ajouté au point portant sur les conditions déjà discutées, elle a fini par conclure que « la requête remplit toutes les conditions de recevabilité énoncées aux articles 56 de la Charte et 40 du Règlement et l'a déclaré en conséquence recevable »[4].

Il y a lieu d'apprécier ici l'approche de la Cour qui est de se positionner comme l'organe chargé de dire le droit et tout le droit de sorte qu'elle prend des initiatives pour s'assurer que le droit dont elle a la charge de veiller à l'application est bien appliqué indépendamment de ce que les parties se bornent à avancer comme arguments. Juger *propio motu* toutes les conditions de recevabilité et d'admission de la requête est une manière pour la juridiction continentale de dire qu'elle se conforme à toute sa mission et que la primauté du droit est en toute hypothèse une règle qui doit être observée non seulement par les Etats mais aussi par tous les organes de l'Union y compris les juridictions.

D'autre part, les conditions de recevabilité des requêtes sont des conditions cumulatives. La non-satisfaction d'une seule des conditions devrait conduire la juridiction à déclarer la requête irrecevable. De la sorte, même si les parties ne prennent pas l'initiative de convoquer ou de mobiliser toutes les conditions devant la Cour, il lui revient de s'assurer, pour l'admission d'une requête, que toutes les conditions sont remplies. C'est la pratique en la matière. On peut noter dans ce sens que bien avant la Cour, sa devancière, la Commission ADHP, en faisait la règle. A ce titre, dans la *Communication 305/05 - ARTICLE 19 et autres c. Zimbabwe*, « bien que l'Etat défendeur conteste la recevabilité de la présente Communication sur seulement deux points : les paragraphes (5) et (6) de l'Article 56 de la Charte, la Commission [a estimé] nécessaire d'analyser la recevabilité de la Communication à la lumière des sept conditions requises par l'Article 56 de la Charte »[5]. Il en est de même en ce qui concerne la Communication 338/07 - *Socio-Economic Rights and Accountability Project (SERAP) c. République fédérale du Nigeria* où, « nonobstant le fait que le seul article auquel l'Etat défendeur fait référence est l'article 56 (5) de la Charte africaine, la Commission africaine va néanmoins procéder à l'analyse de toutes les sept conditions fixées par l'article 56 de la Charte africaine afin de vérifier qu'elles ont été dûment remplies par le Plaignant »[6].

---

[1] *Ibidem.*
[2] V. § 31.
[3] V. § 55.
[4] V. § 56.
[5] Communication 305/05 : *ARTICLE 19 et autres c. Zimbabwe.*
[6] Communication 338/07 - *Socio-Economic Rights and Accountability Project (SERAP) c. République fédérale du Nigeria*, § 46.
[6] V. § 57.

Une fois tous les obstacles préliminaires levés, la Cour a pu se prononcer en détail sur le fond de l'affaire avec une solution qu'on pourrait qualifier d'équilibrée ou de mitigée.

II. Une solution au fond mitigée de la Cour

La poire a été divisée en deux. Aucune des parties dans cette affaire ne sort totalement gagnante ou totalement perdante. En effet, la juridiction continentale, même si elle a conclu que l'article 7 (1) (a) n'a pas été violé concernant l'allégation du requérant selon laquelle il aurait été inculpé et condamné sur la base d'une déposition qui ne corrobore pas les éléments de l'acte d'accusation (II.1.), a tout de même retenu que l'article 7 (1) (c) a été violé par le défendeur en ce qui concerne le droit à une assistance judiciaire du requérant (II.2.).

II.1. La non-violation de l'article 7 (1) (a) de la Charte

Tout compte fait, c'est autour de l'article 7 (1) que la discussion s'est polarisée même si à l'origine, plusieurs articles étaient en cause[1]. Dans la mesure où les conclusions de la partie requérante n'ont porté que sur cet article, il ne revenait pas à la juridiction d'en dire plus. C'est pourquoi, « seules les allégations étayées par le requérant, à savoir les allégations de violation de l'article 7 de la Charte, ont été examinées par elle »[2]. Concernant cet article, la Cour a conclu qu'il n'a pas été violé à certains égards. Il importe de voir l'argumentation des parties (1) pour mieux comprendre et apprécier la substance de la solution de la Cour (2).

1. L'argumentation des parties

Concernant l'allégation selon laquelle le requérant aurait été inculpé et condamné sur la base d'une déposition qui ne corrobore pas les éléments de l'acte d'accusation, celui-ci soutient que : « Le juge de première instance et les juges d'appel ont tous commis une grave erreur de droit et de fait pour avoir pris en compte la déposition principale du témoin à charge 1 (TC1), qui ne corrobore pas les éléments de l'acte d'accusation, notamment la liste des effets dont le vol est allégué, leurs valeurs respectives ainsi que le montant total estimé »[3].

Contre cet argument, l'Etat tanzanien rétorqua : « Qu'après avoir évalué les preuves présentées, le juge de première instance a estimé que le vol avait effectivement eu lieu et que des témoignages probants avaient établi que le requérant était bien la personne qui avait participé au vol et que c'est sur la foi de ces éléments que ce dernier a été condamné »[4]. De plus, pour le défendeur : « la Cour d'appel a clairement indiqué que la reconnaissance de la culpabilité du requérant ne reposait pas sur la doctrine de la possession récente, mais que le requérant était condamné parce qu'i avait été pris, en même temps que d'autres personnes, en flagrant délit de vol ; que dans ce contexte, peu importe que le témoignage du témoin à charge 1 (TC1) concorde ou non avec le contenu de l'acte d'accusation, dès lors qu'il existe des éléments de preuve crédibles et directs que le juge a dûment examinés »[5].

Les deux parties sont par conséquent dans leurs rôles respectifs, chacune tentant de convaincre la juridiction du bien fondé de ses prétentions. Ce qui est tout de même étrange, c'est que le requérant ne conteste pas le vol. Pour lui, le vice de procédure résulte du fait qu'une déposition de témoin ne corrobore pas l'acte d'accusation. En

---

[1] V. § 57.
[2] V. § 58.
[3] V. § 59.
[4] V. § 60.
[5] V. § 61.

tant que tel, il reconnait au moins implicitement que le vol a eu lieu et qu'il était impliqué. Qu'à cela ne tienne, ce sont des éléments de fond qui sont laissés à l'appréciation du juge interne. Il appartient à ce dernier de trancher les litiges selon son intime conviction et à la lumière des faits. On comprend dès lors la position adoptée par la Cour concernant cette allégation par le requérant.

2. La solution de la Cour

Pour la Cour : « Son rôle se limite, s'agissant de l'évaluation des preuves sur lesquelles la condamnation par le juge national a été basée, à apprécier si de manière générale, la façon dont ce dernier les a évaluées est en conformité avec les dispositions pertinentes des instruments internationaux des droits de l'homme applicables »[1].

C'est dans l'exécution de ce rôle que la Cour « conclut que l'évaluation des preuves par les juridictions nationales a été faite conformément aux exigences d'un procès équitable, au sens de l'article 7 de la Charte »[2]. En effet, argumente la Cour : « Il ressort des procès-verbaux d'interrogatoire au niveau national que, contrairement aux allégations du requérant, celui-ci a été arrêté en flagrant délit de vol à main armée, que les juridictions nationales ont entendu le requérant ainsi que trois témoins oculaires en plus de la victime et que tous ont déclaré avoir vu le requérant en train de commettre le vol. A cela vient s'ajouter le fait que la Cour d'appel, dans son arrêt, a examiné tous les moyens soulevés par le requérant avant de confirmer la décision rendue par les juridictions inférieures »[3].

C'est donc pour toutes ces raisons que finalement : « La Cour a rejeté l'allégation du requérant selon laquelle il aurait été inculpé et condamné sur la base d'une déposition qui ne corrobore pas les éléments de l'acte d'accusation et a conclu qu'il n'y a pas eu violation de l'article 7(1) (a) de la Charte à cet égard »[4].

L'observation qui peut être faite à ce niveau est que comme il a été évoqué précédemment, il n'appartient pas à une juridiction continentale de remplacer le juge national. Le juge régional n'a pas pour rôle de juger à la place du juge national. C'est du reste ce que la Commission ADHP a rappelé dans la Communication 338/07 - *Socio-Economic Rights and Accountability Project (SERAP) c. République fédérale du Nigeria* lorsqu'elle affirmait que « le droit international ne remplace pas le droit interne et les mécanismes internationaux ne remplacent pas les institutions judiciaires nationales »[5].

Il appartient par conséquent au juge interne d'appliquer ses lois. Si les lois sont mauvaises, il n'appartient pas au juge d'en être *a priori* le censeur. C'est normalement un serviteur de la loi. Dans ces conditions, prétendre qu'une procédure est mauvaise ne saurait prospérer devant la Cour que si, preuve à l'appui, il est démontré que ladite procédure est en contradiction avec les standards internationaux de protection des droits de l'homme. Si les procédures respectent les standards internationaux, la requête du requérant ne saurait prospérer que si celui-ci démontre que ces mêmes procédures n'ont pas été scrupuleusement respectées concernant son cas. Ces standards bien connus consistent en l'existence de mécanismes juridictionnels, en l'existence de voies de recours devant ces mécanismes, en la possibilité pour un

---

[1] V. § 68.
[2] V. § 69.
[3] V. §§ 66-67.
[4] V. § 70.
[5] Communication 338/07 - *Socio-Economic Rights and Accountability Project (SERAP) c. République fédérale du Nigeria*, § 58.

plaignant de faire rejuger son affaire par des juridictions supérieures s'il n'est pas satisfait de la décision au premier niveau. Or, dans le cas d'espèce, la Cour note qu'il existe des juridictions dans l'Etat défendeur et que du reste le requérant n'a pas fait la preuve que sa plainte n'a pas été examinée par ces juridictions. Au contraire, insatisfait de la première procédure devant le Tribunal du District, le requérant a interjeté appel devant la Haute Cour, puis a formé un autre recours devant la Cour d'appel et toutes ces procédures ont donné lieu à un examen de ses prétentions.

Mieux, considérant la jurisprudence de la Commission ADHP, dans l'affaire *Jawara c. Gambie,* la Commission africaine soutenait que « les recours internes doivent être disponibles, efficaces et suffisants, ce qui signifie qu'elles peuvent être poursuivies sans entrave, qu'elles sont susceptibles d'aboutir et sont en mesure d'offrir réparation ». Dans l'affaire *Organisation mondiale contre la Torture et autres c. Zaïre,* la Commission africaine avait décidé que « les Plaignants n'avaient pas à attendre l'issue d'une procédure des recours internes qui se prolonge de façon anormale ». En l'espèce, le requérant n'a pas pu démontrer ni que les recours internes n'étaient pas disponibles, accessibles et adéquats ni que la procédure à l'interne se prolongeait de façon anormale. C'est donc à bon droit que la Cour a déclaré que l'article 7 (1) (a) a n'a pas été violé. Le requérant a bel et bien vu sa cause être entendue.

Il en serait autrement si, comme cela a été le cas devant la Commission ADHP concernant l'affaire *Constitutional Rights Project (in respect of Wahab Akamu, G. Adega and others) c. Nigéria*, les plaignants s'étaient vu retirer le droit d'interjeter appel. On se souvient que dans cette affaire, les plaignants, d'une part alléguaient que « tous les deux ont été torturés pour leur soutirer des confessions lorsqu'ils étaient en détention », d'autre part incriminaient le *Robbery and Firearms Act* (dispositions spéciales), Chapitre 398, dans lequel le paragraphe Il, alinéa 4 stipulait que: « Aucun appel ne peut être interjeté contre le verdict d'un tribunal constitué en vertu de cette loi ou contre la confirmation ou l'annulation de ce verdict par le Gouverneur »[1]. A juste titre, la Commission ADHP notait dans cette affaire que : « Une "décision d'un tribunal créé par cette loi ou (...) toute confirmation ou annulation de cette décision par le gouverneur" peut certainement constituer une violation des droits fondamentaux prévus par l'article 7.1 (a) de la Charte. Bien que les peines prononcées à l'issue d'une procédure pénale soigneusement conduite ne constituent pas nécessairement les violations de ces droits, le fait d'interdire l'introduction d'un recours auprès des instances nationales compétentes dans des affaires pénales comportant ces peines constitue une violation flagrante de l'article 7.1 (a) de la Charte africaine et aggrave le risque de ne pas corriger de graves irrégularités »[2].

Dans une affaire similaire, Communication 281/03 : *(affaire Ngimbi Nkiama Gaby et autres c/ RDC),* les Plaignants, qui avaient été jugés pour « *participation, en temps de guerre, à la commission d'actes de sabotage au préjudice des Forces Armées Congolaises* », contestaient les procédures internes au motif qu'ils ont été jugés par la Cour d'Ordre Militaire composée de 5 juges (dont un seul serait juriste de formation) qui les a reconnus coupables des faits retenus contre eux et les a condamnés à la peine capitale, par un « arrêt sur dispositif sans la moindre motivation » et sans le droit d'interjeter appel, les décisions de la Cour d'Ordre Militaire n'étant

[1] *Constitutional Rights Project (in respect of Wahab Akamu, G. Adega and others) c. Nigéria*, §§ 3 et 12.
[2] *Constitutional Rights Project (in respect of Wahab Akamu, G. Adega and others) c. Nigéria*, §§ 3 et 12. §§ 13.

susceptibles ni d'opposition ni d'appel en vertu du décret-loi No 019 du 23/08/1997 instituant la Cour d'Ordre Militaire de la RDC[1]. La Commission avait reconnu qu'il s'agissait là d'une violation de l'article 7 (a) de la Charte et de l'article 6 du Pacte sur les droits civils et politiques, qui consacrent des garanties pour la protection des personnes passibles de peine de mort en ces termes : « *toute personne condamnée à mort a le droit de faire appel à une juridiction supérieure, et des mesures devraient être prises pour que ces appels soient obligatoires* »[2].

Ces différentes affaires qui révèlent des procédures conduites en violation des standards internationaux de protection des droits de l'homme sont des hypothèses dans lesquelles l'organe saisi n'a pas hésité à conclure en une violation de l'article 7(1) (a) de la Charte. Dans le cas d'espèce, le requérant ne s'est pas vu opposer une telle résistance. La décision du Tribunal du District, qui est le premier niveau, a été examinée en appel par la Haute Cour et par la Cour d'appel. Il n'a pas non plus évoqué des défaillances dans la procédure, comme le fait d'obtenir des aveux par la torture. Pour toutes ces raisons donc, la juridiction a fait une bonne application du droit de la Charte et des autres instruments internationaux de protection des droits de l'homme.

II.2. La violation du droit à une assistance judiciaire au regard de l'article 7

Concernant la violation du droit à une assistance judiciaire du requérant tel que prévu par l'article 7 (1) (c) de la Charte, il y a lieu de considérer ici aussi l'argumentation des parties (1) avant d'en arriver à proprement parler à une appréciation de la solution de la juridiction (2).

1. L'argumentation des parties

Ici, c'est le défendeur qui soutient que : « Le Requérant n'a pas soulevé cette question devant les juridictions nationales. Il affirme qu'il a parcouru les dossiers de la procédure d'instance et des deux procédures d'appel et qu'il n'a vu nulle part que le requérant avait sollicité une assistance judiciaire (...) alors même qu'il disposait des voies légales pour solliciter une assistance judiciaire, en application de l'article 3 de la loi sur l'assistance judiciaire; qu'il pouvait de même solliciter cette assistance au cours de la procédure devant la Cour d'appel en vertu de l'article 31(1), Partie II du Règlement intérieur de la cour d'appel de Tanzanie de 2009 mais qu'il n'a pas déposé cette demande »[3].

Evidemment, le requérant, le Sieur Christopher Jonas, réfute cette argumentation. Pour lui, l'Etat tanzanien a manqué à une obligation fondamentale : celle de l'informer qu'il avait le droit à cette assistance dont se satisfait le défendeur. Il l'exprime en des termes clairs : « A aucun moment de la procédure, il n'a été informé de la possibilité d'obtenir l'assistance judiciaire gratuite prévue par la loi ; (...) l'Etat défendeur avait une obligation positive de l'informer, *suo motu*, de l'existence de ce droit ; (...) cette obligation est encore primordiale lorsque l'intéressé est un profane, indigent détenu et faisant face à une infraction grave »[4].

Cela pose un problème fondamental qui porte sur la responsabilité de l'Etat en matière d'assistance judiciaire. Est-il du devoir de l'Etat de seulement prévoir dans son ordre des mécanismes d'assistance judiciaire au profit des personnes démunies ou sa mission va-t-il au-delà pour impliquer une obligation d'informer les personnes de

---

[1] Communication 281/03 : *(affaire Ngimbi Nkiama Gaby et autres c/ RDC)*, § 6.
[2] *Ibidem*, §§ 63 et suivants.
[3] V. §§ 72-73.
[4] V. § 74.

l'existence et de la possibilité de mobiliser ces mécanismes ? C'est cette question que la Cour était amenée à trancher.

2. La position de la Cour

A ce niveau, la Cour s'est fondée sur sa propre jurisprudence pour conclure à la violation du droit à une assistance judiciaire du Sieur Christopher Jonas. Se référant précisément à l'affaire *Mohamed Abubakari c. République-unie de Tanzanie*, la Cour note que : « Une personne indigente poursuivie en matière pénale a spécialement droit à l'assistance judiciaire gratuite lorsque l'infraction concernée est grave, et que la peine prévue par la loi est sévère »[1].

Puisque selon la Cour, le Sieur Christopher Jonas est dans une situation analogue à celle de l'affaire précitée, « l'Etat défendeur se devait de lui offrir, d'office et gratuitement, les services d'un avocat tout au long de la procédure judiciaire interne. Ne l'ayant pas fait, il a violé l'article 7(1) (c) de la Charte »[2] à cet égard et partant l'article 1 qui porte sur l'obligation générale de respecter les droits et devoirs contenus dans la Charte.

A ce niveau, il y a lieu de faire noter que le droit à la défense est une condition sine qua non du droit à un procès équitable. Lorsqu'une personne est engagée dans une procédure judiciaire, surtout celle pénale, il doit avoir toutes les garanties que sa cause sera entendue avec la plus grande objectivité, cela dans le but d'éviter l'arbitraire. Le recours à un avocat est donc un gage pour la bonne administration de la justice. Néanmoins, il ne faudra pas perdre de vue que le fait s'attacher les services d'un professionnel du droit peut constituer une démarche onéreuse pour une personne qui n'a suffisamment de moyens financiers. C'est pourquoi, il est fait obligation aux Etats, dans la perspective des droits de l'homme, de prévoir un mécanisme d'assistance judiciaire, qui sera activé chaque fois que de besoin est à l'effet d'offrir les conditions d'un procès équitable à toute personne qui en est bénéficiaire. Pour les personnes indigentes, qui ne sont pas en mesure de se défendre, le mécanisme doit être activé d'office. En clair, le justiciable doit être informé de l'existence de tels mécanismes et de la possibilité d'être défendu par un avocat. Cette responsabilité incombe à l'Etat de sorte qu'il ne peut se soustraire de ses obligations uniquement en affirmant qu'il existe dans sa législation un procédé qui permet aux personnes de bénéficier de l'assistance judiciaire. Il lui faut démontrer en plus que toutes les conditions étaient telles que le citoyen a été informé de ses droits et que le cas échéant, il a décidé lui-même de s'en priver.

Or ce que l'on note ici, c'est justement à ce devoir de communiquer que l'Etat a manqué. Pour preuve, il se contente d'affirmer devant la Cour que « le Requérant n'a pas soulevé cette question devant les juridictions nationales, qu'il disposait des voies légales pour solliciter une assistance judiciaire, en application de l'article 3 de la loi sur l'assistance judiciaire ; qu'il pouvait de même solliciter cette assistance au cours de la procédure devant la Cour d'appel en vertu de l'article 31(1), Partie II du Règlement intérieur de la cour d'appel de Tanzanie de 2009 mais qu'il n'a pas déposé cette demande »[3]. Il n'a donc pas apporté la preuve qu'il a tout mis en œuvre pour que le droit à l'assistance du requérant, qui est une condition de son droit à la défense, y

[1] V. § 77. V. aussi *Mohamed Abubakari c. République-unie de Tanzanie*, (Requête n° 007/2013), arrêt du 3 juin 2016, § 139 ; *Alex Thomas c. République Unie de Tanzanie*, (Requête n°005/2013) arrêt du 20 novembre 2015, § 124.

[2] V. § 78.

[3] V. §§ 72-73.

compris celui de se faire assister par un défenseur de son choix, soit une réalité. C'est à bon droit que la Cour a conclu à la violation de l'article 7(1) (c) de la Charte.

L'assistance judiciaire signifie que « dans les affaires où l'accusé n'est pas en mesure de s'offrir les services d'un avocat, qu'il soit défendu par un avocat aux frais de l'Etat »[1]. Cette notion « d'être défendu par un avocat de son choix » est si fondamentale que même si un avocat doit être commis aux frais de l'Etat, « l'accusé devrait avoir la possibilité de choisir sur une liste l'avocat indépendant de son choix qui n'agit pas sous les instructions du gouvernement, mais n'est responsable que devant l'accusé »[2]. En toute hypothèse, suivant la jurisprudence du Comité des droits de l'homme, « l'accusé devrait avoir la possibilité de consulter son avocat dans des conditions qui garantissent la confidentialité de leurs communications. Les avocats devraient pouvoir conseiller et représenter leurs clients conformément aux normes professionnelles établies, sans aucune restriction, influence, pression ou ingérence indue, d'où qu'elle vienne »[3].

Au regard de l'importance de la garantie des droits de la défense dans le procès équitable, le non-respect par un Etat du droit d'être défendu par un avocat de son choix a toujours été sanctionné par les organes de contrôle.

On l'a vu, dans la Communication 218/98 - *Civil Liberties Organisation, Legal Defence Centre, Legal Defence and Assistance Project c. Nigeria*, des personnes condamnées n'avaient pas la possibilité d'être défendues et assistées par un avocat de leurs choix, mais par de jeunes avocats militaires qui leur étaient assignés sans possibilité d'objection[4]. La Commission ADHP avait noté que « l'affectation d'avocats militaires à des personnes accusées peut mettre les victimes dans une situation qui ne leur permet pas de communiquer en toute confiance avec l'avocat de leur choix. Elle a estimé par conséquent que, la désignation d'un avocat militaire pour défendre les personnes accusées, en dépit de leurs objections, et particulièrement dans des poursuites pénales qui mènent à la peine capitale, est une violation de l'article 7(1) (c) de la Charte Africaine »[5].

On l'a vu également dans la Communication 231/99 - *Avocats Sans Frontières (pour le compte de Gaëtan Bwampamye) c. Burundi* où, devant la chambre criminelle de la Cour d'appel, le conseil de l'accusé n'ayant pas pu se présenter devant la chambre, pour cause de maladie, celle-ci a décidé d'entendre le ministère public et, a contraint le prévenu à plaider seul, sans l'assistance de son avocat. Le verdict le condamnant à mort a été rendu ce même jour au terme des plaidoiries »[6]. La Commission, après avoir rappelé que « le droit à un procès équitable nécessite certains critères objectifs, dont le droit à l'égalité de traitement, le droit à la défense par un avocat, particulièrement lorsque l'intérêt de la justice le dicte, ainsi que l'obligation pour les cours et tribunaux de se conformer aux normes internationales afin de garantir

---

[1] Comunication 218/98 : *Civil Liberties Organisation, Legal Defence Centre, Legal Defence and Assistance Project c. Nigeria*, § 29.

[2] *Ibidem*, § 29.

[3] V. *Burgos c. Uruguay*, Communication n° 52/1979, 29 Juillet 1981 et *Miguel Angel Estrella c. Uruguay*, Communication n° 74/1980, 29 mars 1983.

[4] Communication 218/98 : *Civil Liberties Organisation, Legal Defence Centre, Legal Defence and Assistance Project c. Nigeria*, § 28.

[5] Communication 218/98 : *Civil Liberties Organisation, Legal Defence Centre, Legal Defence and Assistance Project c. Nigeria*, § 31.

[6] Communication 231/99 : *Avocats Sans Frontières (pour le compte de Gaëtan Bwampamye) / Burundi*, § 5.

un procès équitable pour tous »[1], avait considéré que l'Etat défendeur a violé les dispositions de l'article 7 (1) (c) de la Charte[2].

On l'a vu enfin dans la Communication 87/93 - *Constitutional Rights Project (au nom de Zamani Lakwot et six autres) c. Nigéria* où, pendant le procès, l'avocat de la défense a été harcelé et intimidé à tel point qu'il a été obligé de se retirer de la procédure et où, en dépit de ce retrait forcé de l'avocat, le tribunal a poursuivi l'instruction de l'affaire pour finalement prononcer la peine de mort[3]. Dans cette affaire, la Commission a estimé que les accusés avaient été privés de leur droit à la défense, y compris le droit de se faire assister par un avocat de son choix, ce qui constitue une violation de l'article 7.1 (c) de la Charte ADHP[4].

---

[1] *Ibidem*, § 26.
[2] *Ibidem*, § 31.
[3] Communication 87/93 : *Constitutional Rights Project (au nom de Zamani Lakwot et six autres) / Nigéria*, § 12.
[4] *Ibidem*, § 12.

Commentaire _ *Affaire Wilfred Onyango Nganyi et 9 autres c. République-Unie de Tanzanie*, Requête n° 006/2013

Dr Antoine KABORE et Dr Sanwé Médard KIENOU*

INTRODUCTION

« Hippocrate disait du médecin qu'il ne soigne pas la maladie, mais le malade. De même, l'avocat ne défend pas le crime, mais celui qui l'a commis »[1]. Ces mots de Jacques Verges qui constituent une ode aux droits de la défense trouvent un écho particulier dans l'affaire Wilfred Onyango de la Cour africaine des droits de l'homme et des peuples (CourADHP). Cet arrêt du 10 mars 2016 oppose Wilfred Onyango et neuf (9) autres requérants à la République unie de Tanzanie. Lors d'un voyage d'affaires au Mozambique, les requérants sont arrêtés le 16 décembre 2005 par la police mozambicaine avec la coopération des polices kenyane et tanzanienne, à la suite d'un rapport d'une personne du nom de Maimouna Salimo. Le 14 janvier 2006, la police mozambicaine tente de les faire embarquer dans un vol commercial régulier à destination de Dar es-salam, en présence de policiers kenyans et tanzaniens. Face aux refus des requérants d'embarquer, ils sont conduits au poste de police. Le matin du 16 janvier 2006, ils sont embarqués de force dans un avion militaire en présence de policiers tanzaniens et kényans avant d'atterrir à Dar es-salam. Quelques jours plus tard, ils sont mis en accusation pour des infractions d'une gravité manifeste. Trois des chefs d'accusation, dont celui de meurtre, sont ensuite abandonnés. Parmi les requérants, trois sont libérés à la suite de l'abandon du chef d'accusation de meurtres, deux sont décédés en prison avant la tenue de leur procès et cinq ont été condamnés à trente (30) ans de prison pour entente en vue de commettre une infraction, et pour vol à main armée.

Du point de vue de la procédure, le 24 janvier 2006, ils apparaissent devant le Tribunal de district de Moshi (Tribunal du Magistrat résident) pour meurtre et vol à main armée. Ils sont en effet accusés d'avoir cambriolé la *National Bank of Commerce Limited* à Moshi le 21 mai 2004, et du meurtre d'une personne du nom de Benedict Laurent Kimaro Mfuria à Moshi le 26 juillet 2005. Les requérants ont déposé devant la Haute Cour la requête en matière pénale demandant l'autorisation de déposer une requête de *certiorari* et une ordonnance d'interdiction en vue de contester leur « enlèvement et leur séquestration » au Mozambique. Les ordonnances de *certiorari* visaient l'annulation des charges de meurtre et des autres chefs d'accusation, tandis que les autres ordonnances avaient pour objet d'interdire au Magistrat résident de Moshi de les entendre sur les charges criminelles retenues contre eux, d'obtenir une libération immédiate et la restitution de leurs biens. Le 1er juin 2006, la Haute Cour accordait l'autorisation de demander les ordonnances de *certiorari* et d'interdiction, tout en refusant dans le même temps la suspension des procédures pénales. Les requérants ont alors déposé les requêtes en matière pénale n° 16 relatives aux ordonnances de *certiorari* et d'interdiction sus évoquées. S'opposant à la décision de la Haute Cour accordant l'autorisation d'introduire des requêtes de

---

* Respectivement avocat au Barreau de Ouagadougou et Enseignant-Chercheur, Aggrégé des facultés de droit - Université Nazi Boni de Bobo Dioulasso (Burkina Faso).

[1] J. Vergès, *De mon propre aveu*, Pierre-Guillaume de Roux Editions, 2013.

certiorari et d'interdiction, le ministère public a introduit un pourvoi en cassation n° 276-2006 contre celle-ci. Ce pourvoi a ainsi suspendu la requête pénale des requérants n° 16. Le 20 novembre 2007, la Cour d'appel a rejeté le pourvoi du ministère public permettant ainsi à la requête n° 16 de 2006 de reprendre. Cependant, le 26 septembre 2008, la requête en matière pénale n° 16 de 2006 est rejetée en totalité dans le fond. Le 26 novembre 2008, les requérants font appel de la décision de rejet devant la Cour d'appel. Leur appel est jugé irrecevable le 14 février 2011 car ils n'avaient pas obtenu au préalable l'autorisation d'interjeter appel. Un nouvel appel est introduit devant la Cour d'appel sous la référence n° 27 de 2011. Le 19 mars 2013, la Cour d'appel a reconnu l'appel fondé dans le fond, en estimant que la Haute Cour a commis une erreur en se prononçant sur le fond sans avoir statué au préalable sur les questions préliminaires de droit soulevées par les accusés. La Cour d'appel renvoie alors l'affaire devant la Haute Cour afin qu'elle se prononce sur les questions préliminaires de droit. À la suite de cette décision de la Cour d'appel, les requérants se tournent alors vers la CourADHP, estimant avoir épuisé les voies de recours internes. La saisine de la CourADHP a lieu le 23 juillet 2013, les requérants arguant avoir subi une violation de plusieurs de leurs droits individuels du fait de l'allongement anormal de la procédure devant les juridictions tanzaniennes et du fait qu'ils n'ont pas pu bénéficier d'une assistance judiciaire. De son côté, l'Etat tanzanien demandait à la Cour de déclarer la requête irrecevable car les requérants n'établissaient pas la compétence de la CourADHP en l'espèce, n'avaient pas qualité pour saisir cette juridiction et parce que la requête ne remplissait pas les critères de recevabilité fixés par le règlement et le protocole de la Cour. Sur le fond, la Tanzanie a soutenu n'avoir pas violé le droit des requérants à être jugé dans un délai raisonnable. La CourADHP devait ainsi répondre à la question de savoir si l'allongement des procédures pénales devant les juridictions tanzaniennes constituait une violation des dispositions de la CADHP. La CourADHP donne une réponse positive à cette question en soutenant que la durée anormale de la procédure pénale interne et l'absence d'un conseil constituaient une violation de l'article 7 de la CADHP. Mais avant de répondre à cette question de fond, la CourADHP a dû écarter des exceptions préliminaires soulevées par l'Etat défendeur. On observe ainsi que dans ses développements sur les exceptions préliminaires et sur les questions substantielles, la CourADHP interprète largement la CADHP afin d'aboutir à une protection efficace des individus. Il en ressort donc une interprétation souple des règles formelles applicables à la CourADHP (I) et une interprétation large des droits matériels invocables devant elle (II).

I. Une interprétation souple des règles formelles applicables à la Cour

L'interprétation souple des règles formelles applicables à la CourADHP s'observe au niveau des règles de compétence (I.1.) et de recevabilité (I.2.).

I.1. Les règles relatives à la compétence de la Cour

Dans l'affaire *Onyanga*, la CourADHP est amenée à aborder sa compétence matérielle (1) et sa compétence temporelle (2), les autres aspects de sa compétence ne nécessitant pas de développements particuliers.

1. La compétence matérielle

La Cour s'appesantit sur sa compétence matérielle en raison d'une exception préliminaire de la Tanzanie excipant de ce que les requérants n'ont invoqué ni la CADHP, ni le Protocole relatif à la CourADHP ni l'Acte constitutif de l'UA pour établir la compétence de la Cour. Pour la Tanzanie, l'absence formelle dans les conclusions des requérants de moyens de droit sur la compétence *ratione materiae* de la CourADHP, est une raison suffisante pour celle-ci de refuser *prima facie* de connaître de l'affaire. Les requérants, dit-elle (la Tanzanie), n'ont fait que mentionner les procédures pénales internes à leur encontre, sans relier cela à une quelconque disposition de la Charte africaine ou du Protocole pour démontrer la compétence de la Cour. Il s'agit d'une position d'une rigueur formelle indéniable que la Cour refuse de faire sienne. S'appuyant sur sa jurisprudence antérieure[1], elle considère que « tant que les droits dont la violation est alléguée sont protégés par la Charte ou tout autre instrument des droits de l'homme ratifié par l'Etat concerné, [elle] a compétence pour connaître de l'affaire »[2]. Comme les parties ont invoqué un certain nombre de violations de leurs droits, il n'est pas nécessaire qu'ils désignent la disposition pertinente en cause dans la Charte ou dans les instruments de droits de l'homme ratifiés par l'Etat tanzanien. Ainsi, si les requérants soutiennent qu'ils n'ont pas bénéficié d'une assistance judiciaire au cours de la procédure pénale devant les juridictions nationales, il n'est pas nécessaire qu'ils invoquent expressément l'article 7 de la CADHP.

Cette position de la Cour traduit une approche très peu formaliste qui a pour but de protéger au mieux les droits des individus, la position inverse pouvant conduire à son inefficacité concrète dans la promotion et la protection des droits de l'homme. Faut-il le rappeler, le taux d'alphabétisation très bas en Afrique, conjugué à la très faible familiarité des populations avec le droit, est une réalité que la CourADHP ne pouvait ignorer. Il est déjà difficile pour l'africain moyen scolarisé de saisir les juridictions nationales et encore moins les juridictions internationales. Par ailleurs, les avocats ne sont pas accessibles financièrement, ni disponibles pour l'écrasante majorité de la population. D'ailleurs, la majorité des avocats ne sont pas non plus formés à la procédure devant les juridictions internationales. Si la Cour épousait la position de la Tanzanie, elle se serait ainsi privée de la possibilité d'être véritablement utile et efficace dans son action. De plus, elle se serait éloignée de la position de la Commission Africaine des Droits de l'Homme et des Peuples (ComADHP) qui, de façon constante a soutenu que sa compétence matérielle était établie dès lors que le requérant arguait de la violation d'un droit protégé par la Charte. C'est ainsi que dans sa communication *Southern Africa Human Rights NGO Network et autres c. Tanzanie*, la ComADHP soutenait qu'elle « ne se préoccupe que de savoir s'il est suffisamment prouvé qu'une violation a eu lieu. Et donc, il n'est pas, en principe, obligatoire que le Plaignant mentionne les dispositions spécifiques de la Charte africaine qui ont été violées ».[3] Sur une question aussi importante, il aurait été fâcheux que les deux organes principaux d'interprétation et d'application de la CADHP aient des positions divergentes. La protection des droits de l'homme aurait été considérablement affaiblie. Ayant rejeté cette exception préliminaire sur sa compétence matérielle, la Cour en vient à sa compétence temporelle.

2. La compétence temporelle

La Cour reconnaît qu'elle examine sa compétence temporelle alors que l'Etat défendeur n'a pas mis en cause cette compétence. Elle ne donne pas les raisons pour

---

[1] *Peter Chacha c. République de* Tanzanie du 28 mars 2014 ; *David Franck Omary c. République de Tanzanie* du 28 mars 2014.

[22] Par. 57.

[3] Communication 333/06 – *Southern Africa Human Rights NGO Network et autres c. Tanzanie*, 28ème rapport d'activité novembre 2009 – mai 2010, par. 51.

lesquelles elle s'impose un tel exercice. Il apparaît néanmoins que c'est une tradition pour la Cour d'établir sa compétence dans ses différents aspects, même lorsque celle-ci n'est pas mise en cause par les parties. De ce fait, la CourADHP ne fait que s'inscrire dans sa pratique déjà bien établie. Il faut aussi souligner que dans le cas d'espèce cette compétence temporelle n'allait pas de soi. En effet, la Tanzanie a ratifié la Charte le 18 février 1984, le Protocole le 7 février 2006 et a déposé la Déclaration d'acceptation de la compétence de la Cour pour les requêtes présentées par les individus et les ONG le 29 mars 2010. Les violations alléguées ayant commencé en janvier 2006, la question de la compétence temporelle de la CourADHP se posait. Pour résoudre ce problème, la Cour s'appuie sur sa jurisprudence dans l'affaire *Ayant droits des feux Norbert Zongo et autres c. Burkina Faso*[1]. Dans cette affaire, la compétence *ratione temporis* de la CourADHP avait été expressément soulevée par l'Etat défendeur. Pour la Cour, « les dates à prendre en considération sont celles de l'entrée en vigueur de la Charte, du Protocole et celles du dépôt de la Déclaration acceptant la Compétence de la Cour africaine pour connaître des requêtes présentées par des individus ».[2] Dans le sillage de la jurisprudence *Norbert Zongo*, la Cour fait donc la distinction entre les violations instantanées et les violations continues afin d'aboutir à l'établissement de sa compétence temporelle à connaître de l'affaire. La Cour considère que les violations alléguées par les Requérants en l'espèce ne constituent pas des violations instantanées, mais des violations continues des obligations internationales du Défendeur qui, de ce fait, relèvent de la compétence de la Cour africaine : les violations alléguées sont survenues avant le 29 mars 2010, date à laquelle le Défendeur a fait la déclaration spéciale, et se sont poursuivies après cette date. En effet, les Requérants sont toujours en détention, certaines affaires à leur encontre sont toujours pendantes devant les juridictions du Défendeur et une assistance judiciaire ne leur a pas été fournie pour poursuivre les affaires pendantes[3]. Ayant établi sa compétence, notamment dans ses aspects les plus litigieux, la Cour pouvait examiner maintenant le problème de la recevabilité de la requête.

I.2. Les règles relatives à la recevabilité

La Tanzanie a invoqué quatre motifs d'irrecevabilité dont deux ne présentent aucun intérêt majeur. Il s'agit de l'irrecevable de la requête en raison de l'absence de signature, aisément écartée par la Cour parce que manifestement infondée, et du non-dépôt de la requête dans un délai raisonnable, moyen d'irrecevabilité qui constitue justement l'objet de la requête demandeurs. Nous allons donc nous orienter vers les deux autres causes d'irrecevabilité restantes, à savoir l'incompatibilité de la requête avec l'Acte constitutif de l'UA et le non-épuisement des voies de recours internes.

1. L'irrecevabilité pour incompatibilité avec l'Acte constitutif de l'UA

La compatibilité de la requête avec l'Acte constitutif de l'UA est une cause d'irrecevabilité qu'on trouve à l'article 56 de la Charte auquel renvoie l'article 6 (2) du Protocole. Elle est également mentionnée dans le règlement de la Cour à l'article 40 (2). Il s'agit d'une cause d'irrecevabilité propre aux organes continentaux de mise en œuvre de la CADHP. Son contenu n'est pas évident à déterminer. Mais il est évident qu'est ici visée la conformité de la requête aux objectifs et principes de l'Acte

[1] CourADHP, *Ayant droits des feux Norbert Zongo, Abdoulaye Nikiéma dit Ablassé, Ernest Zongo et Blaise Ilboudo et le Mouvement Burkinabè des droits de l'homme et des peuples c. Burkina Faso*, Requête n° 013/2011, exceptions préliminaires, 21 juin 2013, par. 63.

[2] Par. 64.

[3] Par. 66.

constitutif de l'UA et précédemment de la Charte de l'OUA. Dans le cas d'espèce, le défendeur soutient une incompatibilité de la requête avec l'Acte constitutif de l'UA parce que celle-ci fait seulement référence aux procédures devant les juridictions tanzaniennes et ne cite pas les dispositions de la Charte dont la violation est alléguée, et aussi en raison de la mention du Kenya et du Mozambique comme deux Etats ayant participé à l'enlèvement et à la séquestration des requérants, alors que ces deux Etats n'ont pas fait le dépôt de la déclaration d'acceptation de la compétence de la Cour pour les griefs émanant des particuliers et des ONG. La Cour rejette très aisément ces arguments du défendeur en partant des objectifs de l'UA tels qu'ils ressortent de l'Acte constitutif. Pour la CourADHP, parmi ces objectifs, on peut mentionner la promotion et la protection des droits de l'homme et des peuples conformément à la Charte africaine et aux autres instruments pertinents de droits de l'homme. La Cour en conclut que la requête est donc conforme aux objectifs de l'UA, puisqu'elle exige que « la Cour, en tant qu'organe de l'Union africaine, statue sur la question de savoir si les droits de l'homme et des peuples sont protégés ou non par le Défendeur, qui est un Etat membre de l'Union, conformément à la Charte et aux autres instruments ratifiés par le Défendeur »[1].

Le raisonnement de la Cour se défend, l'UA ayant placé au cœur de ses missions la promotion et la protection des droits de l'homme et la Cour étant elle-même un organe de mise en œuvre de ces droits. Une requête invoquant une violation des droits fondamentaux pouvait donc difficilement passer pour contraire à l'Acte constitutif de l'UA. Cela aurait été un précédent très dangereux. On peut regretter que la Cour n'ait pas évoqué la question de la mise en cause du Kenya et du Mozambique. Mais cela peut se comprendre par le fait que ces Etats n'ayant pas été assignés devant la Cour par les requérants, une décision ne leur serait pas opposable, et les droits de ces Etats restant saufs dans le cadre du respect du principe de l'Or monétaire[2]. Ayant déjà répondu à l'argument de la non-mention expresse par les requérants des dispositions de la Charte en cause, la Cour n'a fait que réitérer ses propos à ce sujet. Dès lors, elle pouvait aborder l'argument du non-épuisement des voies de recours internes.

2. L'irrecevabilité pour non-épuisement des voies de recours internes

Le Défendeur a soutenu que la requête des demandeurs était irrecevable en raison du non-épuisement des voies de recours internes. En effet, aucune des procédures engagées contre les requérants n'avait encore fait l'objet d'une décision définitive ouvrant la voie à la saisine de la Cour africaine. Par ailleurs, alors que la Cour constitutionnelle tanzanienne est compétente pour connaître des violations des droits et libertés, les requérants n'ont pas usé de cette possibilité. S'agissant de la lenteur de la procédure interne, la Tanzanie l'explique par l'engorgement des juridictions et par le fait que les affaires sont traitées par ordre d'arrivée. La règle de l'épuisement des voies de recours internes est consacrée à l'article 40 (5) du Règlement de la Cour, qui reprend l'article 56 (5) de la Charte africaine qui dispose que la requête introduite devant la Cour doit « être postérieure à l'épuisement des voies de recours internes s'ils existent, à moins qu'il ne soit manifeste à la Cour que la procédure de ces recours se prolonge de façon anormale ». De cette disposition, la Cour, à la suite de la ComADHP, en a tiré trois caractères nécessaires aux recours

---

[1] Arrêt sous commentaire, Par. 79.

[2] CIJ, *Or monétaire pris à Rome en 1943, (Italie c. France, Royaume-Uni, Etats-Unis)*, Question préliminaire, Recueil 1954, p. 19 ss.

internes : leur disponibilité, leur efficacité et leur caractère satisfaisant[1]. Les requérants ayant eux-mêmes reconnus que les voies de recours internes existaient en Tanzanie, la CourADHP ne s'appesantit pas sur ce point. Pour déterminer l'efficacité du recours interne, elle rappelle sa jurisprudence dans l'affaire *feu Norbert Zongo et autres* où elle a expliqué qu'un recours efficace est un recours « qui produit l'effet qu'on attend ; dès lors, l'efficacité d'un recours en tant que tel se mesure à sa capacité à remédier à la situation dont se plaint celui ou celle qui l'exerce »[2]. L'exception à la règle de l'épuisement des voies de recours internes est que la procédure nationale ne doit pas se prolonger de façon anormale. Abordant l'anormalité de la procédure, la Cour soutient que « lorsque des raisons valables peuvent justifier la prolongation de la procédure dans une affaire, il n'y a pas lieu de parler de prolongation « de façon anormale » ; par exemple, lorsqu'un pays est confronté à des troubles internes ou une guerre qui peut avoir une incidence sur le fonctionnement de la magistrature, ou lorsque le retard est causé en partie par la victime elle-même, sa famille ou ses représentants »[3]. La Cour continue en faisant sienne les développements de la ComADHP qui considère que pour déterminer le caractère anormal de la procédure, il faut prendre en compte la nature et les circonstances d'une affaire, en d'autres termes, ce qu'aurait été la décision d'un homme raisonnable.[4]

Ces développements de la Cour sont intéressants en ce qu'ils permettent de mieux cerner les contours de la règle de l'épuisement des voies de recours internes dans la Charte. On notera ainsi que la Cour introduit une exception à l'exception de prolongation anormale de la procédure, à savoir le retard causé par des troubles internes ou un conflit armé ayant une incidence sur le fonctionnement régulier des institutions judiciaires. Cette exception à l'exception est d'autant plus surprenante que la jurisprudence fermement établie de la ComADHP soutient que la CADHP ne connaît pas de mécanismes de dérogation même en cas de conflit armé[5]. Les autres exceptions à l'exception, que sont le comportement du requérant ou les circonstances ou la nature de l'affaire, se retrouvent dans la jurisprudence des autres organes régionaux de droits humains. Dans le cas d'espèce, la Cour a rejeté l'exception du défendeur en estimant que le temps écoulé depuis l'arrestation des requérants, près de dix ans, était anormalement long puisque pendant tout ce temps, les juridictions tanzaniennes n'avaient pas réussi à mettre un terme à la procédure[6]. Elle rejette de plus l'argument du défendeur selon lequel les requérants n'ont pas introduit de recours en inconstitutionnalité ou en révision, estimant qu'il s'agit là de recours extraordinaires que les requérants ne sont pas tenus d'épuiser. Sur ce dernier point, on observe le contraste avec l'affaire *Lohé Issa Konaté* où la Cour rejette l'exception de non-épuisement des voies de recours internes invoquée par l'Etat burkinabè en s'appuyant sur le fait que le droit burkinabè ne permettait pas aux individus de saisir

[1] « Une voie de recours est considérée comme existante lorsqu'elle peut être utilisée sans obstacle par le requérant, elle est efficace si elle offre des perspectives de réussite et elle est satisfaisante lorsqu'elle est à même de donner satisfaction au plaignant », in *Sir Dawda K. Jawara c. Gambie*, Communication 147/95-149/96, par. 31.

[2] *Ayant droits des feux Norbert Zongo, Abdoulaye Nikiéma dit Ablassé, Ernest Zongo et Blaise Ilboudo et le Mouvement Burkinabè des droits derec l'homme et des peuples c. Burkina Faso*, Requête n° 013/2011, arrêt fond, 28 mars 2014, par. 68.

[3] Par. 92.

[4] *Zimbabwe Lawyers for Human Rights and Institute for Human Rights and Development in Africa c. Zimbabwe*, communication 293/04.

[5] *Commission Nationale des Droits de l'Homme et des Libertés c. Tchad*, Communication 74/92, octobre 1995, par 36.

[6] Par. 94.

directement la juridiction constitutionnelle[1]. Sans doute, la jurisprudence ultérieure de la Cour lui permettra de préciser les conditions dans lesquelles le non-exercice du recours en inconstitutionnalité pourra être assimilé à un non-épuisement des voies de recours internes.

Ayant rejeté toutes les exceptions, la Cour pouvait enfin se concentrer sur les aspects substantiels de l'affaire.

II. Une interprétation large des droits matériels invocables devant la Cour

L'affaire *Oyango* est aussi l'occasion pour la CourADHP de réaffirmer les droits de la défense (II.1.) et d'élargir la protection substantielle des droits fondamentaux (II.2.).

II.1. L'affirmation conséquente des droits de la défense

Dans l'affaire *Oyango*, la Cour apporte une contribution importante aux droits de la défense en interprétant le contenu de l'article 7 (c) (d) de la Charte qui dispose : « Toute personne a droit à ce que sa cause soit entendue. Ce droit comprend : (c) le droit à la défense, y compris celui de se faire assister par un défenseur de son choix ; et (d) le droit d'être jugé dans un délai raisonnable par une juridiction impartiale ».

1. La prolongation anormale des procédures judiciaires internes

La Charte africaine considère en son article 7 (d) le droit d'être jugé dans un délai raisonnable comme une composante du droit à un procès équitable. Dans le cas d'espèce, les requérants soutenaient que le retard prolongé dans le jugement au fond de la procédure engagée contre eux pour vol à main armée avait violé leur droit à être jugé dans un délai raisonnable. Commencée en janvier 2006, la procédure pénale n'était pas encore arrivée à son terme en juillet 2013, moment de la saisine de la Cour. Pour la Défense, les requérants ne se sont jamais plaints au niveau interne de la durée de la procédure, et ont, au contraire, défendu vigoureusement leurs droits devant les juridictions internes. De plus, le retard s'expliquerait par la complexité et la gravité de l'affaire, notamment le nombre des accusés (une dizaine), le fait que des procès d'extradition étaient engagés contre certains suspects ou accusés au Kenya, la nécessité de requalifier individuellement les chefs d'accusation pour chaque accusé, l'indisponibilité de l'avocat de la défense, *etc.*

La Cour commence par des considérations générales sur le bienfondé d'un jugement rapide : « [...] la Cour tient à souligner l'importance d'un processus judiciaire rapide, surtout en matière pénale. La maxime souvent utilisée à cet égard est : *justice différée égale justice refusée*. Lorsque la société se rend compte que le règlement judiciaire des différends est trop lent, elle peut perdre confiance non seulement dans les institutions judiciaires, mais aussi et surtout dans le règlement pacifique des différends. En matière pénale, l'effet dissuasif du droit pénal ne peut être efficace que si la société peut voir que les auteurs des crimes sont jugés et, s'ils sont déclarés coupables qu'ils seront ensuite condamnés dans un délai raisonnable, tandis que les suspects innocents ont indéniablement un très grand intérêt à ce que leur innocence soit rapidement reconnue ».[2]

[1] *Lohé Issa Konaté c. Burkina Faso*, 5 décembre 2014, par. 112.
[2] Par. 127.

La rapidité de la procédure pénale présente ainsi, aux yeux de la Cour, un intérêt pour la société, à savoir la confiance dans les institutions judiciaires. En d'autres termes, c'est cette rapidité qui justifie la pertinence du refus de la justice privée, ainsi que l'efficacité du caractère dissuasif de la sanction pénale. Elle présente aussi un intérêt pour l'accusé innocent qui bénéficiera rapidement d'un rétablissement de sa réputation aux yeux de la société et qui limitera de plus, le fardeau inhérent à une procédure pénale tant du point de vue psycho-social qu'en relation avec la détention provisoire. Entre le dépôt de la requête des demandeurs devant la Haute Cour en juin 2006 et la saisine de la Cour africaine en juillet 2013, l'affaire n'avait pas encore été définitivement jugée puisqu'elle était encore pendante devant les juridictions tanzaniennes, soit plus de sept (7) ans. Pour la Cour, la question est de savoir si ce délai est raisonnable. Ayant établi que la durée de la procédure pénale interne était d'au moins six (6) jours, la Cour examine si ce délai peut être considéré comme raisonnable. Elle reconnaît qu'il n'existe pas de délai qui puisse en soi être considéré comme raisonnable, et que, pour déterminer le caractère raisonnable du délai, il fallait prendre en compte les circonstances propres de chaque affaire[1]. La CourADHP reprend alors à son compte les critères fixés par la Cour européenne des droits de l'homme (CourEDH) pour déterminer le caractère raisonnable du délai, à savoir la complexité de l'affaire, le comportement du requérant, et le comportement des autorités judiciaires nationales[2]. Répondant aux arguments de la Tanzanie qui justifiait la complexité de l'affaire par le nombre des accusés et la tenue d'un procès d'extradition au Kenya impliquant certains suspects et accusés, la Cour soutient que le nombre des accusés ne rend pas automatiquement une affaire complexe[3]. De plus, elle estime que la Tanzanie ne peut pas faire dépendre la poursuite des accusés devant ses juridictions d'une procédure devant un autre tribunal qui est manifestement hors de son contrôle[4]. A son avis, le Défendeur aurait ainsi dû séparer les affaires pour poursuivre les requérants *ab initio*. Elle rejette alors l'argument de la complexité de l'affaire. Examinant le comportement des requérants, la Cour explique que les voies procédurales engagées par ces derniers ne sont aucunement dilatoires et qu'on ne peut pas leur reprocher d'user des voies de droit à leur disposition pour recouvrer la liberté[5]. S'agissant de l'argument selon lequel l'avocat des requérants ne s'est pas parfois présenté à l'audience ou était par moment malade, la Cour rétorque en soutenant que la Tanzanie n'a pas montré en quoi « les actions de l'avocat de la défense ont causé le retard de la procédure ou si celui-ci a délibérément voulu retarder la procédure »[6]. Analysant le comportement des autorités judiciaires tanzaniennes, la CourADHP relève que l'Etat tanzanien n'a pas contesté les affirmations des requérants selon lesquelles au cours des quatre premières années, seul un témoin a été entendu et que devant le tribunal de Moshi il y a eu au moins cinquante-cinq (55) ajournements. Evaluant le comportement des avocats de la Défense, la Cour préfère interroger les obligations des juridictions nationales. Elle affirme ainsi que « les autorités nationales ont le devoir de veiller à ce que tous ceux qui jouent un rôle dans un procès fassent tout ce qui est en leur pouvoir pour éviter tout retard inutile. Les juges ont également le droit, aussi bien que le devoir de s'assurer activement que les

[1] Par. 135.
[2] Par. 136.
[3] Par. 143.
[4] Par. 144.
[5] Par. 147-148.
[6] Par. 149.

procédures judiciaires devant eux respectent l'exigence du délai raisonnable ».[1] La Cour développe ici le droit à un jugement dans un délai raisonnable en définissant clairement les obligations des juridictions nationales dans ce domaine. Assurément, il s'agit d'un pas important qui permet de cerner les contours de ce droit. Il reste à espérer que les juges nationaux vont s'approprier cette jurisprudence en agissant de façon proactive en vue d'une procédure judiciaire rapide y compris en encadrant sérieusement les avocats défaillants ou récalcitrants. L'apport de l'arrêt *Onyango* en matière droit à un jugement rapide est indéniable sur cet aspect. On peut en dire autant de ses développements sur le droit des requérants à une assistance judiciaire.

2. Le droit à l'assistance judiciaire

Le droit des requérants à l'assistance judiciaire n'a pas été invoqué dans les conclusions écrites mais plutôt au cours de la phase orale. Durant la procédure pénale interne, les requérants avaient bénéficié de l'appui d'un Conseil choisi par eux-mêmes. Cependant, ce Conseil s'était par la suite retiré, et l'Etat défendeur était informé de ce retrait. Pour la Tanzanie, les requérants ne se sont jamais plaints de ce retrait, ce qui a conduit les autorités judiciaires nationales à ne pas leur fournir une assistance judiciaire. Pour déterminer si le droit à un procès équitable a été violé par le Défendeur, la Cour commence par déterminer les éléments qui le composent. Dans le sillage de l'article 7 (c) de la Charte et l'article 14 (3) (d) du PIDCP, elle dégage trois garanties : le droit pour la personne accusée d'être présente à son procès, le droit d'assurer sa propre défense ou de bénéficier de l'assistance d'un défenseur de son choix, et le droit à une assistance judiciaire chaque fois que l'intérêt de la justice l'exige, et gratuitement si la personne poursuivie ne dispose pas de moyens suffisants pour rémunérer cette assistance[2]. S'appuyant sur la jurisprudence, les directives et les résolutions de la ComADHP, ainsi que sur la jurisprudence de la Cour européenne des droits de l'homme, du Comité des droits de l'homme et de la Cour interaméricaine des droits de l'homme, la CourADHP parvient à la conclusion que l'Etat défendeur « était dans l'obligation de fournir une assistance judiciaire ou à tout le moins, d'informer les Requérants de leur droit à une assistance judiciaire, dès qu'il était devenu clair qu'ils n'étaient plus représentés. Point n'est besoin de savoir si l'affaire se trouve au stade de l'audience préliminaire, du procès ou de l'appel. Les Requérants ont droit à une assistance judiciaire à toute hauteur de la procédure »[3]. Elle enfonce le clou en affirmant que les requérants n'ont pas besoin de demander cette assistance car celle-ci est un droit : « L'assistance judiciaire est un droit qui doit être accordé, que l'accusé en fasse la demande ou non. Le but essentiel de cette assistance est d'assurer une procédure judiciaire équitable et d'éviter ainsi un déni de justice. Lorsque le Requérant n'est pas informé de ce droit ou ne l'invoque pas, il incombe aux autorités judiciaires de donner effet à ce droit. Les Requérants n'avaient aucune obligation de solliciter une assistance judiciaire pour que le Défendeur la leur accorde, au contraire, il revenait au Défendeur de veiller à ce que les Requérants soient représentés »[4]. Ces conclusions de la Cour sont importantes quant à la portée du droit à l'assistance judiciaire et elles auront un impact majeur sur la procédure pénale des Etats africains, car peu d'accusés, notamment en matière délictuelle, bénéficient d'une assistance judiciaire. La CourADHP semble de prime abord s'être appropriée la décision de la

[1] Par. 153.
[2] Par. 167.
[3] Par. 181.
[4] Par. 182.

CourEDH dans l'affaire *Benham* qui a estimé que l'accusé, qui encourait une sanction maximale de trois (3) mois de prison dans une affaire de non-paiement d'une dette, avait droit à une assistance judiciaire au regard de la sévérité de cette peine potentielle. D'ailleurs, le recours à la jurisprudence d'autres juridictions de droits de l'homme fait partie intégrante du raisonnement de la Cour pour élargir la protection des droits et libertés fondamentaux.

II.2. L'élargissement de la protection substantielle des droits fondamentaux

Une lecture de l'arrêt *Onyango* indique que la Cour use sans crainte de la compétence matérielle large qui lui est reconnue par les textes qui la régissent (1) et a recourt sans complexe à l'approche comparative (2).

1. Une compétence matérielle large

L'affaire *Onyango* est une affaire parmi tant d'autres où la CourADHP a pris l'habitude d'appliquer des instruments juridiques non africains de droits de l'homme. Dans le cas d'espèce, elle l'a fait par rapport au PIDCP en son article 14 (3) (d). Pour recourir au Pacte, la CourADHP s'est fondée sur l'article 7 du Protocole de Ouagadougou qui la régit. Cette disposition stipule que la « Cour applique les dispositions de la Charte ainsi que de tout autre instrument pertinent relatif aux droits de l'homme et ratifié par l'Etat ». La Cour s'appuie sur cette disposition pour interpréter l'article 7 (1) (c) de la Charte à la lumière de l'article 14 (3) (d) du Pacte. Comme la disposition du Pacte est plus développée et plus précise que celle de la Charte, cela permet à la Cour d'élargir la portée des droits consacrés dans la Charte africaine. Dans le cas d'espèce par exemple, la disposition de la Charte se limite à reconnaître le droit de se faire assister par un conseil de son choix. Elle ne reconnaît pas expressément le droit d'être informé de son droit à un avocat et celui de s'en voir attribué un d'office si l'intérêt de la justice l'exige. En interprétant la Charte à la lumière du Pacte, la Cour est en mesure d'y inclure les droits non expressément mentionnés dans le principal instrument juridique africain de protection des droits de l'homme. Il faut relever qu'il est assez rare dans la galaxie des organes de protection des droits de l'homme qu'une juridiction ait recours à un instrument juridique de droits de l'homme étranger à son système régional pour interpréter le principal instrument de droit de l'homme qui le régit. Cette approche originale de la Cour africaine s'observe également dans la manière par laquelle elle s'approprie la jurisprudence des autres cours de droits de l'homme.

2. Un recours décomplexé aux précédents des autres juridictions

Dans l'affaire *Onyango*, la Cour africaine s'appuie sans complexe sur la jurisprudence pertinente de la CourEDH, du Comité des droits de l'homme et de la CourIADH. Pour déterminer les critères pertinents du délai raisonnable pour le jugement d'une affaire, la CourADHP s'appuie sur la jurisprudence de la CourEDH. Pour dégager le contenu du droit à l'assistance judiciaire, la jurisprudence du Comité des droits de l'homme lui a été d'un très grand secours. La jurisprudence européenne lui a été également d'une grande aide pour déterminer les facteurs permettant de déterminer si une assistance judiciaire gratuite est nécessaire dans l'intérêt de la justice. Elle agit de même à l'égard de la CourIADH. La CourADHP s'appuie sur les précédents des autres juridictions de droits de l'homme de plusieurs manières. Par moment, elle s'inspire du raisonnement adopté par telle ou telle juridiction, ou sur les conclusions auxquelles l'autre juridiction est parvenue relativement aux contours de tel ou tel droit. La jurisprudence étrangère est parfois aussi convoquée pour conforter ses propres développements. Ce recours décomplexé s'explique d'une part par l'ouverture de la Charte africaine aux autres instruments internationaux de droits de l'homme. D'autre part, elle se justifie par la jeunesse de la Cour, dernière venue dans la galaxie des organes juridictionnels et quasi-juridictionnels de droits de l'homme. Par ce mécanisme, la Cour peut étendre la portée matérielle des droits consacrés dans la Charte.

VI. Les affaires en lien avec l'extradition, la nationalité, les (droits des) étrangers

- *Kennedy Owino Onyachi et autres c. Tanzanie*
- *Lucien Ikili Rashidi c. Tanzanie*
- *Anudo Ochieng Anudo c. Tanzanie*

Commentaire _ Affaire Kennedy Owino Onyachi et autres c. République-Unie de Tanzanie, Requête n° 003/2015

Dr. Serge Théophile Bambara*

Rendu le 28 septembre 2017, l'arrêt *Kennedy Owino Onyachi et autres c. République-Unie de Tanzanie* soulève une multitude de questions juridiques de fond et de forme à laquelle la Cour africaine des droits de l'Homme et des peuples (CourADHP) apporte des solutions qui, pour certaines, sont dans la linéarité juridique de sa jurisprudence et, pour d'autres, relèvent d'une analyse exorbitante et de rupture. Les sieurs Kennedy et Charles, tous deux kenyans incarcérés en Tanzanie, demandent à la CourADHP de faire droit à leur requête de voir la Tanzanie déclarée coupable notamment de violations des principes reconnus du droit international des droits de l'Homme, garantis par ailleurs dans les articles 5, 6 et 7 de la Charte africaine relatifs respectivement au respect de la dignité inhérente à la personne humaine et à l'interdiction de traitements cruels, inhumains et dégradants, au droit à la sûreté, à la liberté et à l'interdiction des détentions arbitraires et, enfin, au droit à voir sa cause entendue, en toute équité. Selon leurs allégations, ils ont été arrêtés au Kenya le 30 novembre 2002, soupçonnés de vol qualifié commis en République-Unie de Tanzanie. Ils ont été mis en garde à vue jusqu'au 20 décembre 2002, date à laquelle ils ont été mis en accusation devant le magistrat résident du Tribunal de première instance de Nairobi, pour répondre du chef de vol à main armée. À la suite de la demande d'extradition formulée par la République-Unie de Tanzanie en 2002, ils y seront extradés dans des conditions dont ils contestent la légalité[1] matérielle et formelle. Déférés devant le magistrat résident du tribunal de Kisutu à Dar es-Salaam et mis en accusation pour deux chefs[2], sur la base des articles 285, 286 et 384 du Code pénal tanzanien, ils ont été acquittés par ledit tribunal. Cependant, ils ont été aussitôt arrêtés et de nouveau placés en garde à vue sans nourriture et privés de toute communication. Déférés de nouveau devant le tribunal, ils se verront accusés, cette fois, de nouveaux chefs, d'une part, sur le fondement des articles 265 et 287 du code pénal tanzanien et, d'autre part, sur la base des faits pour lesquels ils avaient déjà été acquittés. Par ailleurs, relativement au premier jugement, le procureur introduira un recours en appel contre l'acquittement des requérants, auquel la Haute Cour tanzanienne donnera effet par l'annulation de la décision d'acquittement rendue par le magistrat de première instance, par la déclaration de culpabilité des requérants et leur condamnation à 30 ans de servitude. Cette dernière décision sera confirmée plus tard par la Cour d'appel.

Les faits présentés en l'espèce, joints au rejet de leur requête en révision et à la violation de leur droit d'appel (du fait de la notification tardive des copies de l'arrêt en appel), sont en définitive les raisons de la saisine de la CourADHP.

---

*Docteur en droit public, Attaché de recherches /Centre d'Études et de Recherches Comparatives Constitutionnelles et Politiques Université de Montpellier.

[1] Les requérants allèguent qu'à la demande d'extradition formulée par la République-Unie de Tanzanie, en 2002, le Tribunal de première instance de Nairobi y répondra favorablement le 21 mars 2003. Toutefois, après avoir eu l'autorisation d'interjeter appel de cette décision dans un délai de 14 jours, ils seront embarqués de force et conduits en Tanzanie sans pouvoir mettre en œuvre leur droit. V° CourADHP, *Affaire Kennedy Owino Onyachi et autres c. République-Unie de Tanzanie*, Requête n° 003/2015, arrêt 28 septembre 2017, §§ 4-5.

[2] Entente pour commettre un acte criminel, crime prévu et réprimé par l'article 384 du Code pénal et vol à main armée, crime prévu et réprimé par les articles 285 et 286 du Code pénal.

Saisie de cette affaire, la CourADHP a eu à examiner, d'une part, les conditions de présentation des requérants devant la justice et les conditions de leur jugement. Sur la première branche, les requérants allèguent que le processus d'extradition a violé les normes du droit international et que la durée et les conditions de leurs gardes à vue ont transgressé la Charte africaine des droits de l'Homme et des peuples (Charte africaine) tout comme les principes de droit international en la matière. Sur la deuxième branche, les requérants estiment que leur droit à un procès équitable a été violé, d'une part, parce que leurs images ont été diffusées à la télévision et dans les journaux avant que la séance d'identification n'ait lieu, et que leur alibi n'a pas été sérieusement pris en compte par le juge tanzanien ; d'autre part, parce qu'ils allèguent qu'ils n'ont pas eu droit à une assistance judiciaire conformément aux principes et standards internationaux. Enfin, ils estiment qu'ils ont été privés arbitrairement de leur liberté alors qu'ils avaient été acquittés des chefs d'accusations portés contre eux.

Pour sa part, la Tanzanie opposera aussi bien l'incompétence de la CourADHP à connaitre de l'affaire que l'irrecevabilité de la requête dirigée contre elle. Elle estime sur le fond, que la justice tanzanienne n'a ni méconnu les principes de droit international, ni violé les droits garantis par la Charte africaine de façon spécifique.

A ces moyens et prétentions, la CourADHP se déclarera compétente matériellement pour connaitre de l'affaire, car bien qu'elle ne soit pas juge de la légalité interne[1], « tant que la violation alléguée porte sur des droits protégés par la Charte africaine ou tout autre instrument de droits de l'Homme ratifié par l'Etat concerné, la Cour peut exercer sa compétence sur la question »[2]. Aussi, en matière de compétence personnelle, en considérant, d'une part, que la République-Unie de Tanzanie est un Etat partie à la Charte africaine et au Protocole et, d'autre part, qu'elle a fait la déclaration prévue à l'article 34(6) du Protocole, le 29 mars 2010, reconnaissant la compétence de la CourADHP pour recevoir des requêtes émanant des individus et des organisations non gouvernementales[3], la CourADHP se déclare compétente.

Dans l'examen des requêtes à elle soumises, la CourADHP s'inscrira dans la dynamique des précédentes solutions dégagées et des principes généraux affirmés dans sa jurisprudence. Par exemple, elle maintiendra que l'appréciation de la « raisonnabilité » du délai se fait toujours au cas par cas en fonction des circonstances de l'affaire. Elle en déduira ainsi, au profit des requérants, que le délai de trois (3) ans et deux (2) mois entre l'épuisement des voies de recours et la saisine de la CourADHP n'est pas déraisonnable, maintenant sa solution de rupture d'avec la Commission africaine et la Convention européenne des droits de l'Homme (CEDH) qui fixent ce délai à 6 mois[4]. Le caractère imprécis de l'article 40(6) du Règlement intérieur (en

[1] CourADHP, *Affaire Kennedy Owino Onyachi et autres c. République-Unie de Tanzanie, op. cit.*, §.39.

[2] CourADHP, Affaire *Peter Joseph Chacha* c. *Republique-Unie de Tanzanie,* Requête n° 003/2014, arrêt du 8 mars 2014, § 114.

[3] La Tanzanie a retiré sa déclaration d'acceptation de la compétence de la Cour africaine pour les affaires introduites par des individus ou des ONG, au titre de l'article 34 § 6 du Protocole portant création d'une cour africaine des droits de l'homme et des peuples du 10 juin 1998. L'acte de retrait a été notifié le 21 novembre 2019 à l'Union africaine.

[4] CommissionADHP, *Michael Majuru c. Zimbabwe*, communication, n° 308/2005, 10-24 novembre 2008 ; Convention européenne de sauvegarde des droits de l'Homme et des libertés fondamentales, 4 novembre 1950 (ci-après CEDH), art. 35. Toutefois, il faut relever que dans l'affaire *Obert Chinhamo c. Zimbabwe*, la Commission avait accepté la requête du plaignant qui la lui avait pourtant soumise dix mois après sa fuite du pays : CommissionADHP, *Obert Chinhamo c. Zimbabwe*, communication n°307/2005, 15-28 novembre 2007.

vigueur au moment de l'affaire) de la CourADHP[1] lui aura ainsi permis de tenir compte des dysfonctionnements des systèmes juridiques africains et surtout de la situation des requérants (profanes, indigents et incarcérés)[2]. Aussi, l'étendue et les caractéristiques de sa compétence *ratione personae* ont été réaffirmées[3] tout comme les critères objectifs d'examen du droit à l'assistance judiciaire (la gravité de l'infraction, la gravité de la peine encourue, la complexité de l'affaire, la situation sociale et personnelle de l'accusé)[4]. En revanche, la particularité des faits soumis à l'appréciation de la CourADHP a donné lieu à des développements dont il convient d'apprécier la pertinence et de préciser les linéaments.

Deux problèmes juridiques suscitent l'intérêt dans cet arrêt : le premier est relatif à la légalité ou au caractère arbitraire de la nouvelle arrestation d'une personne sur le fondement de faits pour lesquels elle été acquittée par un jugement non encore passé en force de chose jugée. Le deuxième est relatif aux rapports entre la CourADHP et les juridictions nationales dans l'administration de la preuve et dans l'application des droits de la défense, dans le cadre du droit au procès équitable. Précisément, sur le point de juger de la légitimité et de la légalité internationale de la nouvelle arrestation des requérants après leur acquittement, la CourADHP s'engagera dans une analyse dont l'incomplétude le dispute à l'inconsistance. En effet, le caractère arbitraire de la nouvelle arrestation a été analysé davantage sous le spectre de l'intérêt personnel des requérants et non de l'intérêt juridique que les circonstances de l'espèce soulevaient. Dans cette dynamique, la CourADHP a rendu un jugement d'opportunité fondé sur une intime conviction qui bride la cohérence juridique de son analyse et la conception juridique du caractère arbitraire de l'arrestation (II). En cela, la CourADHP a avoué implicitement que la primauté de la protection des droits fondamentaux ne peut être rognée par des manœuvres et stratégies judiciaires qui mettent ces droits en péril. Elle a préféré, dans sa dynamique de protection, établir, au péril de la cohérence juridique, que les requérants ont subi une arrestation arbitraire au regard des stratégies mises en œuvre par les autorités tanzaniennes pour les maintenir en prison. Relativement à la « justiciabilité » des droits de la défense, la CourADHP a réinventé son rôle et l'étendue de celui-ci dans l'évaluation de l'alibi de défense, faisant par ricochet une application exorbitante du contenu de l'article 7 de la Charte africaine relatif au droit au procès équitable (I) dont il importe de percevoir les déterminants.

I. Une application exorbitante du cadre légal du procès équitable

Les sieurs Kennedy Onyachi et Charles Mwanini ont, au cours de l'instance, invoqué un alibi. Ils ont en effet déposé des éléments de preuve attestant qu'ils n'avaient jamais séjourné en Tanzanie avant leur extradition et qu'ils se trouvaient au Kenya le jour et à l'heure où le crime dont ils sont accusés a été commis. Ils allèguent alors que leur alibi a été arbitrairement rejeté par la Cour d'appel et la Haute Cour de

[1] L'alinéa 6 de l'article 56 de la Charte africaine ne quantifie pas non plus ce délai.

[2] CourADHP, *Affaire Kennedy Owino Onyachi et autres c. République-Unie de Tanzanie, op. cit.*, § 67. CourADHP, *Affaire Wlfred Onyango Nganyi et 9 autres c. République-Unie de Tanzanie*, Requête n°006/2013, arrêt du 18 mars 2016, §§ 98-99, CourADHP, *Alex Thomas c. République Unie de Tanzanie*, Requête n° 005/2013, arrêt du 15 novembre 2015, §§ 72-74.

[3] CourADHP, *Affaire Kennedy Owino Onyachi et autres c. République-Unie de Tanzanie, op. cit.*, §§ 43-46, CourADHP, *Affaire Wlfred Onyango Nganyi et 9 autres c. République-Unie de Tanzanie, op. cit.*, § 64.

[4] Comité des droits de l'Homme, *Anthony Cuurie c. Jamaique*, Communication n°377/89, 25 octobre 1989, CCPR/C/50/D/377/1989, § 13.2 ; CourADHP, *Affaire Wlfred Onyango Nganyi et 9 autres c. République-Unie de Tanzanie, op. cit.*, §§ 177 et s ; CourADHP, *Alex Thomas c. République Unie de Tanzanie, op. cit.*, §§ 119-120. CourEDH, *Salduz c. Turquie*, Requête n° 36301/99, arrêt du 27 novembre 2001, § 54.

Tanzanie[1]. Dans l'appréciation de cette allégation, la CourADHP fera une administration particulière de l'alibi qui suscite l'attention. D'entrée de jeu, il peut être affirmé qu'elle s'est comportée comme une juridiction nationale[2]. En effet, la CourADHP substitue son appréciation de la valeur de l'alibi à celle des cours tanzaniennes, considérant implicitement et en filigrane que les cours d'appel et de première instance tanzaniennes n'ont pas suffisamment analysé l'alibi ou, selon son proprement jugement, auraient dû accepter l'alibi ; ce qui est étonnant. De façon générale, la dynamique argumentaire de la CourADHP en faveur de l'alibi des requérants semble, non seulement, reconfigurer la nature et l'étendue du rôle de la CourADHP dans l'administration de la preuve (I.1.), et bouleverser le cadre conceptuel des droits de la défense et du procès équitable (I.2.).

I.1. L'extension du rôle de la Cour africaine dans l'administration de la preuve

La CourADHP établit que « l'alibi est un moyen de défense essentiel qui affecte l'équité du procès. La défense d'alibi est implicitement reconnue dans le droit à un procès équitable et devrait être minutieusement examinée et éventuellement écartée avant toute déclaration de culpabilité »[3]. De cette conception, il ressort que les juridictions nationales doivent non seulement accepter la présentation de tout alibi, mais surtout y porter une attention particulière. Cela dit, la non prise en compte ou l'appréciation défavorable d'un alibi par une Cour n'entraine pas l'altération du droit de la défense, puisque ce dernier n'est que le socle de support du premier. Dans les faits d'espèce, les requérants ont eu la possibilité de présenter leur alibi, mais celui-ci n'a pas été retenu favorablement par la Cour d'appel tanzanienne. En déduisant donc de l'appréciation par les cours nationales de l'alibi, un manquement au droit de la défense, la CourADHP a révolutionné la nature du rôle des Cours régionales dans l'administration de la preuve.

La Cour européenne des droits de l'Homme (CourEDH) a, à plusieurs occasions, précisé que les garanties des droits de la défense ne portent que sur l'administration des preuves sur le plan procédural[4]. En revanche, « l'admissibilité et l'appréciation des preuves sur le fond relèvent en principe de la seule compétence des juridictions internes, auxquelles il revient de peser les éléments recueillis par elles »[5]. Autrement dit, c'est au juge national de juger de la force probante de la preuve [6] ou de la pertinence d'une offre de preuve[7]. La CourEDH explicite que, « pour déterminer si la procédure dans son ensemble a été équitable, il faut aussi se demander si les droits de la défense ont été respectés »[8]. Il faut en somme rechercher si le requérant s'est vu offrir la possibilité de remettre en question les preuves de l'accusation et si les juridictions internes l'ont examiné. Relativement à l'exigence de l'examen sérieux de

---

[1] CourADHP, *Affaire Kennedy Owino Onyachi et autres c. République-Unie de Tanzanie, op. cit.*, § 90.

[2] L'Etat défendeur (République-Unie de Tanzanie) avait soulevé ce fait dans ses mémoires en défense. V° CourADHP, *Affaire Kennedy Owino Onyachi et autres c. République-Unie de Tanzanie, op. cit.*, §§ 27-29.

[3] CourADHP, *Affaire Kennedy Owino Onyachi et autres c. République-Unie de Tanzanie, op. cit.*, § 93.

[4] Sur le plan civil surtout.

[5] CourEDH, *Guide sur l'article 6 de la Convention européenne des droits de l'Homme (Volet civil)*, mai 2013, mis à jour le 30 avril 2019, § 311. V° également CourEDH, *García Ruiz c. Espagne*, Requête n° 30544/96, arrêt du 21 janvier 1999, § 28 ; CourEDH Farange *S.A. c. France*, Requête n° 77575/01, Décision partielle sur la recevabilité du 14 septembre 2004 ; CourEDH, *Moreira de Azevedo c. Portugal*, Requête n° 11296/84, arrêt du 23 octobre 1990, §§ 83-84.

[6] CourEDH, *Tiemann c. France et Allemagne*, Requête n° 47457/99 et 47458/99, Décision partielle sur la recevabilité du 27 avril 2000.

[7] CourEDH, *Centro Europa 7 S.r.l. et Di Stefano c. Italie*, Requête n° 38433/09, arrêt du 7 juin 2012, § 198.

[8] CourEDH, *Guide sur l'article 6 de la Convention européenne des droits de l'Homme (Volet pénal)*, décembre 2013, mis à jour le 31 décembre 2019, § 191.

l'alibi, dans l'affaire Kennedy, la CourADHP a bel et bien reconnu dans l'analyse des allégations : que la présentation de l'alibi a été faite, que la Cour d'appel a particulièrement examiné la question et a rejeté l'alibi après l'avoir mis en balance avec la déposition du témoin identifié comme PW8, et en a conclu que la déposition de ce témoin était suffisamment crédible pour écarter l'alibi des requérants[1]. En somme, le juge national tanzanien n'a pas ignoré l'alibi des sieurs Kennedy Onyachi et Charles Mwanini. Il ne l'a juste pas trouvé suffisamment crédible. En considérant cependant que l'alibi aurait dû être reçu favorablement parce que l'argumentation annihilant celui-ci était non corroborée, et que la déposition du témoin était entachée d'irrégularités[2], la CourADHP a agi comme une juridiction suprême interne. Elle a mis en balance, elle-même, l'alibi des requérants et la déposition des témoins, en considérant que l'alibi aurait dû être pris en compte et acté l'acquittement des requérants. Elle a jugé de la valeur des éléments de preuve et donné une primauté favorable à l'alibi des requérants, conformément à l'échelle de valeurs (de preuves) propres à la CourADHP. Cette attitude est surprenante, car la CourADHP a, dans l'affaire *Abubakari c. Tanzanie*, relevé à juste droit, qu' « il ne lui incombait pas de décider de la valeur des éléments de preuve aux fins de l'examen de ladite condamnation mais d'examiner ces éléments de preuve dans le cadre du dossier déposé devant elle pour vérifier d'une manière générale si l'examen de ces éléments de preuve par le juge national était conforme aux exigences d'un procès équitable au sens de l'article 7 de la Charte »[3]. Aussi, dans l'affaire *Christopher Jonas c. République Unie de Tanzanie*, la CourADHP rappelait que « son rôle se limite, s'agissant de l'évaluation des preuves sur lesquelles la condamnation par le juge national a été basée, à apprécier si de manière générale, la façon dont ce dernier les a évaluées est en conformité avec les dispositions pertinentes des instruments internationaux des droits de l'Homme applicables[4].

A titre surabondant, la CourADHP a fait une transposition inappropriée de la solution qu'elle avait dégagée dans l'affaire *Abubakari c. Tanzanie*. Dans ladite affaire, dont la courADHP semble s'inspirer, le principal problème résidait dans l'acceptation même de l'alibi, et pas dans son évaluation, ce qui constitue une différence très fondamentale. Des faits de l'affaire *Abubakari c. Tanzanie,* il ressort que le juge national de première instance avait estimé que la question de l'alibi n'avait pas été soumise au tribunal conformément à la loi, et qu'il ne s'agissait ni plus ni moins que d'un argument imaginé après-coup par le sieur Abubakari. Ce dernier affirmait avoir pourtant présenté son alibi dès le début de la procédure d'enquête, en remettant son ticket de bus et son billet de sortie de l'hôpital à l'agent chargé de l'enquête[5]. Au cours de cette même audience, le représentant de l'Etat défendeur avait précisé que « selon la loi tanzanienne, l'accusé doit d'abord faire connaître à la Cour et à l'accusation son intention d'invoquer l'alibi, de façon à permettre à l'accusation d'avoir assez de temps pour mener des investigations sur les allégations d'alibi avancées par l'accusé. Si l'argument d'alibi est soulevé après que l'accusation ait clôturé ses plaidoiries, il appartient au juge, agissant discrétionnairement, d'admettre

---

[1] CourADHP, *Affaire Kennedy Owino Onyachi et autres c. République-Unie de Tanzanie, op. cit.*, 2017, § 94.
[2] *Ibid.*, § 95.
[3] CourADHP, *Mohamed Abubakari c. Republique-Unie de Tanzanie*, Requête n° 0007/2013, arrêt, 20 mai 2016, § 26.
[4] CourADHP, *Christopher Jonas c. République-Unie de Tanzanie*, Requête n° 11/2015, arrêt du 28 septembre 2017, § 68.
[5] CourADHP, *Mohamed Abubakari c. Republique-Unie de Tanzanie*, *op. cit.*, § 187.

cette preuve, mais sans lui accorder un poids quelconque, ceci pour garantir que justice soit faite »[1].

En somme, dans l'affaire *Abubakari c. Tanzanie*, les incertitudes entourant l'admissibilité de l'alibi furent déterminantes pour établir la violation des droits de la défense et de l'équité du procès. La question fut alors moins le poids probant ou l'évaluation concrète de l'alibi que le droit de le présenter à tout moment de l'instance pour garantir l'équité du procès. Autrement dit, les droits de la défense fondés sur un possible alibi doivent être mis en œuvre tout au long de la procédure pénale. C'est alors avec raison que la CourADHP en avait déduit, qu'« à partir du moment où au cours des enquêtes policières et du procès, le requérant a clairement soulevé la question de son alibi, celle-ci devait être examinée sérieusement par les autorités policières et judiciaires de l'État défendeur. Lorsqu'un alibi est établi avec certitude, il peut être décisif sur la question de la culpabilité de la personne poursuivie »[2]. A cet égard, l'Etat défendeur ne saurait invoquer l'état de son système juridique interne et les exigences techniques qu'il peut comporter pour faire échec au respect de ses engagements internationaux en matière de droits de l'Homme[3]. Cette exigence est en droite ligne avec celle de la CourEDH qui a toujours précisé que « les exigences générales d'équité posées à l'article 6 [CEDH] s'appliquent à toutes les procédures pénales, quel que soit le type d'infraction concerné »[4] et que « les préoccupations d'intérêt général ne sauraient justifier des mesures vidant de leur substance même les droits de la défense d'un requérant »[5].

Dans l'affaire *Abubakari c. Tanzanie*, les faits et le stade d'incidence de l'appréciation de l'alibi sont différents de ceux de l'affaire *Kennedy Onyachi et Charles Mwanini c. Tanzanie*. Par conséquent, la solution dégagée de l'affaire *Abubakari c. Tanzanie* ne pouvait être reportée dans la présente affaire. L'inclinaison confuse de la CourADHP portant sur la nature et la valeur de son rôle a entrainé incidemment une reconsidération inopportune de la notion des droits de la défense et du procès équitable.

I.2. Une extension du cadre conceptuel des droits de la défense

L'attitude de la CourADHP dans la prise en compte exorbitante de l'alibi comme moyen de défense trouve son explication substantielle dans le paragraphe 95 de l'arrêt. Les informulés de ce paragraphe permettent de percevoir la logique déductive de la Cour. Elle y rappelle en effet que « la déposition du seul témoin à charge PW8 a été obtenue à la suite d'une séance d'identification entachée d'irrégularités. En conséquence, la condamnation des requérants uniquement sur la base de la déposition du seul témoin PW8 et le rejet de l'alibi fondé sur des suppositions non corroborées selon lesquelles les Requérants auraient emprunté des voies illégales (voies détournées ou *panya)* pour entrer en Tanzanie, a violé le droit des Requérants à la défense, garanti à l'article 7(1) (c) de la Charte et constitue de ce fait une violation du droit des Requérants a un procès équitable ».

D'emblée, il faut affirmer que la CourADHP a lié inopportunément, dans le cadre des droits de la défense des requérants, le rejet de l'alibi à l'irrégularité de la

[1] *Ibid.*, § 189.
[2] *Ibid.*, § 192.
[3] *Idem.*
[4] CourEDH, *Guide sur l'article 6 de la Convention européenne des droits de l'Homme (Volet pénal)*, *op. cit.*, § 3.
[5] CourEDH, *Ibrahim et autres c. Royaume-Uni*, Requête n° 50541/08, 50571/08, 50573/08 et 40351/09, arrêt du 13 septembre 2016, § 252.

déposition du témoin. Si l'irrégularité de la déposition du témoin pose des problèmes d'équité en effet, comme le reconnait d'ailleurs la Cour[1], il est difficile d'en déduire une violation *stricto sensu* des droits de la défense ; or, c'est cette démarche que la CourADHP a adoptée, déduisant de l'irrégularité de la déposition du témoin, la violation des droits de la défense, et de la défense d'alibi en particulier.

En rappel, selon Jean Pradel, l'équité « requiert que chacune des parties au procès puisse soutenir sa cause [...] dans des conditions qui ne la désavantagent pas substantiellement, au total du procès, par rapport à la partie adverse »[2]. A la lumière de cette définition, l'avis de la CourADHP peut être partagé sur le fondement selon lequel les irrégularités de procédure dans la séance d'identification ont affecté « l'équité du procès »[3] du fait que « le bon sens voudrait que la séance d'identification ne soit pas organisée si les témoins connaissaient ou ont vu le ou les suspect(s) auparavant »[4].

Quant aux droits de la défense, selon les Directives et Principes sur le droit à un procès équitable et à l'assistance judiciaire en Afrique, ils reposent, et pas uniquement, sur la possibilité de présenter des arguments et des éléments de preuve et de répondre aux arguments et aux éléments de preuve de l'accusation ou de la partie adverse[5]. A l'aune *stricto sensu* de cette conception, il peut être considéré non seulement que les requérants ont bel et bien eu le doit de présenter des contre-arguments et de faire valoir leur alibi, mais que cet alibi a d'ailleurs été analysé par les différentes juridictions tanzaniennes. La CourADHP a, de ce fait, de façon peu rigoureuse, conclu que l'appréciation défavorable de l'alibi portait atteinte aux droits de la défense. A cela, il faut rajouter que, même en considérant que la déposition (irrégulière) des témoins était préjudiciable aux intérêts des requérants[6] et qu'elle a été déterminante pour la condamnation de ceux-ci, la CourADHP ne saurait, à bon droit, conclure à la violation des droits de la défense. En somme, ni l'irrégularité de la séance d'identification, ni le rejet de l'alibi, ni leur combinaison ne sauraient, de façon rigoureuse et au regard des faits de l'espèce, acter la violation des droits de la défense. Les droits de la défense sont certes inclus dans le droit au procès équitable[7], mais la violation d'un principe tenant à ce dernier n'est pas *ipso jure* liée au premier.

A la lecture de l'examen par la CourADHP de la violation de la défense d'alibi, il est perceptible qu'elle n'a pas apprécié les droits de la défense au prisme de ses composantes juridiques telles l'acceptation par les juridictions internes des alibis des accusés ou les circonstances de leur examen, mais plutôt à l'aune des irrégularités qui ont entaché la séance d'identification. On pourrait penser, en interprétant le raisonnement de la CourADHP, que l'irrégularité de la déposition des témoins a littéralement porté atteinte aux droits de la défense des sieurs Kennedy Onyachi et Charles Mwanini, ce qui consacrerait, par ricochet, une extension de la conception des droits de la défense.

---

[1] CourADHP *Affaire Kennedy Owino Onyachi et autres c. République-Unie de Tanzanie, op. cit.*, §§ 87-89.

[2] Jean Pradel, « La notion de procès équitable en droit pénal européen », *Revue générale de droit*, Vol. 27, n° 4, décembre 1996, p. 507.

[3] CourADHP *Affaire Kennedy Owino Onyachi et autres c. République-Unie de Tanzanie, op. cit.*, § 88.

[4] *Ibid.*, § 86.

[5] CommissionADHP, *Directives et Principes sur le droit à un procès équitable et à l'assistance judiciaire en Afrique*, DOC/OS (XXX) 247 (2001), §§ A (2) (e) et N (3).

[6] CourADHP, *Affaire Kennedy Owino Onyachi et autres c. République-Unie de Tanzanie, op. cit.*, § 95.

[7] Convention européenne de sauvegarde des droits de l'Homme et des libertés fondamentales, *op. cit.*, art. 6. CommissionADHP, *Directives et Principes sur le droit à un procès équitable et à l'assistance judiciaire en Afrique*, *op. cit.*, § A (2).

En définitive, la CourADHP a raisonné tout au long de l'arrêt comme si l'altération du droit au procès équitable déduite des irrégularités de la séance d'identification n'était pas suffisante pour caractériser la violation de l'article 7 (1), et comme si la reconnaissance de la violation des droits de la défense était indispensable à la cause des requérants, quelle que fût la logique argumentaire et juridique empruntée. Elle a, dans ce sens, cherché à établir une logique déductive comme suit : si la séance d'identification qui a principalement conduit à la condamnation des requérants a été entachée d'irrégularités, et si l'alibi qui aurait pu fonder l'acquittement des requérants n'a pas été suffisamment examiné, alors, il y a eu entorse aux droits de la défense d'alibi. Cette logique n'est pas particulièrement rigoureuse puisqu'elle n'analyse pas suffisamment la place et l'appréciation de l'alibi dans les droits de la défense, ni n'établit un quelconque lien juridico-logique entre la séance d'identification et les droits de la défense. Sans doute, la volonté de protéger les droits fondamentaux des requérants a été si affirmée que la CourADHP a fait peu cas du cadre conceptuel et juridique des droits de la défense. Cette propension protective est retrouvée tout au long de l'arrêt aussi et spécifiquement dans l'examen du caractère arbitraire de l'arrestation des requérants.

II. Une qualification « opportuniste » du caractère arbitraire de l'arrestation

Dans l'affaire Kennedy, la volonté de protéger les droits de l'Homme a souvent conduit la CourADHP à adopter des postures juridiques surprenantes, faisant peu de cas de la rigueur du cheminement juridique. Cela s'est révélé dans l'analyse du droit à la sécurité et à la liberté remis en question par la nouvelle arrestation des requérants après leur acquittement. A deux égards, l'attitude de la CourADHP suscite l'attention : premièrement, la Cour n'a pas véritablement démontré le caractère arbitraire de cette arrestation (II.1.), mais elle a toutefois dégagé une solution opportunément favorable aux requérants, à l'ombre de l'application habile du principe général de droit *ne bis in idem* qu'elle se garde d'énoncer toutefois (II.2.).

II.1. Une démonstration inachevée du caractère arbitraire de l'arrestation : entre volonté de protéger et risque d'inconsistance juridique

Pour déterminer si une arrestation est arbitraire, la CourADHP s'appuiera sur les trois critères essentiels de la jurisprudence internationale en matière de droits de l'Homme, à savoir la légalité de la détention, l'existence de motifs légitimes et raisonnables et la disponibilité de garanties procédurales contre l'arbitraire. C'est sur le deuxième critère que l'attention se portera. En effet, la CourADHP a reconnu d'entrée de jeu que la condition de la légalité de la détention était remplie, dans la mesure où la nouvelle arrestation des requérants s'est faite sur la base de l'article 265 du code pénal tanzanien, fut-elle fondée sur les mêmes faits pour lesquels ils avaient été acquittés. Aussi n'a-t-elle pas pris la peine par la suite d'examiner le troisième critère pour manque d'objet au regard de l'issue de l'examen du deuxième critère[1].

Relativement à ce dernier, il faut relever que la CourADHP en a fait une application pour le moins surprenante et confuse. En matière pénale, les motifs légitimes et raisonnables d'une arrestation sont liés à son but et sa nécessité[2], comme

---

[1] Les conditions étant cumulatives.

[2] CourEDH, *Mehmet Hasan Altan c. Turquie*, Requête n° 13237/17, arrêt du 20 mars 2018, § 139 ; CourEDH, *Fox, Campbell et Hartley c. Royaume-Uni*, *op. cit.*, § 32 ; Comité des droits de l'Homme, affaire A c. Australie, communication n °*560/1993, avril 1997,* U.N. Doc. *CCPR/C/59/D/560/1993*, § 9.2 ; CourEDH, *Witold Litwa c. Pologne*, Requête

d'ailleurs les Directives et Principes sur le droit à un procès équitable et à l'assistance judiciaire en Afrique le précisent : « à moins que des éléments de preuve suffisants rendent nécessaires la prise de mesures pour empêcher qu'une personne arrêtée et inculpée pour une infraction pénale ne s'évade, n'influence les témoins ou ne constitue une menace manifeste et grave pour d'autres, les Etats veillent à ce que ladite personne ne soit pas placée en détention préventive »[1]. Les juges de Strasbourg sont sur la même dynamique juridique en considérant qu'une personne ne peut être détenue dans le cadre d'une procédure pénale, que dans le but d'être conduite devant l'autorité judiciaire compétente parce qu'elle est soupçonnée d'avoir commis une infraction[2], que s'il y a un risque de fuite, un risque d'entraver la nécessité de prévenir la criminalité ou le besoin de préserver l'ordre public[3]. C'est à l'aune de ces considérations que l'analyse de la CourADHP devait se porter pour juger si l'arrestation des requérants était entachée ou pas d'arbitraire. De façon inattendue, la CourADHP dévisse son raisonnement en analysant juridiquement la « raisonnabilité » des motifs et la légitimité de l'arrestation des requérants sur la base de leur acquittement. En clair, pour la CourADHP, les requérants ont été arrêtés de nouveau, immédiatement après leur acquittement, sur le fondement des mêmes faits. Cela traduit l'arbitraire, selon la Cour, puisque « dans le cadre des procédures pénales, une fois qu'un accusé a été acquitté par un tribunal d'un crime particulier, le droit fondamental à la liberté exige qu'il soit immédiatement libéré et qu'il soit autorisé à jouir de sa liberté sans entrave »[4]. Elle en conclut donc qu'il n'y a pas eu de motifs clairs et raisonnables à cette nouvelle arrestation « entre le moment où ils ont été acquittés par le tribunal de résidence et la déclaration de culpabilité prononcée à leur encontre en appel par la Haute Cour de l'Etat défendeur[5] ; ce qui doit susciter une très grande attention. La CourADHP n'a pas réellement analysé les motifs de cette nouvelle arrestation mais plutôt les conditions post-acquittement. La rigueur juridique dans l'examen de la régularité de cette nouvelle arrestation devait reposer *solus* sur les conditions de l'arrestation, à savoir les conditions de légalité, des motifs raisonnables et des garanties procédurales contre l'arbitraire. La légalité de la détention étant remplie selon la Cour[6], le deuxième critère devrait conduire la CourADHP à examiner si la nouvelle arrestation poursuivait les objectifs de prévention de fuite, de protection de l'ordre public et de prévention de la criminalité, à l'aune des nécessités de la répression pénale. Cette dernière analyse a été esquivée par la Cour.

Pourquoi la CourADHP feint-elle d'analyser la nouvelle arrestation sur la base des motifs raisonnables alors qu'elle l'a analysée au prisme de sa légalité ? Cette esquive a valu donc une confusion préjudiciable à la rigueur de raisonnement de la

---

n° 26629/95, arrêt du 4 avril 2000, § 78 ; Comité des droits de l'Homme, *Affaire Hugo van Alphen c. Pays-Bas*, communication n °305/1988, 15 août 1990, Doc.ONU.CCPR/C/39/D/305/1988, § 5.8.

[1] CommissionADHP, *Directives et Principes sur le droit à un procès équitable et à l'assistance judiciaire en Afrique*, *op. cit.*, § M (1) (e).

[2] CEDH, Guide sur l'article 5 de la Convention européenne des droits de l'Homme Droit à la liberté et à la sûreté, version mise à jour au 31 décembre 2018 ; CourEDH, *Merabishvili c. Géorgie*, Requête n° 72508/13, arrêt du 28 novembre 2017, § 184. CourEDH, *Ilgar Mammadov c. Azerbaïdjan*, Requête 15172/13, arrêt du 22 mai 2014, § 88, CourEDH, *Fox, Campbell et Hartley c. Royaume-Uni*, Requête n° 12244/86; 12245/86, 12383/86, arrêt du 30 1990, § 32 ; CourEDH, *Selahattin Demirtaş c. Turquie* (n° 2), Requête 14305/17, arrêt du 20 novembre 2018, §§ 161- 162, CourEDH, *Erdagöz c. Turquie*, Requête n° 127/1996/945/746, arrêt du 22 octobre 1997, § 51.

[3] Convention européenne de sauvegarde des droits de l'Homme et des libertés fondamentales, *op. cit.*, art. 5 (1).

[4] CourADHP, *Affaire Kennedy Owino Onyachi et autres c. République-Unie de Tanzanie*, *op. cit.*, § 136.

[5] *Ibid.*, § 137.

[6] *Ibid.*, § 133.

Cour. Elle a, en effet, confondu les nécessités du droit à la sureté posées par le maintien en prison des requérants après acquittement et les exigences du principe général de droit *ne bis in idem* posé par l'arrestation des requérants sur le fondement des mêmes faits. Relativement aux premières nécessités, la jurisprudence des cours régionales semble convergente sur le fait qu'un accusé qui a été acquitté d'un crime particulier doit recouvrir la liberté, sans entrave[1]. L'Observation générale n° 35 du Comité des droits de l'Homme relative à la liberté et à la sécurité de la personne consacrées à l'article 9 du Pacte international relatif aux droits civils et politiques relève en plus que « la poursuite de l'incarcération d'un détenu au mépris d'une décision judiciaire ordonnant sa libération est arbitraire et illégale »[2]. Sur ces considérations, il n'y avait pas lieu pour la CourADHP de s'y épancher[3], car il n'y avait aucun problème de droit posé en l'espèce, les requérants n'étant pas détenus abusivement (après leur acquittement sans titre), mais l'étant en vertu de nouveaux chefs d'accusations fondés sur des faits pour lesquels ils avaient été jugés et acquittés. Cette dernière considération « aurait constitué », si elle était établie, une transgression flagrante, mais partielle[4], du principe général de droit pénal *ne bis in idem*. C'est véritablement alors sur ce point que la CourADHP devait déployer son analyse.

Pour répondre à la question posée à l'entame du paragraphe précédent, à savoir pourquoi la CourADHP n'a pas analysé la nouvelle arrestation sur la base des motifs raisonnables, il ne serait pas hasardeux d'affirmer que la CourADHP était intimement convaincue par l'illégitimité et le caractère arbitraire de la nouvelle arrestation, au regard des faits, qu'elle n'a pas prêté suffisamment attention à la rigueur du raisonnement qui devait soutenir cette démonstration. Premièrement, la CourADHP subodorait l'acharnement des autorités sur les requérants. Elle souligne en effet qu'après leur acquittement, les autorités ont arrêté et détenu les requérants sur la base de nouveaux chefs d'accusations qui ont été par la suite abandonnés après que l'appel interjeté devant la Haute Cour sur le chef initial de vol à main armée ait été entendu, leur acquittement par le tribunal de première instance annulé, la déclaration de culpabilité ainsi que la peine de réclusion de 30 ans lui aient été substituées[5]. Deuxièmement, la CourADHP n'est pas insensible au fait que les requérants sont poursuivis pour les mêmes faits[6]. En considérant ainsi ces faisceaux d'éléments, elle conclut : « La Cour est d'avis qu'il est inapproprié et injuste et donc arbitraire d'arrêter une nouvelle fois quelqu'un et de porter contre lui de nouvelles accusations sur la base des mêmes faits sans justification après qu'il ou elle a été acquitté d'un crime particulier par un tribunal. Le droit à la liberté devient illusoire et la procédure

---

[1] CourADHP, *Affaire Kennedy Owino Onyachi et autres c. République-Unie de Tanzanie, op. cit.*, § 35.

[2] L'Observation générale n° 35 du Comité des droits de l'Homme relative à la liberté et la sécurité de la personne consacrée à article 9 du Pacte international relatif aux droits civils et politiques ; Comité des droits de l'Homme, *Alex Soteli Chambala c. Zambie*, Communication n° 856/1999, U.N. Doc. CCPR/C/78/D/856/1999 (2003), § 7.3.

[3] On pourrait mettre en perspective le principe qui établit la libération immédiate d'un prisonnier une fois acquitté avec l'affaire Laurent Gbagbo et Blé Goudé, dans laquelle la procureure tout comme la Chambre d'appel ont jugé que le maintien en détention pourrait se justifier au fondement du motif d'un risque concret de fuite et pour s'assurer qu'en cas de succès de l'appel interjeté par le Procureur contre l'acquittement, la procédure visant la personne concernée puisse se poursuivre sans qu'il soit nécessaire de procéder de nouveau à une arrestation et une remise. CPI, *Le procureur c. Laurent Gbagbo et Charles Blé Goudé*, ICC-02/11-01/15, Décision relative à la requête aux fins d'effet suspensif d'un appel présentée par le Procureur en vertu de l'article 81-3-c-ii du Statut et instructions sur la conduite de la procédure en appel Dans sa décision de maintien en décision, 18 janvier 2019, §§ 17 et 22. V. aussi CPI, *Le procureur c. Laurent Gbagbo et Charles Blé Goudé*, ICC-02/11-01/15, Prosecution's Appeal pursuant to article 81(3)(c)(ii) of the Statute and urgent request for suspensive effect, 16 january 2019, §§ 21-22.

[4] V° II- B du présent commentaire.

[5] CourADHP, *Affaire Kennedy Owino Onyachi et autres c. République-Unie de Tanzanie, op. cit.*, § 128.

[6] *Idem.*

judiciaire finit par être imprévisible si les individus peuvent être de nouveau arrêtés et accusés de nouveaux crimes après qu'un tribunal de justice a déclaré leur innocence »[1].

Ce qui intrigue juridiquement, c'est lorsque la CourADHP en déduit le constat qu'il n'y a pas eu de « motif raisonnable pour la nouvelle arrestation des requérants entre le moment où ils ont été acquittés par le tribunal de résidence et la déclaration de culpabilité prononcée à leur encontre en appel »[2]. Le laps de temps considéré par la CourADHP est pourtant couvert par les nouveaux chefs d'accusation au prisme desquels d'ailleurs la Cour a conclu à la légalité de la nouvelle arrestation. En somme, la CourADHP n'a pas analysé véritablement les motifs de la nouvelle arrestation, mais plutôt son caractère arbitraire et illégal adossé subtilement au principe *ne bis in idem* que la CourADHP se garde d'évoquer.

II.2. L'application habile du principe général de droit *ne bis in idem* : Entre souci de protection et conformation juridique

La CourADHP n'a pas fait mention du principe *ne bis in idem* tout au long de l'appréciation de l'allégation de violation de l'article 6 de la Charte africaine, alors qu'elle en a évoqué habilement le contenu pour déterminer le caractère illégal et arbitraire de la nouvelle arrestation. Son attitude peut trouver une explication. L'application du principe *ne bis in idem* implique qu'une personne qui a été acquittée ou condamnée ne puisse plus, dans le cadre d'une nouvelle procédure, être poursuivie et jugée sur la base des mêmes faits ou de la même infraction[3]. Il vise ainsi à assurer la sécurité juridique des personnes qui ont été jugés et qui ont répondu de leurs actes devant la justice[4].

Dans le cadre de l'affaire Kennedy, il faut l'affirmer tout de go : la CourADHP a fait œuvre ingénieuse dans cet arrêt en innovant subtilement et de façon inédite la conception et l'application de ce principe, sans le mentionner explicitement. Cette innovation s'est inscrite sur les deux registres : le registre *ratione materiae* et le registre *ratione temporis*.

Sur le premier registre *ratione materiae*, la CourADHP a rappelé à plusieurs reprises qu'il n'est pas normal et qu'il est arbitraire d'arrêter une nouvelle fois quelqu'un et de porter contre lui de nouvelles accusations sur la base des mêmes faits[5]. Si la CourADHP est restée très prudente dans l'invocation de ce principe, c'est parce que, non seulement, dans la Charte africaine, ce principe est absent mais surtout que les Directives et Principes sur le droit à un procès équitable et à l'assistance judicaire en Afrique dispose que « Nul ne peut être jugé ou puni en raison d'une infraction pour laquelle il a déjà été condamné ou acquitté par un jugement définitif conformément à la loi ou à la procédure pénale de chaque pays ». Cette disposition étant identique aux dispositifs des articles 14, para. 7 du PIDCP et 4 du Protocole 7 à la CEDH, la CourADHP s'est montrée diligente quant à son interprétation et son application, consciente du fait qu'elle a fait l'objet d'applications hétérogènes sur le fait de savoir si le « *in idem* » contenu dans le principe traduisant cette maxime est relatif aux

[1] CourADHP, *Affaire Kennedy Owino Onyachi et autres c. République-Unie de Tanzanie, op. cit.*, § 137.
[2] *Idem.*
[3] Marc Henzelin « *Ne bis in idem*, un principe à géométrie variable, *Revue Pénale Suisse*, Tome 123, 2005, Fasc. 4, p. 346.
[4] Léa Maulet, *Les contours du « dialogue » entre la Cour européenne des droits de l'Homme et la Cour de justice de l'Union européenne sur le principe ne bis in idem*, Geneva Jean Monnet Working Papers 24/2016, p. 1
[5] CourADHP, *Affaire Kennedy Owino Onyachi et autres c. République-Unie de Tanzanie, op. cit.*, § 137

« mêmes faits » (*idem factum*) ou à la « même infraction », c'est-à-dire à la même qualification juridique « *idem legal* ».

Tout d'abord, de nombreuses législations nationales ont accordé une prépondérance conceptuelle à l'*idem factum* tel le Code de procédure pénale français qui prévoit en son article 368 qu'« aucune personne acquittée légalement ne peut plus être reprise ou accusée à raison des mêmes faits, même sous une qualification différente »[1]. Aussi, la Convention européenne sur la valeur internationale des jugements répressifs de 1970 à son article 53 soumet l'application du principe à l'identité des faits reprochés à l'accusé[2]. *A contrario*, l'utilisation du terme « infraction » dans le PIDCP et le Protocole 7 à la CEDH a été considérée au sens *stricto sensu* comme renvoyant uniquement à la « qualification juridique ». Cependant, la CourEDH va tergiverser sur le point de savoir si la mention d'« infraction » contenue dans le libellé de la consécration du principe *ne bis in idem* dans l'article 4 du Protocole à la CEDH se réfère à l'*idem legal* ou à l'*idem factum*. Elle a, dans un premier temps, considéré, dans l'arrêt *Gradinger c. Autriche* du 23 octobre 1995 que la référence à « l'infraction » prédisposait à la prééminence du critère de l'identité des faits à la source de l'infraction, avant de se raviser à l'occasion de l'arrêt *Oliveira c. Suisse*[3]. Elle va rester dans cette dynamique dans l'arrêt *Garretta c. France* du 4 mars 2008 par le truchement de la notion d'éléments essentiels de l'infraction en ce qu'un même fait peut être recouvert par deux infractions ne présentant pas les mêmes « éléments essentiels » puisque lesdites infractions en leur qualification juridique n'ont pas toujours le même caractère de gravité, n'entraînent pas les mêmes préjudices et se distinguent par la valeur sociale protégée[4]. Ce faisant l'*idem legal* doit prévaloir dans l'examen de la règle *ne bis in idem*. La Cour de Justice de l'UE, elle, a reposé l'interprétation du principe *ne bis in idem* sur l'*idem factum* en considérant dans l'affaire *Procédure pénale c. Leopold Henri Van Esbroeck* que l'application de l'article 54 de la Convention d'Application de l'Accord Schengen (CAAS) doit se fonder sur l'identité des faits matériels « indépendamment de la qualification juridique de ces faits ou de l'intérêt juridique protégé »[5]. La CourEDH va se rallier enfin à cette interprétation à l'occasion de l'arrêt *Zolotoukhine c. Russie* et considérera que l'interdiction posée *par* l'article 4 du Protocole n° 7 à la CEDH se réfère aux « faits identiques ou [à] des faits qui sont en substance les mêmes »[6]. Pour la CourEDH, en appliquant le principe à l'aune de l'*idem factum*, la protection des

---

[1] Il en est de même pour l'Allemagne tout comme la Belgique. V° T. Vander Beken, G. Vermeulen, T Ongena, « Concurrent National and International Jurisdiction and the Principle '*ne bis in idem*' », *Revue internationale de droit pénal*, vol. 73, 2002/3-4, pp. 811 et 812 ; W Schomburg, « Concurrent National and International Jurisdiction and the Principle 'ne bis in idem' », *Revue internationale de droit pénal*, vol. 73, 2002/3-4, pp. 941,942.

[2] La traduction française de la convention américaine relative aux droits de l'Homme du 22 novembre 1969 dispose que « l'accusé acquitté en vertu d'un jugement définitif ne peut être à nouveau poursuivi pour les mêmes faits « same cause », article 8.4.

[3] CourEDH, *Oliveira c. Suisse*, Requête n°25711/94, arrêt du 30 juillet 1998. La Cour va y retenir le critère de la qualification juridique de l'infraction en considérant que les dispositions pénales n'avaient ni le même but, ni le même objet. V° CourEDH, *Oliveira c. Suisse*, *op. cit.*, opinion dissidente du juge Repik.

[4] CourEDH, *Garretta c. France*, Requête n° 2529/04, arrêt du 4 mars 2008, §§ 87-92; Léa Maulet, *Les contours du « dialogue » entre la Cour européenne des droits de l'Homme et la Cour de justice de l'Union européenne sur le principe ne bis in idem*, *op. cit.*, p. 6.

[5] CJCE, *Procédure pénale c. Leopold Henri Van Esbroeck*, affaire C-436/04, 9 mars 2006, Rec. p. I-2333, pt. 42., V. aussi CJUE (GC), *Gaetano Mantello*, affaire C-261/09, 16 novembre 2010, Rec. p. I-11477, p. 38.

[6] CourEDH (GC), *Zolotoukhine c. Russie*, Requête n° 14939/03, arrêt du 10 février 2009, § 82 ; V. également CourEDH, *Pirttimäki c. Finlande*, Requête n° 35232/11, arrêt 20 mai 2014, § 51 ; CourEDH, *Kiiveri c. Finlande*, Requête n° 53753/12, arrêt 10 février 2015, § 35. CourEDH, *Muslija c. Bosnie-Herzegovine*, Requête n° 32042/11, arrêt 14 janvier 2014, § 34.

victimes s'en trouvait renforcée[1] ; par conséquent, l'emploi du terme « infraction » au sein du libellé de l'article 4 du Protocole n° 7 ne saurait justifier une approche plus restrictive »[2] préjudiciable aux victimes. Le PIDCP et le Comité des droits de l'Homme restent muets sur l'interprétation de l'article 14 para. 7[3]. Sur la considération que l'affaire Kennedy donne subrepticement l'occasion à la CourADHP de se positionner, celle-ci a privilégié l'approche fondée sur l'*idem factum* et non sur l'*idem legal*, bien que les directives de mise en application de l'article 5 consacre le terme « infraction » qui aurait pu donner primauté à la qualification juridique. A contre-courant donc, et dans la dynamique des Cours européenne et interaméricaine, la CourADHP focalisera son attention sur l'identité des faits reprochés aux requérants en dépit des qualifications divergentes contenues dans les articles 384, 285 et 286 d'une part et dans les articles 265 et 287 du code pénal tanzanien d'autre part. Ainsi, la CourADHP est parvenue à innover à un triple point de vue : une innovation débloquante et contournante face à l'absence du principe dans la Charte africaine, une innovation avant-gardiste quant à l'application ultérieure du principe par la CourADHP[4] sur le fondement des Directives et Principes sur le droit à un procès équitable[5] et enfin une innovation interprétative et de positionnement par rapport au Pacte et au Comité des droits de l'Homme, si d'aventure la mention « infraction » dans le libellé de l'article 14 para. 7 du PIDCP était appliquée sous les auspices de l'*idem factum* ou de l'*idem legal*. Il peut être considéré en définitive que l'option de privilégier l'*idem factum* aura permis à la CourADHP de déclarer la violation de l'article 6 de la Charte africaine et d'assurer une meilleure protection pour les requérants, nonobstant le silence de la CourADHP sur la mention *expressis verbis* du principe. L'attitude discrète de la CourADHP pourrait trouver une explication lorsqu'on analyse le registre *ratione temporis* de l'application du principe.

Dans la présente affaire, il ressort que les sieurs Kennedy et Charles ont été déférés devant la même Cour pour deux nouveaux chefs d'accusation basés sur les faits pour lesquels ils venaient à peine d'être acquittés. La considération *ratione temporis* de cette nouvelle accusation est d'une grande importance dans la mise en œuvre du principe *ne bis in idem* en droit pénal. Son analyse permet, dans la présente affaire, de percevoir l'habileté juridictionnelle de la CourADHP.

En effet, dans le sens commun d'application *ratione temporis* du principe *ne bis in idem*, le premier jugement doit être définitif comme le spécifie par exemple l'article 8 des Directives et Principes sur le droit à un procès équitable et à l'assistance judiciaire en Afrique. Autrement dit, la décision qui acquitte ou qui condamne doit avoir un caractère définitif avant que la deuxième procédure ne donne lieu à l'invocation du principe. Les arrêts *Sébastien Ajavon c. République du Bénin, Margus c. Croatie* et *Gradinger c. Autriche* confirment bien l'orientation juridictionnelle selon laquelle le principe ne s'applique qu'après la condamnation ou l'acquittement de

---

[1] CourEDH (GC), *Zolotoukhine c. Russie*, *op.cit.*, § 79.

[2] Léa Maulet, *Les contours du « dialogue » entre la Cour européenne des droits de l'Homme et la Cour de justice de l'Union européenne sur le principe ne bis in idem*, *op. cit.*, p. 10.

[3] Le Comité des droits de l'Homme s'est prononcé toutefois sur la valeur transnationale de ce principe dans *affaire A.P. c. Italie*, Communication n° 204, 16 juillet 1986, CCPR/C/31/D/204/1986, § 7.3. Il soulignait précisément que selon l'article 14 § 7 les doubles condamnations n'étaient interdites que pour un même fait, dans les cas des personnes jugées dans un Etat donné.

[4] Il faut relever que la CourADHP aurait pu invoquer l'article 14 para. 7 du PIDCP, puisqu'elle a compétence pour appliquer lesdites dispositions.

[5] Cela s'est matérialisé en effet dans l'affaire CourAHP, *Sébastien Ajavon c. République du Bénin*, Requête n° 13/2017, arrêt du 29 mars 2019, §§ 175-183.

l'intéressé par un jugement définitif conformément à la loi et à la procédure pénale du pays ou de l'Etat concerné[1]. Pour déterminer le caractère définitif d'une décision pénale, le rapport explicatif du Protocole n° 7 à la CEDH spécifie qu'elle doit être « irrévocable, c'est-à-dire qu'elle n'est pas susceptible de voies de recours ordinaires ou que les parties ont épuisé ces voies ou laissé passer les délais sans les exercer »[2]. Dans l'arrêt *Turansky* du 22 décembre 2008, la Cour de justice de l'Union européenne précisera davantage qu'un jugement définitif est une décision qui doit « mettre fin aux poursuites pénales et éteindre l'action publique, et il convient, en outre, de vérifier que la décision est considérée comme étant définitive et obligatoire au sens du droit de l'État au sein duquel elle a été prise »[3]. La CourEDH a fait pareille interprétation de l'article 4 du Protocole n° 7 en ce que la décision définitive est celle qui est passée en force de chose jugée et insusceptible de recours[4]. Dans l'affaire Kennedy, l'acquittement consécutif au jugement de la première accusation n'est pas définitif, et n'a pas l'autorité de la chose jugée, puisqu'un appel a été interjeté par le procureur devant la Haute Cour de Tanzanie. En clair, les voies de recours n'étaient pas épuisées. Substantiellement, le droit dégagé du principe *ne bis in idem* ne pouvait véritablement être appliqué en l'espèce. C'est à bon droit, dirait-on, que la CourADHP n'a pas invoqué le bénéfice de ce principe au profit des requérants. Cependant, il peut être constaté que la Cour, sans évoquer ledit principe, l'a néanmoins habilement drapé dans le caractère arbitraire approximativement dégagé des conditions de la nouvelle arrestation des requérants.

Il aurait fallu que la CourADHP assume véritablement l'extension *ratione temporis* de ce principe aux situations qui naissent de nouvelles accusations fondées sur les mêmes faits et intervenant après un premier jugement. L'arbitraire et l'illégalité pouvaient s'en dégager et se consolider.

---

[1] CourAHP, *Sébastien Ajavon c. République du Bénin*, *op. cit.*, § 183 ; CourEDH, *Gradinger c. Autriche*, Requête n° 15963/90, arrêt du 23 octobre 1995, § 53 ; CourEDH, *Margus c. Croatie*, Requête n° 4455/10, 27 mai 2014 ; Conseil de l'Europe, *Rapport explicatif du Protocole n° 7 à la Convention de sauvegarde des Droits de l'Homme et des Libertés fondamentales*, 1984, § 29.

[2] Conseil de l'Europe, *Rapport explicatif du Protocole n° 7 à la Convention de sauvegarde des Droits de l'Homme et des Libertés fondamentales*, *op. cit.*, § 22 ; V. également Léa Maulet, *Les contours du « dialogue » entre la Cour européenne des droits de l'Homme et la Cour de justice de l'Union européenne sur le principe ne bis in idem*, *op. cit.*, p. 19.

[3] CJCE, *Turansky*, affaire C-491/07, 22 décembre 2008, Rec. p. I-11039, §§. 34 et 35 ; Léa Maulet, *Les contours du « dialogue » entre la Cour européenne des droits de l'Homme et la Cour de justice de l'Union européenne sur le principe ne bis in idem*, *op. cit.*, p. 21.

[4] CourEDH, *Zolotoukhine c. Russie*, *op. cit.*, § 83 ; V. également CJUE, *Procura della Repubblica c. M*, affaire C-398/12, Conclusions de l'Avocat général Sharpston du 6 février 2014, § 35 ; CJUE, *Procura della Repubblica c. M*, affaire C-398/12, arrêt du 5 juin 2014, §§ 39.

Commentaire _ *Affaire Lucien IKILI RASHIDI c. République de Tanzanie*, Requête n° 009/2015

Germain T. DABIRE*

« Le concept des droits de l'homme n'est pas d'origine morale, mais une modalité spécifique du concept moderne de droit subjectif. Ces droits de l'homme ont par nature un caractère juridique »[1]. A cette affirmation, l'on ajouterait volontiers que c'est la juridicité des droits de l'homme qui sert de support normatif à leur judiciarisation. Toutefois, les modèles juridictionnels des droits de l'homme sont fonction des logiques philosophiques, socio-anthropologiques et culturelles qui leur sont inhérentes[2]. En effet, l'universalité confessée et quasiment acceptée des droits de l'homme n'efface pas leur dimension culturelle et c'est au nom de la dimension culturelle des droits de l'homme qu'une régionalisation des politiques normatives de protection et de promotion des droits de l'homme peut être facilement acceptée. Le système africain de protection des droits de l'homme dans sa dimension normative et institutionnelle en est une émanation.

Toutefois, si l'édifice juridictionnel africain de protection des droits de l'homme est relativement jeune[3], on ne peut nier au mécanisme d'être porteur de grands espoirs quant aux droits dont il est appelé à sanctionner la violation grâce à la Cour Africaine des Droits de l'Homme et des Peuples. La dynamique judiciaire au sein de la Cour reste néanmoins partagée entre activisme et monotonie judiciaires. A ce titre, si l'on devait s'exercer à faire le portrait du contentieux international africain des droits de l'homme tel que pratiqué devant la Cour Africaine des Droits de l'Homme et des Peuples (Cour ADHP), l'on pourrait relever deux traits marquants : la récurrence de certains droits violés et la fidélité d'une certaine clientèle docile. En effet, si la plupart des droits invoqués devant la Cour ADHP sont des droits civils et politiques, la récurrence de la violation de certains d'entre eux reste frappante. Il s'agit notamment des droits au respect de la dignité humaine, à la liberté de circulation et de résidence et à un procès équitable[4]. A cela s'ajoute la discipline d'une certaine clientèle accoutumée à comparaître devant la Cour : la République-Unie de Tanzanie[5]. L'arrêt rendu par la Cour dans *l'affaire Lucien IKILI Rashidi c. République-Unie de Tanzanie (requête n°009/2015)* du 28 mars 2019, qui fera l'objet de la présente analyse, participe à diffuser et à renforcer ces impressions préliminaires.

---

* Doctorant en droit international public à l'Université de Genève. L'auteur remercie les initiateurs du projet pour l'avoir associé à la réalisation de cet ouvrage.

1 HABERMAS J., *Droit et Démocratie. Entre faits et normes*, traduit de l'allemand par Rainer Rochlitz et Christian Bouchindhomme, Gallimard, 1992, p.135 et ss.

2 Pour une compréhension poussée sur l'influence des options politiques, philosophiques, culturelles et socio-anthropologiques sur les droits de l'homme dans leur spécificité, voir AMIEL O., (dir.), *Droits de l'homme et philosophie. Une anthologie (1789-1914)*, Presses Pocket, 1993, 458p.

3 La Cour a été créée par le Protocole de Ouagadougou adopté lors de la 33e Assemblée des Chefs d'Etat et de Gouvernement tenue du 08 au 10 juin1998.

4 Plus de la moitié des affaires portées devant la cour porte directement ou indirectement sur ces droits.

5 Parmi les affaires contentieuses finalisées, la Tanzanie a été mise en cause dans 28 affaires voir le site officiel de la cour visité le 07/10/2019 http://fr.african-court.org/index.php/affaires/affaires-contentieuses#affaires-finalis%C3%A9es et dans plus de 80 affaires toujours pendantes devant la cour voir le site officiel de la cour visité le 07/10/2019 http://fr.african-court.org/index.php/affaires/affaires-contentieuses#affaires-pendantes . Il faut rappeler cependant que la Tanzanie a retiré sa déclaration d'acceptation de la compétence obligatoire de la Cour pour les requêtes individuelles (personnes physiques et ONG). Le dépôt de la déclaration a eu lieu le 14 novembre 2019 et devrait prendre effet, si l'on s'en tient à la pratique de la Cour sur l'interprétation des effets du retrait, le 14 novembre 2020. Sur les effets du retrait voir dans le présent ouvrage Benjamin SA TRAORE, « Cour ADHP, *Ingabire Victoire Umuhoza c. Rwanda* ».

Des faits qui en sont ressortis, l'on aura retenu que Sieur IKILLI, citoyen congolais, a légalement émigré en territoire tanzanien en 1993 pour faire des affaires. En 1999, sa femme et ses enfants, bénéficiaires du statut de réfugiés, le rejoignirent. En 2006, suite à la perte de son passeport, il bénéficia des autorités tanzaniennes d'une attestation de perte de passeport faisant office d'un permis de séjour valable jusqu'en septembre 2006. Parallèlement, et pendant que la procédure de renouvellement du passeport était en cours, il fut arrêté et détenu le 09 juin 2006 par les autorités tanzaniennes pour séjour illégal au cours d'une audience judiciaire de reconnaissance de créance en sa faveur en l'affaire n°263-2005. Son épouse et ses enfants, eux aussi, avaient été arrêtés, détenus et mis en examen pour séjour illégal dans l'affaire n°765-2006. Grâce aux interventions de l'Ambassade du Congo en Tanzanie, le requérant a été libéré pour suivre ses affaires. Quant à son épouse et à ses enfants, ils ont été expulsés du pays. Le 02 janvier 2014, la Haute Cour déclara l'arrestation et la détention de sieur IKILLI conformes à la loi et le 03 janvier 2014, un avis d'interdiction de séjour lui a été notifié avec sommation de quitter le pays dans les 07 jours et il s'est dûment exécuté sans avoir eu la possibilité d'interjeter appel de la décision du 02 janvier 2014.

C'est sur ces faits que le requérant a saisi la Cour ADHP en alléguant la violation par la République-Unie de Tanzanie de son droit de choisir sa résidence et de circuler librement en procédant à son arrestation et à sa détention, son droit d'être jugé dans un délai raisonnable mais aussi d'avoir porté atteinte à sa dignité humaine à travers la fouille rectale dont il a fait l'objet au moment de sa détention.

Examinant les allégations invoquées par le requérant, la cour a conclu à la violation par l'Etat défendeur desdits droits en déclarant l'Etat défendeur internationalement responsable.

Deux séries d'observations générales peuvent être relevées à la lecture de l'arrêt. La première observation est la démarcation formelle de l'ensemble de la décision par rapport au paysage formel habituel de présentation des arrêts par les juridictions internationales. En effet, l'arrêt n'a fait l'objet ni d'une ordonnance en prescription de mesures conservatoires ni d'opinions dissidentes, individuelles ou de déclarations. C'est une observation très formelle certes, mais que le lecteur devra garder à l'esprit pour apprécier le degré d'unanimité du dispositif de la décision de la Cour. La deuxième observation est liée à la structure globale de l'arrêt dans laquelle on observe une juridiction qui s'efforce de rester dans sa mission d'une bonne administration de la justice en faisant l'équilibre entre prudence judiciaire et meilleure protection de la personne humaine. C'est cette dernière observation qui nous servira de fil d'Ariane pour comprendre la dynamique d'ensemble de l'arrêt.

Nous choisissons donc, non par arbitraire, mais au regard de ce qui nous parait comme nouveaux développements auxquels s'est livrée la Cour, de nous focaliser sur trois éléments dont l'examen permettra de mieux comprendre les articulations de l'arrêt. De ce fait, après une brève appréciation de la technique procédurale développée par la Cour, notamment le contentieux des exceptions préliminaires (I), nous discuterons progressivement des analyses opérées quant aux droits violés (II) et nous examinerons les implications de l'affaire sous l'angle du droit international des réfugiés (III).

I. L'analyse des exceptions préliminaires par la Cour

On peut aborder le contentieux juridictionnel au moins de deux manières soit à travers ses effets[1], soit à travers son déroulement chronologique, c'est-à-dire selon les étapes qui marquent chaque phase et qui, mises ensemble, constituent le procès dans sa globalité. Suivant cette approche chronologico-judiciaire, on peut distinguer dans une même affaire entre le contentieux de la procédure et celui du fond. Le contentieux de la procédure, encore appelé contentieux procédural, est la phase du contentieux qui porte sur les exceptions préliminaires de compétence et de recevabilité[2]. Dans l'affaire IKILI, face à l'exception d'incompétence soulevée, la Cour procéduralise le principe *juria novit curia* (I.1.) et opère face à l'exception de recevabilité une interprétation casuistique de la règle de l'épuisement des voies de recours internes (I.2.).

I.1. La procéduralisation du principe *jura novit curia*[3] ou l'affirmation du principe *Kompetenz Kompetenz*

C'est un principe général de droit que l'on pourrait aujourd'hui qualifier de principe coutumier de droit judiciaire selon lequel le juge, qu'il soit interne ou international, dispose de et maitrise sa compétence de manière exclusive et pleine. Ce principe est bien connu comme le principe de la compétence de sa compétence. L'exception d'incompétence soulevée par le défendeur se résumait au fait que le requérant n'a pas établi la compétence de la Cour. Celle-ci, c'est-à-dire la Cour, a rappelé que la preuve de sa compétence par l'une des parties au différend n'est pas une condition d'exercice de sa compétence et ne saurait la dessaisir de l'examen de sa compétence. Autrement, la connaissance du droit processuel et procédural ressortit à sa compétence. La cour opère une sorte de procéduralisation de la règle *jura novit curia* par l'effet d'une conversion en *juria novit curia processis*. Dès lors, et c'est ainsi que procède la Cour dans son raisonnement, l'établissement de sa compétence est non seulement une question préliminaire obligatoire (1) mais aussi une question traitée *proprio mutu* (2).

1. La détermination de la compétence de la Cour : une question préliminaire obligatoire

Le principe *Kompetenz-Kompetenz* est affirmé dans la plupart des dispositions statutaires des juridictions internationales[4]. C'est un principe général de droit judiciaire permettant aux « juridictions, dans les limites statutaires, de trancher une contestation sur leur propre compétence »[5]. Il se veut « un principe suivant lequel, en

---

1 Suivant cette catégorisation, on peut distinguer le contentieux de l'annulation, de pleine juridiction, de l'interprétation… v° SALMON J. (dir.), *Dictionnaire de droit international public*, préface de Gilbert Guillaume, Bruylant, 2001, p.248.

2 Pour une approche systématique des exceptions préliminaires devant les juridictions internationales, voir ABI-SAAB G., *Les exceptions préliminaires dans la procédure de la Cour internationale*, Paris, Pedone, 1967, 279 pages.

3 Cet adage latin se traduit par « le juge sait le droit ». Ce principe de justice est appliqué aussi bien par les juges nationaux que par les juges internationaux. Ce principe tire sa source lointaine dans une sagesse latine ainsi formulée : « *Da mihi factum, dabo tibi jus* » et se traduisant ainsi en français « Donne-moi le fait, je te donnerai le droit ». La Cour international de justice (CIJ) n'a jamais consacré expressément ce principe. Toutefois, son respect et son utilité relèvent de la pratique. La CIJ a rappelé clairement ce principe, dans l'affaire des pêcheries norvégiennes qui opposait d'un côté le Royaume-Uni et l'Allemagne à l'Islande à propos de l'extension des limites de droits de pêche exclusifs en mer du Nord de celle-ci, en ces termes : « La Cour ayant pour fonction de déterminer et d'appliquer le droit dans les circonstances de chaque espèce, la charge d'établir ou de prouver les règles de droit international ne sauraient être imposée à l'une ou l'autre partie, car le droit ressortit au domaine de la connaissance judiciaire de la Cour », Voir *Compétence en matière de pêcheries* (Royaume-Uni c. Islande), fond, arrêt, C.I.J. Recueil 1974, p.9, § 17.

4 Art.3.al.2 du Protocole portant création de la Cour africaine des droits de l'homme et des peuples. Pour une compréhension plus poussée de cet article lire : KENFACK P.E., « Article 3 : Compétence de la Cour » in KAMTO M. (dir.), *La Charte africaine des droits de l'homme et des peuples et le protocole y relatif portant création de la cour africaine des droits de l'homme. Commentaire article par article*, Bruylant, 2011, pp.1252-1254. ; Statut de la C.I.J, art.36 § 6.

5 SALMON J. (dir.), *Dictionnaire de droit international public*, *op.cit.*, p.217.

règle générale, tout organe possédant des pouvoirs juridictionnels a le droit de se prononcer en premier lieu lui-même sur l'étendue de ses attributions »[1]. Dans l'affaire IKILI, face à l'exception d'incompétence soulevée par l'Etat défendeur et qui reposait sur le fait que le requérant n'a pas mentionné dans sa requête la base de sa compétence, la Cour a, comme le prévoit l'article 3 de son Protocole et l'article 39 (1) de son Règlement, obligatoirement procédé à un examen préliminaire de sa compétence. Selon l'article 39 (1) du Règlement, « la Cour *procède à un examen préliminaire de sa compétence* et des conditions de recevabilité de la requête telles que prévues par les articles 50 et 56 de la Charte et l'article 40 du présent Règlement » (nous soulignons). L'examen préliminaire de la compétence de la cour intervient donc au stade préliminaire de la procédure, même si la détermination de ce qui est préliminaire peut être délicate[2]. Autrement dit, c'est une question que la cour doit examiner de manière nécessaire et obligatoire, sans qu'il n'y ait nécessité pour une partie de prouver la base de sa compétence. L'examen préliminaire obligatoire de sa compétence est lié de manière inhérente à sa fonction judiciaire dont l'assise épistémique est la règle *Kompetenz-Kompetenz*. Comme l'affirmait Shihata, le principe de la compétence de la compétence « deals with a phase of the judicial action which comes even prior to that prelimiray phase (substantive jurisdiction) ; *that is, the power, or the jurisdiction, to decide wether that substantive jurisdiction exists*. This power is obviously incidental and pre-preliminary »[3]. La nature préliminaire de la question *Kompetenz-Kompetenz* dans le déroulement de tout différend apparait donc comme une « priorité logique »[4] pour tout tribunal.

En décidant de ne point se référer au contenu de la requête pour déterminer sa compétence, la Cour, à l'exemple de la Cour interaméricaine des droits de l'homme[5], réaffirme sa jurisprudence antérieure[6] et affine ainsi la distinction entre les règles qui gouvernent la détermination de sa compétence et celles qui président à l'examen de la demande elle-même. Finalement, la Cour confirme l'idée selon laquelle, la détermination de sa compétence est une question préliminaire et surtout exclusivement juridictionnelle dont elle en a la seule maîtrise.

En effet, devant la préoccupation tout à fait légitime de prendre en compte le rôle des parties dans la détermination de sa compétence, la Cour pourrait, et avec raison, rétorquer avec l'argument sur l'utilité des parties à la saisir si elles connaissaient le droit. Toutefois, le refus par la Cour ADHP de prendre en compte le rôle des parties dans la détermination de sa compétence reste contestable. Ce qui est intéressant de voir, au-delà de la généralité de cette règle, ce sont les complications que l'application de cette règle suscite dans un environnement international dont on sait, qu'aussi bien

---

1 C.P.J.I., *Interprétation de l'accord gréco-turc du 1er décembre 1926*, avis consultatif du 28 août 1928, série B, n°16, p.20. ; BOISSON DE CHAZOURNES L., « The principle of « compétence de la compétence » in international adjudication and its role in a era of multiplication of courts and tribunals » *in Looking to the future : Essays on international law in honour of W. Michael Reisman*, Leiden, Nijhoff, 2011, pp.1027-2064.

2 Certaines juridictions ont été confrontées à des difficultés pour démarquer le préliminaire du non préliminaire. Par exemple dans l'affaire des activités militaires et paramilitaires au Nicaragua et contre celui-ci, la cour affirme qu'*« en la présente affaire, la Cour a pour la première fois l'occasion d'exercer le pouvoir introduit en 1972, de déclarer qu'une exception préliminaire n'a pas dans les circonstances de l'espèce un caractère exclusivement préliminaire »*. (C.I.J., *Activités militaires et paramilitaires au Nicaragua et contre celui-ci*, arrêt du 27 juin 1986, Rec. 1986, p.29).

3 SHIHATA F.I., *The power of the international court to determine its own jurisdiction : Compétence de la compétence*, Nijhoff, 1965, pp.7-8. Les italiques sont de nous.

4 KOLB R., *La cour internationale de justice*, Pedone, 2013, p.223.

5 Cour IADH, *Affaire Hilaire c. Trinité-et-Tobago*, arrêt du 1er septembre 2001, § 42.

6 Cour ADHP, *Affaire Peter Joseph Chacha c. Tanzanie*, Requête n°003/2012, arrêt du 28 juin 2014, §§ 118-119 ; *Affaire Wilfred Onyango Nganyi et 9 autres c. Tanzanie*, Requête n°006/2013, arrêt du 18 mars 2016, § 79.

normativement qu'institutionnellement, qu'il ne présente pas l'homogénéité, la simplicité et la complétude des droits internes. Ce qui reviendrait pour la Cour, dans l'application de cette règle, à opérer une distinction entre savoir (connaitre) le droit d'un côté et donner (dire) le droit de l'autre. S'il existe une crainte tout à fait légitime pour la Cour que les parties par accord de « mauvaise foi » écartent ou déforment le droit applicable, ce qui nuirait à l'exercice de son office, cela n'empêche pas, toutefois, aux parties de s'exprimer sur le contenu du droit à quel que stade de la procédure que ce soit. En ce sens, il parait souhaitable que la partie qui saisit la Cour prouve la compétence de la Cour, de sorte à ce que son action ne soit illustrative d'un exercice abusif d'un droit. Inversement, la preuve de la compétence par la partie requérante participerait à démontrer le caractère sérieux de la demande, même si cette preuve n'épuise ni ne limite l'appréciation par la Cour de sa propre compétence. En effet, l'admission d'exceptions préliminaires d'incompétence ne trouve sa *ratio legis* qu'en présence d'une base de compétence alléguée par la requérante et potentiellement contestable par l'autre. Et c'est en présence d'une telle contestation et à ce stade que se lit et se comprend aisément l'idée selon laquelle, la détermination de la compétence de la Cour est une question exclusivement juridictionnelle.

2. La détermination de la compétence de la Cour : une question exclusivement juridictionnelle

Dans l'exception d'incompétence soulevée, l'Etat défendeur se fonde sur l'absence de preuve de compétence de la Cour établie par le requérant[1]. L'exception, en l'état, peut susciter deux types d'interprétations : soit, pour l'Etat défendeur, la compétence *doit* être établie par le requérant, soit dans la détermination de la compétence, les parties au différend *doivent* y participer largement. Ces deux interprétations peuvent se trouver contractées par une question d'arrière-fond, celle du rôle des parties dans la détermination de la compétence de la Cour.

Sans aborder cette question directement ni indirectement, la Cour, s'est toutefois barricadée derrière un *obiter dictum* à la fois laconique mais suggestif. En effet, elle retient sa compétence, parce qu'«*ayant en outre constaté que rien dans le dossier n'indique qu'elle n'est pas compétente* en l'espèce »[2] (nous soulignons). Cette expression, « ayant en outre constaté que rien dans le dossier n'indique qu'elle n'est pas compétente » pourrait signifier, en tout cas d'un point de vue lexicométrique que, d'une part la question de la détermination de la compétence juridictionnelle est une question examinée *proprio mutu* par la Cour *(« ... ayant en outre constaté... »)* et que, d'autre part l'examen de la compétence pourrait avoir nécessairement un lien avec le contenu de la demande *(« ...rien dans le dossier... »).*

Autrement, si la détermination de la compétence de la Cour est une question dont elle a compétence à titre initial et préliminaire, l'établissement de celle-ci pourrait, en fonction des situations, dépendre du contenu exact de la demande, entendu ici comme « dossier », pour reprendre l'expression de la Cour. Il nous semble que c'est tout le sens et la philosophie que poursuit l'article 39 (2) du Règlement en ces termes : « ...à cette fin, la Cour peut demander aux parties de lui soumettre tous renseignements relatifs aux faits, tous documents ou tous autres éléments qu'elle juge pertinents »[3]. De ce fait, les parties au différend *peuvent* donc, *sur une invitation de la Cour*, participer à l'établissement de la compétence de celle-ci en débattant sur les points de

1 § 31 de l'arrêt.
2 § 33. Les italiques sont de nous.
3 Une telle disposition semblable se retrouve à l'article 79 § 6 du Règlement de la C.I.J.

faits et de droit et/ou en produisant tous les moyens de preuve qui ont trait à la question. En décidant ainsi, la Cour considère, comme elle l'avait déjà souligné dans sa jurisprudence antérieure[1], que la preuve ou l'absence de preuve de sa compétence fournie par le requérant ne constitue pas une limite à ce qu'elle examine *proprio mutu* sa propre compétence. De ce fait, l'examen de la question préliminaire de compétence est une question exclusivement juridictionnelle, c'est-à-dire traitée *proprio mutu* par le juge lui-même.

Pour autant, au-delà des aspects de compétence, la Cour a aussi réservé une analyse assez casuistique des exceptions préliminaires liées à la recevabilité de la demande.

I.2. L'appréciation casuistique de la recevabilité par la cour

Deux exceptions préliminaires liées à la recevabilité ont été soulevées par l'Etat défendeur. A ces deux exceptions, la Cour a réservé un même modèle de traitement, à savoir une analyse des exceptions au cas par cas en tenant compte des circonstances de l'espèce. La Cour a surtout privilégié une interprétation restrictive de ces exceptions, à savoir d'une part l'exception tirée de l'épuisement des voies de recours internes (1) et, d'autre part celle liée au respect d'un délai raisonnable à sa saisine (2).

1. L'interprétation restrictive de la règle de l'épuisement des voies de recours internes

En droit international, de manière générale, l'épuisement des voies de recours internes est un mécanisme aménagé pour permettre à l'Etat ayant commis des violations des droits de l'homme d'y remédier par ses propres moyens, dans le cadre de son ordre juridique interne[2]. Autrement dit, la règle de l'épuisement des voies de recours internes renforce le caractère subsidiaire des protections offertes par le droit international aux particuliers[3] et s'explique par le souci « d'écarter du prétoire international des instances susceptibles de trouver leur issue ailleurs »[4]. En clair, la règle de l'épuisement des voies de recours internes fait du juge national le juge naturel du droit international[5]. L'une des exceptions soulevées par l'Etat défendeur est liée au fait que la demande du requérant devrait être jugée irrecevable au motif qu'elle ne remplissait pas une condition prévue à l'article 56 (5) de la Charte, à savoir l'obligation d'épuiser les voies de recours internes[6]. A dire vrai, la nature de la règle de l'épuisement des voies de recours internes fait toujours l'objet d'un grand débat doctrinal[7] entre règle de fond et règle de procédure[8]. La Cour examine l'exception en

---

1 Cour ADHP, *Affaire Franck David Omary et autres c. Tanzanie*, Requête n°001/2012, arrêt du 28 avril 2014, § 75.

2 Art. 45.b. du Projet d'articles de 2001 de la commission du droit international sur la responsabilité de l'Etat ; C.I.J, *Interhandel*, exceptions préliminaires, arrêt du 21 mars 1959, Rec. 1959, p.27 ; C.I.J, *Elettronica Sicula Sp.A.(ELSI)*, arrêt du 20 juillet 1989, Rec. 1989, p.46, §59 ; C.E.D.H, De Cubber, arrêt du 26 octobre 1984, série A, vol. 86, p.19, § 33.

3 HOTTELLIER M., *L'article 26 C.E.D.H et l'épuisement des voies de recours en droit fédéral suisse*, Helbing &Lichtenhahn, Bâle et Francfort-sur-le Main, 1990, p.3. ; Cour ADHP, *Affaire Lohé Issa Konaté c. Burkina Faso*, Requête n°004/2013, arrêt du 05 décembre 2014 (fond), § 78. Pour aller plus loin dans la compréhension de ce principe, V° CHAPPEZ J., *La règle de l'épuisement des voies de recours internes*, Paris, Pedone, 1972, 273 pages.

4 COHEN-JONATHAN G., *La convention européenne des droits de l'homme*, Economica, Paris, Presses universitaires d'Aix-en-Provence, 1989, p.105.

5 WACHSMANN P., « Les méthodes d'interprétation des conventions internationales relatives à la protection des droits de l'homme » in SFDI, *La protection des droits de l'homme et l'évolution du droit international*, colloque de Strasbourg, Pedone, 1998, pp.157-195, p.157

6 §§ 39 et ss. de l'arrêt.

7 CHAPPEZ J., *op.cit.*, p.9.

8 La distinction entre le fond et la procédure est connue de tous les systèmes de droit. La Cour internationale de justice a rappelé cette distinction dans son arrêt de 1966 en l'Affaire du *Sud-Ouest africain* : « C'est un principe universel, nécessaire et cependant presque élémentaire du droit de la procédure qu'il faut distinguer entre, d'une part, le droit de saisir un tribunal et le droit du tribunal de connaître du fond de la demande et, d'autre part, le droit au regard de l'objet de

vérifiant l'existence réelle des voies de recours[1], leur disponibilité[2] et leur accessibilité[3]. Pour la Cour, une voie de recours est considérée comme disponible lorsqu'elle peut être utilisée par le requérant sans obstacle. En conséquence, lorsqu'une voie de recours existe et n'est pas accessible au requérant, la règle de l'épuisement des voies de recours internes doit être écartée. Contrairement aux parties au différend qui ont considéré le recours administratif auprès du ministre de l'intérieur pour la levée de l'interdiction de séjour comme la seule voie de recours disponible, la Cour, tout en restant fidèle à sa jurisprudence antérieure[4] réaffirme que les voies de recours visées dans le cadre de l'article 56(5) de la Charte sont des recours judiciaires[5]. Ainsi, sont exclus du bénéfice de voies de recours ordinaires, les recours non judiciaires. De l'avis de la Cour, le recours approprié aurait pu consister à faire appel de la décision de la Haute Cour de justice ayant ordonné son expulsion. Or, en l'espèce, le requérant n'a pu faire appel du fait du maintien de la décision d'interdiction de séjour par le ministre de l'Intérieur. La Cour a alors conclu que même si le recours existait, celui-ci n'était pas disponible et a, par conséquent, rejeté l'exception soulevée.

L'interprétation opérée par la Cour, au-delà de son résultat, se veut néanmoins critiquable. Premièrement, si l'on s'en tient à l'argument-pilier de la Cour, c'est l'absence physique du requérant qui constitue l'obstacle à l'exercice de son droit d'appel. Autrement dit, l'un des critères de la disponibilité de la voie de recours serait, d'après la Cour, la présence physique du requérant. L'analyse de ce point de vue semble simpliste et aurait pu convoquer plus d'éléments de clarification. Concrètement, la question dont aurait pu se saisir la Cour incidemment, est celle de savoir si l'appréciation de la disponibilité du recours ne nécessitait pas une prise en compte de la situation réelle du requérant en opérant une distinction entre les cas où le requérant est assisté ou non d'un avocat.

En effet, si le requérant ne dispose pas d'un conseil d'avocat et se trouve expulsé du territoire de l'Etat défendeur, alors, on peut estimer que cette expulsion doublée d'une non-assistance judiciaire est de nature à le libérer de l'obligation d'épuiser toutes les voies de recours internes, cela, parce qu'il y a inaccessibilité même au juge. Dans une telle situation, l'indisponibilité et/ou l'inaccessibilité du recours peuvent être analysée alternativement ou conjointement comme suffisantes à opérer une dérogation à l'application de la condition d'épuisement des voies de recours internes. Si par contre, le requérant était assisté d'un conseil judiciaire, il nous parait discutable que sa seule expulsion du territoire de l'Etat défendeur puisse paraitre suffisante à démontrer l'indisponibilité de la voie de recours interne. En effet, la décision incriminée jouit, tant qu'il n'y a pas une autre décision juridictionnelle l'ayant annulée, du privilège du préalable *« judiciaire »*, c'est-à-dire qu'elle produit tous ses

---

la demande que le demandeur doit établir à la satisfaction du tribunal » (C.I.J, *affaires du Sud-Ouest africain*, arrêt du 18 juillet 1966, rec. 1966, p.39, n°64).

1 Cour ADHP, *Affaire Action pour la protection des droits de l'homme c. Côte d'Ivoire*, Requête n°001/2014, arrêt du 18 novembre 2016, § 93 ; *Affaire Ayants droits de feus Norbert Zongo et autres c. Burkina Faso* (exceptions préliminaires), Requête n°013/2011, arrêt du 28 juin 2013, § 68 ; Cour IADH, *Affaire Velasquez-Rodriguez c. Honduras*, arrêt du 29 juillet 1998, § 64.

2 Cour ADHP, *Affaire Wilfred Onyango Nganyi et autres c. Tanzanie*, *op.cit.*, § 89.

3 La Cour l'a rappelé dans plusieurs de ses arrêts : CAdHP, *Commission africaine des droits de l'Homme et des Peuples c. Libye*, arrêt du 03 juin 2016, § 70 ; *Affaire Lohé Issa Konaté c. Burkina Faso*, arrêt du 05 décembre 2014, §§ 78-79 ; *Affaire Franck David Omary et autres c. Tanzanie*, arrêt du 28 avril 2014, §§ 98 et svt.

4 Affaire *Lohé Issa Konaté c. Burkina Faso*, op.cit., § 77.

5 Voir aussi Cour ADHP, *Affaire Urban Mkandawire c. Malawi*, Requête n°003/2011, arrêt du 21 juin 2013, § 38.1.

effets[1]. Dans cette dynamique, il appartiendrait au conseil judiciaire, représentant judiciaire légal du requérant d'interjeter appel contre la décision d'interdiction de séjour ainsi prononcée en cas d'absence physique du requérant, absence qui constituerait en l'espèce et en réalité l'exécution pratique de la décision d'interdiction de séjour. Par conséquent, un quelconque défaut de recours exercé au bénéfice du requérant par son conseil à son absence pourrait être analysé comme imputable au requérant lui-même[2]. L'intérêt d'opérer une telle distinction réside dans la prévention d'invocation abusive de moyens de défense préliminaires.

Deuxièmement, l'exclusion par la Cour des recours administratifs parait tout aussi discutable d'autant plus que la Cour ne nous donne pas de grandes motivations sur cette exclusion. En effet, la charge de la preuve sur l'épuisement des voies de recours internes incombant au requérant, il lui revient d'apporter des éléments probatoires matériels pour démontrer la satisfaction de sa requête à cette règle. Or, dans la plupart des ordres juridiques internes, le recours administratif obligatoire est un préalable à un recours contentieux[3]. De ce fait un blocage institutionnel dans l'exercice de ce recours administratif obligatoire compromet la chance pour le requérant de saisir le juge, sa requête pouvant être déclarée irrecevable et/ou frappée par une fin de non-recevoir[4]. De ce fait, les recours disponibles au plan interne devraient être interprétés de manière large en y incluant les requêtes adressées aux autorités administratives[5]. Cela, parce que l'obligation d'épuiser les voies de recours internes n'a trait qu'à des possibilités de recours prévus par la loi.

Ainsi, il est important de constater que le rituel habituel auquel se livre la Cour pour apprécier la règle de l'épuisement des voies de recours internes, témoigne d'une certaine réticence pour elle à ouvrir son spectre d'analyse pour emboîter le pas vers une systématisation du principe. Le grand défi de la règle de l'épuisement des voies de recours internes est le rôle central du droit national. Les questions auxquelles il faut répondre et les réponses correspondantes dépendent donc dans une large mesure des ordres juridiques nationaux. C'est parfois une difficulté pour les requérants mais surtout pour la Cour. C'est pourquoi, il appartient à la Cour de développer une pratique applicable dans les différents systèmes nationaux des différents Etats parties à la Charte. Il y a lieu de définir pour toutes les affaires quelles voies de recours internes doivent être épuisées et quelle est la décision interne qui marque le commencement du délai raisonnable. Pour ce faire, la Cour devra se lancer dans un processus de systématisation du droit applicable au principe de l'épuisement des voies de recours internes dans une démarche qui allie la souveraineté des Etats, la subsidiarité de sa compétence et le principe de la protection effective des droits de l'homme.

La Cour, après avoir rejeté l'exception tirée du non-épuisement des voies de recours internes, a également procédé à une analyse pragmatique de l'exception tirée du non-respect, par le requérant, d'un délai raisonnable pour la saisir.

---

1 CHRETIEN P. et CHIFFLOT N., *Droit administratif*, Sirey, 13e édition, 2012, pp.664-665.

2 *Communication 338/07 Socio-Economic Rights and Accountability Project (SERAP) c./ République fédérale du Nigéria*, rapport de la commission africaine des droits de l'homme et des peuples du 24 novembre 2010, §§ 63 et ss.

3 Ce recours obligatoire est devenu quasiment une règle largement partagée. Voir CE, Sect., *Houlbreque*, 18 novembre 2005. De manière plus large voir BONICHOT J.C., CASSIA P., POUJADE B., *Les grands arrêts du contentieux administratif*, Dalloz, 2007, pp.695-700.

4 CHAPUS R., *Droit administratif général*, tome 1, Montchrestien, 13e édition, 1999, pp.476-477

5 H. WIEBRINGHAUS, « La règle de l'épuisement préalable des voies de recours internes dans la jurisprudence de la Commission européenne des droits de l'homme », Annuaire français de droit international, 1959, vol.5, pp.685-704, p.690.

2. La vision pragmatique de la notion du délai raisonnable par la Cour

L'exception d'irrecevabilité soulevée par l'Etat défendeur liée au non-respect du délai raisonnable par le requérant pour saisir la Cour a été fondée sur la pratique interprétative du délai raisonnable par des organes de contrôle de la Charte. Pour l'Etat défendeur, en effet, le délai raisonnable pour saisir la cour est de six (06) mois à compter de la date de la décision. S'il est vrai que la Cour a souvent considéré comme délai raisonnable, un délai n'excédant pas six (06) mois, elle a cependant rappelé que c'est moins la computation du délai en tant que tel que les circonstances de l'espèce qu'il faut prendre en compte[1]. Cette approche pragmatique que donne la Cour de l'interprétation du délai raisonnable permet de comprendre que le délai raisonnable n'est pas lié nécessairement au temps écoulé mais au contexte de chaque espèce si bien qu'un délai de plus de six mois peut être considéré comme raisonnable si les circonstances de l'espèce permettent une telle appréciation. La Cour doit donc prendre en compte la situation individuelle du requérant pour apprécier la notion du délai raisonnable[2]. C'est, en effet, cela qui justifie que la Cour ait jugé comme raisonnable, le délai d'un an et vingt-six jours mis par le requérant pour la saisir, compte tenu du fait que celui-ci était expulsé du territoire de l'Etat défendeur et ne pouvait, de ce fait, suivre ses affaires judiciaires. Cette interprétation casuistique et pragmatique du délai raisonnable reste cependant dans la monotonie traditionnelle de son raisonnement. En effet, la casuistique dont se prévoit la Cour, à chaque fois qu'il est question de délai raisonnable, procède, on peut en avoir le sentiment, d'un refus de systématisation sur la notion au moyen de critères de référence clairs. La notion de délai raisonnable est d'origine *common law* et l'utilisation de la notion par la jurisprudence anglaise a été significative dans l'arrêt *Regina c. Aston University Senate ex. p. Roffey*[3], décision dont s'est beaucoup servie la jurisprudence québécoise[4]. Dans cet arrêt où la délivrance d'un bref de *certiorari* et de *mandamus* était demandée par deux étudiants contre le Sénat d'une université afin qu'on leur permette de passer un examen, la Cour d'appel rejeta leur requête au motif que celle-ci était tardive et ce, en dépit, de sa conclusion selon laquelle la décision touchant les étudiants n'avait pas respecté les règles de justice naturelle. Ce rejet a été, cependant, critiqué par certains juges. En effet, selon Sir Eric Herbert Blain : « This court does not lightly exercise its discretion to grant prerogative orders not only is real injustice a necessary ingredient before any such application is granted, but it should, in my view, be granted only where diligence is shown by an applicant in real creed of the remedy »[5]. En outre, selon une partie de la doctrine, « One who is guilty of unreasonable delay in making an application for judicial review may be denied a remedy of certiorari or prohibition even though he did not acquiesce in the original assumption or exercise of jurisdiction »[6]. L'intérêt

---

1 Cour ADHP, *Affaire Ayants droit de feus Norbert Zongo, Abdoulaye Nikiéma dit Ablassé, Ernest Zongo et Blaise Ilboudo et le Mouvement Burkinabè des Droits de l'Homme et des Peuples c. Burkina Faso* (exceptions préliminaires), op.cit., § 121.

2 Cour ADHP, *Affaire Mohamed Abubakari c. Tanzanie*, Requête n°007/2013, arrêt du 03 juin 2016, § 91 ; *Affaire Alex Thomas c. Tanzanie*, Requête n°005/2013, arrêt du 20 novembre 2015, § 66 et ss.

3 1969, 2 Q.B. 538.

4 Voir entre autres : *Syndicat international des travailleurs unis de l'automobile, section locale 1580 c. Lalande*, C.S.M., n' 500-05-015239-807, 13 mars 1981, pp. 12 13; *Avico Limitee c. Commission de la santé et de la sécurité du travail du Québec*, C.S.M., n' 500-05-002226-825, 2 juin 1982, pp. 5-6; *St-Ours c. Pothier*, C.S.Q., n' 200- 05-005461-822, 7 janvier 1983, pp. 5-6; *Syndicat des employés du commerce de Rivibredu- Loup c. Turcotte, supra*, note 2, pp. 2-3.

5 *Regina c. Aston University Senate, ex. p. Roffey, supra*, note 34, p. 559.

6 S.A., DE SMITH, *Judicial Review of Administration Action*, 4e ed., Stevens, and Sons Ltd., Londres, 1980, p. 423. La doctrine québécoise est au même effet : G. PEPIN, Y. OUELLETTE, *Principes de contentieux administratif*, 2e éd.,

que revêt l'appréciation du délai raisonnable est lisiblement crucial, car de son appréciation dépend en partie le sort du litige tout entier. C'est pourquoi, la discrétion qui entoure son contrôle ne doit pas empêcher la Cour d'ouvrir des pistes de systématisation, surtout que devant la Cour ADHP, cette exception est souvent soulevée de manière systématique par la partie défenderesse. Pour ce faire, il nous semble que la Cour devra, pour apprécier le délai raisonnable, tenir compte au moins de deux critères essentiels. Le premier est lié à la matière visée par le débat. Ainsi, lorsque la matière visée par le débat concerne une matière pénale ou des droits fondamentaux indérogeables, la Cour pourrait excuser un long délai mis pour la saisir. Pour ces deux situations, on peut croire que la Cour tient compte du fait que la décision attaquée implique souvent la liberté même d'une personne ou le respect de ses droits fondamentaux et que la question de temps ne doit pas être un obstacle. Les cas manifestes d'absence ou d'excès de juridiction ou ceux impliquant une totale négation de la justice naturelle apparaissent donc comme des motifs où, à nouveau, le délai mis pour contester la décision perd de son importance. Il est d'ailleurs intéressant de souligner que la Cour suprême du Canada avait implicitement reconnu ce point dans l'arrêt *Quinn Truck Lines c. Snow*[1]. Dans cette affaire, il fut considéré que le ministre des Transports de l'Ontario avait manqué à son obligation d'agir équitablement en refusant d'entendre les représentations de la personne qui demandait le transfert d'un permis.

Le deuxième critère doit tenir compte de l'injustice que le délai peut causer à l'une ou l'autre des parties. En effet, Ce n'est pas tellement le nombre de jours ou de semaines qui importe, c'est l'injustice que le délai peut causer à l'une ou l'autre des parties. Si l'autre partie ne souffre d'aucune injustice, le nombre de semaines ou de mois perd de son importance. Si, par ailleurs, cette autre partie a agi de bonne foi en fonction de la décision attaquée, un délai, même court, peut être injuste.

En dépit de ce « voile discrétionnaire » qui subsiste donc toujours, les termes, expressions et exemples utilisés par la Cour dans cette affaire nous permettent de croire que la récente tendance jurisprudentielle, qui consiste à accorder de courts délais à la partie qui entend contester une décision par la voie des recours judiciaires, se maintiendra, en certains cas. Toutefois, plutôt que de faire reposer exclusivement leurs décisions sur une computation purement mathématique ou sur des critères relativement flous, les juridictions régionales de protection des droits de l'homme doivent dorénavant tenir compte d'une série d'éléments juridiques et factuels qui, pour plusieurs, semblent néanmoins compatibles avec la nécessité d'exercer promptement le recours judiciaire.

Cette partie du contentieux procédural décrite, il sied de s'intéresser au contentieux substantiel qui, au regard des analyses de la cour, peut être considéré comme discutable.

II. L'analyse des violations alléguées par la Cour

Il s'agit dans cette partie de discuter la manière dont la Cour a examiné les différentes violations alléguées par le requérant et les questions liées à la réparation due en vertu de ces violations. Les analyses offertes par la cour ne peuvent laisser le lecteur indifférent. On peut y retenir au moins deux choses. La première est relative à

Editions Yvon Blais Inc., 1982, Montr6al, pp. 300-301 ; D. LEMIEUX, *Le contrôle judiciaire de l'action gouvernementale*, Centre d'Edition Juridique, St-Leonard, 1981, pp. 46-47.

1 [1981] 2 R.C.S. 657.

une interprétation maximaliste des droits violés (II.1.) et la deuxième à une lecture minimaliste des questions de réparation (II.2.).

II.1. Une analyse maximaliste des droits violés

La notion « maximaliste » dans ce contexte s'entend d'une analyse fondée sur une interprétation très large et parfois trop générale. La lecture maximaliste des droits violés correspond ainsi à une lecture élastique desdites violations par la Cour. Substantiellement, le requérant a évoqué la violation de trois de ses droits fondamentaux. Il s'agit du droit à la liberté de circulation et de résidence, du droit au respect de sa dignité et du droit d'être jugé dans un délai raisonnable. Dans le cadre de la présente analyse, nous ne nous intéresserons qu'à deux de ces droits, notamment le droit à la liberté de circulation et de résidence et le droit au respect de sa dignité. L'écartement de la question du droit d'être jugé dans un délai raisonnable dans l'analyse est justifié par le fait que les observations sur la notion de délai raisonnable déjà formulées ci-dessus peuvent être transposées *mutatis mutandis*. Ainsi précisé, dans ses analyses sur la violation du droit à la liberté de circulation et de résidence ainsi que celui à la dignité, la Cour a considéré qu'il y a un lien nécessaire entre la violation de la liberté de circulation et celle de résidence (1) et a retenu une interprétation globale de la violation du droit à la dignité (2).

1. L'inséparabilité entre la violation de la liberté de circulation et celle de résidence

Dans l'approche nomenclaturale des droits civils en droit international des droits de l'homme, il existe une distinction entre la « liberté de circulation » et la « liberté de résidence ». En droit international africain des droits de l'homme, c'est l'article 12.1 de la Charte africaine des droits de l'homme et des peuples qui consacre le droit pour toute personne de circuler librement et de choisir sa résidence à l'intérieur d'un Etat sous réserve de se conformer aux règles édictées par la loi[1]. Dans l'arrêt rendu par la Cour, celle-ci a, en effet, affirmé que pour démontrer la violation de la liberté de circulation, il faut au préalable démontrer celle de la liberté de résidence[2]. Autrement, la violation de la liberté de résidence implique nécessairement la violation de la liberté de circuler. Pour apprécier s'il y a eu violation du droit de résidence, la Cour se fonde sur l'arrestation de Sieur IKILI le 09 juin 2006. En effet, malgré le fait que le requérant n'était pas en possession des documents exigés par la législation tanzanienne, la Cour a opéré une interprétation finaliste de la loi fondée sur les obligations de *bonne foi* et de *due diligence*. En effet, affirme la Cour, « le facteur déterminant doit être un certain comportement que l'on peut raisonnablement espérer, qui est requis lorsque l'autorité ou la loi a fait naitre chez un individu, susceptible d'être affecté par des décisions ultérieures, l'espoir raisonnable qu'il conservera son avantage ou sera traité comme ayant acquis cet avantage en vertu de la loi »[3]. De l'avis de la Cour, le fait qu'au moment de son arrestation, le requérant était en possession de deux documents probants, à savoir une attestation de perte de son passeport délivrée par la police tanzanienne et une correspondance officielle de l'ambassade de son pays adressée à la République de Tanzanie confirmant que le requérant était sur le point d'avoir son passeport, atteste que le requérant pouvait s'attendre à ce que l'Etat défendeur n'émette pas un avis d'interdiction de séjour à son encontre. En outre,

1 Pour une compréhension plus poussée de la disposition, voir : SOREL J.M., « Article 12 » in KAMTO M. (dir.), *op.cit.*, pp.296-308.
2 § 71 de l'arrêt.
3 §76 de l'arrêt.

le fait que les documents aient été délivrés au requérant respectivement le 02 et le 05 juin, soit 04 jours avant son arrestation prouve que le requérant ne s'est pas fait délivrer ces documents pour prévenir son arrestation. Ainsi, « la position de la Cour est confortée par la décision prise le 16 juin 2006 par les autorités concernées, d'abandonner les poursuites engagées contre le Requérant pour séjour illégal, de remettre les membres de sa famille et lui-même en liberté et de l'autoriser à rester en Tanzanie pour suivre ses affaires devant les juridictions nationales »[1]. Il en ressort que l'Etat défendeur pouvait prendre d'autres moyens en procédant notamment à la vérification de la validité des documents délivrés au lieu de procéder à l'arrestation du requérant. Ce faisant, l'Etat défendeur a manqué de diligence. La Cour a ainsi conclu à la violation par l'Etat défendeur du droit du requérant de choisir librement sa résidence et de circuler librement.

Si l'on peut être d'accord avec la décision de la Cour, certaines réserves quant au raisonnement global qui la soutient, peuvent néanmoins être émises. En effet, le rapport de préséance établi par la Cour entre la liberté de résidence et celle de circulation semble inopportun et du reste contestable. Cela, tout d'abord parce que l'on peine à voir dans son raisonnement le lien nécessaire qui justifie obligatoirement que la violation de la liberté de résidence entraine *ipso facto* une violation de la liberté de circulation, et ensuite, parce les deux libertés procèdent de logiques différentes.
La liberté de circulation a une double dimension, interne et externe. La face interne de la liberté de circulation consiste à circuler librement à l'intérieur d'un territoire, autrement, en une liberté d'aller et de venir dans les limites territoriales d'un Etat donné. Quant à la face externe de cette liberté, elle consiste au droit d'aller et de venir à travers les frontières, avec la sortie du territoire d'un Etat et l'entrée sur le territoire d'un autre Etat[2]. Lorsqu'on s'intéresse à l'aspect interne de la liberté de circulation, il est difficile de ne pas la lier à la liberté de résidence. En effet, le choix de la liberté de résidence se réalise soit concomitamment avec celui de la circulation, soit la liberté de résidence s'opère comme la conséquence de l'exercice préalable d'une liberté de circulation. Dans cette logique, le type de rapport qui existerait entre ces deux libertés serait un rapport de succession ou de concomitance.

En revanche, lorsqu'on s'intéresse à la version externe de la liberté de circulation, l'on s'aperçoit qu'il n'est pas nécessaire d'établir un lien de subordination entre liberté de résidence et liberté de circulation. Tout au plus, faudrait-il les analyser de manière autonome et y inférer en cas de leur violation des conséquences séparées. La logique de « préliminarité » retenue par la Cour dans l'examen de la question de la violation des libertés de résidence et de circulation pourrait néanmoins être pertinente si l'on se place dans le schéma d'une liberté de circulation interne. Elle l'est moins si l'on analyse le phénomène sous l'angle de la liberté de circulation externe. En pratique, il est difficile de choisir une résidence de manière relativement statique. Le choix de résidence est lié à l'exercice même d'une liberté préalable, celle de se mouvoir, de circuler. C'est pourquoi, l'arrestation de Sieur IKILI peut se lire plutôt comme une violation de sa liberté de circulation, entendue ici comme privation de liberté d'aller et de venir. De ce fait, cette liberté de circulation étant plus interne qu'externe, sa violation a entrainé *ipso facto* la violation de son droit à la liberté de résidence. En l'espèce, s'il fallait établir une logique de « préliminarité » dans

1 § 80 de l'arrêt.
2 SALMON J. (dir.), *op.cit.*, pp.172-173.

l'analyse, celle-ci consisterait à analyser d'abord la violation de la liberté de circulation pour en déduire celle de choisir sa résidence et non l'inverse. En décidant autrement, la cour est passée outre la violation implicite du droit à la sûreté qui pourrait être déduite d'une interprétation large de la violation de la liberté de circuler. Quant à l'analyse de la violation du droit au respect de sa dignité, celle-ci s'illustre par son caractère interprétatif global.

2. L'analyse globale du droit au respect de sa dignité

Dans l'affaire IKILI, ce dernier invoque la violation du droit au respect de sa dignité en indiquant qu'il a fait l'objet de traitements cruels, dégradants et inhumains à travers la fouille rectale qu'il a subie en présence de ses enfants[1]. La protection de la dignité humaine est affirmée par l'article 5 de la Charte africaine des droits de l'homme et des peuples à travers l'interdiction entre autres de la torture physique ou morale et des peines ou les traitements cruels, inhumains ou dégradants[2]. Cela signifie que la protection de la dignité humaine ne renvoie pas, en soi, à une obligation au contenu précis[3]. La terminologie de l'article 5 est identique à celle que l'on retrouve dans les autres instruments généraux de protection des droits de l'homme[4]. La Cour, pour trancher cette question, procède par une interprétation du contenu de l'article 5 aux fins d'exercer un contrôle de proportionnalité et de régularité de la fouille en s'inspirant de la jurisprudence comparée, notamment celle de la Commission Africaine des droits de l'homme et des peuples[5], de la CEDH[6] et de la CIADH[7]. De cette analyse combinée de la jurisprudence comparée, la Cour en tire deux éléments pour fonder sa décision sur la proportionnalité et la régularité de la fouille. Il s'agit des critères de nécessité et de la disponibilité d'autres méthodes[8]. En ce qui concerne le critère de la nécessité, la Cour souligne que compte tenu du fait que l'Etat défendeur n'a pas démontré que le requérant présentait un risque pour la sécurité, ce dernier ne devrait pas dès lors subir des fouilles systématiques rectales. Aussi, même si la fouille s'avérait nécessaire pour des raisons de sécurité, elle ne saurait avoir lieu en présence de ses enfants. Quant à la disponibilité d'autres méthodes, la Cour souligne qu'il existe d'autres méthodes plus saines et plus acceptables permettant d'obtenir le même résultat tel l'usage de purgatifs ou de scanners. De ce fait, la Cour conclut qu'il y a non seulement un traitement inhumain et dégradant, mais surtout une atteinte aggravée au droit au respect de la dignité du requérant. Il est clair que l'interdiction de porter atteinte à la dignité humaine au moyen de l'interdiction de la torture ou de traitements inhumains est une règle dont le statut coutumier et le caractère indérogeable ne souffrent d'aucune contestation[9]. Sa validité universelle est assurée

1 § 83 de l'arrêt.

2 KLEIN P., « l'article 5 » in KAMTO M. (dir.), *La charte africaine des droits de l'homme et des peuples et le protocole y relatif portant création de la Cour africaine des droits de l'homme. Commentaire article par article*, Bruylant, 2011, pp.152-166.

3 OUGUERGOUZ F., *La Charte africaine des droits de l'homme et des peuples*, Paris, PUF, 1993, p.97.

4 Art.5 de la DUDH ; art.3 de la CEDH ; art.7 du PIDCP et art. 5 § 2 de la CIADH.

5 Voir *affaire Huri-Laws c. Nigéria*, communication n°225/98 (2000) AHRLR 273 (CADHP 2000), § 41 ; *Affaire Media Rights Agenda c. Nigeria*, communication n°224/98 (2000), § 71 ; *Affaire John Modise c. Botswana*, communication n°97/93 (2000), § 91.

6 CEDH, *El Shennawy c. France*, (Fond), affaire n°51246/08 du 20 janvier 2011, § 45-47.

7 *Affaire Mme X c. Argentine* (sur le fond), n°10506, arrêt du 15 octobre 1996, §§ 71-74.

8 § 91 de l'arrêt.

9 Voir entre autres sur ce point OONNNELY, « The Emerging International Regime against Torture », *N.Y. I.L.*, 1986, p.21 ; VILLAN DURAN C., « La Convencion contra la tortura y su contribucion a la definicion del derecho a la integridad fisica y moral en el derecho internacional », *R.E.D.I.*, 1985, pp. 379 et 386. Il faut aussi relever que la torture et les peines et traitements cruels, inhumains ou dégradants font l'objet d'interdictions spécifiques dans la constitution ou les lois de bon nombre d'Etats africains (c'est entre autres le cas de l'Afrique du Sud, de l'Angola, du Bostswana, du Cameroun, de

indépendamment des spécificités culturelles ou sociales des systèmes dans le cadre desquels on entend appliquer la norme[1]. Ce qui est néanmoins critiquable dans l'appréciation de la violation du droit au respect de la dignité de Sieur IKILI, c'est la construction judiciaire au détour de laquelle la Cour arrive à sa conclusion. En effet, la Cour parvient à une conclusion fondée sur une violation générale du droit au respect de la dignité. Cela est peut-être dû au flou qui entoure la portée des droits protégés à l'article 5 de la Charte. Cette approche générale qu'a la Cour de l'article 5 a d'ailleurs été déjà utilisée par la Commission dans l'affaire *Chirwa c. Malawi*, où elle déclare : « Les conditions d'entassement et les actes de corrections, raclées et de tortures qui prévalaient dans les prisons du Malawi étaient contraires à cet article. Le traitement infligé [aux requérants] comme la détention dans un endroit totalement isolé, l'alimentation et le refus d'accès à des soins de santé adéquats étaient aussi en violation de cet article »[2]. Si on peut imaginer que de l'œil de la Commission, la violation de l'article 5 était si évidente au regard des conditions prévalant dans la prison où étaient incarcérés les requérants qu'il n'était pas nécessaire de filtrer davantage l'analyse, la Cour, a, elle-aussi, sur la base des circonstances matérielles, abouti à un résultat similaire. Un aspect important sur lequel la Cour aurait pu livrer quelques développements serait la clarification des critères de la licéité des fouilles corporelles de manière générale et la distinction entre « traitements inhumains » et « l'atteinte à la dignité ». En effet, l'interdiction de traitements dégradants et inhumains surplombe les critères de la nécessité et de la proportionnalité, pour prendre en compte d'autres critères. C'est donc à juste titre que la CEDH, dans son arrêt du 18 janvier 1978, déclarait que : « pour tomber sous le coup de l'article 3, un mauvais traitement doit atteindre un minimum de gravité. L'appréciation de ce minimum est relative par essence ; elle dépend de l'ensemble des données de la cause, notamment de la durée du traitement et de ses effets physiques et mentaux ainsi que, parfois, du sexe, de l'âge, de l'état de santé de la victime »[3]. De ce fait, et s'agissant des fouilles corporelles, des fouilles intégrales systématiques, non justifiées et non dictées par des impératifs de sécurité, peuvent créer chez les détenus le sentiment d'être victimes de mesures arbitraires. Le sentiment d'arbitraire, celui d'infériorité et l'angoisse qui y sont souvent associés, et celui d'une profonde atteinte à la dignité que provoque l'obligation de se déshabiller devant autrui et de se soumettre à une inspection anale visuelle, peuvent caractériser un degré d'humiliation dépassant celui tolérable, que comporte inévitablement la fouille corporelle des détenus[4]. De ce fait, même si le requérant était classé « détenu particulièrement signalé », la Cour aurait pu douter quelque peu de la nécessité même des fouilles rectales[5] pour arriver à une condamnation des modalités pratiques dans lesquelles ces fouilles se seraient déroulées. En outre, l'appréciation de l'atteinte à la dignité humaine du requérant nécessite que soient convoqués et intégrés dans le raisonnement de la Cour, outre les critères juridiques, des critères sociologiques et socio-politiques, de sorte à ménager

---

l'Erythrée, de l'Ethiopie, du Gabon, du Malawi, du Mozambique, de la Namibie, du Nigéria, de l'Ouganda, du Sénégal, du Togo, de la Zambie et du Zimbabwe ; voir HEYNS Ch. (Ed.), *Human Rights Law in Africa*, vol. 1, 1996.

1 KUNIG Ph., « Protection of human rights by international law in Africa », *G.Y.I.L*, 1982, p.140.

2 Communication 64/92 in *Compte rendu de la 16e session de la Commission*, novembre 1994, p.166.

3 Cour EDH, *affaire Irlande c. Royaume-Uni*, arrêt du 18 janvier 1978, § 162.

4 Cour EDH, *Frérot c. France*, Req. n° 70204/01, 2e Sect. 12 juin 2007, § 37 ; CEDH, *Khider c. France*, Req. n° 39364/05, 5e Sect. 9 juillet 2009, ADL du 10 juillet 2009.

5 Voir sur ce point la jurisprudence de la CEDH : CEDH, 5e Sect. 9 juillet 2009, *Khider c. France*, Req. n° 39364/05 – ADL du 10 juillet 2009, § 42.

un juste équilibre entre l'intérêt général et celui de l'individu et éviter de conclure de manière systématique, comme l'a souvent fait la Cour européenne des droits de l'homme en ce qui concerne la violation de l'article 3[1]. Cette jurisprudence confère un caractère absolu au principe d'intégrité physique de la personne. Elle a été dégagée dans un premier temps lorsque la personne qui avait subi les mauvais traitements était privée de sa liberté. Elle revient à considérer que tout usage de la force contre une personne privée de sa liberté est intolérable dans une société démocratique. En réalité, le degré minimum de gravité n'a pas réellement disparu dans la jurisprudence de la Cour. Il faut déduire de cette jurisprudence qu'il existe une sorte de présomption de gravité de tout usage de la force physique sur une personne privée de sa liberté. Tout usage de la force physique sur une personne privée de liberté atteint de fait le minimum de gravité exigé pour constituer une violation de l'article 3. En toute hypothèse, si la force est utilisée, elle doit être à la fois nécessaire et proportionnée. A défaut, il y aura violation de l'article 3 (ex. traitement inhumain et dégradant pour un usage disproportionné de la force sur un mineur lors d'une vérification d'identité dans un commissariat)[2]. Enfin, même si le Comité des droits de l'homme, dans son Observation générale relative à l'article 7 a posé le principe qu'« il n'est pas nécessaire d'établir des distinctions très nettes entre les différentes formes de peines ou de traitements qui sont interdites, ces distinctions dépendent de la nature, du but et de la gravité du traitement utilisé »[3]. La Cour ADHP aurait pu, à l'instar des tribunaux internationaux pénaux *ad hoc* et de la Cour européenne des droits de l'homme, sans établir de listes des actes prohibés et touchant à la dignité humaine, établir des distinctions théoriques entre « torture », « traitement inhumain », « traitement dégradant » et « traitement cruel »[4].

La constatation par la Cour de la violation des droits du requérant a permis de déclarer l'Etat défendeur internationalement responsable avec pour conséquence l'obligation de réparer les préjudices subis par Sieur IKILLI. C'est l'examen des questions de réparation qu'il convient maintenant d'aborder.

II.2. L'analyse minimaliste des réparations demandées

La Cour, reprenant l'hymne classique en matière de réparation, affirme que « conformément à sa jurisprudence, pour que des réparations soient octroyées, *la responsabilité internationale de l'Etat* défendeur et *un lien de causalité* doivent être établis »[5]. La Cour ayant constaté la violation des droits du requérant garantis par la Charte, elle « considère dès lors que la responsabilité et le lien de causalité ont été établis »[6]. A vrai dire, pour la Cour, l'existence d'une responsabilité suffit à établir l'existence d'un lien de causalité entre la violation des droits et le préjudice subi. C'est une affirmation contestable qui témoigne de la confusion entretenue par la Cour entre

---

1 La jurisprudence de la cour s'est souvent orientée vers une approche qui semble très sérieusement à minimiser l'existence même du seuil de gravité. Elle a affirmé dans certains arrêts que toute brutalité, quelle que soit sa gravité est contraire à l'article 3 : Cour EDH, *Tomasi c/ France* du 27 août 1992.

2 Cour EDH, *Darraj c/ France*, 4 novembre 2010, (un mineur de 16 ans est emmené au commissariat de police pour un contrôle d'identité et en ressort deux heures plus tard avec de multiples blessures occasionnant 21 jours d'ITT, dont une fracture testiculaire ; il indique avoir essuyé coups et insultes après avoir refusé d'être menotté. Les policiers de leur côté disent avoir dû le plaquer au sol pour le maitriser et donner des coups de genoux pour se protéger.

3 Obs. gén. N°7 (La torture et les peines ou traitements cruels, inhumains ou dégradants (art.7 du PIDCP), §2

4 Voir ce point aussi DELAPLACE E., « l'article 7 » in DECAUX E., (dir.), *Le Pacte international relatif aux droits civils et politiques. Commentaire article par article*, Economica, 2011, pp.201-223.

5§ 116 de l'arrêt. Les italiques sont de nous.

6 § 117 de l'arrêt.

l'attribution et la causalité dans la théorie de la responsabilité internationale[1]. Cette confusion a eu des répercussions dans l'examen des demandes de réparation, répercussion ressentie à travers une approche minimaliste du lien de causalité direct (1) et restrictive du préjudice moral (2).

1. L'attachement de la Cour au lien de causalité direct

Philosophiquement, la causalité n'est pas autre chose qu'un accord intellectuel, l'explication communément admise de la succession de deux faits entre lesquels l'esprit humain admet un enchaînement[2]. Ainsi, le lien de causalité est en réalité la relation qui doit nécessairement exister entre un fait internationalement illicite et un dommage pour que la réparation de ce dernier puisse être imposé à l'auteur de ce dernier[3]. De ce fait, le critère du préjudice indemnisable est la présence d'un lien de causalité clair et ininterrompu entre l'acte illicite et le préjudice pour lequel des réparations sont réclamées[4]. Dans l'examen des demandes en réparation du requérant, ce lien ininterrompu et clair a été le fil conducteur de la Cour. Trois types de demandes ont été présentées à la Cour, il s'agit des demandes en réparation du préjudice matériel, du préjudice moral et les réparations non pécuniaires[5].

En ce qui concerne le préjudice matériel, le requérant invoque les pertes consécutives à la suspension de ses activités commerciales, le temps perdu dans les procédures devant les juridictions nationales, la perte de ses objets d'art, de ses effets personnels et la perturbation de son projet de vie, la maladie chronique et son mauvais état de santé. Cependant, toutes ces demandes furent rejetées par la Cour pour défaut de preuve d'un lien de causalité direct entre les préjudices subis et les violations alléguées[6]. Quant aux demandes de réparation du préjudice moral, elles sont relatives aux traitements inhumains et dégradants et aux poursuites arbitraires engagées contre sa famille dans l'affaire pénale n°765-2006[7]. Si la Cour a décidé de rejeter la demande de réparation pour préjudice résultant des poursuites arbitraires[8], elle a, par contre, fait droit aux demandes relatives au préjudice résultant de la violation du droit au respect de sa dignité[9] et celui subi par sa famille avec qui un lien de filiation a été établi *prima facie*[10].

Il est cependant difficile de ne pas émettre des réserves face à cette analyse fournie par la Cour. En effet, si l'on considère l'arrestation et la détention du requérant comme le fait générateur de toutes les violations alléguées, il est difficile de ne pas trouver un lien de causalité entre les préjudices nées de ces violations et le fait générateur lui-même.

Tout d'abord, le rejet de la demande de réparation fondée sur le temps perdu dans les procédures devant la Haute Cour est contestable. En effet, s'il est révélé dans les faits et non contestés par l'Etat défendeur que sieur IKILLI a été arrêté au cours d'une audience lui reconnaissant une créance, et que cette arrestation a été le fondement

1 COHN G., « La théorie de la responsabilité internationale », *R.C.A.D.I.*, 1939, tome 68, pp.207-325 ; ANZILOTTI D., *Cours de droit international public,* traduction de Gilbert Gidel, LGDJ, 1999, pp. 437 et ss. AGO R., « Le délit international », *R.C.A.D.I.*, 1939, tome 68, pp.417-558.
2 BOLLECKER-STERN B., *Le préjudice dans la théorie de la responsabilité internationale*, Paris, Pedone, 1973, p.189.
3 J. SALMON (dir.), *op.cit.*, p.664.
4 Commentaire de l'article 8 de la deuxième partie du projet d'articles de la C.D.I sur la responsabilité des Etats, A.C.D.I. ; 1993, vol. II, 2e partie, p.71, § 7.
5 §121 de l'arrêt.
6 §§ 125-129 de l'arrêt.
7 §§ 130-132 de l'arrêt.
8 § 133 de l'arrêt
9 § 131 de l'arrêt.
10 § 137 de l'arrêt.

matériel de la violation de son droit de circuler librement et de choisir sa résidence, alors l'on doit, par ce lien de causalité, certes transitif mais clair, admettre que le requérant a effectivement subi une perte liée au temps passé dans les procédures devant les juridictions nationales. Ensuite, le refus par la Cour d'accorder une indemnisation au requérant fondée sur la perturbation de son projet de vie, sa maladie chronique et son mauvais état de santé est aussi critiquable. En effet, on ne comprend pas pourquoi la Cour tout en accueillant la demande de réparation pour violation du droit au respect de sa dignité[1], refuse celle fondée sur son mauvais état de santé. Il y a en effet, un lien entre le traitement inhumain qu'a subi le requérant et la dégradation de son état de santé mental.

Enfin, pour donner suite à la demande de réparation du préjudice moral indirect souffert par les enfants et la femme du requérant, la Cour, rappelant sa jurisprudence antérieure[2], attache de l'intérêt à la preuve de la filiation ou du mariage. En effet, pour la Cour, « les victimes indirectes doivent établir la preuve de leur filiation avec le requérant pour pouvoir bénéficier des réparations. Les époux doivent produire leur certificat de mariage et leur certificat de vie ou de *toute autre preuve équivalente* »[3]. Si la preuve de la filiation ou du lien de mariage ne soulève pas *a priori* une difficulté, l'alternative qu'ouvre la Cour à travers la preuve équivalente soulève certains problèmes, surtout dans un continent où le mariage traditionnel conserve encore une importance dans certaines sociétés africaines. La question est de savoir si la preuve d'un mariage traditionnel peut être appréciée par la Cour comme une preuve équivalente. En clair, quel est le droit à l'aune duquel la preuve équivalente est appréciée ? L'admissibilité de la preuve équivalente est-elle soumise au droit de la Cour ou au droit national du requérant ? La Cour ne se livre pas à de tels développements alors que ceux-ci auraient pu permettre de clarifier ces difficultés qui peuvent surgir dans le cadre des réparations indirectes dues aux membres de la famille de la victime directe. S'il est vrai que le statut des personnes, lorsqu'il ne fait l'objet de traitement par le droit international, relève du domaine réservé des Etats[4], ce qui est le cas des formes et conditions de mariage, la Cour, enrobée dans sa mission de protection des droits de l'homme, pourrait apprécier la preuve équivalente non seulement selon son propre droit mais aussi selon le droit national au cas par cas. De ce fait, la Cour pourra accorder le bénéfice d'un droit de réparation à des époux unis par le lien traditionnel de mariage dont la preuve pourrait être apportée de manière imparfaite.

Tout ceci révèle l'attachement dogmatique de la Cour au caractère direct du lien de causalité dans l'examen de préjudices complexes entretenant des liens variés entre eux. La Cour pourrait faire appel dans son analyse à la causalité transitive pour cerner les préjudices dans leur complexité. En refusant de recourir à la causalité indirecte et à la causalité plurielle dans l'octroi des réparations demandées par le requérant, la Cour affirme son attachement au lien direct de causalité entre la violation alléguée et le préjudice subi[5]. Ce rigorisme, s'il permet d'éviter des demandes aléatoires et les simples prétentions de droits, ne favorise cependant pas une meilleure protection des droits de la personne.

1 § 131 de l'arrêt.
2 § 135 de l'arrêt où la Cour cite la jurisprudence Zongo.
3 *Idem*. Les italiques sont de nous.
4 C.P.J.I, *Décrets de nationalité promulgués en Tunisie et au Maroc*, avis consultatif, 07 février 1923, p.24.
5 Cour ADHP, *Affaire Lohé Issa Konaté c. Burkina Faso*, arrêt du 03 juin 2016 (réparations), § 15-c ; *Affaire Christopher R. Mtikila c. Tanzanie*, Requête n°011/2011, arrêt du 13 juin 2014 (réparations), §§ 31-32.

La Cour semble aussi diffuser, dans l'appréciation du préjudice moral, une certaine restriction.

2. L'appréciation restrictive du préjudice moral

Dans l'examen des demandes en réparation, la Cour a opéré une méga distinction entre les réparations pécuniaires et les réparations non pécuniaires. Parmi les réparations pécuniaires, la Cour a distingué entre dommages matériels et les dommages moraux. Dans cette distinction, elle mentionne, par contre, au titre des préjudices matériels, la perturbation du projet de vie du requérant[1] et retient comme seul préjudice moral indemnisable, celui né des traitements inhumains et dégradants. Ces distinctions, du reste nécessaires et pédagogiques, semblent poser des problèmes. D'abord, l'on peut se demander si, du point de vue de la forme du préjudice, la perturbation d'un projet de vie peut être exclusivement matérielle ? Ensuite, la deuxième question que l'on pourrait se poser est liée à l'interprétation de la notion de santé en l'espèce. Enfin, y avait-il nécessité pour la Cour de considérer le préjudice moral comme pécuniaire en le dissociant de la catégorie des préjudices non pécuniaires ?

En ce qui concerne la qualification de la perturbation du projet de vie de préjudice matériel, il sied de faire une nuance entre les attentes légitimes du requérant fondées sur la prospérité de ses affaires et les conséquences sociales et morales sur son insertion sociale dans son pays d'origine liées à son arrestation et à sa détention. Dans les deux cas, il y a perturbation de projet de vie dans son caractère holistique. Cependant, lorsqu'on se place dans l'un ou l'autre sens, la qualification du préjudice peut être différente. Si les attentes légitimes fondées sur la prospérité des affaires du requérant peuvent s'analyser en une sorte de perturbation matérielle de son projet de vie, celles liées à son insertion sociale après tous les traitements inhumains subis relèvent plutôt de la catégorie de préjudice moral que du préjudice matériel. Dans sa jurisprudence antérieure, la cour a d'ailleurs affirmé que le préjudice moral comprend « aussi les souffrances et les dommages causés à la victime directe, l'angoisse et la modification des conditions de vie de la victime et de sa famille »[2]. En ayant restreint la perturbation du projet de vie à un préjudice matériel, la Cour a, du même coup, restreint sa vision de réparation, alors même que l'aspect moral d'un tel préjudice pourrait bénéficier d'une réparation du fait de sa connexion avec les traitements inhumains et dégradants.

En ce qui concerne l'interprétation de la notion de santé par la Cour, il faut souligner que la Cour considère comme un préjudice matériel l'altération de l'état de santé du requérant. C'est une catégorisation limitée qui réduit la dimension holistique de la santé et qui paraît non pertinente dans le cas d'espèce. En effet, l'état de santé est à la fois psychologique et physique. Il n'est pas l'un ou l'autre mais à la fois l'un et l'autre. De ce fait, la dégradation de l'état de santé est à la fois un préjudice moral et matériel. La Cour en ne reconnaissant que l'aspect matériel du préjudice a désintégré le préjudice moral en minimisant les conséquences dans le droit de la réparation. La dégradation de l'état psychologique du requérant est intimement liée en partie à la fouille rectale dont il a fait l'objet et qui est considérée comme un traitement inhumain et dégradant. L'octroi de la réparation au titre de ce préjudice devrait entrainer une réparation du préjudice né du mauvais état de santé du requérant.

---

1 § 124 de l'arrêt.
2 Cour ADHP, *Affaire Christopher R. Mtikila c. Tanzanie* (réparations), op.cit., § 34.

Enfin, la dissociation du préjudice moral du préjudice non pécuniaire et à l'inverse son intégration dans la catégorie des préjudices pécuniaires participe à une désintégration du préjudice moral dans son ensemble[1] et dissout la cohérence de la Cour avec sa jurisprudence antérieure. En effet, dans l'affaire *Lohé Issa Konaté*, la Cour a clairement considéré les dommages moraux comme des dommages non pécuniaires[2].

L'examen des questions liées à la réparation a permis de saisir la dynamique générale de l'arrêt. Cependant, certains aspects qui auraient pu être développés dans l'arrêt et qui ont été délaissés par la Cour, méritent attention. Il s'agit des implications que l'expulsion de la famille du requérant suscite au regard du droit international des réfugiés.

III. Les implications de l'affaire du point de vue du droit international des refugiés

Dans les faits de l'espèce, il est ressorti que la femme et les enfants du requérant, bénéficiant du statut de réfugiés, ont rejoint ce dernier à son domicile au lieu de *rejoindre le camp des réfugiés*[3]. La présente réflexion vise à mettre en relation le refus de la famille du requérant de rejoindre le camp des réfugiés et leur arrestation par l'Etat défendeur. Concrètement, deux questions seront traitées essentiellement. Il s'agit d'une part d'apprécier, au regard des circonstances, la légalité de l'expulsion de la famille du requérant par l'Etat défendeur du point de vue du droit international des réfugiés (III.1.) et d'autre part de discuter de la relation entre le droit au regroupement familial comme droit fondamental de l'homme et le respect par les réfugiés de leurs obligations en vertu de leur statut (III.2.).

III.1. La légalité de l'expulsion de la famille du requérant par l'Etat défendeur

La question de la légalité de l'expulsion de la famille du requérant doit être appréciée au regard du droit international des réfugiés (1) mais aussi du droit interne de l'Etat défendeur (2).

1. La légalité de l'expulsion au regard du droit international des réfugiés

L'appréciation de la légalité de l'expulsion de la famille du requérant nécessite un examen des obligations qui pèsent sur l'Etat d'accueil non seulement du point de vue des droits de l'homme de manière générale mais aussi du point de vue du droit international des réfugiés de manière spécifique. De manière générale, la Convention de Genève de 1951 sur la protection des réfugiés reprend la classification des droits (civils, politiques, économiques, sociaux et culturels) dont peut jouir le réfugié, et établit une sorte de sub-catégorisation fondée sur la situation juridique individuelle de ce dernier dans le pays d'accueil[4]. De manière concrète, de l'arrivée du réfugié sur le pays d'accueil jusqu'à la détermination de son statut, celui-ci doit être protégé du refoulement[5] et des entraves à sa liberté de circulation. La protection contre le refoulement est prévue par le droit international des réfugiés[6] mais elle est également

1 J. KNESCHT, « La désintégration du préjudice moral », *Rec. Dalloz 2015*, p.443.
2 *Affaire Lohé Issa Konaté c. Burkina Faso* (réparations), *op.cit.*, § 12.3.
3 § 4 de l'arrêt. Les italiques sont de nous.
4 LANTERO C., *Le droit des réfugiés entre droits de l'homme et gestion de l'immigration*, Bruylant, 2010, p.76-77.
5 Il faut rappeler que l'interdiction du refoulement s'inscrit dans le cadre du droit international coutumier. Voir HCR, *Guide pratique sur le droit international des réfugiés. Guide pratique à l'usage des parlementaires*, N°2-2001, p.14.
6 Article 33 de la Convention de Genève de 1951 mais aussi l'article II (3) de la convention de l'OUA régissant les aspects propres aux problèmes des réfugiés en Afrique de 1969, l'article 3 de la Déclaration des Nations-Unies sur l'asile territorial de 1967 ainsi que plusieurs conclusions du Comité exécutif du HCR notamment les conclusions n° 30, 22 et 6.

consacrée dans les instruments des droits de l'homme. De manière globale, ces derniers interdisent d'envoyer ou de renvoyer une personne vers un pays où elle serait exposée à un risque de torture[1], de disparition forcée[2] ou d'exécution extrajudiciaire, sommaire et arbitraire[3]. En ce qui concerne la liberté de circulation, l'article 26 de la Convention de Genève de 1951 souligne que le réfugié se trouvant régulièrement[4] sur le territoire bénéficiera de la même liberté d'y circuler que celle dont jouissent les étrangers en général et l'article 31 de compléter que toute restriction à cette liberté doit être nécessaire. La question qui se pose est de savoir si l'Etat défendeur en arrêtant la famille du requérant et en provoquant son expulsion, a violé les obligations auxquelles il est soumis en vertu du droit international. Le principe de non-refoulement dont le respect associe le respect de la liberté de circulation et l'interdiction de traitement discriminatoire est un principe qui s'applique depuis « l'arrivée du réfugié sur le pays d'accueil jusqu'à la détermination de son statut ». Ainsi, et sauf pour des motifs de sécurité publique et de « *dirty-hands conduct* », l'Etat d'accueil ne peut procéder à l'arrestation, à la séquestration ou à l'expulsion de personnes jouissant du statut de réfugiés. Le motif invoqué par l'Etat défendeur se limitait à la présence irrégulière de la famille sur son territoire, sans pour autant rapporter des éléments de preuve convaincants. De ce fait, même si cette décision de l'Etat défendeur peut être lue sous un autre angle comme acte qui participe à la détermination du statut de la famille du requérant, celle-ci ne repose sur aucun élément convaincant. De ce fait, l'arrestation et la détention constituent des actes matériels de violation de l'obligation de non-refoulement par l'Etat défendeur.

Par ailleurs, il ressort dans l'arrêt que l'expulsion de la famille du requérant a été faite sur la base d'un accord entre l'Ambassade de la République du Congo à Dar-Es-Salam et la Tanzanie et accepté par le requérant[5]. La question que l'on pourrait se poser est de savoir si, au regard des circonstances, un tel accord peut déroger au principe de non-refoulement. Pour la Cour, dès lors que l'Etat défendeur a classé l'affaire et fait quitter la famille du requérant de la Tanzanie, alors celui-ci ne saurait encore être tenu internationalement responsable[6]. Cette conclusion tirée par la Cour est contestable dans la mesure où la Cour refuse de tirer les conséquences qui pourraient surgir de la commission d'un fait illicite instantané avec des effets continus. En effet, même si la famille du requérant a été libérée, cette libération n'omet pas l'existence d'un fait illicite. En revanche, l'accord entre les parties dont le but est de conforter l'une d'entre elles (l'Etat défendeur) dans la violation d'une obligation internationale revêt un objet illicite et ne saurait être admis. Par conséquent, cet accord ne saurait dégager l'Etat défendeur de sa responsabilité internationale pour violation du principe de non-refoulement. Mieux, la République démocratique du Congo pourrait voir sa responsabilité internationale, elle-aussi engagée, pour complicité dans la violation d'une obligation internationale. En définitive, l'expulsion de la famille du requérant est illégale au regard des principes du droit international

1 Article 3 de la convention des Nations-Unies contre la torture et autres peines ou traitements inhumains et dégradants.

2 Article 8 de la Déclaration des Nations-Unies sur la protection de toutes les personnes contre les disparitions forcées ou involontaires, AGNU, Résolution 47/133 du 18 décembre 1992.

3 Principe 5 des Principes relatifs à la prévention efficace des exécutions extrajudiciaires, arbitraires et sommaires et aux moyens d'enquêter efficacement sur ces exécutions, adoptés par le Conseil économique et social dans sa résolution 1989/65 du 24 mai 1989, p.221, § 10.

4 Le Pacte international relatif aux droits civils et politiques à son article 12 (1) utilise le terme « légalement » comme pour induire qu'une restriction qui viendrait à être prise relèverait du statut de la législation nationale de l'Etat.

5 § 133 de l'arrêt.

6 *Idem*.

des réfugiés. La légalité de l'expulsion analysée sous le prisme du droit international des réfugiés, il convient de l'analyser cette fois-ci au regard du droit national.

2. La légalité au regard du droit national

Dans cette partie, la réflexion consiste à rechercher les exceptions possibles au principe de non-refoulement qui pourraient constituer, si l'expulsion s'y appuie, des motifs légitimes au soutien de l'Etat défendeur.

De prime abord, il faut souligner que le principe de l'asile et du réfugié jouit d'une reconnaissance constitutionnelle en droit tanzanien soit de manière directe soit par la technique de renvoi[1]. Cependant, même le droit international des réfugiés qui sacralise le principe de non-refoulement contient des clauses de réserve qui peuvent être interprétées comme des clauses de dérogation. En effet, au titre des exceptions, on en distingue deux principalement, les unes étant générales et les autres spécifiques[2]. Les exceptions générales sont prévues par les articles 1 F et l'article 33 §2 de la Convention de Genève de 1951. Selon l'article 1 F, « les dispositions de cette Convention ne seront pas applicables aux personnes dont on aura des raisons sérieuses de penser : a) qu'elles ont commis un crime contre la paix, un crime de guerre ou un crime contre l'humanité, au sens des instruments internationaux élaborés pour prévoir des dispositions relatives à ces crimes ; b) qu'elles ont commis un crime grave de droit commun en dehors du pays d'accueil avant d'y être admises comme réfugiés ; c) qu'elles se sont rendues coupables d'agissements contraires aux buts et aux principes des Nations-Unies ». Quant à l'article 33 §2, celui-ci dispose que « le bénéfice de la présente disposition [interdisant le refoulement] ne pourra toutefois être invoqué par un réfugié qu'il y aura des raisons sérieuses de considérer comme un danger pour la sécurité du pays où il se trouve ou qui, ayant été l'objet d'une condamnation définitive pour un crime ou délit particulièrement grave, constitue une menace pour la communauté dudit pays ». Bien qu'elles ne soient pas formulées de manière identique, il y a un recoupement évident entre ces deux dispositions. Si l'article 33 §2 repose sur une appréciation d'une menace future[3] que représente l'intéressé plutôt que la commission de certains actes dans le passé, l'article 1 F exige que les personnes dont on aura des raisons sérieuses de penser « qu'elles ont commis un crime grave de droit commun *en dehors du pays d'accueil* avant d'y être admises comme réfugiés »[4] aient vraiment commis lesdits crimes. Ainsi, alors que l'article 1 F fait référence aux crimes en dehors du pays d'accueil avant d'y être admis, l'article 33 §2 est muet sur la question de savoir où et quand le crime en question doit être commis. En ce qui concerne les exceptions spécifiques, il faut souligner que les *Principes afro-asiatiques sur les réfugiés* et la *Déclaration sur l'asile territorial* permettent des dérogations « pour des raisons majeures de sécurité nationale ou pour protéger la population ». La

---

1 According to section 9(1) of the Act, any person entering or who is within Tanzania, whether lawfully or otherwise, and who wishes to remain in Tanzania as a refugee within the meaning of section 4, shall immediately and not later than seven days after entry, unless he can show reasonable cause for delay, present himself or report to the nearest authorised officer, village executive officer or a justice of peace and apply for recognition as a refugee. See also C. M. NKONYA, *Refugee status determination and refugee rights in Tanzania, A paper to be presented at the Workshop on Refugee Status Determination and Rights in Southern and East Africa*, Kampala, November, 2010 and available online at https://www.rsc.ox.ac.uk/files/files-1/dp-rsd-tanzania-2010.pdf#:~:text=According%20to%20section%209%281%29%20of%20the%20Act%2C%20any,peace%20and%20apply%20for%20recognition%20as%20a%20refugee

2 E. FELLER, V. TÜRK et F. NICHOLSON (dir.), *La protection des réfugiés en droit international*, Larcier, 2008, pp.161 et 166.

3 Cela est clarifié par les termes « … qu'il y aura des raisons sérieuses de considérer comme un danger pour la sécurité du pays où il se trouve ou qui, […], *constitue une menace pour la communauté dudit pays* ». (Nous soulignons).

4 Les italiques sont de nous.

Déclaration impose une restriction par rapport au refoulement dans les cas où les dérogations s'appliquent dans les termes suivants : « Si un Etat décide en tout état de cause qu'une dérogation au principe [du non-refoulement] énoncé au paragraphe 1 du présent article serait justifiée, il envisagera considérer la possibilité de donner à l'intéressé, dans les conditions qui lui paraîtront appropriées, la faculté de se rendre dans un autre Etat, soit en lui accordant un asile provisoire, soit autrement »[1]. Si les exceptions générales n'appellent pas de commentaire, celles spécifiques méritent attention car c'est à l'aune de ces dernières que peut se déduire la (il)licéité du comportement de l'Etat défendeur à travers l'expulsion de la famille du requérant. En effet, l'arrestation puis l'expulsion de la famille du requérant fait suite au fait qu'il leur est reproché de séjourner illégalement sur le territoire tanzanien. Or d'après les faits qui n'ont d'ailleurs pas été contestés par l'Etat défendeur, la femme et les enfants du requérant ont pénétré sur le territoire tanzanien avec le statut de réfugié. S'il est vrai que l'Etat d'accueil peut, en tout état de cause, déroger au principe du non-refoulement, celui-ci doit en démontrer la preuve de la nécessité de dérogation et y déroger selon la procédure et la forme prévues par le droit international des réfugiés. Procéduralement, l'Etat d'accueil procède à la dérogation dans un schéma graduel, en permettant à l'intéressé de se rendre dans un autre pays, par l'accord d'un asile provisoire ou par la prise de toute autre mesure. Il apparait néanmoins que la famille du requérant n'a pas été appréhendée par l'Etat défendeur comme une menace à la sécurité nationale et que leur présence sur le territoire tanzanien n'a pas été perçue comme un risque pour la population. De ce fait, il existe de véritables doutes quant à la possibilité pour l'Etat défendeur de procéder à la dérogation au principe du non-refoulement. En revanche, à supposer que les déterminants de la dérogation soient réunis par l'effet d'une interprétation extensive des termes « si un Etat décide en tout état de cause... », la procédure graduelle aménagée par le droit de la dérogation a été méconnue par l'Etat défendeur, celui-ci n'ayant donné aucune alternative à la famille en procédant à son arrestation et à son expulsion. En conséquence, il peut être conclu que l'expulsion a été illégale du point de vue du droit national, appliqué comme cadre normatif objet de renvoi par la clause de dérogation conventionnelle.

La question de la légalité de l'expulsion ayant été analysée, il convient de s'intéresser à la relation entre le statut de réfugiés et le droit fondamental au regroupement familial.

III.2. La relation entre le droit au regroupement familial et le statut de réfugié

Le regroupement familial est garanti aussi bien par le droit international général, le droit international des droits de l'homme et le droit international des réfugiés[2]. Il est mis en œuvre soit à travers le principe de l'unité familiale soit par application du principe de la réunification familiale[3]. En effet, il existe une différence entre l'unité familiale[4] et la réunification familiale. L'unité de la famille du réfugié signifie en

---

1 *Déclaration sur l'asile territorial*, article 3 § 3.

2 Par exemple l'article 12 §2 de la Convention de Genève de 1951 dispose que « les droits précédemment acquis par le réfugié et découlant du statut personnel et notamment ceux qui résultent du mariage seront respectés ».

3 Il faut souligner que les droits à l'unité familiale et à la réunification familiale ne figurent pas explicitement dans la convention de 1951. Cependant, ceux-ci doivent, comme le droit des réfugiés en général, être interprétés à la lumière des développements ultérieurs du droit international, y compris des traités et des accords connexes, de la pratique des Etats et de l'*opinio juris*.

4 Le Comité des droits de l'Homme a mentionné que le droit à l'unité familiale s'applique à tous les êtres humains quel que soit leur statut. Voir CDH, 27e session, *Observation générale N° 15 sur la situation des étrangers au regard du Pacte*, § 7.

pratique que les Etats ne doivent pas séparer une famille restée intacte et doivent prendre des mesures pour maintenir la famille en tant qu'unité. En termes de détermination du statut de réfugié, cela signifie que les membres de la famille, qui accompagnent un réfugié reconnu, doivent également bénéficier du statut de réfugié parfois appelé statut dérivé[1]. Dans la présente analyse, l'intérêt sera attaché sur le principe de la réunification familiale dans la mesure où la logique de l'analyse est axée non pas sur le statut du requérant mais sur celui de sa famille, réfugiée et rapatriée. Autrement, il s'agit de scruter comment s'opère la cohabitation entre le droit à la réunification familiale et le droit international des réfugiés. Plus concrètement et dans le cas d'espèce, l'analyse sera axée sur la réalisation du droit à la réunification familiale dans le foyer du droit des réfugiés. Deux questions seront abordées. D'une part, nous examinerons le principe de la réunification familiale (1) et d'autre part ses assouplissements (2) dans le contexte des réfugiés.

1. Le principe de la réunification familiale dans le contexte des réfugiés

L'intérêt d'examiner ce principe repose sur le fait que la famille du requérant, une fois en Tanzanie, a refusé de rejoindre le camp des réfugiés et a préféré rejoindre le domicile du requérant. Cette attitude pourrait soulever plusieurs questions dont celle liée à la possibilité ou non pour l'Etat d'accueil d'expulser cette dernière pour violation de ses obligations au regard du droit international des réfugiés. En effet, si l'Etat d'accueil a des obligations envers le réfugié, ce dernier est aussi soumis à des obligations statutaires dont l'obligation de rejoindre le camp des réfugiés dans l'Etat d'accueil. Cependant, cette obligation de rejoindre le camp des réfugiés semble tempérée par le principe de la réunification familiale. Le principe de la réunification familiale est un principe du droit international[2] dont l'universalité, au-delà de son application différenciée dans les différents Etats[3], est incontestable. Outre le fait que le Comité des droits de l'homme a affirmé que les réfugiés étaient inclus dans les dispositions du Pacte international relatives à la protection familiale, l'essentiel du droit à la réunification familiale en droit international des droits de l'homme se trouve dans la convention relative aux droits de l'enfant, dont l'article 10 §1 codifie le droit à la réunification familiale pour les enfants mineurs comme suit : « Conformément à l'obligation incombant aux Etats en vertu du paragraphe 1 de l'article 9 [un enfant ne doit pas être séparé de ses parents contre leur gré], toute demande faite par un enfant

---

1 Comité exécutif, Conclusion N°88 (L), 1999, § b. iii) ; 85 (XLIX), 1998, § v) ; 47 (XXXXVIII), 1987, § h) ; 24 (XXXII), 1981, § 8. Voir aussi HCR, « Background Note : Family Reunification in the Context of Resettlement and Integration », *Annual Tripartite Consultations on Resettlement between UNHCR, resettlement countries, and non-governmental organizations* (NGOs), Genève, 20-21 juin 2001, § 5.

2 FELLER E., TÜRK V., NICHOLSON F., (dir.), *op.cit.*, p.633. Les dispositions les plus détaillées concernant la réunification familiale en droit international général figurent dans le droit international humanitaire. A Quatrième Convention de Genève de 1949 accorde une très grande attention aux problèmes des « membres des familles dispersées par la guerre » (art.26). Voir aussi ABRAM E.F., « The Child Right to Family Unity in international Immigration Law », *17 (4) Law and Policy*, 1995, pp. 413-414 ; JACQUEMET S., *Refugees in Armed Conflict : International Humanitarian Law and Refugee Protection* (HCR, Genève, Projet, 1999), pp.102-107.

3 Par exemple, le Canada a une pratique souvent critique en matière du droit à la réunification familiale. En effet, les autorités administratives et judiciaires rejettent généralement le concept d'unité familiale dans le contexte de la détermination du statut de réfugié : voir M99-04586 et al., Moss, Section du statut de réfugié (SSR), 21 décembre 1999, *RefLex* (compilation de décisions canadiennes en matière de droit de l'immigration et des réfugiés) N° 133, 1er mars 2000. L'Australie a par exemple interdit la réunification familiale des réfugiés reconnus, s'ils sont entrés sans autorisation : *Australian Migration Amendement Regulations* 1999 (N° 12) et 1999 (N° 243) ; *Migration Amendement (Excision from Migration Zone) (Consequential Provisions) Act 2001*, Part 4. En vertu de cette législation, depuis septembre 2001, un demandeur d'asile arrivant de manière autonome en Australie, et ayant passé sept jours ou plus dans un pays où il aurait pu demander et obtenir une protection effective, qui est reconnu réfugié, ne se voit accorder que des visas temporaires d'une durée de trois ans. Il n'a donc pas la possibilité d'obtenir un permis de séjour sûr, ni de documents de voyage, ni la réunification familiale en Australie.

ou ses parents en vue d'entrer dans un Etat partie ou de le quitter aux fins de réunification familiale est considérée par les Etats parties dans un esprit positif, avec humanité et diligence ». Il existe un lien explicite entre la disposition susmentionnée et l'article 9 de la Convention se traduisant par une obligation positive pour l'Etat de garantir l'unité des familles au sein de l'Etat mais aussi en dehors à l'égard des familles dispersées de part et d'autre des frontières. Le droit à la réunification familiale peut donc dans ce contexte être appréhendé comme le corollaire évident au droit à l'unité familiale, au droit de fonder une famille et lié à la liberté de circulation. De ce fait, la réunification dans un pays d'asile constitue le seul moyen d'assurer le droit à l'unité familiale pour les réfugiés qui, par définition, ne peuvent pas retourner dans leur pays d'origine[1]. Ainsi, et au nom de ce principe de la réunification familiale, la famille du requérant, alors bénéficiaire du statut de réfugié, pouvait rejoindre ce dernier dans le but de réaliser l'unité familiale. L'Etat défendeur, en procédant à leur rapatriement sans en démontrer le caractère nécessaire de la décision, a donc violé indirectement le droit à la réunification familiale par le truchement de la violation directe du droit à la liberté de circulation. Cette violation est de nature à causer un préjudice moral et affectif au requérant et devrait à ce titre justifier l'existence d'une obligation de réparation à la charge de l'Etat défendeur. Ce préjudice pouvait être pris en compte par la Cour si celle-ci avait dilaté la chaîne de causalité dans son analyse sur les réparations en admettant la causalité présumée d'autant plus qu'elle considère dans son arrêt, qu'en matière de violation des droits de l'homme, le préjudice moral est présumé[2].

Du reste, le principe de la réunification n'est pas d'application absolue. Il connait des assouplissements.

2. Les assouplissements au principe

Les assouplissements au principe de la réunification familiale peuvent être schématisés en deux catégories. D'une part les limites personnelles et d'autre part les limites circonstancielles ou matérielles. Les limites personnelles appellent à délimiter le domaine d'application personnelle du principe et corrélativement à scruter les notions de « famille » et de « membres de famille » telles qu'appréhendées par les principes de l'unité et de la réunification familiale. Généralement, la communauté familiale est appréhendée en lien avec le concept de foyer, cadre affectif et pierre angulaire des conditions normales d'existence. La famille pourrait en ce sens désigner toutes les personnes « vivant à pot et à feu » dans une même maisonnée, selon la formule médiévale. Néanmoins la question émerge immédiatement : comment entendre la notion de famille en dehors du foyer [3] ? Celle-ci manque d'une définition universelle en dépit de la conception largement admise des droits fondamentaux qui la domine. De ce fait, les Etats se fondent sur les règles du droit international privé pour retenir une acception conforme à leur propre ordre public international[4], ce qui

---

1 LAMBERT H., « The European Court of Human Rights and the Right of Refugees and Other Persons in Need of Protection to Family Reunion », *11 (3) International Journal of Refugee Law*, 1999, p. 431.

2 § 119 de l'arrêt.

3 « Who is the family ? », interrogeait de façon pertinente D. Vanheule, « Family reunification of migrants : toleration or right to stay ? » in BAUER H., CRUZ VILLALON P. et ILIOPOULOS-STRANGAS J., (dir.), *Les nouveaux européens. Migrations et intégration en Europe*, Bruxelles, Bruylant, Societas Iuris Publici Europaei, N°5, 2009, p.457.

4 « Le droit international privé de la famille a été et sera toujours imprégné par le modèle familial consacré par chaque société respective », ainsi que le souligne BUCHER A., « La famille en droit international privé », *R.C.A.D.I*, tome 283, 2000, p.19. En effet, « il est primordial pour chaque système de défendre ce qui lui parait essentiel, mais il doit aussi savoir accepter dans la mesure du possible ce qui vient de l'étranger » selon GAUDEMET-TALLON H., « Le pluralisme en droit international privé, richesses et faiblesses (ce funambule et l'arc-en-ciel) », *R.C.A.D.I.*, tome 312, 2005, p.408.

donne à l'idée même de famille, du point de vue du droit international général, un aspect protéiforme souligné par le Comité des droits de l'homme dans son Observation générale N°19 adoptée en 1990[1]. Au sein de la disparité des ordres juridiques, un élément résiste et surnage : l'idée de mariage conçu comme clef de voûte du foyer, ou qu'on le définisse avec Carbonnier comme institution qui répond à une nécessité morale de l'espèce humaine[2]. La famille doit-elle se subsumer dans la notion de mariage ou la transiter et, tout en l'englobant, la surplomber ? En droit international, la famille existe en dehors du lien matrimonial, ce qui permet au migrant, même confronté à l'ordre public international de l'Etat d'accueil, de faire prévaloir certains droits[3]. Le Comité des droits de l'homme en a posé d'ailleurs le principe dès 1985 en rappelant que : « Les mots « la famille » ... ne désignent pas seulement le foyer familial tel qu'il existe tant que dure le mariage. La notion de famille englobe forcément les relations entre parents et enfants. S'il est vrai que le divorce met légalement fin au mariage, il ne saurait dissoudre le lien unissant le père – ou la mère – et l'enfant »[4]. On trouve par ailleurs la même idée dans une jurisprudence similaire rendue la même année par la Cour européenne des droits de l'homme[5]. Ainsi, la notion de « famille » ou « membre de famille » ne se limite pas à une appréciation *de jure* mais aussi repose sur des critères *de facto*. Le bénéfice de la réunification familiale s'étend donc à toutes les situations sérieuses établies entre les conjoints et entre les conjoints et les enfants par des liens suffisamment objectifs qu'ils soient de droit ou de fait. A ce titre, l'attachement de la Cour à la preuve d'une filiation entre le requérant et ses enfants ou d'une preuve de mariage entre la femme et le requérant pour admettre la réclamation en réparation née des préjudices indirects, dénote d'une approche quelque peu parcellaire. En revanche, une analyse connectée aux principes du droit international des réfugiés aurait permis à la Cour de faire jurisprudence utile en systématisant non seulement sur la notion de famille dans le système africain de protection des droits de l'homme, mais aussi en fournissant une nouvelle dimension de la protection des droits des victimes indirectes dans le cadre du droit international des réfugiés.

Quant aux limites matérielles ou circonstancielles, elles sont liées au changement de circonstances affectant la condition ou le statut personnel du réfugié. Il s'agit entre autres de la perte du statut de réfugié ou de son expulsion conformément aux motifs prévus par les dispositions du droit international des réfugiés. Il s'agit aussi en dernière analyse, en ce qui concerne le changement fondamental de circonstances, les changements dans les modalités d'exercice du gouvernement et des évolutions en matière de droits de l'Homme aboutissant à une transformation politique totale du pays d'origine[6]. Les preuves d'un tel changement peuvent inclure des réformes

---

1 CDH, Observation N°19 (1990), article 23 (la famille), § 2 : « Le Comité observe que la notion de famille peut différer à certains égards d'un Etat à l'autre, et même d'une région à l'autre à l'intérieur d'un même Etat, de sorte qu'il n'est pas possible d'en donner une définition uniforme… les Etats parties devraient exposer dans leurs rapports l'interprétation ou la définition qui sont données de la notion et de l'étendue de famille dans leur société et leur système juridique ».
2 FRANCK R., « Mariage et concubinage. Réflexions sur le couple et la famille » in *Des concubinages. Droit interne, droit international, droit comparé. Etudes offertes à Jacqueline Rubellin-Devichi*, Paris, Litec, 2002, p.7.
3 GOODWIN-GILL G.S., WECKEL P., *Protection des migrants et des réfugiés au XXIe siècle. Aspects de droit international*, Martinus Nijhoff Publishers, 2015, p.317.
4 CDH, *Hendricks c. Pays-Bas*, 201/8, 30 décembre 1985, § 10.3.
5 CEDH, *Abdulaziz, Cabales et Balkandali c. Royaume-Uni*, 9214/80, 28 mai 1985, §§ 67-68.
6 Comité exécutif du Programme du Haut-Commissaire, Sous-comité plénier sur la protection internationale, *Document de travail sur l'application des clauses de cessation (« changements de circonstances »)* dans la Convention de 1951, UN doc. EC/SCP/1992/CRP.1, § 11, 20 décembre 1991.

importantes modifiant la structure juridique et sociale de l'Etat ou des élections démocratiques, des déclarations d'amnisties, l'abrogation de lois oppressives.

En conclusion, l'affaire IKILI a été dominée par une approche totalement restrictive en matière d'interprétation, ce qui permet d'y découvrir, malheureusement, non seulement des confusions théoriques au sujet des règles relatives à la responsabilité internationale de l'Etat (violation continue et violation spontanée) mais aussi une approche souvent dogmatique de la réparation en ce qui concerne l'appréciation des préjudices indirects et du lien de causalité. Quoiqu'il en soit, la complexité des faits nécessitait un examen assez étendu et profond des différentes violations pour rendre la décision plus compréhensible et plus cohérente. Toutefois, la Cour aura permis au lecteur de saisir, d'un point de vue du contentieux procédural, sa pédagogie et son approche des exceptions préliminaires.

En revanche, et c'est le point le plus regrettable de l'arrêt, l'affaire IKILI a été l'une des premières affaires devant la Cour ayant des implications liées au droit international des réfugiés et des migrants et qui aurait nécessité une interprétation systémique des violations alléguées par le requérant. Malheureusement, la Cour s'est barricadée derrière son orthodoxie classique en s'enfermant dans son rituel habituel en matière d'interprétation. A ce titre, l'affaire a été une belle occasion manquée pour la Cour de livrer des développements intéressants et poussés sur les articulations entre la convention de l'OUA régissant les aspects propres aux problèmes des réfugiés en Afrique de 1969, la convention de Genève de 1951 et la Charte africaine des droits de l'homme et des peuples en ce qui concerne les droits à la liberté de résidence et de circulation des personnes bénéficiant du statut de réfugiés.

Commentiare _ *Affaire Anudo Ochieng Anudo c. République-Unie de Tanzanie*, Requête n° 012/2015

Donald DAYORO*

Les faits de cet arrêt de la Cour Africaine des Droits de l'Homme et des Peuples (ci-après CourADHP ou la Cour)[1] sont pour le moins inédits. Tout commence en 2012 lorsque Monsieur Anudo Ochieng Anudo (Anudo), se rendant au commissariat de Babati en République Unie de Tanzanie (Tanzanie) pour accomplir des formalités de mariage, se voit retirer son passeport et accusé de fraude à la nationalité. Après une enquête auprès des membres de sa communauté, le Ministre des affaires intérieures et de l'immigration saisi de l'affaire, déclare le requérant « immigrant clandestin ». En septembre 2014, il est expulsé vers le Kenya d'où il sera déclaré par un tribunal en situation irrégulière puis reconduit à la frontière tanzanienne. Ne pouvant ni demeurer au Kenya ni se rendre en Tanzanie, Monsieur Anudo s'est installé dans la « zone tampon » entre les deux Etats d'où il initia un recours auprès de la CourADHP.

Fait singulier à relever, la requête de Monsieur Anudo a été initié par courrier électronique le 25 mai 2015. Après examen au cours de sa 38ème session, la Cour a ordonné que le courriel soit enregistré. Le requérant sollicitait de la Cour le retrait de la décision le déclarant « immigrant clandestin », l'autorisation de séjourner en Tanzanie et la réforme de la loi sur l'immigration. Dans son mémoire en défense, la Tanzanie soutenait qu'elle n'avait violé aucun droit et demandait à la Cour de se déclarer incompétente et dire la requête irrecevable.

Ayant admis sa compétence pour connaitre du différend, la CourADHP conclut à la violation par la Tanzanie du droit du requérant à ne pas être privé arbitrairement de sa nationalité garantie par la Déclaration Universelle des Droits de l'Homme (DUDH)[2], le droit de ne pas être expulsé arbitrairement et le droit d'être entendu par la justice. La solution des juges en l'espèce est louable à deux égards. D'une part, il est difficile, à la lecture des faits de l'arrêt, d'envisager une issue autre que celle en faveur du requérant. D'autre part, sur le plan de la technique juridique, l'arrêt *Anudo* est d'un apport considérable pour la reconnaissance d'un droit à la nationalité, particulièrement pour le régime applicable en cas de fraude à la nationalité. Il est cependant regrettable qu'en raison d'un discours trop elliptique, l'audace dont a fait preuve la CourADHP dans la consécration de l'exception de fraude à la nationalité (I) n'entraine qu'un encadrement mitigé de cette exception (II).

I. La consécration audacieuse de l'exception de fraude à la nationalité par la CourADHP

Prima facie, il peut paraître curieux, si l'on considère l'attribution de la nationalité comme un acte souverain de l'Etat, que la stratégie de défense de la Tanzanie repose sur la fraude à la nationalité. Il y a pourtant une raison à cela :

* Doctorant en droit à l'Université Paris 2 Panthéon-Assas (France).

[1] La Cour est instituée par le Protocole relatif à la charte africaine des droits de l'homme et des peuples portant création d'une Cour africaine des droits de l'homme et des peuples adopté par la 34ème session ordinaire de l'Assemblée des chefs d'Etats et de Gouvernement réunie à Ouagadougou, Burkina Faso du 8 au 10 juin 1998 (ci-après protocole de Ouagadougou)

[2] La Déclaration Universelle des Droits de l'Homme est adoptée par l'Assemblée Générale des Nations Unies le 10 décembre 1948 à Paris au Palais de Chaillot par la résolution 217 (III) A3.

l'existence d'un droit à la nationalité en droit international des droits de l'homme. Ce qui est en revanche discutable, c'est qu'en l'espèce l'invocation de ce droit repose sur l'application de la DUDH (I.1.). Plus encore, l'on pourrait s'étonner que par une interprétation extensive de l'article 15 de la DUDH, la CourADHP admette implicitement que la fraude à la nationalité fasse exception au droit à la nationalité (I.2.).

I.1. L'application discutable de l'article 15 de la DUDH

La question d'un droit à la nationalité a longtemps fait l'objet de débats. Bien qu'aujourd'hui un consensus émerge quant à sa reconnaissance[1], l'appréhension de ce droit n'est pas toujours aisée. Dans la présente affaire, pour assurer la protection de ce droit, les juges ont dû appliquer par défaut la DUDH (1). Bien que fort appréciable, les motifs de cette invocabilité n'en restent pas moins imprécis (2).

1. L'application par défaut de l'article 15 de la DUDH

Sur quel fondement le droit à la nationalité de Monsieur Anudo pouvait-il reposer en l'espèce ? Ce problème qu'a tenté de résoudre la CourADHP est ici extrêmement délicat compte tenu des lacunes tant des textes africains que des instruments internationaux.

La Charte Africaine des Droits de l'Homme et des Peuples (CADHP ou Charte africaine)[2], instrument majeur du système de protection des droits de l'homme, ne contient malheureusement pas de dispositions relatives au droit à la nationalité. Ce constat que rappelle la CourADHP dans la présente affaire[3], n'a pas empêché la reconnaissance de ce droit en tant que droit fondamental à protéger. Sur ce point, le mérite revient à la Commission Africaine des Droits de l'Homme et des Peuples (ci-après Commission ADHP ou la Commission africaine) qui, à l'occasion des affaires portées à sa connaissance, a admis l'invocabilité du droit à la nationalité en tant que conséquence de la violation d'autres droits fondamentaux. Il en va ainsi dans la récente affaire *Open Society Justice Initiative c. Côte d'Ivoire* où la Commission africaine précise que le droit à la nationalité est un droit fondamental dérivé du droit à la personnalité juridique prévu à l'article 5 de la CADHP[4]. En ce sens, la démarche suivie par la Commission africaine peut être rapprochée de celle de la Cour Européenne des Droits de l'Homme (ci-après CourEDH). Confrontée au même problème, celui du silence de la Convention Européenne des Droits de l'Homme (CEDH), la CourEDH a considéré que l'atteinte au droit à la nationalité relève de la

---

[1] Certains auteurs sont toutefois réservés quant à l'existence de ce droit : Fabienne Jault-Seseke, Sabine Corneloup, Ségolène Barbou des Places notent à ce propos : « Ce droit (à la nationalité) n'est cependant pas de droit positif : la déclaration universelle relève de la soft law et de surcroit l'énoncé du droit à la nationalité, proposé par la France, n'avait pas fait l'unanimité en 1948. Il n'est pas repris ni par le Pacte international sur les droits civils et politiques ni par la convention internationale sur les droits de l'enfant. Ces deux textes, respectivement se bornent à prévoir que tout enfant a le droit d'acquérir une nationalité. Ainsi, le droit à une nationalité n'est qu'un "espoir" bien que l'on puisse imaginer découvrir dans ces textes l'obligation pour l'Etat du lieu de naissance de l'enfant de lui attribuer la nationalité pour éviter l'apatridie » in *Droit de la nationalité et des étrangers*, PUF, Paris, 2015, p. 56.

[2] La Charte africaine des droits de l'homme et des peuples a été adoptée en 1981 à Nairobi par la Conférence des chefs d'État de l'Organisation de l'Unité Africaine (OUA) et est entrée en vigueur le 28 octobre 1986.

[3] Affaire Anudo, § 76.

[4] Commission ADHP, *Open Society Justice Initiative c. Côte d'Ivoire*, Communication 318/06, 28 février 2015, § 97. Voir également : Commission ADHP, *John K Modise v. Botswana*, Communication 97/93, 6 novembre 2000, § 89, Résolution 234 sur le droit à la nationalité adoptée par la Commission à la 53ème session, Gambie, du 09 au 22 avril 2013, § 10 ; Commission ADHP, *Communauté nubienne au Kenya c. République du Kenya*, communication 317/06, 28 février 2015, § 140.

portée générale et du champ d'application de l'article 8 qui assure le respect de la vie privée et familiale[1].

Le droit à la nationalité dans le cadre de la Charte africaine n'existe donc que par la voie de la dérivation. Toutefois, les Etats africains se sont montrés enclin à la reconnaissance de ce droit en tant que source directe par l'adoption en 1990 de la Charte africaine des droits et du bien-être de l'enfant[2]. Aux termes de l'article 6.3 de l'instrument : « Tout enfant a le droit d'acquérir une nationalité ». Pour rendre effectif ce droit, l'article 6.4 ajoute : « Les Etats parties à la présente Charte s'engagent à veiller à ce que leurs législations reconnaissent le principe selon lequel un enfant a droit d'acquérir la nationalité de l'Etat sur le territoire duquel il/elle est né(e) si, au moment de sa naissance, il/elle ne peut prétendre à la nationalité d'aucun autre Etat conformément à ses lois ».

Mais ce texte ne concerne que le cas des enfants. Pour le requérant, il n'est ici d'aucun secours. Il en va de même pour les instruments pertinents de droit international notamment du Pacte International relatif aux Droits Civils et Politiques (PIDCP)[3]. Les juges observent qu'il ne contient pas de disposition « traitant spécifiquement du droit à la nationalité »[4].

Ainsi, faute de pouvoir invoquer la Charte et le PIDCP, la Cour se réfère à la DUDH. Ce faisant, son approche se distancie de celle de la Commission africaine. Le bien-fondé d'une telle démarche peut être questionné d'autant plus qu'elle conduit les juges à reconnaitre, sans trop d'explication, la DUDH comme une source directe de droits dans le contexte africain.

2. Les motifs imprécis de l'application de la DUDH

La Cour connait des différends concernant l'interprétation et l'application de la CADHP, du Protocole de Ouagadougou et des autres instruments internationaux[5]. Pour ce faire, elle peut appliquer « tout instrument pertinent relatif aux droits de l'homme et ratifié par l'Etat concerné »[6]. Bien qu'elle ait été qualifiée de curiosité juridique[7], ces dispositions permettent à la Cour de disposer d'une compétence matérielle extrêmement large. C'est à ce titre que la Cour se reconnait compétente pour assurer le respect par les Etats africains de l'article 15 de la DUDH.

Pour justifier le recours à l'article 15, la Cour fait observer que la DUDH a force obligatoire en ce qu'elle reflète la coutume internationale. Sans entrer dans ce débat sur la valeur juridique de la déclaration[8], il faut souligner que l'argument de la

---

[1] CourEDH, *Genevose c/ Malte*, 11 oct. 2011, § 33, note F. Marchadier, *Rév. Crit. DIP*, 2012, 61 ; *Mennesson c/ France*, 26 juin 2014, *JCP G*, 2014, note 877, A. Gouttenoire ; *Ramadan c/ Malte*, 21 juin 2016.

[2] La Charte africaine des droits et du bien-être de l'enfant a été adoptée par la vingt-sixième Conférence des chefs d'Etat et de gouvernement de l'OUA à Addis-Abeba (Ethiopie), juillet 1990.

[3] Pacte international relatif aux droits civils et politiques adopté et ouvert à la signature, à la ratification et à l'adhésion par l'Assemblée générale des Nations Unies dans sa résolution 2200 A (XXI) du 16 décembre 1966, entré en vigueur le 23 mars 1976. La Tanzanie y a adhéré le 11 juin 1976.

[4] Affaire Anudo, § 76. A la vérité, le PIDCP contient bien une disposition relative au droit à la nationalité notamment l'article 24(3). Mais la disposition ne concerne que les enfants.

[5] Article 3.1 du Protocole de Ouagadougou.

[6] Article 7 du Protocole de Ouagadougou concernant le droit applicable.

[7] Maurice Kamto, *La charte africaine des droits de l'homme et des peuples et le protocole y relatif portant création de la Cour africaine des droits de l'homme, commentaire article par article*, Editions Bruylant, Bruxelles, 2011, p. 1297.

[8] Affaire Anudo, § 76. Dans sa note sur l'arrêt Anudo, Bronwen Mandy souligne à ce propos : « The assertion that the UDHR is customary international law, and in particular article 15 on the right to a nationality, is itself a welcome endorsement of a point more often argued by human rights lawyers than accepted by states » *in* « Anudo Ochieng Anudo vs Tanzania, case note », *Statelessness and Citizenship Review*, 2019, p. 175. Pour une étude détaillée de la question, voir : Marc Gambaraza, *Le statut de la déclaration universelle des droits de l'homme, une aventure juridique,* A. Pédone, Paris, 2016, 561 p., spéc pp 39-55, 69-80 et 110 – 135.

CourADHP est exagérément concis. En effet, à considérer que la DUDH reflète la coutume internationale, cela ne revient-il pas à dire que la Cour fait application de la coutume internationale ? Et dans ce cas, quel titre l'autorise à procéder à une telle application ? Dans son commentaire de l'article 7 du protocole de Ouagadougou, le professeur Kamto attirait l'attention sur l'obstacle que le terme « instrument » pertinent pouvait causer. Il souligne ainsi : « La restriction du droit applicable (…) prive la Cour et les parties amenées à ester devant elle de l'application ou de l'invocation des "pratiques africaines conformes aux normes internationales relatives aux droits de l'homme et des peuples, *[des] coutumes généralement acceptées comme étant le droit,* [des] principes généraux de droit reconnus par les nations africaines ainsi que la jurisprudence et la doctrine" »[1]. Il s'ensuit soit que la Cour fait une interprétation large de ses pouvoirs en s'autorisant à appliquer la coutume internationale, soit elle considère la Déclaration universelle comme un « instrument » au sens du protocole et dans ce cas son obligatoriété ne devrait pas découler de la coutume. Qu'importe la formule, une meilleure démonstration aurait été de bonne grâce.

Ces objections liées à la valeur juridique de la DUDH et au pouvoir de la CourADHP d'appliquer la coutume internationale font ressortir la démarche *pro homine* des juges d'Arusha. A notre avis, en fixant d'autorité l'applicabilité de l'article 15 de la DUDH, la Cour fait le choix de mettre fin aux violations subies par Monsieur *Anudo* qui autrement s'en trouverait sans protection compte tenu de l'argumentaire de la requête.

Ce choix montre assez que la Cour adhère à l'idée que de la rencontre du droit de l'Etat et du droit de l'individu en matière de nationalité, certaines règles se dégagent. Selon Monica Pinto, « il s'agit des règles coutumières relatives au droit de la personne humaine à une nationalité d'origine, le devoir de l'Etat d'en prévoir, le droit de la personne à la non-privation et le devoir de l'Etat de réduire l'apatridie »[2].

Pour assurer la protection de ces droits, la CourADHP s'inspire de la richesse et de la variété des sources disponibles. Son interprétation du caractère arbitraire en témoigne[3]. Cependant, bien que les juges d'Arusha examinent l'interdiction des privations arbitraires de nationalité en l'espèce, l'exception que soulève la Tanzanie est celle de la possibilité laissée à l'Etat de procéder à l'annulation d'une nationalité pour cause de fraude. De l'avis de la CourADHP, une telle exception serait admissible. Mais encore une fois, la solution procède d'une interprétation large de l'article 15 de la DUDH.

I.2. L'interprétation extensive de l'article 15 de la DUDH

L'arrêt ne fait pas expressément mention d'un droit de l'Etat à annuler une nationalité en cas de fraude, ni l'article 15 de la DUDH d'ailleurs. Cependant, en inversant la charge de la preuve (1), la CourADHP admet implicitement l'exception de fraude qui du reste est conforme à la pratique admise (2).

---

[1] Maurice Kamto, *op. cit.*,pp 1297-1298.

[2] Monica Pinto, « L'identification des sources du droit international de la nationalité, du droit de la nationalité au droit à la nationalité, du droit de l'Etat au droit de la personne, de la souveraineté aux droits de l'homme », *Droit international et nationalité*, Colloque de Poitiers, SFDI, Edition Pédone, Paris, 2012, p. 52.

[3] Affaire Anudo, § 79 : En se référant au rapport du Secrétaire Général du Conseil des droits de l'homme, 25ème session, 19 décembre 2013, elle considère : « International law does not allow, save under very exceptional situations, the loss of nationality. The said conditions are: i) they must be founded on clear legal basis; ii) must serve a legitimate purpose that conforms with international law; iii) must be proportionate to the interest protected, iv) must install procedural guaranties which must be respected, allowing the concerned to defend himself before an independent body ».

1. L'admission de l'exception de la fraude par l'inversion de la charge de la preuve

De l'avis de la CourADHP, « dès le moment où l'Etat défendeur conteste la nationalité que le Requérant possédait de fait (...) la charge de la preuve du contraire lui incombe »[1]. Ce considérant de l'arrêt est d'une importance majeure en ce qu'il permet à l'Etat d'invoquer l'exception de fraude à la nationalité. Pour s'en convaincre, il faut pouvoir dissocier la preuve du droit de la preuve des faits.

De quel droit la CourADHP entend-t-elle assurer la sanction ? *A priori*, il s'agirait de l'interdiction des déchéances arbitraires de nationalité prévu à l'article 15(2) de la DUDH. Plusieurs éléments dans l'arrêt confirment ce point de vue. Tout d'abord, le point A(i) est intitulé « le droit du requérant à la nationalité et de ne pas être arbitrairement privé de sa nationalité ». Ensuite, les juges apprécient le retrait de la nationalité tanzanienne suivant les canons posés par le droit international à savoir : un retrait fondé sur une base juridique claire, servant un but légitime conforme au droit international, proportionnel à l'intérêt qu'il vise à protéger et assorti de garanties procédurales[2]. Enfin, la Cour conclut à la violation de l'article 15 de la DUDH.

Toutefois, bien que ce droit soit capital, ce n'est pas celui sur lequel porte le débat contradictoire. Pour la Tanzanie, une question préalable doit être résolue : celle de l'existence de la nationalité tanzanienne de Monsieur Anudo. Accusé de l'avoir acquise par des moyens frauduleux, celle-ci serait nulle *ab initio*. De la sorte, la Tanzanie invoque son droit souverain à l'octroi et au retrait de la nationalité. C'est donc en toute logique que la CourADHP lui impose la charge de la preuve.

Mais ce droit était-il invocable en l'espèce ? Contrairement à la Convention sur la réduction des cas d'apatridie dont l'article 8.2.b) autorise les Etats à procéder au retrait de nationalité en cas de fraude[3], la DUDH, applicable en l'espèce, ne contient pas de disposition en ce sens. En autorisant la Tanzanie a apporté les éléments de fait qui caractériseraient la fraude, la CourADHP interprète le silence de l'instrument comme impliquant le droit de l'Etat de retirer sa nationalité en cas de fraude. Autrement dit, le droit n'étant pas à prouver, les débats peuvent se concentrer sur la preuve des faits. Or, à strictement considérer la DUDH, très peu d'éléments justifient une telle interprétation de l'article 15[4]. En réalité, la CourADHP procède à une interprétation évolutive du texte de la Déclaration.

Une telle attitude, en dépit des méfiances que l'interprétation évolutive soulèvent[5], ne pourrait être blâmée en raison de sa conformité à la pratique admise par les Etats et les organes internationaux des droits de l'homme.

---

[1] Affaire Anudo, § 80. Dans la version anglaise faisant foi, il n'est pas indiqué possession de fait mais nationalité acquise à la naissance en ces termes : « (...) *since the Respondent State is contesting the Applicant's nationality* held since his birth *(...) the burden is on the Respondent State to prove the contrary* ».

[2] *Supra* note de page 17.

[3] Convention sur la réduction des cas d'apatridie, adoptée le 30 août 1961 et entrée en vigueur le 13 décembre 1975, *RTNU*, vol. 989, p. 175.

[4] Il n'est pas certain que les travaux préparatoires de la Déclaration contiennent des références à propos de la fraude à la nationalité. Dans sa première version, le comité de rédaction des droits de l'homme de la Commission des Droits de l'Homme prévoyait trois mesures essentielles : le droit à la nationalité de tout individu, l'attribution de la nationalité par l'Etat aux personnes nées sur leur territoire et la possibilité de changer de nationalité. Doc E/CN.4/AC.1/3, article 32. Ces propositions ont été soutenues par certains membres de la Commission à savoir MM. Cassin et Mora. Le Chili, dans sa proposition d'articles demandait qu'aucun Etat ne puisse « refuser d'accorder sa nationalité aux personnes nées sur son territoire de parents dont la présence dans le pays est légitime ». La seule exception à ce droit à la nationalité reposait sur la libre volonté de l'individu. Enfin les dispositions constitutionnelles répertoriées ne font pas état d'une exception de fraude, doc. E/CN.VAC.1/3/Add.l, pp 294-300.

[5] Entre autres discussions, il peut être souligné que les travaux sur l'interprétation évolutive, notamment ceux de la CDI, se focalisent sur l'application de ce principe aux traités (Commission de droit international, *Rapport de la Commission du*

2. Une admission conforme à la pratique des Etats

La prise en compte de l'exception de fraude par la CourADHP est une décision conforme aux pratiques étatiques et aux recommandations internationales admises en matière de nationalité.

Les droits internes des Etats, notamment des Etats africains, accordent une importance particulière aux déclarations et manœuvres frauduleuses dans l'accès à la nationalité des individus. Les règles varient toutefois selon que cette nationalité est acquise par naturalisation ou dès la naissance. S'agissant des cas de naturalisation, les législateurs sont plutôt favorables à un retrait de nationalité lorsque la fraude est démontrée. Dans son étude de 2010 sur la nationalité en Afrique, Bronwen Manby dénombrait 42 Etats dont les législateurs autorisaient les autorités administratives à procéder au retrait de la nationalité en cas de fraude[1]. Concernant les hypothèses d'attribution de la nationalité dès la naissance, l'auteure fait observer qu'il y a une apparente anomalie dans les lois nationales. Sans que la perte de la nationalité pour fraude soit mentionnée, il semblerait que les Etats en fassent une condition d'annulation de la nationalité. Celle-ci serait de la sorte nulle *ab initio* sans qu'il ne soit besoin d'une procédure particulière[2]. L'attitude de l'Etat tanzanien en l'espèce illustre ce point de vue.

Quoiqu'il en soit, la volonté des Etats d'assurer le respect de leur législation par la répression des cas de fraude a été expressément signifiée par certains gouvernements au Conseil des droits de l'homme des Nations Unies à l'occasion de l'enquête menée par le Secrétaire Général. Ainsi l'Algérie, la Bosnie-Herzégovine, l'Ile Maurice, l'Ukraine ont rapporté leurs dispositions législatives qui sanctionnent la fraude à la nationalité[3].

Du point de vue du droit international des droits de l'homme, la pratique des Etats n'est pas contraire aux traités en vigueur. La Convention sur la réduction des cas d'apatridie, précédemment évoquée, autorise les Etats à procéder au retrait de nationalité en cas d'acquisition frauduleuse y compris lorsqu'un tel retrait conduit à une situation d'apatridie[4]. Dans la même veine, l'article 7(3) de la Convention européenne sur la nationalité prévoit le retrait de celle-ci en cas de fraude[5]. Dans son rapport au Conseil des droits de l'homme, le Secrétaire Général des Nations Unies mentionne au titre des motifs de perte ou de privation de la nationalité, la conduite frauduleuse[6].

En somme, en recevant l'exception de fraude soulevée par la Tanzanie, la CourADHP se conforme à la pratique internationale admise en la matière. Cependant,

---

droit international, Soixante-huitième session, A/71/10, 2 mai – 10 juin et 4 juillet-12 août 2016, pp. 125 – 210). La pertinence de la méthode, en raison de la nature hybride de la DUDH, peut en ce sens être questionnée.

[1] Il s'agit des Etats suivants : L'Algérie, l'Angola, le Bénin, le Botswana, le Burkina Faso, le Burundi, le Cameroun, le Tchad, les Comores, la République du Congo, la Côte d'Ivoire, la République Démocratique du Congo, l'Egypte, l'Erythrée, le Gabon, la Gambie, le Ghana, la Guinée, la Guinée Bissau, le Kenya, le Lesotho, le Libéria, la Libye, Madagascar, le Malawi, le Mali, la Mauritanie, Maurice, le Maroc, la Namibie, le Rwanda, les Seychelles, la Somalie, le Soudan, le Swaziland, la Tanzanie, le Togo, la Tunisie, l'Ouganda, la Zambie et le Zimbabwe *in* Bronwen Manby, *Citizenship Law in Africa, A comparative Study*, Open Society Institute, 2010, pp. 84-85.

[2] Au soutien de son argumentation, l'auteure rapporte les affaires Kenneth Kaunda en Zambie et Alassane Ouattara en Côte d'Ivoire. Bronwen Manby, *Citizenship Law in Africa, A comparative Study*. Open Society Foundations, 2016, p. 104.

[3] Human Right Council, *Annual Report of the United Nations High Commissioner for Human Rights and Reports of the Office of the High Commissioner and the Secretary-General*, A/HRC/10/34, 26 janvier 2009.

[4] Article 8.2.b) de la Convention sur la réduction des cas d'apatridie préc.

[5] Article 7.1.b) et 7.3 de la Convention européenne sur la nationalité adoptée le 06/11/1997, entrée en vigueur le 01 mars 2000.

[6] Conseil des droits de l'homme, *Droits de l'homme et privation arbitraire de la nationalité*, Rapport du Secrétaire général, A/HRC/25/28, 19 décembre 2013, §10.

tout en reconnaissant qu'il s'agit d'un droit souverain, elle apporte des limites certes importantes, mais toujours insuffisantes à ce droit de l'Etat.

II. L'encadrement mitigé de l'exception de fraude à la nationalité par la CourADHP

L'apport majeur de l'arrêt *Anudo* réside dans les limites apportées au droit souverain de l'Etat d'annuler les nationalités acquises à la suite de déclarations frauduleuses. Pour les juges, les Etats disposent d'un tel droit en cas de fraude grave (II.1.) et se doivent de faire preuve d'une conduite raisonnable (II.2.). L'avancée est bienvenue même si à bien d'égards elle demeure insuffisante.

II.1. L'exigence implicite d'une fraude grave

A nouveau, la CourADHP ne mentionne pas expressément la fraude grave. Une telle exigence résulte en l'espèce de la caractérisation des manœuvres frauduleuses excusables (1) et de l'admission d'une présomption de nationalité (2).

1. La caractérisation des manœuvres frauduleuses excusables

Selon la Cour, « les preuves fournies par l'Etat défendeur pour justifier le retrait de la nationalité du Requérant ne sont pas convaincantes (…) »[1]. La fraude n'est donc pas assez démontrée. Mais peut-on en déduire qu'elle est inexistante ? Une réponse affirmative et catégorique mépriserait les nuances à faire entre la réalité du fait et la valeur juridique qui lui est attribuée. Il ne semble pas que la Cour attache une importance particulière à la réalité de la fraude dans l'hypothèse en cause, du moins aussi longtemps que les manœuvres portées à sa connaissance n'ont pas une valeur juridique déterminante.

Sur l'existence de la fraude, relevons que l'article 26 (1) du Protocole de Ouagadougou offre la possibilité à la Cour africaine de mener une enquête pour établir la véracité des faits. Ainsi, la CourADHP n'est pas strictement tenue par les éléments de preuve fournis par les parties. Ceux-ci pouvant simplement servir de commencement de preuve par écrit. Mais loin de recourir à ce mécanisme, la Cour se satisfait de simples constats. Elle concède même à la Tanzanie l'existence de contradictions entre les déclarations des témoins recueillies au cours de l'enquête des services nationaux de l'immigration[2], regrette qu'un test ADN n'ait pas été réalisé[3] pour enfin envisager le cas de figure dans lequel Monsieur Anudo n'aurait pas été tanzanien[4]. Tous ces indices corroborent l'argument selon lequel pour la CourADHP, ce n'est pas tant la réalité de la fraude que sa gravité qui est déterminante. Autrement dit, les juges considèrent les faits portés à leur connaissance par la Tanzanie, même à les tenir pour vrai, comme insuffisants à justifier le retrait de nationalité.

Ceci laisse entendre que la fraude à la nationalité ne peut résulter de simples déclarations contradictoires de témoins lors d'une enquête et de contradictions entre les informations fournies par le requérant et celles de ses parents. En termes plus techniques, de simples déclarations erronées ou contradictoires ne constituent pas une fraude justifiant l'annulation d'une nationalité. *A contrario*, seule une fraude grave pourrait faire échec au droit à la nationalité des individus.

---

[1] Arrêt Anudo, § 88.

[2] Arrêt Anudo, § 86 : « La Cour estime, par ailleurs, que compte tenu des contradictions dans les déclarations des témoins (…) ». Il est à relever que la version anglaise diffère du texte français : « The Court also holds that in view *of the contradictions in the witnesses'statements about the Applicant's paternity* ».

[3] Arrêt Anudo, § 86.

[4] Arrêt Anudo, §§ 100 – 105.

En caractérisant de la sorte les contradictions rapportées comme des manœuvres excusables, la CourADHP se conforme à l'évolution souhaitée en ce qui concerne l'acception juridique de la fraude. A titre illustratif, le comité des ministres du Conseil de l'Europe indique : « Un Etat ne devrait pas nécessairement priver de sa nationalité les personnes qui ont acquis cette nationalité à la suite d'une conduite frauduleuse, par de fausses informations ou par dissimulation d'un fait pertinent. A cet effet, *la gravité des faits* ainsi que d'autres circonstances (...) devraient être pris en compte »[1]. Mais on en conviendra, si telle a été l'intention de la Cour, il est alors regrettable qu'elle ne l'affirme pas expressément et surtout qu'elle n'apporte pas une définition claire ou à défaut des critères d'appréciation de cette notion de fraude grave. Sur l'élément matériel, l'idée d'actes ou de manœuvres excusables s'avère utile. Mais faut-il ajouter à cela un élément intentionnel ? La question est importante si l'on prend en considération certains droits nationaux. La Cour de cassation française par exemple adopte une approche objective de la fraude qui n'accorde aucun effet à la bonne foi du justiciable[2]. La conformité d'une telle approche au droit de l'homme peut être mise en cause si l'on considère que le problème se pose à l'endroit de justiciables bénéficiant d'une présomption de nationalité.

2. L'admission d'une présomption de nationalité

Monsieur Anudo « possédait une nationalité de fait ». Bien que d'après la version anglaise, la nationalité de fait correspondrait à la nationalité acquise dès la naissance[3], la formulation française reste révélatrice de l'interprétation novatrice du droit à la nationalité que propose la CourADHP dans son arrêt.

Rappelons que la nationalité est définie comme le « lien juridique ayant à sa base, un fait social de rattachement (...) »[4] qui correspond, selon la Commission africaine, à une certaine réalité historique[5]. Cette nationalité s'acquiert selon les procédés consacrés en droit interne. En postulant l'existence d'une nationalité de fait, la CourADHP crée une présomption de nationalité opposable aux Etats.

Cette présomption de nationalité est posée par les juges en des termes analogues à la possession d'état[6] admise par certains législateurs. A titre illustratif, l'article 1 du code de la nationalité du Sénégal peut être rapporté : « Est Sénégalais (...) celui qui a sa résidence habituelle sur le territoire de la République du Sénégal et qui a eu de tout temps la possession d'état de sénégalais. La possession d'état (...) consiste dans le fait pour celui qui s'en prévaut : 1- de s'être continuellement et publiquement comporté comme un sénégalais (et) 2- d'avoir été continuellement et publiquement traité comme tel par la population et les autorités sénégalaises »[7]. Les éléments de

---

[1] Conseil de l'Europe, *Recommandation n° R(99)18 sur la prévention et la réduction des cas d'apatridie* adoptée par le Comité des Ministres le 15 septembre 1999, 679ème réunion des Délégués des Ministres, disposition II.C.c.

[2] France, Cass. 1ère civ., 4 juillet 2018, N°17-20588 : « la possession d'état dont elle se prévalait ayant été constituée par fraude, *peu important qu'elle n'en ait pas été à l'origine*, Mme Y. ne pouvait prétendre à la nationalité française à ce titre », note François Mélin, *Dalloz Actualités*, 30 juillet 2018. Gras ajouté.

[3] *Supra* note de page 18.

[4] CIJ, *Affaire Nottebohm (Liechtenstein c. Guatemala)*, arrêt du 6 avril 1955, *Rec.* 1955, p. 23.

[5] Commission ADHP, *Open Society Justice Initiative c. Côte d'Ivoire*, Communication 318/06, 28 février 2015, § 101 : « De ce qui précède, la Commission considère qu'une détermination de la nationalité ivoirienne doit nécessairement procéder de l'examen d'éléments historiques, juridiques et politiques que ne contestent aucune des Parties ».

[6] La possession d'état est une « situation d'ensemble qui, lorsqu'elle résulte de la réunion suffisante d'élément de faits et gestes indiquant un rapport de filiation ou de parenté constitue, à titre de présomption, une preuve de la filiation » in Gerard Cornu, *Vocabulaire Juridique*, 12ème éd., PUF, Paris, 2018, p. 779, Entrée : Possession.

[7] Sénégal, Loi n°61-10 du 7 mars 1961 portant code de la nationalité sénégalaise modifiée par la loi n°2013-05 promulgué le 08 juillet 2013. A titre de comparaison, voir également . France, Loi n°93-933 du 22 juillet 1993 - art. 50, *JORF,* 23 juillet 1993.

faits qui caractérisent alors la possession d'Etat de nationalité seraient le *nomen*, le *tractatus* et le *fama*.

En l'espèce, le « *nomen* » correspondrait à la nationalité dont s'est toujours prévalue le requérant. A ce titre, la CourADHP fait observer que 33 ans durant, Monsieur Anudo possédait la nationalité tanzanienne ainsi que l'indique les documents officiels dont il disposait. Concernant le *tractatus*, allusion est faite dans l'arrêt au serment des parents du requérant attestant du lien de filiation. Enfin, la CourADHP souligne qu'aux yeux de la société, Monsieur Anudo a été traité comme tout citoyen tanzanien en se prévalant de cette nationalité pour intégrer les écoles de l'Etat défendeur et le marché de l'emploi à la suite de ses études. Ce constat d'un *fama* permet à la Cour de conclure à la réunion suffisante de faits établissant la vérité sociologique du lien de nationalité du requérant.

La démarche est audacieuse si l'on considère que les fondements juridiques de cette présomption sont indéterminés. N'étant pas prévue par le texte de la DUDH, cette présomption est une présomption de fait avec toute la méfiance que ce type de présomptions suscite. Toutefois, il faut souligner que le recours aux présomptions est une pratique courante en droit international notamment pour les questions de nationalité[1].

L'intérêt de la présomption de nationalité admise est d'une part de faciliter la preuve pour le requérant de bonne foi et d'autre part d'assurer l'effectivité du droit à la nationalité. A ce titre, il ne nous semble guère judicieux de circonscrire cette présomption de nationalité aux seuls cas de nationalité acquise dès la naissance. Dans l'arrêt, la Cour insiste sur la possession de documents délivrés par les organes habilités de l'Etat. On pourrait donc inclure les naturalisés au titre des bénéficiaires de la présomption. Une telle analyse est d'autant bienvenue qu'elle propose de résoudre un problème d'insécurité juridique qui s'observe dans certains Etats africains. Dans un article paru à la *Tanzanian Lawyer Journal*, Clement Mubanga regrettait qu'en pratique, la possession d'un passeport n'était pas considérée comme une preuve concluante de la nationalité en Tanzanie[2]. C'est sans doute pour résoudre ce genre de difficultés que le Comité des ministres du Conseil de l'Europe proposait aux Etats, dans sa recommandation R(99)18 précitée, de tenir compte du « lien véritable et effectif » des personnes. En établissant une telle présomption de nationalité, la CourADHP fait de cette recommandation une réalité et du même coup alourdit la charge de la preuve de l'Etat. Reste à savoir le délai à l'issue duquel la constance de la possession d'état pourrait être appréciée et s'il est nécessaire qu'elle ait été ininterrompue.

En définitive, la CourADHP considère que les Etats ne peuvent librement procéder à l'annulation de leur nationalité pour fraude à l'égard des individus qui bénéficient d'une présomption de nationalité que lorsque la fraude alléguée revêt une

---

[1] Dans sa recherche des principes généraux du procès international, le professeur Santulli souligne que « la jurisprudence lie souvent le caractère suffisant de la preuve *prima facie* à la difficulté de prouver ce qu'on cherche à établir ». Carlo Santulli, *Droit du contentieux international*, LGDJ, Paris, 2ème éd., 2015, p. 554, n°874 et spécialement sur les affaires en matière de nationalité, p. 556, n°876. Pour une étude générale de la question en droit européen des droits de l'homme, voir Anne-Blandine Caire, *Relecture du droit des présomptions à la lumière du droit européen des droits de l'homme*, A. Pédone, Paris, 2012, 436 p.

[2] Clement Mubanga, « The right to nationality and its burden of proof in Tanzania: an illumination in the case of Anudo Ochieng Anudo versus United Republic of Tanzania » in *Tanzanian Lawyer Journal*, vol.1, n°1, 2019, p. 174 – 177, spec. p. 176.

certaine gravité. A cette approche restrictive de l'exception de fraude, elle rappelle le devoir d'une conduite raisonnable des Etats.

III. Le rappel de l'exigence d'une conduite raisonnable des Etats

L'exigence d'une conduite raisonnable imposée par la CourADHP revêt deux aspects. Il s'agit d'une obligation de faire, garantir l'accès au juge (III.1.), et d'une obligation de ne pas faire, l'interdiction des traitements inhumains et dégradants (III.2).

III.1. L'obligation de garantir un accès au juge

Les divers systèmes de protection des droits de l'homme garantissent le droit à un procès équitable à tout individu. Cette obligation générale à la charge des Etats a une signification particulière pour la protection du droit à la nationalité. En l'absence de recours disponibles et adéquats contre les décisions en matière d'attribution et de retrait de nationalité, le droit à la nationalité ne pourrait être effectif. Fort de ce constat, le Conseil des droits de l'homme recommande aux Etats de garantir les recours contre les décisions des autorités en charge des questions de nationalité[1]. Cette exigence est un « minimum requis à cet égard »[2].

Cette pratique fermement établie laisse entendre que le droit à la défense est une composante du droit à la nationalité de sorte qu'en l'absence de recours, la violation du droit à la nationalité pourrait être caractérisée. Le raisonnement suivi par la CourADHP s'écarte toutefois d'un tel schéma. Suivant en ce sens l'argumentation du requérant, les juges ne concluent pas à une violation de l'article 15(2) de la DUDH mais de l'article 7(1)(a), (b) et (c) du PIDCP qui traite de l'obligation générale du droit à un procès équitable. Faut-il y lire une invitation à ne pas trop exagérer le contenu du droit à la nationalité ?

Qu'importe la réponse apportée à cette question, ce qui attire l'attention dans la démarche de la CourADHP c'est l'interprétation qu'elle fait du silence de la loi tanzanienne sur l'immigration de 1995. De ce silence, elle considère que le requérant avait au titre d'un principe général de droit[3], le droit de recourir à une juridiction nationale. L'intérêt de cette affirmation est difficilement perceptible. Faut-il comprendre que le recours existait ? Dans ce cas, pourquoi alors affirmer que « le requérant n'avait pas *a priori* la possibilité d'introduire un recours »[4] parce que la décision du ministre en la matière est définitive ? Et plus encore pourquoi enjoindre à l'Etat de modifier sa loi sur la nationalité pour permettre un recours judiciaire ? Soit le recours existe, qu'il soit au titre d'un principe général ou non, et la violation résulte de la précipitation des autorités gouvernementales, soit il n'existe pas et le problème des textes se conçoit.

L'ambiguïté sur ce point est regrettable puisque l'obligation de garantir un accès au juge qu'impose la Cour à la Tanzanie est ici appropriée pour assurer l'effectivité du droit à la nationalité.

---

[1] Conseil des droits de l'homme, *Droits de l'homme et privation arbitraire de la nationalité*, Rapport, A/HRC/25/28, 19 décembre 2003, §31 : « Pour que les lois relatives à la nationalité ne soient pas appliquées de manière arbitraire et que les garanties pertinentes contre l'apatridie soient bien mises en œuvre, les États devraient veiller à disposer de normes de procédure appropriées. En particulier, les décisions relatives à la nationalité devraient être "signifiées par écrit et faire l'objet d'un recours administratif ou judiciaire effectif" ». Voir également le rapport du secrétaire général A/HRC/13/14.

[2] CDI, *Annuaire de la Commission du droit international*, 1999, vol. II (Deuxième partie), p. 32. Également, Conseil des Droits de l'Homme, *Droits de l'homme et privation arbitraire de la nationalité*, Rapport A/HRC/13/34, 14 décembre 2009, §§ 43 et ss.

[3] Affaire Anudo, § 114.

[4] Affaire Anudo, § 115.

Pour conclure sur ce point, bien que la formule employée soit teintée d'une certaine équivoque, il n'en demeure pas moins que les Etats ont l'obligation de garantir des recours contre les décisions rendues en matière de retrait de nationalité. Un tel recours relève d'une conduite raisonnable qui inclut la prévention des traitements dégradants.

III.2. L'obligation de prévenir les traitements dégradants

Le respect de la dignité humaine et le droit à la nationalité entretiennent un rapport très étroit. Pour rappel, l'interdiction des traitements dégradants et des atteintes à la dignité humaine en général est prévue à l'article 5 de la CADHP. Or de cet article, la Commission ADHP a considéré qu'il impliquait le droit à la nationalité dans l'affaire des communautés nubiennes au Kenya[1]. En ce sens, la Commission partage l'analyse de la CourIADH selon lequel « *nationality is a prerequisite for recognition of juridical personality* »[2].

Dans la présente affaire, la CourADHP adopte une position différente. Selon Bronwen Mandy, bien que ce point ait été soutenu par l'*Open Society Justice Initiative* dans son mémoire d'*amicus*, la Cour ne se prononce pas sur une possible violation de l'article 5 de la CADHP parce que la requête d'*Asylum Access* n'en faisait pas mention. De la sorte, ajoute l'auteure, les juges d'Arusha ont manqué une occasion d'inscrire le droit à la nationalité comme droit fondamental garanti par la Charte africaine[3].

Mais si la CourADHP est réservée sur le point de savoir si une violation du droit à la nationalité est une violation de l'article 5, elle pourrait sanctionner en revanche, au titre du droit à la nationalité, les actes portant atteinte à la dignité humaine. En effet, la CourADHP reconnait que les conditions de vie du requérant suites au retrait de sa nationalité ont consécutivement eu pour effet de le priver de certains droits. Mais ces violations en tant que conséquences des violations principales, peuvent être examinées au stade de la réparation. Il s'ensuit que les atteintes à la dignité humaine pourraient donner lieu à une compensation[4].

En attendant l'arrêt sur la réparation, il peut être indiqué sans trop de risques que la CourADHP, par le biais de la réparation, entend soumettre les Etats à une certaine conduite raisonnable dans l'exercice de leur pouvoir souverain d'octroi et de retrait de nationalité.

Conclusion

Il ne fait pas de doute que la CourADHP a fait le choix de protéger les droits fondamentaux dont bénéficie le requérant. Profitant de sa compétence matérielle quasi

---

[1] Commission ADHP, *The Nubian Community in Kenya vs The Republic of Kenya,* communication 317/06, 28 février 2015, § 140: « *Nationality is intricately linked to an individual's juridical personality and that denial of access to identity documents which entitles an individual to enjoy rights associated with citizenship violates an individual's right to the recognition of his juridical personality. The Commission considers that a claim to citizenship or nationality as a legal status is protected under Article 5 of the Charter* ».

[2] CourIADH, *Girls Yean and Bosico vs Dominican Republic*, 8 septembre 2005, §178.

[3] Bronwen Manby, « Ando Ochieng Anudo vs Tanzania (judgment), Case note » *in Statelessness and Citizenship Review*, 2019, p. 175.

[4] Le *Rapport A/HRC/25/28* préc., précise que « les États devraient aussi accorder réparation, le cas échéant, pour toutes les violations des droits qui ont été subies » en se fondant sur les affaires suivantes : Commission ADHP, communications nos 54/91, 61/91, 98/93, 164/97 à 196/97 et 210/98, *Malawi African Association et al.* c. *Mauritanie*, 11 mai 2000, recommandation 2 concernant les pièces nationales d'identité ; CourIADH, séries C, affaire no 130, *Yean and Bosico Children v. Dominican Republic*, 8 septembre 2005 ; CourEDH, *affaire Kuric et autres c. Slovenie,* requête n° 26828/06 (système d'indemnisation pour l'«effacement» de Slovénie) ; Conseil de l'Europe, Commission des affaires juridiques et des droits de l'homme, «Access to nationality and the effective implementation of the European Convention on Nationality», 1er octobre 2013.

absolue en matière de droits de l'homme, elle offre une lecture de la DUDH qui s'inscrit dans une perspective progressiste. L'on retiendra ainsi du cas *Anudo*, que les Etats ne peuvent annuler la nationalité dont jouit de fait une personne pour motif de fraude que lorsque les faits sont d'une certaine gravité. Reste maintenant à espérer qu'une jurisprudence plus précise sur les notions de fraude grave et de présomption de nationalité voit le jour. La clarification des prérogatives étatiques et des droits humains ne pourrait s'en trouver que renforcée.

Table des matières

Structures éditoriales du groupe L'Harmattan

L'Harmattan Italie
Via degli Artisti, 15
10124 Torino
harmattan.italia@gmail.com

L'Harmattan Hongrie
Kossuth l. u. 14-16.
1053 Budapest
harmattan@harmattan.hu

L'Harmattan Sénégal
10 VDN en face Mermoz
BP 45034 Dakar-Fann
senharmattan@gmail.com

L'Harmattan Cameroun
TSINGA/FECAFOOT
BP 11486 Yaoundé
inkoukam@gmail.com

L'Harmattan Burkina Faso
Achille Somé – tengnule@hotmail.fr

L'Harmattan Guinée
Almamya, rue KA 028 OKB Agency
BP 3470 Conakry
harmattanguinee@yahoo.fr

L'Harmattan RDC
185, avenue Nyangwe
Commune de Lingwala – Kinshasa
matangilamusadila@yahoo.fr

L'Harmattan Congo
219, avenue Nelson Mandela
BP 2874 Brazzaville
harmattan.congo@yahoo.fr

L'Harmattan Mali
ACI 2000 - Immeuble Mgr Jean Marie Cisse
Bureau 10
BP 145 Bamako-Mali
mali@harmattan.fr

L'Harmattan Togo
Djidjole – Lomé
Maison Amela
face EPP BATOME
ddamela@aol.com

L'Harmattan Côte d'Ivoire
Résidence Karl – Cité des Arts
Abidjan-Cocody
03 BP 1588 Abidjan
espace_harmattan.ci@hotmail.fr

Nos librairies en France

Librairie internationale
16, rue des Écoles
75005 Paris
librairie.internationale@harmattan.fr
01 40 46 79 11
www.librairieharmattan.com

Librairie des savoirs
21, rue des Écoles
75005 Paris
librairie.sh@harmattan.fr
01 46 34 13 71
www.librairieharmattansh.com

Librairie Le Lucernaire
53, rue Notre-Dame-des-Champs
75006 Paris
librairie@lucernaire.fr
01 42 22 67 13

www.ingramcontent.com/pod-product-compliance
Lightning Source LLC
LaVergne TN
LVHW011438061026
849535LV00004BA/854

* 9 7 8 2 1 4 0 2 6 8 0 5 2 *